6th Edition

New Venture Creation

Entrepreneurship for the 21 century

Authors

Jeffry A. Timmons, A.B., M.B.A., D.B.A.
Franklin W. Olin Distinguished Professor of Entrepreneurship
Director, Price Babson College Fellows Program
Babson College
Babson Park, Massachusetts

Stephen Spinelli, Jr., B.A., M.B.A., Ph.D.
John H. Muller, Jr. Chair, Entrepreneurship
Director, Arthur M. Blank Center for Entrepreneurship
Chairman, Entrepreneurship Division
Babson College
Babson Park, Massachusetts

Translators

Weimin Zhou　Changchun Lv

第 6 版

创业学

〔美〕 杰弗里·蒂蒙斯　小斯蒂芬·斯皮内利　著

周伟民　吕长春　译

人民邮电出版社

北　京

图书在版编目(CIP)数据

创业学：第6版/(美)杰弗里·蒂蒙斯，小斯蒂芬·斯皮内利 著；周伟民，吕长春 译.
-北京：人民邮电出版社，2005.7(2021.4月重印)
ISBN 978-7-115-13876-7

Ⅰ.创… Ⅱ.①蒂… ②斯… ③周… ④吕… Ⅲ.企业管理 Ⅳ.F270

中国版本图书馆CIP数据核字(2005)第083041号

Jeffry A. Timmons, Stephen Spinelli, Jr.
New Venture Creation, 6e
ISBN 0-07-249840-4

Simplified Chinese translation edition jointly published by McGraw-Hill Education (Asia) Co. and Posts & Telecom Press.

创业学(第6版)

◆ 著 (美)杰弗里·蒂蒙斯 小斯蒂芬·斯皮内利
译 周伟民 吕长春

策　划 刘 力 陆 瑜
责任编辑 刘孟升 樊 妮 周树平

◆ 人民邮电出版社出版发行 北京市丰台区成寿寺路11号
邮编 100164 电子邮件 315@ptpress.com.cn
网址 http://www.ptpress.com.cn
电话 (编辑部)010-84931398 (市场部)010-84937152
(教师服务中心)010-84931276
三河市少明印务有限公司印刷
新华书店经销

◆ 开本：850×1092 1/16
印张：27.25
字数：910千字 2005年7月第1版 2021年4月第12次印刷
著作权合同登记号 图字：01-2003-7621
ISBN 978-7-115-13876-7/F

定价：58.00元

本书如有印装质量问题，请与本社联系 电话：(010)84937152

百森商学院（Babson College）简介

百森商学院是美国的一所私立商学院，座落于东海岸名城波士顿郊区。学院设施先进，占地约370英亩（约2 250亩），校园里森林覆盖，风景优美。自1919年成立以来，百森商学院始终是创业学领域的领导者，在创业管理方面的专长为世界公认。学院开设本科、MBA和专业性的硕士学位教育，并向全球企业管理人员提供高层经理研修课程。早在1967年，百森就推出了全球第一个创业管理研究生课程。在2004年，百森再次荣登一系列排行榜。在《美国新闻与世界报道》公布的全美最佳大学排行榜中，百森连续第11年摘取创业管理（Entrepreneurship）领域排名第一的桂冠；在《商业周刊》公布的全球高层管理培训（Exeeutive Education）排行榜上，百森与哈佛大学、斯坦福大学等国际著名商学院被共同列为前10强，并荣登客户定制课程（Custom Program）排行榜的第9位；此外，在2005年《金融时报》公布的全球管理教育排行榜中，百森的客户定制课程名列全美第5位，在全球排名第9位。

百森商学院致力于教育和培养一批不仅具有企业家精神、并且适合快速变化的世界环境的领导人才，帮助他们学会发现机会并采取行动，从而取得辉煌成就。百森的本科和MBA课程设计以学科整合为基础，按商业发展的规律分成模块进行教学；百森的教授除了具备学术背景外，还兼具商业实战经验；百森的学生可以利用学院提供的种子基金实施创业计划，在学校的孵化器内实践课堂上的理论，这一切，都是为了更好地激发“创业思维”和培养创新能力，即积极主动、富有想像、灵活机动、敢于创造、不畏风险、善于概念性思考，并能于变化中发现机遇。百森的学生被招聘单位评为“创业技能第一”，并被誉为美国商学院的“深山美玉”。

一般而言，创业被界定为开办和运营一家企业，但百森认为，创业精神和创业技能是每一家追求成功的企事业所必备的能力，不管它是地方性的私营小企业，还是公众持股的跨国公司。百森的高层管理培训项目为西门子、索尼、爱立信、EMC、康柏和SAP等知名的跨国公司采用。

详细介绍请登陆百森商学院网址：www.babson.edu

作者简介

杰弗里·蒂蒙斯（Jeffry A.Timmons），富兰克林·欧林创业学杰出教授与百森商学院普来兹－百森商学院伙伴项目主任。

科尔盖特大学文学士；哈佛大学商业院工商管理硕士、工商管理博士。

自20世纪60年代晚期，作者一直是美国创业教育和研究的领袖人物。他在其研究领域、创新性课程开发及有关创业、新企业、企业融资和风险投资这些方面的授课被全世界公认为权威。百森商学院被认为是创业学教育的全球领先者。《美国新闻及世界报告》将富兰克林·欧林商业研究生院列为过去5年创业学排名的第一位，《成功》杂志也将百森商学院排在创业学的第一位，在《金融时报》2001年全世界范围的创业学排名中，百森商学院同样名列前茅。

蒂蒙斯教授在学术上有点不守正道，他已经辞职过两次，也辞掉了两个被授予的教授席位。1994年，他辞去了自1989年被授予的哈佛商学院教授，回到了他在1982年开始任教的百森商学院。1995年他成为第一位富兰克林·欧林创业学荣誉教授。在此之前，他是第一位获得了两年保罗·百森（Paul T. Babson）教席的学者，随后成为第一位获得弗雷德里克·汉密尔顿（Frederic C. Hamilton）教席的人，从事自由企业研究。1989年，他辞去上述教授席位，接受了哈佛商学院的聘任。早在1973年，他在东北大学开设了美国第一个风险企业和创业学的本科专业，后来又创立并引入EMBA（MBA经理班）课程，这些课程保留至今。《商务周刊1995年商业研究生院指南》把蒂蒙斯教授评为"最佳教授"并把他列为哈佛商学院十佳教授之一。《成功》杂志（1995年9月）在一篇人物特写中把他称为"美国在创业学方面最具实力的两大智慧人物之一。"尤因·马里恩·考夫曼基金会考夫曼创业领导中心前总裁米奇·斯朗特（Michie P. Slaughter）称他是"美国最早从事创业学教育的教育家。"在2001年1月格洛里亚·阿佩尔（Gloria Appel）去世前，作为普来兹创业研究协会的总裁，他说："在推动创业学教育方面，他（蒂蒙斯）比美国其他任何一个教育家所作的工作都要多。"1995年，普来兹协会和百森商学院的全体教师和朋友共同决定设立并资助杰弗里·蒂蒙斯教授席位，借此表彰他为百森商学院及这个领域做出的杰出贡献。

1985年，他设计并发起了普来兹－百森商学院伙伴项目，旨在通过组织成功的创业者和富有经验的教员一起教学来提高教学和科研水平。这项独特的新举措创造了一种机制，使得大学能够吸引并支持企业家与创业学教育者共同参与教学。目前已经有来自美国及其他28个国家大约250个学院、大学，超过750名创业学教育者与企业家参加过这个项目，成为普来兹－百森商学院伙伴项目的毕业生。1995年5月的《INC.》杂志创业研究专刊《名人录》把他称为"创业学教育的播种者"，并称该项目"让创业学教育领域发生了翻天覆地的变化。"该项目赢得了1994年的两项国家奖，如今还衍生了伯克利分校的普来兹－百森项目，并在美国以外不断发展。1998年，蒂蒙斯博士发起了创业学教育专业人士的终身学习计划（Lifelong Learning for Entrepreneurship Education Professionals，简称LLEEP），目前该计划由考夫曼基金会赞助，并且由伯克利的普来兹－百森项目为创业学教育者提供培训实习。借助普来兹－百森商学院伙伴项目的招牌活动——创业学教育者论坛（SEE），LLEEP已经网罗了一批最优秀的学者作为合作者，他们来自斯坦福大学、加州大学伯克利分校、科罗拉多大学伯德尔分校、萨拉克斯大学、Umass网络学院与Rensselaer理工学院。

在过去的数十年中，蒂蒙斯博士帮助百森商学院发起了几项新活动，其中包括百森－考夫曼创业学研究会议、考夫曼基金会/CEL挑战奖、普来兹挑战奖、商业计划竞赛和总裁研讨会。1997年，利用普来兹协会用于创业研究的90万美元专项奖金，他发起创建了为MBA学生设立的第一个全额奖学金，每年都会有一位普来兹－百森校友奖学金的获得者被授予格洛里亚·阿佩尔纪念学者，以纪念这位长期的资助者、同事与朋友。除了教学，蒂蒙斯教授在百森商学院将主要精力投入于普来兹－百森商学院伙伴项目以及由考夫曼基金会与百森商学院共同主办的活动，包括开展新的研究以及课程开发工作。他在项目开发与教学方面发挥了卓越的领导能力，在美国几所民族大学开设创业学教学课程，以帮助美国土著人寻求经济上的自立自强和社区发展。2001 年 4 月，蒂蒙斯教授由于在创业学领域的贡献而获得俄克拉何马州立法机构的嘉奖，被命名为创业学大使。目前他正在为其他少数民族社区进行同样的工作，特别是在传统的黑人学校推动创业学教育项目的开展。

从 1999 年起，他担任了美国创业学委员会的特别顾问。2001 年 4 月召开的美国研讨会是委员会工作的高潮，会议由哈佛大学约翰·肯尼迪政府学院、美国创业学委员会与考夫曼创业领导中心共同主办，蒂蒙斯教授是本次会议的主席。

作为一位涉猎颇广的研究者和作者，他已经写了 9 本书，包括这本 1974 年首次发行的教科书。《创业学》被《INC.》、《成功》以及《华尔街日报》评为创业学的经典之作，并被翻译成日语，目前正被译成中文。1996 年和 1998 年，《INC.》把此书的第 4 版列为创业者“必读”的 8 本书之一。他和百森商学院同事——威廉·巴格瑞夫合著的《处在十字路口的风险投资》（1992）一书被认为是关于风险投资行业的奠基之作，这本书也被翻译成了日语。在此之前，蒂蒙斯教授写了《创业思维》（1989）、《新企业商机》（1990）、《新企业的计划和融资》（1990）、《小企业资源的内部人指南》（1982）、《小企业资源百科全书》（1984），还为其他书籍撰写了部分章节，包括《MBA 创业简易本》（1994 和 1997）。他写过 100 多篇文章和论文，刊登在许多重要的出版物上，如《哈佛商业评论》和《企业风险杂志》，并写了大量授课案例。1995 年，他和山姆·泰勒（Sam Tyler）合作，着手开发一套新的创业学系列录像带，山姆·泰勒是为 PBS 制作《追求卓越》系列片的制片人之一，另一位制片人是汤姆·彼得斯（Tom Peters）。蒂蒙斯教授还出现在美国和其他许多国家的媒体上，并被《INC.》、《成功》、《华尔街日报》、《纽约时报》、《洛杉矶时报》、《商业周刊》、《职业女性》、《金钱》和《今日美国》多次引用，《滚石》（1997）、《波士顿全球》（1997）、《成功》（1994）都有他的人物专访。

蒂蒙斯博士获得了这样的赞誉：“他能把他所教授的东西付诸实践。”他以前的一个学生现在是一名软件企业家，当《滚石》杂志采访这位企业家时，他十分简洁地描述了他对蒂蒙斯教授授课的感受：“当我去上他的课时，我迫不及待想立刻冲进教室；当我到了教室时，我就再也不想离开了！”蒂蒙斯博士在创业学的世界中已经探索了 30 年多，他是几家私营企业与投资基金的投资者、董事和顾问，包括设立于波士顿、新罕布什尔州、缅因州的第一手机公司（Cellular One）、波士顿通信集团、BCI 顾问公司、波谱股权投资者公司（Spectrum Equity Investors）、互联网证券公司（Internet Securities, Inc）、Chase Capital Partners 等等。1991 年，他是尤因·马里恩·考夫曼基金会考夫曼创业领导中心董事会的发起成员，并从 1996 年起担任考夫曼中心总裁与董事会的特别顾问，他在此中心创建了考夫曼伙伴项目并任教务长。这项首创的伙伴项目的目的是为有抱负的风险投资家和创业者创造重要价值，如同罗兹学者荣誉称号（Rhodes Scholar）和白宫伙伴项目（White House Fellows Programs）对政治和公共事务所产生的价值一样。2001 年，蒂蒙斯博士成为新成立的富兰克林·欧林工程学院院长委员会的一员。在 1994 年和 1996 年，他还担任安永（Ernst & Young）创业者年度奖的国家评审员。

蒂蒙斯博士在哈佛商学院获得工商管理硕士和工商管理博士学位，并在那里参与国防教育法案的研究。他本科毕业于科尔盖特大学，并在那里成为斯科特·佩珀基金学者。从 1991 年到 2000 年，他一直是科尔盖特大学的董事。他和相伴 36 年的妻子萨拉生活在新罕布什尔州占地 470 亩的私人农场上，到了冬天，他们就在佐治亚州萨万那附近的布雷岛种植园度过。他热衷户外运动：钓鱼、高尔夫球以及带着他的两个猎犬安尼与布里兹一起打猎。他是新罕布什尔州万帕克高地绿色通道项目的创立者之一，他积极参与亨利叉车基金会和新罕布什尔州的野生动植物保护信托基金会的活动，是新英格兰的木材业主协会的主任和董事。他是其他许多野生动植物和自然组织的成员，这些组织包括山丘保护组织、哈里斯中心、自然保护组织、Trout & Quail Unlimited、大西洋大马哈鱼联盟和翎领松鸡社团。

小斯蒂芬·斯皮内利（Stephen Spinelli，Jr.），阿瑟·布兰克创业学中心主任，百森商学院创业学分部主席。

百森商学院小约翰·米勒创业学教授。

西马里兰学院文学学士，百森商业研究生院工商管理硕士，伦敦大学皇家学院经济学博士。

斯皮内利博士的工作经历主要集中于企业创业。他曾是杰斐润滑油国际公司（Jiffy Lube International）的发起股东、董事和经理，还是美国石油交易公司（American Oil Change Corporation）的创始人、主席和首席执行官。1991年，他将杰斐润滑油公司卖给了苯早公司（Pennzoil）。虽然斯皮内利博士现在领导着百森商学院的创业学部，并全职从事教学，但他并没有停止他的商业活动，他继续为地区、美国及国外公司提供咨询，担任数家公司的董事，包括凯斯通汽车公司（Keystone Automotive）、Tencorp公司和奥克设备公司（Alco Equipment）等，并作为私人投资者参与了十余家新创企业的投资。

斯皮内利博士是从商人转变为学者的成功典范。在成功创办了杰斐润滑油公司后，斯皮内利博士受邀参加了普来兹-百森商学院伙伴项目，从此开始了学术生涯。在经过几年的兼职教学工作后，1995年10月他从伦敦大学获得博士学位，并加入了全职教师队伍。斯皮内利博士的专长是企业创立与成长管理，主要研究方向是对战略创业关系的分析。他发表了20余篇杂志文章、书籍章节、学术论文和教学案例。他还是《特许专营——创业之路》一书的作者。作为一名出色的教育者，他现在是普来兹-百森商学院伙伴项目的创业学教育者论坛的核心成员，同时还为本科生、研究生及经理人培训项目授课，是企业家为学术机构做出贡献的先进代表。除了在百森商学院的教学任务，斯皮内利博士还是伦敦大学皇家学院与苏格兰格拉斯哥大学的客座教授。

1998~1999年，阿瑟·布兰克创业学中心在全国范围寻找一个新主任，来接替退休以后专心从事研究与教学的威廉·巴格瑞夫。斯皮内利博士是目前为止最合适的人选，现在他领导着百森商学院创业学分部（可能是美国第一个如此自治的学术分部）与创业学中心，该中心是一个16 000平方英尺的大楼，这里有世界上最大、最专业的创业学师资队伍，以及大量的研究项目与延伸项目。创业学中心拥有为学生提供的创业孵化器、电话会议系统以及为访问学者提供的资源/档案库。斯皮内利博士是百森商学院课程改革的领导者，与创业学分部的同事一道不断地设计与实施新的计划。1999年，他领导设计并实施了对毕业后想创办企业的MBA学生进行深度跟踪的项目。在这项举措取得极大成功后，他又设计并开发了ACE课程，即百森商学院本科生的速成创业学课程。斯皮内利博士在美国小企业与创业学协会（USASBE）做了精彩的演讲，富兰克林·欧林商业研究生学院因此获得2002年度美国模范MBA项目。百森商学院现在有12个创业学本科课程，14个创业学研究生课程，上课学生占到研究生总人数的41%。

在百森商学院之外，斯皮内利博士在创业学方面的影响也很大。他是未来国际CEO会议、MCAA全国大会与联合道麦克国际零售业会议（Allied Domecq International's Retailing Conference）的主题发言人，还是美国参议院小企业与创业委员会的咨询顾问，作为行业专家，他的讲话经常被一些顶级出版物引用，如《华尔街日报》、《福布斯》、《金融时报》和《INC.》杂志等。

斯皮内利博士秉承回报社会的态度，尤其是对他的家乡马萨诸塞州斯普林菲尔德。他和妻子卡罗尔一直住在马萨诸塞州西部。他是西马萨诸塞州创业联盟（和EntreNet.com）的现任主席，这是一个非营利性的组织联盟，其宗旨是推动西马萨诸塞州的创业活动。他还担任一些当地、地区与国家的非营利性组织或社团协会的理事，这些组织包括全国教育创业学基金会（NFTE）、西马萨诸塞州访问护士协会以及UNICO国际等。

杰弗里·蒂蒙斯　timmons@babson.edu

小斯蒂芬·斯皮内利　spinelli@babson.edu

www.babson.edu/entrep

序　一

亲爱的读者：

欢迎大家翻开杰弗里·蒂蒙斯教授这本经典著作的最新版本，这是当今全球创业管理教育领域的权威教材。近二十年来，不仅教授们从本书中引用创业学的框架和基本方法，连企业家也都从中寻找创办企业、发展企业的有效指导。

本书的出版适逢中国经济发展的重要阶段，中国建立市场化和全球化经济所需的重大经济改革已经到位。商业气候从来没有像现在这样好，非常适合创业。最新的全球调查表明，中国的创业活动相比世界上其他大部分地区都来得更为活跃。不过，如果用创业是否成功的标准来衡量，中国大部分的创业企业还有相当大的差距。

本书的内容适用于中国，其理论模型和案例可用于分析中国企业家所面临的共同问题——无论他们来自大城市还是小城镇，东部沿海省份还是西部边远省份。

本书的内容包涵了创建一个新企业会面临的种种问题。例如：如何把一个好的创意转化为真正的商业机会？有哪些准则和方法可以对某个显现的商业机会进行快速评估？有哪些重要因素会增加创业型企业的成功几率？一家成功的公司如何完成从创业阶段到成长阶段的转变？蒂蒙斯的著作将引导读者进行系统的、创新的、经过实践检验的创业型思维。

自1982年起，我就一直在中国讲授商业管理课程，同时也注意到中国对管理教育的需求在不断增长 。大约3年前，当《蒂蒙斯创业学译丛》中文版在中国上市后，该书就成为全国优秀高等院校创业教育的核心教材，并一直作为清华大学和中欧国际商学院EMBA项目的课程教材。

我相信教授们、学生们和企业家们都会从本书中获益匪浅。我期待着在清华大学和中欧国际商学院的EMBA和高层经理课程上使用这本书。

您忠实的

Robert Ng（伍健民）
百森商学院杰出领导力教授
百森商学院亚洲研究中心总监

序　二

在知识经济时代，全球产业结构正面临着彻底的解构与再重组运动，创业精神正是驱动这次重组的最主要动力。对许许多多梦想着开创自己事业的人而言，创业不但是一种充分实现自我的机会，更是发挥个人潜能的舞台，创新与创业将成为知识经济社会的一种常态行为。

尽管如此，创业对大多数人来说，仍然是充满未知与风险的险途，在创业道路上折戟沉沙的人更不在少数，正可谓是“出师未捷身先死，常使英雄泪满襟”。正是基于此，社会就有了研究如何成功创业的需求。本书恰恰是这方面的一本鼎力之作。

通过阅读本书，我们会发现其实创业也是一门学问，处处都需要精妙的管理技巧和正确的商业认知。例如：创业成功的开始必须有一个好的构想。许多创业者一旦有了好的创业构想，就会马上动手投入创业，根本就没有具体的创业策划，也谈不上具体的商业计划书。大部分企业在创办后的几年内会失败的原因之一就是在于没有创业策划。创业不仅仅需要美好的构想，更需要细致周密的策划。创业的构想只不过是一个好的种子，而创业策划是种子生根、开发、结果的土壤。还有，新创企业的最大限制是资源有限，尤其是资本短缺。如何运用有限资本，应付创业之初的需要？创业者应掌握资本营运的技巧，否则新创企业将会成为一个营养不良的婴儿，严重影响企业的成长。细细阅过本书以后，相信希望自主创业的读者们会在这些方面受益匪浅，对于提高企业成功率一定大有裨益。

另外，我认为这本书的读者不仅仅局限于立志于创办新公司的仁人志士，对于那些企业已经具备一定规模的老总们而言，也是合适的。这是因为，在经济全球化时代，企业竞争的难度大大增加，经营环境具有极大的不确定性和复杂性，要求企业必须具备柔性和快速反应的“超强竞争能力”，才能赢得与对手的竞争。目前在我国企业界，有不少企业，在经过若干年的发展扩张后，却渐渐表现出了“大企业病”的特征。保持创业精神，恰恰是对付“大企业病”的一剂良方，是保持企业持续成长、维持竞争优势的利器。因而，重温创业阶段的各种困难和破解之道，对于大企业的上上下下也是一种保持青春活力的需要。

应该指出，中国背景下的创业研究还是相当匮乏的。目前的中国正处于一个大发展、大变革的时代，这个阶段比以往任何时候都更需要创业精神。国内研究者要立足本国，系统深入地拓展中国背景下的创业研究，如创业决策体制和政策环境因素、创业成功和失败的关键因素、创业精神在不同企业发展阶段的运用模式等一系列重要课题都值得进一步深入研究。希望本书的出版不但可以为创业者提供指南，更可以为国内创业研究提供有益的启迪和思路的拓展。

是以为序。

上海交通大学管理学院院长
王方华
2005年7月8日

译者序

中国已经成为全世界最活跃的经济体。随着经济制度改革的不断深化，人们的职业生涯观念已经发生了很大的转变。“创业”不再是一个新名词，人们的创业热情空前高涨。

创业大潮也带动了人们对企业家与企业家精神的思考。在一个经济体制不够完善的经济体，企业家的成功主要依赖于对资源、要素禀赋的垄断或者制度缺失的利用，这一点在上世纪八九十年代的中国尤其明显。但是随着中国加入WTO，融入世界一体化经济的步伐加快，众多具有国际竞争能力的企业跨入国门，我们家门口的竞争也就成了全球化的竞争。创业企业的成功不能再单纯依靠资源禀赋的垄断，因为这不符合市场经济公平竞争规则，也难以找到可利用的制度缺失。企业，尤其是新建企业，其竞争格局从相对优势转变为核心竞争力的竞争，企业家也必须从机会主义者转变为战略经营者。因此，中国呼唤理性的，具有国际化思维与现代竞争意识的企业家、创业者。

本书作者杰弗里·蒂蒙斯是美国创业研究与教育的领袖人物，他在创业学领域的贡献得到了全世界的公认。在蒂蒙斯教授的带领下，百森商学院创业学研究的排名位居第一。本书作为他的经典之作，影响了世界各地无数的创业者与企业家。在书中，他从创业革命的背景、创业的机遇、创业者的创业精神和伦理、创业者对资源的需求、创业企业融资以及企业创立后的后续发展和退出等方面对创业过程的各个相关环节进行了系统而有针对性的论述。作为一门具有很强应用性的课程，该教材的内容编排和练习十分注重实用性和便利性，有助于学习者很快地将所学知识付诸实践。

本书两位译者均毕业于上海交通大学，周伟民现在上海交通大学安泰管理学院任教，同时是加拿大Waterloo大学访问教授，多年从事企业管理、国际经济和贸易的研究，发表中英文论文多篇，译著数部；吕长春现为上海统智企业管理咨询有限公司总经理，工商管理硕士、经济学硕士，担任过大学讲师、跨国公司市场经理、总监，自2001年开始从事企业管理咨询，具有丰富的创业与企业管理实践经验。在本书的翻译中，我们倾注了大量心血，希望这本思想的宝库能为众多正在苦苦追索中的创业者提供一些理论方面的指导和实践方面的启迪。

简要目录

目 录

献　词

本书献给百森商学院名誉教授约翰·浩纳迪（John A. Hornaday）

百森商学院创业学的创始人和第一位学科带头人。没有您的远见卓识和创业精神，我们可能永远无法获得今天这么大的成就。谢谢您开创性的贡献，杰克！

——杰弗里与史蒂夫

前　言

面向下一代创业领导者的书

在美国历史上，创业精神从来没有像现在这么生机勃勃。自从1999年本书上一版问世以来，我们看到了互联网与科技企业爆炸式的发展，以及随后非理性膨胀的泡沫的破灭。但是，互联网新兴企业的大量涌现产生了两种持续的影响：一个是技术再次被确认为新兴企业的驱动力，另一个是普通大众提高了对“创业文化”的认识。创业精神已经在世界范围内得到了认可与推崇。失去理性的浮躁已经淡去，取而代之的是对知识、领悟力与经验的渴望。人们对创业教育的需求从来没有如今这样强烈。《创业学》*一书的创业过程模型在深度与生命力上经受住了检验，这本书的内容直至今日还如此具有价值和实用性，如同1974年首次出版时一样。

当我们步入新千年，三个重大的挑战呈现在面前：首先，较大规模的企业应当竭尽全力按照创业的运作方式进行思考、行动和完成各项职能。市场机制对高级人才和经营思路的要求，使得企业要么采用和创造创业运作方式，要么被其他竞争者或新建企业替代，除此之外不会有第三种选择。其次，新企业的可持续性要求企业的战略以及实践必须考虑成本并适应生态环境健康发展的要求。最后，未来创业一代所面临的最根本、最棘手的问题是：在婚姻、家庭、新企业和社区服务各方面存在无止境的要求，如何平衡这些要求和追求快乐平静的个人生活。

21世纪的版本

28年前，当我第一次为本书的第1版准备书稿的时候，没有人知道创业革命的威力到底有多大。当时，几乎没有人预料到这次革命将对教育界和管理界产生如此深远的影响。

就拿《创业学》最初的雏形和手稿为例吧。1974年秋天，我的书稿被美国两家最大、声誉最好的商业、经济、管理类出版社断然否定了。很多大公司都是极其官僚、畏惧风险并且惧怕革新的，这些编辑们对书稿的否定理由恰好可以解释这一现象。他们害怕领导潮流，一直要等到事情已经变得百分之百可靠时才肯做，可那时，除了追随，干什么都已经太晚了。让我们来一起品味一下编辑们在回绝信中写的几段话吧：

> “除非你打算把这本书稿包装成‘新潮’作品，否则，我认为出版这本书不会有很大市场。”（当然，我的打算是写一本“老派”作品。）
>
> “我们必须问自己，是否确实存在一个巨大的市场……很不幸，我们阅读后的结论是否定的。我们无法确信您的书稿出版后会有商业市场。”

老实讲，我们可以理解这些出版商们在发现这本书的市场潜力方面存在的困难。因为，毕竟当时全美提供新企业和创业学课程的学院或大学估计至多只有50~75所。显然，他们对这一领域发展潜力的认识是相当有限的。

马克·吐温这样富于哲理地写道：“我极少能发现机会，往往在我发现的时候，它已经不再是机会了。”幸运的是，《创业学》一书的第1版最终在美国问世了，出版商是当时一家规模很小但极富创业精神的出版社：伊利诺伊州的理查德·欧文公司（Richard D. Irwin Inc.）,它现在属于麦格劳-希尔旗下。罗伯特·戴姆主编是惟一能够看到未来商机的人。

从那时起，一场轰轰烈烈的“创业革命”在美国兴起了，现在已蔓延到了整个世界。在过去的30年中，创业学成为美国商业和工程学院发展最快的学科领域。目前有超过1 800所学院、大学、社区学院开设了这一领域的课程，有超过100个创业学中心，很多学院、大学开设了创业学与创业研究专业。非营利性基金与组织实施了难以计数的创业措施来推动、加强创业学发展。《创业学》第5版（1999）成为美国销量最大的创业学课程的书籍。还有一些事实证明了自1999年以来创业学领域的发展

---

* 为方便教学和读者阅读与购买，我们在听取专家建议的基础上，将此中译本每章章末丰富的配套案例译稿单独汇集成书，书名为《创业学案例》，该书将于 2005 年 7 月由人民邮电出版社出版。　——编者注

与壮大，特别是：

- 2001年秋天，位于马萨诸塞州尼德海姆、毗邻百森商学院校区的欧林工程学院招收首批工程学本科生。这个富有创新精神的学校注重创业与商业的原则，认为这些原则与工程技术是相关的。
- 美国创业学委员会（NCOE）于1999年2月成立。作为一个无党派的组织，NCOE的目标是成为企业家与立法者的桥梁。该委员会已经建立了自己的网站，并逐步成为创业的有力的倡导者。
- 1997年由百森商学院和伦敦商学院建立了全球创业监控系统（GEM），该系统得到了考夫曼创业领导中心的大力支持。这个计划将全世界创业学领域的专家汇集在一起，来研究创业与经济发展之间的关系。从1999年到现在，它已出版了两本报告，报告提供了极有价值的关于全球创业状况的信息。

全球创业新时代的黎明

我们已经进入了21世纪，新千年已经展示为一个崭新的“创业时代”。它将激发企业的创新、发展，并产生全新的资本基础，对此我们从前毫无所知。“窥一斑而知全豹”，美国所发生的这一切也会在全世界其他地方出现，全球的创业浪潮是无法逆转的。每个国家的人民都具有大量优秀的创业品质：竞争精神、团队精神和团队建设、高瞻远瞩、重视长远价值和关系。改革和创新精神正在全世界几乎所有的市场上蔓延。在中国、日本这样正在崛起或比较发达的国家，一旦创业精神像天方夜谭中的巨人那样从瓶中释放并被完全激发，它们的经济实力将会多么强大与令人战栗！

一部关于创业过程的书：既是一门课程，也是一门学科的基础！

《创业学》一书实际上讨论的是这样一个过程：新企业首先被创建，继而成长、收获，然后是再一次的创建。

创业者如果想要获得优势，那么在创建这个企业之前、之中和之后，都必须掌握相关知识、概念和工具。随着创业热潮的到来，与创业过程相关的理论知识和科研成果大量涌现。许多过去已知的内容被加深提炼，有的知识面临挑战，还有大量新的观点开始出现。

《创业学》是创业领域内大量经验和科研成果的总结。它根植于现实世界的实际应用，并在课堂上加以提炼。本书的第6版吸取、提炼了前5版中的精华，同时收集了已经出现的各种新观点。

与以往一样，本书的构思与行文将关注点集中在创造新知识、新方法和新观念上，包含了创业过程所涉及的方方面面，以及创建新企业和发展新企业的关键因素。本书的目的是引导学生发现创业理念和足以用来捕捉不同创业机会所必需的素质、技能、专门知识、经验、态度、资源、网络，这一切都通过一套实用的方法（即：课本学习、案例研究、动手练习等）来实现。毫无疑问，真正去创建一个公司是无可替代的学习方法；但如果没有这样的机会，我们还是有必要让学生多接触一些重要问题，并让他们集中精力了解创业的关键过程，比如说，制定一份商业计划。

本书分为五编。前三编详细介绍了创业过程的驱动力量：识别商机、团队合作和资源需求。第一编阐述了发现和挑选商机的过程，注意，这里的“商机”不只是个“想法”，而是指“*真正的机会*”。在此编中，我们可以看到怎样的商机能够促成高发展潜力企业的创建，在这样的企业里，它面临的风险和与之相应的回报都是可以为企业所接受的，这种企业可以在它想退出的时候退出，并且获得丰厚利润，而不是被迫退出，更不是在他们根本不想退出的时候无奈地退出。第二编是关于团队合作和创业者如何思考、如何行动、做什么才能使成功几率更大。第三编是关于资源和商业计划的制定。

接下来的两编涉及到一些重要的细节。第四编介绍了创业融资和向新建企业投资的过程。第五编讨论了企业创建、获得成功的战略、争取快速发展和企业的收获退出事宜。

在第5版中，“制定个人创业战略”的章节与练习被删除了，在本版中又被重新放回来成为第20章。这个有价值的练习在NVC网站上也可以找到（www.mhhe.com/buiness/management/timmons6e）。当一个创业者了解了成功的创业者是怎么想、怎么做的时候，他就可以设定目标来仿效他们的行动、态度、习惯和战略。这一编要求创业者去思考自己成长为一个创业者所要经历的过程，就好像一位运动员的教练在为获得赛季胜利前所要作的准备一样。以下问题也是必须考虑的：我的才能、优势、劣势是什么？如何充分发掘这些才能和优势（劣势如何被最小化）？利用我方优势和竞争对手劣势的机会可能出现在哪里？如果你不能花1个半小时至3个小时回答这些问题，那么你可以看看第7章的快速浏览练习，先做一个关于个人创业品质的评估。

《创业学》努力使创业者置身于创建企业、发展企业这样一个动态的过程，并对以下实际问题进行讨论：

- 作为一个创业者意味着什么？
- 好的商机与“只是一个想法”的区别在哪里？
- 现在正在考虑的商机对于我是合适的商机吗？
- 为什么有些公司很快就发展到几百万美元的营业额，但之后就裹足不前，而且再也无法突破单一产品的经营模式了？
- 在抓住商机并创建企业的过程中，所面临的关键任务与障碍是什么？
- 我需要多少钱用以创业？并且什么时候、在哪里、如何以可接受的条件得到这些钱？
- 从企业开办前、发展早期到收获退出的整个过程中，我可以利用哪些融资渠道，使用什么样的融资战略和机制？
- 为了抓住商机，所需的最少资源是什么？具体该怎么做？
- 必须制定商业计划吗？如果是，什么样的商业计划才是真正需要的？如何制定？何时制定？
- 谁是我必须为之增加企业价值以获得正的现金流，并使之在企业退出时获得丰厚收益的委托人？
- 我的企业值多少钱？我如何进行谈判以决定需要放弃什么利益？
- 当企业的销售额从100万美元增长到500万美元，再到2 500万美元，创业管理的关键转折点在哪里？
- 哪些情况是必须事先预见、提前准备并及时回应的陷阱、雷区和危险？
- 我必须获得和开发的网络、关系是什么？
- 我自己清楚我知道什么，不知道什么吗？我知道对此该怎么做吗？
- 我应该如何制定个人的“创业战略计划”以得到获取成功所必需的经验？
- 在上述各项中，时机有多关键？时机的敏感度有多大？
- 为什么创业学和创业管理好像充满了悖论？这些悖论是创业者经常碰到的，比如：

  ——模糊性、不确定性好还是计划性、严密性好？

  ——创造性重要还是严密的分析重要？

  ——坚持耐心、毅力还是急事急办？

  ——注重组织、管理还是灵活掌握？

  ——要创新、快速反应还是要系统化？

  ——是规避风险还是进行风险管理？

  ——短期利润重要还是长期权益重要？

《创业学》的价值不仅体现在它是一本创业学的系统教科书，同时它也是创业学课程与专业的启蒙书。在百森商学院，最具革命性的MBA课程创立于20世纪90年代。原先独立分散的课程功能模型没有将市场营销、金融财务、运作管理、人力资源、质量控制方法等有机结合起来，但现在这一切都变了，取而代之的是基于创业过程模型的全新方法，这一模型可以在《创业学》一书中看到。现在经过近10年的发展，这个课程方案已经在学生和企业中获得了极大成功。这一举措为21世纪的管理学教育提出了新的标准，同时淘汰了其他许多教学方案。

第6版的变动一览：新案例、新章节、新数据与主要修订内容*

这一版本相对于第5版做了较大的修订和发展，增加了一些新案例，并对早先的案例与文字材料作了更新，目的是适应20世纪90年代全新的金融、技术背景以及全球的竞争环境。本版还特别包括了一些介绍新企业在连续一段时间内所经历的动态演变过程的案例。如果对新企业前一两年和未来5~20年所面临的决策有很好的理解和把握，将有助于读者对通常来说混乱和不可预测的创业过程形成全面而深刻的理解。

这一版本的特点是增加了大量的内容，并对原来的内容做了许多发展：

- 增加了新的合著者小斯蒂芬·斯皮内利博士，他领导着百森商学院阿瑟·布兰克创业学中心，是杰斐润滑油国际公司的共同创始人以及国内最大的特许专营授权商，他还是一个特许专营的专家。
- 增加了一些新案例，包括对以前的案例的更新和收尾，以及在网络大潮的兴盛与破灭中，他们应对、生存、拓展和衰亡的过程。
- 提出了一个新的资本市场食物链概念，并对所有的资本市场和金融资源信息做了更新。
- 在每章增加了新的板块，提供与章节内容相关的主要

---

* 本书每章章末案例单独汇集成书：《创业学案例》 ——编者注

网站地址。

- 对以前版本的案例与练习提供了互联网参考内容与网址链接。
- 对商机筛选标准与企业商机筛选练习做了比较大的修订和完善。
- 增加了由斯皮内利教授撰写的关于特许专营的新的一章。
- 在“收获后展望”中增加了有关社区与环境责任的内容。

第1章，“创业革命”——较大改写

这一章对上一版本进行了较大的修订，提供了在创业者建立创新企业后美国经济剧变的最新实证资料。在第6版中，我们收录了有关创业经济公司化研究的最新信息，这些信息来自全球创业监控（GEM）报告、美国创业学委员会及其与哈佛大学约翰·肯尼迪政府学院联合主办的研讨会，还有一些新的创业者的人物传记与案例。

案例：将PC组装公司（PC Build）的案例挪到这一章，取代原来的Outdoor Scence案例，Outdoor Scence公司案例将放回到NVC的网站上。

练习：“企业家访谈”。大多数学生都会认识至少几个创业者，但很少有人依据练习中所列的问题深入研究他们。在练习的整个过程中，它会帮助我们树立关键的评判标准、榜样与参照对象。

第2章，“创业过程”——较少改动，增加了一个案例

因为第5版曾做过较大的修订，所以本版只做了较小的改动和更新。本章进一步发展了蒂蒙斯创业过程的模型框架，提供了说明这个概念模型的一个新的实例。本章检验了关于创业者的神话和现实，为学生们制定他们自己的创业战略奠定了基础。本版新增加了一个讨论，是关于新的创业模式如何应用到非营利性机构或慈善事业、公司如何把握和创造自己的创业管理观点，以及创业社团如何被政府重视并成为政策辩论的中心话题的。

新案例：詹姆斯·肯尼菲克：一个创业者的成长经历，这是一个由多部分组成的系列案例的第一部分，它跟踪了一名大学生从1986年毕业一直到2000年的经历，从他最初作为EMC——一家计算机存储公司——的雇员和首位全国销售经理，一直到他开办两家公司，而且其中最后一家公司筹集了超过2亿美元的风险投资与其他投资，营业收入达到5 000万美元；完成了首次公开上市的登记，然后在2000年中期的纳斯达克与资本市场的崩溃大潮中受到沉重打击。

第3章，“创造、塑造、识别、抓住商机”——做了比较明显的修改，增加了新的内容和一个新练习

本章包括了大量新的、更新后的材料，这些材料是百森商学院MBA项目创业深度跟踪的一部分。它主要集中于商机评估和实施战略，还包括一个关于“dot.com”破灭的讨论，用于评价商业模型的来龙去脉。本章还包括了新的网上资源和工具。

案例：罗克珊·昆比，讲述了一个年轻女性的非凡经历，她在缅因州的密林中过着只有温饱的生活，却看到了一个商机并在数年中将其发展成为一个数百万美元的企业。假如当初建立的是一家生存型的企业，就不可能存活这么久了。

练习：商机创造概念与突破性思路探索，这是全新的。

第4章，“筛选企业商机”—— 做了较大修改，增加了新内容

本章在第3章的创业动机与标准的基础上做了充分提升。本章仍然包含了在第5版中介绍的通行的“快速浏览练习”，在第6版中本章增加的新内容是一个完全升级版的初期“企业商机筛选练习”，这个练习将各个步骤分列开来，作为一个个个人练习，并充分运用了原始资料。

案例：加里·米勒与乔治·米勒，本案例是个系列案例的一部分，关于一个即将毕业的MBA与他的兄弟的故事，他们设想将加里在二年级所做的一个实地研究项目转化为一份东欧的商业杂志（主要集中在波兰）。本系列的第二个案例是在1年后所做的商业计划，这份商业计划将原来的设想发展成为以互联网为基础的金融、经济、市场信息服务，并且他们计划寻求风险投资的支持，最终，他们的商业计划取得了极大的成功。

练习：“快速筛选”练习与“企业商机筛选练习”，它们提供了有价值的表格来引导人们对创业思路进行最初的评价，并竭尽所思判断它的盈利潜力和可能的风险与回报。“快速筛选”练习是“企业商机筛选练习”的简化版，能帮助学生快速找到商机的核心特征。

“企业商机筛选练习”已经被简化并分割成若干个独立的练习，可以单独做，也可以全部做。这种变动给了练习大纲最大的灵活性，在指导单个学生或实地研究项目时也更加方便。

- 塑造商机研究

- 客户接触研究
- 价值链
- 企业的经济性
- 资本与收获
- 竞争格局
- 创始人的责任声明
- 其他关键的信息
- 行动日程表

第5章，“创业者与持续的互联网革命：不断扩张的领域”——进行了较大的改写

本章进行了非常大的改写，不仅指出了互联网对于创业者而言是一个重要的商机制造者和源泉，而且还指出了使互联网公司成功的因素，以及“旧”规则如何应用于“新”经济。

案例：证券在线公司，这是互联网证券公司案例的又一名称，是米勒兄弟传奇故事系列的第二个案例。一年后，他们对原来的商机、战略和商业计划进行了全新的再定义，在新的商业计划中他们寻求风险投资发展的不是原来设想的杂志出版物，而是基于互联网的财经信息服务，为投资银行、咨询公司、银行提供所需数据。本案例描述了一个基于互联网的高潜力企业的动态的创造与形成过程。

第6章，“特许专营”——由斯皮内利教授撰写的新的一章

斯皮内利教授撰写了这个全新的章节，在这里我们研究了特许专营作为商机和风险—回报管理战略的作用。从几个方面对其进行了研究：什么是特许专营；谁是特许专营商；对于创业者来说有哪些选择；当人们考虑选择特许专营时应该采用什么样的判断标准；需要什么样的资源和经验；如何作为特许专营授权商开辟一个特许专营事业；特许专营的体系如何运作以及如何建立和管理复杂的关系。

新案例：迈克·拜罗布诺，本案例讲述了一名尚未毕业的大学生憧憬着开一家百吉饼店，并选择特许专营方式实现这个概念的故事。

第7章，“思考和行动中的创业思维”——较大修改，增加了新内容以及有关女性与少数民族创业者的信息

修改过的这一章仔细研究了公司创始人/创业带头人。创业思维有什么特别之处？成功企业家都做些什么？他们如何思考与行动？他们的态度和价值观是什么？他们如何领导？他们的战略与实践有哪些？本章包括了一段关于创业逻辑的全新内容，抓住了创业中跳出思维定式的创新思维方法。本章中还增加了一些关于女性和少数民族在创业经济中的重要作用的广泛讨论与相关信息。

新练习：“快速浏览”，这是一份两页纸的“制定个人创业战略”的简化练习。这个练习可以让大家对个人创业品质做个快速的调查。

案例：迈克尔·希利（A），本案例再次访问了1993年后期的PC组装公司，此时该公司已经过了生存关，并希望在来年达到销售额300万美元的目标。案例讲述了公司过去已经做的事情，公司是如何改变经营战略的。还有一件令人吃惊的事情：希利让一个大客户投资25万美元到PC组装公司，可是客户却说：“你出38万美元买下我们的计算机部门吧！”这是一个商机吗？如果是的话，又该如何规划这次收购？在NVC网站和指导手册上可以找到后续的（B）与（C）案例。

第8章，“创业经理人”——较少改动，新的案例

本章讨论了公司在不同发展阶段对创始人的技能和素质要求。它描述了白手起家开创企业所需具备的内在的领导素质。在第6版中，我们增加了新的关于在公司发展过程中的创业学内容，还增加了关于检验大企业是否以及多大程度上具有创业性的信号和判断标准的讨论。

新案例：伯特蜜蜂公司，延续了前面开始的罗克珊·昆比的故事。罗克珊是一位与众不同的创业者，她的创新思路和创业精神使她创造了一个以蜂腊及其延伸产品为主的新企业。该公司面临快速的、高盈利的发展，一项是否搬到南加利福尼亚的重要决策，以及一项重大战略收购的要约。

练习：管理技巧与专门技能评估：一个有组织的管理技巧库能够使学生们对他们的技巧、专门技能、素质与相关经验得到反馈和评价，这些都是获取发展商机所必需的。

第9章，“新企业团队”——较小修订，一个经典案例

本章仔细观察了蒂蒙斯模型中“人”的部分——创业团队，讨论了建立团队、领导团队、有效分配资本与报酬以及在此过程中关键的因素和缺陷。本章还包括了一些高潜力企业薪酬设计内容的网站和信息。

案例：密歇根照明公司，这是一个非常经典的关于合伙人冲突以及如何化解分歧的案例。在案例中还包括企业价值评估、企业发展潜力的未来预测以及将合伙人之一排

除在外的机制。教学笔记中讲述了最后化解僵局的方法以及合伙人后来各自的成功故事。

练习：奖赏与薪酬，它引导学生了解在确定团队中所有权和薪酬分配过程中需要考虑的因素、约定和决策。

第10章，“个人道德和创业者”——较小变动

本章讲述了创业者的道德与诚信方面的复杂、令人痛苦的因素，以及它们对将来成功的意义。它试图让人们意识到高的道德标准是极其重要的，并在团队和公司中建立这种意识。在第6版中，我们增加了诚信战略对于任何创业企业的重要性的讨论，还讨论了创业者的一些缺陷以及到哪里寻求帮助的观点。

案例：韦恩·保斯都克，这是一个非常成功的篮球教练和老师成为创业者的故事。虽然案例很短，但内容很丰富，尤其难得的是，它关注了一个建立1 000多万美元的公司的美国土著人。

练习：道德，这个练习让学生做出各种道德选择，然后运用他们做出的答案集中讨论课外作业和本章中所提出的一些观点。

第11章，“资源需求”——较少修改，但更新和增加了一些内容

现在来仔细关注蒂蒙斯模型的第三个要素——管理资源。本章检验了创业者用来识别和配置资源的战略与技术，讨论了节俭的、依靠自有资源的战略，并更新了网站列表，收录了与企业“建立智囊团”一节有关的信息来源，这个“建立智囊团”的章节是在百森智囊团的工作基础上形成的。

案例：国际传真公司，这是一个由三部分组成的系列案例的第一部分，它描述了一对年轻人，也是本书作者以前的学生的故事，他们经过努力找到了在20世纪90年代早期国际电信市场的一个创业商机，本案例是最初的商业计划，用来筹集100万美元的启动资本。该公司到1998年收入已经达到了5 000万美元。

练习：创业者如何变少为多，这是一个较短的实地项目，需要学生找到那些以不到5万美元的种子资本创造了销售额超过300万美元的公司的创业者，并对他们进行访谈，对学生而言，这是一个非常有用的并且具有启发性的练习。

练习：建立你的智囊团，这是个新练习。

第12章，“商业计划”——较少修改

本章提供了一个完整的商业计划指南，还包括成功的创业者与投资人关于商业计划制定和演示的窍门、实用建议与专门技能。为了节省时间和精力，还提供了一个简化过的商业计划模板。本章还包括了一个新的部分，是关于社区和环境因素在制定商业计划中的角色。

案例：道格拉斯·拉纳利和谢·普里姆雷，这是国际传真公司系列的第二个案例，在1年后重新访问了这家公司。新的商业计划既带来了公司的成长，也带来危机：国际传真公司又一次资金耗尽了。本案例全面讨论了估价、商机、战略、团队、资本来源、交易结构、筹资战略以及相互匹配问题。

练习：商业计划起步，该练习提供了一个计划模板，帮助学生组织他们的团队以完成计划。

第13章，“创业融资”——较少修改

快乐也是正现金流！本章讨论了创业者对于创业融资、资本需求判断所需了解的内容，包括自由现金流形式，建立融资和筹资战略等。本章还包括一些更新过的内容。

案例：国际传真公司日本子公司，这是系列案例的最后一个案例。案例讲述国际传真公司进行自我剖析，找到在日本的战略合作者/投资者，设计协议框架并签订了合作协议。与此同时，公司又一次没有钱了。

第14章，“获取风险资本和成长资本”——做了重大更新，增加了新内容

本章讨论了一些非正式的天使资本与风险资本源，以及这些投资天使和风险投资者如何评价交易、创业者如何与投资者打交道等问题。本章收入了一些新的和更新过的内容，包括资本市场的数据表、处在“后dot.com疯狂时代”的实例以及新的网站资源等。本章还介绍了资本市场食物链的概念与框架。

案例：欣德曼公司，这是个由四部分组成的系列案例中的第一个，这个系列案例讲述了杰斐国际润滑油公司创立、开始、建设、收获和转让的过程，它是我们使用过的最有效的教学系列案例之一。在第一个案例中，描述了该公司的初创、高成长战略和早期融资。

第15章，“交易的估价、结构和谈判”——做了较小的改写，并加入了新内容

本章详细讨论了创业者与风险资本家使用的各种估价

方法、前期投资与后期投资、交易结构原则、创业者面临的谈判事宜。本章还讨论了创业者遇到的漏洞和“沙陷阱”。本章新的内容是关于dot.com泡沫的残局与“旧”经济生命力的讨论。本章一个明显增加的内容是法律因素、交易结构与谈判程序的模型，这些模型由位于波士顿的Testa, Turwitz & Thibeault律师事务所开发，本书作者认为该律师事务所是这个领域的权威。

案例：过渡资本投资者公司：到1985年，杰斐润滑油公司已经迅速发展到100家门店，面临现金不足，准备寻求1 000万美元的过渡融资。这是一个非常精彩的关于交易结构和创造性地运用交易筹码的案例。利用课堂角色模拟的方式进行谈判演练可能效果不错。

第16章，“获取债务资本”——较小的修改，有一些更新

本章详细讨论了债务资本的各种来源，包括在贷款前后对银行关系的管理与协调。还讨论了银行如何看待贷款建议书、采用的衡量标准、契约、个人担保以及银行拒绝时应该怎么办。粗心大意的借款者将会遇到的“焦油陷阱”和“定时炸弹”也包括在本章内容中。

案例：杰斐润滑油国际公司，这是四部分系列案例中的第三个案例。这个案例检验了在1986年首次公开上市后杰斐润滑油国际公司的急速发展战略和新的商业计划，它的高杠杆比例融资战略及其含义。这是一个非常好的案例，可以让学生推算自由现金流，亲眼看看杰斐润滑油公司对资本是多么偏好。虽然公司超额完成了商业计划的目标，但1989~1990年的信贷紧缩使得资本市场不再能为公司的发展和融资推波助澜，因此它也岌岌可危。1991年苯早公司以极低的价格收购了杰斐润滑油公司。这真是一个非常痛苦又令人警醒的离奇故事！

第17章，“高速成长管理：企业创建后的创业学”——较小的修改，做了一些更新

本章仔细观察了在创业公司中高速成长管理的特殊事项与要求，讨论了领导、文化和企业氛围，还检验了3个21世纪的创业领导模型。

案例：快速润滑油特许专营公司，这是杰斐润滑油系列案例的第四个，也是最后一个案例。它描述了一个特许专营企业的初期创始人如何变成最大的特许专营被授权商，然后在20世纪90年代早期面临收获。在案例中也谈到了复杂的价值评估、时机、交易结构设计以及谈判事宜。

第18章，“创业者与陷入困境的企业”——较小的修改，做了一些更新并增加了一个新案例

本章讨论了预示企业走向危机的信号与征兆，专家们寻找的转折点以及使企业复活的战略和方法。

案例：EverNet公司，这是一个新案例，延续了詹姆斯·肯尼菲克的故事（见前文），描述了他的第二个创业企业的快速成长。

第19章，“收获及未来展望”——较小修改，但增加了一些新内容

本书将创业过程视为一次历程，而非结果，包括收获方式选择及其后果以及收获后的未来展望。本章增加了一段关于创业者如何将人们对环境与社区的关注与创业期望结合起来的内容。在第6版中，我们将制定个人创业战略的练习重新放回到本章结尾处。

案例：保罗·托宾。这是一个成为波士顿第一手机公司总裁的美国陆军大兵的故事。该案例描述了他的创业历程，包括他如何识别商机、如何建立企业战略以及如何筹集风险投资来发展企业。很不幸，制定的战略存在缺陷，公司必须重建，否则就要灭亡。

第20章，“制定个人创业战略”——从前一版重新引入到本书

案例：波士顿通信集团公司，延续了保罗·托宾的故事，看看在20世纪90年代中期该公司对最终收获的协调与管理，包括GTE等公司的战略收购或首次公开上市（IPO）等。案例提供了近距离观察的机会，可以让我们对IPO的估值和定价进行剖析，了解承销商的作用和选择以及1996年年中时活跃的资本市场真相。

练习：制定个人创业战略。

附 录

本书以前各版的所有附录都收录在《创业学》的网站中。

每章增加内容

第5版中所有各章增加的内容在第6版中仍然保留：

- **本章总结** 设在每章的最后，对该章的重要知识点做了简洁明了的总结与回顾。

- **习题** 每章都设有习题，它帮助你将注意力集中到关键问题上，并对你的知识进行测试，同时把本章将要讨论的重要内容与观点组织起来。
- **思考题** 设在每章的最后，目的是为读者提供一些具有启发性的思路。例如，如果你不能消化所学课程和《创业学》一书的内容，不能领略其中的智慧，那么你在创业过程中将多耗费多少资金？

我们对NVC网站进行了完善，增加了没有收入本版的旧案例、电子版的练习以及其他在旧版本附录中的特定的材料，这些材料是任何时候都有效、具有很高价值的。

《创业学》之源：以现实世界状况为基础的研究方法

《创业学》是如今有抱负的创业者所能获得的同类书籍中最实用、最具综合性的一部。它聚焦于：创业的风险与回报、思路与商机的区别、如何争取成功的优势。它可以缩短和加速你的学习过程，又不会降低学习质量，同时，如果你能坚持勤奋学习，它还可以让你省下可观的"不必要的学费"。

本书所包含的模型、方法和过程已经广为创业者、学者、个人投资者、风险投资者和大公司的经理们使用，这些人都在孜孜不倦地追求着他们的创业之梦——有些人已经取得了极大的成功。本书先前的版本已经获得了相当高的赞誉和认同，被认为是世界上创业领域最具先导性的著作之一，许多人将该书视为创业者的"必读"之书。

第一编

商　机

大家经常听到这样的话，特别是从年轻的、新的创业者那里听到，“做就是了！你现在没什么可损失的，即使不成功又怎么样，你可以重新再来。等什么？”虽然这些话所体现的精神值得称赞，也可能除了行动以外别无选择，但除非这次行动确有商机可言，否则这种想法可能导致严重的错误。

大多数创业者在开办企业，特别是第一次开办企业时，会很快遇到资金耗尽的问题，往往在他们还未找到客户、销售额还未达到盈利点时，他们的资金就用完了。虽然这其中会有许多原因，但第一条一定是他们没有抓住真正的商机。不成功的创业者通常会把思路等同于商机；而成功的创业者明白两者有很大的区别。

成功的创业者知道“思路大气”的重要性。他们明白他们不只是为自己与雇员创造一份工作，而是要建立一种能够给他们以及社会创造价值的企业。

虽然那些充满热情的创业者会发现无尽的商机，但事实上一个创业者在他最有精力、最能拿得出成果的几年中也只可能创建起几家好企业——很可能不超过3~4家。（幸运的是，你所需要做的只是发展并收获一个销售额超过几百万美元的盈利企业。其结果是十分令人满意的，你不仅获得成功的职业生涯，而且还会享受到收入颇丰的人生。）

精心筛选商机重要吗？答案是：很重要！近几年，风险投资者们对许多企业做过投资调查，但在所有这些企业中，真正得到他们投资的不超过1%或2%，这并非偶然现象。

发现一个好商机很重要，明白每个好商机都包含风险和问题同样重要。因为到现在，漂亮的交易还没达成呢。因此，在采取具体步骤之前，必须早早地认清其中所含的风险和问题，以避免或减少负面影响，这是商机筛选的另一层含义。

第1章

创业革命

“我们正处在一场静悄悄的大变革中——它是全世界人类创造力和创业精神的胜利。我相信它对21世纪的影响将等同或超过19世纪和20世纪的工业革命。”

——杰弗里·蒂蒙斯

《创业思维》，1989年

学习目的

学完本章后，你将能够：

1. 考察创业革命使美国经济发生根本变化的实例以及创业革命对美国和世界产生的深远影响，因为它已经成了美国的“秘密经济武器”。
2. 了解创业者、变革者及其成长型公司如何成为创造就业机会、创新和新行业的“发动机”，以及风险资本如何为此“发动机”加油。
3. 发现创业革命是如何导致“雷龙资本主义”灭亡的，因为新兴的小公司已经取代了老牌公司，以及为什么这些新公司的创新活动会使得它们成功。
4. 了解到为什么“美国人的梦想” 表现出从古至今从未有过的旺盛生命力，现在创业一代已经为实现这个梦想做好了准备。

创业革命

在过去的30年里，美国已经培养出了自1776年建国以来最具革命性的一代人。新的企业家一代彻底改变了美国和世界的经济和社会结构，并为未来的几代人设定了“创业遗传代码”。它将比其他任何一种推动力量更能决定美国和整个世界的生活、工作和学习方式，并将继续成为下一世纪或几世纪的领导力量。

让我们来想一想那70位企业创始人、身价百万的创业者所带来的影响，他们所经营的公司改变了各个行业和整个经济。这些杰出人物已经获得了入选“百森商学院杰出创业者学会”（Academy of Distinguished Entrepreneurs at Babson College）的荣誉，他们包括：Teleport Communications Group的罗伯特·安纽泽塔、凯创系统公司的克雷格·本森、家得宝公司的阿瑟·布兰克、维珍集团公司的里查德·布兰森、Callaway Golf公司的埃利·卡拉韦、All-Pro Broadcasting公司的威利·戴维斯、锐步的保罗·法尔曼、PC Connection公司的帕特里夏·盖洛普、美国热电集团的乔治·海斯泊勒斯、马里恩实验公司的尤因·马里恩·考夫曼、Ask Computer Systems公司的桑德拉·克特齐格、国际数据集团的帕特里克·麦戈文、世界通信公司的威廉·麦高恩、Nixdorf Computer AG的海因茨·尼克斯道夫、数字设备公司的肯尼思·奥尔森、Body Shop的安尼塔·罗迪克、联邦快递公司的弗雷德里克·史密斯、Staples公司的托马斯·斯戴姆伯格、Genentech公司的罗伯特·斯旺森等等。想想看，如果把所有这些公司的销售额相加，总额将相当于世界第十大国的经济总量！

创业一代和雷龙资本主义的灭亡

如果华盛顿、亚当斯、杰斐逊、富兰克林和当时参加大陆会议的同代人活到今天的话，他们会对当代创业带头人的数量之多、涉及领域之广感到震惊。在20世纪的最后25年中，创业者和变革家们已经彻底改变了美国和整个世界的经济。当今美国超过95%的财富都是大变革中的创业一代自1980年创造的，这是一个令人惊讶的数字。到2000年，估计美国10%的成年人（18~64岁）准备开办新公司。[1] 从自由职业者的反馈来看，他们都毫无例外地说，自己享受到了最大程度的个人满足感、挑战性、成就感和收入回报。他们完全是发自内心地喜爱创业。他们热爱自身的工作，因为这些工作能使人精力充沛、令人振奋而且富有意义。创业者创造、塑造、认识并捕捉各种商机，在创造巨大价值和财富的创业过程中，发挥他们的智慧和能量。

在我们看来，我们正开始进入一个创业推理（entrepreneurial reasoning）和股权创造（equity creation）的新时代，它们对21世纪的影响将超过我们在过去25年所经历的任何事件的影响。

我们的整个国家和经济发生了深远而根本的转变，其表现是什么？这些巨大变化的程度有多大？创业怎样改变着人们的生活、工作、学习和领导方式？对渴望自足、经济独立、自我决定生活方式（这些深深根植于创业之中）的年轻人和年长者来说，这意味着什么？

创业：美国的秘密经济武器

> “不是你不知道的事情害了你，而是你知道但并不真实的事情害了你。”
>
> ——诺贝尔奖获得者罗伯特·索洛（Robert Solow）

直到最近，大众出版界和媒体仍然普遍认为，占支配地位的大型公司是美国经济强盛的关键。毕竟，在二战后的全球性卖方市场情况下，这些公司确实成了企业巨人，并且直到20世纪六七十年代，它们似乎一直不受竞争对手的影响，新公司根本不可能战胜它们。这些巨人企业中的传奇代表是国际商用机器公司（IBM），它占有超过70%的市场份额，资产负债表上的现金比其他计算机公司加在一起的销售总额还要多！所有人都理所当然地认为：不可战胜的IBM将永远存在，并且只会变得更强大。几乎没有哪个观察家和分析家——甚至是最有想像力的那些人——预见到了将要发生的事情。

当比尔·盖茨在20世纪70年代末创建微软公司时，IBM在同类公司中独占鳌头。但是，到了20世纪80年代末和90年代初，IBM又一次震惊了世界，因为它面对后起之秀，如苹果计算机公司、莲花发展公司（Lotus Development Corporation）、戴尔计算机公司、Gateway 2000、微软公司及其他公司的竞争，业绩产生了剧烈滑坡。它的员工人数缩减了将近一半；它的股票——长期以来华尔街最热门的股票——直线下落，并陷入混乱当中。它成了创业革命的牺牲品。正如罗伯特·索洛所说：“是你知道但并不真实的事情害了你！”

大量的确凿证据击垮了长久以来人们对美国经济内在本质认定的其他有关“真理”。从创造就业机会到创新，从创建全新企业到形成风险资本，从竞争力和生产率到私有化和非营利所带来的社会变革，创业领导者们和创业过程将重新界定美国和全世界的经济。让我们来考虑一下以下的各种变化。

创业：美国公共政策辩论中新的中心议题

很明显，最近在创业革命中最鼓舞人心的进展之一就是：创业已经成为美国政策辩论中一个核心的、非党派的基础话题。撇开政治上的花言巧语，创业现象成了美国最近3届总统选举中的新话题，创业活动的相关影响及其对经济的贡献，使得它正式成为与其他社会经济政策辩论同样重要的议题。1999年美国创业学委员会（National Commission on Entrepreneurship）的成立使得人们认识到，需要建立教育体系来帮助立法者、政府官员和政策制定者了解创业经济的贡献与潜力。

除了编写大量的白皮书与材料汇编（http://www.ncoe.org）以外，在2001年4月哈佛大学约翰·肯尼迪政治学院的政策与创业研讨会上，该委员会的工作得到了最大的回报。包括政府官员、国会议员、参议员、创业者/CEO及学者在内的与会人员与演讲者达成共识，他们一致认为：创业理应占据政策议程的中心位置。更令人鼓舞的是，2001年6月，成立已久的美国参议院小企业委员会（U.S. Senate Committee on Small Business）将更名为“小企业与创业委员会”（U. S. Senate Committee on Small Business and Entrepreneurship），这向世人发出了一个非常明显的信号。美国州长联合会（National Governor's Association）也将创业列入其会议与政策讨论之中。

美国的公共政策与创业活动之间的紧密联系越来越重要。政治家们已经意识到了这种联系，并且开始强调创业将给国家和全世界带来更大的繁荣。

> “在我的家乡孟斐斯以及全国各地，我看到年轻人接受教育、成家立业、照顾老人、帮助弱者。我还看到他们利用他们的创业精神开办公司和公益机构，并且推动了新经济。”
>
> ——小哈罗德·福特，来自田纳西州的美国参议员
>
> 2000年民主党全国大会的演讲

创造就业机会 20年前，麻省理工学院的研究员戴维·佰奇（David Birch）发表了具有划时代意义的研究成果，他的研究结果推翻了以前认为大企业是经济支柱和新就业机会提供者的各种观点。事实上，一位获得诺贝尔奖的经济学家其获奖原因就是因为他“证明”了：我们这个星球上任何一家不超过百人的企业都不会影响经济及政策制定。佰奇的结论正好与此相反，使得研究者、政治家和企业界深感惊讶。他的结论是：1969~1976年，新的小型成长型企业创造了本国经济81.5%的新就业机会。[2] 这种情况每年周而复始地发生。举例来说，自1980年以来，美国已经创造了3 400多万个新的就业机会，但《财富》500强企业同期却减少了500多万个就业岗位。那么是谁创造了这些就业机会？根据美国促进小企业管理司（U.S. Small Business Administration’s Office of Advocacy）统计，小企业（雇员少于500人）占到企业总数的99%之多，提供了大约75%的新增职位。《INC.》杂志估计小企业雇用了大约一半以上的美国员工。创业企业的雇员人数增长明显(4年里每年至少增长20%，营业收入至少10万美元以上)。这些被戴维·佰奇称为“瞪羚”的创业企业虽然只占企业总数的3%，但从1994~1998年却提供了500万个新的就业机会。我们想一想微软公司——这家在20世纪70年代末创建的企业——的发展史，我们就会觉得这些关于创造就业机会的研究成果并不让人感到惊讶。比如，1980年，微软的年收入只有800万美元，员工只有38人。但到了2000年底，它的销售额达到218亿美元，员工人数超过31 000人，股票总市值达3 623亿美元。

我们可以清楚地看到，这场新公司的爆炸性发展带来就业模式的巨大变化。在20世纪60年代，大约4个人中就有1人为《财富》500强公司工作。到更近的80年代，劳动大军中有五分之一为《财富》500强聘用。但到了20世纪90年代末，此数字就变成了十四分之一！全国新的地区、技术和创业中心的爆炸性发展也呈现出这种趋势。从硅谷和波士顿，扩展到北卡罗来纳州的研究三角带、得克萨斯州的奥斯汀、科罗拉多州的丹佛/圆石区、印第安纳波利斯、哥伦布、安阿佰和佐治亚州的亚特兰大，没有一个新兴的高增长地区不是主要由新的小型成长型公司创造大量就业机会的。[3]

20年后，大量研究反反复复检验了有关创造就业机会的统计数据。最终结果是相同的，就像最近的1997年一篇最为详细的研究报告所得到的结论：

> 一般来说，小企业是就业机会的创造者，因为几乎所有企业开始时都很小（由于资源的限制），总是需要发展壮大以应对竞争。小企业创造了75%的新增就业机会。[4]

形成新企业 美国就业机会的创造来自于新公司的诞生和成长,上世纪最后25年里新公司爆炸式的发展更是令人震惊。据估计，在上一代，全国每年诞生的各种各样的新公司大约只有20万家。到了20世纪70年代中期，这个数字翻了3番。1994年，政府和其他研究人员收集的大多数统计数据显示，美国每年新创立的企业约为110万~120万家。新公司数目增长5倍，这段时间美国就业机会旺盛的增长势头主要归功于此。

但在1996年8月，美国独立企业联盟（National Federation of Independent Businesses）开展的研究结果称，每年各种新企业的诞生数可能是350万，此研究结果具有重大意义。假设美国的人口按同样的速度增长，则美国将成为一个有20多亿人口的国家。如果新公司和成长型公司是创造就业机会的发动机，并且每年新公司的诞生数是先前认为的3倍的话，那么在本世纪新创造的就业机会将更多。另外，我们的研究发现，联邦政府的公司和技术分类的统计编码比经济中实际情况晚了至少10年。[5] 这可以解释为什么大多数经济学家和观察者会对20世纪90年代经济的蓬勃发展一直感到惊讶不已，以及为什么他们会不断调高被低估的增长预测数据。

传统上所说的创业是指新企业的创建，但实际上，创业包含的内容比这要多得多，本章和全书都说明了这一点。我们很难说创业是推动经济和社会发展的惟一重要力量，因为它是以商机为中心的，并且只对高水平的才能和业绩给予回报，与宗教、性别、肤色、社会等级、民族根源等等没有太大关系。它促使人们去追求并实现他们的梦想；去蹒跚学步，一次次地尝试；去寻找适合他们自身现状和愿望，适合他们想要的生活方式和生活地点的商机。

图表 1.1
少数民族群体创业的增长

所有权	所有的企业数			销售收入（10 亿美元）			雇员数（百万）		
	1992 年	1997 年[+]	增长%	1992 年	1997 年[+]	增长%	1992 年	1997 年[+]	增长%
非洲裔美国人	620 912	780 770	25.7	32.2	42.7	32.5	.34	.71	108
西班牙裔	862 605	1 120 000	30.0	76.8	114.0	48.9	.69	1.30	88
亚洲/太平洋岛上居民	603 426	785 480	30.2	95.7	161.0	68.4	*	2.20	
美国印第安/阿拉斯加土著人	102 271	187 921	83.7	8.1	22.0	178.5	*	.30	

* 无法获得数据，因为这两个群体在1992年的人口普查中被并在了一起，1992年合并群体的总雇员数为860 408。

资料来源：U.S.Census Bureau 1997 and 1992 Economic Census.

[+] 由于统计方法不同，1997年的统计数据按1992年的数据进行了调整。

没有其他雇主可以向他们提供这些。

女性创业精神的作用值得一提。让我们回想一下在仅仅一代人的时间里所发生的事情。1970年，全国女性所有的企业一般仅限于小型服务企业，总雇佣人数不到100万，在所有企业中仅占4%。到1991年，女性所有企业的雇佣人数达到1 200万，超过所有《财富》500强加起来的总和！据美国促进小企业管理司估计，1997年营业收入超过310万美元的女性所有企业有850万家，比1987年增长了89%。据美国女企业主基金会（National Foundation of Women Business Owners）称，如今在美国，女性拥有的企业占到所有企业的几乎40%（尽管只有5%的风险资本投入这类企业），销售收入超过3.6万亿美元。这些企业中又有13%属非白种女性所有。1997年女性所有的企业雇员总数大约为2 380万（1987~1997年增长了262%）。在英国也有类似的增长速度，26%的企业为女性所有。[6] 渐渐地，女性创建企业的速度超过了男性，其中越来越多的企业成为潜力巨大、成长率较高的公司。随便拿起一本《财富》、《商业周刊》、《福布斯》、《成功》或《快速公司》（*Fast Company*）这样的顶尖杂志，你可以读到出色的女性——和男性——的各种故事，她们正在创建、再造或把各种各样的公司改造成几百万美元的成功企业。女性企业家对于持续的经济增长做出了重要贡献。

相似的情况也出现在一些少数民族群体中（见图表1.1）。根据1997年美国人口统计，非洲裔美国人所有的非农场类企业总计780 770家，雇员人数718 300，销售收入接近430亿美元（比1992年增长32.5%）；美国亚太岛上居民所有的企业总计约78.5万家，雇员人数超过220万，1997年销售收入超过1 610亿美元；美国印第安与阿拉斯加土著人所有的企业总计187 921家，雇员人数接近30万，1997年销售收入达到220亿美元；西班牙裔所有的企业总计112万，雇员人数超过130万，1997年销售收入达1 140亿美元。今后几年这些数字还可能增长。

美国梦：起跑线上的年轻人 希望为自己工作这个观念已经深深扎根于美国文化中，并且显现出从来没有过的强劲势头。1994的盖洛普民意测验［由玛丽莲·库瑞斯齐博士设计，由在堪萨斯州的尤因·马里恩·考夫曼基金会考夫曼创业领导中心（若要了解这个旨在推动美国创业的特别慈善基金的详细情况，可参阅http://www.emkf.org）资助］就生动地显示了如今美国人的梦想如火如荼的发展势头。对全国高中生的随机抽样调查询问了许多关于他们对未来职业希望的问题，70%的学生说他们希望拥有自己的企业。在上一代人中，有这种愿望的学生不到10%。另外，86%的学生说他们希望知道更多有关创业方面的知识，他们的家长中有一半说他们想拥有自己的企业，这是当今转型经济的又一个反映。由于公司裁员，一些公司经理人失去了工作，其中70%的人年过40，有20%的人开始自己办企业。近期的其他研究表明，在任何时候都有约10%的成年人打算开办某种类型的企业。

最近，罗珀·斯塔奇（Roper Starch）对《INC.》杂志的500家从1992~1996年间在美国发展最快的企业创始人做了调查，并把他们的回复与200家《财富》500强企业的高级经理的回复进行了比较。此项调查得出的结论包括：

- 超过90%的《INC.》500强创始人以及超过80%的《财富》500强的高级经理说，小规模创业型公司已经成为企业应采取的一种运行模式。
- 69%的创业者说自己喜欢为谋生所做的工作，但只有40%的经理人持这种观点。
- 当被问到，如果能再活一次，他们将做什么时，超过三分之一的公司经理说他们会选择经营自己的公司。
- 雇员在年轻的成长型公司里似乎能得到更多的尊重。[7]

温斯顿·丘吉尔在写他的叙事诗集——《当英格兰沉睡之时》的时候，可能并没有预料到即将到来的创业一代，但他在书中写道："这个世界一定是由年轻人来追求梦想并获得胜利的。"这很好地表达了在过去的30年中，20来岁的年轻创业者们在构思、开办并迅速发展新公司时的希望，他们的努力也孕育创造了各种全新的行业。让我们看一下一些20来岁就事业有成的创业者们（见图表1.2）。

在这场创业革命中，还有许多其他不太知名的创业者，他们和表中这些极为优秀的创始人同样构成了创业革命中不可缺少的一部分。你可以在本书中认识其中一些，并会对他们的所作所为表示赞赏。

举例来说，道格拉斯·拉纳利（Doug Ranalli）和谢·普里姆雷（Shae Plimley）与技术专家汤姆·索斯诺斯基（Tom Sosnowski）一起在1991年创建了UNIFI。在20几岁时，道格拉斯（本书作者以前的一名学生）就和他妻子做了一项识别高增长率商机的研究。结果，他们在1991年创建了一家公司，希望成为国际传真业的MCI。到1999年，他们已经进行了13轮融资，筹集了2.7亿美元，并把公司的年收入增加到1亿多美元，正在朝着2亿美元努力。

罗克珊·昆比（Roxanne Quimby）是一个与众不同但同样出色的创业者。她在缅因州未开垦地的一片小农场上快乐地过着基本的自给自足生活，她的想法是从蜂乳及其他天然物质中开发天然产品。她的新企业在开始时进展得十分缓慢，并显得很脆弱。但今天它已经成了一家充满生命力的企业，并迁址到北卡罗来纳州，年销售额超过3 000万美元。

杰克·斯塔克（Jack Staack）是一步步升到今天的地位的。在20年代80年代早期，他退学后进了密苏里州斯普林菲尔德的一家国际收割机厂，在邮递室和车间工作。当时，这家厂已经宣布将要关闭。他和一些同事自己凑了10万美元，又向一家当地银行借了890万美元——请注意这是89:1的比率——按十美分一股买下了这家工厂，希望借此拯救企业并保住他们的工作。当时这个工厂年收入1 000万美元，濒临倒闭。今天，这个企业年收入达到将近15亿美元，利润相当高，每股股价超过40美元。现在它已经恢复了发动机的生产，这些发动机通过梅塞德斯汽车遍布到美国的各个角落，并开办了30多家其他企业。

图表 1.2

20来岁时创办企业的身价百万的创业者们

创业公司	创始人
微软	比尔·盖茨和保罗·艾伦
网景	马克·安德尔森（Mark Andressen）
戴尔计算机	迈克尔·戴尔
Gateway 2000	特德·韦特（Ted Waitt）
麦考蜂窝通信公司（McCaw Cellular）	克雷格·麦考（Craig McCaw）
苹果计算机	史蒂夫·乔布斯（Steve Jobs）和史蒂夫·沃兹尼克（Steve Wozniak）
数字设备公司	肯（Ken）和斯坦·奥尔森（Stan Olsen）
联邦快递	弗雷德·史密斯（Fred Smith）
Genentech	罗伯特·斯旺森
宝丽来（Polaroid）	埃德温·兰德（Edwin Land）
耐克	菲尔·奈特（Phil Knight）
莲花发展公司	米奇·卡普尔（Mitch Kapor）
Ipix.com	凯文·麦柯迪（Kevin McCurdy）

迈克尔·希利（Michael Healey）和鲍勃·劳夫特布莱德（Bob Loftblad）也是作者以前的学生。1990~1991年，他们20来岁，在百森商学院读MBA二年级，当时他们开始设计一个商业计划，用于创建一家新型的"自己动手"的计算机配套组件企业。他们的计划赢得了道格拉斯（Douglass）年度奖，是1991年参加此项竞赛的最佳项目，这成为他们日后开办自己的企业的基础。今天这家公司销售额已经超过1 500万美元。

19年前，帕特里夏·盖洛普（Patricia Gallup）和戴维·霍尔（David Hall）认为应该提供一个更好的购买信息技术产品的渠道，于是他们创立了PC Connection公司。看到正处在起步阶段的个人计算机业的巨大商业机会，两位创业者建立了他们的直销商业模式，公司的理念是提供技术咨询与客户服务同低价格一样重要。自1995年以来，PC Connection以每年接近40%的增长速度发展，目前公司拥有1 500名员工，1999年该公司收购了ComTez Federal公司。[8]

保罗·托宾（Paul J. Tobin）也是在他20来岁获得MBA学位后开始其创业生涯的。他的第一家企业——美国玻璃（U.S. Glass）是在新英格兰的一家玻璃替代品企业，获利一般，但给了他许多经验教训，并激发他立志开办自己的企业。在把公司卖给合伙人后，他成了一家大型卫星通信公司的一名营销经理。几年后，约翰·克卢格（John Kluge）选他做CEO，负责在波士顿创办第一手机公司。当时克卢格的Metro Media公司已经获得了东马萨诸塞州的第一张手机经营许可证，这为保罗·托宾筹集风险资本、获得在缅因州和新罕布什尔州两地经营手机业务的许可证提供了基础，并由此成立了第一手机公司。该公司以每人9美元（译者注：按地区人口平均计算）的代价获得了许可证，1989年以每人147美元的价格卖出——风险投资者得到的内部收益率高达132%，而保罗·托宾和他的共同创始人获得的回报更是无法计量，因为他们投入的仅仅是时间和才能。这支团队后来组建了波士顿通信集团（Boston Communications Group），为手机业开发漫游和其他服务，并于1996年6月在纳斯达克（NASDAQ:BCGI）首次公开上市。如今，公司销售收入超过1亿美元，利润可观。

另一名以前百森商学院的MBA学生——安·斯多克布里居·沙利文（Ann Stockbridge Sullivan）还在读书时，就制定了一份商业计划，她要在缅因州的肯纳邦克建立一家养老院。她成功地筹集到600万美元的资本，第一年就获得了97%的入住率。想入住的人非常多，使她从1993年7月开始，不得不列一份为期两年的等候入住者的名单。

韦恩·保斯都克（Wayne Postoak），美国土著人，是20世纪70年代堪萨斯州劳伦斯的哈斯克尔印第安民族大学的一名年轻教授和非常成功的篮球教练。哈斯克尔印第安民族大学是为美国土著人开办的惟一一所四年制的民族大学，学生来自北美洲近200个部落。哈斯克尔印第安民族大学也在1995年开办了第一个民族创业研究中心。保斯都克先生的孩子个个都想上大学和上医学院。他知道仅凭他的教练和授课工资无法承担起几个孩子的教育，因此他决定开办他自己的建筑公司。今天这家公司的雇员将近100人，销售额超过1 000万美元。（请注意，在美国所有的企业中，只有约3%的企业年销售额超过1 000万美元。）

另一个年轻创业者的成功例子是百森商学院的两个校友——凯文·麦柯迪（Kevin McCurdy）与霍华德·菲尔德（Howard Field），1995年他们创立了bamboo.com。麦柯迪先生的强项是将一个创意变成一个商业机会。到2000年，开发互联网影像技术的bamboo.com已经拥有400名员工，并在纳斯达克公开上市，它还以超过10亿美元的价格兼并了公司的主要竞争对手——Interactive Pictures公司。

1982年，一名ABC电视台的气象预报员约翰·科尔曼（John Coleman）感到在通常的新闻时段中，气象节目所占的时间太短。这样一种影响到地球上每一个人的复杂的动态的天气现象怎么能只给3分钟时间呢！他认为天气情况应该放在一个专门的电视频道不间断地播出——这在当时是一个有些疯狂的想法。天气频道诞生了，第一年亏损了600万美元，花了6年时间才转亏为盈，这是创业过程的普遍现象。如今，天气频道在美国拥有7 520万个订户，它的网站是互联网中增长最快的网站之一，平均每个月有超过1.3亿的浏览量。

新行业的形成 经济变革大潮中的创业一代不仅创建了一些杰出的公司，还创建并领导了全新的行业。在众多新建企业还未成熟、摇摆不定的时候，出现了一些领头的改革型和创造型公司，它们常常成为新行业中的主导公司。这在上述20来岁成就事业的创业者名单中十分明显。图表1.3列出了全新行业的部分名单，它们在上一代还不存在，但今天已经成为经济中的主要部门。

这些新行业改变了整个经济社会。约瑟夫·熊彼得（Joseph Schumpeter）最先描述了真实的创造型行业的诞生和消亡过程，在此过程中，新行业代替了老行业，并将老行业淘汰出局。戴维·佰奇讲述了该过程是如何在20世纪60年代到90年代期间加速发展的。在60年代期间，《财富》500强名单上35%的公司被替代需要花20年时间。到了80年代晚期，此替代速度为每5年一次（如每年将近有30张新面孔）。到了20世纪90年代，3~4年就会替代一次。加速替代的后果是大公司裁员和适当调整规模，这是我们如今经常听说的事情。实际上，在我们上一代，还没有一

图表 1.3
创业一代开创的新行业

个人计算机	语音邮件信息技术服务
生物技术	手机服务
有线/无线电视	CD-ROM
快速换油	网络出版与网上购物
PC 软件	桌面计算
桌面信息	虚拟图像
无线通信	快餐超市
手控设备	数字媒体与娱乐
保健生活用品	宠物护理服务
电子传呼	

个人能预见到这种剧变。这怎么会如此快速地发生呢？那些在六七十年代庞大的、资金充裕、居于主导地位的公司怎么会被刚刚起步的新企业从宝座上拉下来了呢？

让我们来看看下面这个例子，它是解释这种现象如何发生的典型事例。本书作者之一于1984年第一手机公司在波士顿和东马萨诸塞州成立时，是合伙人委员会（实际上是董事会）的第一个外部成员。我们有一个竞争者：NYNEX，是一家现金充裕、拥有几十亿美元的电话业巨人。联邦通信委员会（FCC）规定两家公司都可以在1985年1月1日开始提供服务，它们确实都如期开业了。让我们来比较一下这两家公司的战略。NYNEX建造了两倍于第一手机公司的微波传输塔，每座成本50万美元；据估计，NYNEX为公司的新业务在广告和促销上花了第一手机公司2~3倍的钱。NYNEX的公司人员也比第一手机公司多得多。

但第一手机公司在规模、现金、传输塔和营销预算上的不足都被创业的精心设计和策略弥补回来。比如，NYNEX起初有一个服务和安装中心，靠近坐落在波士顿市中心（街道狭窄，是单行道，停车场很少且价格昂贵）的总部。第一手机公司在著名的128公路（美国的技术公路）开办了几家服务和安装中心，128公路环绕着波士顿的大部分区域。这场市场份额之争是一场营销和服务战，而不是一场硬件设施（更多的传输塔）战。在接下来的5年中，虽然NYNEX年年更换移动通信部的主管，但其根本战术年年不变。每年，NYNEX每获得1个客户，第一手机公司就会赢得3个客户。

这种状况在各个行业一次又一次地再现，这可以解释为什么昨日的《财富》500强中会有如此多的企业快速地衰败下去。

资本市场当然注意到了这些后起之秀相对于老的巨人企业的未来价值。以3大汽车制造商为例，它是老一代五六十年代的巨人企业。到2000年年底，他们的销售额总计4 988亿美元，雇员有1 219 600人，但市值（公司所有股票的总价值）只有1 222亿美元，换句话说，每1美元的年收入创造的市值只有24美分。英特尔、微软和思科2000年的总销售额为660亿美元，雇员仅为119 800人，但市值达到6 629亿美元，是3大汽车公司的5.4倍，1美元的年收入创造的市值为10.04美元，是3大汽车公司的近41倍。即使在2001/2002年度滑坡后，2002年年底它们的市值仍然达到5 062亿美元，雇员人数为169 900。

实际上，高市值是新兴的创业一代已经创造的，并将继续创造的所有新行业的特点。图表1.4列出了上一代一些企业新秀的规模和影响。[9]

创新　创业过程的核心是创新精神。从本·富兰克林到托马斯·爱迪生，再到史蒂夫·乔布斯和比尔·盖茨，美国历史上不断出现一个又一个杰出的创业者和创新者。多年来，出版界、公众和政策制定者等一直认为，研究与开发活动在二战以后在大公司产生并受1957年Sputnik发射成功带来空间时代的驱动，而这些研发活动正是国家创新的主要驱动力。

20世纪八九十年代，这种看法变成了神话——这与先前关于创造就业机会的观念相似，这是因为美国国家科学基金会、美国商务部和其他机构报道了让许多人感到震惊的研究成果。它们发现，自二战以来，美国一半的创新、95%的根本性创新是由小型创业公司完成的！其他研究表明，小型创业公司的研发工作比大型公司更有成果、更显得生机勃勃：小型公司每花1美元在研究和开发上，可以产生两倍于巨型公司的革新项目；每个研发科研人员可以实现两倍于巨型企业的革新项目；与那些员工超过10 000人的超级公司相比，小型公司创造的革新项目是它们的24倍。

显然，小型创业公司在研发活动上采取的方式是不同的。这种创新环境可以解释晶体管从而解释半导体的研究情况。今天，摩尔定律（Moore′s Law）——计算机芯片的工作能力每18个月翻一倍，价格不变——实际上已经被现代的芯片技术超越。结合管理大师彼得·德鲁克的假说：任何技术生产率增长10倍，都会导致经济的不连续性。这样算来，每5年生产率就会有10倍的增长，经济也将有一

图表 1.4
创业对新老美国巨人企业的影响

	1996 年的销售额（10 亿美元）	2000 年的雇员（千人）	2001 年 3 月中旬的市值总额（10 亿美元）
通用汽车	184.6	386.0	33.8
福特	162.6	364.6	45.0
克莱斯勒	151.6	463.6	43.4
总计	**498.8**	**1 214.2**	**122.2**
英特尔	29.3	67.4	179.0
微软	21.8	31.4	362.2
思科	14.9	21.0	121.7
总计	**66.0**	**119.8**	**662.9**

资料来源：*Forbes 500s Annual Directory 2000.*

次不连续发生。作者乔治·吉尔德（George Gilder）最近发表的观点是，通信带宽每12个月就会翻倍，每3~4年会造成经济的不连续性。[10] 我们不难想像这样快速增长的生产率对每项产品的使用和应用所产生的深远的经济影响。大量的商机就在眼前。

如果把创业比做美国经济的发动机，那么创新就是此发动机的汽缸，它带动了重要新发明和新技术的诞生。图表1.5概述了20世纪的一些重要技术发明。

如今，创新的速度更快了。生物技术与纳米技术的科学突破将推动下一轮的创新活动。纳米是十亿分之一米，相当于头发直径的八万分之一。在医药、光纤网络设备和基体材料方面的一系列新型纳米产品吸引了大量研究基金与民间资本的投资。[11] 下一代创业者——创业一代将在纳米技术的这些应用及其他应用中创造出领先的企业，积累财富。

风险资本和成长资本 风险资本在美国历史上有很深的渊源，并且它发展至今的历程完全是美国式的。个人风险资本是美国创业"发动机"的"高速燃料"。一流的风险投资者在公司早期充当着创业者和革新者的教练和合伙人的角色，在他们的帮助下，公司得以建成和加速发展。[12] 看一看由风险投资者支持的高成长的成功企业，就像是翻看"经济名人录"，包括：苹果电脑、Intuit公司、康柏电脑、Staples、英特尔、思科、e-Bay、星巴克咖啡、网信通信公司（Nextel Communication）、朱尼波网络公司（Juniper Networks）、雅虎、太阳微系统公司（Sun Microsystems）、基因科技公司以及成千上万个其他公司。同时创建了公司并领导了这些新行业的典型传奇投资的有这样一些：

图表 1.5
美国小型公司在20世纪的重要发明

悬挂扬声器	喷雾罐	空调
飞机	人造皮肤	装配线
录音机	自动织物切割	自动传输设备
酚醛塑料	生物合成胰岛素	石油催化裂解
连续铸造法	棉花采摘机	流量计
福森（Fosin）灭火器	圆顶建筑	旋转罗盘
心脏瓣膜	热传感器	直升机
外差收音机	高容量计算机	水闸
倾斜器（leaning machine）	列车连接器	核磁共振
起搏器	个人计算机	预制组件建筑
高压电动设备	宝丽来一次成像照相机	感压玻璃纸
速冻食品	旋转石油钻头	保险剃须刀
六轴机械臂	隐形眼镜	声呐捕鱼探测
光谱栅格	立体图像传感	拉链

资料来源: State of Small Business.

- 1957年，乔治·多瑞阿特（George Doriot）将军——现代美国风险资本之父和他的年轻助手——在美国研究开发公司工作的比尔·康格尔顿（Bill Congleton）投资了7万美元买下一家新公司77%的创始股，此公司由四位麻省理工学院毕业生创建，由肯尼思·奥尔森领导。当他们在1971年卖出手中的股票时，这些股票已经价值3.55亿美元。这个公司就是数字设备公司，在20世纪80年代成为世界上小型计算机的领导企业。
- 1968年，戈登·摩尔（Gordon Moore）、罗伯特·诺伊斯（Robert Noyce）和阿瑟·洛克（Arthur Rock）一起创建了英特尔公司，投资250万美元，创始人每人投资了2.5万美元。英特尔是当今半导体业的领袖。
- 1975年，阿瑟·洛克在寻找"改变人类生活和工作方式"答案的过程中，投资150万美元于初建的苹果计算机公司。这项投资在1978年苹果公司首次公开上市时价值1亿美元。
- 一家新公司连续29个月每月亏损100多万美元，后来由于开发了小包裹24小时内送货上门业务，从而扭转了局面。这就是联邦快递公司，投资于联邦快递的2 500万美元在该公司公开发行股票时价值达到了12亿美元。

自从多瑞阿特将军创建美国研究开发公司以来的50年间，美国风险投资公司已经进行了成千上万项这样的投资。这种价值创造对新行业的形成和美国经济产生了巨大的影响。但是，就像通常的经济生命周期一样，风险投资也具有生命周期，最近的投资金额数就说明了这一点。2001年第一季度，风险投资公司对国内企业的投资比2000年第四季度减少了42.5%，而且大部分投向了过去已投资过的公司。近几年，互联网类型的公司往往获得最多的风险投资，2001年第一季度，394家互联网类型的公司得到了40.8亿美元的投资。[13] 同样，在2000年前6个月，投入美国国内的风险投资中大约80%都投向了与互联网相关的公司与服务。

根据美国风险投资协会（National Venture Capital As-

图表 1.6

半导体行业：累计风险投资额和该行业出货总额

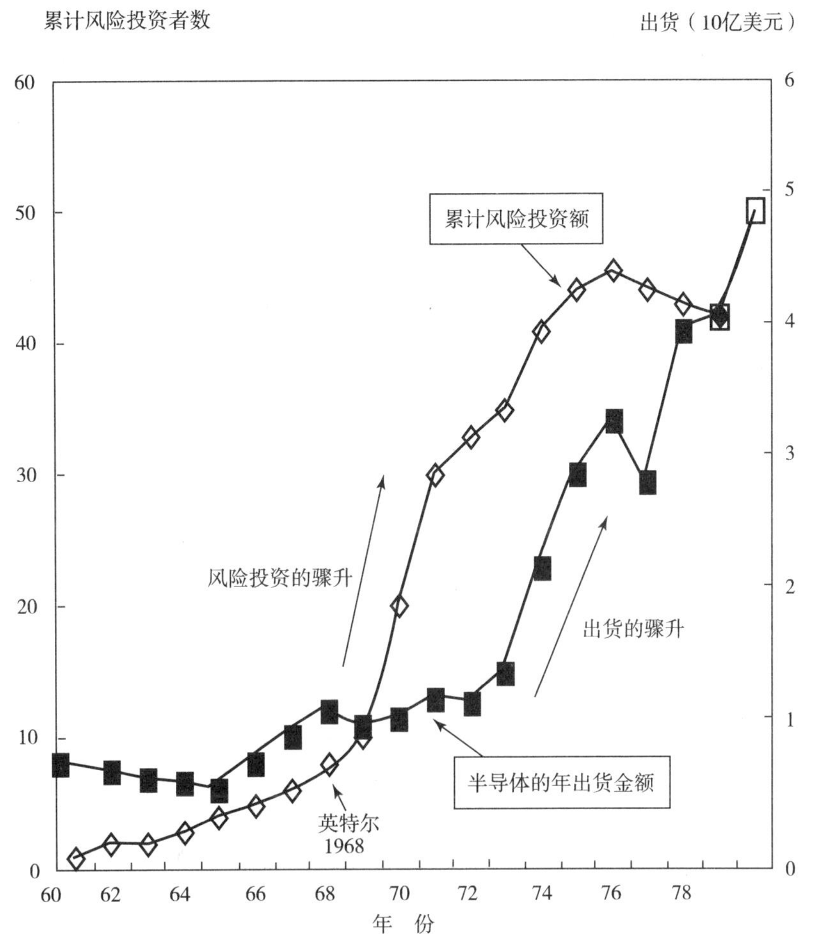

资料来源：W.D.Bygrave and J.A.Timmons, *Venture Capital at the Crossroads*（Cambrigde,MA:Harvard Business School Press,1992），p.101.

sociation）的统计，2000年创造了风险投资的纪录。对新兴公司的投资达到了创纪录的1 030亿美元，比1999年增长了73.5%，多达5 380家企业获得投资，这同样创造了一项纪录。风险投资对经济的影响是深远的。但是，就如同一般经济增长会有起伏，从1995~2000年的5年空前增长导致了后来必要的调整回落，风险投资领域到了2000年底和2001年也进入了低谷。[14]

这些新建公司的崛起经历了长时间的酝酿，它们共同发展壮大，导致了各种全新行业的产生。图表1.6和图表1.7形象地描绘了半导体行业和微型计算机行业的成长历程。多瑞阿特将军在1957年对数字设备公司的初始投资促进了微型计算机行业的发展。请注意，即使是这些发展迅速的新兴技术，也要用将近10年的时间才能真正形成一种产业，而且，风险投资进入这些领域的时间相当早。实际上，从生物技术到个人电脑、电脑软件、无线通信、互联网，每个新行业都遵循着这种发展模式。

除了风险投资的100亿美元之外，中产阶层与非常富有的个人在新企业中的总投资占到约600亿~800亿美元。这些被称为“天使”的个人，像风险投资家一样，为创业过程提供了比金钱更多的东西。他们自己作为成功的企业家，为他们所投资的尚缺乏经验的公司带来了经验、学习曲线、网络、智慧和成熟。他们作为董事和顾问，履行着教练、知己、良师和啦啦队队长的职责。由于过去25年中，创业经济得到了高速发展，现在全国成功的创业者人

图表 1.7

微型计算机行业：累计新建公司数和该行业的出货总额

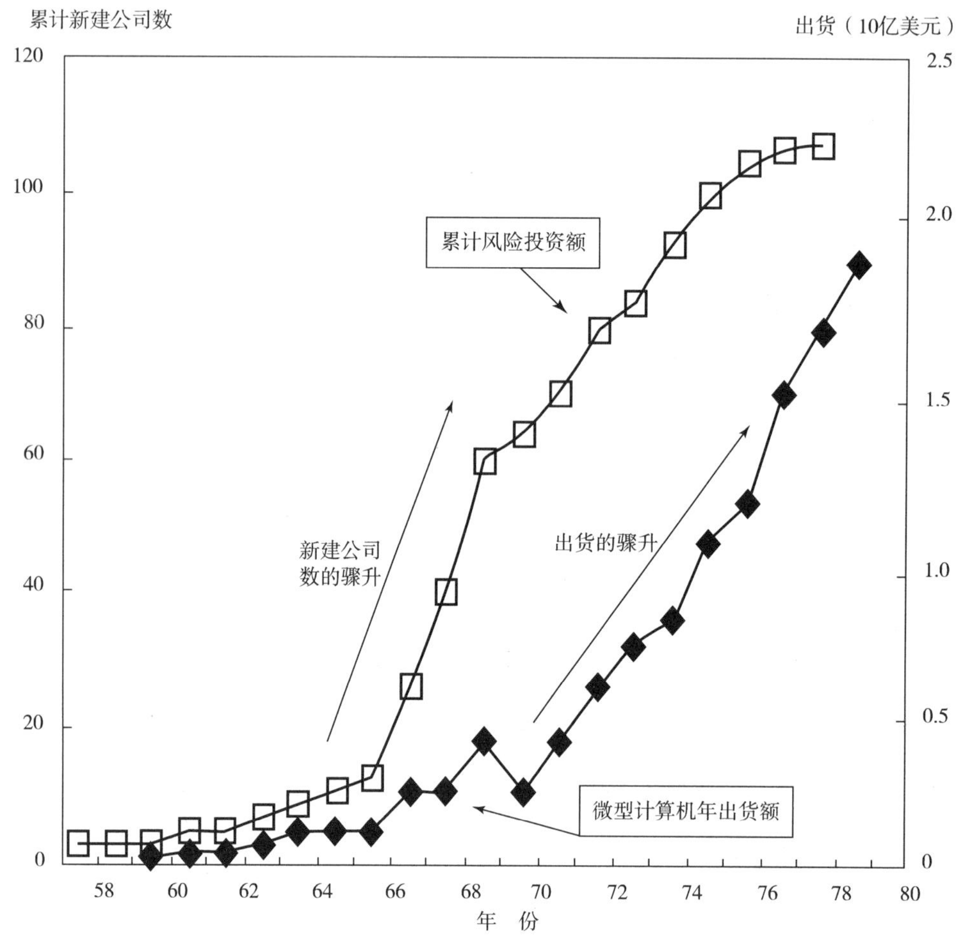

资料来源：W.D.Bygrave and J.A.Timmons, *Venture Capital at the Crossroads*（Cambrigde,MA:Harvard Business School Press,1992），p.107.

数已是上一代的20~30倍。由此形成的才能、专门技能和资金资源对培养和推动当前及未来的创业一代起着相当重要的作用。

回报社会的领导力 美国的创业者还是慈善机构和创新社区的领导者，这方面的事情很少为大家所知，或基本上被大家忽视了。在遍布全国的各个大学，大部分的新楼房、教室、体育设施或被授予的教席都是由某个成功的公司创始人资助的，这些创始人希望借此回报社会。在向大学提供资助的各种群体中，馈赠金额最大、比例最高的捐赠者是成功的企业家们。实际上，在某个时期，麻省理工学院得到的捐赠中有一半来自一些公司创始人馈赠的股份。

当地的教堂、医院、博物馆、管弦乐队和学校的情况也是如此。这些机构获得的大量赠资来自于成功的企业家们，如特德·特纳（Ted Turner），他在1997年公布说，他将在10年间捐赠给联合国10亿美元。他们贡献给这些公众机构的不仅是金钱，还有时间和富有创造性的领导才能，这些和金钱同样重要。如果你和任何来自其他国家并且在美国呆了足够长时间的人讨论这些活跃在社区中的创业领袖，他们会告诉你美国的这种情况在世界上是独一无二的。美国排名在前的基金都是由大公司的创始人捐赠创立的，比如：福特、卡耐基、凯洛格（Kellogg）、梅隆

(Mellon)、考夫曼等。

作者在尤因·马里恩·考夫曼基金会位于堪萨斯州的考夫曼创业领导中心的创立和发展过程中，很荣幸认识了尤因·马里恩·考夫曼，并与他及其团队一起工作。这个基金现在是美国15大基金之一，资产近20亿美元。它的目标十分明确：让自足的人们生活在健康的社区。考夫曼中心的使命是创业革命的核心内容：加速美国的创业进程。

考夫曼先生，大家都这样亲切地称呼他，对于堪萨斯城以外的人们来说，最为人所知的，可能是他是堪萨斯城皇家大厦（Kansua City Royals）的所有者，后来他把它捐给了这座城市。1950年，他辞去了顶级销售员的工作，因为他所在公司的总裁处事不公。考夫曼先生说："在前一年，我赚的钱比这位总裁高，他就减少了我的佣金。第二年，我赚的又比他高，他就缩减了我的销售区域。所以我辞了职，并在我的地下室开始创办马里恩实验室（Marion Laboratories,Inc.）。"他的创业天赋创造了马里恩实验室公司，如今这家公司年收入达到10亿美元，市值达到65亿美元，在它的3 400名雇员中有300多位百万富翁。考夫曼先生经营公司有三项原则：（1）待人如待己，（2）和为公司的创立做出贡献的人一起分享财富，（3）回报社会。在后面的章节中，我们会了解更多考夫曼先生的非凡成就，但下面这段引言最好地归纳了考夫曼先生的创业精神与生活哲学：

> "要像你说的那样生活，要言行一致。你必须履行你的宣言，并且正确地执行，日复一日经常去做。"
>
> "作为一个创业者，你确实需要建立一套道德规范和一套与你的员工之间关系的规范，因为这才是他们到这里加入你的企业的原因。他们有他们自己的梦想，你对公司也有你的梦想，二者必须相互吻合。"

创业革命：加速和繁荣的10年

刚走过的30年旅程充分证明创业革命确实发生了。大约30年前，当蒂蒙斯博士完成博士学业时，基本上还没有关于创业的研究、课程和项目。据他所知，他的论文是哈佛商学院第一篇在标题中使用"创业的"这个词的论文。开设这门课的大学屈指可数，都是一些有名的研究生院。在1977年《创业学》首次出版时，开设有关新风险企业和创业学课程的（哪怕只有一门课）估计只有50~70所学院和大学。

高等教育的"革命"完全改变了这种状况。今天超过1 800所学院、大学和社区学院开设了这类课程，其中许多还开设了创业学或创业研究专业。非营利性的基金和组织（如考夫曼基金）也进行了大量的创业活动，这些活动在进一步加速、扩展、深化这种趋势。

以下事件进一步证实了自1994年以来我们所目睹的创业的加速与繁荣：

- 2001年秋天，位于马萨诸塞州尼德姆、毗邻百森商学院校区的欧林工程学院（Olin College of Engineering）招收首批工程学本科生。这个富有创新精神的学校注重创业与商业的原则，认为这些原则与工程技术是相关的。
- 创业者提供了全国75%以上的新增就业机会，创造了50%以上的国内生产总值（GDP），为感谢创业者所做的贡献，布什总统宣布2001年5月6日至12日为小企业周（Small Business Week）。
- 2001年4月，约翰·肯尼迪政治学院的商业与政府中心与美国创业学委员会共同主办了"21世纪的创业学与公共政策"研讨会，与会者包括来自全国各地的政策制定者、学者与企业家。
- 美国创业学委员会（NCOE）于1999年2月成立。作为一个无党派的组织，NCOE的目标是成为企业家与法律制定者的桥梁。该委员会已经建立了自己的网站，并逐步成为创业的有力倡导者。
- 1997年由百森商学院和伦敦商学院建立了全球创业监控系统（GEM），该系统得到了考夫曼创业领导中心的大力支持。这个计划将全世界创业学领域的专家汇集在一起，来研究创业与经济发展之间的关系。自1997年以来，它已出版了两本报告，提供了极有价值的关于全球创业状况的信息。
- 在考夫曼中心的帮助和支持下，美国国家女童子军（Girl Scout）和男童子军（Boy Scout）于1997年创设了第一个童子军创业荣誉徽章。这个徽章的图案是一只伸出去摘星星的手。
- 1997年，美国国家公共广播系统（Public Broadcasting Service）播出了一部新影片《创业革命》，它是由山姆·泰勒和约翰·内森（John Nathan）为考夫曼中心和PBS制作的。

- 1996年，美国新产品的数目估计为26 000种，是1986年的10倍，这验证了摩尔定律和德鲁克假说。
- 1996年，美国国家公共广播公司在考夫曼创业领导中心的鼓励和支持下，第一次把有关创业者和创业公司的内容编入其每日节目“All Things Considered”。
- 据报道，1996年的《福布斯》400位最富有的个人中，83%是白手起家的，而10年前这一数字仅为40%。
- 其他一些新基金已经在与考夫曼基金共同支持创业的行动。这些基金包括富兰克林·欧林基金、雷诺基金（Reynolds Foundation）、特德·维维安·约翰逊基金（Ted & Vivian Johnson Foundation）、科克基金（Koch Foundation）、位于匹兹堡的曼彻斯特手工业同业行会（Manchester Craftsman's Guild）及其他基金。
- 1994年，联合国大会一致通过了一项决议，支持并鼓励所有新兴国家和发达国家把促进创业作为一项国策。
- 现在至少30个州从小学到中学都有创业教育。至少8个州已经通过立法要求必须开展此项教育，联邦教育部已经批准了第一个创业学课程——YESS/MiniSociety，它是由考夫曼中心开发的。
- 在堪萨斯州劳伦斯的哈斯克尔印第安民族大学创建了第一个民族创业研究中心，现在正和全国许多民族院校共同合作，开发适合民族特色的创业课程。
- 《今日美国》、CNN、纳斯达克和安永会计师事务所每年共同为美国最佳风险企业颁发全国“年度最佳创业者”奖。
- CNN、CNBC、Bloomberg电视电台等主要国内媒体和大商业出版社现在都定期播出有关创业的节目和出版物。一本名叫*Fast Track*的新杂志以编年史形式记载了创业革命和创业思想如何渗透到大中型公司并促使其转型，使其避免衰落的历程。
- 盖洛普和罗珀·斯塔奇民意测验的调查结果显示，年轻人和成年人对创业的兴趣空前高涨。
- 考夫曼伙伴项目（Kauffman Fellows Program）于1994年设立，是我们那本名为《十字路口的风险资本》（哈佛商学院出版社，1992）的书中所做研究的直接成果。它的目标是提供一项为期两年的研究生教育和工作奖学金。这项奖学金要成为企业界的“Rhodes Scholars”和“White House Fellows”，后两者在政界和国际事务界享有极高荣誉。
- 美国创业学教育基金会（NFTE）的校外教育计划在内地城市中已经得到了极大的发展，其目的是帮助年轻人通过创业寻求自给自足和自我尊重，该基金会现在每年培养1万名学生。
- 在纳斯达克扩展到了欧洲、东欧和亚洲之时，创业革命在全球得到前所未有的发展。《创业学》和《十字路口的风险资本》两本书都被翻译成了日语。
- 在资本市场上，新兴公司的首次公开上市数和交易量不断打破记录。

在过去的35年里，作为学习和研究创业革命的学生、研究者、观察者和参与者，我们可以十分坦率地说：创业的势头会逐年增长，逐年加快。

全球经济武器

前文所讨论的新的商业机遇的扩张已经成为了全球性的话题。在全世界很多地方，创立自己的企业的潜意识已经成为现实。遍布全球的政策制定者都看到了创业对于经济增长的影响，并将其作为经济与政治活动的焦点。创业已经与全球的经济增长紧密相关。根据《全球创业监控系统2000年报告》（*Global Entrepreneurship Monitor 2000 Report*），在创业活动处于高水平的国家中，多数的经济增长也高于平均水平。在报告中21个被调查的国家里，创业活动处于最高水平的3个国家是巴西、韩国与美国。巴西的创业比例最高，12.3%的成年人参与创业活动。有趣的是，巴西也是女性参与创业最多的国家之一。创业活动比例排名第二的是韩国，但它也是在所有被调查国家中女性参与创业最低的国家。

欧洲的私人资本投资的发展情况与美国相似，这一点已得到证实。到1999年年底，欧洲的私人资本投资比前一年增长了74%，1996~1999年各年的增长幅度在22%~74%之间。自1995~1999年，欧洲国家所控制的资本几乎翻了3倍。这些数字表明，许多私人资本投资流入到欧洲。[15]

白手起家的美国百万富翁

当诸如苹果电脑、联邦快递、Staples、Intuit和莲花发展这样的大公司公开上市时，它们的创始人都会成为百万富翁。但新一代的百万富翁绝大多数并不为众多美国人所了解，并且他们完全不符合大家从报纸和其他媒体中得出的形象定势。《隔壁的百万富翁》的作者——托马斯·斯坦利和威廉斯·丹考，对这类人有一些新的见解：

> 电视所展现的美国富人形象是错误的。真正的富人基本上不铺张，相反，他们很有恒心，很能自律，从事着日常工作。[16]

在全国1亿户家庭中，有350万个百万富翁（净资产100万美元或以上），他们的财富积累是通过努力工作、自律、计划、节俭和所有其他创业品质来实现的。他们中的三分之二还在作为自我雇用者辛勤工作着。他们并不是洛克菲勒家族或范德比尔茨家族的后裔，相反，他们实际上是自我造就的：超过80%的人都是普通人，在他们这一代完成了财富积累。他们量入为出，情愿节俭以保持经济上的独立，而不愿意以阔绰花销显示社会地位，看上去不像大多数人想像中的百万富翁形象。他们成为富翁是一个缓慢的过程：这些百万富翁平均年龄为57岁。他们做的生意不是色情、高科技、硅谷之类，而是创建并拥有了这样一些企业：急救服务、柑橘农场、咖啡馆、柴油发动机改造、咨询服务、门卫管理、职业培训学校、肉类加工、移动式家庭停车场、害虫控制、时事通信、大米种植和喷沙承包商等。[17]

对绝大多数的创业者来说，这项新研究的意义十分重大且令人鼓舞。美国人的梦想比任何时候都更现实、更美好，更有可能实现。人们不必出身豪门，不必上预备学校和常春藤（Ivy League）这样的名校，照样可以取得成功。另外，这项研究也证实了《创业学》一书在所有各版本中的说法：才能、技巧加上适当的商机（具有所需资源并采用创业思维）的结合是成功的关键。从来没有过这么多的商机供人们圆创业之梦。

股权创造新时代的黎明

我们正处在美国及全世界股权创造新时代的黎明时期。创业者们创造价值并通过所有权创造资本来实现此价值。一句话，创业过程就是要把蛋糕做大的过程。关于这个新时代，有十分生动的例证。

美国资本市场已经成为创业革命整体中最富有活力的一部分。在新公司数增长了15倍，风险资本跳升30倍的同时，资本市场也经历了相似的爆炸般成长过程。比如，美国所有企业筹集的总资本从20世纪60年代晚期的不到500亿美元上升到了1993年的1万多亿美元，这是首次超过1万亿这个数字（见图表1.8）。在1982~2000年短短18年里，美国股票市场（见图表1.9）以前所未有的速度迅速膨胀，道琼斯工业平均指数从1982年8月的777点跃升到2000年8月的11 000点以上，直到2002年底才回到8 000点左右。共同基金数从320家上升到4 580家。

纽约股票交易所的日均交易量也增加了将近15~30倍，专门针对新兴公司的纳斯达克交易所也迅速成熟起来，这些都说明了资本市场的蓬勃发展（见图表1.10）。

到1999年，这些数字又增长了30%。毫不奇怪，总承销金额也比1980年增长了30多倍，同时首次公开上市（IPO）股票急剧增加，从1980~1999年增长了50多倍（见图表1.11）。

所有这些对于有抱负的创业者和整个国家具有深远的意义。用美国家庭资产负债表表述的全国总财富从1970年的5 500亿美元增长到了1997年年底的约9万亿美元，而全国财富总值中超过95%是从1980年开始创造的，它是这一时期创业革命的直接结果。如今世界上的其他地方也开始出现同样的结果。

图表 1.8

美国风险资本投资年度报表（1990~2001年）

时　期	公司数	平均每家公司的投资额（百万美元）	总投资额（百万美元）
1990 年	1 143	2.55	2 914.34
1991 年	970	2.41	2 333.40
1992 年	1 054	3.63	3 827.56
1993 年	945	4.83	4 565.53
1994 年	954	3.98	3 792.89
1995 年	1 265	4.50	5 693.46
1996 年	1 809	6.29	11 386.77
1997 年	2 385	6.22	14 823.33
1998 年	2 821	7.03	19 843.17
1999 年	4 202	12.97	54 499.93
2000 年	5 608	18.24	102 308.33
2001 年	3 224	11.69	37 672.50

资料来源：PricewaterhouseCoopers/Venture Economics/National Venture Capital Association/Money Tree Survey of 2/20/2002.

图表 1.9
股票市场的急剧膨胀

	1985 年	1990 年	1999 年
道琼斯工业平均指数（年底）	1 546.67	2 633.66	11 497.12
共同基金资产（10 亿美元）	116.9	245.6	4 041.9
共同基金净现金流入（10 亿美元）	68.2	44.4	364.2

资料来源：*Security Industries Factbook*, Securities Industry Association.

图表 1.10
美国股票市场平均日成交

	成交股数（百万）			成交金额（10 亿美元）		
	1980 年	1990 年	2000 年	1980 年	1990 年	2000 年
纽约股票交易所	44.9	156.8	1 041.6	1.5	5.2	43.9
纳斯达克	26.4	131.9	1 757.0	0.3	1.8	80.9

资料来源：SIA Research Department.

图表 1.11
美国股票市场的总市值

	1980 年（10 亿美元）	1990 年（10 亿美元）	1999 年（10 亿美元）
首次公开上市	1.4	10.2	71.4
总承销额	57.6	314.4	1 791.7
总股本	16.0	23.8	199.2

资料来源：*2000 Securities Industry Factbook.*

建设创业社会

创业精神和创业过程确实是美国的秘密经济武器。美国历史上从来没有出现过这么多的商机，让人们去获取资本并在美国独有的国力基础上去建造未来。由于尤因·马里恩·考夫曼和考夫曼创业领导中心所做出的努力，我们已经对各年龄层的美国人、立法人员及政策制定者进行了大量的教育工作。此中心的使命"加速美国的创业"正是这些努力的推动力量。[18]

贫穷变富有 创业比美国社会和经济的所有其他现象更称得上是商机的均衡器和调节器。它和种族、宗教、性别或地理位置无关，它对好的表现给予奖励，对低劣和不理智行为给予惩罚。没有哪个组织过程可以像创业过程那样提供自给自足、独立自主和改善经济的机会。我们在前文已经看到美国百万富翁的形象：他们基本上是白手起家的企业家。《福布斯》400名最富有者也是如此：1996年的名单中，有86%是白手起家的。

然而，在美国社会，人们一直在对财富和收入分配的爱憎问题争论不休。我们所得到的遗产是一片充满商机的土地，这在"霍协肖·阿尔杰故事系列"（Horatio Alger Stories）中充分反映出来。这120本独立战争后的小说讲述了几个普通男孩通过他们这一代人的努力怎样从贫穷变为富有的历程。然而，我们常常听到的是"富的越富"，推其含义，即穷的越穷。但果真如此的话，中产阶级必将消失，这可能会在全世界引起轩然大波。

创造平等机会而非平等收入 长期以来，我们在此辩论中都忘了这样一点：收入平等既不令人向往也不可能实现。最重要的是，要向每个准备参加竞争的人提供平等的机会。创业过程将承担这项任务，并会导致经济扩张和相应的社会迁移。达拉斯联邦储备银行的一项研究提供了十分有价值的观点。[19] 比如，在20世纪70年代进行的一项实验中，3组20多岁、上过至少12年学的加拿大人自愿在一个模拟经济环境中工作，在那里他们惟一的工作是在小型手动织布机上织羊毛带子。他们可以按自己的意愿决定工作量，每条带子赚2.5美元。98天后得出了完全不平等的结果：经济收入的37.2%到了20%赚钱最多的人手中。赚钱最少的20%的人只得到经济收入的6.6%。[20]

创业=经济和社会迁移 联邦储备银行研究报告的作者一定会同意将前文那个例子放在此处，因为这个例子说明：创业革命使得美国经济发生了根本性的巨大变化。他们的资料也显示出，美国仍旧是一片充满机会的地方。实际上，美国从1975~1991年的收入变化显示，1975年收入最低的那些人中有相当大一部分人的收入已经得到提升，其中29%的人已经升到了最高一级（见图表1.12）。该数据显示，按绝对收入计算，剔除通货膨胀因素，穷人正在以较快的速度积累财富（见图表1.13）。此研究得到以下这样一条重要结论：

> 努力改善自身条件并不仅仅是个人美德，它也会带来经济增长和技术进步。毋庸讳言，美国的体制允许一部分美国人比其他人富有。我们必须接受这个事实。经济的平等不能使美国经济成长和繁荣起来。是商机使然……我们文化的真正偶像不是普通的人，而是自我成就的男士或女士。[21]

图表 1.12
收入上升

1975年收入档（均分五档）	1975 年每档在 1991 年每档中所占百分比%				
	第一档	第二档	第三档	第四档	第五档
第五档（最高）	0.9	2.8	10.2	23.6	62.5
第四档	1.9	9.3	18.8	32.6	37.4
第三档（中档）	3.3	19.3	28.3	30.1	19.0
第二档	4.2	23.5	20.3	25.2	26.8
第一档（最低）	5.1	14.6	21.0	30.3	29.0

图表 1.13
穷人变富的速度越来越快

1975年的各收入档	1975 年的平均收入(美元)*	1991 年的平均收入(美元)*	绝对增长(美元)
第五档（最高）	45 704	49 678	3 974
第四档	22 423	31 292	8 869
第三档（中档）	13 030	22 304	9 274
第二档	6 291	28 373	22 082
第一档（最低）	1 153	26 475	25 322

* 数字按1993年美元计算。

我们再做另一项对比，1995年收入最低的10%的美国家庭的生活水平实际上高于1970年的平均家庭生活水平。

一个国家的各级政府都应该制定并鼓励有利于创业的政策和实践。我们需要利用这个伟大的国家资产和秘密经济武器来培养并确保前文所述的机会迁移。

本章总结

本章为本书的后文埋好了伏笔。我们已经看到：

- 创业革命将继续存在，它为21世纪的美国经济和全球经济设定了发展方向，并敲响了预示着昨天雷龙资本主义灭亡的钟声。
- 创业者们是创造者、革新者和领袖人物，他们以慈善家、董事和理事的身份回报社会，比其他人在更大程度上改变了人们生活、工作、学习、游戏和领导的方式。
- 创业者们创造了新的技术、产品、流程和服务，这些将成为下一轮的新兴产业，又会进一步推动经济发展。
- 创业者们通过创建具有巨大发展潜力的高成长公司来创造价值，这些公司是美国经济中创造大量就业机会的发动机。
- 风险资本为具有发展潜力的高成长公司推波助澜。
- 美国和世界正处在股权创造新时代的黎明时期，美国资本市场在仅仅15年时间里就获得了10~30倍的增长可以充分证明这一点。
- 创业者正在实现他们创造的巨大价值；当今美国财富中超过95%是在1980年后创造出来的。
- 美国的700万百万富翁大多数是白手起家的企业家。
- 在美国，“贫穷变富有”是创业过程的结果。
- 新的创业一代的首要任务是为21世纪和未来建立一个创业社会。

习　题

你能回答以下问题吗？

1. 过去的一代人所目睹的美国和世界的经济是如何变化的？为什么？
2. 在过去的30年中，美国新建企业的数目有何变化？为什么会发生这种变化？为什么这种状况会延续？
3. 美国新增就业机会来自哪里？为什么？
4. 请解释大公司和新兴公司各自对所有变革的贡献程度以及对激烈变革的贡献程度。
5. 美国的绝大多数财富是何时被创造的？由谁创造的？（a）卡耐基家族、范德比尔茨家族和洛克菲勒家族在1900年前创造的。（b）在1900年后，但在1970年前的汽车、食品和房地产巨头创造的。（c）1970年后的公司创始人创造的。
6. 谁是当今的百万富翁？
7. 一些公司创始人在他们20来岁时就创建了公司，请说出这些公司的名字。
8. 风险资本在经济转型中的作用是什么？
9. 人们常说“富人越富；穷人越穷”，创业革命对这句老话的影响是什么？为什么？此影响的意义是什么？
10. 由创业型的新企业发起的改革浪潮使过去的大型知名公司发生了什么变化？

第1章的互联网资料来源

http://www.entreworld.com 考夫曼创业领导中心

http://www.sba/ADVO U.S. Small Business Administration´s Office of Advocacy

http://www.census.gov 美国人口统计局

http://www.ncoe.org 国家创业学委员会

http://www.emkf.org 尤因·马里恩·考夫曼基金会

http://www.nfwbo.org 美国女性企业主基金会

http://www.babson.edu/entrep 百森商学院阿瑟·布兰克创业学中心

思考题

你考虑过吗?

1. 作为一个市民，您认为鼓励并建立一个创业社会需要哪些政策?
2. 作为这次经济和社会变革的结果，商机和资本的可得性在21世纪中将如何变化?我们该如何应对这种变化?
3. 在可预测性和不可预测性之间，即使不是大多数人，起码有许多人喜欢选择可预测性。但是，创业过程本身固有的性质就是混乱、不可预测、不可计划。在此动态过程中，谁会成功?谁会踌躇不前?需要什么技能和思路?
4. 如果这次革命以近25年来的速度，换言之，以10~15倍的增长速度持续下去，你的学院或研究生院在你毕业25周年后重新聚会的时候，道琼斯工业平均指数和纳斯达克平均指数会达到多少?将有多少家企业和多少就业机会?今天我们想不到的新行业有多少?如果此速度快50%或慢50%，结果如何?

练　习

创业者访谈，建立终身学习日志

通过对一些创业者（在过去5~10年创建企业，目前销售额超过100万美元，并且已经盈利）的采访，你可以悟出创业者创办并拥有一家企业的原因、战略、方法和动机。借用访谈来获得信息是一个非常有价值的实践技巧。如果准备充分、考虑周到，你可以在很短的时间内通过访谈学到很多东西。

"创业者访谈"练习可以帮助学生采访成功的创业者。虽然访谈的结构没有定式，但此练习的格式在以往多次实践中被证明是成功的。一顿早餐、午餐或晚餐就可以提供很棒的访谈机会。

选择你最想了解的两位创业者和两家企业，可以是你心目中的典范或仰慕的榜样，也可以是你所知甚少但非常想了解的。最少访问两位具有不同经历的创业者，例如一家潜力巨大的企业（如：年收入500多万美元以上）和一家生活型企业（通常小得多，但并不一定如此）。

建立终身学习日志

创建一个计算机文件或拿一个笔记本或活页夹，用来记录你的目标、成功和失败，以及得到的教训。你可以只记录重要事件，也可以记录更多日常的事情。在发生危机时，你需要记录下来并且在年末总结一年中的成就、设定新的目标。个人感悟、观察和教训的记录可以在决策困难时提供十分有价值的参考，同时也是一份很有趣的读物——至少对你来说。

创业者访谈

步骤1

与你所选择的这个人联系并约好访问时间

一定要解释清楚为什么你想访问他，并告诉他你所需的大概时间。

步骤2

确定你想问的问题和你想了解信息的大致范围（见步骤3的访谈）

运用开放式问题（例如他是如何开始创业，后来发生了什么事，诸如此类的泛泛问题）和封闭式问题（如果他/她必须寻找合伙人，他/她的目标是什么，诸如此类的特定问题）将有助于集中访谈的话题，同时又有可能得到预想不到的评论和洞见。

步骤3

访　谈

建议你对访谈进行录音，这对你可能很有帮助，除非你或被访谈的对象反对。还要记住，如果你是一位很认真的听众的话，你可能会学到更多。

访　谈

为收集信息可提的问题

- 您能否告诉我您在开始创办第一个企业前的个人情况么？

  在您还比较小时，您认识的人中，有谁开办或拥有一家企业，他们对您的影响如何？您21岁后又有谁是这样的？

  您的父母、亲戚或好朋友是企业家吗？他们是如何成为企业家的？

  您有榜样吗？

  您所受的教育/从军经历是怎样的？事后来看，这些经历有用吗？在哪些方面有用？

  在您年轻时，您有自己的企业或者您是自由职业者吗？特别要问一下，您有销售或市场营销经验吗？对创建您的公司而言，有这些经验或缺乏这些经验有多大影响？

  在何时，在什么情况下，从谁那儿，您开始对创业感兴趣，并学到了一些重要的道理？

- 请讲一讲您是如何决定创办一家企业而不是寻找一份工作的？

您是如何发现商机的？它是如何呈现出来的？

您的目标是什么？您生活方式的需要或其他人的需要是什么？您如何把这些结合好？

从成功的关键因素来说，您如何评价商机、竞争、市场？您有想要达到的特定标准吗？

您找到或有合伙人吗？您在这方面的计划是什么样的？您的融资方式是什么？

您有某种形式的创办公司的计划吗？能否告诉我？

您从开始打算办公司到公司成立花了多长时间？您每天花在这上面的时间有多少小时？

您的公司需要多少资本？它花了多长时间达到正的现金流和盈亏平衡点？如果当时您没有足够的资金，您可能采取的启动方式（易货方式、贷款等）是什么？能否告诉我在初期生存阶段您所经受的压力和危机？

您获得的外部帮助有哪些？您有富有经验的顾问、律师、会计师、税务专家、专利专家吗？您如何建立起这些网络的，花了多长时间？

外部顾问是怎样使您的公司有所不同的？

当时您的家庭状况如何？

您认为您企业的优势、劣势分别是什么？

您最得意、最失意的时候分别是什么时候？

您喜欢要合伙人，还是喜欢自己干？为什么？

- 一旦您的企业运行起来：

当您开始迅速成长时，最难填补的差距是什么？最难解决的问题是什么？

当您寻找合伙人、顾问或经理等关键人物时，您是否会特别注重某些个人品质或态度（因为这些品质符合您的处事风格，并且对成功起重要作用）？您如何找到这些人？

您的合伙人和顾问中有哪些品质是您极力想避免的？

事情的可预见性是变得越来越强，还是越来越弱？

您现在花在公司里的时间比刚开始的几年更多、一样还是更少？

您现在是否感到管理方面的事情更多一些，创业方面的事情少一些？

将来，您是想收获、继续发展还是扩大企业？

您希望一年中工作多少天？请解释为什么。

您是否考虑过退休？您能解释一下原因吗？

您的目标改变过吗？您达到您设定的目标了吗？

您的家庭情况有所改变么？

您从成功和失败中学到了什么？

您感到最头疼的矛盾或平衡问题（如：如何在事业和个人爱好/人际关系/孩子之间的平衡）是什么？

您能否讲一下当您资金不足时，您感受到的企业方面和家庭方面的压力是什么？您是如何处理的？从中得到了什么教训？

您能否讲一讲您的某个未获成功的企业，以及此经历如何使您为下一个企业做好准备？

结论性问题

- 您认为什么是您最有价值的资产——使您成功的东西？
- 如果您必须全部重新干一次，您是否愿意完全按原来的方式再干一次？
- 现在回想起来，您感到创办公司并把它发展到今天这样，最重要的观念、技巧、态度和专门知识是什么？接下来5年中需要的是什么？这些东西在多大程度上可以通过学习获得？
- 有些人说创业者有许多压力。您有过哪些压力？把它们和其他“热门职位”，如一家大公司的领导、一家大型律师事务所或会计师事务所的合伙人所面临的压力相比，您认为如何？
- 作为创业者，令人高兴的事是什么？对创业者个人有回报的事情是什么？回报、风险和代价是什么？
- 什么样的人适合成为创业者？什么样的人不适合？您能说说您的看法吗？
- 您会给一个希望成为创业者的人提出什么建议？您能否告诉我您得到的3个最重要的教训？我如何能以最少的代价来学到这些教训？
- 您能否向我推荐一些其他企业家，让我向他们讨教一些问题？

- 您觉得我还应该问哪些问题，才能得到更多有价值的东西？

步骤4

评估你获得的信息

从这些访谈中总结出最重要的发现和见解。特别比较一下生活型企业的创业者和高潜力企业的创业者的处事方式、不同点和相似点。什么样的人可以成为创业者？你感到最惊讶的是什么？对创业你可以肯定的是什么？新见解是什么？对你个人、你的目标和职业期望有何意义？

步骤5

写一张谢条

这并不只是表示礼貌；如果你以后想继续拜访他，这张谢条可以帮助企业家很好地记住你。

注 释

1. PD Reynolds, M Hay, WD Bygrave, SM Camp, and E Autio, *Global Entrepreneurship Monitor, 2000 Executive Summary*, p. 9.
2. David Birch, "The Job Creation Process," unpublished report, MIT Program on Neighborhood and Regional Change prepared for the Economic Development Administra tion, U.S. Department of Commerce, Washington, D.C, 1979.
3. "The Valley of Money's Delight," *The Economist*, March 29, 1997, pp. 5–20.
4. U.S. Small Business Administration Office of Advocacy, http://www.sba.gov, Small Business FAQ.
5. William D. Bygrave and Jeffry A. Timmons, *Venture Capital at the Crossroads* (Cambridge, MA: Harvard Business School Press, 1992).
6. S Carter, and S Anderson, *On the Move: Women and Men Business Owners in the United Kingdom* (Washington D.C.: The National Foundation for Women Business Owners and IBM, 2000).
7. "Building a Company is the New American Dream," Boston Globe, October 1, 1997, p. D4.
8. Information taken from http://www.pcconnection.com.
9. The authors wish to thank Dr. Ralph Sorenson, president emeritus, Babson College, for sharing these and other data from his presentation, "What Japan Can Learn from Entrepreneurship in America", Kobe, Japan, May 21, 1997.
10. Jeffry Timmons is indebted to Mr. Robert Compton, a former colleague on the Board of Directors of the Kauffman Center for Entrepreneurial Leadership for bringing his attention to these economic discontinuities arguments.
11. "Nanotech Grows Up," *Red Herring*, June 15 & July 1, 2001, pp. 47–58.
12. Bygrave, and Timmons, *Venture Capital at the Crossroads*, chap. 1.
13. *Venture Capital Journal*, June 2001, pp. 16–18.
14. National Venture Capital Association, http://www.nvca.org, January 29, 2001, pp. 1–4.
15. *2001 National Venture Capital Association Yearbook*, pp. 123–24.
16. Thomas J. Stanley, and William D. Danko, "The Millionaire Next Door," *Success Magazine*, March 1997, pp. 45–51.
17. Ibid., pp. 46–48.
18. Michie P. Slaughter, *Entrepreneurship: Economic Impact and Public Policy Implication*, for the Library of Congress Congressional Research Service (Kansas City, MO: Kauffman Center for Entrepreneurial Leadership, Inc. March 1996).
19. Cox, W. Michael, and Richard Aim, "By Our Own Bootstraps: Economic Opportunity and the Dynamics of In come Distribution," *1995 Annual Report* (Dallas: The Federal Reserve Bank), pp. 2–23.
20. Ibid., pp. 5.
21. Ibid., pp. 18.

第2章

创业过程

"或许，你要问：谁能成为创业者？

回答是：那些想要在不确定性和模糊性峡谷中探寻的人，或者那些想要涉足令人激动的成功高地的人。但是我要告诉你：如果你还未经历过前者，请不要试着经历后者。"

——一位创业者

学习目的

学完本章后，你将能够：

1. 明确什么是创业以及从生活方式到高潜力企业的创业过程。
2. 审视你在本书中会遇到并要加以探索的各种实际问题。
3. 了解创业者和他们的资金支持者是如何提高成功几率，避免其他许多创业者所经历的挫折和失败的。
4. 检验创业过程的"蒂蒙斯模型"，研究如何把它应用到你的创业抱负和商业思路中，了解最近的研究对其有效性的证实。

创业揭密

创业是一种思考、推理和行动的方法，它不仅要受机会的制约，还要求创业者有完整缜密的实施方法和讲求高度平衡技巧的领导艺术。[1] 创业不仅能为企业主，也能为所有的参与者和利益相关者创造、提高和实现价值，或使价值再生。商机的创造和识别是这个过程的核心，[2] 随后就是抓住商机的意愿与行动。这要求创业者有甘愿冒险的精神，既有个人风险，也有财务风险，但所有风险都必须是经过计算的，要不断平衡风险和潜在的回报，这样才能让你掌握更多的胜算。通常，创业者通过精心设计战略计划来合理安排他们的有限资源。

今天，创业已经超越了传统的创建企业的概念，而是把各种形式、各个阶段的公司和组织都包括进来。因此，创业可能出现在新公司和老公司中；小公司和大公司中；高速发展的和缓慢成长的公司中；私人企业；非营利组织和公共机构中；各个地区中；采取任何政治体制的任一国家其发展的各个阶段中。也可能在上述各种形式中都不出现。

创业带头人倾注其想像力、动机、承诺、激情、执着、正直、团队合作与洞察力。在面临两难抉择时，即使有一些不确定因素，即使有相反意见，也必须当机立断。创业极少会让人快速致富；相反，它是一个不断更新的过程，因为创业者从来不会满足于商机本身。正如我们在第1章中所看到的，这个价值创造过程使得整个经济这块蛋糕越做越大，并使社会受益。

传统的创业概念：创建企业

按照传统的表述，创业是指创建企业的最初内容，即造就一个高成长企业的创新思路。这些新创建企业中的佼佼者成了创业传奇，如：微软、网景、亚马逊、太阳微系统公司、Home Depot、麦当劳、康柏计算机、Intuit、Staples等，它们和其他成千上万的公司就这样成了家喻户晓的名字。要获得创业成功，除了公司主要创业者的强力领导外，通常还需要建立起一支才能互补的团队。这个团队要具有团队合作精神，并且对商机要有敏锐的嗅觉，当别人看到的是一片矛盾、混乱和疑惑时，他们要敏锐地发现其中隐藏的商机，这些是走向成功的重要因素。创业还需要有发现和控制资源（这些资源常常为他人所有）的技巧和智谋，这也是捕捉商机所不可缺少的。这可以确保新建企业在最需要资金的时候不会发生资金短缺。大多数极为成功的创业者既具备一个优秀的团队，也具有所需的资金支持，这样才能捕捉到别人还没察觉到的商机。

“后雷龙资本主义”时代的创业学：超越企业创建

正如我们在第1章中所看到的，20世纪七八十年代的新建企业对美国和世界各个行业的竞争结构产生了重大的影响。一些曾被认为是不可战胜的巨人公司，最终被一股新的创业企业潮冲得七零八落。比如：IBM先是被苹果计算机公司击倒，后又被微软公司打垮；数字设备公司是苹果公司的又一个牺牲品，最近被康柏计算机公司收购；西尔斯公司（Sears）被新建公司沃尔玛击得粉碎；美国电报电话公司（AT&T）的霸主地位最先被MCI公司动摇，随后又遭到手机通信行业新秀——如McCaw通信公司、第一手机公司等的打击。由此导致了20世纪80年代的大规模裁员，[3]到2001年年底仍势头不减，到10月份，《财富》500强企业裁员人数已超过90万。但就在大公司不断裁员的同时，新建企业却在提供更多职位。根据2000年的一项研究，风险资本投资的企业创造了430万个就业机会，年销售收入达到7 360亿美元。[4]经过对一个个巨人公司失败案例的检验分析，我们得到了一个匪夷所思的结论，即它们中有些根本无视新竞争对手获得成功的创业手段，这是最差的情况；而最好的情况也只不过是对即将到来的灭亡有所察觉，但察觉后随之进行变革的过程太缓慢了。

“员工需要的不是管理，而是领导！”[5]

这些巨人公司在岌岌可危时，一般表现为组织结构高度等级化，许多行动要经过层层审阅、批准、投票。管理人员想通过一种自上而下的管理和行政管理体系来实现领导，而他们往往被这种体系弄得疲惫不堪，这种做法和尤因·马里恩·考夫曼强有力的见解恰好相反：“员工需要的不是管理，而是领导！”这些停滞不前的巨人公司比较喜欢奖励那些积累资产最多、预算最大、工厂数最多、产品和所辖人员最多的员工，而不是奖励那些创造或发现新商机、谨慎冒险但偶尔犯错并依靠自有资源的员工。虽然这些大公司意识到了公司文化和战略的重要性，但它们的步伐却十分迟缓：通过对几十家20世纪七八十年代的巨人企业的研究，我们得出了一个结论，即大公司一般花6年时间才能改变战略，而改变公司文化则要花上10~30年时间。同时，新建公司筹集所需资本的时间平均为1个月，而所有公司的总平均时间为6个月。[6]

更糟的是，这些大公司有比较严重的官僚作风，特别容易骄傲自大。他们盲目地相信，如果他们遵循当时几近神圣的最佳管理实践，他们就一定能大获成功。需要指出的是，在20世纪70~80年代，这些所谓的最佳管理实践并不包括创业过程、创业领导和创业理念。即使涉及这些，他们也会认为那是美国公司理论中的污言秽语。这些所谓神圣的实践原则其最主要的思想是：以客户为中心。但最近哈佛商学院两位教授的结论却会让你大吃一惊，他们发现：

> 在商界最常见的一种情况就是：当技术和市场发生变化的时候，位居前列的公司无法继续保持它在行业中的至高位置……但出现此悖论最根本的原因恰恰是因为那些大公司信守着那条最受人欢迎、最有价值的教条——以客户为中心。[7]
>
> 当新进入的公司发起进攻时，他们发现那些已经建立了自己地盘的竞争者并没有做好准备，而且很容易对付，因为他们一直忙于照料自己头上的客户市场，而没有注意到脚下竞争者的威胁。[8]

这进一步让我们理解了为什么这些所谓管理优秀的大公司会变得十分脆弱而且易受攻击，以及为什么新进入者往往对它们构成最大的威胁。这个模式还解释了，即使在现在被大玩家主宰的市场上，为什么未来的创业一代还会获得大量的商机。鲍尔（Bower）教授和克里斯滕森（Christensen）教授是这样总结的：

> 那些大企业的症结在于，经理们还在使用以往曾经奏效的方法做着现在的工作，即为满足当前客户快速增长的需求服务。虽然那些管理优秀的成功企业开发了为各种提议的投资项目分配资源的程序，但该程序不可能对客户目前没有明显需求而且利润也不太诱人的项目投资。[9]

结合我们在第1章中已经读到的，过去的30年发生了多少新变革，诞生了多少新公司和新行业，无怪乎如今的雷龙资本主义遇上了寒冰纪。

企业寒冰纪的希望之光

幸运的是，对许多巨人公司来说，创业革命可以将它们从自己的寒冰纪中解救出来。近10年我们在许多方面取得了进步，其中最激动人心的就是，美国有些大公司已经对创业领导革命做出了自己的反应。在经历了将近30年巨人公司接连垮台的历程之后，企业领导层以空前的规模开始试验并重新制定战略，以重振创业精神，并向企业注入标志“创业理念”的企业文化和企业实践。创业一代有着太多的诱人商机，他们完全可以在真正的创业环境中工作，而不必为了一个死气沉沉的“雷龙”工作。

许多大公司都在应用创业和创业领导原则以谋求企业生存和延续，我们看到越来越多这样的实例。研究者描述了一些大公司如何应用创业思维，从而开创出其崭新未来的。这些公司包括通用电气、Corning、摩托罗拉[10]、哈雷-戴维森摩托车公司（Harley-Davidson Motorcycles，年收入13.5亿美元）、马歇尔工业公司（Marshall Industries，年收入22亿美元）和圣地亚哥的科学应用国际公司（Science Applications International Corporation，SAIC）。大多数“雷龙”级的大公司都可以从上述这类公司中学到如何应用创业思维，这是很有价值的一课。

隐　喻

善于应变、思维敏捷、足智多谋、富有创造力，我们经常用这些词汇来描述杰出的企业家，同样我们还可以从生活中找到一些相应事物来比喻创业者与创业过程。从音乐角度来说，它是爵士乐，拥有独特的美国式即兴创作特征；从体育角度来说，有很多比喻，比如：科比·布莱恩特的敏捷，柯蒂斯·马丁的越界奔跑，韦恩·格雷茨基的冰上绝技，泰格·伍兹的竞技能力。还有那些空前绝后的体育伟人，如迈克尔·乔丹、皮卡布·斯特里特和兰斯·阿姆斯特朗。

或许高尔夫球运动比其他任何运动都更能体现在管理风险与回报过程中那种复杂而动态的本质，以及创业中所面临的十分微妙的脑力挑战。没有一项运动会同时要求那么多技巧，也不会那么复杂、精巧和微妙，它回报很高，同时又让人筋疲力尽。没有任何运动像高尔夫那样严酷地考验着人的意志、耐心、自律和自制。创业者同样面临着这一切。也许你会认为，在高尔夫运动中，团队概念并不是很重要，那就请想一想1997年的美国莱德杯（American Ryder Cup）高尔夫球赛吧，美国队由于没有很好的团队作战配合而输给了欧洲队。球童与高尔夫球手之间是什么关系呢？

创业者也会面临交响乐指挥或教练所面临的挑战：他必须协调好拥有不同技巧、才能和个性的一大群人，使之成为一个优秀的团体。在许多情况下，创业者还需要具备像杂耍者那样的才能和敏捷度，他必须在承受很大压力的情况下，让许多球同时保持置空状态，并且必须做到，当球落下来的时候，正好落在另一个人的位置上。

创业者面临的复杂决策和众多的备选方案与象棋比赛也有着相似之处。在象棋比赛中，胜利是属于最有创造力的棋手，他能够预先想像出几种不同的走法，并预见到对方可能采取的防御手段。创业决策中常常需要具有机敏的头脑。

另一种比喻可以从汤姆·沃尔夫的《正确的要素》一书中找到，这部作品后来被改编成了电影。查克·耶格尔是第一个突破音障的飞行员，他向我们描述了当他到达大气边缘，并且飞机飞行能力也达到极限的时候是怎么样的感觉，那是从未体验过的——也正是第一次创业者会尝到的味道：

> 在空气稀薄的太空边缘，星星和月亮中午出现。大气是如此稀薄，以致普通的空气力学定律已经不再适用。飞机滑进气流旋涡，像瓷碗在打了蜡的佛米卡柜台上一样旋转，然后开始像一块砖头一样翻跟头……你最终会变得“恐慌之至”。在飞机打滑、翻跟头、旋转的时候，你所能想的只有一件事：接下来做什么？[11]

在地球上，当创业者资金短缺的时候，尝到的也就是这种味道！不管你选择比喻还是类比来形容创业，它们所描述的都是创造性的，甚至艺术性的、即兴化的行为。结果或许是极大的成功，也可能是痛苦的、损失极大的失败。不管怎么说，紧迫感总是时刻伴随着创业者。

创业=悖论

创业过程最使人困惑的一面就是它自身存在的矛盾。由于这个过程具有高度动态、流动、模糊和混沌的特征，所以它不断地变化，常常出现一些似是而非的情况。以下是我们抽取的一些例子。你还能想出你研究过或听说过的其他例子吗？

没有潜力或潜力很低的机会可能会是一个很好的商机。这个悖论最著名的例子之一就是苹果计算机公司。苹果公司的创始人史蒂夫·乔布斯和史蒂夫·沃兹尼克曾向他们的雇主惠普公司提出开发台式个人计算机的建议，但被告知，这对惠普而言不是一个商机。所以，他们决定创建自己的公司。在很多情况下，被一些风险投资家否决的项目，到了另外一些投资者那儿，却创造出了传奇式的成功故事。比如，Quicken软件的制造公司——Intuit公司，在得到投资之前曾被20个风险投资家否决。

为了赚钱，首先你得赔钱。在风险投资业界有这样一种普遍的说法：柠檬，即指失败者，在两年半里就成熟了，而李子要七八年才会成熟。新创建的、由风险资本支持的公司一般在持续获利和上市前都会先经历一段亏损期，亏损额常在1 000万~2 500万美元之间，或者更多，而盈利和上市通常要等上5~7年。

为了创造财富，必须先放弃财富。在美国最成功的成长型公司中，创始人总是大胆地稀释自己的股权，以使整个公司雇员享有对公司的所有权。通过对公司有突出贡献的人实施奖励，并与之分享利润，公司的所有者激励着其他人一起将这个蛋糕越做越大。

为了成功，一个人必须先经历失败。通常的情况是，第一个企业失败了，但创业者从中学到了东西，继而创建了一家极为成功的公司。杰里·卡普兰（Jerry Kaplan）和莲花发展公司的创始人米奇·凯帕合作开发了最早的笔输入式计算机，在花完了8 000万美元的风险投资后，他们的公司倒闭了。卡普兰后来创建了一家互联网拍卖公司——On-Sale，公司发展迅猛，并于1996年上市。

创业需要周全的考虑、准备和计划，但它基本上又是一件无法计划的事情。今天，技术、市场、竞争的高度动态和易变的特征使得我们不可能完全了解竞争对手，更不要说了解5年以后的情况了。但人们还是花了大量精力试图设计未来的发展模式并预测未来。结果，当商业计划书从打印机里打印出来时，它已经过时了，这是难免的情况。我们一定要记住，这是一个创造过程——像泥塑一样。你必须培养起一种规划和随机应变的习惯，不断综合大脑信息和内心信息，不断对你的选择进行重新评价，直到这个习惯成为你的第二天性。

为了激发创造性和创新性，严谨和修炼必须贯穿于全过程。多少年来，成千上万的新产品和新技术专利躺在政府和大学研究实验室里，未被利用，就是因为没有商业修炼。

创业特别需要行动和紧迫感，但同样需要耐心和恒心。当一位创业者的竞争对手不断收购和快速扩张的时候，他没有做出任何应对行动，这使得管理团队里的其他成员几乎对他发火了。但他在报告中指出，在过去的1年中，就因为公司以静制动，节约了至少5 000万~1亿美元。1991年他参加了哈佛商学院年轻总裁组织（Young Presidents Organization，YPO）为期一周的培训课程，这一招是他从《创业学》的杰斐润滑油公司系列案例中学到的。

你所在的组织规模越大、运作越有序、纪律越严明、控制越严格，你对自己最终命运的控制能力就越小。创业需要在战略与策略上保持相当大的柔性和灵敏度。虽然任何一个人都不可以随心所欲，但是，过度的控制和秩序是困扰创业进程的障碍。如著名的赛车手马里奥·安德烈蒂所说："如果我驾车时能够完全控制，我知道，那我一定是太慢了！"

如果死守20世纪80年代造就了各行业领先者的最佳管理实践原则——尤其是"客户至上"这一条，就会种下自我毁灭的种子，并将领导地位拱手让与后起竞争者。我们前面讨论过对"破坏性技术"（disruptive technologies）的研究。

为了实现长期股权价值，你必须拒绝短期收益的诱惑。获得长期股权权益需要持续地对新人、新产品、新服务和新的支持系统进行大量再投资，这些通常会使短期收益减少。

创业的世界不是整齐、有序、线性、一致和可预测的，即使我们非常希望它能够如此。[12] 实际上，正是由于这些悖论所隐含的冲突，才会创造新的价值（如图表2.1所示）。这些悖论恰恰说明了这个世界是多么的矛盾与混

图表 2.1

创业是一种碰撞运动

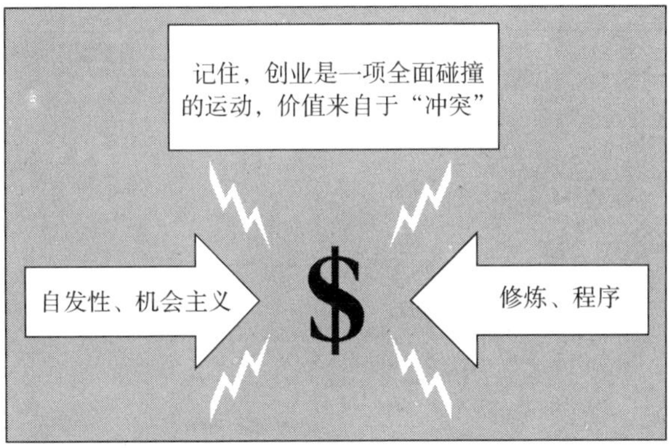

图表 2.2

新技术覆盖美国25%的人口所需的时间

家庭用电（1873）	46 年
电话（1875）	35 年
汽车（1885）	55 年
飞机旅行（1903）	54 年
广播（1906）	22 年
电视（1925）	26 年
卡带式录像机（1952）	34 年
个人计算机（1975）	15 年
手机	13 年
万维网	**7 年**

资料来源：*The Wall Street Journal*，June 1997.

沌。要想在这个世界上茁壮成长，你必须十分擅长处理模糊、混沌和不确定性，还要掌握预见未来的管理技巧。图表2.2提供了创业的模糊性与需要耐心的例证。

高潜力企业：思路要大气

怀有远大抱负的创业者所犯的最大错误一般是战略性的：他们思考问题过于保守。从某些事实来看，做一个小而简单的企业也许是明智的，因为这种企业的花费容易承受，而且比较容易管理，要求不那么苛刻，风险也较低。如果是大企业，情况可能就要反过来了。但是这类规模小、替代性高的企业，生存和成功的机会都要小一些，即使生存下来了，从财务上讲，获利水平也是很低的。正如一位创办了多家企业的创始人所说：除非这个行当可以给你带来至少5倍于现在的薪水，否则你所冒的风险和你所付出的辛劳、泪水就不值得了。

让我们来看一下有史以来最成功的风险投资家阿瑟·洛克（Authur Rock）。他搜寻商机的准则很简单：能够改变人们生活和工作的创业思路。他那些“本垒打”的投资项目都是传奇故事，包括英特尔公司、苹果计算机公司、Teledyne和其他几十个项目。很明显，他的理念就是思路要大气。目前美国各类企业大约有3 000万家，它们由各种各样的人经营着，存在着各种各样的商机，采用着各种各样的战略。有些是个人独资的，有些是合伙人制的，有些则是公司制的。

正如我们前文了解的，美国每年有350万家新企业创建，12%的美国人准备创业。[13] 超过90%的新建企业年收入少于100万美元，年收入为100万~2 500万美元的企业只有863 505家，只占到所有新建企业的9%。这些企业之中，只有296 695家企业（也就是总数的3%）在前三年的复年成长率达到30%或以上。与之相似，仅有3%（也就是33个里面有1个）的企业年收入超过了1 000万美元，只有0.3%（也就是333个里面有1个）的企业年收入超过1亿美元。

不仅几乎每个人都可以创建自己的企业，而且很多人都会成功。虽然具有经营天赋很有好处，但并不一定只有天才才能够创建起成功的企业。诺兰·布什内尔（Nolan Bushnell）是Atari公司——20世纪80年代初最先开发台式计算机游戏的公司之一——的创始人，他同时也是Pizza Time Theater的创始人，他曾经说过：“如果你在30岁之前，既没有成为百万富翁，也没有破产的话，那你一定不曾真正努力过！”[14] 对创业过程来说，创业者的准备才是重要的。20世纪80年代，人们往往因为盲从而成为创业者，但到了世纪之交，创业已经成为一件严肃的事情。业余的创业已经结束了，职业化的创业时代已经来临。[15]

很多身价百万的创业者都是在他们20几岁时创建企业的，新企业道路的崎岖与艰辛使“青年创业”更易成功，但年龄并不是进行创业的障碍。一项研究表明，将近21%的企业创始人都是年过40才开始他们的创业生涯的，很大一部分是30几岁创业的，仅仅四分之一多是在25岁前开始的。而且，大量实例让我们看到，年过60才开始创业的也大有人在，其中包括著名的长者哈兰德·桑德斯上校（Harland Sanders），他用他的第一张社会保障支票创建了肯德基炸鸡店。

图表 2.3

新建企业总体失败比率

	被跟踪调查的新建企业*			
行 业	1998年一季度新建企业	2001年一季度生存数	存活率（百分比）%	失败率（百分比）%
各行业总计	565 812	303 517	53.6	46.4
农 业	15 564	9 239	59.4	40.6
金 融	14 899	8 005	53.7	46.3
制造业	32 236	18 921	58.7	41.3
房地产	16 229	10 261	63.2	36.8
零 售	142 504	72 512	50.9	49.1
批 发	37 307	19 171	51.4	48.6
技术行业	28 575	13 159	46.1	53.9
计算机硬件	485	221	45.6	54.4
计算机软件/服务	18 733	8 387	44.8	55.2

资料来源：*BizMiner 2002 Startup Business Risk Index*：*Major Industry Report*， Copyright ⓒ 2002 Brandow Company Inc.

* 新建企业的定义是成立1年或1年以内的企业。

公司越小意味着失败的可能性越大

不幸的是，在所有新建企业中，存活率的记录不太让人乐观。一家研究公司估计新建企业的失败率达到46.4%。虽然政府的数据、相关研究和企业失败率统计学家对新企业失败和存活的精确数字意见不太一致，但他们都认为，失败非常平常，而不是例外情况。

想获得精确的数据需要花很大的力气，因为一方面我们不太容易定义失败并加以识别，另一方面我们也得不到可靠的统计数据。尽管如此，美国小企业管理局还是在1999年做过统计，结果是有588 900家新建企业，其中528 600家关门。[16]

不同行业的失败率有着很大差异。比如在1991年，零售和服务行业占了当年失败和破产企业的61%。[17]

下面的讨论是对过去50年大量企业失败率研究成果的提炼。[18] 这些研究表明：（1）失败率很高；（2）大多数企业倒闭发生在创建后的前2~5年，但有些企业倒闭的时间较晚。[19]

虽然政府的数据、研究和企业失败率统计学家对新企业失败和存活的确切数字意见不太一致，但他们确实都认为新建企业存在很高的失败风险。另一项研究（见图表2.3）显示：在1998年第一季度，成立1年及1年以内的565 812家公司中，只有303 517家公司存活到了2001年第一季度，平均失败率为46.4%。

正如图表2.3所示，不同行业具有不同的企业的失败率。最低的是房地产行业，新企业失败率为36.8%；技术性行业的企业失败率比较高，为53.9%。其中软件与服务领域更高，这一领域被追踪调查的新公司中有55.2%的公司关门了。不幸的是，总体上新建公司的存活记录是不乐观的。

更糟糕的是，大多数人认为创业失败率实际上比这高得多。由于行动通常是受感性认识，而非理性认识支配的，所以人们感觉上的创业失败率很高，再加上确实存在的失败记录，共同形成了阻碍有志创业者前进的严重障碍。

其他一些研究也表明，在邓白氏（Bradstreet）行业目录中的不同行业，其存活率存在着极大差异。在所有失败破产企业中，零售业、建筑业和小型服务行业企业占到了70%。有一项研究按行业分析了新建企业的风险因素及风险指标，从而为准备创业的人提供了一个清晰的预警信号。[20] 风险最高的是烟草行业，最低的是像“AAA”或是Welcome Wagon这样的联营组织或会员组织。该研究的作者常说这样一句话：“总有些河流比其他地方更适合捕鱼。”另外，在这些失败企业中，雇员少于100名的企业占99%。如果你进行过这方面的观察，或有过实际经营经验的话，你就不会对上述报告感到惊讶了。上述统计结果对于准创业者来说有着非常重要的启示，即好想法和真正的商机之间存在着相当大的差距，创业者对这一点必须十分明确。我们将在第3章对此展开详细讨论。

约瑟夫·熊彼得在许多著作中都提到过“创造性的自我毁灭”（creative self-destruction）这个概念，如在《商业周期》（*Business Cycle*）（1939）和《资本主义》中。实际上一定程度的失败率就是创造性自我毁灭的一部分，这是整个创新和经济复兴活动的一部分，其间必然伴随着一些企业的诞生和另一些企业的灭亡。更重要的是，失败能教给我们有关创业的实践经验。如果企业失败了，世界上很少有国家会像美国这样在法律、行业惯例、社会规范方面表现得如此宽容。虽然企业消失了，但创业者生存了下来，而且学到了宝贵的经验。

上述有关创业失败的统计数据不免让人气馁，但同时也向有志创业者提供了两个重要议题。首先，失败是普遍规律，但有没有例外呢？或者说，我们面对的是一场残酷的创业轮盘赌吗？其次，如果有例外，我们又如何让成功垂青于我们呢？

把握成功几率

每年都有大量小企业成立，但后来大多都失败了，幸运的是，其中确实有一些小企业属于例外情况。大多数小企业停业仅仅是因为没有做到我们在创业学中提到的注意点。它们没有创造、推进或抓住能够实现价值的商机。在很多情况下，它们所创建的企业很容易被取而代之。由于资金缺乏、管理不善，通常地理位置也不太好，于是很快就失败了。

临界概念

谁会成为幸存者？至少有10~20位员工、年收入达到200万~300万美元、追逐的商机具有高成长潜力——如果一个企业达到了这样的临界状态，那么生存下来并获得更大成功的几率就比较高。图表2.4是从所有新企业中选择出的一部分代表性企业为基础的调查结果，这一结果表明：新公司规模越大，公司在一年期存活率也随之逐步提高。当企业员工数从24名以下变为100~249名时，新公司一年期存活率就从54%上升到了73%。

图表 2.4

按公司规模分类的一年期企业生存率

公司规模（雇员数）	存活百分比%
1~24	53.6
25~49	68.0
50~99	69.0
100~249	73.2

资料来源：*BizMiner 2002 Startup Business Risk Index*：*Major Industry Report*，copyright © 2002 Brandow Company Inc.

一项研究发现，实证研究结果支持了“新”和“小”是两项不利因素的观点，它们不利于企业的生存。作者还推论说：“客户和组织之间较深程度的满意感、合作态度、信任度对维持两者间的关系非常关键。高度的满意、合作和信任表明了良好的愿望和积极的信念，这对双方构筑良好关系具有重要的影响。”[21] 该研究的作者还提到：“小型组织反应更快，而大型组织能提供更深层次的服务……创业任务就是要找到避开竞争劣势、发挥竞争优势的途径，或是找到创造性的方法来建立必需的竞争力。”[22]

4年后，当企业员工数从19名以下变为20~49名时，企业存活率从约35%~40%跳升到了55%左右。虽然人均销售额的估计数字随行业不同有很大差异，但最小临界值大致为年人均销售额5万~10万美元。当然，极为成功的公司其人均销售额还要高得多。数份报告表明：经过4~5年后，服务行业的倒闭企业最多（38.6%），其次是流通业(28.7%)，制造业（17.8%）。

成长的预期

创业的定义包含有扩张预期，建立长期价值和保持持久现金流的意思。

但是本书后文会讨论到，新公司要想在市场上站稳脚跟、成长起来要花很长的时间。历史数据显示，每5家小企业中只有2家能够存活6年以上，几乎没有一家公司能在头4年里获得增长。[23] 研究还发现，凡是能够成长的企业，其存活率是整体水平的两倍多，而且，成长越早，企业存活的可能性越大。[24] 2000年的《INC.》500强公司（*INC.* 500）证实了这一点，它们5年平均增长了1 933%。[25]

创业过程中，真正让人兴奋的事情，大概就是酝酿、发起、创建像这样的企业吧。

风险资本支持

另一种摆脱失败惯例的例外情况是那些从成功的私人风险资本公司吸引到启动资金的企业。虽然有风险投资支持的新公司只占每年新开公司的很小比例，但是2000年新上市的414家公司中，有238家（即57%）有风险资本支持。[26]

风险投资对新建企业既不是必要的，也不是企业成功的保证。2000年《INC.》500强公司中只有18%获得过风险资本，在企业初建时就有风险资本融资的只占3%。[27]想一想吧，在2000年，只有5 557家公司获得了风险投资。但值得注意的是，风险投资支持的公司的表现普遍好于整体水平。在2000年只有46家具有风险资本投资的公司宣布破产或倒闭。[28]这只占2000年获得风险资本的公司总数的不足1%。[29]

这些确凿数据让某些人得出这样的结论：有这样一个临界核——10%~15%，即10%~15%的新公司会因为公司规模、提供的就业机会、盈利能力、创新、收益潜力（和由此实现的资本收益）而成为赢家。

私人投资者加入风险资本家的队伍

成千上万成功收获的企业家以私人投资者的身份成了下一代创业者的投资“天使”。很多成功的企业家已经建立了他们自己的投资基金，并直接与风险投资家争业务。他们的经营经验和成功史为他们所投资的新建公司的增值提供了令人信服的例证。就拿一位成功的波士顿企业家杰夫·帕克（Jeff Parker）为例，他的第一家企业——技术数据公司（Technical Data Corporation）使华尔街的证券经纪人第一次在台式计算机上进行每天的交易。帕克的在苹果二型电脑（Apple II）运行的软件在20世纪80年代早期开创了一个全新的行业。

当帕克收获并退出这家企业和其他一些企业后，他在20世纪90年代创立了自己的私人投资基金。随着互联网浪潮的出现，帕克成为创建网络企业商机的最早发现者之一。有一次，他曾说服一家新的互联网企业选择他为主投资人，而不是那些美国国内最有威望的风险投资公司。显然，对于企业创建人来说，在新企业的启动阶段，帕克特有的创业经历和他对行业的理解会为企业带来更高的价值，而其他的风险投资家就无法做到这一点了。

像帕克这样的私人投资者兼创业者和风险投资家对投资对象的选择标准大体相似：他们寻找高潜力和高增长率的企业。然而，与风险投资家不同的是，这些私人投资者不必在短时期内投资大量的资金到企业中，而风险投资家一般每次至少要投资300万~500万美元（他们不得不这样做）。所以，私人投资者就成为了非资本密集型和处于发展早期的创业企业主要的资金来源。

近些年来，人们更加重视对高潜力企业的全面研究。新的创业一代从创业幸存者、风险投资家、私人投资者和高潜力公司的创始人那里学到了很多的经验教训。20多年来，这些创业的概念完完全全地展现在千千万万的大学生面前，他们学会留心识别高潜力的行业，对成功要素的认识显得训练有素。今天，你几乎已经不可能听不到、看不到有关创业方面的原则，不论是从电视、书籍、互联网上，还是从众多的专题研讨会、教学课程和为各类准创业者设立的培训教程中。

寻找可以为企业增加价值的投资者与合作者

这些高潜力企业最突出的特点之一就是它们的创始人识别融资伙伴和主要团队成员的原则。他们认为投资者和合伙人不仅仅要带来金钱、友谊、责任和动力，而且他们身边的支持者应该能够利用他们的经验、技术、网络关系、智慧为企业增加价值。选择的关键伙伴应该比企业创始人更聪明、更能干，从而能够提高公司的整体水平。这些将在后面几章展开详细讨论。

选择：基于生活方式的企业

对很多有远大抱负的创业者来说，家庭所在地和地理位置是他们优先考虑的问题。他们认为过一种他们喜爱的生活要比拥有多大的企业或个人净资产更重要，他们所喜爱的生活方式可能是捕鱼、滑雪、打猎、徒步旅行、音乐、冲浪、攀岩、划独木舟、乡村生活、登山等。另外许多人更喜欢与他们的家庭成员或配偶在一起工作，他们喜欢住在一个令他们向往的远离城市的地方。就拿杰克和戴安娜·毕晓普来说吧。他们俩都获得了会计学高级学位，在坐落于美丽的缅因州海岸的办公室工作，薪水高达6位数，他们对工作很满意，觉得回报也很不错，但他们最终放弃了这一切，出于一些生活方面的重要原因而决定回到他们的家乡——密歇根州。他们希望重新回到两人在同一家公司里工作的生活，那是他们婚姻初期的一段甜蜜经历。还有一点很重要，他们原来去探望戴安娜年迈的父母，开车就要花14个小时，现在近多了。另外，他们还想让他们已经20多岁的孩子们和他们一起干事业。最后，他们想住在密歇根州西北端的密歇根湖上的Harbor Spring，这是在美国他们最喜欢的地方之一。他们说，50年来他们还从没有那么努力地工作过，也从来没有那么快乐过。他们的租赁业务每年增长20%以上，生活富足，股东权益不断增加。其实只要做法得当，每个人都能拥有和自己的生活相适应的生活型企业，同时确实能获得比较大的发展潜力。

然而，还有另一对夫妇，他们放弃了在纽约城的成功事业，在佛蒙特买下了一家小旅馆以逃避都市的尔虞我诈，但这样的生活只维持了六七年。他们体会到了自己做老板的“乐趣”，包括每周7天70~90小时的工作，没有厨师，也没有白天帮忙的人，只有屋漏偏逢连阴雨的生活和意想不到的可怕客人。草总会绿的——他们这样安慰自己。

蒂蒙斯模型：理论与实践在现实世界中的冲突

踌躇满志的创业者，以及加入到企业中来的投资者和合作伙伴如何获得更大的成功几率？有才能并且成功的高潜力企业的创业者、风险投资家和私人投资者做了哪些不同的事情呢？他们获得杰出成就的原因是什么？他们的成功背后，是不是隐含着某些普遍的经验和原则，可以让有志创业者、投资家和所有参与企业运作的人受益？如果有，那些经验教训可以通过学习得来吗？

这些是我们毕生研究的核心问题。我们以学生、研究者、教师和从业者的身份热衷于创业过程的探索。作为数家高潜力企业（它们中的一些现在已经上市）的创始股东和投资者，企业和风险投资基金的董事和顾问，作为尤因·马里恩·考夫曼基金会考夫曼创业领导中心的授权董事和顾问，以及百森商学院阿瑟·布兰克创业学中心的理事，我们一直致力于学术理论的应用、验证、提炼和淬火，就像烈火将铁淬硬成钢一样，不过这里的“火”是“实践”这把火。

现实世界中知识与实践的冲突

在整个发展和变革的时代，《创业学》始终信奉着一条核心原则：在探索创业过程更高层次的知识和更有效的学习方法的每一步中，都必然存在着学术理论和现实实践之间的理论与实践的冲突。有些看似标准的学术提法可能在实践中讲讲还可以，但难以上升到理论。就我们所了解的创业过程和把握成功几率的手段来说，其中心问题就是通盘整体的平衡。

价值创造：驱动力

根本的核心的创业过程是高潜力企业获得极大成功的原因。尽管企业、创业者、地理环境和技术千差万别，但都是核心问题或驱动力主导了高度动态的创业过程。这些核心问题或驱动力是什么呢？

- 它是商机的驱动。
- 它是创业带头人和创业团队的驱动。
- 它是节约和创造资源的驱动。
- 它依赖于上述因素的匹配和平衡。
- 它是综合性的、整体性的。

以上都是创业过程中的可控因素，可以被评估、影响和改变。创始人和投资者在认真勤奋的工作过程中主要关注这些驱动因素，分析风险和回报，决定所需采取的变化以提高成功几率。

首先，我们将详细说明这些驱动因素的每一项，以提供它们的定义和描述。然后以网景公司为例，解释如何使整体性、平衡性和匹配度的概念适用于新建公司。

改变成功几率：确定、设计、塑造、创造

图表2.5阐述了新企业得以成功创建的内在驱动力。这个过程的起始点是商机，而不是资金、战略、关系网

图表 2.5
创业过程的蒂蒙斯模型

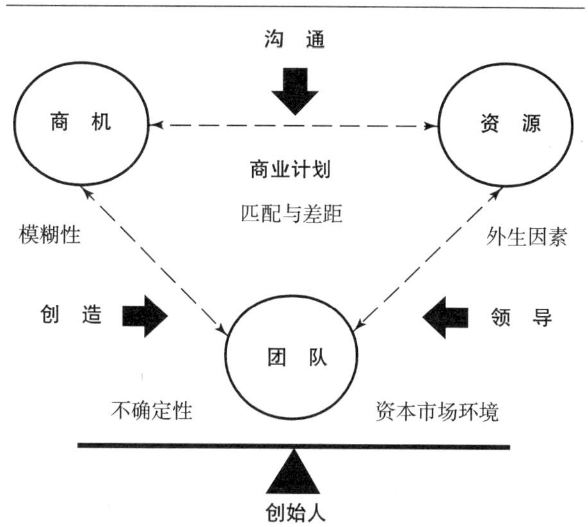

络、工作团队或商业计划。大多数情况下，真正的商机要比团队的智慧、才能或可获取的资源重要得多。创业带头人和工作团队所扮演的角色是将这些关键因素整合到一个变化的环境中。想想吧，杂耍者一边要在蹦床上跳上跳下，而蹦床还在速度和方向都随时变化的输送带上移动，一边还要同时抛掷三个小球，保证它们不落地。早期的新建企业的动态环境就是如此。商业计划通过一定的语言和格式，描述了蒂蒙斯模型的三种驱动力的驱动能量，以及它们之间的匹配度和平衡度。

在蒂蒙斯模型描述的创业过程中，商机的形式、大小、深度决定了资源与团队所需的形式、大小、深度。我们发现，许多人看到团队似乎也可以左右商机与资源时还有点不太适应。对某些人来讲，这个模型特别让他们不安，因为创业过程的三个因素是循环的，并且它们之间的平衡是很微妙的。所有这些反应都是可以调整的，也是很正常、很现实的。创业过程本身是动态的，只有那些认识到风险的人才能更好地把握创业过程并获得更多的回报。

创业带头人的工作十分简单：他必须利用成功等式来获得生意。在创业这样一个动态环境中，模糊性和风险确实常伴你的左右。在创业过程中，需要做好准备工作，具有创造性解决问题和构造战略的能力，还要努力投入。而要想做好这些，首先要分析企业中所存在的匹配点与差距。该商机有什么问题？缺少些什么？会有什么好消息，会发生什么有利的事件，相反的不利因素会有什么？发生什么情况对我来说是有吸引力的，并且是适合我的？什么样的市场风险、技术风险、竞争风险、管理风险和财务风险可以减小或避免？做哪些变革可以使这些事情发生？谁能改变这些因素？如何利用最少的、最必要的资源将这一切做得更好？现在的工作团队合适吗？这意味着，如果人们能够回答这些问题，做出必要的改变，并且指出如何填补企业内部的不足，提高匹配度，吸引到能为企业增添价值的关键合作者，那么，成功的几率将大大提高。从本质上讲，创业者所扮演的角色就是管理和重新定义风险—回报等式。

商 机 创业过程的核心是商机问题。成功的创业者和投资家都知道，一个好的思路未必是一个好的商机。实际上，以商业计划或商业建议等形式呈送给投资者的每100个思路中，通常仅有4个最后会成为投资对象。在这些被否定的思路中，80%以上是在最初的几个小时就被淘汰的；另外有10%~15%是在投资者仔细阅读了商业计划以后被否定的。只有不到10%的计划能吸引住投资者，并要经过彻底而仔细的审查研究，一般历时几个星期甚至几个月。成功的机会微乎其微。准创业者可能要花难以计数的时间寻找创业思路，而这些思路到头来可能毫无价值。所以，对创业者和投资者来说，学会快速的估计是否存在真正的商业潜力，以及决定该在上面花费多少时间和精力是一项重要的技能。

约翰·多尔（John Doerr）是最著名、最成功的风险投资基金之一——克莱纳-珀金斯-考尔菲尔德-拜尔斯（Kleiner，Perkins，Caulfield & Byers）投资基金公司的资深合伙人，被认为是他所处时代最具影响力的风险投资家。在他的职业生涯中，他成为了我们早先描述过的创业革命者的缩影，正是那些革命者创造了全新的行业，他们同时又是创造了传奇的太阳微系统公司、康柏计算机公司、莲花发展公司、Intuit、Genentech、Millennium、网景公司、亚马逊公司的主要投资者。先撇开过去大获成功的“本垒打”业绩不提，多尔坚信：“如果你要建立一个公司的话，没有比现在更好的时机了。过去，创业者只是开创一项事业；而现在，他们是在创造新的商业模式。这就是最大的区别，这种区别可以创造巨大的商机。”[30]

另一位风险投资家近来表示：“在经历了上个世纪90年代末非理性的繁荣后，现在又是一个创业的大好时机。风险资金非常充足，估价更合理，风险投资家对高潜力企业的投资愿望强烈。”[31]

图表2.6总结了好的商机的最重要特征。潜在市场需求驱动着价值创造潜力，而有市场需求是因为产品和服务有增值特征，市场规模大并且有20%以上的成长潜力，产业经济性好，尤其是具有高额利润（等于或大于40%），以及自由现金流的特点。

这些评价标准会在第3章中详细解释，并将被应用到对任何商机的寻找和评价中。简而言之，成长率越高，规模越大，持续时间越长，毛利润、净利润和自由现金流越大，企业的商机就越大。市场越不完善，商机也越多。正如第1章的摩尔定律和德鲁克假说所揭示的，变化程度越大，不连续性和混乱程度越高，企业商机越多。现行的服务和质量越不一致，提前和延迟的次数越不一致，或者信息和知识的真空和不足越多，商机就越多。

资源：要创造，也要节约 未经历风雨的创业者普遍会有一个错误概念：为了使企业成功，首先必须要让所有的资源都到位，尤其是资金必须到位。首先考虑钱就是一个很大的错误。当一支强有力的管理团队构思出一个有高发展潜力的商机，并推动商机的实现时，资金自然而然就跟着来了。多年来，投资者一直都在哀叹：有大量资金，却只有很少的值得投资的项目。换句话说，现在短缺的是

图表 2.6

创业过程是由商机驱动的*

市场需求是衡量商机的关键因素：

- 客户回款少于1年吗？
- 市场份额与成长潜力能达到每年增长20%吗？这种成长率持久吗？
- 客户是现实而可触的吗？

市场结构和规模有助于确定商机：

- 市场是新兴市场还是细分市场？
- 市场规模达到或超过5 000万美元吗？有潜力达到10亿美元吗？
- 是否存在专有权方面的进入壁垒？

利润分析有助于区分商机和思路：

- 供应成本（40%毛利率）低吗？
- 相对于竞争程度而言，资本要求低吗？
- 能在一两年内达到盈亏平衡吗？
- 能够增加价值使公司的总体市盈率（P/E）增加吗？

* 商机的持久性是一个常被曲解的概念。在创业中，当投资人在收回资金以后，还拥有市场或者有更多的投资回报，持久性就成立了。

图表 2.7

认识并合理配置资源，而不要被资源牵着鼻子走

资源最小化、控制资源相对于

资源最大化、拥有资源

释放创造力

财务资源

资产

人员

你的商业计划

最后考虑现金！

高素质的创业者和商机，而不是钱。成功的创业者一般都为合理利用和控制资源设计了创意精巧、用资谨慎的战略（见图表2.7）。投资家和成功创业者常常说，创业者可能遇到的最大的麻烦之一就是：过早地拥有了太多资金——这听起来可能让人十分惊讶。

霍华德·黑德（Howard Head）是成功运用有限资源的典范。他开发了第一个金属滑雪板（成为了市场主导产品），后来又开发了特大型号的“王子”牌网球拍——一个人开发两项完全不相干的技术真是罕见。二战期间，海德放弃了一家大型飞机制造厂的工作，节衣缩食，在他的车库里开发他的金属滑雪板。他尝试了40多种不同的方案，最后终于发明了性能良好，并可以推向市场的金属滑雪板。他坚信，他之所以能成功，最主要的原因之一就是：他的钱少得可怜。他的理由是：如果他资金充足，那么在他完成性能良好的金属滑雪板发明之前，他早就会放弃继续实验的努力，匆匆把研究阶段中的产品推向市场。

依靠自有资源是创业公司的一种生存方式，而且会创造出极大的竞争优势。以尽量少的资源做尽量多的事情是强有力的竞争武器，正如我们在第1章中所看到的，第一手机公司以3:1战胜了NYNEX公司，并且它使用的资源只有后者的1/2~1/3。这类企业采取的方法是将使用资源最小化并控制资源，而不是完全拥有资源。不管是考虑企业资产、关键人物、商业计划，还是创建资本和成长资本，成功的创业者总是最后才考虑现金。这种策略鼓励节俭原则，人人都意识到要让每个美元都发挥作用，“保留你的权益”（conserve your equity，CYE）原则成为了股东价值最大化的方法。我们会在后文的第11章和第12章中将资源问题与商业计划放在一起讨论。

创业团队　创业团队是高潜力企业的关键要素，对于这一点，现在已经没有什么异议了。投资者们很容易被“像米奇·凯帕、史蒂夫·乔布斯、弗雷德·史密斯等有创造力的公司创业带头人所吸引……而且这些投资者愿为拥有优秀业绩记录、万众一心的管理团队下赌注”。[32] 风险投资家约翰·多尔重申了乔治·多瑞阿特将军的格言：与拥有B等管理团队和A等思路的企业相比，我更喜欢拥有A等创业者和团队却只有B等思路的企业。多尔说：“在当今世界，有的是技术、创业者、资金和风险资本，真正缺少的是优秀的管理团队。你所面临的最大挑战就是建立一支杰出的团队。”[33]

著名的投资家阿瑟·洛克早在10多年前就清楚表达了团队的重要性。他是这样说的：“如果你找对了人，他们自然会经常变革产品。几乎我所犯的每一个错误都是因为我用错了人，而不是思路错误。”[34] 最后，正如我们在前文看到的，拥有20个以上员工，销售额达到200万~300万美元的企业比小企业更容易存活、成功。在绝大多数案例中，一个企业如果没有一支由两个以上关键贡献者组成的团队，是很难成长的。

图表 2.8

创业团队是企业成功的关键因素

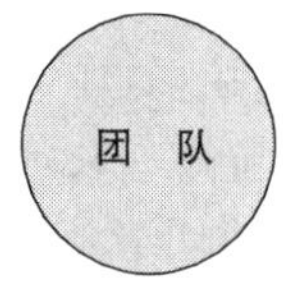

创业带头人

- 学和教都更快、更好
- 能坦然对付逆境，并很快从中恢复过来
- 表现出正直、可靠、诚实的品质
- 建立创业文化和组织

团队的素质

- 相关经历和业绩记录
- 取胜的意愿
- 敬业、决心和恒心
- 对风险、不确定性的容忍度
- 创造力
- 团队焦点的控制
- 适应性
- 执着于商机
- 领导
- 沟通

图表2.8为我们描绘了团队的一些重要方面。这些团队总是由一位非常有能力的创业带头人建立和领导的，他的业绩记录不仅向我们展示了成就，也展示了一个团队必须拥有的品质。作为一位领跑者和企业文化的创造者，创业带头人是团队的核心，他既是队员，也是教练。吸引其他关键管理成员，然后建立起团队，这样的能力和技巧，是投资家苦苦寻找的最有价值的东西之一。成为企业领导人物的创业者之所以能做到这一点，是因为他们积极塑造团队中的英雄，恪守“回报成功，支持忠诚的失败；与帮助你创造财富的人一起分享财富”的哲学，并为员工绩效和行为表现制定了高标准。我们会在第9章和第10章详细研究创业带头人和新企业团队。

匹配与平衡的重要性 贯穿三驱动力模型的是这些驱动因素的匹配与平衡的概念。注意，在图表2.5中，团队位于三角形的底部。想像一下，企业创始人（也就是创业带头人）就好像站在一个大球上，紧抓着那个三角形顶在头上。他所面临的挑战就是要在头上平衡好三角形顶点上的小球，不让它们掉下来。这种想像有助于理解为什么企业创建时必须不断地维持各要素之间的平衡，原因是，三个要素间很少能互相匹配。当利用这幅图景来想像企业的未来时，创业者会问自己：在走向成功的下一步中，我会遇到什么样的陷阱？我现在的团队够大了吗？当企业在未来的两年内扩大30%以后，我们会不会忙不过来呢？我所拥有的资源足够吗（或者，是否过于充足了）？没能保持平衡的生动例子处处可见，比如，一些大公司将太多的资源投向一个不太好并且没有界定清楚的商机。例如，朗讯公司技术部门对消费者带宽需求的缓慢反应使他们做出了错误的判断，从而导致公司市值损失了几乎90%。

图表2.9展示了网景公司从开创到首次公开上市，直到与美国在线时代华纳合并之前是如何完成平衡的。虽然这些图过分简化了这些相当复杂的事件，但它们可以帮助我们对公司创建过程进行概念上的思考——这是一种重要的关于公司建立过程的创业才能，要思考努力获得平衡的战略意义和管理意义，以及该过程不可避免的薄弱环节。

互联网是一个巨大的、飞速成长但又难以捉摸的商机。马克·安德森（Mark Anderson）没有显赫的资本或其他值得一提的资源，他也没有管理团队。我们可以想像，思路、资源和才能这么不匹配，会很快导致创始人对企业失控，并最终由某个能将其变为真正商机的人掌握。直观一点，这个过程可以理解为不间断的平衡过程，需要持续不断的评估，战略和战术的修订以及试验性的方法。在考虑影响商机、资源和团队所必须回答的问题过程中，创始人开始将思路塑造成商机，然后再将商机转化成企业，就像我们将没有形状的泥巴塑造成一件工艺品一样。

刚开始时，企业创始人马克·安德森所看见的就像图表2.9（a）所展现的第一种情形：现有团队和资源的能力远远无法承受巨大的互联网商机，这种差距非常大。风险投资家约翰·多尔上场了，他是最早清楚认识到这个商机的规模和潜力的人。他对安德森有信心，知道他会通过企业内部的管理和企业外部的专业咨询者来填补资源的短缺，并帮助建立管理团队的。图表2.9（b）显示达到了新的平衡，这种平衡创造了无可非议的投资。商机仍旧很大，并且不断成长，竞争对手也不可避免地出现了[见图表2.9（c）]。为了更好地利用这个商机，吸引更多、更有才能的管理者和职业团队，建立更强的财务实力与竞争者抗衡，公司必须完成股票的首次公开上市。战略投资者能够极大提高各种驱动因素的平衡性。战略投资者或合作伙伴被认为是能够弥补团队其他成员的缺陷的人，哪里存在不平衡的情况，他们就会在哪里创造平衡。根据企业的不同需求，战略投资者的角色也会有所不同。

网景公司无论在人力上，还是资源上，都变得更为强大了［见图表2.9（d）］，但是，它又遇到了新的挑战。我们已经在第1章中看到，即使是最优秀、最辉煌的新公司也往往会在20多年后蜕变成一个“雷龙资本主义”。当商

图表 2.9 (a)
网景公司——创业过程经历：
在最初阶段，处于极不平衡状态

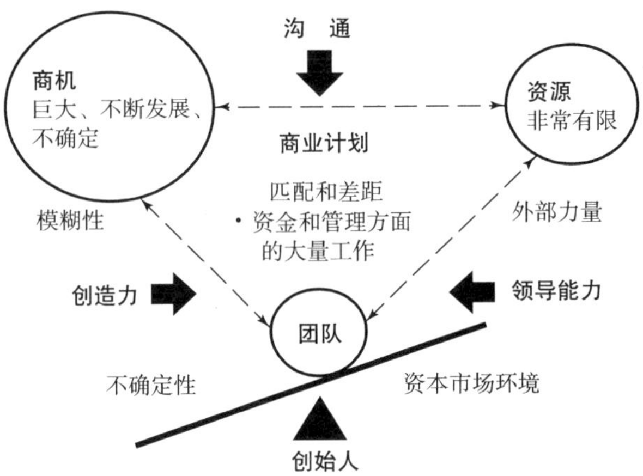

图表 2.9 (b)
网景公司——创业过程经历：
风险投资注入后，趋向新的平衡

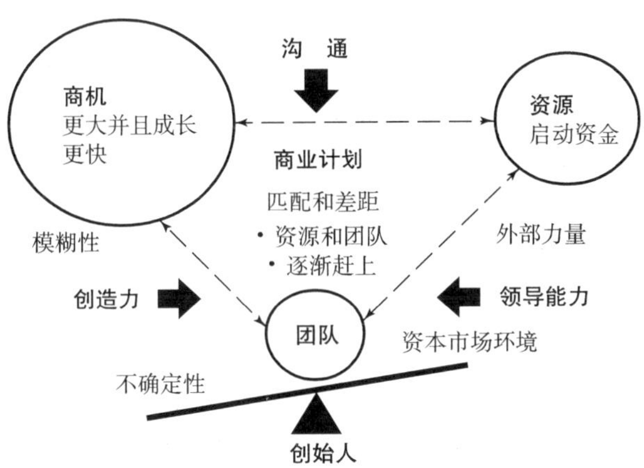

机继续如雨后春笋般涌现，当市场、人员和技术的竞争空前激烈时，网景公司能保持或重造他们的创业精神和组织结构吗？它会不会由于一项全新技术的出现而遭到毁灭性的打击，就像苹果计算机和微软对IBM和数字设备公司造成的威胁一样？1998年网景公司被美国在线收购（网景公司每股兑换美国在线0.45股），这次股票交易将网景公司估价42亿美元。事实上，美国在线之所以收购网景公司，是因为美国在线不希望自己变成“雷龙”！

图表 2.9 (c)
网景公司——创业过程经历：
首次公开上市，达到新的平衡

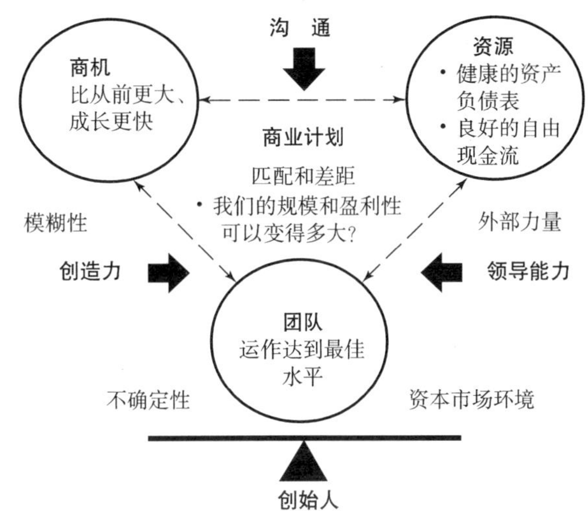

图表 2.9 (d)
网景公司——创业过程经历：
如今，又趋向新的不平衡

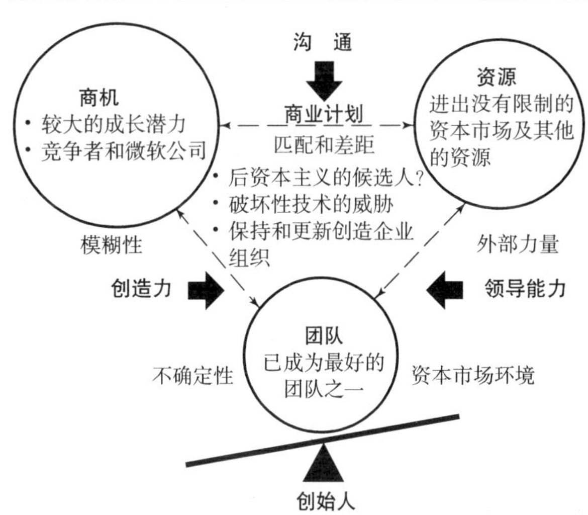

这种反复创业过程符合逻辑，而且带有“反复试验”的特征，这个过程可能是凭直觉的，也可能是有意识地计划好的。它和莱特兄弟最初致力于发明第一架自身动力推进飞机的过程不无相似。在获得成功之前，莱特兄弟进行了超过1 000次滑翔飞行试验，这些“反复试验”为实际

图表 2.10

创业者和风险资本的匹配

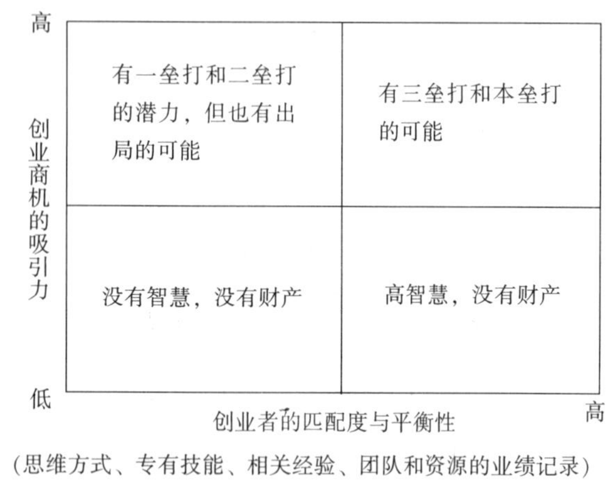

飞行提供了所需要的知识、技术和见解。创业者具有相似的学习曲线。

“匹配”的问题可以很好地表述为：这虽然是一个好得惊人的商机，不过，是对谁而言的呢？有一些最成功的投资项目在获得投资前，曾被许多投资家否决过。Intuit公司为了获得启动融资就曾经被老谋深算的投资家们拒绝了20次。我一个以前的学生安·索斯沃斯在为老年全面护理设备项目筹得资金前，也曾被24家银行与投资者拒绝，10年之后，这家公司被卖掉了，足足赚了8位数的利润。一次又一次地，因为商业项目类型与投资者不相配、创始人和融资者关系的不协调，或者其他许多因素，都可能造成投资项目被否决。因此，如何在一定的时间内将人力、商机和资源整合到一起，是企业最终成功的决定因素。

一个被推荐企业获得外部融资的潜力取决于整体的匹配性，以及投资者认为他能为此种匹配、匹配度的提高、风险回报和成功机会做多大贡献。图表2.10显示了可能出现的几种结果。

时机的重要性 创业过程的时机与上述各要素同等重要。沙漏里的细沙不断地轻轻泻下，上述每一个特定组合都可能在某一时刻出现，这些组合可能是朋友，可能是敌人，也可能两者兼而有之。果断地识别并抓住商机，可以使一切都变得不同。不要等到了最佳时机才利用商机，事实上没有最佳时机。大多数新企业都在它们找到足够的客户和能实现他们远大理想的团队之前，就花完了手上的钱。注意，商机是一个活动靶子。

支持该模型的最近研究成果

蒂蒙斯模型最初是从哈佛商学院关于新建的成长型企业的博士学位论文研究中产生的。经过近30年的时间，对高潜力企业和风险投资基金的持续性研究、案例开发、课程教学，以及作者的实践经验使该模型得以发展和提升。模型的基本组成部分没有发生变化，但是它们的内涵得到了丰富，各组成部分之间及与整体的关系得到了进一步发展，从而使它们能被更好地理解。其他无数的研究者也对创业过程和新企业创建这个范围很广的课题进行了研究。但这些研究的本质是：这个模型以其简洁优美的形式和动态的丰富内涵阐述了你所需要知道的有关创业过程，以帮助你抓住成功机会。本书的各个章节、各个公司案例、练习和论题详细阐述了创业过程，并提出了相关的个人见解，这样一个详细的理论框架和一套明晰的标准就自然地显现出来了。如果你充分深入研究了这些材料，那一定会增加你获胜的机会。

2001年的《INC.》500强公司平均的5年增长率是1 933%，2000年的销售额平均为2 500万美元，平均拥有160名员工。[35]与《INC.》500强公司相似，以安永LLP创业年度优胜者（Ernst & Young LLP Entrepreneur of the Year Winners）为基础，考夫曼创业领导中心的国家创业研究中心进行了一项重要研究，该研究特别对906家高成长公司进行了调查。[36]这些研究成果提供了各行各业的高绩效公司的实践基准。

最重要的是，这些结果再一次证实了这个模型及其原则的重要性，这些原则包括：团队、市场商机、资源战略、多数的个人标准、匹配和平衡的概念以及创业学的整体方法。

图表2.11总结了四个关键领域内的26项重要实践经验，这4个领域为：营销、财务、管理和计划。（这项研究的完整报告可以在位于堪萨斯城的考夫曼创业领导中心的国家创业研究中心找到，编号MO64112。）

创业推理：实践中的创业思想[37]

成功的创业者到底是如何思考的，他们是从哪里开始着手的，他们又是如何创建企业的？在了解了能够导致创业成功的态度、行为、管理素质、技能后，我们就能把握

图表 2.11

重要实践经验

快速成长公司的重要市场营销经验

- 提供高品质的产品和服务以扩大细分市场。
- 培育先进的新型产品和服务，使之在同类产品市场中成为佼佼者。
- 提供高附加值的产品和服务，使其价格可以按平均市场价或高于平均市场价定价。
- 现有产品和服务产生的收入一般占目前收入的90%左右，新产品和新服务产生的收入一般每年增长20%左右。
- 现有客户实现的收入保持在持续收入的80%左右，新客户群创造的收入一般每年扩张30%左右。
- 开发有重大影响的改良的新产品和服务，研发费用一般不超过年收入的6%。
- 建立一支高收益的销售队伍，其费用一般占营销费用的60%。
- 通过补充分销渠道快速开发广阔的产品和服务销售平台，以扩大公司营销的地理范围。

快速成长公司的重要财务经验

- 预订多回合的融资（平均每2.5年进行一次融资）。
- 确保有潜力大量增加其投资金额的融资源。
- 利用财务工具保持创业者的投票控制权。
- 通过选择性地发放职工股以保持对公司的控制。
- 将创业者的长期目标与商业计划中规定的退出战略联系起来。

快速成长公司的主要管理经验

- 采用高层管理团队联合决策方式。
- 通过组建平衡型高层管理团队来加速组织发展，最高层管理团队中的成员可以是从前有过合作经验的，也可以是没有合作经验的。
- 组建一个3~6人的高层管理团队，这些人具有成为企业的二次创业者的能力。根据高层团队的人数调整管理层级。
- 首先在财务、营销和营运这些职能部门建立起创业竞争力。组建平衡型董事会，既包括内部董事也包括外部董事。
- 定期召开董事会会议，不断调整战略。
- 让董事会大量参与战略转折点的决策。

快速成长公司的重要计划经验

- 准备最近12~24个月的详细月计划和3年及3年以上的年度计划。
- 建立职能规划和控制系统，使之能够将公司的规划与实际表现结合起来，并相应地调整管理者的报酬。
- 定期与雇员分享和商业计划直接相关的计划数据和实际业绩数据。
- 将由管理层和雇员联合设定的工作绩效考评标准与商业计划联系起来。
- 根据超出行业标准、胜出竞争对手和行业领导者的标准预先设定公司运作模式。

一些标准来权衡我们应该做些什么。图表2.12显示了机会识别在创业中的作用。

成功的创业者具有多种个性类型。大多数有关创业者的研究都把重点放在遗传基因、家庭、教育、事业经历等等的影响上，但是没有心理学方面的模型对此加以支持。多项研究显示：创业者不需要特殊的先天条件，而需要具有一系列必备技能。[38] 也许一位普来兹–百森商学院学生的描述再合适不过了：“一个人不需要对自己的个性要求过多，但是适当的限制还是需要的。”[39]

“没有什么理想的创业个性模式，伟大的创业者可能是交际广泛的，也可能是行事低调的；可能是分析型的，也可能是直觉型的；可能魅力超凡，也可能令人讨厌；可能精于细节，也可能大大咧咧；可能善于授权，也可能大权独揽。你所真正需要的只是执行关键步骤的能力。”[40] 成功的创业者一般都有某些相同的处事态度和行为方式。他们都努力地工作，被强烈的责任感驱动，有坚定的毅力；他们会看到半个杯子是满的，而不是看到半个杯子是空的；他们追求诚实、正直；竞争的欲望令他们热情燃烧，也使他们超越别人，获得成功；他们不满足于现状，并寻找商机以改善他们所遇到的各种状况；他们把失败当

图表 2.12

商机是来临了还是藏起来了？商机识别在创业中的作用

不同来源与类型的商机数量（和比率）		
商机来源	**创业者**	**非创业者**
以前的工作	67（58.3%）	13（48.2%）
以前的职业	36	6
以前的咨询工作	11	4
以前的业务	20	2
网络资源	25（21.7%）	8（29.6%）
社会接触	7	6
业务接触	18	2
用类推方法想出来的	13（11.3%）	6（22.2%）
合作者	10（8.7%）	—
商机类型	**创业者**	**非创业者**
特殊市场扩展/服务水平较低的特殊市场	29（25.2%）	7（29.2%）
客户需求	34（29.6%）	6（25.0%）
自己公司的需要	6（5.2%）	1（4.2%）
更好的技术	46（40.0%）	10（41.7%）

资料来源：Charlene Zietsma，University of British Columbia，1998.

注：图表中的数字代表每项的样本人数，括号中的数字代表该项在所有被调查对象中所占的百分比。

图表 2.13

谁是创业者？

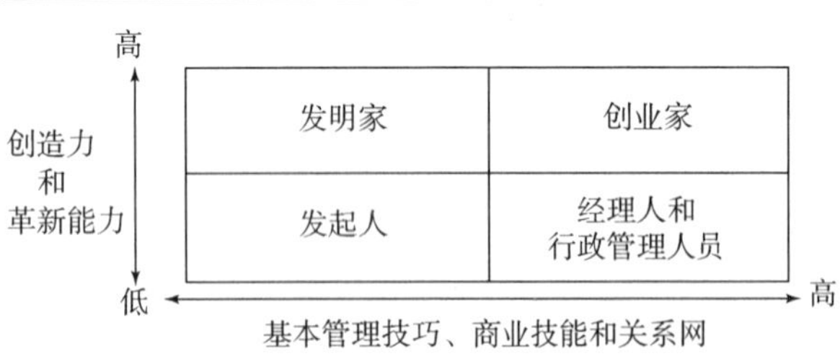

做学习的工具，为了达到高效率而不强求事事完美；他们相信可以靠自己大大改变企业和人生的最终命运。

那些成功者总是一次又一次地强调这些处事态度和行为方式。[41] 比如，有两位著名的创业者就牢牢地抓住了作为创业者要极为敬业并且有绝不动摇的恒心这些准则。以巧克力薄片曲奇而闻名的沃利·阿莫斯（Wally Amos）曾说：“你可以做任何自己想做的事情。”[42] 约翰逊出版公司（Johnson Publishing Company）——《埃伯尼》（Ebony）的发行商——的约翰·约翰逊（John Johnson）是这样说的：“你必须自己设法摆脱困境，满足需求；千万不要接受‘不行’这样的答案。”[43]

成功的创业者不仅拥有创造、革新的本领，还要具备扎实全面的管理技巧、商业技能以及充分的关系网络。图表2.13描述了这种关系。

发明家以他们的创造力著称，而常常缺乏必要的管理技巧和商业技能；发起人通常缺乏重要的全面管理技巧和商业技能以及真正的创造力；经理人控制、监督并确保企业的顺利运行，他们的管理技巧很高超，效率也很高，但不一定具有创造力。虽然经理人和创业者的管理技巧有些部分是重叠的，但经理人主要是为了守业，而创业者主要是受商机驱动。[44]

见习：获得大量经验

在过去的几年中，有关创业者的研究都或多或少地从理论上证实了实践者一直都知道的一条：有些处事态度、行为方式和专门技术是可以通过实践获得的，而且其中有些因素比其他因素更重要。

越来越多的学者开始关注创业者和自我雇用者的事业历程，他们的研究表明：经验和专门技能在成功创建新企业的过程中扮演着重要的角色。许多成功的创业者以往并不具备相关的行业背景，但对创业者而言，更重要的是获取信息并为我所用的能力。[45] 这些研究同样表明：成功与准备、计划密切相关，[46] 而需要准备的就是大量的经验。

虽然常规的市场研究可以提供有用的信息，但在评估商机中，最重要的是创业者对商机的整体性质的判断力。一项研究表明：创业者将他们对思路的自信心以及创业思路的反复试验（可能会成功，也可能会失败）作为商机识别过程的最重要组成部分。[47]

大多数成功的创业者都遵循着一套见习的模式，他们通过从自己经营企业的父母那里或亲身的工作经历获得相关的商业经验，为自己成为创业者积极准备。[48] 他们不寄希望于通过偶然事件或缓慢的潜移默化获得经验。正如企业家哈维·切特·克伦茨曼（Harvey Chet Krentzman）所说：“你必须清楚自己知道什么和不知道什么。”

榜 样

大量研究表明，榜样的存在与创业者的出现之间存在着明显的联系。比如，早先的一项研究发现，超过一半的新企业开创者的父母是自己拥有企业的。[49] 与之相似，麻省理工学院开创技术企业的毕业生中，有70%的人其父母也是创业者。库珀斯（Coopers）和邓克尔伯格（Dunkelberg）是这样总结的：[50]

> 家族企业是创业者的温床。老一代人起到了带头作用，为孩子们树立了榜样。这种现象跨越了行业、公司规模和性别的限制。

神话与现实

关于企业家和创业成功的传说、经典故事是那样经久不衰，即使是在这高度信息化、高度进步的时代同样如此。人们对企业创始人和创业过程的了解从没有像现在这么多。

某些神话总是一再地得到人们的关注和青睐。但这里有一个问题：普遍规律虽然对某些特定类型的创业者和情况适用，但创始人的多样性却向普遍规律提出了挑战。图表2.14揭示了历来被奉行的创业神话，以及经过研究总结的现实情况。

研究表明，90%或90%以上的创始人开创的公司都与他们曾工作过的公司具有相同的市场、技术、行业。[51] 另一些研究发现，企业创始人通常拥有8~10年的相关经历，受过良好的教育。这些成功的创业者在产品、市场方面和相关交叉领域一般都有丰富的经验。[52] 研究还表明，大多数成功的创业者都是在他们30几岁的时候创立公司的。1982~1984年，一项对波士顿128街高科技公司创始人的研究表明，企业创始人的平均年龄是40岁。

研究发现，创业者有可能比一些在大企业与他们地位相当的人干得多，也可能比他们干得少；创业者对自己工作的满意度比较高；他们也总是显得更健康一些。[53] 另一项研究表明，差不多21%的企业创始人是40岁以后开始他

图表 2.14
关于创业者的神话

神 话 1——创业者无法塑造，而是天生的。

现实情况——即使创业者天生就具备了特定的才智、创造力和充沛的精力，这些品质本身也只不过是未被塑形的泥巴和未经涂抹的画布。创业者是通过多年积累相关技术、技能、经历和关系网才被塑造出来的，这当中包含着许多自我发展历程。具有至少10年或10年以上的商业经验，才能识别各种商业行为，并获得创造性的预见能力和捕捉商机的能力。

神 话 2——任何人都能创建企业。

现实情况——创业者如果能够识别出思路和商机间的区别，而且思路足够大气，他们创办企业成功的几率就比较大。即使运气在成功中很重要，充分的准备仍是必要条件。创办还只是最简单的一部分，更困难的是要生存下来，维持经营，并把企业发展成最终可以让创办者喜获丰收的企业。在10~20家新企业中大约只有1家能够存活5年或5年以上，最后可以给创始人带来资本回报。

神 话 3——创业者是赌徒。

现实情况——成功的创业者会精确计算自己的预期风险，小心翼翼。在有选择的情况下，他们通过让别人一起分担风险、规避风险或将风险最小化，来影响成功的几率。他们常常把风险分割成可接受、可消化的小块；那时，他们才肯付出时间和资源，看那部分的风险—收益是否划得来。他们不会故意承担更多的风险，不会承担不必要的风险，当风险不可避免时，也不会羞涩地退缩。

神 话 4——创业者喜欢单枪匹马。

现实情况——想要完全拥有整个公司的所有权和控制权，只会限制企业的成长。单个创业者通常只能维持企业生存，想单枪匹马地发展一家高潜力的企业是极其困难的。高潜力的创业者会组建起自己的团队，自己的组织，然后是自己的公司。再说，百分之百的空还是空。所以，与其抢一块大一点的蛋糕，不如大家协力把整个蛋糕做得大一些。

神 话 5——创业者是他们自己的老板，他们完全独立。

现实情况——创业者离完全独立很远，他们需要为很多主人和委托人服务，其中包括合伙人、投资者、客户、供应商、债权人、雇员、家庭以及其他社会和社区义务的相关方。但是，创业者可以自由选择是否、何时以及做些什么以对他们做出响应。而且，要单枪匹马地获得超过100万~200万美元的销售额是极其困难的，可以说，几乎不可能。

图表 2.14 (续)

关于创业者的神话

神 话 6——创业者比大公司里的经理工作时间更长，工作更努力。

现实情况——没有证据证明，所有创业者都比公司里与他们地位相当的人工作得更多。有一些可能是工作得多一些，而有些则不是。事实上，一些研究报告说，他们工作得更少。

神 话 7——创业者承受巨大的压力，付出高昂代价。

现实情况——做一个创业者是有压力的、是辛苦的，这一点毫无疑问。但是没有证据证明，创业者比其他无数高要求的专业职位承受更大的压力，而且创业者对他们的工作往往非常满意。他们有很高的成就感，他们更健康，而且不太容易像那些为别人打工的人那样轻易退休。说自己"永远也不想退休"的创业者是公司中职业经理的3倍。

神 话 8——如果创立一家企业并失败了，你将再也无法翻身。

现实情况——有才能、有经验的创业者——因为他们追逐的是有吸引力的商机，而且能够吸引到使企业顺利运作的合适人才、必要资金及其他资源，所以他们创建的往往是成功的企业。而且，即使企业失败了，并不能说创业者也失败了。失败常常是对创业者的学习经验和职业悟性提炼的过程。

神 话 9——钱是创立企业最重要的要素。

现实情况——如果有了其他的资源和才能，钱自然随之而来；但是如果创业者有了足够的钱，成功却不一定会随之而来。钱是新企业成功因素中最不重要的一项。钱对于创业者而言就像是颜料和画笔对于画家那样，它是没有生命的工具，只有被适当的手所掌握，才能创造奇迹。

神 话 10——创业者必须年轻并且精力充沛。

现实情况——这些特征虽然会对成功有帮助，但年龄绝不是障碍。创立高潜力企业的创业者其平均年龄是35岁左右，60多岁才开始创办企业的创业者也为数甚多。关键是要掌握相关的技术、经验和关系网，它们非常有助于识别和捕捉商机。

神 话 11——万能的金钱回报是创业者惟一的驱动力。

现实情况——追求高潜力企业的创业者更多的是被创建企业、实现长期的资本收益所驱动，而不是追求高额工资、奖金这些立即可以获得的报酬。个人的成就感、对自己命运的把握、实现他们的期望和梦想也是强有力的动机。金钱只是保持成就的工具和方式，其本身并不是最终归宿。创业者总是不断地一次又一次地追逐，并为此兴奋不已，即使当一个创业者赚了几百万甚至更多时，他（她）还是会继续工作，憧憬着创建另一家公司。

神 话 12——创业者追求权力，喜欢控制别人。

现实情况——成功创业者的驱动力量来自对责任、成就和结果的追求，而不是为了权力本身。他们沉醉于成就感和超越竞争对手的感觉，而不是为了满足主宰和控制他人的个人权力欲。由于他们的成就，他们可能变得有权力、有影响力，但这些只是创业过程的副产品，而不是隐藏其后的驱动力。

神 话 13——如果创业者是有能力的，只需1~2年，他们就会成功。

现实情况——风险投资家有一句古老的格言：柠檬只要两年半就成熟了，但李子需要七八年才能结果。几乎没有一家新企业可以在少于3~4年的时间里站稳脚跟。

神 话 14——任何一个有好思路的创业者都能获得风险投资。

现实情况——在创业者具有好思路的情况下，100个寻求风险资本的企业中只有1~3个最终获得投资。

神 话 15——如果创业者拥有足够的启动资金，他/她就一定不会失败。

现实情况——事实恰恰相反；也就是说，如果企业创立初期资金过于充裕，常常会造就安乐感和类似被宠坏的孩子的症状。随之而来的缺乏约束和冲动的花费通常导致严重的后果和失败。

神 话 16——创业者是孤独的狼，他们无法与其他人一起工作。

现实情况——最成功的创业者通常也是组建优秀团队的领导者，他们与同事、顾问、投资者、重要客户、关键供应商等等保持有效的工作关系。

神 话 17——除非你SAT和GMAT的分数达到600分以上，否则你就永远不可能成为成功的创业者。

现实情况——创业智商是一个特定的组合，是由创造力、动机、正直、领导才能、团队建立、分析能力、处理模糊性和消极因素的能力组成的结合体。

们的创业生涯的，大部分是在30几岁的时候开始的，而在25岁前开始的，只有四分之一多一点。

什么是可以学会的

将近30年来，作者长期担任高潜力新企业的教育者、共同创始人、投资者、顾问、董事。这些企业中为数不少是由作者的学生创建的，而且本书中的大部分案例是关于那些企业创始人的。我印象最深刻的一件事发生在著名的得克萨斯不动产创业者——特拉梅尔·克罗（Trammel Crow）——正式入选百森商学院杰出创业者学会的时候。我们一见面，他就把胳膊绕在我的脖子上说："教授，你是不是想告诉我，你觉得自己真的可以教会某人做'树上的预备新手'（译者注：on-tree-pre-newer 是"创业者"英文单词的谐音，这里是戏言)?"我的回答很坦率："克罗先生，我想，你真正想要问的是：我是否荒谬到认为用一个学期35~40个课时，就可以把普普通通的学生变成经济学界的毕加索或贝多芬!？克罗先生，我想我们都知道这个问题的答案。"他大笑起来，然后笑着说，他承认自己确实知道。

《创业学》使你专注于生活方式创建一个高潜力企业的各种动态变化和现实过程中。通过课文和各种真实的年轻创业者（包括一些大学生和研究生）的案例，你将面临这些有志创业者在努力实现自己的梦想时所遇到的一切情况。课文和案例，再结合其他网上资料，让你学着处理创业者所遇到的一切概念上、实践上、财务上以及个人生活上的问题。本书将你的注意力集中到寻找这些最重要问题的答案：

- 作为一个创业者到底意味着什么？
- 好的商机和思路的区别在哪里？
- 现在正在考虑的商机适合我吗？
- 为什么有些公司很快发展到了销售额达几百万美元的规模，但后来裹足不前，无法成为具有多种产品的公司？
- 在抓住商机并开创事业的过程中，所面临的关键任务与障碍是什么？
- 我需要多少钱？什么时候、在哪里、如何在合适条件下得到这些钱？
- 在企业创立前、早期成长阶段和企业收获退出时，我可以利用哪些融资源，采取何种战略和机制？
- 为了抓住商机，我所需要的最少资源是什么？具体该怎么做？
- 商业计划是必需的吗？如果是，需要什么样的商业计划？如何制定？何时制定？
- 谁是我必须为之增加企业价值以获得结果为正的现金流，并要使之在企业退出时获得丰厚收益的委托人？
- 我的企业值多少钱？我如何进行谈判以决定我需要放弃的利益？
- 当企业的销售额从100万美元增长到500万美元，再到2 500万美元，创业管理的关键转折点在哪里？
- 创业带头人的做法有何不同，使他们能够获得如此有竞争力的突破性进展和优势，特别是他们如何超越传统的所谓的最佳实践？
- 21世纪创业者面临的商机及其意义是什么，互联网带来的商机和意义是什么？如何抓住这些商机，如何为抓住商机融资？
- 我需要了解哪些有关创业推理和创业思维的知识和实践，以获得竞争优势？
- 哪些陷阱、雷阵和灾难性事件是我必须事先考虑到，并为之做好准备，快速做出反应的？
- 我必须获得和建立的网络、关系是什么？
- 我清楚自己知道什么，不知道什么吗，我知道该对此怎么办吗？
- 我应该如何制定个人的"创业战略计划"以获得成功所必需的经验？
- 在上述领域中，时机这个因素的关键性和敏感度怎样？
- 为什么那些长期获得成功的创业者要努力维护企业诚信，讲求商业道德的名声呢？

我们确信，我们可以极大地提高学生制定的有关创业方面决策的质量，并因此更好地把学生的愿望和商机的现实要求联系起来。很多选择创业学的学生后来走上了自我雇用的道路，或在某些新兴的成长型企业中从事有意义的事业，并且越来越多的这类学生出现在那些"先做再说"的后雷龙资本主义的大公司里。其他一些学生则加入了一些较大的公司，这些公司的客户群和供应商也主要来自创业领域。还有的学生在金融机构、专业服务公司谋职，而那些公司正处在创业经济的旋涡中心，如：风险投资、私人资本投资、投资银行、商业银行、咨询公司、会计师事务所等等。

我们对创业学的观点是：创业学本身不是结果，而是一条引导你发现无数思路和商机的道路，它展现了年轻人未来事业的前景。你将学到一些技能，并学会如何恰当地使用这些技能；你将学会如何激发出你和其他人的创造力，以及如何运用你的新能量；你将学会区分哪些只是好的思路，哪些才是真正的商机；你将懂得创业团队的力量和潜力；你将学会与人交往的技能；你将体会到出现正现金流的那份欣喜；你将学到创业者是如何为他们的公司融资，并使它们成长的，通常在这一过程中所使用的都是依靠自有资源的战略，也就是用最少的资源获得最大的成果；你将感受到自给自足和独立的乐趣；你将看到创业带头人如何做到这一点，并回报社会的；你将发现创业学方面的新东西，它会使你拥有创业推理与思维，为你实现梦想不断带来新的能量和动力。对这个问题认识最深刻的人中，有一位是来自威斯康辛贝劳特学院（Beloit College）任Coleman-Fannie May教席的杰里·古斯塔夫森（Jerry Gustafson）教授，他大概是最早在自由散漫的艺术学院开设创业课程的教授了。他说：

> 创业学本身很重要。它为学生设定了一个理想的框架，让他们可以考虑一些长远问题，这些问题有关他们的自身定位、目标、期望、同社会的关系、思想与行动的差距等等。创业学教我们从作为人的角度来思考自己是什么这个问题……再者，从创业学的本质来说，它探讨的东西是过程性的东西。当我们在讨论创业时，不可能不涉及到目标设定、信息收集、持之以恒、资源充足、企业恢复力这些问题的重要性。创业的行为和风格是会得到社会回报的，这一点在学生身上也会有所反映，而这些创业行为和风格也正是我们想在课堂上让学生们表现出来的。[54]

提醒一下：有些素质是SAT、IQ、GMAT和其他测试都无法衡量的

当我把往届校友毕业后近25年的职业追踪数据给哈佛二年级的MBA学生看时，他们总是很吃惊。不管我们用什么评价方法，班中那些最拔尖的学生毕业后事业极为成功和不怎么成功的都有。班中垫底的学生有的后来获得了非同一般的成功，而另一些从他们的生活来看，几乎没有从如此优秀教育中获得什么成就。属于中游的学生们或多或少取得了些成功。为什么会这样呢？

据《纽约时报》报道，在第三届国际数学与科学研究竞赛中，与来自其他20个国家的高中生相比，美国那些最聪明的学生表现得却相当差，这一点太让人吃惊了。在一次汇集了世界上学习最优秀的高中生的物理和高等数学竞赛中，美国学生的表现只能垫底。文章是这样说的：

> 几十年来，我们一直在为SAT测试方法的公平性、男性与女性在数学能力上的差异、不同人种和民族的智商差距争论不休。当谈到智力和它的测试方法时，出发点往往是政治性的，而非科学性的，这真让人难以理解。[55]

简而言之，智力是多种多样的，它的广泛程度是大多数研究者和测试设计者都无法想像的。创业的高度动态和微妙复杂要求从事创业的人具有某些特殊智力。如果不是这样的话，那还有什么理由可以用来解释大量的商业内在矛盾和破产的天才们呢？

我们应该考虑的只是决定创业领导和创业成就的关键技能和能力，它们不能由IQ、SAT、GMAT等测试方法来衡量，因为这类测试无法精确地对年轻创业者评分和分类。让我们一起来看看这些测试无法衡量的技能和能力：

- 领导技能
- 人际交往能力
- 团队建设和合作能力
- 创造力
- 动机
- 学习技能（相对于“知识”）
- 毅力与决心
- 价值观、道德准绳、诚实、正直
- 目标导向
- 自我约束
- 俭朴
- 足智多谋
- 对付逆境的能力与恢复力
- 搜索、听取、使用反馈信息的能力
- 可信
- 可靠
- 幽默感

难怪许多优秀的学院和大学都废除了这类测试，或者只把它们当做参考。我们这样说，并不想让大家得出这样的结论：创业学是让没有真本事的人学的。事实正好相反，实际上，智力对创业者来说，是非常宝贵、非常重要的资产，可是单单有智力是远远不够的。

很清楚，如果一个人光有小聪明，没有其他很多必须具备的品质，是没什么用的（见第8、9、10章中对其他品质的详细分析）。克里斯·阿吉里斯（Chris Argyris）写过一篇很值得一读的好文章《教聪明人如何学习》，我们可以从中得到一些有力的观点，解释了班级里的学习天才为什么往往不能获得极大成功。[56]

本章总结

1. 我们开始进行创业揭秘：研究了传统上对创业的定义——创建企业；还研究了当代对创业的定义，它指一种更广泛、更全面的思考、推理和行动的方法，要执着于商机，还要有高度平衡的领导艺术。
2. 创业可以用很多比喻来形容，它也引出了许多悖论。
3. 把握成功几率是创业者永远面对的挑战，而且，企业越是小，生存下来的机会越少。
4. “思路大气”可以明显提高成功的几率。成功的创业者、风险投资家和私人投资者都在寻找高潜力企业。
5. 蒂蒙斯模型是识别和建立高潜力企业的核心，它有助于理解创业的三个驱动力：商机、团队和资源。匹配和平衡的概念非常关键。
6. 最近对全国高成长企业的首席执行官的研究进一步证实了该模型的有效性。
7. 关于创业的神话和现实情况为有志创业者提供了重要的借鉴。
8. 创业是可以学会的；它需要一个见习的过程。
9. 注意：IQ、SAT、GMAT、LSAT等测试方法无法评价一些非常重要的创业能力和资质。

习　题

1. 你能说出传统创业、后雷龙资本主义创业、高潜力企业的各自定义吗？为什么临界概念、保护你的业主权益、依靠自身资源、匹配和平衡这些概念很重要？它们有多重要？
2. 你能另外写出多少关于创业的隐喻和悖论？
3. “员工需要的不是管理，而是领导。”请解释这句话的含义，以及它对你形成自己的管理方式和领导理念的重要性与意义。
4. 什么是新企业成败的最重要决定因素？什么样的人成功的机会最大？什么样的人成功的机会最小？为什么？
5. 为了获得成功机会，你所能做的最重要的事情是什么？
6. 高成长型企业创业者、风险投资家、私人投资者在评价企业商机时，采用的是什么样的标准和特征？这些标准和特征如何使企业产生什么样的不同？
7. 定义并解释蒂蒙斯模型。以网景公司为例，应用蒂蒙斯模型分析它前5年的发展情况，并用图描绘出来；当然，你也可以选择其他你所熟悉的公司为例。
8. 一个人为把自己培养成为创业者，需要哪些最重要的技巧、价值、才智、能力和思考方式？

第2章的互联网资料来源

http://www.babson.edu/entrep
http://www.benlore.com
http://www.entreworld.org
http://www.entrepreneur.org
http://www.ey.com
http://www.failuremagazine.com
http://www.inc.com
http://www.pwcerc.com
http://www.ncoe.org
http://www.nvca.org
http://www.sba.gov
http://www.startupjournal.com
http://www.venturecoach.com
http://www.ventureeconomics.com
http://www.ventureone.com
http://www.venturesource.com
http://www.yeo.org

思考题

你考虑过吗？

1. 谁能成为一名创业者？在什么时候？
2. 80%以上的创业者都是在他们21岁以后才学到他们所需要的关键技能的。这对你意味着什么？
3. 在你们这一辈人中，你所面临的机会是：像微软、网景、戴尔电脑、美国航空、麦当劳、美国运通这些顶尖企业将被一些新兴的企业击败。这一切将如何发生？为什么说这成为一种商机？这对谁而言是商机？
4. 要想提高成功几率，你现在需要做什么？在下一年需要做什么？
5. 你能列出100种思路，然后从中挑选出5个最好的，很可能成为商机的吗？它们怎样才能成为商机？谁能使它们变成真正的商机？

注 释

1. This definition of entrepreneurship has evolved over the past two decades from research at Babson College and the Harvard Business School and has recently been enhanced by Stephen Spinelli, Jr., the John Muller Chairholder at Babson College.
2. J. A. Timmons, D. F. Muzyka, H. H. Stevenson, and W . D. Bygrave, "Opportunity Recognition: The Core of Entrepreneurship, " in *Frontiers of Entrepreneurship Research* (Babson Park, MA: Babson College 1987) , p. 409.
3. Edward J. Mathias Economic & Investment Environment–1997 (Washington, DC: The Carlyle Group January 1998), p. 119.
4. Ellen Florian, "Layoff Count," *http: //www.fortune.com/ indexw.jhtml?channel=artcol.jhtml doc id=205433*, December 10, 2001
5. The authors' favorite quote from Ewing M. Kauffman, founder of Marion Laboratories, Inc., the Ewing Marion Kauffman Foundation, Kansas City, Missouri.
6. W. J. Dennis, Jr., "Wells Fargo/NFIB Series on Business Starts and Stops," November 1999.
7. Joseph L. Bower and Clayton M. Christensen, "Disruptive Technologies: Catching the Wave, " *Harvard Business Review*, January–February 1995, p. 43.
8. Ibid., p. 47.
9. Ibid.
10. *Fast Company*, June–July 1997, pp. 32, 79, 104, and Rangan, U. Srinivasa, "Alliances Power Corporate Renewal," Babson College, 2001.
11. Tom Wolfe, *The Right Stuff* (New York: Bantam Books, 1980), pp. 51–52.
12. See Howard H. Stevenson, *Do Lunch or Be Lunch.* (Cambridge, MA: Harvard Business School Press, 1998) for a provocative argument for predictability as one of the most powerful of management tools.)
13. *The Global Entrepreneurship Monitor*, Babson College and the London Business School, May 2001.
14. In response to a student question at Founder's Day, Babson College, April 1983.
15. *INC.*, May 15, 1997.
16. *The State of Small Business: A Report of the President, Transmitted to the Congress*, 1999. (Washington, DC: Small Business Administration, 1999.)
17. *The State of Small Business*, 1992, p. 128.
18. Information has been culled from the following studies: Birch, David L., MIT Studies, 1979–1980; Michael B. Teitz et al., "Small Business and Employment Growth in California," Working Paper No.348, University of California at Berkeley, March 1981, table 5, p. 22; U.S. Small Business Administration, August 29, 1988; B. D. Phillips and B. A. Kirchhoff, "An Analysis of New firm Survival and Growth," *Frontiers in Entrepreneurship Research*; 1988, ed. B. Kirchhoff et al., (Babson Park, MA: Babson College, 1988) pp.266–67; and *BizMiner 2002 Startup Business Risk Index: Major Industry Report*, Brandow Co., Inc., 2002.
19. Summaries of these are reported by Albert N. Shapero and Joseph Gigherano, "Exits and Entries: A Study in Yellow Pages Journalism," in *Frontiers of Entrepreneurship Research*: 1982, ed. K. Vesper, et al. (Babson Park, MA: Babson College, 1982), pp.113–41, and Arnold

C. Cooper and Carolyn Y. Woo, "Survival and Failure: A Longitudinal Study," in *Frontiers of Entrepreneurship Research: 1988*, ed. B. Kirchhoff, et al., (Babson Park, MA: Babson College, 1988) pp.225–37.

20. *BizMiner 2002 Startup Business Risk Index.*

21. S. Venkataraman and Murray B. Low, "On the Nature of Critical Relationships: A Test of the Liabilities and Size Hypothesis," in *Frontiers in Entrepreneurship Research: 1991* (Babson Park, MA: Babson College, 1991), p. 97.

22. Ibid., pp. 105–6.

23. Bruce D. Phillips and Bruce A Kirchhoff, "An Analysis of New Firm Survival and Growth," in *Frontiers in Entrepreneurship Research: 1988* (Babson Park, MA: Babson College, 1988) pp. 266–67.

24. This reaffirms the exception to the failure rule noted above and in the original edition of this book in 1977.

25. Susan Greco, "The *INC.*500 Almanac," *INC*, October, 2001, p.80.

26. "Aftermarket at a Glance," *The IPO Reporter*, December 10, 2001, and "IPO Aftermarket," *Venture Capital Journal*, December 2001.

27. "The *INC.*500 Almanac."

28. *Venture Economics*, http://www.ventureeconomics.com/vec/stats/2001q2/us.html, July 30, 2001

29. *VentureXpert*, Thompson Financial Data Services, 2001.

30. "John Doerr's Start-Up Manual," *Fast Company*, Feburary–March 1997, pp. 82–84.

31. Ernie Parizeau, Partner, Norwest Partners, June 2001.

32. William D. Bygrave and Jeffry A. Timmons, *Venture Capital at the Crossroads* (Boston: Harvard Business School Press, 1992), p. 8.

33. *Fast Company*, February–March 1997, p. 84.

34. Arthur Rock, "Strategy vs. Tactics from a Venture Capitalist," *Harcard Business Review*, November–December 1987, pp. 63–67.

35. Susan Greco, "*INC.*500 Almanac," *INC.* October 2001, pp. 74–84.

36. Donald L. Sexton and Forrest I. Seale, *Leading Practices of Fast Growth Entrepreneurs: Pathways to High Performance* (Kansas City, MO: Kauffman Center for Entrepreneurial Leadership, 1997).

37. Brick House Publishing Co. Andover, MA. See Jeffry Timmons, *The Entrepreneurial Mind* (1989).

38. William Lee, *What Successful Entrepreneurs Really Do* (Lee Communications, 2001 Pleasanton, CA).

39. Comment made during a presentation at the June 1987 Price-Babson College Fellows Program by Jerry W. Gustafson, Coleman-Fannie May Candies Professor of Entrepreneurship, Beloit College, at Babson College.

40. Lee, *What Successful Entrepreneurs Really Do.*

41. See the excellent summary of a study of the first 21 inductees into Babson College's Academy of Distinguished Entrepreneurs by John A Hornaday and Nancy Tieken, "Capturing Twenty-one Heffalumps," in *Frontiers of Enrepreneurship Research: 1983* (Babson Park, MA: Babson College, 1983), pp. 23, 50.

42. Made during a speech at his induction in 1982 into the Academy of Distinguished Entrepreneurs, Babson College.

43. Made during a speech at his induction in 1979 into the Academy of Distinguished Entrepreneurs, Babson College.

44. Timmons, Muzyke, Stevenson, and Bygrave, "Opportunity Recognition: The Core of Entrepreneurship," pp. 42–49.

45. Karl H. Vesper, "New Venture Ideas: Don't Overlook the Experience Factor," *Harvard Business Review. Reprinted in Growing Concerns: Building and Managing the Smaller Business*, ed. D E Gumpert (New York: John Wiley & Sons, 1984), pp. 28–55.

46. See Robert Ronstadt's and Howard Stevenson's studies reported in *Frontiers of Entrepreneurship Research: 1983.*

47. Gerald Hills and Rodney Shrader, *Successful Entrepreneurs' Insights into Opportunity Recognition* (Chicago: University of Illinois, Chicago, 2000).

48. Raymond Institute-Mass Mutual, *The American Family Business Survey*, 2002: Alfred, NY, The Ramond Institute and Mass Mutual).

49. A Cooper and W. Dunkelberg, *A New Look at Business Entry* (San Mateo, CA: National Federation of Independent Business, March 1984).

50. B. O'Reilly and N. Tarpley, "What It Takes to Start a Startup," *Fortune*, June 7, 1999.

51. A good summary of some of these studies is provided by

Robert H. Brockhaus, " The Psychology of the Entrepreneur," in *Encyclopedia of Entrepreneurship*, ed. C. Kent, D sexton, and K. Vesper (Englewood Cliffs, NJ: Prentice Hall, 1982), pp. 50–55.

52. Over 80 studies in this area have been reported in *Frontiers of Entrepreneurship Research* (Babson Park, MA: Babson College) for the years 1981 through 1997.

53. Stevenson, "Who Are the Harvard Self-Emplyed?" *Frontiers of Entrepreneurship Research*; 1983, ed. Hornaday et al. Babson Park, MA: Babson College), p. 233.

54. Professor Jerry Gustafson, " Seeing is Not Only About Business," *PULSE* (Babson Park, MA: Price-Babson Fellows Program, 1988).

55. "Tests Show Nobody's Smart About Intelligence," *New York Times*, March 1, 1998, p. 41.

56. Chris Argyris, "Teaching Smart People How to Learn," *Harvard Business Review*, May–June 1991.

第3章

创造、塑造、识别、抓住商机

“我极少能看到机会，往往在我看到的时候，它已经不再是机会了。”

——马克·吐温

学习目的

学完本章后，你将能够：

1. 了解“思路大气”的重要性以及大多数新建企业的现实情况。
2. 了解最成功的企业是如何遵循“兴奋点循环”（circle of ecstasy）并满足投资者对企业“食物链”的偏好。
3. 定义思路和商机之间的区别。
4. 根据成功创业者、“天使”和风险投资家评估有潜力的企业的标准，仔细考察商机。
5. 了解思路、模式识别与创造过程在创业中的作用。
6. 识别寻找和筛选创业商机的信息源。
7. 通过三个“激发思路练习”形成一些新的企业思路和你的个人准则。
8. 分析罗克珊·昆比(Roxanne Quimby）的案例。*

思路要大气

《创业学》从一开始就试图鼓励有志向的创业者“尽可能大气地思考”。作者一次又一次地看到传统的小企业主，就像一个奶牛场主一样被生意束缚和困扰。每个星期他们工作时间长达七八十个小时，甚至100小时，很少出去旅游，生活单调，没有什么新鲜感。这些艰苦劳作的企业主除了他们用来经营的不动产外，很少拥有自己的私人财产。与这些传统的小企业主相比，着眼于发展与积累财富的创业者最大区别就是这些创业者思路更大气。长期挚友帕特里夏·克洛赫蒂（Patricia Cloherty）是这样说的：“思路大气是至关重要的。如果你要创建一家公司，就要准备好为此而奔波一生。所以你就应该想着建立一个大公司。这样至少你可以辛苦而富有，而不单单只有辛苦。”

帕特有着丰富的风险投资家的经验，她是位于纽约城的帕特里福公司（Patrioff & Company）的前任总裁，她还是美国风险资本协会（National Venture Capital Association）的首位女主席。在这些组织中，帕特是主要的投资人与董事会成员，她还是多家极为成功的高科技与生物公司的缔造者，其中许多公司已经获准或到你尝试并经历过。

* 请见与本书配套的《创业学案例》一书第3个案例。 ——编者注

仔细考察商机

在融到资金前，创始人斯科特·库克（Scott Cook）创办一家叫Intuit的新软件公司的最初建议曾遭到风险投资家的多次拒绝！数千个相似的例子说明，商机识别过程是多么的复杂、微妙、因事而异（时间、市场空间、投资者其他的选择等等）。如果连世界上最聪明、最有见识、最富有经验的投资家都错过了Intuit公司这样的投资商机，那么我们可以断言：从思路转变为高潜力商机的历程是难以捉摸、自相矛盾和危险的。想像一下，这就像一次要经过不同地形、经历各种天气条件的旅程。这个历程不仅有充满阳光、笔直平坦的高速公路，也有迂回曲折、上下起伏的羊肠小路，这些小路可能会把你逼到绝境，沿途你也会遇到龙卷风、沙暴、飓风和火山爆发。你最常遇到的可能是在渺无人烟时耗尽了汽油，或在你最想不到的时候车胎爆了，而这就是创业者的旅程。

毛毛虫变蝴蝶

本章旨在通过将商机放大，使得这一旅程看上去更加友好一些。本章将介绍那些成功创业者、风险投资家、“天使”和其他私人股权投资者的路线图和基准，是这些地图和基准使不成形的思路变成了引人入胜的企业，如同毛毛虫蜕变成了美丽的蝴蝶。这些基准包含了一个核心思想，就是只有得到肯定的被提议企业才是可以生存的，具有盈利的潜力，从而能够保持风险与回报的平衡，这样的生意才值得一搏。本章还说明了思路和识别模式在企业创造过程中所扮演的角色。

你还将看到用来识别高潜力企业的标准，它们是研究商机这个连续统一过程的起点，而不是终点。在100个创业者中，只有1~10个创建的企业最后脱颖而出。如果借助放大镜来观察，可以看到这些企业的进程是高度动态、不断变化、调整、充满艺术性的，而不是公式化或按表逐项核查的过程。创业过程的高度有机化和情境化特征，使得匹配度以及风险和收益之间的平衡显得尤为重要。30年来，作者一直强调：当商业计划被打印出来的时候，它已经过时了！正是在企业的形成过程中，最好的创业带头人和投资者为企业增加了最重要的价值，并创造性地将思路变成了企业。

新企业真相

有必要就斯科特·库克和数以百万的创业者所面临的企业现实问题总结一下。当你试图将毛毛虫变成美丽的蝴蝶时，要考虑到下面这些基本事实：

新企业的基本事实

大多数的新企业都是艺术性的流程与工作的产物。

大多数商业计划书在打印机上就已经成了废纸。

发起企业合作公司（Onset Venture Partners）发现，91%的按照商业计划书经营的股份公司最终都失败了！

速度、反应机敏和适应性是非常关键的。

取得成功的关键是跌倒后迅速爬起来。

成功是高度情境化的，依时间、空间、前后事件与股东的变化而变化。

最好的创业者只制造“新错误”。

创建一家公司比看上去或你想像的要难得多，但只要你不一意孤行，就可以使公司比你希望的生存更长久，做的更多。

这些事实反映了大多数新企业面临的高度动态的、无序的、隐藏的事件本质以及高度动态的前后逻辑关系。这些事实会使得大量意想不到和矛盾的事件发生，这促使你必须足够大气地思考问题，并且为了让思路变成商机而竭尽所能。那么，有志向的创业者应该如何认识这种复杂甚至令人畏惧的挑战呢？

企业的兴奋点循环与食物链

我们所谓的“风险资本兴奋点循环”（图表3.1）与“创业企业食物链”（图表3.2）是多数小企业不了解的，但却是高潜力企业的一种生活方式。这些概念可以使创业者直观地认识公司建立—投资—收获循环的运作过程。理解这个循环和资本市场食物链中不同投资者的偏好可以帮助你回答“为什么这个企业会存在，它为谁而存在”的问题。知道这些问题的答案对于公司融资、建立团队、发展以及收获退出有着十分深刻的意义，或许也可以缩短这些关键创业活动的时间。

图表3.1显示了创建最大价值（例如，市值最大化）的公司的关键，最开始要确定在“最好的技术与市场空间”的商机，这可以对“最优秀的管理团队”产生吸引力，速度以及快速变化的敏捷性能够吸引“最好的风险资

图表 3.1
风险资本兴奋点循环

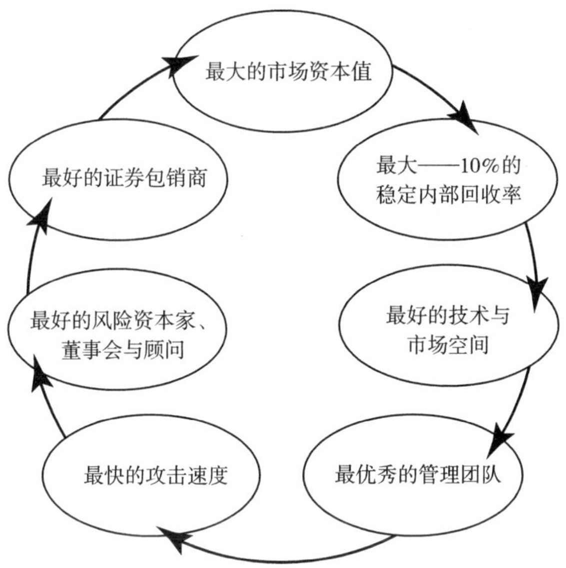

本家、董事会成员以及其他导师、顾问”，这些人能够给企业增加价值。

图表3.2引用了食物链概念，这个概念我们在第14章会再详细讨论。在食物链上的不同玩家能力各异，他们对想要投资的企业类型的偏好也有很大差异。大多数的新公司创业者浪费了大量的时间来寻找错误的投资资源。本章以及第14章的一个目标就是清晰描述出那些基准，并帮助大家掌握“思考大气”对于食物链中的参与者的含义。这是一个关键的前期工作，可以使我们避免从一开始就浪费时间追逐不适宜的风险投资家及其他人。正如一位CEO所说：“投资者太多了，足以让你剩下来的所有职业生涯都用来与他们会谈，即便如此，你还是见不到所有人。”

为什么要在“太小气地思考”以及资本市场不感兴趣的企业上浪费时间呢？知道资本提供者以及创业者是如何认识商机的创造与识别过程，他们寻找投资对象与评估企业的策略，以及他们想要什么，这些都是用做参考的关键要素。

图表 3.2
创业企业资本市场食物链

企业所处阶段	研发	萌芽	建立	高成长
各阶段的公司价值	少于 100 万美元	100 万~500 万美元	100 万~5 000 万美元以上	大于 1 亿美元
资金来源	创始人 希望获得高净利的个人 FFF* SBIR**	FFF* 天使基金 种子基金 SBIR	风险资本系列 A，B，C……*** 战略合作者 希望获得更高净利的个人 私人股权投资	公开上市 战略收购者 私人股权投资
资本投资金额	不到 20 万美元	1 万~50 万美元	50 万~2 000 万美元	1 000 万~5 000 万美元以上
在上市时公司拥有的股权百分比	10%~25%	5%~15%	上述投资者占 40%~60%	公众持有 15%~25%
每股价格与股票数量 ****	0.01~0.50 美元 100 万~500 万股	0.50~1.00 美元 100 万~300 万股	1.00~8.00 美元左右 500 万~1 000 万股	12~18 美元以上 300 万~500 万股

*朋友、家人和傻瓜
** 小企业创新研究，一个N&F项目
***风险资本系列A，B，C……（平均每轮投资规模）
A @ 500万美元——初建
B @ 750万美元——产品开发
C @ 1200万美元——产品装运
行业不同，估价值差异明显不同（如2X^S）
估价随地区与风险投资循环阶段的不同而变化
**** 在首次公开上市后

什么时候思路变成了商机

如果思路不是商机，那么什么才是商机呢？[1] 商机具有吸引力强、持久、适时的特性，它根植于可以为客户或最终用户创造或增加价值的产品或服务中。

对拥有这些特性的商机来说，"机会之窗"正在敞开，并将开相当长的时间。进一步来讲，在拥有适宜特质的前提下进入市场才是可行的做法，管理团队才能达到进入市场的目标。在这种情况下，企业已经拥有或有能力获得竞争优势(也就是说，获得杠杆融资优势)。最后，从经济性上讲，企业是回报型加容错型的，有很大的利润和成长潜力。

再重复一下，拥有上述特性的商机根植于可以为客户或最终用户创造或增加价值的产品或服务中。最成功的创业者、风险投资家和私人投资者都是密切关注商机的；也就是说，他们的出发点是客户和市场的需求，并且从来不会忽视他们的需求。

现实世界

商机是用思路和创业方面的创造力开发或建立起来的。虽然我们可以把此过程想像成木工或泥瓦匠的工作过程，但在现实中，这个过程更像原子反应堆里微粒的冲撞过程，或者像在海上形成飓风的过程。思路在某一点上与现实世界的情境以及企业的创造力发生交互作用。这一交互作用的结果产生了商机，借助该商机，一个新企业被创造出来了。

一个创业者创建他的企业时所处的商业环境是给定的，或者无法发生重大的改变。即使假设存在社会非营利组织，它们同样也面对市场力量和经济约束。想像一下，如果一个非营利组织没有用它的留存利润进行再投资，而是向管理层发放额外的奖金，那么捐款方会采取什么样的行动？或者，如果一个社会公益性组织把所有的努力都集中在完成社会使命上，却忽略了利润，又会发生什么？很清楚，与供应商的关系、生产成本、劳动力和分销渠道对这些社会组织的健康发展极为重要。因此，虽然这些社会非营利组织与营利组织相比，是在一个完全不同的市场上运作，但是，它们同样关心正现金流，而且十分关注正现金流的流量。营利企业在一个自由的企业系统中运作，这个系统的特性是具有私人所有权和对利润的要求。

商机的培养者和驱动者

在一个自由的企业系统中，当行业和市场中存在变化着的环境、混乱、混沌、矛盾、落后与领先、知识和信息的鸿沟以及各种各样其他真空的时候，商机就产生了。

由于商业环境中的变化和对这些变化的预料对创业过程至关重要，所以对变化保持持续警觉是一个值得赞赏的习惯。因此，一个有信用、有创造力和决策力的创业者可以在别人还在研究商机的时候，就已经紧紧抓住商机了。

商机是情境化的。有一些商机的产生环境具有特殊性，而有些则可以普遍化，可以被应用到其他的行业、产品或服务。这样，交叉联系可以使创业者在头脑中对已经存在或即将到来的商机进行初步识别。人们常常假设，被身价几十亿的大玩家控制的市场很难被通过创业建立起来的小型公司渗透进去。毕竟，你如何去和那些防守严密、资源充足、成立了很长时间的大公司竞争啊？但是，相反的说法因为几个方面的理由也成立。大量的研究表明，一家大公司要花6年以上的时间来改变它的战略，要实施新的战略则要花更长的时间，因为改变企业文化，使企业以不同的方式运作需要花费10年以上的时间。而对于新建或者小型企业而言，10年以上的时间几乎意味着永久。当第一手机公司在波士顿成立的时候，庞大的NYNEX公司是惟一的竞争者。据统计，NYNEX公司除了制造费用更高之外，还花费了两倍的钱建发射塔（每个塔40万美元），花费2~3倍的钱在广告和市场营销上。然而，第一手机公司白手起家，在5年时间里达到了10亿的销售额，NYNEX公司每赢得一家客户，第一手机公司就能赢得三家客户。是什么造成了这种本质性的差别？是第一手机公司的创业管理团队。

在最激动人心的那些商机中，有一部分来自于传统意义上的大企业领地：技术革新。小公司在技术革新方面的表现是值得称道的——二战后95%的根本性革新来自于小型新公司，而不是那些巨人企业。事实上，美国国家科学基金会的另一项研究发现，与拥有1万名以上雇员的大企业相比，小型企业中每1美元研发经费所产出的革新成果是大企业的24倍。[2]

在那些永远也无法吸引风险投资家注意力的平淡无奇的行业里，可能隐藏着激动人心的商机。微机、管理信息系统（MIS）和计算机网络工程的革命对很多几十年都几乎不曾发生过变化的行业产生了重大影响。比如，废旧汽车零件行业几十年来都没有发生过变化。然而，通过将最先进的电脑和信息技术应用到依赖原始、手工方法跟踪存货和为客户寻找零配件的传统行业中，Pintendre汽车公司看到了该行业一个崭新的商机。[3] 只花了3年时间，该公司的销售额就达到了1 600万美元。

技术与管制方面的变化也极大地转变了并将继续转变你对商机的看法。20世纪90年代，拥有数百个频道的有线电视发展成熟了，这为商品促销与分销提供了一个新的商机，可提供从播放商业信息到按次计费的电视购物网等各种服务。互联网为商品促销与分销提供了更多种类的商机，最典型的如亚马逊、Priceline、e-Bay等公司。

思考以下这些实例，它们说明了在真空地带产生商机的现象：

- 20世纪80年代，电信业与航空业放松管制，这导致了成千上万小企业的形成，包括第一手机公司（现更名为Cingular）和联邦快递等。
- 20世纪80年代早期，微机硬件业的发展速度远远超过了软件业。但是微机行业的成长在很大程度上依赖于软件的发展，所以导致了IBM、苹果电脑等公司的大胆行动，它们鼓励软件创业者们来填补该空缺。
- 很多商机出现在细分化的传统行业里，这些行业或许会有一点手工作坊或夫妻店的特点，对市场营销和金融不需要很懂，也不需要有很多专业知识。比如：渔屋、小酒馆、旅店、清洁社/洗衣房、五金店、药店、废品回收站、花店、托儿所、帐篷行业、汽车维修等。
- 在我们这个服务业占主导地位的经济里（在所有的经济活动中，服务业占去了70%，而25年前，这个比例只有30%），服务客户才是成功的关键因素，而不是产品本身。波士顿Forum公司的一项研究显示，在失去的客户群中，有70%是因为服务水平有问题，只有15%是因为对价格或产品质量不满意。你还记得上一次让你赞不绝口、不同寻常的客户服务经历吗？
- 一些当时已经存在的竞争者不能或不愿意随着市场的变化迅速提高他们的生产能力。20世纪70年代末，一些钢铁公司竟有90个星期的交货期，价格还需要商定，这不能不引起国外竞争者的注意。
- 一些劳动密集型和对运输费用不敏感的产品开始大规模转到国外进行生产，比如转移到亚洲、东欧、墨西哥等，相关的产品例如那些与计算机有关的产品或微机驱动耗费品也都开始转移。这不啻是一个绝佳的例子。
- 在为数不少的行业里，一些创业者有时会发现自己是该行业仅有的几个可以从事这项工作的。比如，咨询、软件设计、财务咨询服务、工程设计、技术和医药产品和服务业等，从事这些行业的许多创业者都具有专业知识垄断优势。有时候，一个管理团队是该行业最棒的，并且在其他相关行业中也无人替代，这种优势就像拥有许多获胜记录的优秀教练所具有的优势一样。

图表3.3概述了能够产生高潜力商机的几种因素——非连续性、不对称性和变化——的主要类型。通过技术革新（例如，个人电脑、无线通信、互联网服务器和软件等），通过影响和建立新的游戏规则（例如，航空、电信、金融服务与银行业务、医药产品等），通过预测变化带来的各种重大影响等手段创造商机，是商机识别过程的关键环节。

追寻巨变

对高潜力企业有一个简单的判断标准，它出于著名的

图表 3.3

商机的引发和驱动因素概述

变化、混乱、不连续的根源	商机的创造
法规的变化	手机、航空、保险、电信、医药、养老基金管理、金融服务、银行业务、税收、证券交易法
在 10 年以下的时间里产生 10 倍的变化	摩尔定律——计算机芯片的运算能力每 18 个月就翻一番：金融服务、私人权益、咨询、互联网、生物技术、信息时代、出版业
价值链和分销渠道的重构	超级商店——Staples 公司，Home Depot 公司；所有的出版业和自动销售业；各种服务的网上销售和分销
所有权或契约优势	技术革新：专利、许可证、合约、特许专营、版权、发行权
现有管理层/投资者资金用尽/管理不善	周转率、新的资本结构、新的盈亏平衡点、新的自由现金流、新的团队、新的战略；所有者对流动性和存在性的要求；电信、废品回收服务、零售行业
创业领导权	新的远景和战略、新的团队就等于是秘密武器；像企业所有者那样进行组织思考和行动
市场领导者存在客户方面的头疼问题或者对客户漠不关心	新的和小的客户群不被重视甚至被忽略：硬盘驱动器、纸张、化学品、主机、中心数据处理、台式计算机、公司风险管理、办公室超级商店、汽车、软件以及大多数的服务业

风险投资家阿瑟·洛克之口，他说：“我们寻找那些能够改变人们生活或工作方式的好思路。”作为苹果计算机和许多世界级的新公司的主要投资者，他明白他所说的话意味着什么。如果你要从宏观上对思路做出判断，最好先确认这些思路是否正在产生或将要产生巨变。想一想，个人计算机、生物技术和互联网对上一代人产生了多么大的影响。下一代伟大的新公司也将以同样的方式出现，也会产生新的巨变。图表3.4总结了考虑这种变化的一些方面，包括技术、市场和社会更迭，甚至包括互联网过度膨胀所孕育的商机。摩尔定律（芯片的计算能力每18个月翻一番）是过去30年主要的技术革命的巨大推动力。生物学的基因图谱与克隆技术的突破、纳米技术与万维网带来的变革将继续为下一代人创造大量商机。从宏观上了解了巨变以后，我们如何才能更现实、更具体地考虑商机呢？业务/销售模型的哪些参数能够使我们思路更大气，并对食物链更具吸引力？

图表 3.4

思路还是商机：寻找巨变

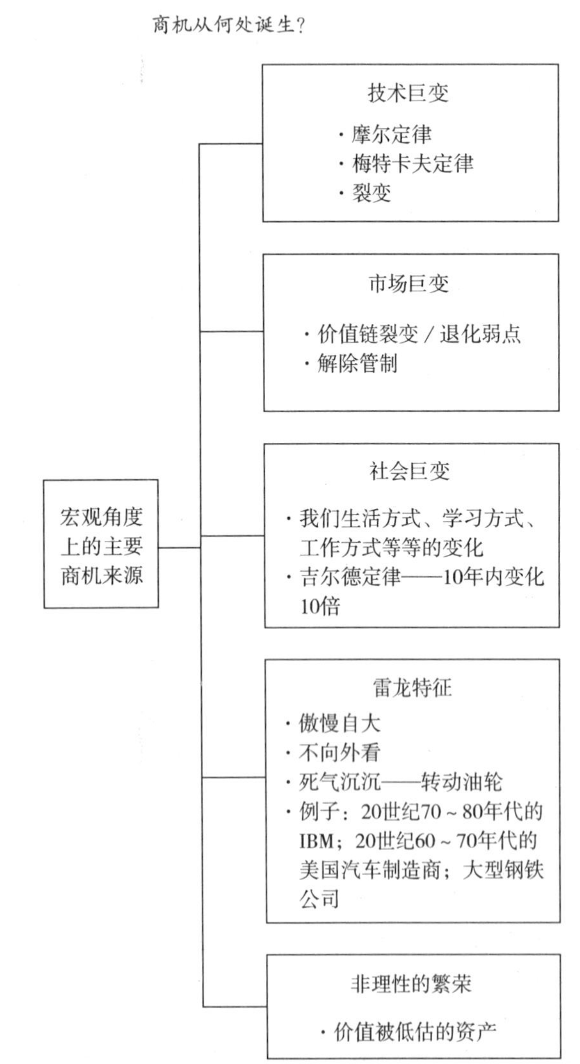

值得推崇的业务/收入模型规则

我们在《创业学》一书中反复强调：*正现金流才是真正令人开心的！但我们要将资金放在最后去考虑。*直到你对许许多多的思路说过“不”后，你才可以制定进入策略，实际上你看到的各种思路往往都不是真正的商机，赚多少钱不要紧，要紧的是要能够赚钱。

思路的角色

思路是一种工具

很值得再强调一下：好的思路只不过是创业者手中的一项工具，找到一个好的思路只是将创业者的创造力转变为商机的艰辛历程中的第一步。

思路的重要性常被高估，其代价是往往不够重视市场对产品或服务或两者的需求，这会减少原本可以卖给客户的真正数量。

而且，新企业一蹴而就的情况是很少的。通常在原始或潜力型产品或服务和客户真正愿意花钱购买的产品或服务相配之前，必定会经历一系列反复“试错”的过程。在霍华德·黑德经久不衰的滑雪橇模型诞生之前，他曾试制过40种不同的金属滑雪橇。实际上，一些大企业现在生产的产品与它们原先预期要生产的产品完全不同，而且这种情况经常发生。请看这些实例：

> 当3M公司的化学家斯彭斯·西尔弗（Spence Silver）发明了一种新型黏合剂（不干，并能持久吸附）时，他根本不知道这东西能有什么用。直到3M公司另一个化学家阿瑟·弗赖（Arthur Fry）给他的乐谱找一个书签时，这项能够用于粘小纸片的发明才得以应用，随之即时贴（Post-it Notes）就诞生了。[4]
>
> 宝丽来公司成立时所生产的是根据光波偏振原理制成的产品。之所以选择生产偏振头灯是因为，在晚

上，迎面而来的普通汽车头灯照射使人眩目，容易造成汽车正面相撞的事故，而偏振头灯能够避免这种事故。然而，公司发展到今天的规模，依赖的却是同一种技术的另一项运用——快照。

辉瑞制药公司（Pfizer）的首席执行官威廉·斯蒂尔（William Steere）将历史上销量增长最快的药——“万爱可”（Viagra）——的发明称为“一个意外收获”。辉瑞开发这种药本来是用于治疗咽喉痛的，而它的真正“威力”原来被认为是药物的副作用。[5]

正如一位创业者所说：

> 商业计划和商业语言的存在很可能让人误以为创建企业是一个理性过程。但是，任何创业者都可证实：创建企业是一系列匹配、启动、头脑风暴和遭遇障碍的过程。创建企业是一场机运的遭遇战，它带领你走向新的商机和思路，把错误转变成奇迹。[6]

捕鼠器大谬论

大家常引用拉尔夫·沃尔多·埃默森（Ralph Waldo Emerson）的一句话：“如果一个人的捕鼠器制作得比他的邻居好，即使他将房子建在森林里，人们也会在他门前踏出一条道来。”恐怕没有什么比这句话对几代准创业者们的误导更厉害的了。

所谓的“捕鼠器谬误”就是这样产生的。确实，人们总认为，如果一个创业者有了一个好的思路，他就可能成功了。在当今变幻万千的世界，如果你的思路与技术有关，成功就相当肯定——或者看起来是这样。

事实上，思路是不会自动变成结果的，从实践的角度来说，仅有思路是没有价值的。而且，思路的流量真是大得惊人。例如，在20世纪90年代末期的投资热潮中，风险投资家每月收到的建议书和商业计划有100~200份之多，而其中只有1%~3%最终获得了融资。

但是这一谬论继续存在，尽管温特斯（O. B. Winters）很久以前在给埃默森的那封颇有见地的回信中就提到过一条他从实践经验中总结出的教训：“等待这个世界将路铺到他门前的制造商过于乐观了。但是如果这个制造商向世人展示他的‘捕鼠器’，那么他或许会有米下锅。”

谬论的形成因素

我们不能把错全算在拉尔夫·沃尔多·埃默森头上。这个谬论之所以经久不衰有好几个方面的原因。原因之一是过于简单地勾勒了像施乐、IBM、宝丽来这类企业创始人的致富过程，过多地提了他们的安逸和天分。并且这些特例无法为有志创业者提供一条有用的指导原则。

第二个原因是，投资者似乎容易患捕鼠器近视症。很可能，像埃默森这样的人，从观点到经验都大大脱离了商业世界存在激烈竞争这个现实。因此，他们就算不是小看，也是低估了企业成功因素的重要性。坦率地讲，发明和头脑风暴远比销售产品和服务所必须进行的仔细认真考察、调研和培养消费群有趣得多。

导致捕鼠器大谬误的还有一个原因，即：对一项发明以及后来形成的新产品的强大心理占有欲。这种占有欲和对企业的占有欲是两回事。一项发明或新产品溶入了强烈的个人特征和高度的个人参与以及个人倾注的感情，这些因素很可能会减弱，甚至完全排除对企业其他关键方面的客观评价。虽然高度的心理占有欲和融入感是创建新企业的先决条件，但是，对某项发明或新产品的心理占有欲却存在着致命缺陷：它导致视野的狭窄。我们需要关注的是创立企业，而不仅仅是思路——它只是创立企业的一个方面。

患捕鼠器近视症的另一个原因来自科技导向，即：希望做得更好。一位加拿大创业者的经历就是一个很好的例证，他和他的弟弟创建了一家生产卡车座椅的公司。创业者的弟弟开发了一种绝对比其他卡车座椅好得多的新型座椅。这个创业者知道他可以靠销售他弟弟设计的座椅赚很多钱；事实也确实如此。当他们需要扩大生产能力的时候，那个弟弟感兴趣的不是生产更多的座椅，而是如何改进这种座椅。那位创业者说：“如果我当初听了他的话，我们现在可能还是一家小小的定制商店，甚至已被淘汰。相反，我们把力量集中在制造销售能够盈利的座椅，而不是去制造越来越好的座椅。我们公司现在拥有几百万的销售额，盈利非常可观。”

与“做得更好”的思路紧密相连的另一个思路是“做得最早”。最早拥有最好的思路并不是成功的保证。关于这一点，大家可以问问第一个数据表格软件VisiCalc的创造者，他们是最早做这种软件的，也是最早经历痛苦裁员的。有时候，“第一名”只是向竞争对手展示了市场是存在陷阱的，而没有其他什么作为。除非既具有最好的思路，又具有抢占大份额市场或建立难以逾越的进入壁垒等先发制人的手段，否则做第一名并不一定意味着最有竞争力。

模式识别

经验因素

缺乏思路，一个人就无法创建成功的企业，就像造房子少不了锤子一样。就这方面而言，经验在审视新企业思路时显得至关重要。

我们一次又一次地看到，有经验的创业者常常在模式和商机还在形成的过程中，就表现出了快速识别它们的能力。诺贝尔经济学奖获得者赫伯特·西蒙（Herbert Simon）和卡耐基-梅隆大学（Carnegie-Mellon University）心理学教授、梅隆大学计算机科学教授理查德·金（Richard King）将识别模式的过程描述为一个创造性的过程。他说，这个过程不只是逻辑推理、线性规划、添加的过程，还常常依靠直觉和感性，包括对“两墩”或两墩以上的经验、专有技术和关系网络的创造性联系，或者说是交叉联想。[7] 西蒙的论点是，人们需要花10年或10年以上的时间才能积累到他所谓的“5万墩”经验，这些经验使他们具有高度的创造性，并学会识别各种模式——即可以从一个地方翻版到另一个地方的相似情况。

因此，也可以把整理思路和识别模式的过程比做将一个三维的七巧板拼装起来的过程。如果我们把它整个看成一个单元，是不可能把它拼装好的。相反，我们需要看到每一小块之间的关系，使那些原先看起来没有联系的小块之间能相互匹配，然后才能看到整个形状。

要识别出那些可以变成创业商机的思路，必须具有发现别人发现不了的东西的能力，即看到一加一等于三或更多。让我们来思考以下的例子，它们在连接模式识别和新企业创建方面有个共同的方法，即将某个领域或市场方面的知识与极为不同的技术、商业或营销知识联系起来。

> 1973年，托马斯·斯戴姆伯格（Thomas Stamberg）在波士顿的Star Market工作，在那儿他因为创造了第一种低价大众食品而声名鹊起。12年后，他将同样的低成本、大规模的超市行业模式搬到了办公用品行业。结果他缔造了Staples公司——第一家办公用品超市，如今已经成为数十亿美元的大公司。[8]
>
> Crate & Barrel公司的创始人在欧洲巡回旅游途中，经常可以看到时髦、新式的厨房、家居产品，而这些在美国还买不到。回国后，他们创建了Crate & Barrel公司，提供这些产品；从某种意义上说，这些产品的市场调研在欧洲市场上就已经完成了。在Crate & Barrel公司，一个地理区域——欧洲的客户购买习惯的信息被应用到另一个国家——美国。
>
> Sycamore Systems公司1999年10月上市时，它的创始人戴史·迪史潘迪（Desh Deshpande）与丹尼尔·史密斯（Daniel Smith）一下成了亿万富翁。但是该公司和它的创始人的成功并不是碰运气来的，他们两人先前创立了Cascade通信公司，这是一家在20世纪90年代最受追捧的通信公司之一。该公司提供开关器及配套软件，来应付通过传统的电话线传输数据的越来越大的需求。在Sycamore Systems公司，迪史潘迪和史密斯运用在Cascade公司的经验，提供类似的开关器及软件，以帮助提高美国国内光纤网络的数据传输能力。看看，一个好思路导致了两个巨型通信公司的诞生。[9]

提高创造性思维能力

以上所述的创造性思维在识别商机的过程中是很有价值的，在创业的其他方面也是如此。创造力是可以学习，可以提高的，这个观念对那些需要提升创造性思维的创业者来说，具有十分重要的意义。很多人身上都有创造能力。孩子就有；也有很多人失去了它。一些研究显示，事实上，创造力在一个人小学一年级的时候达到顶峰，因为在这之后，人的生活逐渐被其他人和其他制度变得格式化、限定化。而且，学校里的教育比孩提时代更强调学科发展和精确思考的重要性，小学以上的教育强调推理、思考的逻辑和理性模式。最后，社会压力也趋向于向创造力施加压力，使它变得平淡无奇。

但也有事实表明，在一个人年龄较大的时候，同样可以提高创造性思维的能力。“找到了！大牧场”公司（Eureka! Ranch，www.eurekaranch.com）的创立就是基于这样一个原则：大多数人都具有创造力，只要摆脱陈规的束缚就可以使创造力释放出来。经常碰见的情况时，当实践者想驱车赶往“大牧场”时，他们却陷在了水里。

本书的一个作者参加过一次这种培训。通过培训，大家可以很明显地看到，这种方法确实解放了思维，产生了非常富于想像力的解决方案。

释放创造力的方法

自从20世纪50年代以来，人类已经了解了很多关于大

图表3.5

左半脑模式和右半脑模式特点的比较

左半脑模式	右半脑模式
语言：使用语言来命名、描述和定义。	非语言：意识到了事物，但是和语言的关联度极低。
分析：分步骤、分部分地描绘事物。	综合：将事物集中起来形成整体。
符号：用符号来代表某事物。比如，符号“+”代表增加过程。	具体：按事物现时所处状态建立联系。
抽象：从信息中抽取一小部分，用它来代表整个事物。	类推：看到事物间的相似性；理解比喻性的关系。
时间：遵循时间轨迹，将事情按前后顺序排列，第一件事情就第一个做，第二件事情就第二个做，等等。	非时间：没有时间观念。
理性：在推理和事实的基础上得出结论。	非理性：不要求以理由或事实做思考根据；不愿意按逻辑判断。
数字：就像在计算过程中那样使用数字。	空间：看到事物之间在哪里有联系，以及各个部分如何形成整体。
逻辑：在逻辑的基础上得出结论；事情之间按逻辑关系排序——例如，一个数学定理或一个表述得很好的论据。	直觉：通常根据不完整的模式、预感、感觉或视觉形象形成观念上的跳跃。
线性：用相互关联的方式进行思维，一个想法接着另一个想法，常常得出收敛性的结论。	整体性：一眼就能看到整个事物；感知整个模式和结构，常常导致发散性结论。

资料来源：Betty Edwards，*Drawing on the Right Side of the Brain*（Boston：Houghton Mifflin，1979），p.40.

脑运作的知识。今天，人们已经达成了共识，认为人类大脑两半球处理信息的方式有很大差异。左半脑实现理性、逻辑的功能，而右半脑控制思考时直觉和非理性的模式。人们使用大脑的两半球，实际上是两种思考模式在相互切换（见图表3.5）。如何创造性地获得思路以及最充分地利用这些思考模式，这些对创业者具有一定的价值。

最近，教授们进一步把注意力集中到了创造过程上。例如，迈克尔·戈登（Michael Gordon）在最近一次关于形成个人能力因素的演讲上强调了创造力的重要性和头脑风暴的必要性。他提出，通过以下10个头脑风暴法法则，可以提高创造力：

1. 确定你的目的。
2. 选择参与者。
3. 选择协调人。
4. 进行自发而广泛的集体讨论。
5. 不要批评，也不要否定别人。
6. 将意见完整地记录下来。
7. 开拓思维，将想像力发挥到极致。
8. 避免对某一思路花过多的时间。
9. 识别最有希望的思路。
10. 提炼各种思路并排列其优先顺序。

团队创造力

当人们组成团队，往往可以产生单个人身上不会出现的创造力。一个团队的创造力常常会给人留下深刻印象，并且我们已经发现，通过一小组人集体交换意见产生问题的创造性解决方案和其他方式相比，或者更好，或者相当。

有一个很好的例子，可以说明两个以上的人能比一个人产生更好的创造力，这是有关百森商学院一位几乎没有受过技术训练的毕业生创建公司的故事。这位创始人与一位有才能的投资者协作，他的创业和商业实践知识和投资者的创造才能和技术才能正好形成互补。结果，他们成功创办了一家在可视外科手术设备领域成长迅速、价值数百万美元的企业。

有兴趣进一步研究这个案例的同学现在可以做一下本章末“创造性方格”的练习。

小资本的大商机

在动态的自由的创业体系里，商机只会出现在很少一部分人眼前，而且这些人不一定有融资来源。具有讽刺意味的是，像霍华德·黑德这样的成功创业者把他们的成功归因于资金有限所带来的约束。因此，在20世纪90年代，很多创业者开始意识到，成功的关键是依靠自有资源，这种依靠自有资源的艺术“在新建企业中就像实时系统的‘零库存’，它揭示出隐藏着的问题，并促使公司解决这些问题”。[10] 请思考下面的例子：

- 1991年的一项研究发现，在接受调查的110家处于创始阶段的公司中，有77家公司的启动资金在5万美元以下；46%在1万美元以下。而且，绝大多数的原始资金来源都是个人储蓄（占74%），而不是有着雄厚资金实力的外部投资者。[11]

- 在20世纪30年代，约瑟芬·艾塞·曼泽（Josephine Esther Mentzer）协助她的叔叔一起推销护肤香膏；很快，她用100美元的初始投资开发了自己的产品。雅诗·兰黛公司（Estee Lauder）没有去说服药房代销她的产品，而是说服了百货商店，现在该公司营业额接近40亿美元。[12]
- 1923年，罗伊（Roy）和沃尔特·迪斯尼搬到加里福尼亚，利用他们的才能（卡通画和融资），用290美元的资金创办了他们自己的电影工作室。到2001年年中，沃尔特·迪斯尼公司的市值已经超过了400亿美元。[13]
- 一位24岁的年轻人在芝加哥一家保险公司工作的时候，发出了2万封关于黑色时事通信的求稿信，收到了3 000封投稿信。然后凭着500美元和这些信，约翰·哈罗德·约翰逊（John Harold Johnson）于1942年第一次出版了《喷射》（*Jet*）。20世纪90年代，约翰逊出版公司出版发行了多种杂志，其中包括《黑檀木》（*Ebony*）。[14]
- 24岁的尼古拉斯·格雷厄姆（Nicholas Graham）带着100美元，走进了当地一家纺织品商店。他挑选了几种图案，做了一批价值100美元的领带。当他把这些领带卖给一些专卖店之后，麦溪公司（Macy's）找到了格雷厄姆，想把他的那些图案用到男式内裤上。这样，Joe Boxer公司就诞生了。"Joe Boxer公司成立两年六个月时，它的销售额已经突破了100万美元。"[15]

实 时

商机的存在和创造是实时的，而且还有所谓的"商机之窗"。对于要抓住商机的创业者而言，这扇商机之窗必须是打开的，而且这扇窗必须开足够长的时间以实现必需的市场回报。

图表3.6描述了一个一般化市场上的商机之窗。市场在不同时间成长的速度各有不同，随着市场快速扩大，就会有越来越多的商机。当一个市场变大、成形之后，环境就不一定那么有利了。因此，在市场开始扩展到足够大的程度，并开始形成一定结构时（例如，图表3.3中显示的第5年），商机之窗打开；当市场成熟了之后，这扇窗就开始关拢（例如，图表中显示的第12~13年）。

图表中所示的曲线描绘了微机、软件、手机、快速换油、生物技术等新兴行业的典型快速成长模式。例如，在手机行业，多数大城市是在1983~1984年之间第一次开展业务。到1989年，美国已经拥有了200多万用户，并且该行业继续保持快速增长。在其他成长不是很快的行业，曲线的坡度就不那么陡峭，商机出现的概率也要小一些。

图表 3.6
商机之窗位置的变化

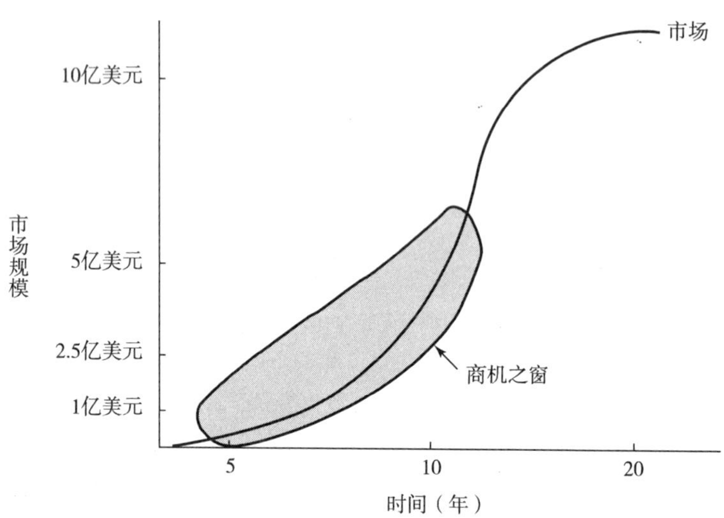

图表 3.7

柠檬和李子

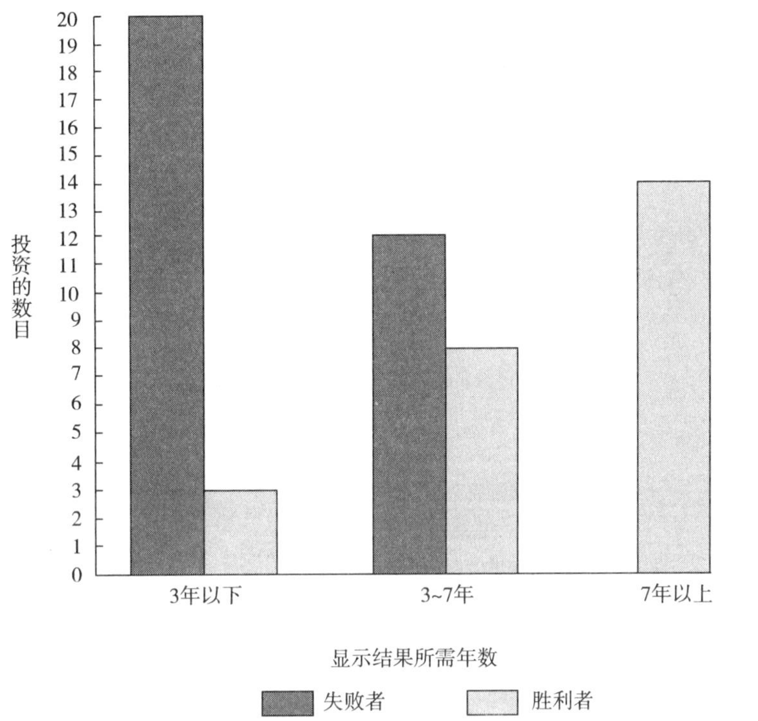

在我们考虑商机之窗的时候，窗户敞开时间的长短也很重要。确定一个企业成功与否需要相当长的时间。如果确实是成功的，我们还需要足够的时间收获成功带来的利润。

图表3.7显示，对于由风险资本投资的企业，柠檬（即失败者）大约两年半就成熟了，而李子（即成功者）则需要7~8年的时间。李子结果所需时间的一个极端例子发生在硅谷，一家风险投资公司1966年向一家新公司投资，直到1984年才实现资本收益。

另一种考虑实时创造和抓住商机过程的方法是：在一条架在敞开的窗口——商机之窗上的移动传送带上挑选目标（商机）。传送带移动的速度会变化，而那扇窗户也时开时关。时开时关的窗户和速度不断变化的传送带代表着市场不稳定的特性和时机的重要性。如果要创造并抓住一个商机，就必须在窗户关闭之前从传送带上挑选到你的目标。

在潜在商机出现时识别它的能力，以及在窗户打开时，而不是在它猛然关上时抓住商机的时机把握，是极为关键的。商机是实时的，这在数字设备公司创始人兼董事长肯·奥尔森（Ken Olsen）的一段话中得到阐释，他在1977年说："任何人都没有理由在家里放一台计算机。"你看，即使是世界上顶尖的专家，要预测革新性的思路和概念如何进化成明天的重要行业也是不容易的。与之相似，一些非常著名的革新家的话也生动地诠释了这一点。例如，1901年，也就是莱特兄弟那次著名飞行的两年前，韦尔伯·莱特说："50年内，人类无法飞上天空。"1910年时，托马斯·爱迪生说："镍铁电池会淘汰汽油……让它很快退出舞台。"1932年时，艾尔伯特·爱因斯坦很清楚地表示："没有一点征兆显示人类可以获得核能。那将意味着原子可以随意分裂。"

商机与分析框架之间的关系

成功的商机一旦被识别，它就必须与创建新企业的其他力量相匹配，这一点很重要。对创建新企业的重要驱动力量间匹配程度的评价与再评价是一个反复的过程，这已经在第2章做了阐述。在谈到商机的识别时，最重要的是创业领导人以及管理团队与商机的匹配程度。对那些可以

图表 3.8

评价企业商机的标准

	吸 引 力	
标准	**最高潜力**	**最低潜力**
行业和市场	改变人们生活和工作的方式	只有不断提高
市场：	市场驱动；市场识别；能取得重复收入的夹缝市场	不集中；一次性收入
客户	可以达到；购买订单	对其他品牌忠诚或者无法达到
用户利益	小于 1 年的回收期	3 年以上的回收期
增值	高；提前支付	低；对市场的影响力极小
产品生命	长久	不经久
市场结构	不完善、分散的竞争或者是新兴的行业	高度集中或成熟或衰落的行业
市场规模	1 亿~10 亿美元的销售额潜力	未知的，可能少于 2 000 万美元，也可能达到数十亿美元的销售额
成长率	成长率在 30%~50%，甚至更高	收缩或少于 10%
市场容量	完全或接近完全的市场容量	容量不足
可获得的市场份额（5 年内）	20%以上；占据领导地位	少于 5%
成本结构	低成本的供应商；具有成本优势	下降的成本
经济性		
达到盈亏平衡点/正的现金流所需的时间	1.5~2 年以下	多于 4 年
投资回报率（ROI）潜力	25%以上；高价值	少于 15%~20%；低价值
资本要求	低到中等；有投资基础	很高；没有投资基础
内部收益率潜力	每年 25%以上	每年少于 15%
自由现金流特征：	有利；持久；达到销售额 20%~30%以上	低于销售额的 10%
销售额的成长	中等到高（15%~20%）	低于 10%
资产密集度	对于销售额的比例低	高
自发流动资本	要求低，并且要求不断增加	高要求
研发/资本开支	要求低	高要求
毛利率	超过 40%，并且持久	低于 20%
税后利润	高；超过 10%；持久	低
达到盈亏平衡点所需时间	少于 2 年；盈亏平衡点不会缓慢上升	大于 4 年；盈亏平衡点缓慢上升
收获		
增值潜力	高战略价值	低战略价值
估价倍数和可比性	价格/收入=20+x_s;息税前利润（EBIT）8–10+x_s;年收入 1.5–2+x_s；自由现金流 8–10+x_s	价格/收入≤5x;息税前利润（EBIT）≤3–4x;年收入≤0.4
退出机制和战略	当前或预想选择	尚未定义；非流动投资
资本市场环境	有利的估价、时机、可获资本；可实现流动性	无利；信贷紧缩

图表 3.8（续）

竞争优势		
固定和可变成本	最低；高运营杠杆作用	最高
对成本、价格和分销的控制	中等到强	弱
进入壁垒：		
所有权保护	已经获得或可以获得	没有
竞争回应时间	竞争者缓慢；无动于衷	无法获得优势
法律、合约优势	专有权或独有权	没有
关系和网络	发展完善；可进入	原始；有限
关键人物	最具才能人物；A 等团队	B 等或 C 等的团队
管理团队		
创业团队	全星级组合；免费代理	弱的或单个创业者
行业和技术经验	行业内最顶级的；有绝佳的历史记录	未发展完全
正直	最高标准	可疑的
认知诚实度	知道他们不知道什么	不想知道他们不知道什么
致命缺陷问题	不存在	一个以上
个人标准		
目标与匹配度	想要什么就得到什么；同时得到什么就想要什么	往往出现让人惊讶的事，就像“惊叫游戏”里那样
好/差的方面	可获得的成功/有限的风险	线性的；在同一个连续统一体内
机会成本	可接受降薪等等	满足于现状
愿望	和生活方式适合	仅仅是追求赚大钱
风险/回报容许度	精心算计过的风险；较低的风险/收益比率	避险型或赌博型
压力承受度	在压力下繁荣成长	在压力下崩溃
战略差异		
匹配度	高	低
团队	等级最高；极好的免费代理人	B 等团队；没有免费代理人
服务管理	服务概念强	认为不重要
时机	顺流而行	逆流而行
技术	突破性技术；独特技术	有很多替代者或者竞争者
灵活性	能适应；进入和退出的速度都很快	缓慢；顽固
商机导向	一直在搜寻商机	运作不考虑周围环境；对商机木然无察
定价	处于或接近领先地位	存在低价出售产品的竞争者；低价
分销渠道	可获得；有分销网	未知；不可获得
容错空间	宽容策略	不宽容、刚性策略

运用各种资源的团队成员来说，好的商机不但是他们渴望的，也是可以获得的。

为了理解创业远景如何与分析框架联系起来，我们需要把商机看成一幅三维的地貌图，有山谷、山脉和所有其他显示在上面的地貌。每个商机有三四个关键决定因素(例如，专有权许可、创新发明专利、独家分销权、全部由优秀成员组成的管理团队、突破性技术等等)。这些因素会在观察者的面前突显出来；对他们来说，这意味着巨大的可能性，而其他人可能只看到障碍。因此，就很容易理解为什么会有成千上万很适合创业者的特殊商机，却无法契合图表3.8所列的框架。

筛选商机

商机聚焦

商机聚焦是筛选商机最有效的出发点。筛选过程不应该从企业战略（从商机的特性中派生出来）开始，不应该从财务和电子数据表格分析（依据以前的状况得来）开始，也不应该从公司会值多少钱和谁会获得多少股份的预测开始。[16]

这些起点以及其他一些类似起点都本末倒置了。也许这个现象最好的证据就是：20世纪80年代中期成千上万个获得税收减免的投资项目最后失败了。同样，我们已经提到过，相当多开创企业的创业者——尤其是那些第一次创业的——花完现金的速度比他们赢得客户和销售利润的速度快得多。之所以发生这些情况，有很多方面的原因，但有一点是肯定的：这些创业者没有把精力集中在合适的商机上。

多年来，那些在商业和特定市场领域富有经验的人开发了一套筛选商机的大致方法。例如，在dot.com非理性繁荣的初期，筛选标准从“点击”数转变为吸引“眼球”数，后来转变成网页浏览量。许多投资者因为选择了错误的评判指标而被套牢。那些能够在2000~2001年纳斯达克泡沫破灭中幸存的人都知道，能够存活的dot.com公司应该是能够进行交易的公司。客户数、交易额以及重复交易额成为了公认的评判标准。[17]

筛选标准：高潜力企业的特征

风险投资家、精明老练的创业者和投资者也在筛选企业的过程中使用这种标准。图表3.8总结了风险投资家所使用的评价商机的标准，其中许多商机都具有高科技倾向。接下来，我们会看到，风险资本投资家在初期的浏览阶段就要筛掉呈送给他们的60%~70%的新企业，筛选的基础就是看创业者能否满足这些挑选标准。

然而，这些标准也不是在风险投资家心目中占据着排他性的主导地位。这些标准是以成功的创业者、私人投资者和风险投资家的良好商业感觉为基础的。让我们来看一看以下例子，这些了不起的小公司在建立时，就没有依靠专业的风险投资。

- 保罗·托宾在东马萨诸塞州建立了第一手机公司，花了5年时间使公司的年收入达到1亿美元。他花费了不到30万美元的资金开创了Roamer Plus公司，这笔资金来源于他所拥有的其他企业的内部积累。仅仅用了2年时间，这家公司的年销售额达到了1 500万美元，而且利润丰厚。
- 20世纪80年代末，马克·尼尔森（Mark Nelson）在位于曼哈顿西班牙哈莱姆区的单身公寓创立了Ovid Technologies公司。因为找不到投资者，随着公司发展，他在他所住的大楼租了越来越多的公寓作为办公室，后来计算机网线只能从窗户穿来穿去。他的雇员只能拿到很低的工资，但尼尔森起码让他们不用花钱租房子了，他们住在办公室！直到1994年这种情况才得以改变，公司当时已经有了150名员工，公司于当年上市，获得了1 000万美元。1999年，他以2亿美元将公司卖出。[18]
- 1986年，可爱的罗兰（Rowland）创立了一家有趣的邮购公司，主要为美国女孩子收藏具有历史意义的洋娃娃提供销售服务。她在写儿童读物的过程中获得了一定的声望，并由此创立了这家公司，她没有足够的资本将产品放在商店里与Mattel公司的芭比娃娃(Mattel's Barbie）这样的玩具进行竞争。[19] 到1992年，该公司的营业额已增长到6 500万美元。Mattel公司于1998年以7亿美元收购了它，并让罗兰继续管理该公司，1999年、2000年该公司的营业额都达到了3亿美元。[20]
- 1983年，66岁的查里·布彻（Charlie Butcher）必须决定是否要将与他地位等同的一位合伙人的股份全部买下，这是一家从事工业抛光和上蜡的百年企业（布彻抛光公司），当时，该公司的销售额不到1 000万美元。这个处于夹缝市场的公司拥有很高的毛利率，提高销售额所需的流动资本和固定资本都很低，每年以

18%以上的成长率稳定发展，也拥有出色的产品。该企业应该会获得很高的自由现金流和成长潜力。于是，他利用银行贷款和卖方融资买下了公司。到1993年时，公司的销售额超过5 000万美元，继续保持着丰厚的利润。查里发誓，他绝不使用风险投资的钱，也决不让公司上市。

在这里，新企业的起点是商机，从另一层隐含的意义来讲，其实是客户、市场和行业。图表3.8显示了，在吸引力等级上，一个有潜力的商机究竟可以放在一个多高的位置上。该标准提供了一些量化方式，使创业者可以对行业和市场问题、竞争优势问题、经济性和收获问题、管理团队问题、致命缺陷问题做出判断，以及这些要素加起来是否组成一个有足够吸引力的商机。例如，这些标准中任何一项占主导地位的力量都可以转化为成功的进入机会，不管是否存在某个方面的致命缺陷。

那些只考虑孵化有吸引力的公司而不是高潜力企业的创业者，如果注意一下这些标准，也会获益匪浅。这样，当创业者决定这些标准应该如何折中时，就会更有把握。正如图表3.8所列，潜力巨大的商业商机会有下述特征中的很多条，或者，他们在一条或几条中占有绝对优势，从而使得竞争无法接近。

行业和市场问题

市场。潜力较高的企业能够确定一种产品或服务的夹缝市场，这项产品或服务迎合一个重要客户群的需要，为客户提供高增值或高创值的利益。客户群可以触及，他们愿意接受产品或服务，没有其他的品牌忠诚。通过成本节约或其他增值、创值过程实现的特定产品或服务的潜在回收期应小于1年，这一过程必须是可以确定、可以重复、可以验证的。而且，产品或服务的生命周期必须长于收回投资并获取适当利润所需的时间。公司能够得到扩张，突破单一产品公司的模式。手机服务业的成功发展就是一个很好的例子。按照该行业通行的收费标准是每小时收取25美元，但很多专业的服务提供商对某些无法以其他方式使用的时段完全可以收取每小时25美元以上的价格。

低潜力商机从客户需求角度来说，是不集中的，客户群无法触及，客户群忠诚于其他品牌。用户的投资回收期要3年多，增值或创值水平很低，这都使得商机没有吸引力。另一个造成低潜力商机的因素，就是无法把单一产品公司模式扩展成多产品公司模式。最先生产手提电脑的公司之一——奥斯本计算机公司（Osborne Computer）的失败就是一个很好的例子。

市场结构。市场结构非常重要，它包括销售者的数目、销售者的规模、分销、进入和退出环境、购买者的数量、成本条件、需求对价格变化的敏感度等因素。

细分的、不完善的市场或者新兴行业常常存在一些真空和不对称性，它们会产生一些还没有人进入或进入者不多的夹缝市场——例如，具有资源所有权或成本等优势的市场。此外，存在信息或知识鸿沟的市场和有利润的竞争性市场（只要竞争程度在企业的承受范围之内），也是有吸引力的。这里有一个存在信息鸿沟的例子，讲的是一位波士顿创业者的经历。他碰到这样一件事，纽约一家大公司想要处理掉位于波士顿市中心的一座老旧的小办公楼。由于它的账面价值约为20万美元，所以这家以财务为导向的公司一直把它看做一项低价值的资产，希望把它处理掉，并把回收的现金投入到回报率更高的项目。那个创业者在研究该公司的账面价值的基础上，又做了大量各方面的研究，最后以20万美元买下了那栋楼。只过了6个月不到的时间，他转手以800万美元的价格出售了它。

那些高度集中、完全竞争性、处于成熟期或者衰退期的行业是典型的没有吸引力的行业。对资本的要求，以及要赢得分销和营销优势所需付出的成本形成了禁止新企业进入的重要因素。而且高度集中型市场内的削价战略和其他竞争战略可能成为进入的强大壁垒。（最极端的例子是，当市场领地被侵犯的时候所产生的有组织犯罪和威胁生命的行径。）即使是普通竞争者利用合理合法的产品战略、法律战术来报复，也可以使你的业务受到很大冲击。

放松管制后的航空业就是一个的例子，这是一个完全竞争市场，也是一个让很多新进入者碰壁的市场。完全竞争行业的无吸引力被波士顿著名的风险投资家威廉·伊根（William Egan）一语道破，他是这么说的：“我希望自己处在一个不进行廉价竞销的市场。”[21]

市场规模。有吸引力的新企业向大规模和成长型市场（即指，获得很小的一块市场份额，就可以产生极大的、持续增长的销售量的市场）销售产品。最小规模超过1亿美元销售额的市场是有吸引力的。这样的市场规模意味着，你只需抓住5%或不到5%的市场份额，就可达到相当可观的销售额，而且不会因此威胁到其他竞争者。比如，在一个1亿美元需求的市场上，只要抓住1%的份额，就达到了100万美元的销售额。因此，一家娱乐设备制造商进入了一个6 000万美元的市场，这个市场每年的成长率是20%，到第3年时就可达到1亿多美元的市场规模。公司的创始人

可以只创立一家小型公司，不用获取大量市场份额，也不会招来当时已经存在的竞争者的愤怒。

然而，这样的市场有时可能太大了。一个数十亿美元的市场可能会过于成熟、稳定，要在这种市场上获得1%的份额，几乎意味着要与世界500强公司竞争。高度的竞争性意味着较低的利润和盈利能力。此外，未知的市场或销售额少于1 000万美元的市场也是缺乏吸引力的。为了帮助大家理解大规模、较成熟市场的劣势，我们可以比较一下今天一家公司进入微机行业的情况和1975年苹果计算机公司进入该行业的情况。

成长率。一个有吸引力的市场是容量大而且持续成长型的（也就是说，在持续增加的市场上获得一部分份额对其他竞争者不会构成什么威胁，并且即使只占很小的市场份额也代表着可观的、不断增长的销售量）。每年30%~50%的成长率为新进入者创造了新的细分市场，这样的市场是欣欣向荣，并且不断扩张的，而不是稳定、收缩的，这样的市场里的竞争者们都在追寻着相同的细分市场。例如，一个1亿美元的市场如果按每年50%的速度成长，那么用不了几年工夫，它就可以变为一个市场容量10亿美元的行业；一个公司如果可以在第一年抓住2%的市场，那么它也就获得了100万美元的销售额。如果它在接下来的几年中可以保持住它的市场份额的话，它的销售额就可以得到显著的增长。

市场容量。市场上存在商机的另一个信号是市场容量全速增长——换句话说，就是现在的供应商无法满足需求。在这种情况下，时机至关重要。这意味着，创业者必须好好地问问自己：在其他玩家做出决定并动手提高他们的生产能力之前，一个新进入者能够填补那个需求空档吗？

可获得的市场份额。成为市场大份额占有者，并获取至少20%的市场份额的潜力是很重要的，因为这种潜力可以为一家公司创造很高的价值。如果做不到这一点的话，公司的实际价值也许就比账面价值多不了多少。例如，有这样一家公司，销售额还不到1 500万美元，却是一个细分市场的领导者，占有该细分市场70%的市场份额。这家公司以2 300万美元的现金被收购。

在大多数寻找高潜力公司的投资家眼里，一家只能获得5%的市场份额的公司是没有吸引力的。

成本结构。能够成为低成本供应商的公司是有吸引力的，而如果一家公司面临成本的持续下降状况，就不那么有吸引力了。具有吸引力的商机存在于规模经济不那么重要（换句话说，这对新企业来说，是个相对优势）的行业里。有吸引力的商机倡导边干边学的低成本经营方式。出售产品数量较少时，单位成本就较高，这时，促销成本较低的公司就获得了具有吸引力的市场商机。

让我们来看一下约翰维里（Johnsonville Sausage）香肠公司的杠杆运作。在他们的可变成本中，6%为劳动力成本，94%为原材料成本。这样管理层可以采用大量激励手段来管理这6%，并对这94%加以控制。如果情况正好相反，想像一下那将是多大的灾难啊！

斯科特·孔克尔（Scott W. Kunkel）和查尔斯·霍弗（Charles W. Hofer）提醒我们，他们的研究发现：

> 总体来说，行业结构……对新企业业绩的影响比以前文章中所说的小得多。其原因有以下一些可能：
>
> 1. 行业结构对已经建立的公司有重大影响，但是对新企业的业绩没有重大影响。
> 2. 影响新企业的最重要行业结构变量与影响已建企业的变量不同，因此，新企业环境中最重要的行业结构变量有待相关研究去识别和分离。
> 3. 根据三个领域内学者的假设，行业结构不会对公司业绩产生重大的直接影响。相反，行业结构的影响会被其他因素明显削弱，这些因素包括企业所选择的进入战略。[22]

经济性

税后利润。持久的高毛利率总会带来强大、持久的税后利润。有吸引力的商机至少要有10%~15%的持久利润率，一般要求达到15%~20%。那些税后利润率低于5%的企业是很脆弱的。

达到盈亏平衡点和正现金流所需要的时间。正如前面所提到的那样，对于那些有吸引力的公司而言，必须有可能在两年内达到盈亏平衡点和正现金流。一旦达到盈亏平衡点和正现金流的时间超过3年，商机的吸引力就相应减弱了。

投资回报率潜力。宽容经济学（forgiving economics）的一个重要推论是回报。具有相当吸引力的商机拥有25%以上的年投资回报率。在20世纪80年代，很多风险投资只能达到一位数的投资回报率。高而持久的毛利率和税后利润通常产生较高的每股收益和较高的股东权益回报，从而产生一个令人满意的公司“收获”价格。接下来，公司面临的最可能的结果是，或者通过首次公开上市出售或私下出

售，或者是被兼并。考虑到所包含的一般程度的风险，低于15%~20%的潜在投资回报就缺乏吸引力了。

资本要求。已经有资本基础或者资本需求不高的企业是有吸引力的。现实地讲，大多数具有较高潜力的企业都需要数目可观的现金——几十万美元以上——来启动。虽然不用钱或花很少的钱就能启动的企业很罕见，但还是存在这样的企业。1971年，在波士顿就有这样一家企业成立了，只有7 500美元的资本，是创业者自己的钱，但是到了1989年，它的销售额超过了3 000万美元。在今天的风险资本市场上，第一回合的融资一般是100万~200万美元以上，用于新企业的启动。[23] 一些高潜力企业——比如那些服务领域的企业或“现金销售”的企业——的资本要求要低一些，而高技术制造企业则需要持续的高额研发费用。

如果一个企业需要太多的资本，它就缺乏吸引力了。一个极端的例子是，一群学生最近计划成立一家修理卫星的公司。这些学生相信，所需的启动资金在5 000万~2亿美元范围内。这种量级的项目的主控权在政府和大公司那里，而不在创业者和风险投资这边。

内部收益率潜力。风险—回报关系是不是有足够的吸引力？对这个问题的回答可能因人而异，但是最有吸引力的商机常常具有在5~10年内实现原始投资5~10倍的回报的潜力。当然，最顶尖的成功可能产生50~100倍的收益，甚至更多，但这毕竟是例外情况。每年25%以上的复合回报率被认为是企业相当健康的表现。在20世纪90年代初，投资项目的无风险收益率应该在3%~8%。

自由现金流特征。自由现金流是理解任何企业众多关键性财务指标的有效途径：经济结构的强健程度；资本要求（包括流动资本和固定资产）；满足外部债务和权益的利益主张的能力；保持成长的能力。[24] 我们把非杠杆自由现金流（FCF）定义为息前税后利润（EBIAT）加上摊销费用（A）和折旧（D）减去同期流动资本需求（WC），再减去资本费用（CAPex），或者表述为FCF=EBIAT+ [A+D] – [+/–WC] –CAPex。息前税后利润由销售额、利润率和资产强度所决定。低资产密集度和高利润企业可以产生较高利润和持续的增长。[25]

毛利率。高而持续的毛利率（也就是说，每单位销售价格减去所有的直接和可变成本）的潜力是很重要的。与毛利率在20%以下的企业相比，超过40%~50%的毛利率提供了一个巨大的缓冲垫，这样的缓冲为容忍更多的错误、提供更多的适应性，也为从错误中吸取教训提供了条件。较高的和持久的毛利率意味着，一个企业可以更早地达到它的盈亏平衡点，这一目标一般都希望能在头两年内达到。举例来说，如果毛利率正好是20%，那么，固定成本（例如，保险费、员工薪金、租金和公用设施等）每上升1美元，销售额就需要提高5美元以保持平衡。如果毛利率达到75%，那么，固定成本每上升1美元，销售额只需要上升1.33美元。关于较高的、持久的毛利率可以提供缓冲垫，这里有一个很好的例子可以说明问题。一位创业者建立了一家新的软件公司的国外分公司，用了仅仅5年时间就使该分公司的销售额达到了1 700万美元，而且利润丰厚（当时，这位创业者才25岁）。他强调说，没有什么替代得了可观的毛利率：“高而持久的毛利率允许你犯各种各样的错误，这些错误可能很容易让那些普通的公司完蛋。我们犯了很多的错误。但是，我们公司的高毛利率支付了所有用来吸取教训的学费，除此之外，还留下了一份非常可观的利润。”[26] 低于20%的毛利率是没有吸引力的，尤其当这样的毛利率还很脆弱时，就更是如此了。

达到盈亏平衡点所需的时间——现金流、利润和亏损(P&L)。能够很快产生正现金流、在资金上自给自足的公司是投资者高度期望的。产生正现金流和在资金上自给自足的情况，一般要到第二年才会成为可能，但是，这种情况越早发生越好。很明显，仅仅具有一个较长时间的机会之窗，并不意味着这个企业一定会繁荣。两个大公司的例子表明了，对于那些较高潜力的企业来说，窗子敞开的时间一般比较长。例如，Pilkington Brothers是一家开发平面玻璃技术的英国公司，在它被公认为是一家了不起的企业之前，经历了两年半的巨额亏损。与此非常相似，联邦快递公司早期曾经历过每月100万美元的负现金流阶段。

收获问题

增值潜力。具有行业战略价值的新企业（例如，有价值的技术）是具有吸引力的，而那些只有很低或者没有战略价值的企业的吸引力就要弱一些了。例如，很多观察家认为，在20世纪80年代中期，对施乐公司很有战略价值的一项产品技术被一家销售额只有1 000万美元的小公司所拥有，这家公司前一年的业绩显示了150万美元的亏损。但施乐公司以5 600万美元的价格买下了这家公司。那些要负担极高资本义务，而且退出时的价值会受到无法预测的环境很大影响的商机是缺乏吸引力的。建立核电站就是一个例子。

因此，那些能够要求溢价出售的企业的特征是，它们对买家具有能给买方带来巨大增值的战略意义，例如分销、客户基础、地理覆盖面、所有权技术、契约权利等等。这类公司的估价一般是前一年销售额的4倍、5倍甚至6倍（或者更多），但是，60%~80%的公司是以前一年销售额0.75~1.25倍的价格成交的。

估计倍数和可比性。资本市场对私人和公共企业的估价分布在一个较大的范围内，这与上述观点一致。你所进行的一部分分析是在你所追寻的市场/行业/技术领域内，识别与公司估价有关的历史状况。在图表3.8中列示的经验法则是可变的，它们应该被看做基础和出发点。

退出机制和战略。在开创和发展那些最终将私下或公开出售或者被兼并的公司时，必须把收获的目标时刻铭记在心。那些通过出售企业实现或期望实现资本利得的有吸引力的公司，都有一套收获退出机制。没有吸引力的商机往往不考虑退出机制。正如我们经常所说的，计划具有关键性的意义，因为退出行业比进入行业要困难得多。以严肃的态度对待公司最终收获的方式和可能性是创业过程中一直存在的首要问题。

资本市场环境。公司出售和并购的环境主要受特定时刻的资本市场环境的影响。时机是退出机制一个关键性的部分，因为，正如一项调查研究所指出的，自从二战以来，华尔街上牛市持续的平均时间是6个月。要想对资本市场会造成的巨大差别有一个更清楚的认识，你只需要回想一下发生在1987年10月19日的股市崩盘、1990~1992年间的银行信用危机，或者2001~2003年的熊市。到1987年年底，风险投资100（Venture Capital 100）指数的估价下降了43%，私人公司的估价也随着下跌。首次公开上市最容易受到资本市场涨跌兴衰的影响；这时时机就显得性命攸关。一些最成功的公司就是在债务资本和权益资本最容易获得，而且成本相对较低的时候创建的。

竞争优势问题

可变成本和固定成本。有吸引力的商机总是有潜力成为产品成本最低和营销、分销成本最低的生产商。例如，在像惠普这样的大规模集成电路制造商进入行业以后，波玛公司（Bowmar）就无法维持它在电子计算器市场上的竞争力了。如果无法获得并保持低成本制造商的地位，那么一家新企业的预计生命期就会缩短。

控制的程度。有吸引力的商机总是对价格、成本和分销渠道拥有中等或较强的潜在控制力。在不存在占主导地位的竞争者（比如，没有IBM）的分散市场上，就存在这种可能性。但是，这类市场上通常会有占据20%或以下份额的市场领导者。例如，如果一家新企业拥有对产品关键部件原料供应，或者分销渠道的独家控制权，那么，即使它在其他方面很弱，也可以获得对市场的主导地位。

缺乏对产品开发和部件价格等因素的控制，会使一个商机缺乏吸引力。例如，在Viatron公司的案例中，它的供应商无法生产公司所需要的几种成本足够低的半导体，从而，该公司也就无法生产早已广泛宣传的那种低价的计算机终端。

在一个主要竞争者拥有40%或更多份额的市场上，由于大玩家对供应商、客户和定价的强大控制和影响，会对新公司造成严重的壁垒和风险。这种新公司几乎没有什么自由。但是，如果这个占主导地位的竞争者的生产能力已经饱和，或者革新的速度很慢，或者在大规模的、持续成长的市场上增加生产能力的速度很慢，或者一贯忽略或不善待客户（回想一下“Ma Bell”），在这种情况下，也存在进入的商机。然而，通常在充满商机的、动态的新兴行业中，创业者要面临激烈的竞争。

进入壁垒。拥有一个对你有利的商机之窗是很重要的。获得或能够获得所有权的保护、法规优势、其他法律或契约的优势（例如，市场或分销的排他权）是很有吸引力的。获得或能够获得博弈周期方面的优势也很重要，因为，其他竞争者可能利用这一因素制造进入或扩张的壁垒。例如，技术、产品革新、市场革新、人员、位置、资源或市场容量等方面的博弈周期优势可以使一个商机变得有吸引力。拥有由顶尖声誉带来的发展完善、高质量、可获得的亲和度也很占优势，这种亲和度需要花费多年时间建立起来，无法在短期内一蹴而就。事实上，即使在其他因素处于很弱或平均水平时，这种竞争优势也可以强大到让你占据市场的主导地位。这里有一个很好的例子，可以用来说明这一点：如果无法把其他竞争者阻挡在行业外，那么创建企业的愉悦很快就会消失。20世纪80年代中期，美国的硬盘驱动器行业那些无法树立起进入壁垒的公司就尝到了这种味道。到1983年底，大约有90家硬盘驱动器公司成立，激烈的价格竞争导致了行业的严重震荡。

如果一家公司无法把其他竞争者阻挡在行业外，或者它自己现在就面临着进入壁垒，那么，它就是缺乏吸引力的。一个容易忽略的问题就是公司获得其产品分销的能力。即使那些由风险资本资助的企业也会成为这个市场问题的受害者。很明显，佛罗里达航空公司（Air Florida）

已经具备了包括基本融资在内的所有恰当的资源，但它还是没有确保为它的飞机提供足够的入口空间。虽然它售出了机票，但是，它没有地方接放乘客。

管理团队问题

创业团队。有吸引力的商机，其现有团队是一支强大的，囊括了该行业内超级明星的团队。这个团队在相同的技术、市场和服务领域已经经历过类似的企业盈亏，团队成员的技能能够相互弥补、相互融合。没有吸引力的商机往往不具备这样到位的团队，或者根本没有团队。

行业和技术经验。获得该行业内重大成就的记录——技术方面的、市场领域的、已经验证的利润方面的，以及其他企业竞争方面的各种成就——都是投资者高度期望的。一个拔尖的管理团队可能成为一个行业最重要的战略性竞争优势。想像一下，如果把芝加哥公牛队或者凤凰城太阳队搬到诺娃斯考西亚（Nova Scotia）的哈里法克斯（Halifax）会发生什么事情；你认为NBA还会有这样一个常胜的竞争者吗？

正直。信任和正直是使经济上的相互依赖成为可能的润滑油和黏合剂。对创业者而言，在这方面拥有无可置疑的良好声誉是一个重要的长期优势，这必须在所有员工和资助者身上寻找。有阴影的过去或关于整体性的值得质疑的记录都只属于B等团队。

认知的诚实度。企业创始人是否知道他们所知道什么和不知道什么，是一个很原则性的问题；同样，他们是否知道如何正确对待团队和企业的短处和需要弥补的地方，也很重要。

致命缺陷问题。有吸引力的企业基本上没有致命的缺陷；如果一个商机承受着一个或一个以上的致命缺陷，那么这个商机就会被认为是没有吸引力的。通常，这些致命缺陷都与上述的某个标准有关，例如，市场太小，市场上有过于强大的竞争者，该市场的成本进入壁垒太高，或者在这个市场上新进入者无法以一个有竞争力的价格生产产品，等等。进入壁垒太高造成致命缺陷的一个例子就是，佛罗里达航空公司无法将它的航班显示在预订飞机航班的计算机上。

个人标准

目标与匹配度。企业对创始人的要求和创始人对企业的要求是否能够很好地匹配？多萝西·史蒂文森（Dorothy Stevenson）非常具有见解地阐明了这个问题的症结，她是这样说的：“成功就是得到你想要的东西。快乐就是想要你得到的东西。”

好/差的方面。有吸引力的商机不会有过分的风险。追求商机的两种结果并不相称，而且谁都不知道会是什么结果。如果发展得好，那一切都好，有这样一句话，成功有1 000个先例。而发展得不好，那就完全是另外一回事了，人们都说，失败是一个孤儿。一个创业者必须有能力处理资金上的窘境，能在不被债务束缚住的前提下自行恢复。如果一个创业者创建企业的财务风险超过了他自己拥有的净资产——他所能合理利用的资源，以及他个人所能支配的收入流（如果有的话）——那么生意可能做得过大了。虽然今天的破产法极其宽容，但是经历这种苦难历程要承受心理负担，其痛苦程度远远超过了资金方面的后果。所以，一个现存的企业必须考虑，除了明显的经济后果外，失败对公司的声誉和将来的信用是否会造成太大的伤害。[27]

机会成本。追求任何创业商机也存在机会成本。某个能培养出价值数百万美元成功企业的创业者，其才能在中大规模的公司里同样极有价值。在评价所追逐的商机会带来的利润增值时，创业者还需要认真看一看其他可选方案，包括潜在的“金手铐”（译者注：做高级打工仔），要以诚实的态度认真考虑在追逐某个特定商机时所包含的任何薪水减少问题。

此外，追逐商机的过程会无形中对创业者产生很大影响，起到造就作用。一个创业者可能在25~50年间创办2~4个价值数百万美元的企业。不管变得更好还是更坏，每一次经历都会让他面临一个新的商机时有所改变。对于一个创业者而言，早年获得的相关管理经验是很重要的，同时，因为创建一个企业（不管存活与否）比通常所想像的需要花费更长的时间，所以在评价商机时要考虑一下其他可选方案，这一点很重要。

向往。一个好的商机不但是具有吸引力的，而且是人们所向往的（也就是说，好的商机符合人们的意愿）。强调个人准则的实例就是对某种特定生活方式的向往，这种向往可能会排除掉追求某个特定商机的想法（这个商机对其他人来说，可能还是商机）。有人问波士顿一家高科技大企业的创始人，为什么他的公司总部设在波士顿的市中心，而与之相似的其他公司一般总是设在位于市中心以外的著名的128公路。他的回答是，他希望住在波士顿，因为他爱这座城市，他想走着去上班。他说：“除此之外，其他都是无关紧要的。”

风险/回报容许度。成功的创业者只冒精确预计过的风险，或避免不必要的风险；正如一首西部乡村歌曲所唱的："你必须知道什么时候该抓住，知道什么时候该拥抱，知道什么时候该走开，知道什么时候该跑掉。"这不是说所有的创业者都有同样的风险承受度；有些创业者十分保守，而有些却不畏惧各种内在危险，愿意参与风险更高赌注也更大的游戏，并且为此激动不已。真正的问题是"匹配"——你必须认识到，赌徒和过分厌恶风险的创业者都不太可能保持长期的成功。

压力承受度。关于匹配概念的另一个重要方面来自高成长、高收益企业的压力要求。哈里·杜鲁门（Harry Truman）总统说得好："如果你忍受不了热，那就到厨房外面去。"

战略差异

匹配度。在考虑到外部环境的前提下，驱动力量（创始人和团队、商机和资源要求）和时机的匹配度多大？

团队。没有什么可以代替一个具有顶尖素质的团队。新战略的执行、完善和不断修订对一个企业的生存和成功至关重要。如果一个团队可以为企业注入一套企业哲学和企业文化，包括上进学习、技巧教授、高标准的道德要求、追求工作成果、不断的完善等，那么它就可以无往不胜。他们是不是能够追逐商机的自由人——清晰的雇佣关系、不勾心斗角、具有专属权和贸易秘密协议？

服务管理。几年前，波士顿的Forum公司进行了一项研究，想确定客户停止购买公司产品的原因，调查对象是分布在众多行业的数百家公司。调查结果令人惊讶：15%的客户是因为质量问题停止了购买，70%的客户是因为客户服务太坏而停止使用某种产品或服务。不论竞争对手是大还是小，遵循"涡轮服务"概念——保持连续供给——可以成为有力的竞争武器。家庭用品供应商Home Depot公司和汽车行业的凌志公司（Lexus）都为各自的行业树立了全新的服务标准。

时机。从商业行为，到历史上的军队战争，到政治斗争，时机都是产生重要差别的关键因素。时间可以成为敌人，也能成为朋友；过早或过晚都会酿成致命伤。问题的症结在于，要学会顺水行舟，而不能逆潮流而动。从战略上讲，忽略这个原则是很危险的。

技术。突破性的具有专有权的技术不能保证一定会成功，但是它确实能创造强大的竞争优势（见图表3.9）。

灵活性。保持快速地进入和退出，在必要时采用和放弃一些措施的能力是一项主要的战略武器，特别是在与大型组织进行竞争的时候。一般而言，大型公司需要花费6年以上的时间改变其基本战略，需要花费10~20年以上的时间改变企业文化。

商机导向。对市场应该保持多大程度的持续警戒？对商机持续的搜寻又该达到什么样的程度？一位有远见的创业者是这样说的："我们总是不把跑到我们面前来的商机当做商机。直到对许许多多的商机说过'不'之后，我们才会形成策略。"

定价。一些新企业可能在持续成长的市场上拥有高增值率的产品或服务，但他们最常犯的错误就是定价过低。比竞争对手的定价稍低一些（比如20%以下）被理性地认为是赢得市场进入的必要手段。在一个毛利率为30%的企业，价格提高10%会导致毛利率提高20%~36%，同时还能降低盈亏平衡点的销售水平。比如，对于一个固定成本为90万美元的公司来说，盈亏平衡点销售额可以从300万美元降低到250万美元。如果保持300万美元的销售额，那么公司就可以多实现18万美元的税前利润。

分销渠道。获得分销渠道有时会被忽略，或被认为是理所当然的。新的分销渠道可以越过和推翻传统渠道，如直接

图表 3.9
20世纪美国小型公司的主要发明创造

悬挂扬声器	喷雾罐	空调
飞机	人造皮肤	装配线
自动织物切割	自动传输设备	酚醛塑料
生物合成胰岛素	石油催化裂解	连续铸造法
棉花采摘机	流量计	福森灭火器
圆顶建筑	旋转罗盘	心脏瓣膜
热传感器	直升机	外差收音机
高容量计算机	水闸	倾斜器
列车连接器	核磁共振	预制组件建筑
高压电动设备	宝丽来一次成像照相机	感压玻璃纸
速冻食品	旋转石油钻头	保险剃须刀
六轴机械臂	隐形眼镜	声呐捕鱼探测
光谱栅格	立体图像传感	

资料来源：Small Business Associotion.

邮寄、家庭购物网络、商业信息片，以及即将在你家中实现的互动电视革命等。

容错空间。企业和财务战略的宽容度有多大？在团队计划收入、成本、现金流、时机和资本要求的过程中，允许犯多大的错误？在保证企业可以生存下去的前提下，企业的状况可以坏到什么程度？如果一些单引擎飞机更容易出事故（比如，10倍或更高的失事率），那么你愿意坐哪类飞机？在小型公司中，较高的杠杆融资率、较低的毛利率和较低的营运边际利润预示着注定的不幸。

收集信息

寻找思路

各项因素表明，实际上要寻找有潜力商机，很多情况下要求恰当的人正好处在恰当的时候和恰当的地点。那么你该如何提高成为第二个Body Shop安尼塔·罗迪克的概率呢？帮助产生思路的信息源是多种多样的。

现有的企业 购买一家持续经营的企业是寻找新思路的极佳途径。这种开创新企业的途径能够节省时间和金钱，同时也能降低风险。投资银行家和企业经纪人与信托官员一样精通企业的出售事务。然而，值得注意的是，真正顶级的待售私人企业并不通过经纪人来做广告，真正的好货色通常由与待售公司最接近的个人或公司带来，比如管理层、董事、客户、供应商或投资者。虽然，陷入严重困境的企业一个接着一个地接受破产判决，但是，在破产公司的财务碎骸中也可能存在着一些绝妙的商机。

特许专营 特许专营是另一种进入行业的方式，可以通过成为特许专营被授权商或者成为特许专营授权商进入某个行业。这是一块沃土。根据国际特许专营协会（International Franchise Association）和商业部的统计，美国全国范围内从事特许专营的被授权商超过4 000家，特许专营每年的销售额超过6 000亿，占全国零售总额的三分之一。在第6章中我们对特许专营做了更全面的讨论，包括特许专营的信息来源。

专利 专利经纪公司专门将个人投资者、公司、大学或其他研究组织拥有的专利推销给搜寻商业上可行产品的创业者。一些经纪公司专门从事国际产品许可证的业务，他们偶尔也会买下一项发明创造，然后再卖掉它。虽然，近年来一些不道德的经纪公司使该行业的形象失去了光彩，但是，声誉良好的经纪公司获得的成果为我们带来了很多重要的新产品。在这些产品中值得一提的是，博士伦公司通过国家专利发展公司（National Patent Development Corporation）获得的项目，它得到了hydron在美国的专利，hydron是隐形眼镜的制造材料。以下是一些主要的专利经纪公司：

- 芝加哥的MGA技术公司（MGA Techonology，Inc.）
- 密苏里州堪萨斯城的新产品开发服务公司（New Product Development Services，Inc.）
- 芝加哥的大学专利公司（University Patents）
- 纽约的Research公司
- 纽约的Pegasus公司
- 纽约的国家专利发展公司（National Patent Development Corporation）

产品许可证 如果想从大学、公司和独立投资者那里获得对众多产品信息的了解，那么，从《美国国际技术公告牌》（*American Bulletin of International Technology*）、《创业企业精选》（*Selected Business Ventures*，由通用电子公司出版）、《技术市场》（*Technology Mart*）、《专利许可证公报》（*Patent Licensing Gazette*）以及国家技术信息服务机构这样的信息服务机构订购信息资源，是一条绝佳的途径。此外，公司、非营利研究机构和大学也是思路的来源。

公司 有些公司会进行产品和服务的发明创造，但是没有对其进行商业化的开发。这些创造发明要么不符合现有的产品线或市场计划，要么不具有足够大的市场前景，无法让大公司感兴趣。很多公司通过专利经纪公司、产品许可证信息服务机构，或者通过他们自己的专利营销，对这些发明创造进行许可授权。事实证明，与有许可证方案的公司直接进行沟通可能会大有收获。在著名的大公司中，以下这些公司实施了积极的内部专利营销：

- Gulf and Western Invention Development公司
- Kraft公司的研发部
- Pillsbury公司的研发实验室
- Union Carbide公司的核能部
- RCA公司的国内许可证部
- TRW公司的系统小组
- Lockheed公司的专利许可证部

非营利研究机构 这些非营利组织根据与政府以及私人企业的契约进行研发，也有一些对新产品、新工艺的内部自主研发，这些新产品和新工艺的许可证经营权被私人企业获得后，将做进一步的开发、制造和营销。使用这种方式奏效的最著名的例子就是巴特勒纪念学会（Battelle Memorial Institute），他们参与了静电复印术的开发，然后将这项技术的许可证经营权转给了Haloid——也就是现在的施乐公司。以下列示的是一些实施积极许可证经营方案的非营利研究机构：

- 巴特勒纪念学会
- ITT研究学会（ITT Research Institute）
- 斯坦福研究学会（Stanford Research Institute）
- 西南研究学会（Southwest Research Institute）

大学 很多大学在积极地从事实物科学方面的研究，并努力为这些研究得来的发明创造申请许可证，申请过程可能由大学院校自己直接完成，也可能通过管理专利事务的联合研究基金会完成。麻省理工学院和加利福尼亚理工学院定期发布有关他们学院的发明创造的报告，报告中介绍了这些可以申请许可证的发明的简要情况。然而，很多大学院校开发出来的绝妙思路并不进行正式的许可证申请，因此，另一种寻找商机的方式就是，熟悉你所感兴趣领域内的研究者的工作进展。实施积极的许可证方案的大学院校是：

- 麻省理工学院
- 加利福尼亚理工学院
- 威斯康辛大学
- 衣阿华州立大学
- 普渡大学（University of Purdue）
- 加利福尼亚大学
- 俄勒冈大学

行业和商业上的接触

行业展览会和协会会议。某些行业的贸易展和协会会议是察看潜在竞争者产品、与分销商及销售代表会面、了解产品和市场的趋势、识别有潜力产品的极好途径。美国电子协会（American Electronics Association）就是召开这类研讨和大会的很好的例子。

客户。与特定种类产品潜在客户的接触可以帮助确定客户需要什么，什么产品是不完善或短缺的。例如，与那些顶级大医院里的医疗服务主管医生进行探讨，就可能产生生物医药设备行业方面的产品思路。

分销商和批发商。与分销某种特定产品的人员保持沟通，可以了解有关现存产品的优势和劣势以及客户所需的产品改进和新产品类型的广泛信息。

竞争者。通过对在同一行业中竞争的其他公司的产品进行察看，可以了解当前设计是否已受专利保护，是否可以对它做进一步的改进或模仿。

以前的雇主。很多企业赖以生存、发展的产品或服务都是以创业者从前受雇企业开发的技术和思路为基础。在一些案例中，研发实验室对技术的商业开发不感兴趣，或者从前的雇主对新产品的思路不感兴趣，他们放弃或卖掉了专利所有权。在另一些案例中，一些思路是在政府的协约和公众范围内开发的。此外，一些公司会帮助创业者建立公司，以获得资本回报。

专业人士的接触。与像专利律师、会计、商业银行家、风险投资家这样的专业人士进行接触也可以找到一些思路，这些人也希望与寻找专利许可或利用专利产品、专利技术开创企业的创业者保持接触。

咨询。要使受过技术训练的创业者获得成功的思路，方法之一是，为自己感兴趣的领域内的人提供咨询和针对性工程设计。例如，一位希望建立一家医药设备公司的创业者可以为医药研究者提供咨询，或者为他们设计实验设备。这类活动常常可以带来为广大研究者所需要的产品的原型。例如，利用这一方法建立了生产心理测试设备的公司(这类设备是从马萨诸塞州通用医院所实施的咨询中产生出来的)，还建立了设计和生产海洋资源研究工具的公司(这类工具是从海洋资源研究学会所实施的咨询中产生出来的)。

网络。和与各种各样的人进行有价值的接触一样，网络是新思路的激励因素和来源。许多情况要求创业者自身要有主动性，但就美国全国范围内来讲，有组织的网络可以方便和加速建立联系和寻找新创业思路的过程。在波士顿附近这个创业活动发生密度极高的地方，近年来涌现了好几个网络组织，包括百森创业交易所(Babson Entrepreneurial Exchange)、新英格兰小企业协会（SBANE)、麻省理工学院企业论坛、128企业集团（128 Venture Group)，以及波士顿计算机社团（Boston Computer Society）等。在美国的角角落落都能发现各种类似的组织，典型的包括位于纽约的美国女性经济发展公司（American Women's Economic Development Corporation）、女企业家协会（Association of Women Entrepreneurs)、UCLA研究生联合会的创业者圆桌会议（Entrepreneur's Roundtable)、Wichita州立大学的学院

创业者协会（Association of Collegiate Entrepreneurs）等。

塑造你的商机

你需要投入于一些彻底的研究，将你的思路塑造成商机。有关市场特征、竞争者等的可获数据常常反过来与一个商机真正的潜力相联系；也就是说，如果市场数据已经可以获得，并且这些数据清晰显示出巨大的潜力，那么大量的竞争者就会进入该市场，该市场中的商机随之减少。

但是，另一个好消息是：大多数数据都是不完整的、不准确的、自相矛盾的，它们的含义很模糊。对于创业者来说，搜集必要的信息，发现可能性，将别人看来仅仅是一片混乱的事物联系起来，那是非常重要的。

伦纳德·富尔德（Leonard Fuld）将竞争者的聪明才智定义为：关于一个公司的高度特定和及时的信息。[29] 当与信息来源交谈的时候，你要洞察出竞争者的销售计划、竞争者公司战略的关键因素、竞争者厂房的生产能力和他们所使用的技术、竞争者的主要供应商和客户是谁、对手正在开发的新产品的大量信息，要做到这一点很困难，但也不是不可能，哪怕是在新兴的行业中。[30]

利用出版物资源是获得这类信息的另一个渠道。与人面谈和数据分析也很关键。富尔德相信，既然商业活动能产生流入公众活动领域的信息，那么人们就可以通过理解商业交易以及信息个体如何行为和流动，为信息来源定位。[31]

这些活动可以做得合法、合理。当然，有违伦理（更不用说非法的）的战术也是存在的，比如，进行冒充的工作面试；假冒客户进行投标、说谎、欺骗、偷窃等等。创业者必须十分小心地避免这类做法，建议他们在遇到疑问的时候去咨询律师。

下面给出的信息来源只是一个开端。寻找信息并将信息扩展成有用的形式，需要很多创造性的活动、工作和分析。比如说，一个竞争者的损益表和资产负债表就很少流传到外面，这些信息最可能的来源是公开的文档、新闻稿、信用报告、财务比率和访谈等。[32]

出版物来源

第一步是要对图书馆和互联网上的资料进行彻底的研究。你会发现大量的出版信息、数据以及其他关于行业、市场、竞争者、个人的信息。其中的一部分信息可能会在你寻找思路的时候有所帮助。以下列示的是帮助你起步的信息来源渠道。

向导和公司信息

在特定的刊物或网站上可获得有价值的信息，如《商业周刊》、《福布斯》、《INC.》《经济学家》（*Economist*）、《Fast Company》、《财富》等，以及如下的网上信息：

Hoovers.com
ProQuest.com
Investext.com
RDS Bizsuite.com

互联网上有价值的站点

- 进入世界（http://www.entreworld.org）——尤因·马里恩·考夫曼基金会考夫曼创业领导中心的网站
- Fast Company（http://www.fastcompany.com）
- 安永公司（http://www.ey.com）
- Global Access——通过网站（http://www.disclosure/com）订阅的证券交易委员会文件
- 《INC.》杂志（http://www.inc.com）
- Entrepreneur.com 及杂志（http://www.entrepreneur.com）
- EDGAR数据库（http://www.sec.gov）——订阅信息源，例如汤姆森研究（http://www.thomsonfinancial.com），它还提供其他档案文件的图片
- 风险经济学（http://www.ventureeconomics.com）

通过计算机检索的期刊文章

- 道琼斯、路透社、《华尔街日报》的时事新闻
- EBSCOhost
- 第一搜索（FirstSearch）
- 种族新闻观察（Ethnic News Watch）
- LEXIS/NEXIS
- 《纽约时报》
- 盖尔集团（Gale Group）信息发布
- ABI信息以及其他ProQuest数据库
- RDS 商业参考序列（RDS Business Reference Suite）
- 《华尔街日报》

统 计

- 美国数据统计（http://www.stat-usa.gov）——美国政府关于经济、贸易与商业的数据、市场研究信息的订阅网址
- 美国人口普查局（http://www.census.gov）——许多统计数据的来源，包括：
  - 美国的统计摘要
  - American FactFinder——人口数据
  - 经济项目（http://www.census.gov/econ/www/index.html）——按部门划分的数据
  - County Business Patterns
  - Zip Code Business Patterns
- Knight Ridder……CRB商品年鉴
- 盖尔集团关于美国制造业、服务业及其他部门研究
- 经济统计简报室（http://www.whitehouse.gov/fsbr/esbr.html）
- 联邦储备公告牌（Federal Reserve Bulletin）
- 当前商业调查（Survey of Current Business）
- FedStats（http://www.fedstats.gov/）
- Labstat（http://stats.bls.gov/labstat.htm）
- 全球视野（Global Insight），以前的DRI-WEFA
- 国际金融数据统计——国际货币基金组织
- 世界发展指标——世界银行
- Bloomberg数据库

消费者支出

- 新统计学家出版物（New Strategist Publications）

计划和预测

- ProQuest
- 信息技术趋势（InfoTech Trends）
- 特刊向导和期刊索引（Grey House Directory of Special Issues）
- RDS 商业信息序列（RDS Business Reference Suite）
- 价值链投资调查（Value Line Investment Survey）

市场研究

- 生活型市场分析人员（LifeStyle Market Analyst）
- MarketResearch.com
- 斯卡伯勒（Scarborough）调查
- 西蒙市场研究局（Simmons Market Research Bureau）

消费者支出

- 新战略家出版物（New Strategist Publications）
- 消费者支出调查
- Euromonitor

其他来源

- 华尔街抄本（Wall Street Transcript）
- Investext、Multex等杂志上的经纪人行业报告
- 公司年度报告与网址

其他信息

并不是创业者需要的每一样信息都可以在图书馆里找到，因为这类信息需要有“高度针对性”和“及时性”。它们最可能从行业专家、供应商这类人身上获得。以下总结了一些有用的信息来源：

行业协会 行业协会（尤其是出版物的编辑和信息官员）是信息的绝佳来源。[33] 特别是那些贸易展和行业大会，它们是发现竞争者最近活动动向的主要场所。

雇员 离开竞争者公司的雇员们常常能提供有关竞争者的信息，特别是雇员因为没有受到善待而离开原公司的情况下。当然，公司可以招收离开竞争对手的人。但在这种情况下，公司对道德伦理的考虑是很重要的，因为任何行业有经验的人总是有限的，竞争者一定会举证说，你公司招收雇员主要是想获取某种特定的商业秘密，你们这样做是非法录用。曾经为竞争对手工作过的学生是另一个信息来源。

咨询公司 咨询公司常常做行业研究，然后提供相关信息。在计算机或软件这样的行业里，竞争者常常雇用同一家咨询顾问，于是，这些咨询顾问就变成了信息的来源。

市场调研公司 从事市场研究的公司也是信息的来源，比如刚才在“出版物来源”下面列示的那些公司。

关键客户、制造商、供应商、分销商和任何买家 这些人常常是信息的主要来源。

公开发布的文件 联邦、州和地方的文件可能发布数量惊人的信息，比如，证券交易委员会、专利与商标司（Patent and Trademark Office），或自由信息法案文件等。现在也存在专门满足这类需求的公司。

逆向工程 逆向工程可以用来确定生产成本，有时甚至可以用来确定制造方法。科罗拉多州圆石（Boulder）的高级能源技术（Advanced Energy Technology）公司的经历就是一个很好的例子，他们亲身体验了这类战术。他们一公布一项专利新产品，就收到了50份订单，其中有一半是来自竞争对手的，这些竞争对手只要求订购其中的1~2个部件。

网络 第2章提到了可以作为新企业思路来源的网络，它也可以成为竞争者的信息来源。

其他 分类广告、消费者导购、劳动工会、不动产代理人、法院、当地记者等等都可能提供线索。[34]

本章总结

1. 思路多得是。100个思路中大约只有一个真正成为了不起的企业，其中有大约1/15~1/10成为了较高潜力的企业。思路转变为真正的商机的复杂过程就像毛毛虫变成蝴蝶的过程。
2. 高潜力的商机总能解决一个现在就有人愿意为之付钱的重要问题或需要。用著名风险投资家阿瑟·洛克的话来说就是：“我寻找能够改变人们生活和工作方式的思路。”
3. 那些上等的商机都有确定的模式，识别这些模式是有志向的创业者所需要学会的技巧。
4. 技术、法规、信息流等等诸如此类的快速变化和分裂都会创造商机。从思路到高潜力商机的旅程就好比驾着想像中的汽车沿着道路图行进，在这个过程中，需要驾驭好不断变化、波动起伏的三维地貌图。
5. 一些最好的商机实际上只需要最少的资本，特别是通过互联网开创企业更是如此。
6. 最好的商机常常并不就那样简单地开始。它们在真实的时间和市场空间被设计、塑造、定型和再创造。商机与创业者、资源、时机的匹配程度，风险与回报的平衡决定着最终的潜力。
7. 最高潜力的企业是在高成长率的市场上出现的，它们往往有较高的毛利率和强健、自由的现金流这些特征，因为，与次优的选择方案相比，它们根本性的产品或服务能够为客户提供可观的增值。

习 题

1. 一个思路和一个好的商机之间的区别是什么？
2. 为什么说商机多得是？
3. 在创造商机的过程中，经验扮演着什么样的角色？大多数的好商机都是从哪里来的？
4. 利用互联网搜索，列出你个人感兴趣领域内的思路来源。
5. 出现在社会和经济领域内的哪些情况和变化会促使未来商机的产生？展望未来的10年，列示出你能想到的尽可能多的有关因素。
6. 对照图表3.8列示的标准总结，评价一下你最好的一个思路。这个思路的潜力在哪里？当什么样的情况发生时，才能把它转变为一个高潜力的企业？
7. 为一个由几个大玩家主导的现存行业绘制价值链和自由现金流链。你该如何借助于互联网、台式计算机和信息时代的其他技术来抓住（挽救）一个显著的利润和自由现金流？

思考题

你考虑过吗？

1. 苹果计算机公司的创始人史蒂夫·乔布斯在组装成他的第一台计算机时才十几岁，而桑德斯上校开创肯德基家乡鸡的时候已经65岁了。商机是什么？对谁而言才是商机？
2. 大多数成功企业都由于忙于应付最重要的、已经存在的客户而缺乏对商机的先见之明，较难发现新产品和新服务。在你工作的地方，这类情况如何？这对你而言是商机吗？
3. 最成功的企业将领导和员工作为他们最重要的竞争优势。这一观点会如何改变你看待商机的方式？
4. 在接下来的几年中，你会和谁一起了解一个行业，并且在缺乏先见之明的已建企业之外获得发现新商机的机会？

练 习

商机创造概念与突破性思路探索

在充分消化了本章的讨论内容后，你可以运用图表3.8列出的标准准备一份行业分析报告。该分析应该简洁明了，不用长篇大论。价值链部分最多只需占1~2页，其他问题逐条回答，以项目符号的格式列出，最多占1~2页。这项练习不需要大家花费很多篇幅，主要目的是引导你找到清晰的思考路径。

你的任务是要完成一份简单明了、表述清楚的行业价值链分析。在分析时要客观现实，以它的实际情况为准，即不管你最终申请该项目，还是选择了别的行业，该分析都应该是一样的。接着，你要完成一份价值链的信息流分析，覆盖价值链的各个阶段。然后把思路拓展开去，创建一份该行业的价值簇（value cluster）。一定要确保从多角度去思考，而不是线形思维。用语言或图表描述出这些方面对商品/服务流和信息流的影响。解释该价值簇和线形链相比如何能增加或加强该行业的价值。最后，提供一份该价值簇中可生成利润的简洁分析，特别要强调极端值（极高/极低）处的情况。

另外还要考虑：

- 驱动该行业的价值链和机遇的分解因素和重新构造因素是哪些？
- 你对该行业中该企业的自由现金流、利润和价值链的最乐观估计是怎样的？
- 在市场营销、分销、外包客户服务、IT和资本投资方面有哪些现行行业惯例、做法和思想对本企业很重要？
- 哪些新做法、惯例等现在正值盛行期，哪些已经处于半衰期？
- 处于成长期的细分市场有哪些？
- 权威评论机构（Forrester，IDG，Research Sources，和其他华尔街分析师）认为下一个成长市场将是什么？
- 那个市场的参数和特点分别是什么？

如果你计划把一项高科技产品投放到市场上，你可以考虑运用杰弗里·摩尔（Geoffrey Moore）和里吉斯·麦克纳（Regis McKenna）撰写的《跨越深渊：向主流客户营销和销售高科技产品》（*Crossing the Chasm:Marketing and Selling High-Tech Product to Mainstream Customers*）这本书中所讨论的框架，并查看价值链和你计划开展的行业那部分内容。你还应该阅读一下克莱顿·克里斯滕森（Clayton M. Christensen）有关毁灭性创新方面的文章《创新者困境》（*Innovators Dilemma*）。

练　习

创造性方格

步骤1

按以下方法分组：（1）分成数个3人以上的小组，（2）至少有5个人单独工作。

步骤2

给每个人看以下的图形，然后，要求小组和个人数出图形中正方形的总数。假设这个图形位于一个平面上。在数的时候，正方形的角必须是直角，各条边的长度必须相等。

步骤3

讨论这个创造性过程，在这个过程中，小组和个人最终得出他们的答案。

练 习

思路产生指南

在新企业开始产生思路的过程前，首先思考一下这句德国谚语是很有用的：“万事开头难。”如果你能让自己进行创造性思考，那么当你开始这样做的时候，你就会对自己能想出那么多有趣的思路感到吃惊了。

“思路产生指南”是一个产生思路的练习。练习的目标是让你想出尽可能多的有趣思路。在你产生思路的时候，不要对它们进行评价，也不要担心它们的实际操作问题。本书余下的练习将让你评价这些商机，看一看它们是否是商机，并考虑你个人的创业战略。

还要记住的是——在所有的创造性努力中，并没有什么正确的答案。

练　习

思路产生指南

姓名：

日期：

步骤1

做一张包含尽可能多的新企业思路的列表。想一想你所知道的没有满足或满足得不好的客户需求，那些没有满足或满足得不好的客户需求可能来自于调整性的变化、技术的变化、知识和信息的沟壑、落后与不对称、前后不一致等等，这么做可以帮助你产生刚才所要求的列表。同时，也要考虑一下各种各样的产品、服务（以及它们的替代物），包括这些产品和服务的提供者。如果你知道任何弱点和缺陷，那么你就有可能发现新的企业思路。

步骤2

如果有可能，将你的列表扩展一下。考虑你个人的兴趣、你渴望的生活方式、你的价值观、你认为你能做好的事情，以及你愿意做的贡献。

步骤3

请至少三个熟悉你的人看一看你的列表，然后修改你的列表，要求能够体现这次交流所产生的任何新思路。参见第18章有关获得反馈的讨论。

步骤4

记录下出现在你企业思路里的见解、观察、结论，包括你个人的偏好。

注 释

1. See Jeffry A. Timmons, *New Business Opportunities* (Acton, MA: Brick House Publishing, 1989)
2. Leifer, McDermott, O'Connor, Peters, Rice, and Veryzer, *Radical Innovation: How Mature Companies Can Outsmart Upstarts*, HBS Press, 2000.
3. Barrie Mckenna, "More than the Sum of Its Parts," *Globe and Mail*, February 23, 1993, p. B24.
4. P.R. Nayak and J.M. Ketterman, *Breakthroughs: How the Vision and Drive of Innovators in Sixteen Companies Created Commercial Breakthroughs that Swept the World* (New York: Rawson Associates, 1986), chap. 3.
5. Tracy Corrigan, "Far More Than the Viagra Company: Essential Guide to William Steere," *Financial Times (London)*, August 31, 1998, p. 7.
6. Joline Godfrey, *Our Wildest Dreams: Women Entrepreneurs, Making Money, Having Fun, Doing Good* (New York: Harper Business, 1992), p. 27.
7. Herbert A. Simon, "What We Know About the Creative Process" in ed. R. L. Kuhn, *Frontiers in Creative and Innovative Management* (Cambridge, MA: Ballinger Publishing Co., 1985), pp. 3–20.
8. Joseph Pereira, "Focus, Drive and an Eye for Discounts: Staples of Stemberg's Business Success," *The Wall Street Journal*, September 6, 1996, p. A9B.
9. Paul C. Judge, "Can Even a Proven Team Deliver on this Switchmaker's Astonishing IPO?" *Business Week*, December 20, 1999, pp. 150–56.
10. Amar Bhide, "Bootstrap Finance," *Harvard Business Review*, November–December 1992, p. 112.
11. Edward B. Roberts, *Entrepreneurs in High Technology: Lessons from MIT and Beyond* (New York: Oxford University Press, 1991), p.1 44, Table 5–2.
12. Teri Lammers and Annie Longsworth, "Guess Who? Ten Big-Timers Launched from Scratch," *INC.*, September 1991, p. 69.
13. Financial data from Dow Jones Interactive, http://www.djnr.com
14. Ibid.
15. Robert A. Mamis, "The Secrets of Bootstrapping," *INC.*, September 1991, p. 54.
16. See J. A. Timmons, D. F. Muzyka, H. H. Stevenson, and W. D. Bygrave, "Opportunity Recognition: The Core of Entrepreneurship" in *Frontiers of Entrepreneurship Research*, ed. Neil Churchill et al. (Babson Park, MA: Babson College, 1987), p. 409.
17. Ernie Parizeau, partner, Norwest Venture Partners, in a speech to Babson College MBAs, December 2000.
18. Sarah Schafer, "Start-up Sizzled Without Venture Capital," *Washington Post*, June 27, 1999, p. H7.
19. Mollie Neal, "Cataloger gets Pleasant Results," *Direct Marketing*, May 1992, p. 33.
20. Brian Dumaine, "How to Compete with a Champ," *Fortune*, January 10, 1994, p.106.
21. Comment made during a presentation at Babson College, May 1985.
22. Scott W. Kunkel and Charles W. Hofer, "The Impact of Industry Structure on New Venture Performance," *Frontiers of Entrepreneurship Research*, 1993. Babson College, Babson Park, MA.
23. J. A. Timmons, W. Bygrave, and N. Fast, "The Flow of Venture Capital to Highly Innovative Technology Ventures," a study for the National Science Foundation, reported in *Frontiers of Entrepreneurship Research. 1984* (Babson Park, MA: Babspm College, 1984) .
24. For a more detailed description of free cash flow, see "Note on Free Cash Flow Valuation Models" by William Sahlman, HBS 9-288-023, Harvard Business School, 1987.
25. William A. Sahlman, "Sustainable Growth Analysis," HBS 9-284-059, Harvard Business School, 1984.
26. R. Douglas Kahn, president, Interactive Images, Inc., speaking at Babson College about his experiences as international marketing director at McCormack & Dodge from 1978 through 1983.

27. This point was made by J. Willard Marriott, Jr., at Founder's Day at Babson College, 1988.
28. See also David E. Gumpert and Jeffry A. Timmons, *The Encyclopedia of Small Business Resources* (New York: Harper & Row, 1984).
29. Leonard M. Fuld, *Competitor Intelligence: How to Get It: How to Use It* (New York: John Wiley & Sons, 1985), p. 9.
30. Ibid. See also "How to Snoop on Your Competitors," *Fortune*, May 14, 1984, pp. 28–33; and also information published by accounting firms such as *Sources of Industry Data*, published by Ernst & Young.
31. Fuld, *Competitor Intelligence*, pp. 12–17.
32. Ibid, p. 325.
33. Ibid, pp. 46, 48.
34. Fuld, *Competitor Intellegence*, pp. 369–418.

第 4 章

筛选创业商机

“创业者思路要大气。不管你如何做，创建一家公司都会让你最后筋疲力尽。所以你最好在最后筋疲力尽的同时还赚了不少钱。”

——帕特里夏·克洛赫蒂
美国风险资本协会的第一位女主席

学习目的

学完本章后，你将能够：

1. 仔细研究两种筛选方法——快速筛选（Quick Screen）和企业商机筛选指南（VOSE）——它们可以帮助你判断出你的现有思路会不会成为潜在商机。
2. 用第3章的商机标准检验你的思路，并评价这些思路和你自己、你的团队、资源是否匹配以及风险回报平衡关系。
3. 能够凭借更开阔的思路和更深邃的思想来考虑怎样做才能同时平衡风险回报并提高各方面的匹配程度。
4. 能够判断你现在最好的思路是否足以形成一份完善的商业计划。
5. 明确自己是否相信自己能有效地调整思路和战略，使它们很好地吻合，并形成对你自己和投资者很有吸引力的风险回报平衡计划。

筛选创业商机

时间对创业者来说，既可以是朋友，也可以是敌人。如果你要把你和你的团队所能想到的所有和企业有关的想法都仔细研究一下，1个季度不够，1年不一定够，甚至10年都不一定够，这就是残酷的现实。而在这个现实中最困难的一点就是：你必须找到能把好的思路付诸实施的最佳时机，并准确把握住这个时机。另外，更为难上加难的是：只有当你对大量商机进行筛选之后才会形成有效的战略。这就是创业学里兼具惩罚和回报两面性的达尔文自然选择法则：许多人尝试，许多人失败，一些人成功，少数人出类拔萃。比如在美国，仅在2000年一年中就有大约400万家新企业成立，即每月有30多万家。但在所有这些企业中，仅10%~15%最终获得了成功，销售额达到或超过了100万美元。

四项锁定标准

本章将教你判断怎样的思路才是真正的创业商机，这是你必须解决的众多棘手问题中的第一个。最终造就了好企业的想法不是灵机一动的偶然想法。和第2章的模型以及第3章的商机标准一样，优秀企业也有四项锁定标准：

1. 它们为客户或最终用户创造或增加了极大价值。
2. 它们能做到这一点的原因是它们能够解决一项重大问题，或满足某项重大需求或愿望，因此有人愿意付高价购买。
3. 它们有需求旺盛的市场和丰厚的利润，还具有容易赚钱的特点：规模大（5 000万美元以上）；成长速度快（20%以上）；毛利润高（40%以上）；较早实现了充足的自由现金流（不断进账的收入、固定和流动资本低）；盈利潜力高（税后利润为10%~15%以上）以及为投资者提供切实可行又极具吸引力的回报（投资回报率在25%~30%以上）。
4. 它们就当时的时间和市场来说很匹配创始人及其管理团队，风险回报率也比较令人满意。

快速筛选

多数老练的私人股权投资者和风险资本家在选择投资项目时，100个创业计划中被选中的不会超过5个，从这两个数字中我们可以看出筛选优秀的创业思路有多重要。实际上，能否快速高效地放弃某些思路对创业者来说是项很重要的技能。要放弃这些思路，就等于说你在形成这些想法的过程中所付出的所有热情和精力都付之东流，这会使我们十分矛盾。本章提供了解决这个问题的两种方法。第一个是“快速筛选”，它会帮助你在一小时左右的时间内把思路先预览一遍并快速评估。除非该思路有上述四项锁定标准做支撑，或你相信该思路可以加以改进，使之符合上述四项条件，否则你就会在一项潜力很小的思路上浪费大量时间。 “快速筛选”练习可以复制，以备己需。

企业商机筛选练习

企业商机筛选练习（VOSE：Venture Opportunity Screening Exercises）的目的是把思路的筛选过程细分成可以操作的几大块。快速筛选法可大致估计出某项思路的潜力。在一个团队中，每个团队成员都应该先独立完成练习，然后小组碰头把结果合并在一起。每次完成企业商机筛选练习后，你应该将快速筛选重新再做一遍，重新评估一下你的打分。当你满意地完成了所有练习后，合并的文档就会为你下一步制作商业计划提供必要的素材。另外，它还会为你的商机形成过程提供可靠的审查记录。

不管创业者是否打算寻找风险资本或外部私人投资者来帮助实现创业理想，他们都必须做到客观认识创业思路的现实状况、薄弱点和强大优势。通常，通过团队内外成员的反复仔细审阅，会激发出大量创造性的想法和见解，如怎样改进最初的商业概念和战略才能极大地改善价值链、自由现金流、风险回报率及由此产生的匹配度问题等。该过程是价值创造和建立高潜力企业的核心部分，绝不能删除或删减。

这个早期种子阶段也是和准团队成员“尝试结合”的绝佳时期，这项工作可能很细致、很累人，也很没意思。现在可以发现谁能带来什么，谁有职业道德、有恒心、讲信誉，以及你是否能和这些人合作得很好，将会让你以后省很多钱，也会省很多麻烦。最后，匹配度问题可以归结为这样一点：商机、所需资源（以及资源的成本）、其他团队成员（如果有的话）、时机和风险回报比率对我合适吗？

练　习

快速筛选

一、市场和利润率相关问题

标准	较高潜力	较低潜力
需求/愿望/问题	已识别出	未被关注
客户	可以接触到并且客户愿意接受	接触不到/是其他公司的忠诚客户
用户的回报期	<一年	>三年
增加的价值或创造的价值	IRR >40%	IRR <20%
市场规模	5 000 万~1 亿美元	<1 000 万或>10 亿美元
市场成长率	>20%	<20%，缩减
毛利率	>40%，而且能持续下去	<20%，且难以维持
总体潜力		
1.市场	高________________中等________________低	
2.利润率	高________________中等________________低	

二、竞争优势

	较高潜力	较低潜力
固定和可变成本	最低	最高
控制程度	较强	较弱
价格和成本		
供应和分销渠道		
竞争者进入壁垒	可以创造	弱/没有
专有权优势	具有防御性	无
交货周期优势（产品、技术、人、资源、地点）	迟缓的竞争	无
服务链	强优势	没有优势
合约优势	排他	无
关系网络	能接触到关键人物	有限的
总体潜力		
1.成本	高________________中等________________低	
2.渠道	高________________中等________________低	
3.进入壁垒	高________________中等________________低	
4.时机	高________________中等________________低	

三、价值创造和实现问题

	较高潜力	较低潜力
税后利润	10%~15%或更多并且持久	<15%；脆弱
达到盈亏平衡所需的时间	<2 年	>3 年
获得正现金流所需的时间	<2 年	>3 年
投资回报率潜力	40%~70%+，持久	<20%；脆弱
价值	高战略价值	低战略价值
资本要求	低到中等；找得到投资	很高；很难找到投资
退出机制	首次公开上市；收购	未定义；变现能力差的投资
总体价值创造潜力		
1. 时机	高________________中等________________低	
2. 利润/自由现金流	高________________中等________________低	
3. 退出/清算	高________________中等________________低	

四、总体潜力

	做	不做	如果……就做
1. 利润和市场			
2. 竞争优势			
3. 价值创造和实现			
4. 匹配度："O"+"R"+"T"			
5. 风险回报平衡			
6. 时机			
7. 其他紧要问题：必须知道或可能造成失败的问题			
a.			
b.			
c.			
d.			
e.			

企业商机筛选练习

创建新企业必须做一些例行的工作。我们建议大家把这些练习的各个组成部分用于整理思路和数据，以形成一份完整的商业计划。对每项组成部分都要进行动态处理，进而对商机的影响因素和执行计划也要进行动态处理。大家可以在开始时进行粗线条的评价，然后在重复过程中逐渐细化集中。

企业商机筛选练习是根据第3章的标准制定的。在每个练习结束后，你都应该对你的创业商机的相对吸引力有个比较清晰的概念。它不太可能是个简单明了的答案，很多情况下，这个概念可能包含极大的不确定性和大量未知数和风险。但完成这些练习能帮助你了解这些不确定性和风险，还能帮助你找出减少不确定性和风险的办法，如果不能，你就必须继续寻找其他商机了。

每个企业都是独一无二的。不同公司、行业、地区和国家在运营、营销、现金流周期等方面都存在极大差异。因此，你可能会发现不是每个问题都和你的企业相关，甚至有些问题根本不相关。因此你有时可能要在这些练习的某处加一点什么，或改动一点什么，才能适合你的情况。

做完这些练习需要比较长的过程。这实际上是对你在创办新企业前应该如何去面对这个艰巨、单调而艰苦的辛勤工作过程的一场预演。完成这些练习有助于帮助你判断你现在的商机按制定商业计划的四项锁定标准是否有足够的吸引力。当你在做练习时，你会发现撰写商业计划中的许多内容都来自于你练习中的答案。你可能会决定以后再做这些练习中的某几项，但最终这些问题你和你的"团队"还是必须回答的。

最理想的是每个团队成员都独立完成这些练习。

和这本书中的其他练习一样，你可以根据自己的需要，想复印多少份VOSE，就复印多少份。

练习1

商机概念和战略阐述

简要描述你的远景、商机概念和战略。你对企业的远景是什么？价值创造的定位是什么？它将解决的重大问题、需求和欲望是什么？为何它会这么重要，以至于客户或最终用户愿意支付高于平均价格的高价？为何对你来说现在存在这个商机？你能用最多25个字来描述这个概念和你的进入战略吗？

练习2

企业商机概览

填写下表“企业商机概览”，针对每项标准指出你的企业在**潜力**连续线上所处的位置，在你估计的最适合处划一个×。填的内容尽可能详细一些。如果你有困难，相关贸易杂志和时事通信、其他创业者、交易展示会、贸易会或其他信息来源都可以提供帮助。

企业商机概览

标 准	潜力最高	潜力最低
行业和市场		
市场：需求	市场驱动；已被识别；每年有重复收入	未识别；一次性收入
客户	可到达性；购买订单	忠诚于其他企业或不可达到
用户利益	一年内回报	三年后回报
增值	高；预先付款	低；对市场的影响极小
产品生命	耐用	不耐用
市场结构	不完美，细分市场竞争或新兴行业	高度集中或成熟或衰退中的行业
市场规模	销售潜力在1亿到10亿美元之间	未知，销售额低于2 000万美元或为几十亿美元
成长率	成长率为30%~50%或更高	减小或低于10%
市场容量	满负荷作业或将近满负荷作业	未满负荷作业
可获得的市场份额（5年内）	20%或超过20%；领导者	低于5%
成本结构	低成本供应商；成本优势	成本不断降低

标 准	潜力最高	潜力最低
经济性		
税后利润	10%~15%或更高；有持久性	低于 15%；脆弱
投资回报率潜力	25%或更多；高价值	低于 15%~20%；低价值
资本要求	低到中；找得到投资	很高；很难找到投资
内部收益率潜力	每年 25%或更高	每年低于 15%
自由现金流特征	可观；可维持；销售额的 20%~30+%	低于销售额的 10%
销售增长	中到高（15+%到 20+%）	低于 10%
资产密集度	低（相比于销售额）	高
自备营运资金	要求低，能累积	要求高
研发/资本开支	要求低	要求高
毛利率	超过 40%并且持久	低于 20%
现金流达到盈亏平衡点所需的时间	不到 2 年；盈亏平衡点不变	超过 4 年；盈亏平衡点缓慢上升
盈亏（P&L）达到盈亏平衡点所需的时间	不到 2 年；盈亏平衡点不变	超过 4 年；盈亏平衡点缓慢上升
收 获		
增值潜力	战略价值高	战略价值低
估价倍数和可比性	p/e 20 倍以上； 8~10 倍以上 EBIT； 1.5~2 倍以上收入 自由现金流 8~10 倍以上	p/e+5 倍，EBIT = 3~4 倍； 收入= .4
退出机制和战略	现在或预想的选择	未定义的；变现性差的投资
资本市场环境	估价、时机、可供资本各项条件 都十分有利；可实现资本流动	前述各条件不利；信贷吃紧

标 准	潜力最高	潜力最低
竞争优势		
固定和可变成本	最低；高营运杠杆（operating leverage）	最高
对成本、价格和分销的控制	中到强	弱
进入壁垒：		
所有权保护	有或可以有	没有
竞争回应时间	竞争慢；打盹（napping）	不能获得竞争优势
法律、合约优势	所有权或惟一使用权	没有
关系和网络	发达；容易进入	原始；有限
关键人物	优秀人才；一支A等的团队	B等或C等团队
管理团队		
创业团队	全部为明星组合；自由代理人	创业者实力弱或只有个人独唱
行业和技术经验	该领域里最高；业绩记录优秀	不足
正直	最高标准	仍有疑问
认知的诚实度	知道他们不知道什么	不想知道他们不知道什么
致命的缺陷	不存在	一个或多个
个人标准		
目标与匹配度	得到你想得到的；想要你所得到的	惊讶
好/差的方面	可获得成功/风险有限	线型；在相同的连续体上
机会成本	薪水减少等	满足于现状
合意性	与生活方式相适合	单单追求赚大钱
风险/回报容许度	仔细计算过风险；风险/回报比率低	风险规避者或风险偏好者
压力承受度	压力之下，仍显示出旺盛的生命力。	压力之下，崩溃

标准	潜力最高	潜力最低
战略差异		
匹配度	高	低
团队	行业内最佳；优秀自由代理人	B 团队；没有自由代理人
服务管理	高级服务概念	被认为不重要
时机	顺水行舟	逆水行舟
技术	突破性的；某种类型的技术突破	许多替代品或竞争者
灵活性	能调整；上手快，脱手快	慢；顽固
商机导向	总在寻找机会	纯粹经营目前业务；打盹
定价	领导者或接近领导者	廉价出售的竞争者；低价
分销渠道	容易进入；有现成的网络	未知；不容易进入
容错空间	宽恕战略	不容错，刚性战略

评估你的创业机会的外部环境，包含以下各项：

- 评估机会窗的特点，包括它的短暂性：
- 说明何种进入战略适合此机会，为什么：
- 如果你相信外部环境和创造出机会的力量——如练习1和“企业商机概览”所述——是匹配的，请说明其证据和/或原因：
- 说明你的退出战略并评估该战略实施的前景，包括考虑其中的风险、回报和两者之间的平衡是否可以接受。

检查点

在你继续做后面几个练习之前，一定要确信你勾勒出的机遇把握较大，并且你可以回答以下问题：“为什么现在存在这个机会?”有可能，这时你发现自己应该放弃或改变这项产品或服务的思路了。把该产品或服务推向市场，并以此创办企业所需的资金和时间可能会超出你能承受的极限。但是，要特别留意那些潜在回报极大、远远超过更新换代和竞争所带来的风险和脆弱性的商机。

练习3

商机塑造研究和练习

阐述你认为你的思路会形成商机的理由。这个过程很可能会影响你对商机的评价，或促使你修订商机。我们在此列出了一些我们认为你应该关注的重要问题，但你可能还需要加上一些其他方面的问题。这个练习的主要目的是促使你重点考虑商机的几大重要组成因素。

用企业商机筛选标准来评估该商机的吸引力，包括以下内容：

- 你的产品或服务要解决的重要问题、需要或需求是什么？

- 为什么这是重要问题？

- 如果你的产品或服务能解决某问题或需要，和其他产品或服务相比，谁会为这项产品或服务支付高价？

- 它能创造的根本价值是什么？即它如何带来收益，如何形成优势，以及为什么会这样等？

- 简要描述你想进入的市场或细分市场：

- 确切描述要销售的产品或服务，如果是产品，确切地说出它的最终用户。（如果你的产品或服务已经可以以商品形式提供或已经存在原型，可以附上产品规格、照片、样品等。）

- 估计该产品或服务更新换代的周期，包括它是否可能过时以及何时过时：

- 评估该产品或服务是否有替代品：

- 评估开发所处的状态并估计完成开发、测试产品或服务、随后把产品或服务引进市场所需要的时间和资金：

开发任务		
开发任务	所需资金	完成所需月数

- 评估制造产品或提交服务的主要困难以及解决这些困难所需的时间和资金：

- 描述必要的客户支持，如担保服务、修理服务和技术员、销售员、服务人员或其他人的培训：

- 评估与产品或服务在满足客户需求方面的竞争优势和劣势，包括产品或服务的回报和增加价值的描述：

- 评估你的主要客户群：

  ——描述你的主要客户群购买你的产品或服务的主要原因，包括该群体中的客户是否可以达到，愿不愿意接受你的产品或服务，以及你的产品或服务怎样为其增加价值或创造价值，以及这对你的进入战略或扩张战略意味着什么：

  ——为识别产品或服务是否会有大量客户惠顾，列出你必须回答的5~10个关键问题以及其他你必须知道的信息：

  ——指出客户会怎样购买你的产品或服务（如通过批发直销或零售直销；通过制造商的代表或中间商；通过目录销售；通过直接邮寄；网络销售等）：

  ——描述购买过程（即购买在哪里发生以及由谁最终负责审批购买开支；影响销售的因素和人是哪些；从第一次接触到达成交易，到交货，到收到现金要花多长时间；并总结出自身的竞争优势是什么，以及产品或服务如何增加或创造价值）：

- 评估你企业的产品或服务的市场潜力、竞争以及把产品或服务带给客户并销售给他们所必需的条件。（这种分析不必十分精确全面，但应该能通过该分析删除那些明显存在市场障碍的商机，不再考虑它们。）应包括以下信息：
  ——评估总的潜在市场规模，包括过去、现在和未来的大概规模，用产品或服务单位数、美元和客户数衡量。在做估计时，用可获的市场数据来估计价值域，如果市场已经细分，还要确定每个细分市场的区域（国家、地区、场所等）和数据：

	总的市场规模				
	年份				
	20____	**20____**	**20____**	**20____**	**20____**
销售量/客户数					
销售额（美元）					

数据来源：

研究者：

数据的可信度：

——根据价格、质量和服务、控制程度等评估市场类型；并总结进入、生存和获胜必须采取的方法：

- 会有什么增加商业机会的好消息或坏信息（或你能造成什么好消息或坏信息）？

- （a）实施成功或（b）新企业达到足够规模的机会有多大？

- 你能为提高这种机会改变或增加些什么？

- 为使自己成为该行业最懂行的竞争者，你能做些什么，学些什么？

- 其他重要问题：

练习4

客户接触研究和练习

创业是一项全面接触活动。对于对形成公司收入至关重要的潜在客户，接触是首要条件。你必须和客户接触并记录他们的反应。在这部分练习中，要力求把客户反应和商机修订研究和练习（练习3）的内容协调起来。请完成以下内容：

- 根据对客户的市场调查，评估你的客户怎样做生意以及下一步必须进行的调查步骤是什么：

	客户市场调查 客户		
	第一	第二	第三
客户的性质			
业务或角色			
反应： 积极 消极 问题			

特定需求/用途			
可接受条款——价格、支持等			
购买决策的基础：时间框架 谁做决定 资金限制			
使用的替代品/竞争品 (产品或服务)			

竞争者的名字			
竞争产品			
替代产品			

调查的客户	
序　号	姓　名

练习5

挖掘价值链——找出“空白点”[1]

你必须把商机放在竞争环境中和现有的价值链背景下加以考察，以发现改善和改造价值链的方法，创造新的价值。除了跟踪实际的商品流外，你还应该绘制出信息流和最终“流”到渠道各个环节处的利润流。请完成以下内容：

- 评估你的产品或服务在市场上将处于什么位置，包括：

——说明各种所有权保护，如专利、版权或商业秘密，以及这在竞争优势方面意味着什么：

——评估你在质量、服务等水平上能达到的各种竞争优势，包括客观描述产品或服务的各种优势（和劣势）：

[1] “空白点”指的是你可能发现机遇的行业或市场空隙。当你完成价值链练习——填写物流、信息流和利润流表时，你会发现市场上的一些异常现象——可能是积极的，也可能是消极的——这就是你的机遇所在。

——和你的竞争者比较，评估你的定价战略：

	定价战略		
	最高价格	平均价格	最低价格
零售			
批发			
分销			
其他渠道			
制造			

——根据价格与业绩/利益/增值的关系，评估竞争者在你的行业或细分市场中的位置：

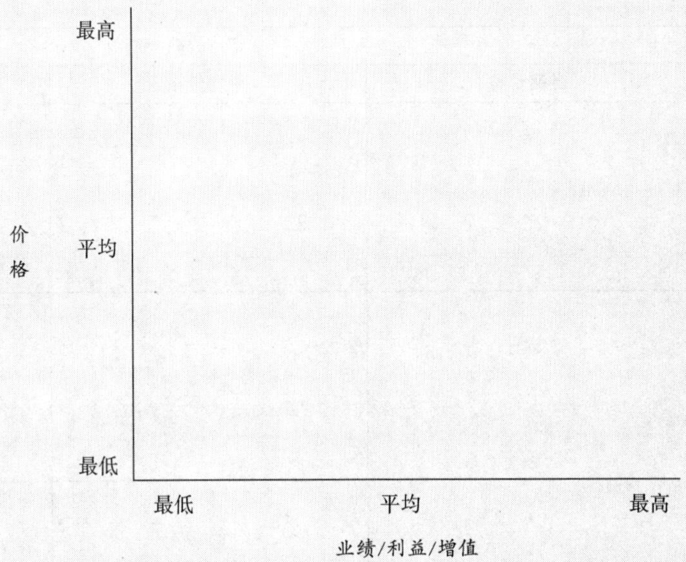

——指出你如何计划分销并销售你的产品或服务（如通过直销、邮寄订单、制造商代表等）以及销售、市场营销和广告/贸易推广的可能成本：

—— 你的产品或服务的分销计划，包括各种特别要求，如需要冷藏，以及分销成本将占销售额和总成本的百分比：

• 填写这张物流、信息流和利润流表并从中找出你的产品或服务的价值链。根据物流绘制出你的产品或服务将如何到达最终用户或客户手中，每一步骤对最终售价的贡献比例，每一步骤的加价额和百分比以及每单位毛利润额和百分比。这个练习将帮助你识别出市场异常状况（积极的和消极的），以便你从中发现创造商机的空白点。从这三大流中构造出的价值链是为一般消费品建立的，必须加以修改才能满足你特定的产品、服务、行业或地区的需求。

挖掘价值链

物　流	组件材料和劳动力原材料	制造商或服务供应商	分销商	批发商	最终用户或客户
利润流	价格/单位： 美元 百分比	价格/单位： 美元 百分比	价格/单位： 美元 百分比	价格/单位： 美元 百分比	价格/单位： 美元 百分比
	加价/单位： 美元 百分比	加价/单位： 美元 百分比	加价/单位： 美元 百分比	加价/单位： 美元 百分比	加价/单位： 美元 百分比
	毛利润： 美元 百分比	毛利润： 美元 百分比	毛利润： 美元 百分比	毛利润： 美元 百分比	毛利润： 美元 百分比
信息流	关键数据	关键数据	关键数据	关键数据	关键数据
	数据转移平均数	数据转移平均数	数据转移平均数	数据转移平均数	数据转移平均数

练习6

企业经济学——你如何在空白点赚钱

通过价值链挖掘（练习5），你应该能找到适合你企业的“空白点”。在这部分练习中，我们要求你把该空白点量化，并估计出填满该空白点所需花费的时间和资源。这些初步评估将为你制定财务报表（包括损益表、资产负债表、现金流量表和盈亏平衡点）奠定基础。请完成以下内容：

- 比较现实地估计一下你的企业在头五年期间每年在你的市场领域大概能销售的产品或服务的金额和市场份额：

产品/服务销售和市场份额

	年				
	1	2	3	4	5
总市场： 产品或服务单位数 美元					
估计的市场销售： 产品或服务单位数 美元					
估计的市场份额（百分比）：					
估计市场成长： 产品或服务单位数 美元					

数据来源：

研究者：

数据可靠度：

检查点

查看你是否犯了“**捕鼠器短视症**”，是否缺乏足够的经验来处理企业此阶段的状况。如果你的企业经不起这样的评估，很可能你不能像你想像的那样坚持很久。记住，产生死产企业（译者注：生下来就死）和像柠檬那样的企业，其最大的一个原因就是缺少商机审视。如果你不能完整填写上面的产品/服务销售和市场份额表，或不太清楚该怎样回答这些问题，你可能在进行创业之前必须做更多的准备工作。

- 评估你的产品或服务的成本和盈利能力：

产品/服务成本和盈利能力

产品/服务：

销售价格：

销售水平：

	金额（美元）/单位	占每单位产品或服务销售价格的百分比
生产成本（即劳动力和材料成本）或购买成本		
毛利润		
固定成本		
税前利润		
税后利润		

- 评估“开张营业和获得收入”所需的最少资源，获得这些资源所需成本、天数，取得这些资源控制权（但不必是所有权）的其他手段，以及这些信息传递的内容：

资源需求

	必需的最少量	成本（美元）	所需天数	可能来源
工厂、设备和设施				
产品/服务开发（包括原材料和其他存货）				
市场研究				
销售和分销渠道的建立（如小册子、演示和邮寄者）				
一次性开支（如法律成本）				
租赁准备金和其他预付款（如公用事业费）				

一般费用（如工资、租金和保险）				
销售成本（如参加贸易展的旅费）				
其他创建成本				
总计				
评述				

- 粗略估计对制造和/或员工、运营、设施的要求，包括：
  ——评估在你的产品制造或你的服务提供过程中如设备、劳动技能和培训以及质量标准这些方面的主要困难：

——估计创办该企业所需的人数和他们将要完成的关键任务：

——评估你将如何处理这些困难以及你估计解决这些问题并开始规模化生产所需的时间和资金：

- 指出你的企业在最初15个月的现金流和现金周转周期（考虑到销售出去产品，生产出产品或服务，递交产品或服务，以及出账单和收取现金这些环节的时间延误/完成周期）。用柱状图表示下述每项活动的发生时间和持续时段。

关键运营活动的现金流、转换周期和发生时间

	1	2	3	4	5	6	7	8	9	10	11	12	13	14	15
预测的发展阶段															
制造															
销售订单															
出账单：															
发票															
收款															
销售季节															

月份

- 第一年的初步估计现金流量表，包括对创建企业所需资源和你的现金周转周期的考虑。

- 估计（1）高峰月资产和所需流动资金的总量；（2）达到正现金流所需的资金量和达到盈亏平衡所需的资金量，并指出实现正现金流和盈亏平衡所需的月数：

- 创建一张类似于下图的盈亏平衡图：

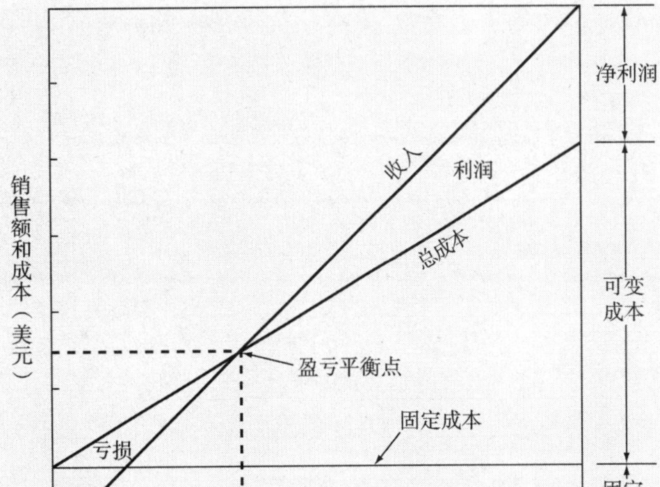

- 估计在5年内达到预计销售水平所需要增加的资产和营运资金（以及这些会发生的月份）：

练习7

资本和收获——你将如何从企业中获得收益

成立一家新企业所需的资本金额和资本性质必须在投资者需求的背景下加以考虑。在这部分练习中，你要有意把资本需求和投资者的要求联系起来。特别是，投资者一般会在收获期收取回报，现实的收获时机和收获性质将有助于识别合适的投资者。

回顾第3章和第14章，在资本市场食物链的背景下考虑你的商机。问你自己以下几个问题：

该商机对谁有利，对谁不利？

谁会为该企业投资，谁不会？

谁应该投资？

请完成以下内容：

- 说明你打算如何筹集资金——包括所有的资金类型（如风险资金、通过资产贷款人筹集的融资、凭库存、应收账款和房地产获得的融资），何时以及从谁那里获得：

- 说明你是否打算收获你的企业，如何收获，何时收获以及收获的前景。（如果你不打算收获企业，则要说明这样一个前景：会有足够大、时间足够长的利润以吸引企业继续经营下去。）

- 评估另一家已经在该市场上或正打算进入该市场的公司的价值来源，如战略，并指出你的企业是否存在合适的购买者：

- 评估如果你决定退出，你的企业要卖多少钱，以及该价格是否很高：

检查点

重新考虑你的创业商机是否有吸引力。注意对你商机的容错性和回报性进行折中分析。比如，从企业的潜力和风险来看，你确信你必须筹集的资金额合理吗？其他人确信吗？如果他们不能确信，你知道他们不确信的是什么吗（反之亦然）？多数新创企业还没有获得足够多的客户以产生可以维持正现金流的利润，就出现资金危机了。你最初估计的资金需求必须在投资者、风险投资者或其他贷款人愿意向一个企业投资的限额之内，或你个人能筹集到的限额之内。即使你的创业思路不适用于风险投资融资，用这种方法来检验你的企业也是很值得的。

练习8

竞争前景——你的战略分析

每家公司都有竞争对手或替代者！你的客户在你创建公司之前把钱投到其他地方。注意你的直接和间接竞争对手。谁是该市场上掌握信息最多的人或竞争对手？这会对你、你的团队和你的创业商机造成什么影响？如果不是你，那谁能/应该做这种生意？你怎样才能变成那样的人？

你可能在完成客户接触研究和练习（练习4）时已经和潜在客户谈过了，已经了解了有关竞争的信息。评估并给竞争对手定位。当你对竞争对手的情况比较了解后，你应该从可持续竞争优势角度来评估**你**在这些竞争对手中所处的位置。

- 评估市场上的竞争者，包括那些销售替代品的竞争者：

竞争者序号	姓　名	直接竞争的产品/服务	替代品

- 竞争简介：

竞争者简介

	竞争者序号			
	1	2	3	4
估计销售额/年（美元）				
估计市场份额（%）				
销售队伍描述				

营销战术： 销售条件 广告/推广 分销渠道 服务/培训/支持 定价					
主要优势					
主要劣势					

- 根据市场份额排名的主要竞争者：

序 号	竞争者	估计的市场份额

• 罗伯特·莫里斯协会（Robert Morris Associations）研究表：

RMA 研究

此阶段的RMA数据	对拟建企业的估计				
资产规模	低于 250M美元	250~ 1MM 美元（不含 1MM美元）	1MM~ 10MM 美元（不含 10MM美元）	10MM~ 50MM 美元（不含 50MM美元）	各种规模
报表					
资产： 现金 可出售证券 净应收账款 净库存 所有其他流动资产 总流动资产 净固定资产 所有其他非流动资产 总计	%	%	%	%	%
负债： 欠银行的债务——短期 交易债务 所得税 本年到期的长期债务 所有其他短期负债 总短期负债 非流动非附属负债 总的非附属负债 附属负债 有形负债净值 总计					
收入数据： 净销售额 销售成本 毛利润 所有其他净开支 税前利润					
比率： 速动比率 流动比率 固定资产/资本 债务/资本 非附属负债/资本金 销售额/应收账款 总销售成本/库存 销售额/流动资本 销售额/资本 税前利润/资本百分比 税前利润/总资产百分比 净销售额/总资产					

M=千

MM=百万

- 评估生产上是否存在规模经济，以及营销和分销上是否存在成本优势：

- 对每个竞争者的产品或服务评估其成本和盈利性：

竞争者成本和盈利性

产品/服务				
销售价				
销售水平				

对每个竞争者评估：

	美元/单位	占每单位销售价格百分比
生产成本（即劳动力和材料成本）或购买成本		
毛利润		
固定成本		
税前利润		
税后利润		

• 评估竞争者以前的利润和行业平均状况，并预期竞争者的利润和行业平均状况：

	竞争者利润——历来状况和预期状况				
	行业平均状况	竞争者			
		1	2	3	4
利润（占销售额的百分比）					
前两年					
当年					
预期后两年					
每个雇员的平均销售额					
每个雇员的平均利润					

• 根据成本为竞争者排名：

序　号	竞争者

- 你的竞争者在当年的价格和质量、市场份额以及盈利性简介。把竞争者安排到下框中的合适位置：

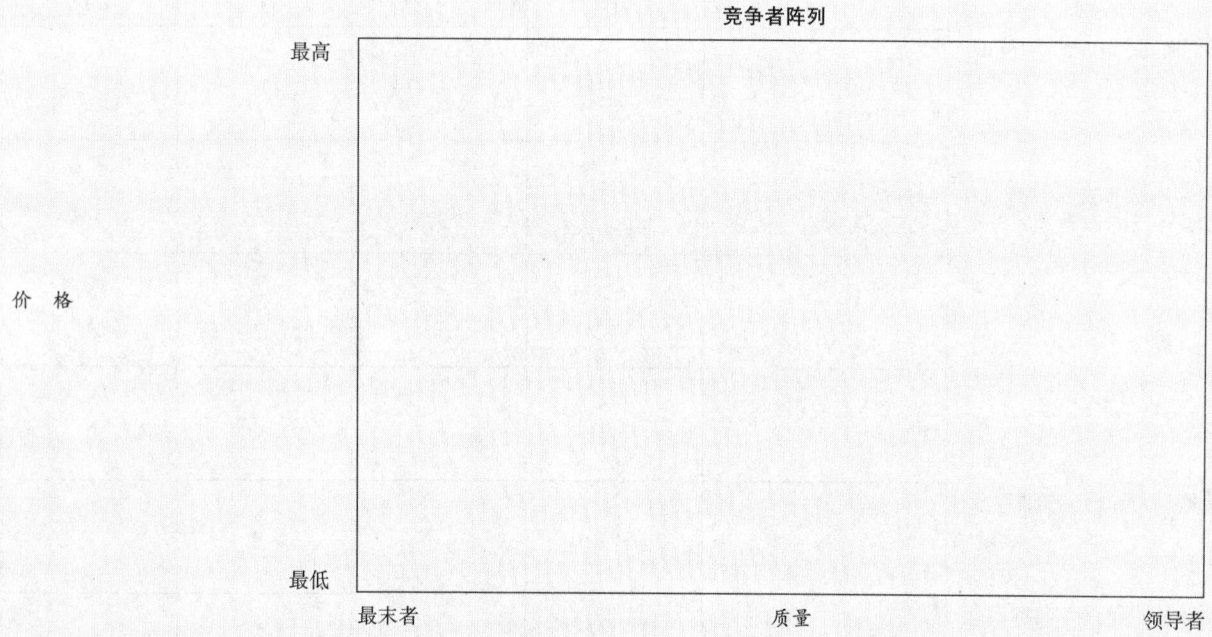

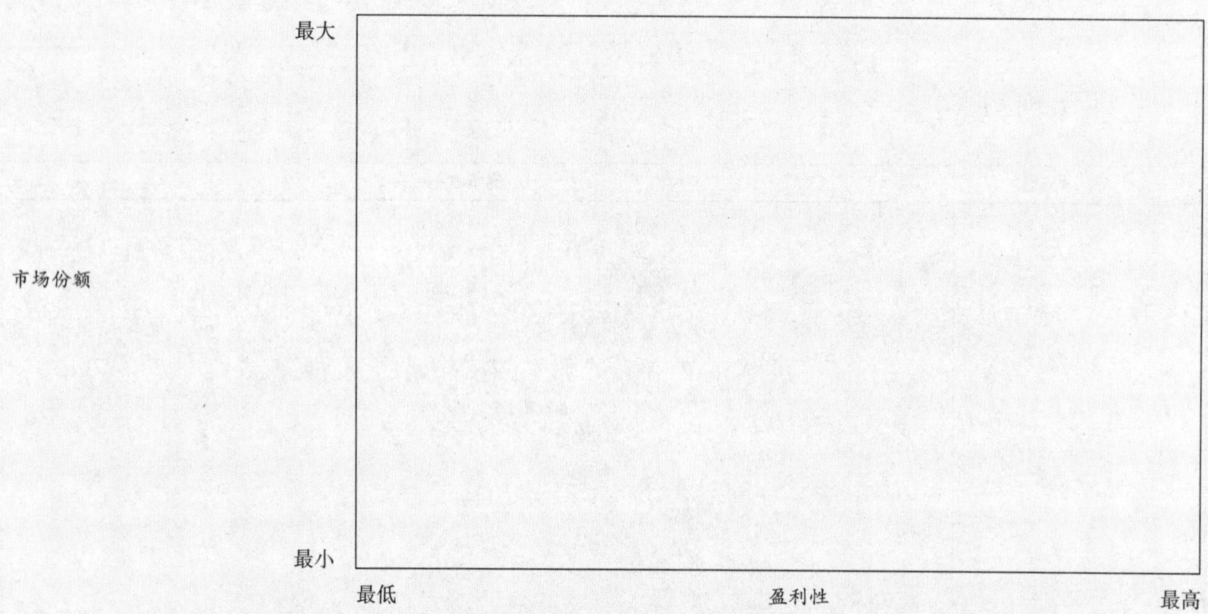

- 评估市场上的控制程度（包括对价格、成本和分销渠道的控制度以及被供应者、购买者等控制的程度）和你能影响这些因素的程度或将被其他因素影响的程度：

- 评估当技术、市场容量、产品和市场革新等因素变化后按目前的交付周期将有何变化：

- 评估你的企业是否在生产和营销、分销方面有优势或劣势，指出你的企业是否有最低、平均或最高生产、营销和分销成本：

- 评估你所具有的或能获得的其他竞争优势，你将如何获得这些优势，需要多长时间，多少资金，包括：

  ——指出你的产品或服务是否会从某些法规中得益，或必须遵守哪些法规，并指明各种版权、商业秘密、专利、许可和分销或特许专营协议的状况：

——指出你是否在技术和市场容量变化以及市场革新等方面拥有做出快速反应的优势：

——指出你是否具有其他特有优势，如战略优势、人力资源优势、其他资源优势、地理位置优势等：

——评估你是否有价格竞争力，盈利能力和其他如产品差异这类可以用来参与竞争的因素：

- 根据价格、质量、市场份额和盈利性确定你的企业在竞争者中的位置。把你的企业加到上面的竞争者阵列中去：

- 评估任何其他竞争者是否具有竞争优势，如法律或契约优势：

- 评估任何其他竞争者是否存在薄弱环节，该薄弱环节持续的时间阶段，以及对市场结构的影响：

检查点

你有充分的竞争优势吗？记住，一家成功的公司所销售的市场是一个正在成长中的大市场，在此市场中获得一小块市场份额就可以带来巨大的销售量，公司在该市场上没有很大的进入壁垒，这样的市场中虽然有竞争但可以承受，并且参与其中还有利可图。另外，一家成功公司有一件产品或一项服务能解决客户在其他竞争产品上遇到的重大问题，如质量差、服务差、交货不及时等，并且它的富有竞争力的销售价格使它可以渗透进该市场。

练习9

创始人义务

要让团队得出某个想法确实是个商机的结论，创始人必须评估其合伙人的义务。这里所说的义务不仅仅是信赖，还包括许多方面，如对责任的理解和信念、对公司财务的贡献以及对团队的总体信念等。请完成以下内容：

- 评估你的合伙人和/或管理团队，包括：

——评价创始人和/或管理团队是否完全致力于该商机，并且他们个人愿意投入多少时间、资金、个人担保等：

——评估创始人和/或管理团队是否具有企业获得成功所需的行业知识、经验、专业知识和技能；是否需要其他人员并且这些人员是否可以被吸引到公司；团队中是否有哪个人以前管理过你将创建的企业：

——评估创始人和/或管理团队是否有必要的远见和创业热情，以及他们是否能激发其他人的远见和创业热情：

——评估创始人和/或管理团队中感受到的信任水平：

——说明谁将做什么——角色、责任和任务：

——说明希望每位创始人和团队成员能做的贡献：

——说明谁将拿多少月薪、多少利益和多少股份：

检查点

可以干吗？记住，团队是驱动成功的创业企业前进的主要力量。一定要想想你的团队形成的假设基础；比如，如果实际情况是个人拥有相等的月薪和股票所有权，则它表明有关任务、角色和责任的假设是幼稚的。你的团队中必须有人在团队活力和团队管理方面很有经验，很能干，不然，团队必须能吸引到这样的人。

如果你已经完成了练习1~9并查验了每个检查点，你应该已经能对你的想法是否构成商机有比较清晰的把握，而且已经完成了大部分撰写商业计划的准备工作。下面两个练习将有助于你对发起创业制定合适的战略。

练习10

缺陷、假设和负面后果——风险再思考

评估你的创业商机是否存在某些致命缺陷：

列出重要假设(有关客户订单、销售预期等方面的假设)，包括：

- 考虑你所做的重大权衡：

- 考虑重大风险（客户订单的不可靠性；销售预期过分乐观；不能按估计的成本和时间完成；低估了竞争者反应的程度、密集度和报复行为等）：

根据重要性排列假设条件：

当你的假设被证明无效时，评估其负面后果；负面后果的影响有多严重；这些影响是否能被减小到最低程度，如何减小，包括：

- (1) 失去成长机会和 (2) 公司清算或破产，给你和其他股东带来的成本和后果：

按高、中、低划分企业风险：

练习11

行动步骤——制定周计划

按时间顺序列出你在今后6个月内所需完成的10~15项关键行动，以及为把你的想法变成真正商机必须克服的障碍。如果要更可靠些的话，也可以再找一个人审阅你列出的行动和障碍并加以调整。

日 期	行 动

制定一个按星期排的关键任务日程表。何时要执行这些任务，由谁执行。把大任务分解成尽可能小的子任务。千万注意冲突的地方。

星期序号	任　务	完成的日期	负责人

检查点

一定要认真检查你做出的假设——不管是暗含的还是明确的，并评估企业风险。第一次创业的创业者常常高估销售额和交货周期，并低估执行该商机并达到正现金流所需的成本、努力和时间。同样，虽然每个新企业都有它的风险和问题，也有它的机会，但必须尽快判明它的困难，以避免或消除这些困难或将其影响最小化。

练习12

再访四大锁定标准

回到练习1和2。

最后一个检查点：你对“企业商机筛选练习”的回答将帮助你判断是否应该继续创建该企业，并形成一份完整的商业计划。如果你的企业已经过了这一关，在继续下去之前要考虑的关键问题是：我想从企业中得到的是什么？你会愿意再考虑考虑该企业是否和你的个人目标、价值和需求相符，该企业是否会带你到你想走的路上去，并把你带得更远，甚至把你带到更好的机会上去。记住，你想做什么样的人，就会成为什么样的人。如果你已经能完成所有这些练习，已经对多数结果都呈现出积极趋势感到满意，并且对个人问题的回答都是“行，好，可以”（见第7章的**快速浏览**练习），那你就着手创办企业吧！

在完成以上所有练习后，你应该对自己的创业思路在多大程度上符合本章开始所描述的四项标准有十分清晰的认识。另外还要问问你自己，地球上能最好地回答以下问题的一两个人是谁？他们对我、我的团队和这个商机的影响是什么？

由于能带来巨大变化的创造性见解随时可能产生，所以当你继续进行创业准备时，你必须不断考虑以下问题：

1. 如何提升、改进价值命题？
2. 哪些东西可以被改变、增加、修改或去除以提高“匹配度”？
3. 怎样改善价值链和自由现金流特点？
4. 怎样改善风险/回报平衡？

第 5 章

创业者与持续的互联网革命：不断扩张的领域*

"50年内，人类无法飞上天空。"

——奥维尔·莱特

致其弟韦尔博，1901年

学习目的

学完本章后，你将能够：

1. 了解互联网的起源和发展历程，及其如何为新一代"网络创业者"创造机会。
2. 明确网络对于新企业和现有企业的价值和潜在利益。
3. 浏览对创业者有所裨益的主要网址。
4. 更加深入地认识互联网现在和未来带来的潜在企业商机。
5. 详细了解一个关于兄弟俩构思、融资并最终在网上建成一家新企业的案例。**

持续的互联网革命：不断扩张的领域

在个人电脑和应用软件被引入之前，没有一种技术或商业、通信媒体能如此迅速而根本地改变全球企业的运营模式。互联网和一大批勇于创新的网络创业者们改变了并将继续改变着人们的生活、学习、工作和交易方式。除了微型计算机、生物技术和无线电通信领域的革命之外，网络革命也在影响着所有国家和所有民族，我们的一切都将发生变化。

对于现在那些有宏图大志的创业者们来说，最令人惊讶和兴奋的是：互联网是一个可以永远扩张的领域。与它的前身——个人电脑一样，互联网也创造了与大公司在同一起跑线上利用最新的令人兴奋的技术的机会以及创造、识别和把握商机的能力，并可能由此建立新的大型公司。虽然dot.com时代的"非理性繁荣"可能暂时让投资者对互联网企业有所失望，但那个时代的教训对如今的互联网企业来说是必要的和重要的，泡沫破灭的教训并没有浇灭准创业者的创业激情。在初期种子阶段，创业者已经"落地"，他们比以往更注重：合理的商业模式、预先认准客户、产生收入、组建一流的团队、平衡各方面资源、严格控制成本以及获取利润的可能性。因为现在的经济环境不像前几年那样容易融资，所以只有企业证明自身的运作具

---

* 作者特别感谢百森商学院阿瑟·布兰克创业中心的互联网课程教授朱利安·兰格（Julian E.Lange）教授，他为本章提供了正文。

** 请见与本书配套的《创业学案例》一书第 5 个案例。 ——编者注

备可行性、切实性并具有初步的客户基础，才有可能从用户、战略伙伴、投资天使和风险投资者那里获得投资。

互联网汇聚了全世界的想像力。它成为新千年一块新的阵地。从过去专供科技人员使用的、鲜为人知的通信工具开始，互联网如今已发展成为一座无穷无尽的信息宝库。只要拥有一台电脑、一个调制解调器、一根电话线或高速宽带，任何人都能上网冲浪。事实上，在互联网上你可以查阅到任何信息——包括股市行情、产品说明、政府统计数据、新闻报道以及最新电影发布会的影片剪辑——所有这些都只需要轻点几下鼠标便能完成。但是，对于创业者来说互联网上的机遇何在，它们的现实性如何，应该怎样加以识别和完善，又可能会随时间发生怎样的改变呢?

互联网是近25年对创业者来说最重要的两三项开发成果之一，本章将对它作深入介绍。我们将简要介绍一下互联网的现状、历史和基本特征。那些已经是网络高手的读者可以直接跳到“互联网商业模型”和“现有企业如何从互联网获益”部分，它们将向我们介绍为什么要使用互联网，以及在互联网提供开发新产品与服务的商机的同时，探讨如何利用网络提高现有企业经营目标。

互联网的发展速度惊人。其变化之快，让人几乎难以与之同步。本章将提供几个特定网址和研究机构，你可以经常访问这些地方以随时更新有关互联网的知识。

互联网纵览

尽管“互联网”这个术语对大多数人来说已耳熟能详，但人们并不一定清楚它的确切含义。互联网是将世界各地的数以万计的电脑网络和个人电脑相连接而成的巨大网络组合。到2000年年末，全世界有4亿个互联网用户，该数字有望在2005年年末突破10亿（见图表5.1）。[1] 到目前为止，美国拥有的互联网用户数最多（估计在2000年年末为1.25亿~1.35亿），占全世界总用户数的30%多（图表5.2）。[2] 日本、德国、加拿大、英国和美国一起占据前五位。到2005年年末，美国的总用户数将超过2亿，约占全世界总用户数的20%。虽然美国的互联网用户数每年复增长率仍旧维持在10%，但和20世纪90年代中期每月10%~20%的超级增长速度相比，已经减缓了很多。今后5年除美国以外的其他地区互联网用户数增长率预计大概是美国增长率的两倍。

互联网使用者的人口统计特征也在不断发生变化。图表5.3A显示，虽然男性在总互联网用户类型和最年轻的用户组（在最近一次调查中年龄在11~20岁的用户组）中仍旧占据了互联网用户的绝大多数，但女性用户在最新用户组（从上一年开始使用互联网的用户）中也第一次跨越了50%的门槛。[3] 高龄用户（超过50岁的用户）成为互联网用户中增长最快的一类用户，在2000年占了总互联网用户的38%（1998年为19%）。[4] 这一用户群对互联网营销者来说极有吸引力。其中一半以上的人都还没有退休，大约30%的人收入超过5万美元并有10万美元的流动资产。美国拥有个人电脑的家庭中绝大多数（93%）都在上网，[5] 这些用户中的大多数都和至少一个在线用户组保持联系。[6] 另外，多数互联网用户一天都会上好几次网（见图表5.3B）。[7] 一旦上了网，网上活动有58%为打游戏，30%使用PC/在线组合方式来进行个人理财。

互联网的起源

互联网从出现到现在差不多有30年，开始时是由国防部资助的一项工程。在冷战期间，有人认为有必要在美国建立一个将主要军事和科学计算机连接在一起的网络。这样的网络将作为科学界以及核灾难发生时交换信息之用。为完成该项任务，在国防部高级研究项目办事处（Defense Department's Advanced Research Projects Agency）的资助下，ARPANET诞生了。起初其规模很小，仅连接了主要科研院校的几个站点，并且一直被用做科研和军事用途，这种情况一直延续到20世纪80年代早期。到20世纪80年代中期，该网络的军事部分被剥离出去，但其商业用途仍受到大量限制，因为当时网络继续由政府资助。早先的非技术用户不太敢使用网络，因为要使用这个目前被称为“互联网”的东西，就得学习那些令人费解的“计算机语言”编写的命令。用户界面是文本化的，由一行行计算机术语构成，完全没有苹果Macintosh或微软视窗系统支持下的点击快捷性。

随着万维网（World Wide Web）的引入，情况发生了彻底变化。在欧洲量子物理实验室（European Particle Physics Laboratory）CERN的蒂莫西·伯纳斯·李（Timothy Berners-Lee）领导的科学家小组认为：应该研究一种集图形、声音、图像和文本于一体，并能与世界各地不同来源的数据进行链接的用户界面。于是在20世纪90年代早期，

图表 5.1

2000 年年末互联网用户排名前 15 位的国家和地区

排名	国家	周互联网用户数（百万）	所有互联网用户（百万）
1	美国	114.4	134.6
2	日本	25.4	33.9
3	德国	14.9	19.9
4	加拿大	13.1	15.4
5	英国	12.6	16.8
6	韩国	12.4	19.0
7	中国	11.3	22.5
8	意大利	9.3	12.5
9	法国	6.3	9.0
10	澳大利亚	5.3	7.6
11	中国台湾	4.5	7.0
12	荷兰	4.1	5.5
13	瑞典	3.8	4.4
14	西班牙	3.6	5.6
15	俄罗斯	3.0	7.5
—	前 15 个国家	244.0	321.2
—	西欧	54.6	73.7
—	全世界	299.6	413.7

资料来源：Inetstart.com，March 2001，from *Computer Industry Almanac*，2000.

图表 5.2

美国网络用户，2000~2006

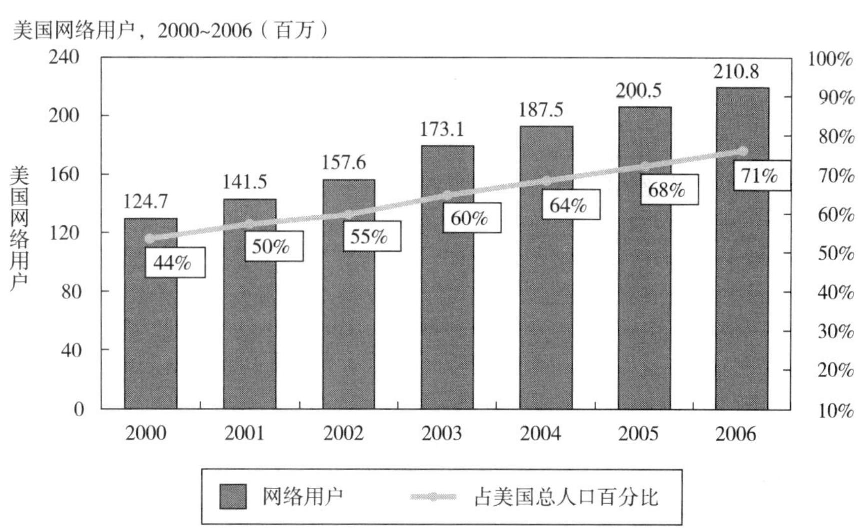

资料来源：Jupiter Media Metrics，2001.

图表 5.3A

根据性别划分的互联网用户

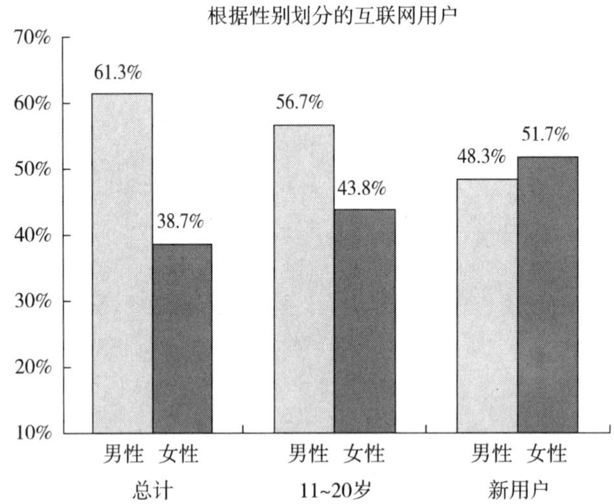

这些数字表明网络仍旧是男性的天下。但看图的右边：新网络用户中的女性稍稍超过了男性。(Marco Doelling/ABCNEWS.com)

资料来源：Michael J. Martinez, "Who Are Internet Users?" ABCNEWS.com, July 14, 2001, based on Coleen Kehoe, Graphics, Visualization, and Usability Center Survey, Georgia Institute of Technology, 2001.

图表 5.3B

互联网用户：使用频率

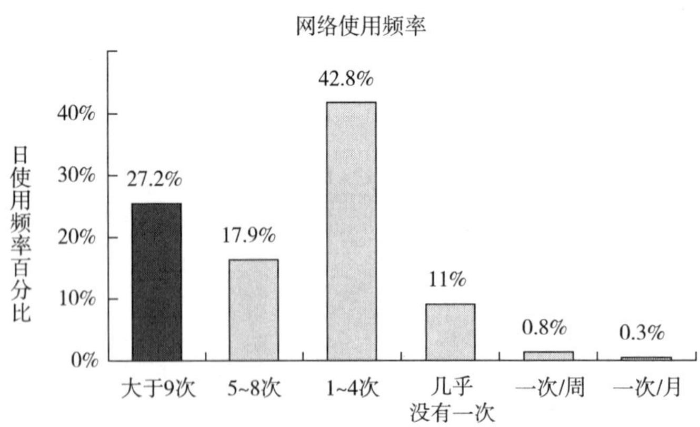

多数用户都经常上网。(Marco Doelling/ABCNEWS.com)

资料来源：Michael J. Martinez, "Who Are Internet Users?" ABCNEWS.com, July 14, 2001, based on Coleen Kehoe, Graphics, Visualization, and Usability Center Survey, Georgia Institute of Technology, 2001.

伊利诺伊大学国家超级计算应用中心（National Center for Supercomputing Applications）资助了第一个计算机程序的开发，该程序被称为浏览器。它实现了上述构想并为非技术用户提供了图形工具，宣告了互联网多媒体时代的到来。

互联网基本知识快速概览

在网上有许多工具和应用软件能为用户获取和交换信息提供方便。这些工具为创业企业提供了利用互联网加快发展速度和提高效率的方法。如今多数人都已经开始利用互联网提供的便利，不管是用什么方式，即使只和朋友或家人通过电子邮件联系。如果你是个新手的话，就该花点时间熟悉上网的相关知识。随便到哪家像样的书店（店铺式书店或亚马逊这样的虚拟书店都行），走到它的计算机角，你就能找到许多介绍上网技巧的书籍。培养网上冲浪的习惯。看看别人在网上干些什么，熟悉一下这一陌生领域。然后你就能更好地看到互联网为你的企业所带来的机会了，而且作为创业者，一定会有些人具有为自己或他人的企业开发新业务的能力。

网　址

20世纪90年代，人们对互联网的兴趣骤升，这无疑应归功于万维网（WWW）的诞生。万维网是互联网的一部分，能方便多媒体应用——图形、声音和图像，并且绝大多数用户对它都十分熟悉。万维网浏览器（基本上就是微软的Internet Explorer或网景公司的Navigator）使你可以阅读万维网上那些专门为使用万维网多媒体功能而创建的多媒体文档。万维网的另一个主要特点是使用超级链接，让用户能实时阅读来自多个来源并由一个特定网站组合在一起的文档。超级链接把万维网文档转换成动态载体，以便使其内部信息通过各种形式展现出来。使用超级链接的一个重要例子是企业网站，公司可以把客户、潜在客户、供应商、员工、股东、求职者、新闻界等各方感兴趣的公司情况提交到网站上。通过使用超级链接，公司主页的电子访客可以直接跳转到他们希望浏览（或你希望他们浏览）的公司相关页面上，例如产品介绍、岗位责任、主要雇员的传记和照片、技术支持信息或总裁留言等等。

同样重要的是，你可以搜集到有关来访者的数据，这对于获取产品和服务的反馈信息是十分有益的。至于搜集方法，你既可以直接对来访者进行调研，也可仅简单收集有关他们的到访时间、浏览页面以及时间长短等相关信息。交互性是网络的重要特征之一，同时也是我们将网络纳入企业战略最主要的潜在原因。客户关系管理（CRM）和建设品牌忠诚度一直是大小企业的重要目标。以客户和市场为中心对新千年企业来说已经成了一个重要主题，万维网和互联网为实现这个主题提供了许多绝好的机会。（见后文客户服务/支持一节。）

新闻组网络系统

万维网的另一项实用功能是新闻组网络系统（usenet），它是成员间围绕某一共同感兴趣的话题进行讨论的系统。目前有成千上万个这样的讨论组，用户数有几百万。要访问新闻组网络系统，你必须使用浏览器软件或一种叫做Newsreader的程序。许多这样的程序都可以从网上下载。你可以在网上找到新闻组（如见http：//www.liszt.com），也可以在互联网服务提供商处查出新闻组参考资料。你还可以通过查询各种参考资料，如互联网黄页，来找到感兴趣的新闻组，网络黄页在网上和书店里都有供应，而且时常更新。在加入新闻组后，你将能收到贴到（也就是“发到”）新闻组的信息。你的浏览器或Newsreader软件对消息有筛选功能，使用户可以按照“关联性”（与某一主题相关的消息）进行浏览。新闻组可分为两种基本类型：*有主持的新闻组*和*无主持的新闻组*。在无主持的新闻组中，用户发送的每一条消息都将转发给小组的全体成员。而在有主持的组中，如其名称所表示的那样，公告信息将先送管理员过目，以确定是否与本主题有关，这样有一部分消息会被过滤掉。

尽管新闻组的内容和讨论焦点千差万别，但是在其使用方面却有着一些不成文但是众所周知的管理规定。对于企业用户来说最重要的规定是许多新闻组不接纳广告。但不是所有新闻组都禁止作广告，特别是面向企业的组。不过无论如何，在你打算发送广告材料之前，都应先了解一下该组的条例规定。大多数新闻组都有一个叫FAQ的文件，意为“常见问题解答”，其中包含了与该组有关的大部分基本规定。在加入小组讨论之前，你最好先阅读一下这个文件。

邮件列表

邮件列表与新闻组颇为相似，但也有些方面明显不同。邮件列表使用电子邮件作为交流媒介，用户通过“订阅”加入邮件列表，订阅是指用户递交电邮地址并申请加入列表。列表管理员通常是一种称为列表服务器的程序。取消订阅也同样容易——只要向列表服务器发出请求，在列表中删去自己的名字即可。邮件列表是无主持的，阅读消息也无须使用特别的软件，也许是由于电子邮件的普及率高，邮件列表的用户数要多于新闻组。邮件列表发送广告的规则与新闻组相仿，在做广告之前，一定要先检查一下这样的做法是否被允许。如果允许，你应该尽量充实广告内容。

搜索引擎

搜索引擎是帮助用户检索他们感兴趣信息的软件程序。现在这样的工具已有许多。有些是作为网站众多服务中的一项服务内容提供的（如AOL.com），其他搜索引擎则是网站的主要服务内容，也是吸引用户来到网站的惟一方法。下面这些网址都提供很好的搜索引擎：

一些不错的搜索引擎

Google：	http://www.google.com
Altavista：	http://www.altavista.com
Askjeeves：	http://www.askjeeves.com
Northern light：	http://www.northernlight.com
Lycos：	http://www.lycos.com
Yahoo!：	http://www.yahoo.com
InterNIC Whois?：-	http://www.Internic.net

Dot.Com的经历

20世纪90年代的后5年里，互联网和万维网向人们展示了根本上改变交易方式的可能性，大家为此欢欣鼓舞。许多有着新思想、充满精力和热情，而且具有一些技术的年轻创业者们开了自己的网上店铺，想着要改变世界和获取丰厚的利润。许多人都接受了这样的思想，认为所谓旧经济的规则已经无法适应新的网络世界了。很快许多人都宣称利润没什么必要，甚至开始有人认为销售都不重要。速度，第一个到达市场才是至关重要的，而成功的关键是要吸引“眼球”（注意力）或访客到你的网站。眼球会带来市场份额，而这又最终会转化成利润。一些CEO甚至宣称在网站创办初期就盈利是错误的，因为获利意味着企业在营销上投入的资金不够多，没能吸引到更多的眼球和建立起忠诚的客户基础。许多风险投资者支持这些论断。年轻的互联网公司们没有任何盈利记录，有时连收入几乎都没有，但却常常被顶级证券承销商和风险投资者以天价包装上市了。[8]

所有这些活动就引发了我们现在所称的Dot.Com或互联网泡沫。虽然有些投资者通过这些活动获得了巨额回报，但多数却并没有。纳斯达克指数在2000年3月10日达到了最高点后，网络股和多数技术股的股价很快直线下落，在较短的时间内常常跌去最高价的95%还要多。首次公开上市的股票发行从汹涌的洪流变成了涓涓细流，而且互联网公司想要从风险投资者或私人投资者那里再筹集到资金变得相当困难。这没什么好惊讶的，因为风险投资活动和IPO市场的活跃变化（它为风险资本投资者提供了退出机制）之间存在十分密切的关联。

网络泡沫的破灭是否意味着互联网企业存在内在缺陷，可能本身就是不良投资呢？完全不是！Dot.Com公司的经历给创业者和投资者上了非常重要但也是非常痛苦的一课，其中最重要的教训就是好的企业行为“法则”在互联网时代也不能废弃，而是应该在保持其实质内容完整的基础上根据新环境加以变化。多数Dot.Com公司失败是由于他们缺少好的商业模式，而且不遵循根本的商业原则。如本文其他地方提到的，*现金为王*，如果创业者不能很好地吸收这个商业基本准则，市场根本不会宽容他。另外他们还必须清楚地了解客户的需求和“痛点”，要尽可能早地找到客户，密切关注开支，有技巧地平衡各项资源，并尽可能早地达到盈亏现金流平衡点并保持盈利。

互联网商业环境和商业模式

互联网商业环境

在2001年正当美国经济处于衰退期时，Forrester Research出版了一份报告，题为“为什么电子商务不会消失”，反而更加看好电子商务的前景了。他们对电子商务持这么乐观的态度有许多原因，包括：电子商务使消费者处于更有利的地位；网上购物十分便利；曾有过满意的网上购物经验的人愿意再次尝试这种购物方式等。实际上，虽然美国经济存在这样或那样的问题，但Forrester和其他市场分析师一直预测电子商务市场的企业—客户（B2C）和企业—企业（B2B）两个细分市场会快速增长。[9] 随后的一份报告把网上B2C市场的成就归功于消费者对小商品，如礼品；大商品，如家用品和娱乐品的持续购买以及他们对网上拍卖活动不断增加的热情。

图表5.4显示的是对电子商务市场的中期预测。在美国用于电子商务的开支（包括B2C、B2B、基础设施和其他商品服务）预计将从2000年的4 887亿美元上升到2004年的3.189万亿美元。全球的数字分别为2000年的6 750亿美元和预计的2004年的6.8万亿美元。美国的电子商务占了2000年全球电子商务的74%，但到2004年预计将下降到47%。因此，从2000年到2004年，美国以外的其他地区电子商务增长率预计将比美国的快得多（前者的年增长率为210%，后者为160%）。而且我们还要指出B2B和B2C相比，规模大多了（见图表5.5A和5.5B）。比如，到2004年，全球B2B的销售额预计将达到6.3万亿美元，而B2C交易将达到4 540亿美元。2004年，不管是在B2B市场还是在B2C市场，北美都可能占据电子商务市场的最大份额（分别为51%和45%），其后是亚太地区和西欧，这两者的份额大致相等，约为25%左右，而世界其他地区的份额基本上可以忽略不计。

互联网商业模式

电子商务市场可以分为三大类：B2B、B2C和其他类型（包括基础设施供应商、其他硬件软件供应商和服务供应商）。基础设施供应商（如网络运营公司）是互联网市场上第一个盈利的商家。而B2B和B2C内容和服务供应商则发现盈利十分困难，特别是在网络时代如日中天的时候。

以下是一些目前通过互联网创收的模式。但要记住互联网市场变化非常快，不断有新的收入模式和商业类型被开发出来，也不断有老的模式被抛弃和改造。

图表 5.4

电子商务总量（10 亿美元）

	2000	2001	2002	2003	2004
美国	488.7	864.1	1 411.3	2 187.2	3 189.0
美国以外的地区	168.3	369.5	819.9	1 792.5	3 600.8
全球	657.0	1 233.6	2 231.2	3 979.7	6 789.8

资料来源：Forrester Research.

交易费模式 在这种模式中，公司从提交的商品或服务中收取一定的费用。这类站点的例子是在线旅行社，如Travelocity，它从销售机票服务中收取一些费用。

广告支持模式 这种站点的访客是被站点的内容吸引过来的，但他们不需要支付任何费用。广告客户向站点经营者支付费用以便把自己要宣传的内容传递给经常访问该站点的访客。这种模式的一种变化形式是把广告支持和向客户收费结合起来，因为在多数情况下，光靠广告不足以盈利。这种站点的实例之一是bluemountain.com，它是一个非常受大家喜欢的网站，消费者常常访问这个网站，向家人和朋友送出电子贺卡。送出电子贺卡并不收费，但网站同时提供站点访客可能希望添加到电子贺卡上的其他附加产品，这样就可以向客户"兜售"赚钱了。另外一个例子是门户网站，如雅虎（yahoo.com）。

广告支持模式在电子商务开展之初是为吸引"眼球"而竞争的核心内容，但对多数B2C业务来说，眼球并不能

图表 5.5A

2004 年的 B2B 细分市场

地区	网上贸易额（10 亿美元）	百分比（%）
北美	3 252.3	51.3
亚太	1 532.7	24.2
西欧	1 410.7	22.3
拉丁美洲	76.0	1.2
非洲和中东	48.8	0.8
东欧	14.9	0.2
总计	6 335.4	100.0

资料来源：Forrester Research.

图表 5.5B

2004 年的 B2C 细分市场

地区	网上贸易额（10 亿美元）	百分比（%）
北美	204.1	44.9
亚太	117.0	25.8
西欧	122.6	27.0
拉丁美洲	5.8	1.3
非洲和中东	3.7	0.8
东欧	1.1	0.3
总计	454.4	100.0

资料来源：Forrester Research.

足够快地转化成产生收入的客户。图表5.6~5.8列出的数据很有意思，分别记录的是拥有最多访客和网上广告做得最厉害的一些网站。特别要指出的是，图表5.8显示，AOL、MSN和Yahoo! 拥有的访客量大大超出了其他所有网站。另外，图表5.6显示MSN和Yahoo! 在2001年第三季度拥有的印象指数最高。因此，虽然最初网站被认为是一个平等的竞技场所，但是在吸引访客和广告收入方面，这个竞技场所就不一定对谁都平等了。

中介模式 在这种模式中，企业的作用是作为买卖双方的中介，促其达成交易。比如，eBay就属于这类，它从每笔交易中收取一点佣金。

会员模式 由于有些网站能够吸引到的访客比其他网站多得多，所以许多网站建立了这种会员模式，即由它们向其他网站支付佣金，让其他网站把生意拉到它们的网站。亚马逊（amazon.com）就采用这种模式，并向成为它会员的网站支付固定佣金。

订阅模式 有些网站向访客直接收取费用（按月或年）。这种模式的典型例子是报纸，如《华尔街日报》，它不仅向进入其网站的访客收取固定的年费，而且当访客从它的档案库下载文章时也要收费。

图表 5.6

2001 年第三季度广告最多的网站

按印象指数排名		
排名	站点	印象指数
1	MSN	27 677 368 000
2	Yahoo!	26 467 701 000
3	iWon	11 776 485 000
4	Excite	8 182 850 000
5	AOL.com	7 302 325 000
6	Netscape	6 669 230 000
7	eBay	5 645 619 000
8	Juno	3 628 618 000
9	About.com	2 075 530 000
10	The New York Times	2 071 839 000

资料来源：Jupiter Media Metrics.

图表 5.7

2001 年第三季度最大的网上广告客户

按印象指数排名		
排名	广告客户	印象指数
1	Amazon.com	12 316 972 000
2	eBay	5 746 873 000
3	Providian Financial Corporation	5 559 735 000
4	Columbia House	5 438 788 000
5	Orbitz	5 040 898 000
6	ClassMates.com	4 909 343 000
7	Barnes & Noble	4 902 329 000
8	Cassava Enterprises	4 042 223 000
9	Bertelsmann AG	3 814 016 000
10	AOL Time Warner	3 433 876 000

资料来源：Jupiter Media Metrics.

现有企业如何从互联网中获益

成功创业者的优良品质可以用三个词概括：动作迅速、精力集中和善于应变。[10] 互联网在很多方面都实现了一个承诺——为新建企业和新兴小企业提供了更加平坦的竞技场地。一个制作精美、引人入胜的网站往往能按自己的愿望影响人们的判断，使人们认为是出自一家大公司的手笔。网上活动还能缩短企业与客户以及供应商、投资人和专业服务提供商的距离。一些特定的工作，如索要产品介绍之类的请求可以实现自动回复，这样能为公司赢来"反馈及时"的美誉。

在决定让企业上网之前，应该对其效果做一下展望，这很重要。互联网是你手中的兵器之一，可以将其视为实现公司目标的一条途径。但是你必须明确公司上网的目标究竟是什么，并考虑你的网络策略是否与公司整体战略完全相符。企业上网需要财力与人力的付出，需要持之以恒的更新维护，绝不可能一蹴而就。但是它也有一种潜在好处：能使你的公司成为一家运用最新技术的先驱公司。在决定企业是否建立网站时，考虑一下以下问题不无裨益：

- 公司的长期和短期商业目标分别是什么？
- 有哪些资源是现实可得的？
- 公司能长期致力于这项工作吗？
- 为这项工作所付出的全部努力或某些主要部门所付出的努力能带来的收益成本比可能是多少？
- 通过投入一定成本并付出一定努力，我们预期可以达到的合理结果是什么？
- 完成任务的可行时间表是什么样？

图表 5.8

网络与数字媒体前 15 名

排名	网络与数字媒体	单独访客数*（千）	总的使用时间（百万分钟）	每月平均使用时间（百万分钟）
		102 128	133 491	1 307.1
1	AOL Time Warner Network	83 871	44 894	535.3
2	MSN-Microsoft Sites	70 720	10 994	155.5
3	Yahoo!	68 364	10 494	153.5
4	Terra Lycos	39 514	701	17.7
5	X10.COM	39 334	64	1.6
6	Vivendi–Universal Sites	36 458	535	14.7
7	About/Primedia	33 220	491	14.8
8	eBay	25 945	2 498	96.3
9	Walt Disney Internet Group	25 386	931	36.7
10	eUniverse Network	25 156	298	11.8
11	Amazon	24 298	408	16.8
12	Excite Network	21 723	1 127	51.9
13	CNET Networks	21 368	402	18.8
14	Google Sites	21 146	500	23.6
15	American Greetings	20 814	225	10.8

资料来源：Jupiter Media Metrics.

* 美国在家上网和在工作单位上网人次加总，统计时间为2001年10月。

通过互联网网上活动，可以对一些传统的商业任务进行补充，包括：

- 客户服务/客户支持
- 技术支持
- 数据检索
- 公众和投资者关系
- 销售产品或服务
- 获取建议/信息

在上一节中我们讨论的所有工具和应用对你决定采用什么形式和多大范围的网上活动都很重要。通过下载包含公司介绍的文件——甚至利用软件来试用产品——这些都可以提升公司对客户的价值。有些公司发现通过发送电子邮件发布新产品的信息或产品升级信息非常有效，而几乎所有的公司都提供了某种形式的用电子邮件与股东进行沟通的方式，许多公司还通过它们的网站提供更广泛的支持服务。让我们来详细了解一下这些活动。

客户服务/客户支持

利用网站可以迅速高效地完成大量的客户支持任务，很轻松地处理当前产品与最新产品介绍、升级信息、一般问题的简单描述与解答等任务。互联网最显著的一个优点就在于它是一个交互的媒介。在你迅速为用户提供所需信息时，也同样从他们那儿收集到了信息。搜集的方法既可以是统计网页访问人数，也可以是对访问者直接进行调查。但是调查必须谨慎对待，不要提令人厌烦的问题，不要让访客对你的网页失去兴趣。应该由用户来选择是否接受调查，调研的题目应力求简明扼要。要让用户能直接将意见或建议发到公司相应主管的邮箱里，这种做法相当流行。它不但赋予了客户更多的权利，而且也提供了产品在市场上被接受程度的反馈渠道。网站支持并不能完全代替人与人的接触，但是它能大大减少人工干预的问题个数。

例如，看看亚马逊的网站。在浏览器上键入亚马逊网址（http：//www.amazon.com）之后，你将能看到与图表

5.9相似的画面，首先你会注意到该主页为每个访问用户提供定制化的界面。在页首有一个标签，上面写着“你的商店”，还有一句欢迎词：“你好！请登入查看个人化的推荐产品（personalized recommendations）。”这个“个人化的推荐产品”的字样超链接到亚马逊网站的另一张网页，这个网页推荐书、CD等等与客户最近订购产品比较接近的产品（例如曾经购买过的书籍作者的最新作品，以及题目相似的书）。在页面左手的框图里列出了一系列特价商品的超链接。有时候在页面的最顶端会登“大量订货免费运送”的优惠活动广告，右侧最上端有时会看到包括一些假日物品的小盒子。最后，在右手的框内，还有一条个人化的信息——“你的最新商品”（具有相应的超链接），以及当你购物车上没有东西时的提醒。

网站在视觉上让人赏心悦目，而且相当容易操作。亚马逊还设计了一种简单、直观的购物车和支付系统，只要点一下网页最上端的标签就可以推走购物车，点击附近一个标签就可以使用客户账户。客户服务也很简单，只要点一下页面下端一个链接就可以（在图表5.9之外）。亚马逊还首创了读者社区，在这里人们可以交流对不同书与作者的看法。同时亚马逊还遵守了站点设计最重要的一条规

图表 5.9

亚马逊网站

则：定期增加新的内容以吸引回头客。

技术支持

技术支持是另一个可以产生显著效果的领域，应该考虑将其放到你的网站上。如果你的公司销售的是技术型产品，那么你的客户常常会遇到一些有关贵公司产品安装和正确操作的问题。如果客户能从网上下载到一个详述各种问题及其解决方法的Word或PDF文档[11]，他们就可以自行处理这些问题。网站的这一特点意味着你的公司可以一天24小时不间断地解决客户疑问，这样就大大节省了技术支持人员用来解决简单问题的时间，从而节省了费用。同时，员工们可以集中精力去解决更为复杂的问题。

许多公司除了在自己的网站上，还在论坛上提供在线的技术支持。这些功能包括：软件下载（有时也可上传）；用户间通过电子邮件讨论；以及用户通过电子邮件向公司的技术支持人员提出问题并接收回复。

数据检索

你的公司在成长过程中可能会用到以下方面的信息数据：

- 客户
- 竞争者
- 行业趋势
- 供应商
- 经济环境
- 财务结果
- 预测

互联网像一个巨大的仓库，蕴藏着丰富的信息。你面临的挑战是怎么去发现并获得你所需要的信息。

我们已经看到网上活动是如何为建立与客户的有效互动提供机会的。通过对客户的产品反馈信息研究以及对他们所索要的产品信息的分析，我们可以得出有关客户偏好的资料。竞争者的资料也是唾手可得，只要访问它们的网站（如果他们有的话）就可以了。通过详尽分析它们网站的内容与结构，往往可以获得许多关于它们产品定位以及营销途径的信息。

互联网上有许多网站提供了行业趋势和经济环境分析等较为“传统”的数据。其中尤以一些学术图书馆的网站最为出色。比如百森商学院图书馆网站（http://fusion.babson.edu /html/library）就提供了一系列在线/非在线的行业分析、概述、预测、行业统计数据、经纪机构报告、贸易协会数据以及市场调查报告。百森商学院的学生、教师、员工、校友和远程教育学生可以在校园内外免费获得这些信息，其他访客也只要花很少的钱就可以获得大部分在线信息。FedWorld网站（http://www.fedworld.gov）是美国商业部保存美国政府资料的信息中心源，是一个可以获得美国小企业管理司提供的信息的好地方。证券交易委员会的EDGAR数据库（http://www.sec.gov/edgarhp.html）是查询上市公司按SEC要求所提交的各种文档的有效信息源，包括年报、季报以及首次发行价等。另外，你也可以访问纳斯达克的主页（http://www.nasdaq.com）或cnnfn的网站（http://money.cnn.com）核查不断变化的IPO市场环境信息。如果你需要立法方面的信息，你可以登录http://thomas.loc.gov（该网站以托马斯·杰斐逊的名字命名，他是一位公共教育和信息普及的倡导者）查到各种还未公布的非正式法案的完整文本。你还能在网上免费阅读许多日报，许多商业报纸和期刊也有网上版本，有些内容是免费的，有些是收费的，特别是一些档案文件。比如电子版《华尔街日报》（http://www.wsj.com），其特点是从常规印刷版选出各类话题做深度报道。订阅电子版时要收费，但已订阅了相应印刷版的客户可以享受一定的折扣。超级链接的应用简化了从这些信息源来查找检索数据的过程。

你还应意识到：通过在线服务是可以获得数据信息的。轻松进入许多有专有权的数据库是在线服务的优势之一，但大多数情况下你可以通过网络服务商与之直接联系。比如以下就是一些数据资料源：

- Global Access（http://www.primark.com/ga/）数据库提供了1万多家公司的公司年报与按SEC要求提交的SEC文件。
- Ebsco Host（http://ebscohost.com）提供商业、管理专题的完整文章。
- Hoovers Online（http://hooversonline.com）提供超过1.4万家上市公司与私人公司的基本信息。
- ProQuest（http://www.proquest.com）涵盖了700多个贸易出版物，这些出版物提供众多行业的贸易与行业信息。
- Investext（http://www.investext.com）提供由投资银行分析师撰写的上市公司的研究报告。

公共关系和投资者关系

从客户服务、技术支持服务到公共关系、投资者关系领域的进步并不难实现。CEO们经常通过网站主页宣扬企业文化和企业在行业中的领导地位（或期望的领导地位）。证券分析人员及其他公司客户很方便就可以阅读到公司的产品说明和公开声明。通过互联网发布产品声明和散发辅助营销资料成本较低，而且互联网的即时信息检索对于分析人员和投资者来说尤其重要。

销售产品和服务

对于创业者们来说，可以在网上销售产品和服务实在是网站的魅力之一。这使各企业之间可以在同等的竞赛场上竞争。网站的虚拟特性正如电影《梦幻之国》（*Field of Dreams*）中描述的那样："如果你建造了它，一切就将接踵而至。"但大多数情况下并不是那回事。（例如，图表5.7显示网络广告主要集中在为数不多的几家公司。）

开始进行网上销售时，你面临以下选择：开办自己的网上商店（利用网络服务供应商的服务器或是公司自己的服务器）；在另一家公司的网站或虚拟购物中心开个商店；或者与另一个网站签订会员协议（它们引导客户点击你的网站，你付给它们佣金）。这些方案都需要预付成本，建立自己的网站不仅需要建立成本，还需要维护成本。会员关系的初始、收尾成本以及维护费用都比较少，但你必须支付一些广告费，并且由于你只是参与关系，所以你不得不放弃一些对网上公司的控制权。你的决定从某种意义上取决于你是相信独立的网站就可以吸引到足够的客流，还是认为从别人的虚拟购物中心客流的溢出效应中得利更多。决定的做出很大程度上依赖于入会网站的特征或网站开发者对虚拟购物中心的设计。最理想的情况是虚拟购物中心的购物者随着入会网站的增加而增加，而且多多益善，这样就会有更多虚拟客户点击购物中心网站中的超级链接到你的网上商店来了。

实例：网上时尚购物中心

本·耐若森（Ben Narasin）是波士顿Prepatory公司的创始人和CEO，这家公司专营高质量普及型男士运动装。以其在时装界的有利地位，耐若森发现了建立虚拟服装购物中心的商机。同时瞄准大众市场和时装贸易，网上时尚购物中心（IFM）为访问者开办了引领潮流室、杂志和商店。开业不到一年，网上时尚购物中心就十分受客户与潜在客户的欢迎。IFM是有远见的创业者抓住机会将新技术与自己所熟悉的领域相结合的经典范例。像其他许多互联网公司一样，IFM也受到了dot.com泡沫的影响，为了适应不断变化的业务环境，本改变了公司的业务模式并将公司上市。但不像许多dot.com企业，即使当它的股价与其他互联网公司一样大幅下跌时，IFM仍然握着大把现金。在这转折关头，IFM的故事仍在继续。何不亲自访问IFM的网站体会一下呢？（http：//www.fashionmall.com）[12]

设计商业网站时应考虑的因素

网站是电子技术与软件技术结合的产物，一个潜在客户可能只是鼠标的一次点击，而其再一次点击可能就会离开你的网站奔向别处。因此，为了能拴住访客，你应该在设计网上商店时遵守以下几条简单的原则：

- 确保你的网站内容丰富，展示的产品符合目标客户群的偏好。
- 经常更新网站内容，这样客户和潜在客户才会经常返回你的网站。
- 设计超级链接时以将访问者留在你的网站上为目的，尤其在其首次访问时。让你的网页首页布满指向其他网站的超级链接毫无意义。要知道，他们也许就永远不回来了！
- 建立与你的网站访问者的互动途径，这种互动可以体现在你所提供的产品与服务上。例如，亚马逊为购书的客户设立了一个方便的途径，让他们对所购买的书籍发表评论。
- 采用电子邮件反馈系统以便从客户处得到反馈。
- 安装某种形式的跟踪软件，以便知道你的客户对网站的哪一部分最感兴趣，哪些部分需要改善。
- 定时重新设计与更新用户界面，以便增加客户的新鲜感。

安全问题和支付问题

在网络普及的最初阶段，许多人不愿在网上传送私人支付数据（比如，信用卡账号和银行账户账号），有些人至今依然如此。这种担心一部分是由于网络信息公开化，因为网络兴起的最初目的就是提供信息自由交换的媒介；另外，电脑黑客攻破系统，计算机病毒（如"I Love You"病毒）肆虐蔓延，有时传播速度极快，这些都引起了公众的警觉。还好，政府与相关行业都在想方设法解决这些问题。尽管声称网络是安全的，但是一些技术高明、决意要破坏的人还是可以攻破最安全的系统。关键问题是需要什么程度的安全才能够让用户保持使用互联网进行交易的信心，既能保护个人信息隐私权，又能保持财务的诚信度？

因为技术的先进性以及网络商家对其销售流程的关注，客户一般已经不再像开始那样怀疑网上交易。一个帮助用户从网站订货的简单方式就是让客户拨打800电话并在电话中提供支付信息。企业也可以在网站的显要位置张贴保密措施，澄清客户个人信息是如何被保护的。SSL（就是加密套接字协议层）技术的应用为交易安全提供了多一层的保障。另外，为了方便网上交易，有些公司开发了可供选择的支付系统。[13] 近几年来网上购物客户的激增说明许多用户已经适应了这种交易方式，就像客户早期对电话交易也很排斥，但现在这种排斥也已经没有了。[14]

削减成本

收入的增加并不是互联网在提升你公司业务方面的惟一好处。减少提供基本支持服务的支出也可以使利润增加。比如联邦快递（FedEx）开发的包裹跟踪系统就值得借鉴。

作为其运营策略的一部分，联邦快递安装了条形码包裹系统，并把条形码输入便携设备以便随时将信息传送到数据处理系统。客户可以拨打服务热线查询包裹是否已被递送，如果包裹尚未被送出，则可以查询包裹预计抵达时间。1996年，联邦快递创立了基于网站的跟踪系统。客户可以通过浏览器访问联邦快递的网站（http：//www.fedex.com），输入包裹编号，查询包裹在抵达目的地的各步骤的进度。据估计，由于每次查询业务花费约6美元，每个月的查询业务超过14万笔，该系统就使这家公司每年节省1 000万美元。这个系统的诱人之处在于联邦快递把交易的成本转移到了客户身上（客户需要拥有计算机和适当的软件），公司不用多花多少成本就能改进服务质量。这些节省对公司利润的影响也是可观的。

削减成本提高效率的另一改善途径是利用企业的内部网与外部网。内部网是公司内部的网络，可以方便公司内的交流，包括交换文件、时间表、客户信息与产品数据。外部网是一种有限制的网站，仅用于协调你的公司与另外几家公司的业务活动，外部网经常用于协调与供应商和客户的互动关系。一般外部网需要密码保护，为了安全的目的往往与公司的内部网分开。外部网一般比内部网需要更多的投资，因此，虽然建立外部网可以使你的公司与供应商、客户和战略伙伴提高相互交流的效率，但一定要认真权衡效率提高带来的利益能否弥补建立与维护外部网的成本开支。

获得建议/信息

互联网除了可以提供上述数据源以外，还为创业者们获得管理及企业运营方面的建议、实用技能提供了大量机会。通过在线论坛、新闻组、邮件列表和专门网站，创业者们可以获得大量有用的信息资源。以下是此类信息资源的举例：

- 百森商学院阿瑟·布兰克中心创业学网站（http：//www2.babson.edu/babson/babsoneshipp.nsf/Public/HomePage）介绍了百森商学院正在进行的各种计划、课程、外延活动、研究和教学，百森商学院长期以来一直是创业领域的领导者。正如前文提到的那样，百森图书馆网站（http：//fusion.babson.edu/html/library）是为创业者提供事业起步和成长方面有用资料的优秀网站。
- 尤因·马里恩·考夫曼基金会网站（http：//www.emkf.org）是对创业者来说极为有用的网站。除了主页中介绍的正在进行中的计划外，该基金会的互联网网站EntreWorld还为正在创业的及有志创业的创业者们提供了大量有用信息（http：//www.entreworld.org）。
- 美国小企业管理司网站（http：//www.sba.gov）提供了关于SBA贷款与其他有用的计划，还包括小企业需要的一般信息资料。
- 创业领导中心创业学教育交换所（http：//www.celcee.edu）是一个获取各种关于创业学教育的材料的非常有用的网站，包括教学大纲、录像带、书籍、政府出版物、期刊文章和软件。这个网站由尤因·马里恩·考夫曼基金会资助。
- 麻省理工学院企业论坛（http：//web.mit.edu/entforum/www/）和麻省理工学院创业者俱乐部（http：//web.mit.edu/e-club/www/e-club-home.html）提供了许多指向开办新企业、风险投资和商业计划等信息的超级链接。
- 洛维（Lowe）基金会网站（http：//www.lowe.org）的目标是提供信息、研究成果和教育经验，以帮助创业者发展事业。
- 新闻组和邮件列表是创业信息的又一来源。Topica网站（http：//www.topica.com）包括一个搜索引擎，可以使你查询关于创业的邮件列表及新闻组。如果你订阅了一些邮件或加入了新闻组，这些文章还会将你引向其他网上信息源。另外，当你第一次在浏览器上建立新闻组时，你可以加入几个专对新用户的新闻组（如：news.announce.newusers，news.newusers.questions），它们会引导你找到你感兴趣的新闻组。

- 各种专门为创业者提供信息的商业在线服务的论坛与资源网站（比如CompuServe和America Online）。在CompuServe上，你可以到“Building Your Business”论坛，在America Online，可以看一下“Careers and Work：Start-up Businesses”。
- Netpreneur Exchange（http：//netpreneur.org）是莫瑞纳学会（Morino Institute）主要为华盛顿特区的创业者发展事业提供帮助的在线资源网站。
- 创业者感兴趣的其他网站包括：

《华尔街日报》网络版（订阅）：http：//www.wsj.com
国会图书馆（Library of Congress）：http：//www.loc.gov
Ziff-Net（计算机杂志、新闻、软件资源）：
http：//www.zdnet.com
网上书店（Online bookstore）：http：//www.amazon.com
美国有线新闻网（CNN）：http：//www.cnn.com/
AT&T 800电话黄页（AT&T 800 Directory）：
http：//www.tollfree.att.net/index.html
电话黄页（Telephone directory）：
http：//www.switchboard.com
Real Networks（一个连续播放影音的资源网站）：
http：//www.real.com
白宫：http：//www.whitehouse.gov
邮费网（Postal rates）：http：//www.usps.gov/consumer/rates.htm
邮购零售商：http：//www.landsend.com
网上旅游代理：http：//www.travelocity.com
CNET.com（提供技术与计算机新闻）：
http：//www.cnet.com

与互联网相关的创建新企业商机

互联网的快速成长为创业者提供了一个蕴涵着大量机会的环境，这个环境有利于创业者们按市场所需开发新的软硬件和新的产品和服务。

互联网软件业的创业者们取得了非凡的成就，亚马逊便是其中之一。公司创始人杰夫·比索斯（Jeff Bezos）看到了创建企业的商机，他认为他要做的产品应该是那种人们不需要先看再买的，而且做起来又不太复杂的产品。亚马逊公司已经获得了成功，虽然走了些弯路，受到些挫折，它还是在dot.com过度膨胀的时期生存了下来。亚马逊在互联网大潮中还具有另一个象征意义，那就是：它初步将“旧经济”时代灰砖土瓦的公司商业模式与“新经济”时代的互联网公司融合在了一起。

在网络兴起的早期，我们经常听到人们说旧经济时代的公司“不行了”，因为他们看到在新的互联网世界中出现了新的典范公司。某种情况下确实如此，但实际发生的情况远比这有趣的多。在对现金流、成本与运营控制以及收入与利润的重要性的理解方面，许多新经济的公司也“不行了”。像Barnes and Noble（亚马逊的一个大竞争对手，是旧经济时代的灰砖土瓦式的公司）这样的公司，已将原来书店与仓库的运营优势和网络与互联网整合在一起。与此同时，亚马逊也认识到了在实体世界中运营作为关键成功因素的重要作用，并且采取相应措施弥补在这些方面的不足。

结果是，电子商务将只是另一种平常的“商业”和行业。无论是互联网公司还是传统公司，都很快认识到：新的B2B与B2C模式实际上是对现有商业流程的改造，提高了现有商业流程的效率与有效性。在新千年，没有人会鼓吹电话与汽车是基本的商业工具，但确实在过去某段时间，这两项创新从根本上改变了商业交易的方式。互联网对现有商业活动的渗透过程也会大体相仿。

互联网的发展非常迅速。在本章中，我们着重讨论了网络，并将“网”（Web）与“互联网”（Internet）两个词几乎混为一谈。实际上，“互联网”的含义远远大于“网”。互联网应用的下一个发展趋向就是“智能”设备的普及，利用这些设备，人们可以不受干扰地更方便地相互沟通。这些微型设备可以插在衣服上，你可以对你的洗衣机与烘干机下达指令，调节水温与烘烤温度。公司计算机也可以比现在更有效地相互交换信息，以维持适当的库存与生产流程。简而言之，我们所看到的只不过是冰山一角，互联网的创业商机仍然是巨大的、富有吸引力的。

以下简单列了一些对创业者而言在互联网市场存在的商机，当然你肯定还会想出更多。与互联网相关的软件应用方面存在大量的商机，包括：

- 新型即插式程序的开发，比如为电脑提供附加影像、声音功能的软件。

- 为互联网软件开发人员创造的应用工具。
- 功能越来越强大的自动的专门搜索引擎的开发和改进。
- 压缩技术的提高。
- 硬件与软件安全产品的创造，包括先进的安全技术和加密技术
- 网络电话容量的增长。

机会还存在于硬件的改进上，以满足企业和个人对互联网性能越来越高的需求。多媒体技术的进步要求硬件在数据处理方面有相应的提高。富有创造性的创业者们可以一展身手的领域包括：

- 设计和改进计算机与计算机、计算机与外围设备之间的高速通信设备。
- 提高电池寿命与运行性能
- 采用除了硅以外的新型材料，开发体积更小、功能更强的计算机芯片。
- 发展网络技术。
- 改进电缆技术。
- 改进卫星技术。

第三个商机领域是向互联网用户提供服务。这些服务包括：

- 为建立有效的远程学习系统提供技术与设计服务。
- 建立并维护网站。
- 提供咨询服务，以帮助企业应用并吸收新的技术。
- 提供业务流程咨询服务。

本章总结

1. 互联网正改变着人们的生活、工作、学习和经营方式，与计算机、个人电脑、生物技术和无线通信相比，其影响速度更快，影响范围更广。
2. 互联网为具有有限资源的创业者提供了无限的商机。
3. 在互联网的驱动下，20世纪90年代产生了一些最非凡的创业型企业，例如亚马逊 、雅虎和网景等许许多多公司。
4. 互联网正在迅速改变着现在的零售和分销方式，例如亚马逊对图书销售行业的影响。
5. 互联网的运用使现有企业从中得益，例如客户服务和支持、销售和订货自动化、数据检索、投资者关系管理、采购管理等等。
6. 服务于创业者的著名网站有：百森商学院创业学网站（http：//www.babson.edu/entrep/index）、考夫曼创业领导中心网站（http：//www.entreworld.org），以及美国小企业管理司网站（http：//www.sba.gov）。
7. 信息和电子邮件的过载及混乱仍将是互联网使用者面临的最大挑战。
8. 直至今日，各种企业模式搬到网络上的可行性究竟有多大仍有待探索。

习　题

1. 互联网从何时开始发展，其发展历程如何？
2. 为什么互联网的应用经历了爆炸式发展，这对未来的机会意味着什么？
3. 通过互联网，现有服务和分销渠道中哪些会在资本需求、运营基础设施和可变成本方面更为经济合算？
4. 列出互联网的主要工具和应用。
5. 请定义以下概念：万维网，搜索引擎，世界新闻组网络，内部网，外部网。
6. 互联网怎样使新兴企业和现有企业得益，为什么？
7. 确定并访问3个对创业者最常用的网站。

第5章的互联网资料来源

http：//www.entreworld.org
http：//sss.wba.gov
http：//www.celcee.edu
http：//web.mit.edu/entforum/www/
http：//www.lowe.org
http：//www.topica.com
http：//netpreneur.org

在本章中还列举了一些对创业者有用的搜索引擎和另外一些创业者感兴趣的网站。

思考题

你想过了吗?

1. 查找黄页，推断10年内互联网将使什么企业最有可能继续存在，什么企业最有可能消失。
2. 访谈3位网络企业的创始人：他们的基本经济模型和商务模型是什么，这些模型怎么会具有获利性?
3. 互联网企业怎样增加或创造价值? 为什么? 为谁?
4. K-Tel在宣布开始经营网上业务后股价迅速从10多美元攀升至80多美元。但不久又回调至20多美元。为什么会这样? 这意味着什么?
5. 互联网上电子邮件和信息的过载带来了以下巨大的商业机会：________（请填空)。

注 释

1. Estimated separately by Juliussen Egil, InetStart.com, March 2001, citing *Computer Industry Almanac* (Exhibit 1) and Jupiter Media Metrics, 2001 (Exhibit 2).
2. Jupiter Media Metrics, 2001.
3. Michael J. Martinez, "Who Are Internet Users?" ABCNEWS.com, July 14, 2001, based on Coleen Kehoe, Graphics, Visualization, and Usability Center Survey, Georgia Institute of Technology, 2001.
4. The Media Audit, 2000; cited in www.nua.ie/surveys.
5. Yankee Group, October 2001; cited in nua.ie, Novermber 2001.
6. The Pew Internet Project, 2001; quoted in nua.ie, Novermber 2001.
7. Martinez, "Who Are Internet Users?"
8. Julian E. Lange, William Bygrave, Sakura Nishimoto, J. R. Roedel, and Walter Stock. "Smart Money? The Impact of Having Top Ventrure Capital Investors and Underwriters Backing a Ventrue," *Venture Capital* 3, no.4 (2001), pp. 309–326.
9. Forrester Research, 2001, and Jupiter Media Metrics, 2001.
10. Jeffry A. Timmons, *New Venture Creation*, 5th, ed. (New York, McGraw-Hill, 1999).
11. Pdf is the "universal" file format developed by Adobe, Inc., which allows users to view a document in its original form without having to deal with formatting problems. Adobe supplies a free downloadable program called Acrobat Reader, which enables a user to view pdf files virtually automatically. Adobe Acrobat Reader is available on Adobe's Web site (http://www.adobe.com).
12. For further infromation on IFM, see the case *Internet Fashion Mall, LLC*, Babson Park, MA 02457-0310: Arthur M. Blank Center for Entrepreneurship, 1997.
13. See, for example, Cybercash (http://www.cybercash.com) and E-cash Technologies (http://www.ecashtechnologies.com).
14. Traditional telephone transactions are only as secure as the honesty and care with which the payment information is treated. In the early days of mail-order selling, similar security concerns were raised about this process, but over time the public has become comfortable with it despite the occasional problem.

第6章

特许专营

"特许专营的双方必须具有共同的创业远见，齐心合力把远见变成现实。特许专营被授权商和特许专营授权商必须对他们的企业充满信心，但更重要的是，他们必须彼此信任。专注而齐心的合伙人能形成一股推动个人和企业发展、财务增长的动力，这股动力是无限的。其中充满了乐趣。"

——吉姆·欣德曼

杰斐润滑油国际公司的创始人

学习目的

学完本章后，你将能够：

1. 仔细研究特许专营到底是怎么回事以及特许专营授权商和特许专营被授权商各自角色的性质。
2. 学习成为一家现有体系特许专营被授权商的标准和成为特许专营授权商的标准。
3. 检验评估具有较高成功概率的特许专营的基本筛选方法。
4. 分析特许专营关系模型和它对开办一家高潜力特许专营企业的指南作用。
5. 分析一家年轻的新成立公司——Bagelz的特许专营成长战略，以及它的创业者之一迈克·拜罗布诺对其个人事业的决策。*

引　言

在这一章中，我们将探讨特许专营究竟是什么以及它和蒂蒙斯模型创业学定义的一致性。我们将从准特许专营被授权商和特许专营授权商或准特许专营授权商的角度来考虑特许专营的范围，并考察特许专营经营状况的决定条件。我们将介绍几个模板和模型以帮助创业者做好准备工作，构筑起特许专营企业。

让我们来考虑一下特许专营和我们在第1、2章所定义的创业学在哪些方面一致。正如我们的创业学定义中所说，其中心内容是为创造财富而进行的商机识别，特许专营的中心内容也一样。特许专营是一个构思很巧妙的体系，它对原有商品运做体系进行了重新修订并实现了新的服务体系，以从商机攫取最大价值。就像商机、思想和行动是创业型企业的必要元素一样，它们也是特许专营商机的重要组成部分。特许专营还满足我们对创业学的定义，因为每个合伙人都必须懂得另外一方对财富的期望而且要齐心合力才能达到那个目标；他们已经通过特许专营创业联盟这种合伙形式被牢牢地绑在一起了。

正如本章在开始部分引用吉姆·欣德曼的话所描述的

* 请见与本书配套的《创业学案例》一书第6个案例。　——编者注

那样，特许专营就其实质来说，是两大部分——特许专营授权商和特许专营被授权商之间的创业联盟。成功的特许专营关系把商机定义成团队的商机，并从团队的整体角度来开发商机。特许专营授权商是观念创新者，他通过寻找合伙人或特许专营被授权商使他的观念在当地市场上实现，从而获得自身成长。当某人经营的公司至少存在一家店铺并且该商机已经经过贝塔（beta）测试时，他就可能成为特许专营授权商。一旦某思路被证明是可行的并且特许专营授权商和特许专营被授权商都相信结成联盟对双方都有好处时，他们就可以达成协议，共同开发这种观念。这种好处的本质在于合伙双方都可以选择他们比对方更拿手的那部分工作合作完成全部任务。特许专营的核心是创业，即通过开发某项商机来寻求并获得财富的积累。特许专营的独特之处在于它把两个独立个体捆绑在了一起，他们都有各自的财富创造需求，都想通过开发商机来创造财富，而且同时都选择合作来实现他们的目标。由于特许专营能通过合伙制把特许专营授权商和特许专营被授权商各自不同的技能和能力统一起来，所以采取特许专营形式所获得的总收益要比各独立部分所获收益之和大。

从根本意义上说，特许专营是建立在合伙制基础上而非个人努力基础上的大规模成长商机。一旦企业经营成功，那么根据蒂蒙斯模型，就可以考虑采用特许专营来促使其成长。合伙人之间的所有活动都反映为建设同一商标或品牌，他们结成创业联盟的使命就是保持并增强品牌。在顾客的印象中，品牌反映为价格—价值之间的关系。由于市场上顾客对品牌产品的购买量比其他竞争产品的量要大，购买价格也较高，因此品牌产品销售的收入较高。特许专营授权商和特许专营被授权商都相信通过联盟可以获得更大更好的市场。

创造工作岗位与创造财富

作为特许专营创业者，我们可能对特许专营带来的无穷商机还不太了解。对那些生活目标只是想拥有一家匹萨店，有一份稳当收入的创业者来说，机会已经到了。特许专营可以让我们实现这个目标，但同时它也向我们提供了建立30家比萨店，全面参与财富创造过程的机会。特许专营的好处在于它能为个人实现财富积累目标和企业远景提供广泛的选择，不管这些目标是保守的，还是宏大的。

任何企业的财富创造能力都和最初的商机评价有关。比如，一家特许专营公司可能已经决定控制店面数和地理区域。因此从一开始潜在特许专营被授权商的市场扩张就受到限制。即使特许专营被授权商工作很努力并遵循所有行之有效的工作体系，他们也可能只是给自己找了个工作岗位，而无法积累起财富。

但有些公司是打算给成功的被授权商以褒奖的，愿意向他们提供在某个市场或地区开办更多店铺的机会。当被授权商把一家店面经营得红红火火时，他们就可以得到经营更多店面的殊荣。这样创业的规模越来越大，财富就可以积聚。

第三种情况是公司想鼓励财富创造，但无法在全国范围内维持这种商机。因此，特许专营授权商和被授权商都不得不减缓或停止扩张和财富创造。正如我们已经指出并将继续探讨的那样，特许专营确实是一种创业工具，但在不满足我们的标准的情况下，我们不会考虑这些特许专营创业模式。《创业学》的大部分目的是增加新企业的成功机会并扩大成功范围。

特许专营：创业历史

美国的特许专营创业从没有像今天这么兴盛。整个市场上存在4 500多家特许专营企业和600 000多家分店；这些企业占了全国零售总额的33%。从全球角度来看，特许专营在英国、法国和澳大利亚都占了总零售额的10%。国际特许专营协会（International Franchise Association）预计特许专营企业将继续兴盛繁荣，在5年内将占到美国零售额的40%。[1]有人认为特许专营是一种非常有前途的创业形式，这一点正被特许专营体系不断获得的成功、新特许专营企业的蓬勃发展和特许专营被授权商、特许专营授权商报告的盈利加以证实。[2]这些统计数据从侧面反映了特许专营在相对较短的一段时间内达到的规模和多样程度。通过特许专营创造财富的活动也在不断发展中，我们可以看到，不仅经营多家分店的特许专营被授权商人数在增加，[3]经营不同特许专营体系多家分店的特许专营被授权商人数也在增加。

特许专营是个很好的创业机会，它是开发和创造财富的工具，这一点可以从世界上最大的特许专营授权商之一——美国大型集团联合道麦克公司（Allied Domecq）的成功中得以证实。它拥有Dunkin' Donuts、Baskin-Robbins和Togo 饭店。Dunkin' Donuts创始人的儿子鲍勃·罗森堡格

(Bob Rosenberg)[4] 把Dunkin'从几百家分店发展成了3 000多家分店，后来被联合道麦克公司兼并。然后鲍勃又继续经营联合道麦克公司的北美零售业务达10年，把它的规模翻了一番，直到他在1998年退休。鲍勃认为："联合道麦克公司的特许专营业务在美国能再翻一番，在欧洲和亚洲潜力巨大。"显然，特许专营可以成为一种全球商业模式，可适应大多数地方的要求。

另一家可以显示在当代商业环境中特许专营盛行的公司是杰斐润滑油国际公司。虽然多数特许专营授权商一般只考虑国内发展，但这支发展了杰斐润滑油的团队在购买了当时坐落在犹他州奥格登（Ogden）一家"夫妻店"式的小公司后，立刻感觉到他们要发展全球业务模式，而且在美国以外的地区提供服务也可能成功。当人们听到雷·克拉克（Ray Kroc）和安尼塔·罗迪克（Anita Roddick）的名字时，多数人一定会赞同麦当劳和Body Shop的创始人是创业者，他们的商标和品牌是世界上最成功的几大商标和品牌之一。图表6.1显示了当代特许专营的几个方面。

任何打算或正在开发创业机会的人都应该认真考虑一下特许专营这项选择。作为特许专营授权商和特许专营被授权商，这项选择可以让他们共担风险，共享回报，共同创造和发展商机，并共同筹集人力资本和资金。

特许专营：组装机会

我们在第1章和第2章中看到，蒂蒙斯模型指出了商机的3个方面，分别是市场需求，市场规模和结构，以及利润分析。特许专营企业必须懂得个体消费者的需求本质和社会的需求本质。当某种创业思路对全国的消费者都很有吸引力时，该企业就能实现很高的盈利潜力。从最根本的层面上讲，主要目标受众（primary target audience，PTA）决定了商机的质量。没有顾客就没有商机，没有商机就没有企业，而没有持续的商机，就没有特许专营。

图表 6.1

美国一些大型特许专营授权商数据*

特许专营体系发展时间	21年
每个特许专营授权商的店数目	2 652
年收入	8.71亿美元
特许专营费	28 559美元
使用权费率	5.58%
广告费率	2.89%
许可协议期限	14年

* 所有被选取的91家公司的平均值。

如我们在本章前文所讨论的，我们的目标是看特许专营给特许专营被授权商和特许专营授权商带来的机会。我们现在将探讨特许专营商机识别的几个方面：PTA识别、服务提交系统（service delivery system，SDS）的设计、培训和运营支持、现场支持、营销、广告、促销和产品购买条例。准特许专营被授权商应该充分理解以上各个方面的本质和状况。现有特许专营授权商也可以根据这些方面研究他们所提供的特许专营权。那些想通过特许专营发展的人应该关注该系统的各个细节。

主要目标受众

确定目标顾客非常重要，因为这将决定企业在许多不同的功能。最重要的是，它能衡量最直接的市场需求。一旦主要目标受众（PTA）被界定清楚，我们就可以识别出次级目标。次级目标的市场渗透程度比主要目标的程度低。虽然衡量市场需求不是门很精确的科学，但特许专营授权商一直在不断收集顾客数据。即使在买下了特许专营权后，特许专营被授权商也会不断比较当地市场的人口统计数据和全国的统计数据，以判断当地市场的发展潜力，看还能发展多少家分店。预期收入则根据以历史数据估计出的市场渗透程度和目标受众的定义确定。把这三大块收集到的数据合在一起，我们可以进一步优化主要目标受众。

人口统计学小档案 人口统计学小档案是公司用以界定"一般"顾客的个人特点汇编。多数特许专营授权商都把市场调研当做一项核心工作来做，制作顾客小档案并把这些信息传递给特许专营被授权商。调研可能包括现有用户和非用户两种文档。人口统计学分析一般包括：年龄、性别、收入、家庭住址（离店铺的步行距离或车程）、工作地址（离店铺的步行距离或车程）、婚姻状况、家庭状况（有几个孩子，孩子的年龄）、职业、种族、宗教和国籍。这些信息必须和其他与这类特许专营特定相关的数据结合起来分析，如对Midas特许专营来说，要考虑汽车的平均数；对Gap特许专营来说，要考虑花在服装上的支出占可支配收入的百分比。

心理统计学小档案 心理统计学小档案把潜在顾客按社会阶层、生活方式和个人品质来划分。美国的社会阶层一般分为以下7类：

1. 富有阶层中的上层	1%
2. 富有阶层中的下层	2%
3. 中产阶层中的上层	12%
4. 中产阶层	32%
5. 劳动者阶层	38%
6. 低收入阶层的上层	9%
7. 低收入阶层的下层	7%

生活方式考虑的问题包括健康意识、讲求时尚或"车迷"等。个性变量如自信、保守或独立，常用来细分市场。

行为变量按顾客的知识、态度和产品使用来细分潜在顾客，预测他们对产品或服务的需求。通过详细阐述对目标市场的理解并仔细研究消费者购买我们产品或服务的原因，你会获得很多有关市场竞争状况的知识。为什么消费者会花钱买我们的东西而不是他们现在发现的有价值的东西呢？

地理统计小档案 特许专营的经营思路可以涵盖当地市场、地区市场、国家市场或国际市场。美国国家市场一般分成9个地区：太平洋、山区、中西北、中西南、中东北、中东南、南大西洋、中大西洋和新英格兰。地区再按人口密度划分，分别为城市、郊区人口可能从5 000人以下到400万人或更多。

"聪明的"特许专营会利用不断壮大的特许专营被授权商队伍和公司分店不断收集顾客数据。这些数据有助于动态修订公司远景和商机。系统数据分析必须包括对经营思路前景的影响和远景可能会发生的变化。比如，如果我们10年前开办了一家耳环公司，我们会把目标市场界定为年龄在21~40岁之间的妇女，市场规模为美国处于该年龄段中的妇女数。但如果我们看得更远一些，预计到会有像现在这么大的消费市场，那我们就会改变对公司的远景展望。我们会把耳环的目标市场定义为年龄在12~32岁之间的妇女和男士，平均每人3个耳环的消费量，而不是2个。要准确识别目标市场，我们必须把人口统计学数据和我们自己设定的独特企业远景结合起来。

特许专营商机识别的核心是开发主要目标顾客，它是判断特许专营是否对消费者有吸引力和商机是否有效的必要条件。为了评估某特许专营对商机的利用程度，我们要考虑一系列有助于确定准备工作的标准。开展这些讨论为现有特许专营授权商、潜在特许专营授权商和特许专营被授权商深刻理解特许专营提供了很有价值的思考。

理论结合实践：市场需求

Radio Shack的移动目标市场

目标市场是动态的，常常变得很快。Radio Shack为了适应其目标市场的变化必须改变它的企业。在20世纪70和80年代，Radio Shack主要针对的市场是技术爱好者——喜欢短波收音机、立体声音响、手提电话机等的年轻男士。全国零售连锁店针对这部分顾客提供最新的小玩意，做得非常出色。

接着，从20世纪90年代开始，技术变得很复杂。个人电子设备开始包括手机、手提电脑和电子文件夹。这些产品的市场从原来的技术爱好者这个小圈子扩展到了中年男性的大圈子，这些中年人也喜欢小玩意，而且有更多的可支配收入。但Radio Shack还是老一套，结果虽然个人电子市场不断繁荣发展，但它的顾客群却缩小了。

20世纪90年代早期，Radio Shack把公司重新定位到了这个新的顾客群上。它的广告主要针对44岁的中上层男士，而不是29岁的技术爱好者。以前在Radio Shack购买产品的29岁顾客现在已经44岁了！他不想再组装一台收音机，而是想买一部手机。Radio Shack对它的市场营销和库存进行了大幅度调整。结果，它的盈利也随之发生了巨大变化。

评估特许专营：最初考察

在详细查看特许专营所能提供的条件前，准特许专营被授权商必须先对美国的4 500家特许专营进行筛选。虽然下面这部分内容最适合准特许专营被授权商，但聪明的特许专营授权商也可以运用其中的信息更好地制定他向潜在特许专营被授权商提供的条件。

图表6.2提供了一块特许专营筛选模板，用于初步评价特许专营的一些关键变量。这个练习的制作目的是反映特许专营的风险状况，并指出需要进一步考察的领域。以下标准不仅对特许专营被授权商来说很重要，对稳定经营的特许专营授权商来说同样有用，因为它可以反映出他们所追求的增长率和市场定位目标等。

这个练习的目的不是为了帮你做出"干还是不干"的决定，而是帮助准特许专营被授权商评估特许专营是否达到了他们的个人风险/回报要求。特许专营授权商也可以

图表 6.2

特许专营风险分析模板

标　准	低风险/15%~20%的平均市场回报	可接受风险/30%的递增回报	高风险/40%~50%的利润回报	极端风险/60%~100%的高回报
进驻多个市场	全国	地区	州	当地
预计可开设分店	可以，90%以上明显可盈利	可以，80%以上明显可盈利	可以，70%以上明显可盈利	不可以，不到70%可盈利
市场份额	第一位，绝对优势	第一或第二，有强有力的一家竞争对手	低于前两位	低于前三位，有占绝对优势地位的竞争者
全国营销体系	历史上该流程一直很成功且富有创造力，在全国范围内有中间购买商	富有创造力，在地区范围内有中间购买商	富有创造力，在当地有中间购买商	仅在本地有中间购买商
全国购买体系	全国购买合同有3%以上的毛利率优势	比独立经营高出1%~3%的毛利率	只有区域性的毛利率优势	没有明显的毛利率优势
利润特点	毛利率在50%以上，分店净利润在18%以上	毛利率为40%~50%，分店净利润为12%~17%	毛利率为30%~40%，分店净利润低于12%	毛利率下降，分店净利润不稳定
商业模式	深入培训，运营记录手册，特许专营被授权商的反馈机制	初步培训和动态记录的运营手册，某些现场支持	培训和经营，但现场支持很少	培训、现场支持几乎没有，静态运营
许可协议有效期	20年，自动续签	15年，可以续签	不到15年或没有续签	不到10年
网点开发	明确成文的定量标准，和各市场特点密切相连	分重点开发市场，有总的网点开发标准	概述总的市场开发标准	商业模式和各细分市场特点无关
每单位所需资本	15 000~25 000美元的营运资本	营运资本+50~100 000美元的机械设备	营运资本+机械设备+50万~100万美元的房地产	不稳定、变化大、不明朗
特许专营费和使用费	收费的PDV*比特许专营相较于单独经营所显示的经济优势（成本减少或收入增加）小		收费的PDV预计比特许专营相较于单独经营所显示的经济优势（成本减少或收入增加）小	收费的PDV不会比特许专营的预期价值低许多

*PDV是净贴现值（present discounted value）的缩写。如果特许专营是风险递减型的，那么未来收入的贴现率就应该降低。同时，特许专营比“独立”经营在营销上能形成更大的规模经济优势，因此能增加特许专营的营业收入。

通过这个练习检验一下他们向准特许专营被授权商发出的风险信号是否合理。特别要指出的是，在分析这个风险框架时应该同时考虑准特许专营被授权商的其他投资选择。

特许专营授权商——高潜力创业模式

雷·克拉克和安尼塔·罗迪克指出，成为特许专营授权商可能是一种潜力很高的创业模式。成长和规模是特许专营成功的根本所在。整个这一章我们都是把特许专营当做给特许专营被授权商的创业机会同时也是给特许专营授权商的创业机会两方面来分析的。在这部分内容中，我们主要集中在特许专营授权商和他们的回报上。根据一份名为《上市特许专营授权商》的调查，我们可以看到通过上市获取资本的公司其规模和范围是惊人的。[5] 许多特许专营公司在资本市场上获得了高额回报，根据评估高潜力特许专营企业的标准，这些获得成功的企业的表现也相当出色。相对应地，它们给予股东的回报也较高。图表6.3显示的是上市特许专营授权商和标准普尔500企业的业绩对

图表6.3

特许专营授权商的市场表现，1990~1999（总股东回报）

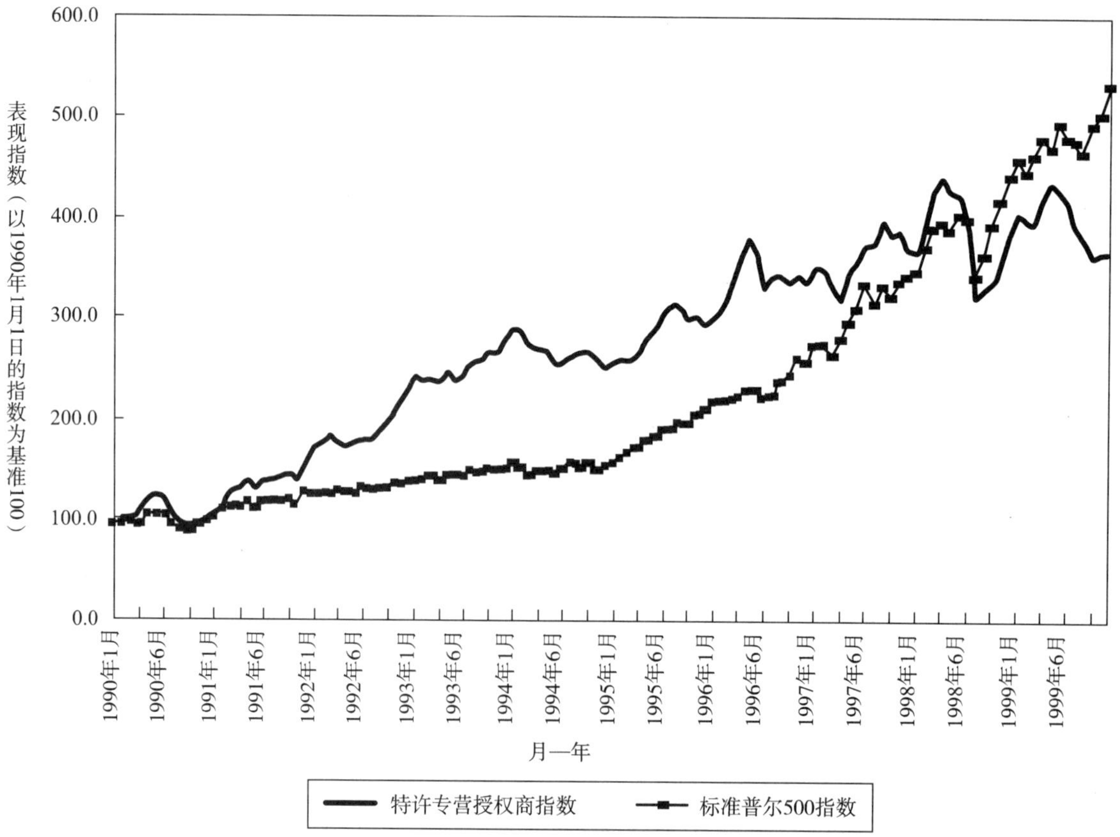

比。这份总股东回报（红利加股票升值）分析显示，上市特许专营授权商的业绩在20世纪90年代的10年中有9年超过了标准普尔500企业。

特别有趣的是那些表现超常突出的特许专营授权商。比如，特许专营中的精英——麦当劳公司。麦当劳是世界上最大的食品服务集团，到2000年12月31日为止，它在120个国家有28 000多家快餐店。它的全球基础设施包括一张供应商网络和资源网，这不仅可以使它达到规模经济效益，而且可以向顾客提供更多的价值。2000年，它整个系统的销售额超过了400亿美元，营业收入达到33亿美元，扣除通货膨胀因素后的每股收益上升10%。每个市场都由当地管理队伍管理。

联合道麦克公司独特的、令人称赞的day-part战略把两三个品牌概念融合到一家公司的运营中，目的是通过更加有效的资源利用达到投资报酬率最优。在1950年开始开办的Dunkin' Donuts现在已经是世界上最大的咖啡和油炸圈饼连锁店，在全美和其他37个国家建立了5 000多家分店。在1971年成立的Togo是加利福尼亚发展最快的三明治餐厅连锁店，现在正在拓展全国市场。Baskin-Robbins的31种风味甜奶油冰激淋在从加利福尼亚到莫斯科的4 700多个地方都有供应。

特许专营授权的关键要素

在这部分内容中，我们将探讨如何成功建成特许专营体系的几大方面。上市的特许专营授权商创造出了大量财富，这不仅要归功于其好的经营理念，还要归功于有效的实施措施。我们已经分析过促成高绩效特许专营授权商获得超额回报的一些特征。优秀的特许专营授权商会支持特许专营被授权商，并在两者之间生成一种共生共荣关系，确保双方都从特许专营中获利。在准特许专营被授权商（通过使用筛选指南或其他方法）缩小了特许专营搜索范围之后，他们就应该开始对特许专营的属性展开详细分析。特许专营授权商应该注意与授权方式有关的以下内容，因为这些都是准特许专营被授权商将仔细研究的方面。

服务提交系统

特许专营资源调配的路线图来自于服务提交系统的建设。它要求我们必须按照消费者的需求来提交服务。另外，投放到位的资产主要都是为了实现经营理念所必需的资源。在特许专营创业联盟中，特许专营授权商设计的产品或服务提交系统应该首先满足顾客需求。从其最根本的本质来说，服务提交系统是调配资源，从市场中发掘需求的方法，因此它必须被清楚地定义、规范，并由公司或通过试运营加以测试。这有助于公司对它的产品或服务提交方式进行分析。通过对服务提交系统的组织、实施和转换，其结果是建立起公司的竞争优势。

蒂蒙斯模型的第一步是商机评估，它要求对目标市场和顾客有清楚的理解。接下来是资源调配，或者说是服务提交系统的建设。服务提交系统是服务顾客的根本方式和风格，一般设计独特，能通过资源的调配在市场上确立竞争优势。在特许专营中，它有时被称为“商业模式”。成功的服务提交系统其形式和功能能反映目标顾客的特定需求。其中最成功、大家最熟悉的例子是快餐业的免下车食品供应服务和快速换油站的双层设施。不管特许专营系统在外部观察者看来有多开放、多透明，它们都有一个定义得十分清楚的服务提交系统。

服务提交系统确实是成功特许专营系统的根本所在，所以我们绝对不能轻视其中的任何一个细节。对经营理念的创新者来说，有句俗语“细节之处藏祸患”，这句话对特许专营的服务提交系统设计来说最确切不过了。作为共同创始人，史蒂夫·斯皮内利在扩展杰斐润滑油特许专营体系时对此产生了深刻体验。杰斐润滑油的拓展计划中有一个方面特别清楚地展示了服务提交系统的错综复杂之处，并揭示出这个系统设计随着时间的推移所能带给经营者的巨大利益。

杰斐润滑油特许专营必须满足特定的选址标准：车流量大；街道的两侧有车辆出入口；高消费阶层零售区和某条街道或街区的拐角以及其他要求。通过不断试错，杰斐润滑油为每家分店确定了最优选址。一旦这些方面都满足了，接下来就要实施建筑的各项细节规定。结构规范包括建筑的角度、入口处的宽度、深度和角度，以确保最大程度地容纳排队等待服务的轿车数目。有些时候，满足选址标准的设施不能达到预期的效果。通过情况分析，他们发现车道的转弯处太急，顾客不能把车完全开到排队队伍线上，因此给顾客造成这个地方已经满了的错觉。因此他们对车道进行了调整，提高了车辆容纳量。

这种优化处理和细节修订对经营理念创新者考察设想中的和实际中的服务提交系统也有好处。除非经过深入细致的观察，否则服务提交系统的根本要素就可能被忽视，从而损害特许专营的价值。杰斐润滑油以其经验对测试地点的调整和改造，加强了它的优势，使它的表现达到最优，并为整个体系的改造提供了一个实实在在的实验室。

杰斐润滑油服务提交系统的另一项改革是维修台的设计。由于液压千斤顶本身的限制，杰斐润滑油面临着一项难题，即要在10分钟内提供必须用半小时才能完成的工作。为了达到10分钟的目标，三个技师必须同时工作，而且要省去使用千斤顶的麻烦。因此他们设计了一种维修台，可以让汽车开进去，停在地上挖出的一条通路上。这样三个技师就可以同时工作，一个在车下面检修，一个在引擎盖下检修，第三个人在车内检修。这项服务设计完全摒弃了老的方法，如果没有这项新设计，杰斐润滑油不可能获得现在的成功。

免下车服务和双层设施服务系统是非常好的改革决策，尤其是当竞争者、加油站和汽车经销商都还在采用液压千斤顶和传统维修台，无法提供“快速加油”服务的时候，其优势更为明显。杰斐润滑油对服务系统各部分的精妙设计大大提高了其服务提交系统的价值，它对细节的关注程度不仅为顾客提供了价值，而且也给经营者节省了成本。与此相似，以下一些例子也向我们介绍了服务提交系统中增加价值的特殊设计。

培训和经营支持

正规的特许专营授权商培训项目可以起到向特许专营被授权商传递服务提交系统知识的作用，不仅被授权方的经理人能得到相关知识，一线工人也同样接受培训。这在企业经营前和经营中都是很重要的。许可协议必须明确界定特许专营授权商的责任和完成责任的方式，这不应该仅仅局限于运营手册和课堂培训。根据特许专营的具体情况，培训也多种多样，但所有培训都应该向新的特许专营被授权商和尽可能多的新员工提供有组织的、高质量的在职培训。即便像杰斐润滑油和Dunkin' Donuts这样长期稳定经营的特许专营系统来说，在购买其特许专营权前也需要经过一年时间培训，以了解现有系统的经营方法；但到

理论结合实践：服务提交系统

Wendy's如何利用它的商业模式进入“饱和”市场

1972年，戴夫·托马斯（Dave Thomas）进入了被许多专家称为饱和的汉堡快餐市场。他的经营理念是提供一种“卡迪拉克汉堡”，辣味、新鲜，而且服务速度比竞争对手快。为了实现托马斯的经营理念，Wendy's在全国的快餐连锁业中第一个引入了免下车购买食品方式。由于Wendy's的菜单在传统单一馅饼汉堡的基础上增添了双层馅饼和三层馅饼汉堡，因此它的厨房设计体现了可以最高效地批量生产汉堡并把它们提交到前台或免下车窗口的功能。为了确保能烹饪出最新鲜的汉堡，每家Wendy's餐厅都有一面很大的前玻璃窗，可以让烘烤师傅（他们的位置能很清楚地看到顾客，而不是躲在后面的厨房角落里）观察到进入餐厅的人流。

尽管麦当劳和Burger King已经占据了市场的很大份额，但Wendy's仍旧成功进入了这个竞争激烈的市场，原因就在于它对资源的合理安排创造了有效的竞争优势。在Wendy's系统中，它的各种细微改革——免下车窗口、厨师和厨房的位置、双层和三层馅饼——都使得它的连锁系统在快餐汉堡市场上赢得了一席之地，并不断繁荣发展。

戴夫·托马斯的远见和其个人对快餐业的影响是巨大的。当他在2002年1月去世时，Wendy's收到了顾客成千上万封电子邮件以示吊唁。

底要向特许专营被授权商提供多少培训没有一定的行业之规。一旦获得了许可权并开始经营，特许专营被授权商就应该承担起对新员工现场培训的主要责任或全部责任。但正如我们在下一节将讨论的，特许专营授权商提供的现场支持常常是特许专营是否能稳定持续下去的信号和特许专营合伙制是否牢固的反映。工作手册、测试和辅助培训手段，如录像，和认证过程常常由特许专营授权商提供，并构成现场支持的一部分。

如前文所述，商品名和商标是特许专营系统中最宝贵的资产。特许专营被授权商是否能成功，很大程度上取决于品牌的价值和特许专营授权商的优势，它们决定了产品的销售额。我们还提到，有效的服务提交系统对成功实现经营理念起到了十分关键的作用，准培训体系也一样。没有经过适当培训的员工，某些特殊产品就永远不可能到达消费者的手中。因此，如果培训不力，就会损害标准化、一贯的产品服务体系，并最终损害品牌的价值。

现场支持

和上文提到的培训项目密切相关的是后续现场支持。这至少有两种形式，一种是派特许专营授权商代表到特许专营被授权商的地点亲自指导，另一种是特许专营授权商在公司总部培养一支常驻专家队伍，负责各项管理工作的咨询。理想的许可协议将规定由特许专营授权商的代理人员定期到特许专营被授权商的分店视察，完成预定目标，如业绩审查、现场培训、设施视察、当地营销审核和运营审计。但不幸的是，有些授权商把现场支持的作用当成了走形式或挑毛病的机会，而不是提供培训和支持。实际上，现场支持越到位，特许专营被授权商缴纳的使用费就越有保障。另外，在我们当今诉讼成风的环境里，成文的现场支持方案将有力地驳斥特许专营被授权商指控的缺乏授权商支持的诉讼。

为了看清特许专营授权商提供现场支持的动机，一种方法是观察特许专营授权商向现场支持人员提供报酬的方式。如果现场支持人员的酬金和特许专营被授权商的业绩以及最终盈利挂钩，那特许专营授权商玩弄手腕的可能性就比较小。当现场支持人员的奖金和店面数的增长而非单个店的增长相关时，或与特许专营被授权商的产品（由特许专营授权商提供）使用率有关时，那就是明显的警告信号了。显然，和由特许专营授权商制定并经过特许专营被授权商同意的培训计划一样，高质量的现场支持计划也是确保特许专营成功的一项必要保证，差的支持计划最终将对特许专营造成不利后果。

市场营销、广告和促销

营销活动显然是特许专营后续关系中最敏感的领域之一，因为它们对消费者脑海中的商品名和商标意识有非常大的作用，而且这种意识是特许专营最重要的资产。如果产品提交能有效地印证营销宣传，那就会提高特许专营的价值。但如果两者不一致，那不仅会损害当地系统，也会损害全国的特许专营体系。随着分店的不断成长，营销预算也不断攀升，并分摊到整个系统中，用以优化营销活动。

一般营销活动的资金来源和实施分为三个层次：全国、地区和当地。全国性的广告预算一般由授权商控制，每个被授权商贡献销售额的一定百分比形成广告基金。然后由授权商提供广告资料（电视、广播和报纸广告；直接邮寄商品目录；销售点资料）供被授权商使用，并根据广告基金的多少为特许专营被授权商购买媒体宣传时间或版面。由于很难在不同市场和不同大小的被授权商之间平等分配这些资源，许可协议一般要特别说明将“尽最大努力”向特许专营被授权商提供平等的待遇。虽然“尽最大努力”最终还是会让一些被授权商享有较多的广告机会，而另一些人机会较少，但随着时间的推移将逐渐趋于平衡。授权与被授权双方都应该认真监督这项营销活动。

区域营销、广告和促销是根据最大受益区域（area of dominant influence，ADI）原则来安排的。在最大受益区域（如Greater Hartford、Connecticut）的所有商店都要把销售额的一定百分比贡献给ADI合作广告。[6] 合作广告的主要作用一般是购买媒体，以播放或刊登由授权商提供或批准的广告，并协调地区促销活动。如果特许专营许可协议中规定了地区合作广告条款，还应该制定标准化的ADI合作规章制度。这些规章制度将概述投票权和开支参数等。通常只有一家店面的被授权商在组织不力的合作广告活动中处于不利地位，但也有可能该项目的主要贡献者发现自己在合作项目中的投票权之低与他的贡献毫不相称。

营销活动的第三种也是最后一种情况一般被大家称为的当地广告或当地商店营销。在这个层面上，特许专营被授权商一般会受合同约束，要求他们一定要有直接的广告支出项。至于广告支出到底要达到多少，根据各授权商在不同许可协议中的不同规定，其浮动范围很大；而且许可协议在这一点上往往不太明确。授权商对这个问题一般持慎重态度，以求在市场上保持最大的灵活度，但被授权商也想争夺控制权。公司自己的商店应该和被授权的分店一样承担广告义务，否则授权商就有可能搭顺风车；为确保这一点，历史上公司的行为方式可以用做衡量其合理性的最好依据。

特许专营授权商应该监督营销开支并增加对它的投入。比如，某家被授权店的顾客可能会由于受到相邻区域广告的影响而离开原来的最大受益区域，加入相邻区域。另外，广告开支不足会减弱整个系统的营销力度。当这种情况发生时，特许专营所固有的营销优势就会受到损害。

产品采购条款

多数特许专营系统的主要优势是大批量采购和库存控制。为了充分利用这种规模经济优势，许可协议专门采用了一些方法。由于市场的变化、竞争者的存在和美国反托拉斯法，特许专营授权商不可能处处获得最优惠价格。因此，特许专营系统一定要采取最大努力原则和诚信标准来达成全国和地区的产品合同。

根据产品或服务的性质，地区采购有时可能比全国采购更有利。因为运货重量和成本或服务要求等原因，地区合同可能会向特许专营被授权商提供更多的优势。明智的特许专营授权商会清醒地认识到这一点并采取灵活的购买方案。当存在当地采购优势并且由特许专营授权商不能很好利用这种优势时，特许专营被授权商就可以填补这个空白。这样一来，最大受益区域月会就成了特许专营被授权商表达所忧所思的扩大研讨会。但这种特别安排的结果也可能造成产品质量控制下降和被授权联盟扩大，超出许可协议范围的情况。发展到后来还很可能分裂特许专营系统，甚至架空特许专营授权商。在某些情况下，特许专营授权商和特许专营被授权商在共同运作的合作采购体系中能和平共处，通过竞相压价获得成本降低的好处。但通常会减少规模经济效益并分散系统资源，更不用说还会造成特许专营联盟内部的矛盾，成为矛盾的滋生地。

为了控制质量，特许专营授权商会通过公布产品规格清单的办法来确保自己的权利。该清单清楚地制定了原材料或经营中用到的商品的质量标准。根据这些规定又会产生一份合格供应商名单。这份名单有可能演变成特许专营的“捆绑式协议”，即某种商业模式的特许专营许可协议规定被授权商只能购买某特定品牌的产品。这和产品规格清单不同，因为它所承认的合格规格是通过品牌而非产品内容规定的。这里出现了一个重要问题：特许专营和产品购买之间的捆绑式协议是否能提高特许专营被授权商在市场中的有利地位呢？如果能，那么是否存在对品牌产品供应商的非直接控制以确保由于净价值增加形成的高定价能产生有利结果呢？很遗憾，我们无法精确地计算出有利结果的数值。但如果捆绑式协议在许可协议中有明确规定，那么建议准特许专营被授权商在购买特许专营许可权前对协议做适当调整。根据这一决策方案，特许专营授权商必须证实捆绑式协议的价值所在，不然就得放弃它。

出现捆绑式协议的另一种情况是，当许可协议要求列出一份合格供应商名单，但最终只包括了一家供应商。由于添加供应商的可能性几乎不存在，这时就形成了事实上的捆绑式协议。另外，当根据产品规格要求筛选，最终只有一个品牌满足要求时，也会产生事实上的捆绑式协议。特许专营授权商应该公布自己或其公司负责人在为特许专营系统采购产品过程中所有的直接或间接酬劳。在这种情况下，通过测试特许专营授权商对增加市场价值的贡献也可以得出双方是否存在牢固的合作基础。

特许专营关系模型

我们已经确定了特许专营关系的性质和构成因素，现在再把这些原则和特许专营关系模型（franchise relationship model，FRM）结合起来。特许专营关系模型是我们经过8年时间开发出来的。它采用了蒂蒙斯模型的创业分析框架并考虑了特许专营所独有的特定过程。我们已经说过特许专营是一种十分强有力的创业联盟方式，因为它既满足了蒂蒙斯模型的条件又能创造财富。特许专营关系模型不仅能说明经营理念创新者（即潜在特许专营授权商）怎样最有效地建立特许专营公司，也能说明经营理念实施者（即潜在特许专营被授权商）怎样选择要加入的公司。另外特许专营关系模型还有助于识别哪些事情最好由公司统一处理，哪些事情最好由特许专营被授权商自己处理。正像特许专营是一种为创业者减少风险的工具，特许专营关系模型也是一种工具，特许专营授权商和特许专营被授权商都能用它来判断特许专营商机的效率或成功潜力。通过运用FRM模板来分析各种特许专营，我们可以在很大程度上预测出哪里存在防碍企业成功的瓶颈，哪里可以加以改进以形成竞争优势。

特许专营关系模型是道难解的题，是一系列特许专营原则，其中每条原则都和其他原则相互契合，共同形成了强有力的商业理念。如果各个环节能更有效地连接起来，这些商业理念能不断自我完善、自我强化。该过程始于中心处的顾客，然后到服务提交系统，再从服务提交系统到外圈各种形成特许专营系统竞争优势的方式和机制。除了顾客和服务提交系统以外的主要关注领域是交易分析、财务结构、代理事宜和动态关系。

交易分析考虑的哪类交易由特许专营授权商在全国层次上进行更好，哪些由特许专营被授权商在当地层次上进行更好。[7] 一般特许专营授权商的作用主要体现在规模经济效益上，特许专营被授权商的作用体现在现场处理能力上，如招聘和当地促销活动。财务结构始于对顾客需求的预计分析和开发及实施SDS的成本预计分析。代理事宜考虑的是如何向合伙人授权。[8] 没有一个特许专营授权商确切知道被授权商在他的分店里是否能“正确处事”。被授权商也无法知道特许专营授权商是否总会从他们的利益出发。动态关系可以让授权商和被授权商随着企业的扩张不断改变和完善他们之间的合伙关系。[9] 任何固守合同、一

图表 6.4
特许专营关系模型

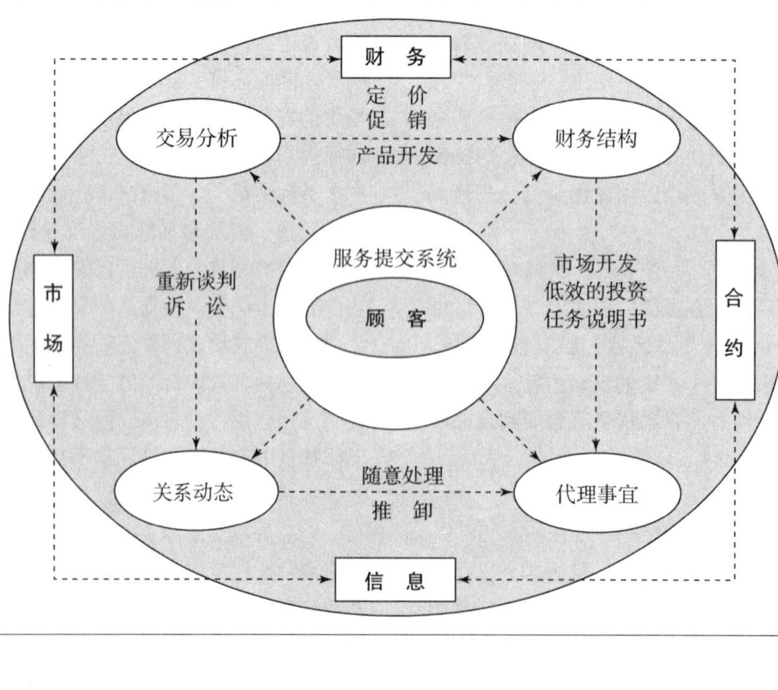

成不变的合伙关系最终都会以诉讼而告终。

特许专营关系模型（图表6.4）是动态的，即当某些事件影响了这个模型的一个方面时，所有其他方面都必须被重新审阅。比如，如果重新谈判许可协议，谈判的结果是许可使用费降低，那财务模型就要被改变。而且使用费的变化必然导致特许专营授权商改变他所提供的服务。因此任何变化都会造成整个系统的逐级联动效应。

特许专营关系模型开始于商机识别和修订（顾客），然后阐述吸引顾客需求和创造投资回报的服务提交系统的竞争优势和成本。特许专营是否可以保持住长期竞争优势就在于特许专营授权商和特许专营被授权商之间的责任划分和服务提交系统的精心设计。特许专营授权商的任务围绕规模经济并集中实施；特许专营被授权商的任务集中在必须进行当地现场处理的创业活动上（交易分析）。应急财务结构反映了主要目标顾客和服务提交系统之间的互动关系。通过共同承担服务提交系统的责任和共享潜在投资回报，特许专营创业联盟就形成了。

特许专营系统长期稳定运营的关键是选择合适的合伙人和监督合伙人的关键责任（代理事宜）。但即使在最稳定的关系中，由于商业环境的不断变化，特许专营关系也必须加以调整以确保长期的竞争优势。为了了解合伙人的业绩合理波动范围并随时对市场变化做出反应，我们可以通过正规复查过程进行标准化处理并通过非正式谈判保持该系统的非结构变化（动态关系）。如果认识不到该关系的动态管理需求，双方常常会以诉讼告终，这在前文已经提到过。

特许专营关系模型阐述了经营理念创新者如何建立特许专营公司和理念实施者的最佳创业途径。该模型还去除了最好用其他成长战略——如分销、许可经营或公司自有分店——开发的创业思路。

现在我们理解了特许专营是一种创业模式，也了解了组成特许专营创业联盟的独特组成要素。

本章总结

特许专营本质上是一种创业行动。在本章中，我们论述到，商机、规模和成长是特许专营的核心。从特许专营占了美国全部零售额三分之一以上的事实，我们可以看出它所获得的巨大成功。同样能说明其成功的另一个事实是，排名前几位的特许专营公司其业绩超过了标准普尔500企业。特许专营是授权商和被授权商之间共享利润、风险和战略的模式，它作为创业形式的独特之处在于商机的广泛覆盖面和可与创业者发展规模相适应的特许专营系统规模。本章提供了帮助创业者的两种工具。对那些喜欢创建特许专营的人来说，特许专营关系模型详细阐述了特许专营授权商—特许专营被授权商联盟的动态关系。对准特许专营被授权商来说，特许专营风险小档案可以帮助正在成长中的创业者评估特许专营被授权商机的风险和回报。

习 题

1. 你能否说出特许专营授权商和特许专营被授权商之间的不同？怎样战略性地整合他们的不同以创造出竞争优势？
2. 我们把特许专营描述成一条“创业之路”，因为它能提供许多创业商机。这对你意味着什么？
3. 判断特许专营是否是快速发展某项经营理念的合适方法的最重要决定因素是什么？
4. 特许专营关系模型的五大要素是什么？你能否描述出这些要素的互动本质？
5. 你为什么认为上市特许专营授权商在过去10年中有9年的表现超过了标准普尔500企业？
6. 特许专营对你来说最有吸引力的方面是什么？最没有吸引力的方面是什么？

第6章的互联网资料来源

http://www.bison1.com/ 我们最喜欢的特许专营网址

http://www.franchise-chat.com/ 包含有与特许专营有关的大量信息

http://www.businessfranchisedirectory.com/ 各种特许专营列表

http://www.franchise.org/ 国际特许专营协会（International Franchise Association）的官方网址

http://www.british-franchise.org.uk/ 欧洲最大的特许专营商务组织

http://www.franchiseindex.com/ 特许专营列表，附有资本要求

http://www.bitmark.com/nancyscott/franchising.html 包含与特许专营有关的文章

思考题

你考虑过吗？

1. 你觉得创业者在不是特许专营授权商也不是特许专营被授权商的情况下，怎样会受益于特许专营而创造出财富？
2. 国际特许专营协会报告说，90%的特许专营获得了成功。而有些学术研究显示失败率高得多。这两者之间存在这么大的分析结果差异可能是什么原因造成的？
3. 你如何选择将向其购买特许专营许可的公司？
4. 你是否能列出世界上排名前10位的特许专营？你的排序标准是什么？
5. 你是否认识经营特许专营的人？你认为他们比“独立经营”的创业者工作得辛苦还是轻松？
6. 特许专营适合谁，不适合谁？

注 释

1. *Franchising in the Economy*, IFA, 1999.
2. Stephen Spinelli, Jr., Benoit Leleux, Sue Birley, “An Analysis of Shareholder Return in Public Fanchisors,” Society of Franchising presentation, 2001.
3. Scott Shane, “Hybrid Organizational Arrangements and Their Implications for Firm Growth and Survival: A Study of New Franchisors,” *Academy of Management Journal 39* (1996), pp. 216–34.
4. Bob Rosenberg is now an adjunct professor at Babson College and teaches in the entrepreneurship division. The authors have consulted with Professor Rosenberg on a number of issues in entrepreneurship, including franchising.
5. Spinelli, Steve, Leleux, Benoit, and Birley, Sue “An Analysis of Publicly Traded Franchisors,” presented at the Babson Kauffman Entrepreneurship Research.
6. Advertising cooperatives in franchising are common. A cooperative is a contractual agreement whereby franchisees in a geographic area are bound to contribute a percentage of their revenue to a fund that executes a marketing plan, usually including media purchases. The cooperative is typically governed by the participating franchisees and sometimes includes representation from the franchisor and advertising agency.
7. O. E. Williamson, “Comparative Economic Organizations: The Analysis of Discrete Structural Alternatives,” *Administrative Science Quarterly* (June 1991), pp. 269–288.
8. F. Lafontaine, “Agency Theory and Franchising: Some Empirical Results,” *RAND Journal of Economics 23* (1992), pp. 263–68.
9. I. R. Mcneil, “Economic Analysis of Contractual Relations: Its Shortfalls and Need for a ‘Rich Classification Apparatus,’” *Northwestern University Law Review*, February 1980, pp. 1018–63.

第二编

创始人

一旦达到了销售额100万美元、员工20名的标准，企业存活的几率就大大增加了。创立、获得并塑造这种水平以上的企业要比管理大多数的一两个员工的小公司更有趣、更富挑战性。但最重要的是，只有达到一定规模水平的企业才能吸引到优秀的员工，从而大大提高企业获利的可能性。一个创业者并不只是创造一份工作，他（或她）要建立的是一个能够提升整个社区水平的企业。

一个领导者能否以“创业思维”思考与行动会产生很大的差异，这将决定企业最终是成为一个传统的小的生活型公司还是一个反应迟钝、走下坡路的大公司，或者是一个高潜力的企业。这样的态度与行动能够激发和鼓舞追求成功的激情与创业文化。

我们不可能通过对大量人群做一个简单的测试来判断他们是否具有创业思维，但是，对于准创业者以及其他投身创业的人来讲，研究成功的创业者是如何思考、感知、反应的，以及怎样完善与加强这些素质（就像全能运动员锻炼某些部位的肌肉以达到一定竞技水平）是很有意义的。

那些能够创造、识别、抓住商机并将其塑造成一个高潜力企业的创业者，他们的思维与行为方式也总是与众不同。他们在一个创业的环境中工作，具有一定的行为模式与驱动力。

当企业发展了，不再由创业者个人主导，也不再为生存所迫时，企业的内外部的压力会要求创业者转变成为一个管理者。创业管理者的素质提升是非常关键的。创业者已有的技能与经验使得创业者能够看到别人没看到或无法掌握的机会，这些以往的技能与经验是企业长期持续发展以及最后收获的关键。

创业者要十分注重选择能够与创业者自身优势与劣势互补并符合企业需求的合伙人、关键的事业伙伴与管理者，这一点意义深远。就像我们后文所介绍的，他们寻求能够匹配的人。这不仅仅因为创业者的弱点会成为新企业的“阿基利斯之踵”（古希腊传说，指致命的弱点），而且要使企业的整体强于每个部分之和（即1+1>2）。

肯·费希尔（Ken Fisher）是个典型，他于1975年加入Prime电脑公司，成为该公司的总裁，当时公司的营业额只有700万美元，员工只有150人。在6年的时间里，公司发展到营业额3.65亿美元、员工4 500人的水平。销售额年复增长率达到88%，净利润每年增长108%，股权收益率高达48.8%，连续4年达到35%。在费希尔在职期间，Prime公司的股价增长了126倍，直到他离职前的1981年的高位。随后他与另两位行业领导者成立了Encore电脑公司。在谈到他的经验时，费希尔说，一个领导者需要“保持与推动人们完成目标的自信心、对压力的忍受力、适度的投入、解决冲突的能力、对事业与个人生活的把握，智力只是最次要的因素”。

最后，道德因素在创业中是非常重要的。在一个前途未卜的易变的环境中，道德因素并不是简单的“说真话”的概念。创业者理解、建立与实现企业内部的有效整合才是关键。

第 7 章

思考和行动中的创业思维

“让你在临终时脸上挂着微笑的事情不可能是轻易得来的。专注于你所喜爱的事情，努力工作。找出让你精力充沛的原因，不断改进。”

——贝蒂·科斯特（Betty Coster）

企业家

学习目的

学完本章后，你将能够：

1. 检验各种方法，以帮助你发现成为一位创业者是使人充满精力还是消耗精力。
2. 探寻创业思维——对建立具有高度发展潜力企业的创业者行之有效的战略、方法、态度和行为举止。[1]
3. 研究各种不同创业群体的特征。
4. 建立评估个人创业战略和实习的概念。
5. 建立创业者的信条。
6. 分析“迈克尔·希利（A）”案例。*
7. 设计个人创业战略。

寻求理解

在第2章中已经讲过，那些“涉足令人激动的成功高地的人”，他们的成功背后隐藏着很多其他事情。创业带头人发现并抓住商机，然后发展出具有高度发展潜力的企业，他们做事与众不同。回忆一下图表2.13和第2章中讨论的创业者们——在思想和行为上——是由某种态度和行为举止，以及他们所具有的经验、技能、诀窍和社会关系决定的。因此他们能够看到别人所看不到也抓不着的机会，并发展起具有高发展潜力的企业。

达到创业辉煌的三条原则

在我们这个时代，最具创业传奇色彩的人物之一是已故的尤因·马里恩·考夫曼，他创建了马里恩实验室，这是一家销售额为30.6亿美元的公司。考夫曼于1950年以5 000

作者要感谢弗雷德里克·阿尔珀，他是作者多年的老朋友、老同事，也是百森商学院的副教授，他对本章提供了他的独到见解与贡献，尤其是在对创业品质的图解描述及设计快速浏览练习以帮助建立个人创业战略中提供了许多帮助。

* 请见与本书配套的《创业学案例》一书第 7 个案例。 ——编者注

美元在他堪萨斯州家里的地下室开办了他的制药公司，现在是世界顶尖公司之一。在此之前，考夫曼（或“K先生”，因为他喜欢别人这样称呼他）回忆道：“公司总裁先是减少我的销售佣金，然后缩小了我的销售区域。所以，我辞了职并创建了马里恩实验室。”

在1989年梅里尔·道（Merrell-Dow）收购公司后（现在叫马里恩·梅里尔·道公司），300多人成为了百万富翁。13家基金由先前的马里恩关联公司创建，尤因·马里恩·考夫曼基金是全美资产超过10亿美元、为数不多的10多家基金之一。这个基金有两项不同任务，一项是帮助处于风险中的年轻人，另一项是鼓励在美国各个生活领域的领导品质。

我很荣幸认识了考夫曼先生，并和他一起工作，从1991年直到他1993年去世，并继续和马里恩实验室管理团队，即现在的尤因·马里恩·考夫曼基金的管理团队保持着联系。每年我都会对此基金的三条核心原则产生新的认识和理解，它们是马里恩实验室和现在的考夫曼基金的价值、理念和文化的基石：

- 待人如待己。
- 和所有那些在各个层面上为财富创造做出贡献的人共同分享财富。
- 回报社会。

虽然这三条原则听来十分简单，你可以自问，你访问过或从业过的组织中有几家真正、真诚并一贯地坚持了这三条原则。不是嘴上说说，或单单实行一项利润分享计划就能建立起这样一种企业文化的。请考虑下述马里恩实验室和尤因·马里恩·考夫曼基金的独特特点：

- 没有人是雇员；他们都是伙伴。
- 即使销售额达到30.6亿美元，也没有正式的组织结构图。
- 每个达到或超过高标准绩效目标的人都可以参与全公司的红利、利润分享和股票期权计划。
- 津贴方案对所有伙伴一视同仁，即使是高层管理者也不例外。
- 开发新产品失败的经理不会被推迟晋升，或被重新安置到廷巴克图（马里城市）这样的地方以示惩罚，也不会被驱逐出组织。失败是学习和继续进步的阶梯。
- 公司不能容忍不愿或不实行这三条核心原则的人。

这里传递的根本信息很清楚：伟大的公司是建立在一些简单而精致的原则基础上的。资本、技术、服务管理和最新信息技术，所有这些东西都不能代替这些原则，也不会创造出这样一种文化。这些观念是区分好的公司和伟大公司的差异的核心内容。

领导能力和个人行为

还没有哪项研究形成过某个创业心理模型。但行为科学家、风险资本家、投资者和企业家都认为，一家新企业最终取得成功很大程度上取决于带头的创业者及其创业队伍的才能和行为。

关于创业者有许多神话。其中排在第一位的神话就是认为领导人是天生的，不是后天造就的。这种根深蒂固的想法反映了上个时代的假想和偏见，那时统治者是皇亲国戚，领导权也是贵族世袭的。幸运的是，这种说法没有经受住时间的考验和研究领导和管理的研究人员的探究。我们可以看一下最近的一项研究，它对经理人和领导人作了区分，图表7.1对其进行了概述。今天大家广为接受的观点是领导能力是一个特别复杂的问题，它和领导人、任务、形势和那些被领导的人之间的联系有更大的相关性，而不是单单靠天生或遗传的某些特质。

对人的行为研究有许多方法，这些研究对创业研究有很大启示。比如，哈佛大学的戴维·麦克莱兰（David C. McClelland）博士和密歇根大学的约翰·阿特金森（John. W. Atkinson）博士及其同事已经致力于个人激励因素的研究35年多了。[2] 他们关于心理动机的理论已经被研究创业行为的文献广为采用。根据他们的理论，人们主要受三种需求的激励：（1）对成就的需求；（2）对权力的需求；（3）对关系的需求。对成就的需求是指胜过他人及获得可衡量的个人成就的需求。一个人与自己定下的标准竞争，并不涉及和其他人的竞争。这个人设定现实而富有挑战性的目标，并喜欢得到有关对自己所做事情的反馈，以便提高表现。对权力的需求是指影响别人并“影响目标”的需求。对关系的需求是指获得“关系目标”——即和其他人关系融洽或建立相互友好关系的目标的需求。

研　究

其他研究集中在创业者的一般态度和行为上。1983年

图表 7.1

管理与领导的对比

	管　理	领　导
树立目标	规划与预算——确定详细的达到期望结果的步骤与时间表，然后分配必要的资源以达到结果	树立方向——建立未来远景，往往是较远的将来，制定变革策略以实现远景
建立人际网络以实现目标	组织与人员配置——建立实现计划需要的组织框架，为相应的组织框架进行人员配置，分配执行计划的职责与权力，提供政策与程序以帮助指导员工，建立调整执行过程的方法与系统	将员工凝聚起来——通过语言或行动告诉员工公司的发展方向，让所有员工能形成必要的合作以组建起能够理解公司远景与战略并能认同的团队
执行	控制与解决问题——针对计划从细节上控制结果，识别结果与计划的背离，制定计划并建立组织以解决这些问题	激励与鼓舞——鼓励员工战胜主要的政治、官僚机构与资源的障碍，通过满足非常基本但往往难以实现的人的需求来寻求变化
结果	产生一定程度的可预见性和规则，可能实现与各种股东期望相一致的结果	产生变化，往往会是巨大的变化，有可能产生极为有益的变化

资料来源：Reprinted with the premission of The Free Press，a Division of Macmillan，Inc. From *A Force for Change: How Leadership Differs from Management* by John P. Kotter，Copyright © 1990 by John P. Kotter，Inc.

图表 7.2

创业者的特征

日期	作者	特征	标准化的	经验化的
1848 年	米尔（Mill）	承担风险	×	
1917 年	韦伯	正式权力	×	
1934 年	熊彼得	创新、首创	×	
1954 年	萨顿	对责任的渴望	×	
1959 年	哈特曼（Hartman）	正式权力的资源	×	
1961 年	麦克莱兰	承担风险；对成就的需求		×
1963 年	戴维斯	企图心；对独立、责任、自信的渴望		×
1964 年	皮克尔（Pickle）	驱动力/智力；人际关系；沟通能力；技术知识		×
1971 年	帕尔默（Palmer）	风险衡量		×
1971 年	霍纳迪与阿邦德（Hornaday and Aboud）	对成就的需求；自治；积极进取；力量；认知；富有创新性/独立性		×
1973 年	温特	对力量的需求	×	
1974 年	布兰德	力量的内在轨迹	×	

进行的一项研究发现了成功创业者的态度和行为与公司发展各阶段之间的关系。[3] 一年后，另一项研究发现创业者是十分特别的个体；比如，这项研究发现“具有特点的并不是笼统的成功、成长导向的创业类型……真正突出的是公司的建设者。”[4] 最近，对118位创业者的调查表明：“那些喜欢计划的人比不喜欢的人更容易使公司得以生存。”[5] 很明显，快速致富的创业者们并不是公司的建设者，也不是成功企业的计划者。真正的公司建设者和计划者是那些从事每日日常业务以达到长期目标，通常精力充沛，且不以利润为惟一导向的远见人士。

学术界在继续总结创业者所具有的特殊品质。（见图表7.2关于此项研究的概述。）作为一项旨在理解创业思维的调查的参与者，1983年1月，霍华德·史蒂文森（Howard H. Stevenson）和杰弗里·蒂蒙斯与60位在创业的企业家进行了交谈。[6] 这次调查的一项发现是，企业家觉得他们必须着重几项根本因素：在把握新商机时的反应力、弹性和适应力。这些企业家还谈到了其他态度，包括“激发想像”的能力和愿意学习并投资于新技术的态度、适应能力、专业态度和耐心。他们谈到“享受和乐于投入事业”以及把事业作为“一种生活方式”的重要性。

许多调查应答者认为人力资源管理十分重要；一位企业家说最具挑战性的工作之一就是扮演“吸引高素质人才，并把观点传递给他们，同时控制激励他们的领导角色”。另一些企业家强调建立组织和团队的重要性。比如，一家有1 000万美元销售额的制造公司总裁说：“理解每个人并让他们同心协力为一个基本目标而努力是我在今后5年中的一项主要挑战。”一家有225名职工，600万美元销售额的服装制造公司总裁和其他许多人都认为，一个企业家最重要的平衡力和长期影响力在于管理雇员。他说：“坦诚待人，在他们干得好时给予表扬非常有好处。”

众多的调查对象感到将事业概念化并制定战略规划越来越重要，特别是对未来的5年进行规划。同样，一家有4 000万美元销售额和400名雇员的公司CEO也谈到关怀和尊重职工的长期重要性，他说：“管理层和普通雇员之间的界限必须被消除。应该教学生们懂得尊重所有雇员，包括门卫，应该把他们都当成有知识而且能干的人。”有一家公司已经采纳了这个概念，这就是Ben & Jerry's自制冰激凌公司，该公司开始经营之初就立下了这样一条约定：“老板的报酬（包括薪水和津贴在内）不能超过公司工作过至少一年的最低工资职工的5倍。”[7] 自从约定生效以来，它已被改成七比一，同时公司在1992年上半年的上报年收入为6 320万美元。[8]

麦肯锡对中等规模的成长型公司（即销售额在2 500万~10亿美元，5年的年利润增长率超过15%）所做的咨询调查证实，成功公司的CEO有三个最显著的共同品质：恒心、创始人的头脑，以及特别倾向有计划地冒险。[9]

创业思想的聚合

可取的且学得到的态度和行为

许多成功的企业家强调，虽然成功企业家有首创精神并担负责任，并且坚决而有恒心，能够迅速恢复活力，适应性强，但这些并不是他们的个性使然，而是他们后天努力的结果。[10]

像精力和天才这些先天特点有些企业家有，有些企业家没有，虽然它们会起到不可否认的核心作用，但很明显，拥有这些特点并不是成为企业家的必要条件。还有大量事实表明企业家具有天生的素质，并可以在后天被塑造得更好，某些态度和行为是可以通过经验和学习学到，被开发、实践或被提炼出来。[11]

虽然不是所有的态度和行为都可以被每个人以相同速度和相同程度获得，但企业家们可以通过集中发展那些起作用的态度和行为，并对它们进行培养和实践，以及对其余不起作用的态度和行为的剔除，或至少减轻它们的不利影响，来获得更大的成功几率。要获得这些对创业有利的态度和行为可能要付出艰苦的努力，并且很大程度上将依赖个人要求发展的动机，但看来每个人都有令人吃惊的改变能力和学习能力，只要他们受到激励并为此努力。

成功企业家们给出的证据还确认了这样一点：成功企业家们具有一些共同的态度和行为。以进入百森商学院杰出创业者学会的第一批21位学员为例，这21位学员包括一些著名企业家，如数字设备公司的肯·奥尔森、王安计算机公司的王安、著名的阿莫斯巧克力曲奇公司（Amos' Chocolate Chip Cookies）的沃利·阿莫斯（Wally Amos）、Control Data的比尔·诺里斯（Bill Norris）、本田汽车公司的本田宗一郎（Sochiro Honda）和麦当劳已故的雷·克拉克。所有这21位在讲到他们获得成功的原因时都提到三种品质：（1）对挑战做出正面反应以及从错误中学习的能力；（2）个人创造；（3）极大的恒心和决心。[12] 20世纪90年代，以下企业家们由于他们所获得的巨大成就被吸收进杰出创业者学会，他们在社会变革和个人发展方面所做的工作改变了整个世界。这些企业家是：锐步国际有限公司的保罗·法尔曼（Paul Fireman）、ASK计算机系统公司的桑德拉·克特齐格、Bose公司的爱玛·博斯、Furman木材公司（Furman Lumber，Inc.）的约翰·弗曼、MCI通信公司的威廉·麦高恩、马里恩·梅里尔·道公司的尤因·马里恩·考夫曼、Van Kampen Merritt Holding公司的约翰·梅里特、Body Shop的安尼塔·罗迪克、the Limited，Inc.的莱斯利·维克斯纳（Leslie H.Wexner）、凯创系统公司的罗伯特·莱文和克雷格·本森、Home Depot公司的阿瑟·布兰德、维珍集团公司的里查德·布兰森、Callaway Golf公司的埃利·卡拉韦、All-Pro广播公司的威利·戴维斯、L. L. Bean公司的利昂·戈尔曼（Leon Gorman）、Nature's Heartland的利奥·卡恩（Leo Kahn）和Genentech的罗伯特·斯旺森等。

在成功企业家们所做的事情和他们做事的方法中，出现了一些“主题”。毫无疑问，有许多态度和行为可以作为创业思想的特点，并且没有哪一套态度和行为是所有企业家面对每一个企业商机都必须具备的。另外，依据匹配概念，具体情况下对态度和行为的需求决定于关键参与者的组合和搭配，以及在给定创始人的优势和劣势基础上此商机的成功概率和对错误的容许度。一个团队总体上可能表现出许多可预期的优势，但即便如此，到目前为止还不存在完美企业家这回事。

6大主题

对这6大主题大家取得了共识，如图表7.3和7.4所示。

图表 7.3

可取的并可获得的态度与行为的 6 大主题

主　题	态度与行为
责任感与决策力	顽强、具有决断力，能够迅速地承担/交付责任
	为达到目标的高度竞争性
	解决问题的恒心，遵守纪律
	愿意承受个人牺牲
	投入
领导力	具有主动精神的人；高水准但不求完美
	团队的建设者和英雄的创造者；鼓舞他人
	待人如待己
	与所有帮助创造企业的人分享财富
	诚实、可靠的；建立信任感；公平行事
	不做一匹独狼
	出色的学习者和老师
	耐心、具有紧迫感
执着于商机	对客户的需求与需要有敏锐的认识
	市场驱动的
	执着于创造价值与提升价值
对风险、模糊和不确定性的容纳度	承担预计过的风险
	风险最小化
	风险分摊者
	管理悖论与矛盾
	容忍不确定性与组织结构的缺陷
	容纳压力与冲突
	能够不断解决问题并对解决方案进行整合
创造、自我依赖和适应能力	不受旧习束缚，思维开放，水平思考
	摆脱现状
	能够调整和变化；主动解决问题者
	快速的学习者
	不害怕失败
	能够归纳总结形成概念以及“提取细节”（高度提炼）
超越别人的动机	目标—结果导向；高的但现实的目标
	有达成目标与成长的驱动
	对地位与权力的需求低
	人与人之间相互支持（与竞争相对应）
	意识到劣势与优势
	有主见和幽默感

图表 7.4

可取的核心的创业品质

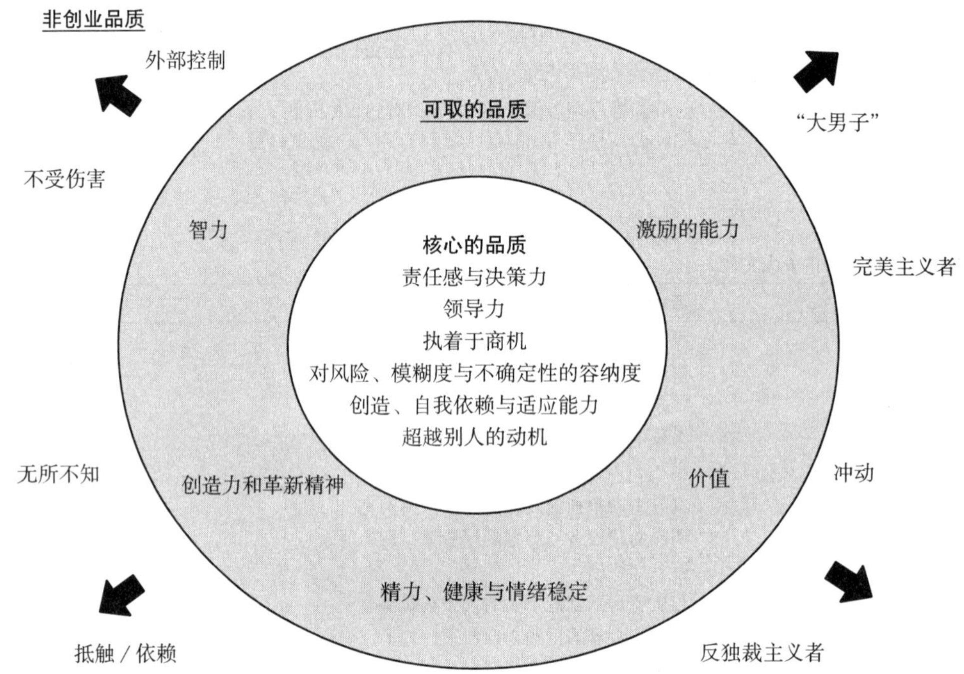

责任感与决策力 承担责任和决心比其他任何一项因素都更重要。有了责任承诺和决心，企业家可以克服不可想像的障碍，并大大弥补其他缺点。

如卡尔文·库利奇（Calvin Coolidge）总裁所说：

> 世界上没有什么可以取代持之以恒的恒心。才能做不到；有才能而没有获得成功的人到处都是。天赋做不到；没有作为的天赋几乎成了一句格言。教育做不到；世界上到处都是受过教育却被社会抛弃的人。恒心和决心是无所不能的。"奋力前进"的口号已经解决了并将继续解决人类的各种问题。

所有前文提及的杰出企业家都说这些态度是十分关键的。Cuisinarts公司的总裁兼创始人卡尔·萨西玛（Carl Sontheimer）说："企业家有各种风格、个性和道德标准，但有一点是共同的，就是他们从来不会放弃。"Perdue Farms公司的总裁富兰克林·珀杜（Franklin P. Perdue）说："没有什么事，绝对不可能有什么事能够代替乐于工作的态度。你必须心甘情愿地付出代价。"

几乎所有创业企业都要求承担完全的责任。几乎没有例外，企业家们一直生活在巨大的压力之下——开始是为使他们的公司求得生存的机会，然后是使公司继续站住脚，最后是使公司发展壮大。一家新企业需要创业者们把他们的时间、感情和忠诚首先贡献给企业。因此，责任感与决策力通常意味着个人牺牲。创业者的责任承诺可以从几方面衡量——把他/她的净资产的一大部分投资于企业；愿意接受较少的薪水，既然他将拥有此企业的一大块；以及其他在生活方式和家庭上的较大牺牲。

创业者有很强的竞争意识：他们喜欢在任何事上都积极竞争并获取胜利！优秀的创业者会将全部竞争能量都用于对付企业外部竞争者和实现企业目标。这很重要，因为如果一家公司的创建者们在内部互相竞争，就会瓦解团队的凝聚力和团队精神，最终毁掉整个团队。成功建立了新企业的创业者们希望能克服障碍、解决问题并完成这项工作；他们在解决问题和完成其他任务上很能自律、坚韧不拔并持之以恒。他们可以很快地承担责任和交付责任。他们不会被困难吓倒；实际上，他们好像认为别人觉得不可能的事只要再多花一点时间就可以了。然而，他们并不是没有目标的，在坚决解决阻碍其公司进展的问题和障碍时也不是有勇无谋的。如果哪一项任务是无法完成的，实际上创业者会比其他人更早放弃。大多数研究者都认为虽然创业者们极有恒心，但他们在判断什么能做，什么不能做，以及他们从哪儿可以得到帮助以解决一项十分困难但又十分必要的问题时，表现得非常现实。

领导力 成功的创业者们富有经验，熟谙他们参与竞争的技术和市场知识，具有扎实的管理技巧以及有据可查的业绩记录。他们是自我激发者，有高度的内在控制力。他们是富有耐心的领导者，能够把看不见、摸不着的前景灌输下去，并从长远目标出发进行管理。创业者可以同时是一名学生和一位老师，一个实干家和一个梦想家。一家实力雄厚的企业可以在实现资本积累的同时为世界贡献一些与企业相关并且长久的东西，要建立这样一家企业需要有耐心，坚持5~10年，或更长时间。

艾伦·格兰特（Alan Grant）的工作为第3章所描述的创业的根本“驱动力”理论提供了有力支持。格兰特调查了25位资深风险投资家，试图勾勒一个创业领导力范例。从他的研究中可以得出三个十分清楚的领域：带头的创业者、企业团队和外部环境影响，这些在图表7.5中作了更详细的阐述。另外，格兰特提议，为了真正理解这个范例，应该“和三架马车的比喻联系起来想，三架马车是俄罗斯的一种运输工具，由三匹力气一样大的马拉着。每匹马代表一簇成功因素。这辆三架马车由创始企业家的眼光和梦想驱使，奔向成功。”[13]

成功企业家有一种很强的能力，不需要凭正式权力就能向别人施加影响。这些人善于化解冲突。他们知道什么时候用逻辑说理，什么时候用劝说说服，什么时候做出妥协，什么时候寸步不让。为了成功地经营企业，创业者要学会和许多角色—— 客户、供应商、资金援助者、债权人、合伙人和其他内部人相处，这些人在目标上常常会有

图表 7.5

创业领导力范例

带头的创业者	
自我觉醒	具有现实主义者的态度，而不是无所不能的态度
性情诚实	值得信赖，他/她的话就是承诺 当不知道时会承认自己不知道
节奏的制造者	表现出高昂的精神状态，以及紧迫感
勇　气	能够做出艰难的决策；设置高目标并为之拼搏
沟通技巧	在市场中能与企业团队及其他企业参与者保持有效的对话
团队参与者	精通人员管理与团队建设技巧
企业团队	
组织类型	带头创业者与企业团队在参与性的环境中将他们的技能融合在一起
伦理行为	坚持商业伦理，严格履行
信任感	承诺能够兑现，或者做得更好
关注点	关注于企业的长期发展策略，但是实现的战术是灵活的
绩效/奖赏	产生高水平的绩效，当表现更突出会得到公平、公正的奖赏
适应性	对产品/技术周期的快速变化做出反应
外部环境影响	
委托人的需求	组织的需求要满足，企业服务的其他公众利益也要满足
以往的经验	以往的大量经验可以被有效应用
指　导	其他人的特长可以发挥利用
问题解决	新问题能够很快解决或优先处理
价值创造	高度承诺为投资人、客户、雇员以及其他股东创造长期价值
技能重点	市场技能高于技术能力

资料来源：Adapted from Alan D. Grant, “The Development of an Entrepreneurial Leadership Paradigm for Enhancing Venture Capital Success,” *Frontiers of Entrepreneurship Research*, 1992, ed. J. Hornaday et. al. (Babson Park, MA: Babson College, 1992).

冲突。只有当创业者成为一个调停者、磋商者而非独裁者时，才会获得成功。

成功的创业者彼此之间互相支持、互相扶植——而不是互相竞争。当创业带头人表现出很强的控制欲，想要影响他人并向别人显示权力时，或他总想把伙伴压制在自己之下时，往往企业会出现麻烦。企业家应该待人如待己；他们应该和那些做出贡献的人一起分享财富。那些管理方式表现为独裁、敌对和盛气凌人的创业者很难吸引到渴望做出成就、担负责任并为结果努力工作的人，并且很难留住他们。大家通常选择顺从的合伙人和经理人。常常在最终发言权、谁对谁错、谁有什么样的特权上爆发激烈的冲突。

创建了实力雄厚的企业的企业家们不是孤独的狼，也不是过于独立的。他们不需要为收集赞誉而创建企业。他们不仅清楚这样一个现实——建立一家实力雄厚的企业靠单干几乎是不可能的，而且他们积极地建立了一支团队。他们有一种神奇的能力，可以使被他们吸引到企业的人成为英雄，所用的方法就是让其承担责任并分享获得成就的赞誉。

在公司背景下，这种“造就英雄”的能力已被认为是成功经理人的一项必备素质。[14] 这些英雄的缔造者不仅成就了个人，也成就了公司。他们努力要把蛋糕做大做好，而不是只抓住一小块，并把它小气地藏起来，使它完全成为自己的。他们也有一种客观处理人际关系的能力，这使他们通过集中注意力于共同目标，从而化解了许多个人之间的不同意见。[15]

执着于商机 成功的创业者都会为商机而殚精竭虑。他们的目标是寻求并抓住商机，积累自身资源或资金。关于商机在本书最开始几章已经说过许多。创业者受到的困扰是陷在商机里不能自拔。他们正在区分各种想法的价值，他们意识到想法太多了。他们对其行业、客户和面临的竞争十分熟悉，执着于商机使得创业者能够抓住重点。值得一提的是，汉语文字中表示危机和问题的两个字连起来就表示了商机的意思。

对风险、模糊和不确定性的容纳度 既然高速变化和高度风险、模糊和不确定性几乎是不可避免的，成功企业家们就容纳了风险、模糊和不确定性。他们驾驭着悖论和矛盾。

创业者们把资金，更为重要的是，声誉都押在创业上。成功创业者们并非赌徒；他们是有计划地冒风险。他们像跳伞运动员，愿意冒点风险；但是，在决定冒险时，他们会仔细而周全地计算风险的大小，并且尽一切可能让各种可能事件朝着有利于他们的方向发展。创业者们让其他人和他们一起分担财务和商务上的内在风险。合伙人会投入其资金和声誉，投资者也一样。债权人也会加入这个团体，如提前付款的客户和提供信贷的供应商。举例来说，一位研究者调查了三个在加利福尼亚非常成功的企业家，他们启动并展开了一些行动，其后果存在风险。[16] 调查发现，虽然他们力图避免风险，但他们仍旧能乐观而清晰地看到公司的未来，从而保持了勇气。他们通过仔细定义目标、形成战略以及控制和监督他们的行动方式——并按他们预见的未来加以调整，减少了启动风险。另外，他们还通过把风险转移给他人来控制风险。

1990年，约翰·迈纳（John B. Miner）提出了动机—组织匹配的概念。在此概念中，他把等级（管理）角色和任务（创业）角色作了对比。[17] 此项动机模式的研究表明，那些以任务为导向的人（即创业者）因为他们所具有的动机会相应选择以下角色：

角色	动机
1. 个人成就	渴望通过个人努力获得成就并把成功归因于个人原因。
2. 风险规避	渴望规避风险，极少冒险。
3. 寻求行为结果	渴望反馈信息。
4. 个人创新	渴望引入创新的解决方法。
5. 规划和设定目标	渴望思考未来并预测未来可能性。

创业者们还要容纳模糊性和不确定性，并对冲突泰然处之。如果问在一家大公司工作的某些人，他们是否确信能在当月、2个月后、6个月后或下一年拿到薪水，他们会说这当然是肯定的，然后就不再多说了。创立企业的企业家们碰到的情况恰好相反。起初他们可能没有订单，即使有，也可能出现订货无法如期交付的现象，订单延误90天可能还得算是比较好的情况。更糟的是，组织、结构和秩序的缺乏成了家常便饭。无休无止的变化把模糊性和压力带到了企业的各个部分。具体工作无法确定并常常变动，新的客户，新的同事，还有无法避免的挫折和出人意料的事件，并且总觉得时间不够。

成功的创业者把压力可以带来的好结果——“更好绩效”最大化，并把负面影响——筋疲力尽和沮丧情绪最小化。有两项调查显示，在很大程度上，创始人所享受的满意感和受到的压力都比经理人大，不管他们的企业是否成功。[18]

创造、自我依赖和适应能力 高度的不确定性和快速变化是每个新企业的特点，它们要求企业有应变性以及与之高度适应的组织形式。一个组织必须对各种情况做出快速而有效的反应。

成功的创业者们非常自信。他们认为他们的成就（和受到的挫折）与他们自身的控制力和影响力有关，他们可以影响结果。成功创业者们有察觉、“提取细节”和概念化（即“高度提炼”）的能力。他们不满意停留于现状，是毫无休止的革新者。

以往企业家一直被看做是独立的、高度依赖自我的革新者，以及自由企业经济的拥护者（有时也是反面角色）。更多的现代研究和调查总结出几点共识，研究者和从业者普遍认为真正的企业家会积极寻求主动权并采取主动。他们愿意把自己置于个人承担经营成败责任的位置。他们喜欢主动解决问题，或在没有领导力量的情况下，主动填补这个真空。他们也喜欢衡量个人对问题的影响力。这是以行动为导向的企业家性格的又一表述。

成功创业者们有很强的适应力和恢复力。他们总想知道他们的表现是否足够好。他们意识到要知道自己做得怎样以及如何提高自己的表现，必须积极搜寻反馈信息，并利用这些信息。搜寻并利用反馈信息对从错误和挫折中学习经验以及对未预见到的情况做出反应也很有用。因此，企业家们也常常是优秀的听众和快速的学习者。

创业者们不怕失败；并且他们相信乔治·伯纳德·肖（George Bernard Shaw）所说的那句富有哲理的话——“成功的背后包含着许多失败”，[19] 因而他们更加坚定了获取成功的决心。害怕失败的人会丧失他们可能具有的所有获得成就的动力。他们会倾向于从事一项简单的、几乎不会失败的任务，或者虽然在一个很困难的情况下做事，但如果做不成，他们也不会负个人责任。

另外，成功企业家们有能力从失败的经验中吸取教训。他们能更好地理解自身和他人在造成失败中所起的作用，因此能在将来避免类似的问题发生。有句老话，大意是，从来没有从马背上摔下来的牛仔显然骑得不够多！成为成功企业家要经过尝试—错误的不断反复，这个特性使他们所遭受的严重挫折和失望成为学习过程中不可缺少的一部分。

超越别人的动机 成功企业家们受胜出别人的动力驱使。创业者们是自我驱动器，他们受到内心强烈愿望的驱动，希望和自己定下的标准竞争，追寻并达到富有挑战性的目标。自从20世纪50~60年代麦克莱兰和阿特金森关于动机的开创性著作面世以来，获得成就的需求已经被创业理论界所确认。前文提到的著名企业家们指出，找出新建企业必定会面临的挑战并积极应对是获取成就动机的具体行为表现。

相反，这些企业家们对地位和权力的需求很低，他们从创建企业的挑战和兴奋中产生个人动力。他们受获取成就的渴望，而不是地位和权力的驱动。但有趣的是，他们取得的成就，特别是当他们非常成功时，会给他们带来权力。但必须清楚地认识到他们所取得的地位和权力是他们行动的结果。设定高的并且切实可行的目标可使创业者集中精力，仔细挑选商机，并知道怎样放弃。目标和方向还有助于确定行动的优先级，并提供衡量创业者们表现的方法。拥有客观评分工具——如利润、销售额或股票价格上的变化——也很重要。因此，金钱被看做是一种打分的工具和方法，而不是这项游戏本身的目标。

成功企业家会要求自己坚持最高标准的正直可信的品性。他们说到做到，并且目光长远。这些个人素养的高标准成为将成功人士和企业结合并长久保持这种结合的黏合剂和输导纤维。

一项涉及哈佛商学院小公司管理项目130位成员的研究证实，这个问题确实十分重要。大多数被调查公司直截了当地说，这是他们获得长期成功的惟一最重要因素。[20]

最好的创业者能清醒地认识到他们自身及其伙伴的优缺点，还有周围影响他们的竞争因素以及其他环境因素。他们对自己能做什么、不能做什么持冷静而现实的态度，自己不糊涂；也就是说，他们有着“清醒的认识”或“乐观的现实主义”。值得注意的还有，成功企业家都很自信。他们不相信他们的企业成败受命运、运气或其他强大的外部力量的控制。他们相信他们个人可以影响结果。这种性格和获得成就的动机一致，获得成就的动机即表明他们希望承担个人责任，并且自信。

清醒意识往往和其他有价值的创业品质——洞察力和幽默感携手相随。保持洞察力并能“认识你自己”的优缺点可以使企业家开怀大笑，可以平息他的紧张，并且常常能化不利为有利，朝向获取更多利润的方向发展。

其他令人向往的（但不一定能得到的）态度和行为

被多数专家和观察家列为天生而非后天获得的特点要少得多，这一点对我们大家来说都是幸运的一件事。即使是这些特点，研究者们也展开了广泛的辩论，论证它们是否可以在某种程度上被学到或被培养出来。我一位做儿科医生的朋友对人的个性在某些方面可以改变的程度提供了合理的解释。这就像用一片细砂纸来磨一块很大很硬的木头。木头的表面可能能被磨得光滑一些、精致一些，但要改变它的形状却要花极大的工夫。

下面列出的5项就是这种性质的。虽然这些对渴望成功的创业者来说都是极为向往的天赋，但我们发现一些相当成功的企业家，他们缺少其中几项特点，或每种特点都不突出。还有，几乎没有哪个企业家——或其他人——在下述的各个方面都有着过人之处。如果某个企业家具有这些天生的才能，那么他就拥有极大的发展潜力。

精力、健康与情绪稳定 企业家们面临的特殊工作压力和极高的要求使精力、身体和心理健康变得十分重要。虽然每一项都与遗传有很强的联系，它们还是可以通过注意饮食习惯、锻炼和休息稍作调整。除了对自身的优缺点的清醒认识，成功的企业家还需要认识到潜在的孤独感、压力，甚至是极度的沮丧，这些都源自于他们在风头浪尖上的生活以及不断超越别人的驱动力。为了避免或减少企业家在创业过程中可能出现的危险的负面结果——灾难性失败，[21] 专家建议成立正式或非正式的网络组织与论坛。由考夫曼基金会发起的青年企业家组织（www.yeo.org）与青年总裁机构（Young Presidents Organization）这样的团体就发挥这种作用，它们为许多身处困境的创业者提供一线生机，就像在第2章中所叙述的詹姆斯·肯尼菲克的故事。

创造力和革新精神 创造力一度被认为是只有通过遗传才可获得的能力，并且大多数人同意它本质上是遗传而来的。但把富有创造力和革新精神的美国文化和其他具有同样发达程度但创造力和革新精神不那么强的国家文化相比，我们可以惊讶地发现创造力和革新精神与文化有很大关系。如第3章所说，越来越多的思想学派认为创造力实际上是可以学到的。

智力 智力和概念化能力是企业家的极大优势。可能没有哪家经营成功并且具有高发展潜力的企业其创始人是白痴或只有中等智力水平的。像许多心理学概念一样，对智力的定义也没有统一标准。但大多数人都认为智力应包含以下要素：（1）抽象思维与推理；（2）解决问题的能力；（3）获取知识的才能；（4）记忆力；与（5）对环境的适应能力。[22] 所有这些概念似乎都与创立、运转一家企业有着必然联系。但是，其他形式的智力可能同样重要。

霍华德·加德纳（Howard Gardner）的多智力理论反对智力单维度的观点，相反，他认为智力是由多种特性组成，这些特性并不总是与数学、语言或科学能力有关，而是包括空间能力、乐感、人际交往与自身内心平衡技巧以及语言能力在内的许多种因素。同样，情商已经成为人们关注的焦点，它被视为事业动机与团队协作的重要组成部分。情商越来越重要，必须更加重视个人与人际关系能力（或者说情商）对成功的影响。对企业家而言，这些因素可能更加重要一些。

商业嗅觉、企业家的感觉和直觉以及“老鼠般的狡猾”[23]也是特殊的才智。有许多例子都讲述了退学者后来成为真正杰出企业家的故事。拿肯德基家乡鸡的已故传奇人物——桑德斯上校为例。他说过一句话，被经常引用。他说：“当我在学校里学到他们说X等于未知量Y的时候，我觉得我学的已经足够多了，并决定我必须离开学校去工作！”当然，这不是要鼓励哪个人离开学校，这里要强调的是许多人具有使他成为企业家的某种才智，但并不一定能在其他方面同样出色。

还有一个相似的例子，是关于最通行（虽然越来越引起反驳）的智力测量标准的：IQ或者说是智商。IQ测试常常被当做是对某个人智力水平的测量工具。但是，大多数的IQ指标存在文化与教育偏差。同样，许多IQ测试中被评为“低智商”的人却成了成功的企业家。看一看迈阿密的托德·斯奈德（Todd Snyder）的故事。虽然在学位考试（SAT）中他只得了800分的总分，但他还是从迈阿密大学商学院如愿毕业了。在30岁时，他已经成为拥有一家每月创利超过20万美元的印刷服务企业的百万富翁。托蒂的“创业IQ”（EIQ）反映在创业的6大主题中是很高的。他是一个很明显的竞争者，在学校里就是州越野冠军。他将销售技巧提升到极致，他非常果断地找到了事业方向并投入其中。

激励的能力 远见是一种天生的领导素质，它富有超凡的魅力，大胆而鼓舞人心。所有各个年龄段的伟大领导者们都具有远见，许多真正杰出的企业家也一样。很难找到哪个人会说这种特殊的个人品质不是天生的。然而，即使某个企业家的个人领导魅力可能较低，但他仍可以成为领导人，通过一种特定的领导方式将他的远见传递给下属。企业家的目标和价值观将建立起一种氛围，使所有随后发生的活动都顺利展开，并且他的鼓舞力，不管采用什么形式，都会对塑造企业产生影响。

价值 个人价值和伦理价值反映了企业家生活的环境和

背景，在人生的早期就形成了。这些价值构成了个人不可分割的一部分。与强调个人主义的西方哲学相反，对企业家而言团队的价值是根本价值。

创业领域的人口统计特征转变

关于创业与创业动机的学术、研究与理论的重点已经在某些方面发生了偏见。许多学术研究与模型只强调的行为、思维与经验都是就白种人而言的，却忽视了对被研究对象的人口统计特征。这主要是因为其他人群在创业活动方面缺乏表现。但是，由于前几章所阐述的因素（例如：政策变化、变化中的种族/人种构成），随着新企业主人种特征出现的快速变化，对各种不同人群的充分表述是很有必要的。以下就是对其中一些转变的概括，以及这些转变是如何影响创业成功要素的获得的。

性别影响

就像以往提及的，大多数与创业相关的信息以及左右成败的因素都关注的是男性的经历。直到如今，女性还是很少成为创建企业的带头人（虽然她们的贡献可能同样重要）。虽然在创业活动中女性与男性的参与程度还存在很明显的差距（比例为1:2），但女性已经在美国及其他国家的总体创业活动中发挥着越来越重要的作用。[24]

由于女性参与创业的人数越来越多，研究者已经开始研究为什么会存在这种差距，以及在男性企业家与女性企业家之间是否存在内在的差异。性别差异的问题是很复杂的，许多因素可能会导致差异（如生理、环境、文化背景、力量、经济地位），我们难以区分这些因素，但是这些因素的综合可能最终导致了男性企业家与女性企业家总体上的差异。

教育与以往的工作经历 男性与女性之间一个显著的差异是：女性在商业、工程与科学方面受的高等教育处于劣势。[25]虽然对创立新企业而言教育不是必需的（比如桑德斯上校），但教育确实能够给人提供技巧、关系与机会，这些对大多数成功的企业而言是至关重要的。因此，女性落伍了。在公司的世界中也存在类似的不公平，大公司的多数管理者是男性。另外有一项研究表明大多数创立企业的女性以往都具有相关的职业经历或管理职位。但是，考夫曼中心的凯特·霍德尔（Kate Hodel）强调：快速成长型企业的女性企业主比男性更可能具有职业背景。

网络 对于女性参与创业活动的水平比较低，一个可能的解释是与支持网络或关系相关的。成功的创业需要足够的职业网络。根据堪萨斯城密苏里州大学的帕特里夏·格林（Patricia Greene）的研究，男性白人往往具有资本与其他资源的网络。其他的研究发现，社会网络在机会识别方面起到重要作用。[26]类似女性与企业中心（Center for Women and Enterprise）这样的机构正在努力扭转这种局面，它们在推动女性创业方面提供广泛的服务。（http://www.cweboston.org/）

动机与成功标准 动机是本章前文所讨论的企业成功的重要一环。关于女性创业有着截然相反的发现。许多女性认为她们受某种创业思路鼓舞而投身创业，而另一些人认为自己是因为对以往的工作经历心灰意冷才开始创业的。[27]通过职业与个人的发展带来的自我实现对女性来说是非常重要的，这已经超过利润成为最重要的成功标准，而人们以往通常将利润作为判断“成功企业”的标准。[28]

关系与社会化 许多发展研究的理论家强调妇女应该将重点放在建立关系上。[29]女性的社会角色往往被界定为哺育者与移情者，而男性往往是被认为是具有竞争性的、主导性的。这似乎有助于女性作为企业或团队的领导者取得成功。实际上，最近研究发现，女性能够与雇员、客户、银行以及其他创业者维持良好的关系，而这一点对企业的成功与发展至关重要。[30]

风险与成长 在个人与企业风险方面，女性企业主往往更小心、保守，而男性倾向于更快地扩张。根据考夫曼伙伴项目（www.kfp.org）的翠史·科斯特洛（Trish Costello）的研究，快速成长型公司的女企业主可能更具有创业表率作用。

一般来说，在男性与女性创业者之间存在差异。但是，其中许多差异是由环境造成的，与个性更有关系的一个差异是在人际关系方面。女性与男性的差异主要是与一些并非无法渗透的因素有关。

种族、民族与文化

无论走到哪里，你都会感受到美国快速变化的种族结构。这种变化与全球范围对创业活动的越来越多的关注共同推动，形成了各种不同种族、文化与国籍背景的人们的创业大潮。这种变化非常重要，因为：首先，它导致了许多产业与创新的形成，而这在同一种族的企业领导人中不太可能形成；其次，有些研究成果表明，从某些特定国家移民来的人具有更高的创业比例；第三，在企业界常常见到的不公平现象往往剥夺了许多个人的权利，而新企业的形成提供了另一种可能。

许多在女性创业中提到的因素也影响到美国少数民族与少数种族的创业活动与成功。教育程度、语言障碍、经济与权利不公是主要的相关因素。根据移民研究中心(Center for Immigration Studies）的一项研究，从韩国、加拿大、中国、波兰与印度移民来的人具有比美国出生的人更高的自我雇用比例。但是，这项研究也反驳了移民作为一个群体其整体创业比例高的观点。由于种种原因，在不同种族群体之间存在差异，其中包括文化因素（例如，集体主义还是个人主义）、资源的可利用性、不同群体之间更大的经济差距、语言能力以及期望因素等。美国土著人被发现创业比例最低。与创业的“获取”理论一致，最可能造成这种低比例的原因是经济状况、缺乏表率，以及美国土著文化所体现的对社区的关注，而这正好与美国商业社会所强调的个人进取相抵触。

妇女与少数民族创业在不断增长，已不再是新鲜事物了。根据全国妇女基金会统计，在美国的拉丁民族女性创业者平均拥有企业时间为12年。这些女性将她们的企业描述为家族企业，这一点比其他种族的女性更明显。在企业中她们能同时使用西班牙语和英语，这是越来越多双语国家的一种财富。64%的人认为文化传统是她们事业的一大财富，很明显，她们与其他的女性创业者相比，有更多的人从事国际贸易。（这既是她们企业的另一种财富，也是经济社会的一种财富。）

看起来，女性与许多文化群体主要是通过团队来获得事业成功的。妇女与许多非西方血统的人都很注重人际关系、社会以及家庭，并将其作为建立成功事业的重要基础。这些是建立事业的基础。但是，她们必须克服社会生活中常见的许多难以忍受的社会与经济问题。要做到这一点，她们需要表现出很强的责任感、决断力、适应性以及超越别人的动机——这些才是创业者的伟大品质！

新一代的企业主

我们现在要讨论的不是硅谷的年轻技术人员，而是在未来几年中在创业中可能发挥重要作用的退休老人。已经有人预言将有越来越多的即将退休的在婴儿潮期出生的人成为创业者。[31] 不管他们是因为提前退休，还是因为要实现自己一生的梦想，总之越来越多的老年人将加入到创业的行列。就以多丽丝·德鲁克（Doris Drucker）为例。她在80多岁时才开办了自己的第一家企业，目前她是RSQ公司的CEO与创始人，这是一家位于加利福尼亚州的电子公司。虽然她受到很多人的怀疑，但她认为80岁开办企业与任何年龄创业并没有什么区别，“惟一的要求就是你还活着，身心健康，而且精力充沛。”[32]

对创业中各种不同群体的探究

以下列举了为改善不同群体的“创业状态”而提出的建议：

- 对女性及各种不同文化群体运作的企业应该提供支持与联系。研究表明，男性与女性在寻求建立关系网络方面并没有性别差异，因此这不能被当做一种障碍。[33]
- 对于任何弱势群体而言，角色示范与指导越来越重要。要给他们鼓励，这样就会看到完全不同的另一个女人、美国土著人、非洲裔美国人等等，“你能做到”（make it）这句话是价值无穷的。一般来说，企业家的指导与辅助也具有同样重要的意义。
- 要为那些希望在相关领域继续深造的人们提供资金与社会的支持。
- 在案例、文章与媒体中应该增加对女性及各种不同群体的反映。例如，Michelle Lansdowne and Lisa Little Chief Bryan最近就建立了一个针对美国土著人创业者的案例系列。
- 企业主应该对员工公平公正地录用与晋升。根据国家女性企业主基金会（National Foundation for Women Business Owners）的调查，女性企业主雇用的员工中，女性员工大约占52%，男性员工占48%；而男性企业主雇用的员工中，女性只占38%，男性占62%。

非创业思想一瞥

还有一种非创业思想，它会给新企业带来麻烦，或成为致企业于死地的因素。显然还没有哪项研究对此作过探讨，即便有，也只是从关于“成为失败主要原因的管理方面”泛泛地提出一些相关内容。

关于飞行员的灾难性思维方式的研究发现非常吸引

人，它可能对研究判断失误有所帮助。[34] 在飞行任务和领导一家新兴公司之间可能存在一些相似之处。研究者已经披露，觉得不会受伤害、表现强大、反对权力、冲动、受到外部控制这些感觉对飞行员来说都是很危险的。还有其他三项可以加入这个列表，它们是：完美主义、无所不知和极端独立。

- *不会受伤害*。这种思想方式是指，有些人觉得没有什么灾难性的事会发生到他们头上。他们容易冒一些不必要、不明智的风险。当驾驶一架飞机时，或兴办一家公司时，这种行为显然会形成严重隐患。
- *表现强大*。这是指有些人总想证明他们比别人强，并能击败别人。为了证明这点，他们可能会冒极大的风险，也可能为了给别人留下深刻印象而置身险地。虽然这和过分自信相关，但这种思维方式已经超越了此定义的范围。愚蠢的以硬碰硬的竞争和非理性的接管战是这种行为很好的例子。
- *反对权力*。有些人反对外部权力控制他们的行动。他们的态度可以用下面这句话来总结："别跟我说我该干什么。没有人可以对我说我该干什么！"我们可以把这种思维方式和成功企业家的比较一下，后者积极寻求并运用反馈信息来达到目标，并提高自己的表现，他们倾向于寻求团队成员和其他必要的资源来利用商机。
- *冲动*。在面临决策的时刻，某些人感到不管怎样他们都必须做些什么，并且迅速去做。他们没有考虑他们的行动有何意义，在行动之前也没有复审其他可选方案。
- *外部控制*。成功企业家的特点之一是相信自己的内部控制力，外部控制正好与此相反。相信外部控制的人觉得，他们根本无法控制将要发生的事，即使是在可以有所作为的情况下也是如此。如果事情进展顺利，他们就把它归功于运气好，反之亦然。
- *完美主义者*。完美主义是企业家的敌人，这一点已经被反复证实过。达到完美要付出相当多的时间和成本，这必定导致机会窗口被另一个决策更迅速、行动更敏捷的竞争者砰然关上，或者由于技术的提高而消失。（然而，成为一个完美主义者和建立高标准是两回事。）
- *无所不知*。认为自己什么都知道的企业家一般知之甚少。更糟的是，他们常常发现不了自己不知道的是什么。能发现良好商机的人不是这样的。
- *极端独立*。独立极端化是个严肃问题，对企业家来说会限制他们的思维方式。决心完全靠自己来成就大事，不靠一丝一毫的外来帮助，这样的企业家通常最终毫无建树。这也只能怪他们自己了。

见习期概念

见习期的影响和管理

当我们观察成功创业者的时候，我们会发现在他们的职业档案中记录着丰富的经历。在成功企业家中，这是十分多见的。他们都积累了10年或10年多的丰富经验，建立了人际关系，拥有实践经验，并在其行业、市场和技术方面成就了业绩，最终开办、兼并或建立了自己的企业。通常，他们通过直销和市场营销的经验来获得关于客户、销售渠道和市场方面的知识。更多成功的创业者在为自己赚钱之前先为他们的雇主赚钱。请看下面的例子：

- 苹果计算机公司的创始人史蒂夫·乔布斯和史蒂夫·沃兹尼克在少年时期就是计算机的爱好者，到他们20多岁开办公司时，已经积累了相对比较丰富的经验。在一个像微型计算机这样的全新行业，几年时间可以积累大量的经验。
- 当保罗·托宾被约翰·克卢格找到并委托他成立东马萨诸塞州的第一手机公司时，他原先并没有经营手机的经验——但其他人也没有！他在Satellite Business Systems有6年的市场营销经验，以前曾花5年多时间建立自己的公司，是一家非技术企业。他作为创业者的学习曲线对第二个新建企业来说是无价之宝。
- 杰夫·帕克在3家大投资银行工作了10年，负责债券交易业务；在其中一家投资银行他做过销售，做过管理，并建立了一项大宗交易业务。他运用他的技术和计算机知识编写程序，从而帮助债券交易商实现在第一台苹果计算机上的交易。1981年，他以10万美元开办了Technical Data公司，并为债券交易商建立了第一个在线计算机系统。几年后，此公司以2 000多万美元的价格卖给了Telerate。[35]

其他类似的例子不胜枚举。虽然通常任何情况都有例外，但如果你想获得有利于你的机会，必须先获得经验。如第2章中讲到的，成功企业家们一般年纪比较大，至少有8~10年的经验。他们大多已积累了足够的净资产可投资于企业，或具备丰富的业绩记录，会给投资者和债权人留下深刻印象并取得他们的信任。最后，他们通常已经建立并发展了相关业务、其他关系和个人网络，这些最终都会对他们企业的成功发挥作用。

客观地说，刚离开学校后约10年时间里为创业所做准备如果足够好，就可以成就一名企业家的事业，反之则可以破坏他的企业家生涯。许多证据表明历时长久的企业家生涯（经营25年或25年多的时间）在开始创业时的年龄段跨度很大，但他们在经营这个企业之前都做过其他相关工作，为创业生涯奠定了很好的基础。

具有适合某个特定企业的相关经验、实践知识、态度、行为和技巧可以大大提高成功的机会。相反，如果哪个企业家不具备这些条件，那他必须在创办和发展企业时学习这些。采取后面这种方法所付的学费常常十分昂贵，大多数企业家都难以承受。

因为企业家常常是从有创业历史的家庭发展起来的，或受到与他们有密切联系的企业家和其他相关人士的影响和培养发展起来的，所以见习这个概念十分重要。毫无疑问，企业家所需知道的许多和创业有关的事是一边干一边学到的。他们需要知道要做哪些准备，从哪里获得相关的创业知识，如何预测，把自己定位在哪里以及何时开始。

正如哈佛商学院的霍华德·史蒂文森在普莱斯·百森商学院伙伴项目授课以及在其他各种场合不断提醒我们时所说：

> 你必须平等地对待这个世界。没有祈求者这回事。你所需做的是努力工作，并在一群相对平等的人中通过创新行动创建更好的解决办法。我们常常对可能成为企业家的人呵护太多，在他们还没有获得足够的智能和经验，还没有承担足够的责任之前就给了他们很高的薪水和过分的夸奖，这反倒毁了他们。

见习之窗

图表7.6概括了见习实践的关键因素和经验曲线，并把这些和年龄联系起来。[36] 年龄因素在此十分重要，因为一个成功的创建过程必须经历一定的时间，不管是创建一家新企业，还是在另一个组织内建立新事业。

风险投资业中有句行话："柠檬"（或称失败者），大体花两年或一年半就成熟了；而"李子"（或称成功者），通常要花7~8年才会开花结果（见图表3.7）。所以，7年是一家具有高成长潜力的企业发展到获利点所需的比较现实的时间段。有趣的是，7年也常常被大型公司的总裁、学院院长和自我雇用的专业人士说成是完成某些大事所需花费的时间段。

这一点的意义相当鼓舞人。首先，时间是很珍贵的。假如一位企业家利用大学毕业或研究生毕业后的最初5年获得相关经验，那么当他开办一家新企业时，只有25~30岁（也可能是35岁）。到他50岁，他至多可以开办3家成功企业。另外，企业家在创业的学习阶段会经历一个试错的

图表 7.6
创业见习之窗

	年龄			
见习与经验曲线因素	**20 多岁**	**30 多岁**	**40 多岁**	**50 多岁**
1. 相关的业务经验	低	中等到高	较高	最高
2. 管理技巧与技能	低到中等	中等到高	高	高
3. 创业目标与责任	分散很广	集中，高	高	高
4. 驱动力与精力	最高	高	中等	最低
5. 智慧与判断力	最低	较高	较高	最高
6. 见习重点	讨论你喜欢什么；关键是学习业务、销售与营销；盈利与亏损的责任	一般管理 部门管理 创始人	成长与收获	再投资
7. 主要的生活阶段[*]	实现你青春年少时的梦想	个人成长与新方向、新事业	在一定的系统中重复、再生与再投资	

[*] 摘自Daniel J. Levinson et al., *The Season of a Man's Life* （New York: Alfred A. Knopf, 1978）.

过程，所以在他们创业之初，往往会办些错事，甚至导致创业失败。结果，第一次创业可能要后来（即企业家35岁左右或近40岁时）才能成功。按此时间推算，企业家可以有时间发展现有企业，而且可能不止一家。（当然，企业家也完全有可能专注于一家企业，并把它发展成一家销售额为5 000多万美元的大型公司。）

回顾图表7.6，我们会发现一些相互矛盾的情况和两难问题。其一就是，当一个企业家的动力、精力和雄心达到巅峰时，所需的相关企业经验和管理技能发展得很不充分，并且那些关键因素、智慧和判断力都还处于婴儿期。后来，当一个企业家在“又深又黑的不确定性峡谷”中获得了必要的经验，并因而获得了智慧和判断力时，岁月却已经消磨了他的动力和雄心。同样，在无怨无悔地追求长期目标时，必须把耐心和恒心与紧急情况和现实主义结合起来，达到平衡状态，才能实现长期目标。需要有灵活性才能瞄准不断移动的机会靶心，放弃一些机会或转向其他目标也是需要的。然而，当决定从事其他终生工作的时候，就不那么需要这里所说的灵活性和处理紧急情况的能力。

个人战略

见习期可以是成就企业家生涯这个过程中不可分割的一部分。一项主要任务是根据个人背景、经验和动力来确定他自己喜欢成为什么样的企业家。通过见习期，企业家可以确定实现企业家之梦的战略和行动方案。“塑造个人创业战略”（见第20章）更为详细地讲述了这个问题。若想对你的创业素质做一个快速的检查，你可以做一下本章结尾处的“快速浏览：个人创业战略”的练习。

虽然所涉及的全部内容都和成为企业家有关，但其最终结果对我们仍具有启示意义。有关企业家生涯和工作满意度的调查研究都得出一个相同的结论：如果他们需要重来一次的话，他们中很多人不仅会再一次选择成为企业家，而且还会更早行动。[37] 他们对生活和事业的个人满足感比那些担任经理的同伴更高。根据史蒂文森的调查，有3倍于经理人的企业家说他们计划永远不退休。其他大量研究还表明，独立性以及在自己喜欢的环境中按自己喜欢的方式生活和工作是满足感的重要来源。[38] 最后，毫无疑问，成功企业家的收入和净资产比大公司的经理人要高。另外，公司的成功收获通常意味着几百万美元的资本收益，或者更多。有了这些收益，就会有一系列全新的、十分吸引人的选择和机会，他们可以做他们想做的任何事来度过余生。

创业者纲领

如果仅出于学术兴趣的话，我在创业思想上不会花这么多的时间和笔墨。企业家自己也相信，创业思想在很大程度上对成功是很有作用的。当我们提出一个开放式问题，问一些企业家，他们认为目前及今后5年经营企业最关键的概念、技能和诀窍是什么时，他们的回答很有启发性。多数人提到了创业态度基础上的思想态度和理念，而非特殊的技巧或组织概念。我们把这些回答集中在一起，可能可以被称为创业者纲领：

- 做能给你能量的事情——要从中得到乐趣。
- 找出正确行事的方法并加以实施。
- 说“行”，而不是“不行”或“可能行”。
- 不墨守成规：韧性和创造力将胜利。
- 如果你相信你能行，任何事都是可能做成的。
- 如果你不知道这件事不能做，那么你就要继续做下去。
- 杯子是半满的，而不是半空的。
- 不满意事情的现状——寻找改进的方法。
- 以不同方式做事。
- 不要冒不必要的险——但如果有适合你的机会，要有计划地冒险。
- 企业失败是成功企业家学习的过程——但要把学费压低。
- 乞求谅解比开始就要求批准更简单。
- 执着于商机和结果——而不是金钱。
- 金钱是在合适的时间、合适的商机下，向合适的人提供的工具和记分卡。
- 赚钱比花钱更有趣。
- 在他人中塑造英雄——团队可以建立企业；个人只能挣钱度日。
- 为你的成就感到自豪——自豪感是会传染的。
- 努力把握对成功起关键作用的细节。
- 正直和可信等同于可长期使用的燃料和黏合剂。
- 把蛋糕做大——不要把时间浪费在试图分割小块蛋糕上。
- 为长远目标竞争——快速致富的可能性很小。

- 别付费太多——但别失去它！
- 只有登得最高才会看清局面的变化。
- 成功是指得到你想要的；幸福是指想你想得到的。
- 回报。

本章总结

1. 企业家是具有各自不同身高、年龄、体态、宗教、肤色和背景的男性或女性。个人情况或心理模板不是惟一的。
2. 成功企业家具有6大共同主题，这些主题描述了他们的态度以及思考和行动的方式。
3. 在此6大素质中内在的行为并非天生的，而是可以被培养、学习和鼓励形成的。这些行为是成功企业家为自己以及与他一起工作的其他人建立的模式。
4. 企业家热爱竞争，并且实际上只要有可能就会尽量避免风险，喜欢谨慎地承担计算过的风险。
5. 多数企业家在21岁后的10多年里获得见习实践，建立了个人关系网络，取得了相关技能，并确立了自己的发展方向。
6. 今天，创业思想既可以让确立了市场地位的大型公司获益，也可以让小型公司获益。
7. 多数成功企业家都有个人战略，可以直接或间接地帮助他们实现他们的梦想和目标。

习　题

1. 谁是尤因·马里恩·考夫曼，他做了些什么？他的创业领导哲学是什么？
2. 经理人和领导者之间的差别是什么？
3. 成功企业家的思想、态度和行动特点有6大主题，请定义此6大主题。其中哪一个最重要？为什么？如何支持并发展这些主题？
4. 企业家是造就的，而非天生的。为什么这样说？你同意吗？为什么同意？为什么不同意？
5. 请解释见习这个概念的意思，以及为什么它对年轻创业者这么重要？
6. 你的个人创业战略是什么？应该做如何变化？

第7章的互联网资料来源

http://www.aamb.com 美国少数民族企业协会（American Association of Minority Businesses）

http://www.babson.edu/entrep/fer 创业学研究前沿（Frontiers of Entrepreneurship Research）

http://www.nfwbo.org 国家女性企业主基金会

http://www.yeo.org 青年创业者组织

http://www.ltbn.com Let's Talk Business Network

http://www.ypo.com 年轻总裁组织（Young President's Organization）

http://www.entreworld.org 考夫曼基金会创业天地（Entreworld-Kauffman Foundation）

思考题

你考虑过吗？

1. 谁能成为企业家，谁不能？为什么？
2. 为什么在美国会有30岁的智囊流失，即最优秀的创业人才离开大型知名企业。这种情况可以被逆转吗？怎样逆转？
3. 你如何根据6大创业主题自己发展自己？你需要建立并提高的是哪些？
4. 如果你为一家大公司工作，这家大公司吸引并留住最优秀的创业人才的方法是什么？
5. 你如何描述并评价你的个人见习经历？你还应该做什么？
6. 比尔·盖茨是企业家，领导，还是经理人？我们如何确定？

练　习

快速浏览：个人创业战略

概括过去

拿出过去对你影响最大的两次经历（工作或休闲时间，或二者兼有），这些经历给你最大的满足、乐趣与能量。

从这些经历中列举出观点/要素，并按照它们满足以下要求的程度做个排列。

观点1：　地点
生活方式与工作方式
个人发展
地位与威望
生活水准/金钱
生态与环境

观点2：　地点
生活方式与工作方式
个人发展
地位与威望
生活水准/金钱
生态与环境

描述现在：你的创业思维

给你的态度、行为与技能评分：

最强←______→ 最弱

核心素质：
责任感与决断力
商机执着
对风险与模糊性的容纳度
创造力、自我依赖、适应性
超越别人的动机
领导力
可取的素质：
精力、健康、情绪稳定
激励的能力
智力
价值观
创造力与革新性

获取建设性的反馈

询问熟悉你的人，让他们给你的创业素质打分：

最强←______→ 最弱

核心素质：
责任感与决断力
商机执着
对风险与模糊性的容纳度
创造力、自我依赖、适应性
超越别人的动机
领导力
可取的素质：
精力、健康、情绪稳定
激励的能力
智力
价值观
创造力与革新性

预先思考题

1. 在3分钟内列出你希望70岁前完成的目标！
2. 在3分钟内列出未来7年你要实现的目标。
3. 在3分钟内列出你希望完成的目标，假设你只剩一年的存活时间。
4. 总结以上所列，然后在6分钟内列出你希望在整个一生完成的目标。

注 释

1. Jeffry A. Timmons, *The Entrepreneurial Mind* (Acton, MA: Brick House Publishing, 1989).

2. See Lee John W. Atkinson, *An Introduction to Motivation* (Princeton, NJ: Van Nostrand, 1964); J. W. Atkinson, *Motives in Fantasy, Action and Society* (Princeton, NJ: Van Nostrand, 1958); D. C. McClelland, *The Achieving Society* (Princeton, NJ: Van Nostrand, 1961); J. W. Atkinson and N. T. Feather, eds., *A Theory of Achievement Motivation* (New York: John Wiley & Sons, 1966); and D. C. McClelland and D. G. Winter, *Motivating Economic Achievement* (New York: Free Press, 1969).

3. Neil Churchill, "Entrepreneurs and Their Enterprises: A Stage Model," *Frontiers of Entrepreneurship Research: 1983*, ed. J. A. Hornaday et al. (Babson Park, MA: Babson College, 1983), pp. 1–22.

4. N. R. Smith and John B. Miner, "Motivational Considerations in the Success of Technologically Innovative Entrepreneurs," in *Frontiers of Entrepreneurship Research: 1984*, ed. J. Hornaday et al. (Babson Park, MA: Babson College, 1984), pp. 448–95.

5. John B. Miller, Norman R. Smith, and Jeffrey S. Bracker, "Entrepreneur Motivation and Firm Survival among Technologically Innovative Companies," ed. Neil C. Churchill et al., *Frontiers of Entrepreneurship Research: 1991* (Babson Park, MA: Babson College, 1992), p. 31.

6. J. A. Timmons and H. H. Stevenson, "Entrepreneurship Education in the 80s: What Entrepreneurs Say," in *Entrepreneurship: What It Is and How to Teach It*, ed. J. Kao and H. H. Stevenson (Boston: Harvard Business School, 1985), pp. 115–34.

7. Floyd Norris, "Low-Fat Problem at Ben & Jerry's," *New York Times*, September 9, 1992, p. D6.

8. Ibid.

9. Donald K. Clifford, Jr., and Richard E. Cavanagh, *The Winning Performance* (New York: Bantam Books, 1985), p. 3.

10. Determining the attitudes and behaviors in entrepreneurs that are "acquirable and desirable" represents the synthesis of over 50 research studies compiled for the first and second editions of this book. See extensive references in J. A. Timmons, L. E. Smollen, and A. L. M. Dingee, Jr., *New Venture Creation*, 2nd ed. (Homewood, IL: Richard D. Irwin, 1985), pp. 139–69.

11. David C. McClelland, "Achievement Motivation Can Be Developed," *Harvard Business Review*, November–December 1965; David C. McClelland and David G. Winter, *Motivating Economic Achievement* (New York: Free Press, 1969); and Jeffry A. Timmons, "Black Is Beautiful—Is It Bountiful?" *Harvard Business Review*, November-December 1971, p. 81.

12. John A. Hornaday and Nancy B. Tieken, "Capturing Twenty-One Heffalumps," in *Frontiers of Entrepreneurship Research: 1983*, ed. J. A. Hornaday et al. (Babson Park, MA: Babson College, 1983), pp. 23–50.

13. Alan Grant, "The Development of an Entrepreneurial Leadership Paradigm for Enhancing New Venture Success," *Frontiers of Entrereneurship Research: 1992*, ed. J. Hornaday et al. (Babson Park, MA: Babson College, 1992).

14. David L. Bradford and Allan R. Cohen, *Managing for Excellence: The Guide to Developing High Performance in Contemporary Organizations* (New York: John Wiley & Sons, 1984).

15. Churchill, "Entrepreneurs and Their Enterprises: A Stage Model," pp.1–22.

16. Daryl Mitton, "No Money, Know-How, Know-Who: Formula for Managing Venture Success and Personal Wealth," *Frontiers of Entrepreneurship Research: 1984*, ed. J. Hornaday et al. (Babson Park, MA: Babson College, 1984), p. 427.

17. John B. Miner, "Entrepreneurs, High Growth Entrepreneurs and Managers: Contrasting and Overlapping Motivational Patterns," *Journal of Business Venturing 5*, P. 224.

18. D. Boyd and D. E. Gumpert, "Loneliness of the Start-

Up Entrepreneur," in *Frontiers of Entrepreneurship Reserch: 1983*, ed J. A. Hornaday et al. (Babson Park, MA: Babson College, 1983), pp. 478–87.

19. Cited in Royal Little, *How to Lose $100 000 000 and Other Valuable Advice* (Boston: Little, Brown and Company, 1979), p. 72.
20. Timmons and Stevenson, "Entrepreneurship Education in the 80s: What Entrepreneurs say," pp. 115–34.
21. Wes Smith, "Meltdown," *Business Week*, April 23, 2001, pp. 25–29.
22. D. Coon, *Introduction to Psychology: Exploration and Application*, 7th ed., (Minn/St. Paul MN: West Publishing Co, 1995).
23. The authors thank Phillip Thurston of Harvard Business School for this insightful term.
24. A. L., Zacharakis, W. D., Bygrave, and D. A. Shepherd, *Global Entrepreneurship Monitor*; Executive Report (Kansas City, Ewing Marion Kauffman Foundation, 2000).
25. Ibid.
26. R. P., Singh, G. E., Hills, R. C., Hybels and G. T. Lumpkin, "Opportunity Recognition Through Social Net work Characteristics of Entrepreneurs" in *Frontiers of Entrepreneurship Research*. ed. P. Reynolds (et. al) (Babson Park, MA: Babson College, 1999).
27. National Foundation for Women-Business Owners, *Entrepreneurial Ideas Motivate Women to Start Business*, (Washington DC) 1998.
28. E. H. Butner, and D. P. Moore, "Women's Organizational Exodus to Entrepreneurship: Self-Reported Motivation and Correlates with Success," *Journal of Small Business Management 35* (1997) pp. 34–36.
29. C. Gilligan, *In a Different Voice: Psychological Theory and Women's Development* (Cambridge, MA: Harvard University Press, 1982).
30. D. G. Kamau, G. N. McLean, and A. Ardishvili, "Perceptions of Business Growth by Women Entrepreneurs." *Frontiers of Enerepreneurship Research*; *1999*, ed. Paul Reynolds, et al. (Babson Park, MA: Babson College, 1999).
31. J. Minerd, *Futurist 33*, no. 6 (June–July 1999), p.10.
32. *INC.*, *October 1*, 1997.
33. L. Foss, "Entrepreneurship in a Life Course Perspective," in *Frontiers of Entrepreneurship Research: 1999* ed., Paul Reynolds, et al.
34. Berl Brechner, "A Question of Judgement," *Flying*, May 1981, pp. 47–52.
35. This example is drawn from "Technical Data Corporation," HBS Cases 283-072, 283-073, Harvard Business School, 198-1.
36. The authors wish to acknowledge to contributions to this thinking by Harvey "Chet" Krentzinan, entrepreneur, lecturer, author, and nurturer of at least three dozen growth-minded ventures over the past 20 years.
37. H. H. Stevenson, "Who Are the Harvard Self-Employed?" *Frontiers of Entrepreneurship Research: 1983*, ed. J. A. Hornaday et al. (Babson Park, MA: Babson College, 1983), pp.233–54, and Boyd and Gumpert, "Loneliness of the Start-Up Entrepreneur," p. 486.
38. Robert C. Ronstadt, "The Decision Not to Become an Entrepreneur," in *Frontiers of Entrepreneurship Research*: *1983*, ed. J. Hornaday et al. (Babson Park, MA: Babson College, 1983), pp.192–212, and Robert C. Ronstadt, "Ex-Entrepreneurs and the Decision to Start an Entrepreneurial Career," in *Frontiers of Entrepreneurship Research*: *1983*, pp. 437–60.

第 8 章

创业经理人

"能带领一家成长型公司走过它的各个发展阶段的领导人非常少有。

当你考察规模在10亿~20亿美元这个范围内的企业时，你会发现这些企业的领导人具有明显的创业倾向；但同时他们也具有真正的管理和人际技巧。"

——**彼得·斯普拉格**（Peter J. Sprague）

国家半导体公司董事会主席

学习目的

学完本章后，你将能够：

1. 研究有关创业经理人的各种观点，并发现一个人可以同时成为创业者和经理人。
2. 识别成长型创业企业经历的几个成长阶段；所处区域；体现创业区域特点的企业模式以及作用在此区域的主要力量。
3. 明确创业者必须知道的一些管理企业的创建、生存和成长的特定技巧。
4. 分析新的"伯特蜜蜂公司"（Burt's Bees）案例。*
5. 评估你的个人技能并制定一项行动计划。

创业领域

合二为一的创业经理人

当一个企业加速发展，过了靠创始人驱动并以创始人为主的生存期时，就会产生要创业者和经理人合二为一的会聚压力。要达到长期持续增长并最终获得收获的关键是创业者要具有或培养创业经理人的能力。

过去，那些研究创业学的人和其他积极创办新企业的人，如风险资本家、教授和研究者，通常觉得具有创业精神，能把新企业从初创阶段推进到年销售额达到几百万美元阶段的这类人和那种具有管理新公司的能力，把公司销售额从500万美元提高到2 000万美元以上的人是不同类型的人。并且长期以来，人们认为如果创业者在企业的成熟阶段担任领导职务太久，会限制公司的发展，甚至严重地阻碍其发展。

如约翰·肯尼思·加尔布雷思（John Kenneth Galbraith）在1971年解释的那样："实际上，伟大的创业者必须终生把自己和雄性蜜蜂相比。他以自身毁灭的巨大代价用行动诠释了自己的理念。"[1] 简而言之，传统观念认为：好的创业者通常不是一名好经理，因为他（或她）缺少必需的管理技能和经验。同样，一名好的经理也不会是一个好的创业者，因为他（或她）缺少从零开始创建企业所需的一些极强的个人素质和倾向。

但越来越多的证据表明，那些初创阶段后仍保持繁荣并发展成具有雄厚实力的新兴成功企业，它们的领导人可

* 请见与本书配套的《创业学案例》一书第 8 个案例。 ——编者注

以既是创业者，又是优秀的经理人。比如，由《INC.》杂志在1983年对排名最靠前的100家新兴企业所作的调查显示，这些公司中的绝大多数公司创始人在公司创立多年后，销售额已经达到至少1 000万美元（有些已经达到了5 000多万美元）的情况下，仍旧担任首席执行官职务。为了检验传统观念是否正确，两位研究者对《财富》1 000强中的54家公司的创始人作了实证研究。他们认为创始人必须遵从三条调整途径：（1）从创造型转变为开拓型；（2）从充满热情地投身事业转变为不带感情色彩的客观主义；（3）从个人对组织行为的直接控制转变为间接的非个人控制。这份1990年的研究考虑了成长率、首次公开上市的时机、创始人的年龄、教育和其他因素，并有以下发现：

1. 如果公司成长相对较慢，且创始人能够做些适应性变化，那么公司显然能发展成一家大公司。
2. 具有科学或工程学背景的创始人在创建了公司后保持对公司的控制期较短，而商务学术背景的创始人对公司的控制期相对较长。
3. 在家族型企业中，创始人一般任职时间较长。[2]

最近，研究者“发现许多创始人在公司成长阶段能够管理并管理得很成功。关于高速成长型创业公司存在‘领导危机’的传统观念如果曾适用过，事实上也确实适用过，现在再也不适用了。”[3] 创始人比尔·盖茨仍在领导着微软公司，史蒂夫·乔布斯还是苹果计算机公司的掌舵人。类似的大量事实表明：创业者可以比他们的公司更快地学习与成长。

这些数据以及其他数据否定了创业者能创立但不能管理成长型企业的说法。虽然事实可能介于两者之间，但有一点是很明显的：发展一家具有高增长潜力的企业需要管理技能。

显然，要使某人成为成功的创业经理人涉及各种复杂因素。创立和管理一家高速成长的新企业要涉及许多特殊的管理方法和任务，而这些特殊的管理方法和任务在大多数成熟的或稳定的环境中是不需要的。另外，成功创业者最具优势的一点是他们了解他们知道什么，不知道什么。他们的诚实是自律的结果，是智慧的体现。这使他们乐观而不自满，充满梦想而不狂妄自大。没有哪个人具有所有这些技能，而且具有某项技能并不能保证公司一定成功，不具有某项技能也不一定表示公司一定会失败。创业者知道他需要哪种技能并知道如何获得这种技能，这与他们知道自己是否已经具有这些技能同样有价值。

主要驱动力量和企业模式

任何公司，不管它们是刚刚形成的，还是处于成长期或成熟期的，都会在管理区域或创业区域有一定特征。这些区域受到一些主要力量的影响，并以某些行为方式为特点，这就是我们所说的企业模式。图表8.1和8.2显示了创业区域和管理区域，以及作用于这些区域的主要驱动力动态模型和由此产生的主要企业模式模型。

这两个表分别有四个单元，四个单元划分的基础分四个方面，它们是：企业的发展阶段（上轴）、伴随企业发展的变化和不确定性（右轴）、企业中管理工作（底轴）所占的比例和企业中创业工作（左轴）所占的比例。显然在两个表中上面两个单元表示的是创业区域，这些区域是企业面临的变化和不确定性以及企业的发展阶段两个参数的函数。

处于各个单元中的公司，其企业模式（即行为方式）是由某些主要力量驱动的。这些力量如图表8.2所示。图表8.1中表示的是在每个单元中具有代表性的公司其主要企业模式。处于不同阶段的组织，其变化和不确定性程度也不相同，因此表现出或多或少的创业特征或管理特征。比如，一个处于萌芽期/初创期的新兴企业具有变化大、不确定性高的特点，表现出较强的创业特征。这些公司是属于初创型、革新型或勇于开拓型的；由一支团队领导；受创始人的目标、价值、责任承诺和对机遇的认知所驱动；耗费资源最少。另一极端是成熟公司，它处于成熟阶段并具有变化小、不确定性低的特点；发展稳定或日趋弱小；由一个行政官或监护人领导；受资源所有权和管理效率驱动；属于反应型公司。其他公司处于两者之间。

在检验了这些主要驱动力量和主要企业模式之后，我们就比较容易看清每个单元中各公司所需的管理技能了。比如，属于创业区域两个单元内的公司其管理都需要有创造力和综合管理技能。在左上方单元内的创业管理人，不管他们采取的是什么方式——或是被亲切地标为MBWA式（management by wandering around，下基层管理，因惠普公司的采用而颇负盛名）的管理，或是一片混乱式的管理——都必须能够有效地应对高度变化和不确定性的状况。当然，当公司进入到高成长阶段时，这种情况就变化了。

图表 8.1

主要企业模式

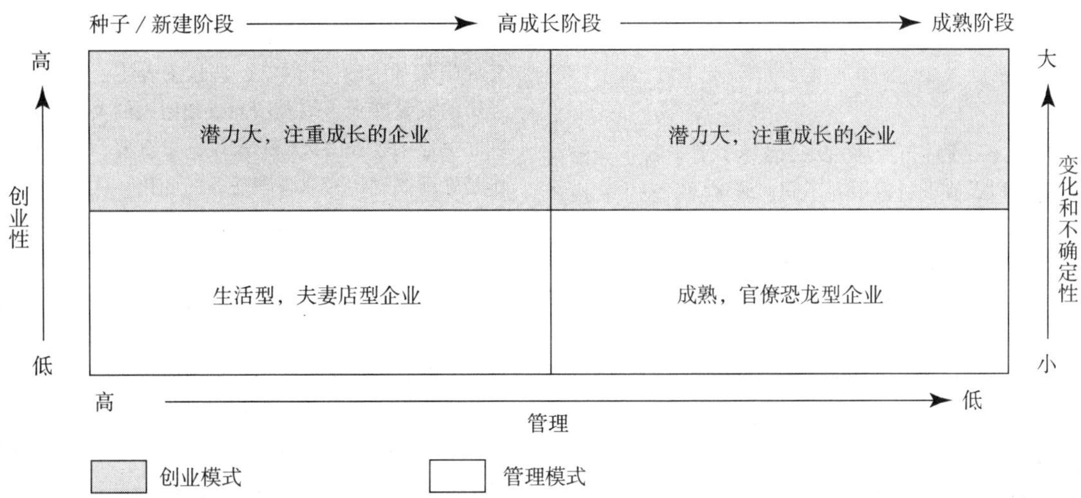

资料来源：These exhibits are built on work by Timmons and Stevenson：See Howard H. Stevenson，"A New Paradigm of Entrepreneurial Management，" in Entrepreneurship：*What It Is and How to Teach It* Harvard Business School，1985，pp. 30–51，and Jeffry A. Timmons and Howard H. Stevenson，"Entrepreneurship Education in the 80s：What Entrepreneurs Say，" in *Entrepreneurship*：*What It Is and How to Teach It*，pp. 115–34.

图表 8.2

主要驱动力量

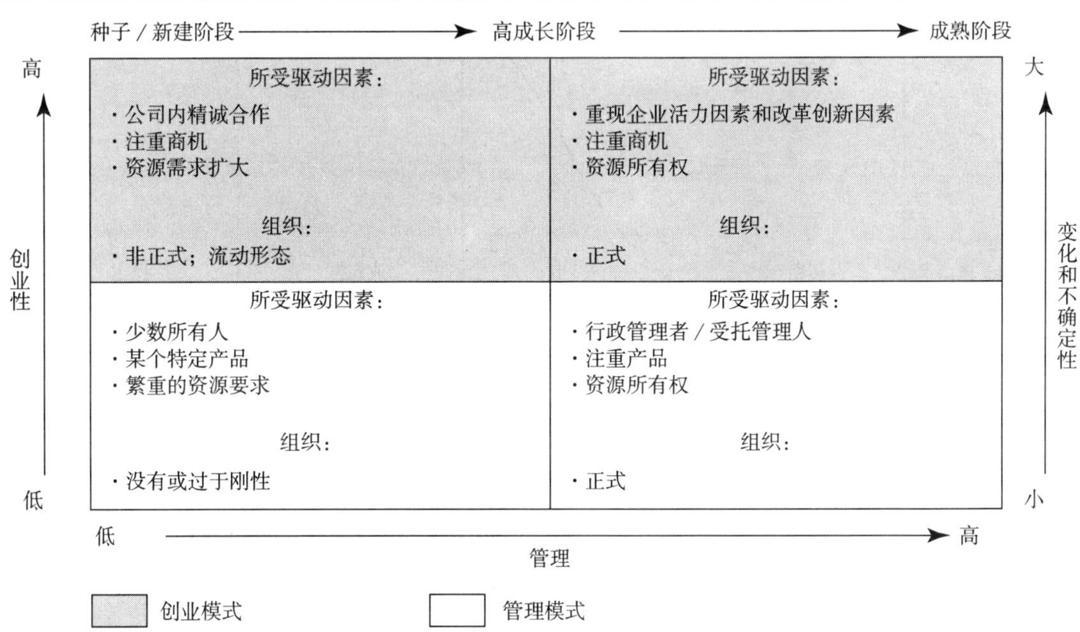

成长阶段

理论观点

显然创业不是静止的。图表8.3表述了关于新企业酝酿和成长过程以及在此过程中在不同“域区间”发生转换的理论观点。[4] 企业发展的阶段分为播种、发芽、成长和收获。即使是那些没发展到收获阶段的成功企业（即那些已被定义为“有吸引力的”企业）也经历了成长的各个阶段。

必须强调一点，图中这条S形光滑曲线很少在真实世界中出现，或者说根本没有。如果哪个人真的在某段时间内对大多数新兴公司的发展过程做过记录分析，那他可以发现这条“曲线”实际上是一条高高低低、参差不齐的锯齿形曲线；换句话说，这些公司会经历一些快速发展时期，然后是一些衰退时期和危机时期。

为了解释得更清楚些，图表8.3根据时间、销售额和雇员数划分了企业的各阶段。在各阶段交界的地方企业发生了转变。几位研究者已经注意到新企业总是要发生转变并面临某些问题。[5] 因此，这张图表述了企业成长过程中经历的关键转变，以及CEO或创始人的关键管理任务。对创立企业的创业者或CEO来说，最重要、最富挑战性的工作是处理关键转变和管理任务的变化，从自己做到管理企业，到管理经理人；同时公司从约30名员工成长到50，再到75，一直到超过75。

*初始阶段*通常包含开始的两三年，但也有可能是7年。它显然是风险最大的一个阶段，其特点体现在领头创业者和一两个关键团队成员竭尽全力地直接驱动公司前进以及他们所要付出的巨大精力和创业才能。在此阶段，公司在人、市场、财务和竞争恢复力方面打下了基础，同时也获得了投资者、银行家和客户的信任。此阶段达到的销售水平跨度很大，但销售额基本上在200万~2 000万美元。然

图表 8.3

企业成长各阶段、关键转型和核心管理模式

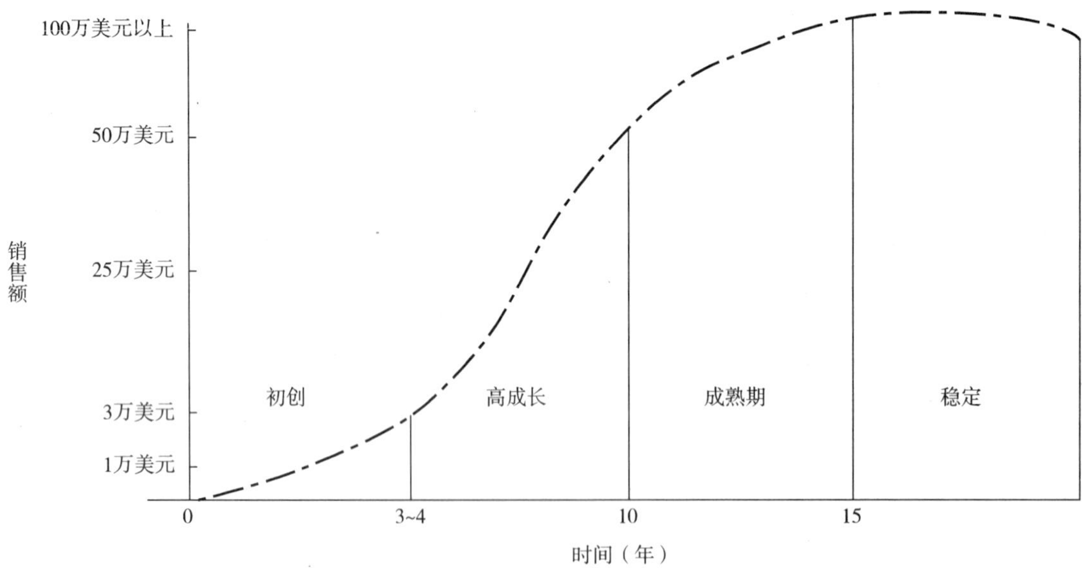

关键转型：

销售额	0~50万美元	500万~1 500万美元	1 000万~2 500万美元以上
雇员	0~20~25人	25~75人	75~100人以上
核心管理模式	自己做	管理	管理经理人

后新公司开始进入高增长阶段。此转换发生的确切时间点很难用日历表上的某个日期确定，往往要到事实发生后才能判断得出。此阶段新公司的失败率为60%多；也就是说，这是柠檬成熟的阶段。

至于其他阶段，如高成长阶段，它所经历的时间跨度变化很大，企业在此阶段所发生的变化也很大。对创始创业者来说，最困难的挑战可能就发生在高成长阶段。在此阶段，他会发现他必须放弃对一些关键决策的权力和控制(通过否决权)，必须在不放弃根本领导权并对结果负责的前提下下放一些关键职责。但挑战还不止这些。比如，Litton公司的微波炉部门其销售额曾达到过1 300万美元，有275名员工。其长期计划要求在5~7年内把销售额增长到1亿美元（即复增长率为每年40%）。此销售部门的经理说：“通过对过去两年市场情况的研究，我充分相信惟一阻碍我们公司成长的原因是：我们这个组织的发展跟不上市场机会的发展。”[6]

接着，公司从高成长阶段进入到所谓的成熟阶段。在这个阶段，公司的关键问题不再是生存问题了，而是稳定成长和盈利。通常接下去是稳定阶段。

高成长管理

高成长的管理无法在成熟和稳定的环境中找到管理向导。（此论题将在第17章再次讨论。）首先，“有多大权力就有多大责任”这条原则在一个高成长企业中常常不太有效。相反，要达到满意的结果通常需要经理人和其他人(并非他的下属）的密切合作，并且经理人往往承担比他们的权力大得多的责任。在许多死气沉沉的大型企业中，政治和个人权力可能是企业的灵魂，经理人只能采用骗瞒的手段在“零和博弈”中获得一些影响力和一块不断缩小的蛋糕；但在高成长公司里，权力和控制力是下放给各个负责人的。每个人都有义务把蛋糕做大，权力和影响力不仅来自于完成自己的目标，还来自于为完成别人的目标作贡献。同时，影响力还来自于对总体目标的通盘考虑；对不同意见的解决；通过取得满意结果而建立的声誉；管理他人的能力和管理才能等。

因此，成功创业者和创业经理人有一种很强的能力，使他们可以通过非正式权力渠道向别人施加影响。这些人对解决矛盾十分内行。他们知道什么时候用逻辑说理，什么时候用解劝方式，什么时候妥协让步，什么时候强行实施。为了使企业成功，创业者要学习怎样和许多不同类型的群体（如客户、供应商、资金支持者、债权人、合伙人和其他内部人等）打交道，通常这些群体的目标相互矛盾。类似地，创业经理人必须在一个越来越互相依赖的世界中运作。艾伦·科恩（Allan R. Cohen）和戴维·布拉德福德（David L. Bradford）试图为经理人提供如何不通过正式权力来施加影响的建议，他们说：“如果你是一名经理人，你不仅要对你的同事和老板施加影响力，还要帮助你手下的人学会怎样成为有力的影响者——包括对你，因为那样可以把你解脱出来，让你用更多的时间去寻找新机会并解决好与上层组织和周围组织的关系。”[7]

鉴于成功创业者之间是互相支持、互相扶植——而非互相竞争的，创业经理人十分明白他们之间的相互依赖性，并学会了把相互尊重、公开、信任和共同利益融合到管理方式中去。这种先进管理方式的根本要点是要认识共同获利的互惠性并付诸实施。[8] 当带头创业者或创业经理人表现出要控制他人、影响他人或获取权力的强烈愿望时，或老是贬低同伴时，企业常常会陷入困境。独裁、敌对、专横的管理风格很难吸引并留住渴望成就一番事业、富有责任心并勇于承担责任的人。因此他们选择的合伙人和经理人常常是附庸型的。引发严重冲突的往往是这些问题：谁有最后发言权、谁对谁错和谁有什么样的特权。

从推进公司发展的角度来说，“造就英雄”的能力被确认为成功创业经理人必须具有的品质。[9] 这些英雄的造就者们努力把蛋糕做大做好，而不是小家子气地紧紧抓住完全属于他们的一小块不放并把它藏起来。他们还具有客观处理人际关系的能力，这种能力使他们把注意力集中在要取得的共同目标上，从而化解个体间的不同意见。[10]

图表8.4描述了成长中企业可能面临的危机，这些危机包括：创始人和团队创造力的销蚀；作用、职责和目标定义不清引起的混乱或怨恨情绪；无法克隆创始人；协作的减少和特殊化；对独断权和控制权的要求；对运行机制和控制的需要；以及创始人和团队成员之间的矛盾和分裂。这些危机进一步描绘了创业经理人所面临的问题。

时间和变化的综合作用 在高成长阶段，惟一保持不变的就是变化、模糊和不确定性。变化是一贯的，它创造了高度的不确定性、模糊和风险，然后在它们的综合作用下使已经十分珍贵的商品——时间变得更加稀缺。变化的结果之一是在整个新兴企业里掀起了一系列震荡波，而此震荡波的媒介就是新客户、新技术、新竞争者、新市场和新员工。在以技术飞速变化为特征的行业里，由于新产品投放到市场的时间间隔相对极短，以及高速淘汰风暴的能量巨大，变化和时间所产生的影响极其显著。举例来说，一家高速成长的小型计算机公司总裁说：“在我们公司

图表 8.4

创业转换

模式/阶段	自己做	管理	管理经理人
销售额	0~300 万美元	300 万~1 000 万美元	1 000 万美元以上
雇员	0~30 人	30~75 人	75 人以上
转换	特点： 创始人驱动的创造力 不断变化，模糊和不确定性 时间紧缩 非正规交流 反直觉决策和构造 相对经验不足	可能危机： 创始人创造力的销蚀 职责和目标、定义含糊引起的混乱 要求分权和要求独断与控制的对立	可能危机： 无法克隆创始人 协作的减少/特殊化和权力、信息和影响力的实践的对立 对实施控制力和掌握公司运行机制的要求 创始人之间的矛盾

中，开发出一台马上能投放到市场上的新计算机，要花6~12个月，而产品技术淘汰的时间约是9~12个月。”这种时间紧缩表现在20世纪60年代的电子业和航空业；70年代的小型计算机、集成电路和芯片；80年代的微型计算机；以及90年代的电子通信和生物技术等。

非线形和非参数事件 创业管理的特点是非线形和非参数事件。就像电视机不是由收音机不断改进而来的，喷气式飞机不可能通过工程师和科学家努力开发更好的活塞发动机飞机而出现，公司里的事件也不会沿直线、按算术逻辑发展，甚至不会表现出相关性。相反，它们是成束出现的，跳跃式发展的。比如，一家公司的销售额可能在15个月里翻一番，而不是要过8年多，同时另一家公司可能能立即把生产能力提高到原来的3倍，并马上采用一个新的原材料资源规划系统，而不是先利用现有生产能力加班加点，然后9个月后改成3班倒，3年后再增加一个新工厂。

经验相对不足 另外，管理团队可能存在经验相对不足的问题。这些公司爆炸般的诞生和成长通常都属于独特事件，不可以复制。并且它们中出现的困惑——关于技术、应用、客户、职员、公司本身等——一般都是全新的问题。以普莱姆计算机公司（Prime Computer）为例，此微型计算机制造商的销售额在5年中快速成长，从每年1亿美元增长到每年12亿美元。公司所有雇员的平均年龄不到29岁，而公司也只有10年的历史。

反直觉、非常规的决策方式 创业领域高速成长的企业有另一个特征，就是制定决策不凭直觉，也不遵循常规方法。比如，一家计算机公司必须决定在具有不确定性和风险性的市场上采用哪种方式来开发引进三种新产品。提议的每项产品看来都针对同样的最终用户市场，每个项目的负责人对工作的热情、自信和对成功的坚定信念都差不多。解决这种问题的传统方法是确定每个细分市场的规模和成长速度；估计未来年收入成本及所需资本，并评估估计值的概率以求精确；把每个项目的现金流按贴现值比较；根据所需的内部收益率选择投资收益最高的项目。这种分析方法有时忽视了这样一个事实，即多数快速成长的公司有许多非常好的选择，通常情况下，技术的新颖、市场的不成熟和新应用的迅速发现使人实际上不能判断出哪种产品建议是最佳的。该计算机公司决定立刻开发所有的三种新产品，围绕每个产品都建立全新的业务。这样该公司同时发现了几个新的细分市场，非常规决策方法大获成功。

流动型结构和程序 多数快速成长的企业还反对传统的组织样式和结构。我们经常可以看到有的公司销售额已经达到每年2 500万、5 000万美元，甚至1.5亿美元，但仍旧没有正式的组织结构图。如果确实有的话，此组织结构图通常有以下3个显著特点：第一，它一定已经过时了。第二，它时常变化。比如，一家公司在第一个五年销售额增长到500万美元，经历了8次大的公司重组。第三，此组织结构通常是扁平化的（即它的管理层次很少），很容易接触到最高决策制定者。但从公司的目标、标准，或导向和目的的明确性来说，组织结构和程序的非正式和柔性并不意味着随意变动和粗心大意。相反，它们表示在保持财务和经营连续性的同时担负起随时吸收、消化快速变化的责任。

创业文化 在成长型新企业中存在着一个共同的价值体系，这很难用言语表述出来，更难以用某种方式衡量，但从行为举止和态度中能清清楚楚地看到它的存在。它是一种对公司成长、成就、提高和成功的信念，并愿意为此信念承担责任，是团队成员中存在的一种感觉——他们都一起投身于同一件事。目标和市场用以决定优先权，而不是决定谁的划分区域多大或谁有什么特权。经理人看起来不太计较地位、权力和个人控制力。他们所关心的是一定要把任务、目标和角色弄清楚，而不是组织结构表是否过时或他们的办公室和地毯是否反映了他们现在的地位。同样，他们更关心影响决策的争论观点的论据、说明力、知识和论证逻辑，而非争论者的个人头衔或正式职位所表明的身份地位。我们可以把这种公司和英格兰一家价值几十亿美元——但发展停滞——的公司比较一下。据报道，该公司采用了29种不同的汽车品牌和型号来表示各个人的职位。

大公司也存在创业氛围或创业文化。这种氛围吸引并鼓舞了许多为企业做出成就的人，并有助于保持高成长公司所特有的高密度、高速度发展。图表8.5显示了罗塞柏斯·莫斯·坎特（Rosabeth Moss Kanter）所研究的5家从最具创业性到最不具创业性的公司。坎特一直在研究整个20世纪80年代的“内部创业学”（intrapreneurship），他说全球经济正在经历后创业革命，它使“创业学又向前迈进了一步，把创业原则应用到传统公司，并把企业创造力和公司纪律、合作和团队作业很好地结合起来”。[11] 这场革命并没有让管理工作变得轻松一点；坎特认为：“实际上，

图表 8.5

从最具创业性到最不具创业性的 5 家公司的特点

被研究的公司

	Chipco	Radco	Medco	Finco	Utico
有创业成就的有效经理人的比例	71%	69%	67%	47%	33%
经济趋势	稳步上升	趋势为上升态势，但现在为下降态势	向上趋势	混合	向下趋势
变化	改变标准；时常更新产品；增加公司职员和部门。	改变产品、技术的标准；转换到注重新事物的第二代管理层。	2~3 年以前进行了公司重组，建立了矩阵式公司结构；一般产品和技术的改变。	休克式公司变革；从外部重组建立的新最高管理层，试图增加市场竞争姿态。	休克式公司变革；正在重组，建立矩阵式结构并增加竞争市场姿态，减少公司职员。
组织结构	矩阵式	某些领域为矩阵式；产品线就像准部门。	某些领域为矩阵式。	按部门划分；部门内为单一的等级层次结构；有些中心办公室。	按职能划分的组织结构；目前为地域和市场矩阵型。
信息流	分散型	混合型	混合型	集中型	集中型
沟通重点	自由的 水平型	自由的 水平型	中等的自由水平型	收缩的 垂直型	收缩的 垂直型
文化	清晰、连续；支持个人创新。	清晰，但注重点从创新转为日常事务和系统化。	清晰；公司荣誉感；相信“凭才能获得回报”。	特殊；依赖老板和地区。	清晰但正处于变革中；喜欢安全、稳定和保护。
情感氛围	公司荣誉感，团队感，有点拼命。	对变革的不确定感。	公司荣誉感；团队感。	信任度低；高度不确定感。	高度不确定感；混乱。
回报	丰厚；可见的回报，还有将来可以从事更多具有挑战性的工作和得到更大的预算项目的机会。	丰厚；可见的回报，还有将来可以从事更多具有挑战性的工作和得到更大的预算项目的机会。	中等；依照惯例的。	少；主要为货币形式。	少；没有升职和加薪的机会；取得成绩会受到同事的嫉妒

资料来源：摘自Rosabeth Moss Kanter, “Middle Managers as Innovators,” *Harvard Business Review*, July–August 1982, p.103.

它确立了公司的最终平衡行为。削减和发展，修剪和建立。在新的领域里，利用更少的资源来获得更大的成就。”[12] 很显然，有些公司会欣然面对这些挑战，获得比别人更多的成功；下面一部分将对“巨人企业如何学习跳舞”作一些阐述。[13]

创业经理人需要知道些什么

传统上，许多商业教育强调并培养学生从事管理工作。这没有什么不对，但要教会学生创建并管理活跃的成长型新企业，教育就不能只强调管理效率、维护任务、资源所有权和组织规范化。相反，这种教育项目必须强调创业领域所必需的技能。比如，有效的创业经理人必须在处理矛盾、消除差异、平衡各种观点和要求方面具有特别的技巧。在和自己不能直接正式控制的人一起工作时，要具有这些技能特别重要。

在谈到大公司时，坎特特别指出了这样几种技能：权力和说服技能；伴随团队和雇员参与而出现的问题解决技能；理解如何设计和构造组织变化的技能。坎特指出：

> 简单说来，个人不是必须做“大事”才能使一点点积累的个人成就最终转换成公司的重大业绩……他们很少会成为“突破性”系统的发明者。他们很少会做一些完全独一无二的事情或其他任何组织中的任何人都没想到过的事情。相反，他们经常应用一些在别处已经被证明过的观点；或是把各部分重新安排，创造出更好的结果；或在某个潜在问题发展成灾难之前指出这个问题，并采取行动预测、解决它。[14]

一项对中等规模成长型公司的研究证实这些创业管理的根本内容都是相同的，而且其中许多都非常重要。此研究的对象为销售额在2 500万~10亿美元，销售额或利润连续5年年增长幅度超过15%的公司。[15] 首先，这些公司实行的是机会驱动式管理。根据这项研究，他们的首次成功是靠某个独一无二的产品或某种独特的生意方式获得的，常常通过给客户提供更优的价值而非低价来取得市场领导者的地位。他们高度重视对客户的服务，并密切关注客户。另外，这些公司十分注重财务控制和对企业每项因素的管理。

有一本书讲的是如何使中层经理人把达到创业最佳[这个词首次成名是因为出现在汤姆·彼得斯（Tom Peters）和鲍勃·沃特曼（Bob Waterman）写的《追求卓越》（*In Search of Excellence*）中] 作为自己追求的目标并为之采取行动。此书的两位作者指出建立了团队的创业者们——他们更关心结果而非达到个人目的——实行的一些重要基本方法也被有效率的中层经理人所效法。[16] 或者像苹果计算机公司的约翰·斯卡利（John Sculley）所解释的：

> 骑在马背上的孤独牛仔——这类英雄已经不是苹果计算机公司崇拜的形象了。在新公司里，英雄们不能仅凭个人获得哪怕一个系列的成就。相反，他们个人只能完成某个过程。人们想到他们时，可能会出现守门员、信息携带者或团队的形象。原来苹果公司的英雄是那些创造产品的计算机新技术挑战者和工程师。现在，越来越多的团队成为英雄。[17]

管理素质

销售额超过1 000万美元，雇员数达到75~100的实力雄厚的公司，其创始人既是好的创业者又是好的管理人。他们一般是通过在不同领域（如：销售、市场营销、制造和融资）数年的工作才形成坚实的基础、广泛的管理技能和技术诀窍的。如果哪个创业者在各个领域都相当出色，这是很难得的。更多的情况是，创业者在某个领域具有优势，如很强的人员管理能力、概念化和创造性解决问题的技能和市场营销诀窍等，但也有他的弱点。虽然做一般意义的总结不一定正确，但通常说来，具有技术背景的创业者在市场营销、融资和总体管理上比较弱。而具有管理背景的创业者，你可能也预料得到，通常在技术或工程方面能力最弱。

本书从头至尾强调了“匹配”这个概念。重要的是要有一支成员之间技能互补的管理团队，而不是完全由一人掌握单独一套技能或各个侧面。创业艺术和技巧包括识别出让企业获得成功所需的技能和知识技能，清楚每个团队成员知道些什么，不知道什么，然后或者通过吸收关键人物参加董事会填充空白，或者通过个人在行动之前积累额外的“大块技艺”来弥补不足。

建立创业文化的技能

创业企业的经理人必须意识到公司所进行的革新并积极对待，承担一定的风险，快速做出反应，并且能够承受可能的重大挫折。最有效的经理人不会被紧张，甚至是混乱的创业节奏压倒而感到万分沮丧，而是在它的挑战和激励下茁壮成长起来。他们采取全体达成一致意见的办法建立起一支自我激励、充满责任感的团队，在各种互相矛盾的要求和优先权之间寻找平衡，并能聪明地处理各种矛盾。

因此这些经理人需要一些人际/团队工作的技能，包括：（1）通过管理创造出有助于产生高绩效的氛围和精神，包括施加绩效压力，对做得好的工作给予奖励并鼓励创新、首创精神和谨慎冒险；（2）理解任务之间的联系，以及领导者和跟随者之间的关系；（3）在合适的情况下发挥领导作用，包括愿意通过指导、建议及其他类似方式积极管理、监督和控制其他人的活动。

这些人际技能可以被称为创业影响力技能，因为它们和经理人对别人施加影响力的方式有很大关系。

领导、眼光、影响　这些经理人具有把混乱、含糊和不确定的事物清晰化的技能。这些创业经理人能明智地确定谁具有什么责任和权力，并获得大家的赞同。另外，他们做到这一点所采用的方式还能激励大家承担起完成跨部门目标和公司目标，而不仅仅是顾及各自利益的责任。但这不会被其他经理人看成是想要自己发迹以及保护个人利益和特权的行动，而是会被看成是一项要真正明确角色、任务和责任的行动，是为了做到责任划分明确和审批合理。除非经理人愿意为了全局目标利益而放弃个人优先权和权力，否则这种努力不会奏效。另外，还要有让合适的人员参与到跨职能或跨部门目标的设定和决策的制定的技能。当事情进行得不像我们希望的那样顺利，最有效的经理人会坚持工作直到达成一致意见。习惯于传统的命令/人员体系或职能链的经理人常常在担任新角色时感到为难和沮丧。虽然某些人可能在和他们自己的下属打交道时十分得心应手，但要管理与他们平起平坐的人，甚至是处于他们的命令链（chain of command）之外的人，并与之一同工作却是项全新的挑战。

帮助、训练和冲突管理　最见成效的经理人很有创造力；在处理矛盾冲突、达成共识决策、分享权力和信息方面具有很高的技巧。他们能够让人们打开心扉，而不是默不作声；他们把问题摆上台面，而不是藏在桌子底下；并且在别人不同意他们的观点时不会摆出戒备姿态。他们明白高质量的决策需要各个方向的快速信息流动，知识、素质、逻辑和证据必须高于组织的身份地位或形式上的等级划分。他们管理和解决矛盾的方法十分有趣。首先，他们能够让潜在的敌对双方形成创造性解决问题的态度，并通过寻求观点中的一致性来共同合作，而不是强调他们之间的不同并担当顽固的谈判者或辩护人的角色来强制推行他们的解决方案，后者在解决问题上概念混乱。在此过程中，他们容易受到伤害——常常表现为放弃自己的权力和资源，但他们比能力较弱的经理人更愿意冒此风险。平衡是件不容易的事：起初，这种方法会涉及更多的经理人；要花更多的时间；通常不能立刻产生结果；看上去好像要在管理上走更多的路。但后来，通过激励、责任承诺和团队工作达成了共识，其收获也是惊人的。首先，行动和命令执行将更快而且果断，因为谈判、妥协和优先权的认定都已经成为历史，无须再多费时间。另外，新出现的不同意见通常不会导致公司的发展停顿下来，因为各方面很清楚总体目标和优先权并广泛接受了它们。没有一致意见的达成，每个新问题或不同意见常常必须花费大量的时间，经历痛苦的冲突和再谈判，只是因为开始没做好。很明显，日本人对这方面有很好的理解。

团队作业和人员管理　在谈到创业影响时，必然谈到鼓励创造力和革新，以及有计划的冒险。简单说来，创业经理人是通过鼓励革新和有计划的冒险行为来建立信心的，而不是对不完美的结果采取惩罚或批评的办法。他们鼓励别人指正他们所犯的错误，并鼓励他们解决自己的问题，以此来建立起一种独立、创业者式的思维方式。这并非意味着他们采用的是“把他们扔到狼群里”式的锻炼方式，而是让他们的同事或其他经理人把他们当做在需要时容易接近并愿意提供帮助的人，他们会提供必要的资源来帮助别人完成工作。如果形势需要，他们会为了他们的同事和下属投入战斗，即使明白他们不能总赢。能够把团队的其他成员或其他对公司有贡献的人塑造成英雄，让别人成为闪光灯的焦点，而非自己，这种能力是另一项十分关键的技巧。

信任是把一个组织或各种关系融合为一体的黏合剂，建立信任是一种十分关键的能力。人们认为最有成效的经理人是值得信任的；他们的所做所为都让人产生信任感。他们是如何做到的呢？首先，他们很坦率：说要做什么，就会去做什么。他们不在公司中传播谣言。他们把自己的思想公之于众并且迅速给予回应，而不是对每个用词都谨小慎微、惟恐出错。而且大家公认他们诚实而直率。同样，很容易想像得出这些创业经理人为自己所建立起的业绩记录和声誉。他们具有达成预期结果的声誉，因为他们知道管理一家快速成长型公司的任务通常超出个人的直接控制范围。他们以富有创造力的问题解决者著称，具有在多种观点和需求中求得融合和平衡的窍门。他们有计划的冒险行为常常成功，很少失败。他们在开发人力资本（即依靠他们的榜样力量和辅导帮助来培养其他有效率的成长型经理人）方面同样享有很高的声誉。

其他管理素质

创业经理人需要具有传统管理技能这样一个坚实的基础。有趣的是，在先前提到的创业实践者研究中，没有一项提到资本资产定价模式、β系数、线型规划，诸如此类颇为盛行并被标榜为“新型管理技术”的重要性。[18]

以下所列被划分成两大跨职能领域（行政管理和法律税收）和四大关键职能领域（市场营销、金融、生产和运营以及微型计算机）。每个企业所特有的技术技能也是包含其中的必要内容。

行政管理

- *解决问题*。预见潜在问题的能力；收集有关问题的事实，分析引起问题的真正原因，并制定有效的行动计划来解决的能力；彻底研究特定问题的细节并坚持到底的能力。
- *沟通*。能用口头及书面的形式与媒体、大众、客户、同事和下属进行清楚而有效的沟通的能力。
- *计划*。设定现实的并可以达到的目标，识别达到目标的障碍，并制定详细的行动计划来达到那些目标的能力；系统地安排个人时间的能力。
- *决策制定*。在必须做出决策时，能够对不完整的数据进行最好的分析，并据此制定决策的能力。
- *项目管理*。在面临问题和成本/质量等条件约束时，具有组织项目小组、设定项目目标、定义项目任务并监督任务完成情况的技能。
- *谈判*。进行颇有成效的谈判的能力，以及在给予和获取价值之间快速平衡的能力。辨别得清哪种关系是一次性的，哪种是需要长期维持的。
- *管理外部专家*。能够识别、管理和指导合适的法律、财务、银行、会计、咨询和其他必要的外部顾问。
- *人事管理*。建立工资单、人员录用、薪酬设计和完成培训职能的能力。

法律和税收

- *公司和证券法*。熟悉统一的商业法规，包括组织形式以及公司管理者、股东和董事的权力和义务；熟悉与你公司证券有关的证券交易委员会法规、州法规和其他法规，不论你的公司的证券是注册了的还是未注册的，并熟悉不同证券工具的优势和劣势。
- *合同法*。熟悉合同程序和政府要求，以及商业合同、许可协议、租借协议和其他协议，特别是雇佣协议和控制股东和创始人授予权的协议。
- *有关专利和所有者权利的法律*。为专利应用做准备并进行相应修订的技能，识别出哪些专利、商标、版权或特许信息具有较强的主张权，熟悉索赔要求，对知识产权同样如此。
- *税法*。熟悉州和联邦对报税的要求，包括对特定组织、利润和其他养老金计划等的特定要求。
- *房地产法*。熟悉租借、购买和销售不动产所必需的租借协议、购买报价协议、购销协议等。
- *破产法*。了解破产法、选择权以及创始人、公司管理者和董事的可豁免、不可豁免责任。

市场营销

- *市场研究和评估*。分析并解释市场研究结果的能力，包括知道怎样设计和实行调研，找出行业信息和竞争者信息并给予解释，熟悉调查问卷的设计和取样技术。一位成功创业者说过至关重要的是：“知道竞争威胁在哪里，商机在哪里，以及看到客户需求的能力。”
- *市场营销计划*。对总体销售、广告和促销程序进行计划，以及确定有效的分销商或销售代表体系并建立这些体系的能力。
- *产品定价*。确定具有竞争力的定价和利润结构，并按照价格给产品定位的能力，以及建立利润最大化的定价策略的能力。
- *销售管理*。组织、监督并激励直销队伍的能力，以及分析销售区域和销售潜力并管理销售队伍以使市场份额最大化的能力。
- *直销*。识别、拜访、开发新客户的技巧，以及签单的技巧。如果公司没有客户对产品或服务的需求订单，公司就没有真正的业务。
- *服务管理*。能够识别对特定产品的服务需求，并能确定对服务和备用件的要求；处理客户投诉，以及创造和管理一个有效的服务组织。
- *分销管理*。能够组织并管理从制造，经过分销渠道，到最终客户的产品流，包括熟悉运输成本，日程安排技巧等。

- 产品管理。能够把市场信息、获悉的需求状况、研究和开发以及广告融合成一项合理的产品计划，并能够理解市场渗透和盈亏平衡。
- 新产品开发计划。具有引进新产品的技能，包括对新产品的营销测试、原型测试、价格/销售/广告推广的开发以及分销计划。

运营/生产

- 生产管理。了解生产产品所必需的生产流程、机器、人工和场地的知识，以及在规定的时间、成本和质量条件约束下制造出产品的生产管理技能。
- 库存控制。熟悉控制半成品和成品库存材料的技术。
- 成本分析和控制。能够计算出劳动成本和原材料成本，开发出标准成本体系，进行误差分析，并能计算出所需的加班量和管理/控制成本的能力。
- 质量控制。能够建立起检验体系和标准，实现对来料、半成品和成品的有效质量控制。为不断的质量改进确定基准点。
- 生产进度和生产流。能够分析工作流，并能计划和管理生产过程；能够管理工作流；并能计算出销售水平增长情况下的生产进度表和生产流。
- 采购。能够识别出适当的供应源，能够和供应商谈判签订合同，能够管理进入库存的来料流，并熟悉订货数量及可得的折扣利益。
- 工作评估。能够分析出工人的生产率以及所需的额外劳动力，能够计算出雇用临时工或长期工可节省成本的多少。

财务

- 筹集资本。能够决定采用怎样的方式才能最好地获取设立企业和企业发展所需的资金；能够预测资金的需求并能做好预算；熟悉正式或非正式的短期和长期融资资金来源和融资工具。
- 管理现金流。能够预测现金需求，建立现金控制，管理公司的现金头寸；并能判断所需的资本量，现金用完的时间和地方以及达到盈亏平衡点的时间和地方。
- 信贷和收款管理。能够制定信贷政策和筛选标准，对应收账款和应付账款确定期限；了解代收欠款公司的作用以及何时采取法律行动。
- 短期融资方式。知道如何通过应付账款的管理来融资，以及过渡融资方式的应用，如银行贷款、应收款短期借贷、抵押和销售票据或合同、提货单和银行承兑汇票等；熟悉财务报表和预算/利润计划。
- 公开募集和私募资金。能够制定用于融资的商业计划和招股备忘录；熟悉公开和不公开出售股票的法律规定；具有管理股东关系以及与潜在融资源谈判的能力。
- 簿记、会计和控制。在公司成立之初及公司发展时，能够建立合适的簿记系统和会计系统，包括各种分类账和账目以及可能需要的保险。
- 其他特定技能。能够阅读和制作损益表、资产负债表；能够进行现金流分析和规划，包括盈亏平衡点分析、毛利分析、盈亏分析和资产负债表管理。

微机

- 电子数据表分析。能够用微型计算机进行电子数据表分析，包括数据库分析。
- 其他。懂文字处理和电子邮件等等，这极为有用。

如前所述，不会每个创业者都能在以上所列的所有领域十分拿手。如果不是全部精通的话，他们最好去获得这些技能，或者通过实习，或者通过合伙人，或通过采用顾问的方式。然而，虽然许多杰出的顾问，如律师和会计师，会给创业者带来极大的帮助，但这些人毕竟不是完全的生意人，他们常常不能为听取他们建议的人提供最好的商业判断。比如律师，在许多情况下，他们所作的判断是基于力求提供最为完善的或不会有任何失误的保护的基础上的，因此完全是风险规避型的。

本章总结

1. 成长型企业要求创始人及其团队培养出像带头创业者和创业经理人那样的能力。
2. 成功带领公司成长到销售额超过1 000万美元的创始人要学会迅速适应和成长为经理人与领导者，不然他们就无法生存。
3. 快速成长型公司的创始人反对这样一个传统观念——创业者不能管理公司初建阶段以后的成长过程。
4. 企业经历的成长阶段为初建、快速成长、成熟、衰退和复兴。
5. 管理年轻公司的复杂度和难度很大，其中最重要的一项原因是其订单和年收入的增长太快了。
6. 增长越快，管理越难、越富有挑战性；组织也必须越灵活、适应性越强、学得越快。
7. 创业者创造发明了组织工作和管理工作的独特新方法。
8. 随着企业的成长，企业团队必须具备核心管理能力。

习 题

1. 创业经理人和行政管理人员之间的区别是什么？
2. 创始人为把企业发展成销售额超过1 000万美元的企业应该做些什么？
3. 定义多数公司在成长过程中所经历的各个阶段，解释每个阶段可能遇到的管理问题和要求。
4. 成长型公司的管理问题其复杂度和难度是由什么造成的？
5. 当一家公司发展到年收入超过1 000万美元时要具备的主要管理能力是什么？请列举。
6. 你能否比较并描述一下你所知道的最好的成长型公司与大型知名公司之间在领导、管理和组织上的主要区别？为什么有这些区别？
7. 在大型、非创业型公司改变和创建创业文化的战略是什么？这可能吗？为什么可能？为什么不可能？

第8章的互联网资料来源

http://www.entreworld.org 《创业世界》
http://www.hbr.com 《哈佛商业评论》
http://www.fastcompany.com 《快速公司》(*Fast Compamy*)
http://www.RedHerring.com.《红青鱼》(*RedHerring*)
http://www.ncoe.org 国家创业学委员会

思考题

你考虑过吗？

1. 人们常说：“你不可能雇到一个创业者。”对今天的大型公司来说这意味着什么？
2. 你如何描述你曾为之工作过的最有成效的领导和经理人的态度、行为和思想特点？最没有成效的领导和经理人又如何描述？两者不同的原因是什么？
3. 阅读最近几期《快速公司》杂志：美洲公司正在发生什么事？
4. 总统和国会应该做什么来鼓励并加速美国的创业潮？

练　习

管理技巧和专门技能评估

姓名：

企业：

日期：

第一部分——管理素质库

这个练习的第一部分包括填写"管理素质库"表格并评估（1）对企业来说，或（2）对个人来说在今后1~3年内这些管理素质的重要程度。你如何给这些管理素质的重要性排序取决于你的此项管理评估的目的。

步骤1

填写后面几页上的"管理素质库"表格。对每项管理素质，在和你的知识和经验最吻合的一列打个钩。注意在该表格的最后要求填上贵企业要求的**特有技能**；比如，如果你的企业做的是服务业或特许专营，那有些技能和专门知识是别的企业不要求的，而你的企业特别需要的。然后在下表的最左一列给每项管理素质打分，分值从1到3：

1=关键

2=非常合适

3=不必要

	素质库				
	分　值	完整的知识和经验（做得好）	部分知识和经验（一般）	没有知识和经验（新领域）	重要程度（1~3年）
市场营销					
市场调研和评估 搜集并理解行业和竞争者信息；设计并进行市场调研；分析并理解市场调研数据等。					

市场规划 规划整体销售、广告和促销计划；规划并建立有效的分销渠道或销售代表体系等。					
产品定价 确定有竞争力的定价与利润结构，进行盈亏平衡分析；根据价格确定产品定位等。					
销售管理 组织、监管和激励直销队伍；划分分管区域，计算销售潜力；管理销售队伍等。					
直销 识别、拜访并开发新客户；签单等。					
直接邮售/目录销售 识别并开发合适的直接邮售和目录销售以及相关分销体系等。					
电话销售 识别、规划、实施合适的电话销售计划等。					

客户服务 判断客户服务需求和对零配件的要求；管理一个服务组织并提供有效的质量保证；培训；技术支持等。					
分销管理 组织并管理从制造到分销渠道到客户的产品流，等等。					
产品管理 把市场信息、已知需求、研发和广告整合到合理的产品计划中，等等。					
新产品规划 规划新产品的引进，包括营销测试、原型测试和价格、销售、广告推广和分销计划的制定等。					

运营/生产

生产管理 管理生产，在规定的时间、成本和质量要求条件下生产出产品；掌握制造资源规划（MRP）的知识等。					

库存控制 采用半成品和成品库存控制技术等。					
成本分析和控制 计算劳动力和材料成本；开发标准成本体系；进行偏差分析；计算所需加班时数；管理并控制成本等。					
质量控制 建立监测体系和标准以有效控制来料、半成品和成品的质量等。					
生产进度和流程 分析工作流；规划并管理生产流程；管理工作流；计算进度和流程以适应不断攀升的销售量等。					
采购 识别合适的供货源；谈判供应商合同；管理入库的来料流等。					

岗位评估 分析工人的生产率和对额外劳动力的需求；计算临时工和长期工对成本节约的影响等。					

财务

会计 确定合适的薄记和会计制度；准备并采用收支损益表和资产负债表；分析现金流、盈亏平衡、毛利和盈亏等。					
资本预算 准备预算；确定最合适的方法来筹集资金用于初创和公司发展；预测未来所需资金等。					
现金流管理 管理现金头寸，包括预测现金需求等。					
信贷和收款管理 制定信贷政策和筛选标准等。					
短期融资 管理应付账款和应收账款；采用过渡性融资方法等。					

公开募集和私募资金技能

制定商业计划和招股备忘录；管理与股东的关系；与各方融资源谈判等。

管理

解决问题

预测问题并做出规划以避免问题；分析并解决问题等。

沟通

通过口头、书面方式和客户、同行、下属和外部人进行有效清楚的沟通等。

规划

制定现实可达到的目标，能识别达到目标的障碍，并开发达到这些目标的具体行动计划。

决策制定

根据不完整数据制定决策等。

项目管理

组织项目团队；制定项目目标；定义项目任务；在出现问题或在受成本/质量要求限制的情况下监督任务完成情况等。

谈判 有效开展谈判工作等。					
人事管理 设定工资、招聘、薪酬和培训各项职能；识别、管理和引导合适的外部顾问等。					
管理信息系统 了解与公司成长计划相适应的相关管理信息系统等。					
计算机 使用电子表格、文字处理软件和其他相关软件；使用电子邮件等。					

人际团队

领导/远见/影响 积极领导并向他人灌输公司远景和对公司的热情；创造一种有助于提高业绩的氛围和精神等。					

帮助 判断何时需要帮助，请求或提供这种帮助。					
反馈 提供有效反馈或接收有效反馈等。					
冲突管理 坦诚面对不同意见，达成决议；运用事实和逻辑分析来解决问题等。					
团队合作和人员管理 和他人合作以达到共同目标；授权并指导下属等。					

法律

公司 理解统一商业法规，包括组织形式和公司管理人员、股东和董事的权利义务等。					
合同 理解政府和商业合同、许可、租赁及其他协议的要求等。					

税收 理解州和联邦申报要求；理解合法避税手段、不动产计划、额外福利诸如此类等。					
证券 理解证券和交易委员会及管理已注册和未注册证券的有关政府机关的要求等。					
专利和所有权 理解专利申请的准备和修订；识别专利、商标、版权和特许信息的主张权等。					
房地产 理解出租或购买、销售房地产的各种必要协议等。					
破产 理解各项选择和创始人、管理人员、董事的豁免责任和不可豁免责任等。					
特定技能 所需的特定能力。					

第二部分——管理评估

第二部分包括评估管理优势和劣势，判定哪些领域的能力最关键，并制定克服或弥补劣势和充分利用管理优势的计划。

步骤1

评估管理优势和劣势：

- 哪项管理技能特别强？
- 哪项管理技能特别弱？
- 存在哪些明显差距？何时？

步骤2

在对企业成功最重要的几项能力项上画圈并删除无关的各项。

步骤3

考虑对你的意义和对发展企业管理团队的意义。

- 这份管理优劣势表的意义是什么？
- 你的团队中谁能克服或弥补各项关键劣势？
- 你如何利用你的关键优势？
- 以上行动在时间上有什么要求？对你来说怎样？对团队来说怎样？
- 你将如何吸引并弥补你劣势中的主要差距？

步骤4

获取反馈信息。如果你正在评估你的管理能力并把这项活动作为开发个人创业战略和规划你的个人实习中的一部分，那建议你读一读第19章的“制定个人创业战略”并现在完成这项练习。

注 释

1. John Kenneth Galbraith, *The New Industrial State* (Boston: Houghton Mifflin, 1971).
2. George C. Rubenson and Anil K. Gupta, "The Founder's Disease: A Critical Reexamination," *Frontiers of Entrepreneurship Research: 1990*, ed. Neil Churchill et al. (Babson Park, MA: Babson College, 1990), pp. 177–78.
3. Gary E. Willard, David A. Krueger, and Henry R. Feeser, "In Order to Grow, Must the Founder Go: A Comparison of Performance Between Founder and Non-Founder Managed High-Growth Manufacturing Firms," *Journal of Business Venturing* 7, 1996, p. 190.
4. For another useful view of the stages of development of a firm and required management capabilities, see Carroll V. Kroeger, "Management Development and the Small Firm," *California Management Review 17*, no.1 (Fall 1974), pp. 41–47.
5. L. A. Griener, "Evolution and Revolution as Organizations Grow," in *Trials and Rewards of the Entrepreneur* (Boston: Harvard Business Review, 1977), pp. 47–56; and H. N. Woodward, "Management Strategies for Small Companies," in *Trials and Rewards of the Entrepreneur* (Boston: Harvard Business Review, 1981), pp. 57–66.
6. William W. George, "Task Teams for Rapid Growth," *Harvard Business Review*, March–April 1977.
7. Allan R. Cohen and David L. Bradford, *Influence Without Authority* (New York: John Wiley & Sons, 1990), p. 17.
8. Ibid.
9. David L. Bradford and Allan R. Cohen, *Managing for Excellence: The Guide to Developing High Performance in Contemporary Organizations* (New York: John Wiley & Sons, 1984).
10. Neil C. Churchill, "Entrepreneurs and Their Enterprises: A Stage Model," in *Frontiers of Entrepreneurship Research: 1983*, ed J. A. Hornaday et al. (Babson Park, MA: Babson College, 1983), pp. 1–22.
11. Rosabeth Moss Kanter, *When Giants Learn to Dance* (New York: Simon & Schuster, 1989), pp. 9–10.
12. Ibid., p. 31.
13. Ibid.
14. Rosabeth Moss Kanter, *The Change Masters* (New York: Simon & Schuster, 1983), pp. 354–55.
15. The Study was done by McKinsey & Company. See "How Growth Companies Succeed," reported in *Small Business Report*, July 1984, p. 9.
16. David L. Bradford and Allan R. Cohen, *Managing for Excellence* (New York: John Wiley & Sons, 1984), pp. 3–4.
17. John Sculley with John Byrne, *Odyssey: Pepsi to Apple... A Journey of Adventures, Idea, and The Future* (New York: HarperCollins Publishers Inc., 1987), p. 321.
18. Timmons and Stevenson, "Entrepreneurship Education in the 80s. What Entrepreneurs Say," pp. 115–34.

第9章

新企业团队

"当今的世界充斥着丰富的技术、大量的创业者和充裕的风险资本，而真正缺乏的是出色的团队。如何创建一个优秀的团队将会是你面临的最大挑战。"

——约翰·多尔

合伙人,克莱纳–珀金斯–考尔费尔德–拜尔斯,

《快速公司》

1997年2~3月

学习目的

学完本章后，你将能够：

1. 认识并检验团队在创建成功新企业中的重要性和作用。
2. 检验一些成功的创业理念和创业态度，这些理念和态度强调：只有形成并建立起一支高效的新企业团队才能实现公司远景。
3. 识别创业者们在组建新企业团队时面对的关键问题、障碍，包括常见的误区。
4. 检验新团队在权益分配时所面临的回报问题。
5. 案例分析："密歇根照明公司"（Michigan Lighting）。*
6. 为你自己的企业建立一套奖励制度。

团队的重要性

通向成功的桥梁

大量证据表明，一个好的管理团队对于企业的成功起着举足轻重的作用。在新企业的发展潜力（以及打破创始人的自有资源限制，从私人投资者和风险资本支持者手中吸引资本的能力）与企业管理团队的素质之间有着十分紧密的联系。

新创立的公司既可能是一个仅仅为创始人提供一种替代就业方式、为几个家人和几个外人提供就业机会的公司，也可能是一个具有较高发展潜力的公司，前者和后者之间的主要不同点之一在于是否存在一支高质量的管理团队。一个喜欢单打独斗的创业者固然可以谋生，然而一个团队的营造者却能够创建出一个组织或公司——能够创造重要价值并有多种收获选择的公司。

没有团队的企业也许并不注定会失败，但要建立一个没有团队而具有高潜力的企业却极其困难。当然，确实有一些创业者讨厌合伙人，还有一些创业带头人只有在拥有绝对控制权的情况下才会觉得合伙制令人满意。也就是

* 请见与本书配套的《创业学案例》一书第9个案例。 ——编者注

说，他们需要的是雇员而不是合伙人，这种态度不仅针对企业的内部人员，也针对企业外部的投资者。例如，有一位创业者，他建立了一家增长稳定但发展较为缓慢的高科技企业，其销售额在成立后的10年内增长了200万美元左右。随着光纤技术领域新专利的不断涌现和相关技术的日新月异，这家企业渐渐引起了风险资本家们极大的投资兴趣，他曾有几次获得超过500万美元融资的机会，但是他都拒绝了，因为投资者们要求拥有其公司51%以上的股份。对此，他只是简单明了地说："这家企业是我多年来苦心经营起来的，我不愿意把它的控制权拱手相让。"这显然和我们上述的规则相悖，但这位创业者后来还是成功地使其企业成长到销售额超过2 000万美元的水平。

正如第1章所说，许多证据表明，团队对于企业的成功有着重要的影响。[1] 正如我们援引的研究所揭示的：风险资本家们相信团队非常重要；有风险资本投入的企业其生存率高于全国平均数；另外，这些风险投资的回报相当丰厚。一项针对104家20世纪60年代创办的高科技企业的研究报告指出，在年销售额达到500万美元以上的高成长企业中，有83.3%是由创业团队建立的；而在另外73家停止经营的企业中，仅有53.8%有数位创始人。[2] 这一模式在一项近期的研究中表现得更为明显，这是一项关于"128号公路100强"（是指波士顿市郊地区沿着128号公路，包括成功新风险企业在内的顶级公司）的调查。[3] 调查结果显示的一般情况是：这些企业中成立5年以上的平均年销售额达到1 600万美元，成立6~10年的平均销售额达到4 900万美元，而那些更为成熟的企业则可达到几亿美元。这项调查还发现这些成功企业中70%有多名创始人，在这86家成功的企业中有36家有3位以上的创始人，17%的企业创始人在4位以上，9%的在5位以上，还有一家公司是由一个8人的团队组建的。

不单单是团队的存在与否关系重大，其素质的高低也非常重要。正因为如此，风险投资者们越来越注重并积极参与管理团队的塑造和提高。一项最新研究表明，团队创建、团队工作历史以及新企业团队和风险资本家之间的合作已经变得越来越重要。[4] 一项研究显示：与20世纪70年代相比，80年代风险资本迅速增长，而风险投资者对管理团队的重视程度也在这一时期有了显著的提高。[5] 另一项研究是针对投资于高度创新型技术企业的风险资本的，它也显示了管理团队的积极作用。[6] 这种局面到了90年代更加明显。

诚然，合适的合伙人在企业中的确能够起到极有价值的作用。另外，越来越多的证据也显示，创业者们正面临着孤独、紧张和其他来自各方面的压力。至少，找到合适的合伙人将有助于减轻这些压力。[7] 但问题的关键是要识别合适的合伙人并与之共事。要想找到合适的合伙人并与他们进行愉快的合作，往往需要预料到一些关键性问题和障碍，并在非常恰当的时机解决，不能太早，也不能太晚。

团队的形成与建设

把团队理念和团队态度作为实现公司远景的关键

最成功的创业者似乎都是把某些创业理念和创业态度（即有关团队是什么；团队的使命是什么；如何奖励团队成员的态度）*作为实现其公司未来远景的关键*。这一远景的核心内容与两方面有关，一是企业创始人努力想达到的目标；二是一些不成文的行为规则。这些规则是指导团队如何精诚合作、荣辱与共，从而获得成功的结构基础、资质基础和目的导向。奖励、补偿和激励机制都是以这种理念和态度为基础的。

在日后获得成功的企业里，我们常常会发现它们中存在很明显的团队合作这种根本思维方式。要实现公司远景，只掌握创业机会、商业计划、融资等各章和案例所涉及的所有实际关键问题还是不够的。当然这些问题每一项都很重要，但任何一项都不可能单独把企业带向成功。单个因素能做到这一点的概率极小，或者可以说，完全没有。

创业带头人精心设计公司远景并带领、激励、说服和诱导骨干人员参与实现企业目标的能力是决定整个企业成败盈亏的关键，也是决定企业最终是大获全胜还是变卖公司以偿还个人承诺的高额负债的关键。向员工灌输公司远景并激发他们渴望获胜的热情，这些活动常常在公司成立之初的非正式讨论阶段就出现了，并且引发了一系列自我实现的预言，它们引导着公司走向成功，而非"接近成功"或失败。在一项验证《INC.》500强公司中是否存在创业带头人的研究中，研究者发现，在大的创业团队中确实存在创业带头人，并且他们比其他人具有更大的创业远景和更强的自动力与自信心来实践他们的远景，将其变为现实。[8]

由此可见，深谙团队建设和团队合作之道的创业带头人及其团队实际上拥有了一件秘密武器。许多人即便有着杰出的技术或其他相关的技能、高学历的文凭等等资本，也往往会迷失于现代企业高度个人主义的激烈竞争中而无力自拔。这些人单个说来也许都十分出色，有些甚至可能对团队运作的程序也颇为了解，然而一旦从纸上谈兵转到真正的实施阶段，却会发现利己主义使得他们无法完全地融入团队中。事实上，他们的心理根本就没有对团队精神的要求作好准备。

那么，优秀创业者所具有的并以此识别未来合伙人和团队成员、向未来合伙人和团队成员灌输的团队理念和团队态度是什么呢？我们可以追溯到前面第7章所提到的创业思维方式——它对团队建设发挥着积极的作用。虽然那些成功成长为大公司的公司团队其理念和态度有所不同，但基本上有以下几个共同点。

- **凝聚力**。团队中的每一个成员都必须认识到他们是拧在一起的，公司成功了，所有人都获益。他们相信任何个人都不可能单独成功，除非所有人都成功了；反之亦然，团队中任何一人输了，所有的人也都输了。奖励、薪酬与激励依赖于创造公司价值与获得投资回报，不管公司多大多小都是如此。
- **合作精神**。具有高潜力的公司最显著的特点应该就是作为一个团队的整体协同合作能力，而不仅仅是一个培养一两名杰出人物的场所。这些出色的团队注重互相配合以减轻他人的工作负担从而提高整体的效率，在合伙人和关键成员中树立英雄模范，然后通过庆祝他们的成功来激励员工。正如Sunmark公司功勋卓著的已退休前董事长兼首席执行官哈罗德·西格尔(Harold J. Seigle)常挂在嘴边的那句话："高绩效培养深感情。"
- **正直**。艰难的选择和利弊的权衡应综合考虑客户、公司的利益以及价值的创造，而不能以纯粹的功利主义、马基雅维里式的无道德论为依据，或是狭隘地从个人或部门需求的角度来衡量。具有在保证工作质量、员工健康或其他相关利益不被侵犯的前提下完成各项任务的信念与承诺。
- **立足长远目标**。正如大多数组织机构那样，新建企业的兴衰存亡取决于其团队的敬业精神，一支敬业的团队，其成员会朝着企业的长远目标努力，而不是指望着能一夜致富。企业在他们的眼里是一场将持续5年、7年甚至是10年以上（而不是速战速决）的令人愉悦的比赛，他们将在其中不断奋斗直至取得最后的胜利。没有一家企业能够靠今天进入、明天退出（或经营发生困难之际退出）而在短期内获得意外横财。股票托管协议（stock vesting agreements）就反映了这种承诺。例如，股票的托管期一般超过5年或7年，托管期间任何人都可以以任何理由提前退出，并可以保留截至退出时他们获得的收益，但他们必须将剩余的股份按原来的售价卖还给公司。当然这种托管协议通常还会规定，如果公司在这5年或7年的托管期满之前被意外收购或公开上市的话，则股票在此情况下将会被自动百分之百托管。
- **收获的观念**。成功收获是创办企业的目标。这意味着最终获得的资本收益是衡量成功程度的标准，而非每月的薪水、办公室的地理位置和规模或什么型号的车等等。
- **致力于价值创造**。团队成员都致力于价值创造，即努力把蛋糕做大，从而使所有的人都能获利，包括为客户提供更多的价值，帮助供应商也能从团队的成功中分一杯羹，以及使团队的赞助者和持股人获得更大的盈利。
- **平等中的不平等**。在成功的新兴企业中，民主主义和盲目的平均主义显然没有什么用武之地，公司所关注的是如何去选定能胜任关键工作的适当人选及其职责所在。而公司总裁是负责制定基本的行动准则和决定企业环境和企业文化的关键人物。当人们问起Stratus计算机公司的创办人兼总裁比尔·福斯特（Bill Foster)，他与他的合伙人在公司的地位是否平等时，他回答说："哦,是的，只不过我的薪水最高，拥有的股份也最多。"[9] 例如,公司股票在创办人和主要经营者之间往往不是平均分配的。在一个拥有4名关键人员的企业中，公司的股票是这样分配的：总裁享有34%的份额，两名分管营销和技术的副总裁分别享有23%，而总会计师拥有6%的份额，剩余的份额则分别由外部股东和顾问所掌握。另一家公司则是按如下方法在7位创办人中分配的：总裁拥有22%，4位副总裁各拥有15%，剩余的18%由两位捐助人各持9%。而在第三家公司的例子中我们看到，如果未按重要性来分配所有权份额将会对企业的经营产生何种负面影响：在这一例子中，4位所有人各拥有公司股份的25%。其中两位几乎贡献出了他们的一切，而另外两位实际上在从公司抽走资本。因为这一问题迟迟得不到解决，所以公司无法吸收风险投资，而且也不可能发展壮大。
- **公正性**。对关键员工的奖酬以及职工股权计划的设计应与各人在一段时期内的贡献、工作业绩和工作成果相挂钩。由于贡献大小在事前只能做一个大概的估计，而且意外和不公平的情况往往在所难免，因此必须随时做相应的增减调整。一家仅在短短2年的时间内就在车载移动电话市场取得惊人成就的公司就是一个典型例子。当这家公司被出售时，公司的6人团队中有两人为公司所作的贡献明显超过了他们持有的股票份额。为此，团队中的另外一位成员拿出了价值几十万美元的股票给了他们其中的一位作为补偿。公司被出售后，这一团队随之加入了另一家企业，新企业的总裁针对以前的不公平情况，在征得了每位成员的同意后相应调整了各人的持股比例。而且，新公司还决定留出10%的股份以奖励那些为公司获得成功做出超常贡献的人。

- **共同分享收获**。尽管法律或道德都没有规定创业者在公司收获期要公平公正地分配所获利益，但看来越来越多的成功创业者都已经这样做了。通常“盈利”中的10%~20%会留出来分给关键雇员。最近有一家成功收获退出的企业，它的员工得知：在公司出售后他们每人将获得相当于一年工资的报酬，他们真是又惊又喜。然而，事实也并非一直如此。在另一家公司里，一位创业者及其家人控制着90%的股份。公司总裁是惟一一个让公司获得巨大成功并使公司具有可观价值的人。但他不得不费了九牛二虎之力才说服公司所有者们答应给其他关键雇员300万美元左右的奖金，这一金额在公司的售出价——2.5亿美元中仅占1%多一点。（这种公平或不公平的感觉将怎样影响高素质人员未来的流向和这些创业者选择新企业的商机是个值得深思的问题。）

一个演变的过程

如果哪个创业者正在考虑团队组建问题，那他往往很难找到白纸黑字、确凿无误而又经久有效的答案，并且我们也不提倡创业者在行动之前必须解决所有有关商机的条件和时机问题。我们强调新企业团队的重要性，但这并不意味着每个新企业都必须一开始就配备一支完整的团队，一起加入创立新企业的活动。一支团队可能需要经过一定的时间随着企业的发展逐步走到一起来，而且总会有时有一些怀疑，有时对未来合伙人期望过高，这其中需要不断的调整。这里要再一次重申：任何创造性的活动，不管是马拉松长跑还是创业，肯定都充满了未知、新奇和惊讶。充分的准备就好比是一张保险单，而事先全面思考这些团队问题和团队建设概念则是份十分实惠的保险。

理想的团队成员与合适的企业商机组成的黄金组合可能是最强有力的。在这种情况下，整体大于部分之和。然而拥有一支极为成功的企业团队其可能性微乎其微，即便是一个企业生存下来了，其团队成员在头几年的流动率也可能会超过全国的离婚率。有些学者对寻找风险资本支持的新企业团队进行了研究，他们的研究结果显示：其中很多企业甚至连起飞都没起飞。这些创业团队通常在筹集到足够的风险资本开始经营之前就耗尽了他们的自身资源和敬业精神。在那些得到资助的企业中，大约20家中会有一家在今后3~5年内大获成功，这样他们就可以以高于投资者原始投资5倍的投资收益给予他们巨额回报。

新企业团队的形成和发展似乎各不相同，而且企业合伙人走到一起的方式也是多种多样。一些团队的成立往往是机缘巧合，或是因为来自同一地区，或是因为志趣相同，或是因为在一起工作。也许所谓的志趣相同其实就是都想创办一家企业，或者也有可能是这些人对特定的市场需求做出了相同的预测并有了一致的意向。另外一些团队是由几个过去的老朋友组成的，比如说大学生涯的室友或密友就很容易会成为日后的商业合伙人。本书作者杰弗里·蒂蒙斯在哈佛商学院念MBA时的两位同学就是这样一个例子：在同寝一周后莱斯利·查姆（Leslie Charm）和卡尔·扬曼（Carl Youngman）就决定今后共同从商，如今他们合作已超过32年，拥有三家国内特许专营公司、一家创业顾问与企业困境管理公司，以及一家风险投资公司——AIGIS风险有限公司。

在企业团队的演变过程中，不难发现有两种主要模式。一种就是某位成员先有一个思路（或者干脆就是打算要办一个企业），然后在后来的1~3年时间里三四位合作者陆续加入组成团队，而与此同时企业也逐渐成型；另一种情况就是在最初就以相同的思路、友谊和经验等因素为基础组建一支完整的团队。

弥补空缺

团队的组建没有像菜谱那样简单明了的解决方案；实际上，有多少家由数位创始人组成的企业，就会有多少种建立团队的方式。

成功的创业者懂得如何根据商机的要求和时机找到所需人才并组建团队。[10] 如果团队成员能起到对创业带头人的补充和平衡作用，并且相互之间也能互补协调，则这样的团队对企业会做出很大贡献。不过具有讽刺意味的是，当未来合作者们，尤其是其中一些经验不足者，在为决定是否加入团队而深思熟虑时，还把大量的时间耗费在一些不太重要的细节上，如：头衔、公司名称、信笺抬头和要请哪类律师、会计师等。这样形成的团队通常从一开始就有缺陷，因而很容易在日后碰到突如其来的危机、冲突和变化时手忙脚乱，难以招架。

团队的形成是从一位创业带头人开始的。在初建阶段，创业带头人通常会兼任很多职务。但过了这个阶段后，我们就要比较企业本身的性质、要求和创业带头人的能力、动机和兴趣之间的差异。通过比较，我们会发现两者之间确实存在着差距并且需要补充其他团队成员或利用外部资源来填补这些空白，比如建立董事会、聘请咨询顾问、律师、会计师等等。

因而，如果创业带头人或者团队成员的业务强项表现在技术方面，就有必要利用其他团队成员或是外部资源来弥补营销、财务等方面的不足。当然，实际上会出现责任交叠和责任共担的现象，但是团队成员必须对创业带头人的能力和其他团队成员的能力起到互补而不是叠加的作用。

请注意，如果在建设团队时找不到合适的人才来填补某个关键位置，就可能导致进入战略的变更。比方说，一个公司可能会发现因为没有合适的营销人员而无法发起对某个市场的攻击。不过它也有可能会发现，它可以引进一位一流的人才，凭借一项稍加改进的产品或服务来开发另一个细分市场。

最重要的是，评价和最终决定在什么时候需要什么样的人才是一个动态的过程，而非一次性就可以完成的。需要有哪些专有技术、技能和专长？需要进行哪些关键工作，采取哪些行动？成功的必要条件是哪些？公司的竞争力突出表现在哪儿？需要有些什么样的外部联系？企业现有的空缺多大及其严重性如何？企业能负担的极限是多少？企业能否通过增加新董事或寻找外部咨询顾问来获得所需的专业技能？诸如此类的问题决定了这些需求何时以及如何才能被满足。这些问题的答案会随着时间而发生变化。

下面是根据第2章介绍的分析框架所列出的要点，它将有助于指导新企业团队的建立：

创始人　需要什么类型的团队取决于商机的性质和创业带头人的能力、作用。对创业战略进行准确的评价是创业带头人建立团队的一个关键步骤。（第20章所涉及到的个人创业战略的训练非常有助于解决这一问题。）因此，创业带头人首先要考虑的是：是否值得或有必要建立团队，以及他是否打算把企业发展成一个高潜力企业。然后他才需要具体评价拥有的人才、专有技术、技能、业绩记录、关系网络和资源，即已经获得的所谓“资源组合”。（见第8章的“管理技能和专有技能评价”。）当一切就绪时，创业带头人就要进一步考虑企业必须具备什么条件才能获得成功，以及在什么时候需要些什么样的人才与自己形成互补优势。最好的创业者是乐观的现实主义者，他们真心希望提高自己的工作绩效，努力去弄清哪些是他们所知道的，哪些是他们不知道的，并对此实事求是。创业带头人所需要考虑的问题包括以下几方面：

- 需要哪些与行业、市场及技术有关的专业知识和经验，我是否把这些都带给企业了？我是否比其他人更清楚地了解企业的收入成本模式？
- 我在特定领域里的个人优势和企业优势是否对拟建企业能否获得成功十分关键？
- 我是否拥有必需的关系网络（以及已有的关系网络是否能为企业带来竞争优势），还是需要在这方面寻找合适的合伙人？
- 我是否能够吸引公司内外各方面的一流人才合伙人组成一支“明星队”，我能够有效协调这些人和其他团队成员之间的关系吗？
- 我为何决定现在要抓住这个特定的商机，我打算从这个企业中获得什么（即我的目标、收入和收获期望值）？
- 我是否知道将来要做出的牺牲和付出有多大？我为此做好准备了吗？
- 其中包含的风险和回报有多大？我是否能面对风险泰然自若？我是否还要找个和我风险导向不同的人？

商机　对于团队成员的需要是创业者时刻考虑的问题，尤其是在开办前的构思阶段。而对于整个团队的需要则取决于创业带头人与商机之间的匹配程度，以及他打算以多快的速度和多大的举措来推进企业。（见第4章的“企业商机筛选练习”。）尽管大多数的新企业都打算依靠自身资源求得发展，而且只有在公司负担得起的情况下才会招募其他团队成员，然而“捕获22”（catch-22）这条原则却告诉我们：如果企业打算寻找风险资本或认真的私人投资者支持的话，事先越早地将团队组建起来，其价值就越高，必须分给别人的所有权份额就会越少。这方面需要考虑的问题包括以下几点：

- 我是否已明确定义了做这项业务的附加值和经济利

益？我是否已考虑过企业如何从这项业务中获利，以及与谁共同获利？比方说，决定一个企业是从事剃须刀还是剃须刀片的销售将会影响到对团队成员的需求的不同。

- 能够影响我拟建企业成功与否的关键变量是什么？需要什么因素或什么人来对这些变量产生积极影响？
- 我是否拥有或得到了把握商机所必需的关键外部关系，如投资人、律师、银行家、客户、供应商、管理机构等？我需要这方面的帮助吗？
- 我应该注重哪个方面的竞争优势和竞争战略？什么样的人是推行这一战略或优势的必要人选？

外部资源　我们可以通过获取外部资源来弥补企业的一些空白点，如：董事会、会计师、律师、咨询顾问等。[11]通常说来，税务和法律方面的专家在最初阶段最好以兼职的方式聘请。而其他有些专业技能（例如设计存货控制系统）专业性很强而且往往只需要一次。一般情况下，如果某些外部资源只需要一次或只在某阶段有需求，或者这些需求对企业经营的关键任务、目标和活动来说并不重要的话，那么比较妥当的做法是聘请咨询顾问。然而，如果某项专业技术对于初建企业是必不可缺的，而且创业带头人不具备这项技术，也无法迅速学会，那么企业就必须去聘请一个或几个这方面的专家。在这方面，创业者需要考虑的问题是：

- 那些专业性强、具有一次性特点或可请兼职人士提供的专业知识对于企业来说是不太重要的呢，还是至关重要的？
- 如果从外部获取专业技能，是否会泄露商业机密？

其他需要考虑的因素

团队的建立和培养就好像婚姻关系的确立和维护，是一项非科学性的活动，常常充满了不确定性和出人意料的事件。不管人们如何努力试图改变这一状况，结果只是徒劳！把团队建设比做婚姻家庭是个很好的类比，因为两者之间在复杂性和因果关系上十分相似。建立一个团队有着许多类似于求婚和结婚典礼的特点，在决策时都会掺杂一定的感情因素。团队的成员之间很可能会像婚姻双方那样互相倾慕，以至于形成一种彼此欣赏、尊重甚至是绝对忠诚的氛围。同样，创业团队在新产品和服务的产生和发展的过程中也会体验到类似家庭中生育和抚养孩子的过程中会经历到的那种喜悦、挫折和不安的复杂心理。

因此，创业者另外还需要考虑下面几个方面的问题：

- 价值观、目标和承诺。团队在价值观和目标上的准确定位至关重要。在任何类型的新企业中，参与者们都会建立起某种心理约定和氛围。虽然这种心理约定和氛围通常是随着创业带头人鼓励优秀，尊重团队成员贡献的一系列措施被建立起来的，不过如果能把那些目标和价值观与团队一致的人选入团队，这将大大促进这种心理约定和氛围的建立。在成功的企业里，个人目标和团队成员的整体价值能很好地结合在一起，公司的目标同样也能得到团队成员的大力支持。虽然这种部分利益和整体利益之间的一致性在股权分散的大型上市公司里比较差，在集中控股的小型企业里最突出，但我们希望团队成员的个人目标和其他团队成员的目标尽可能相同，并且公司目标和团队成员的总体目标也尽可能相同。不过客观地讲，要正确评估团队成员的上述方面是极为困难的。
- 角色的定义。我们必须花大力气确定：哪些人是适合哪些关键任务的，以及谁担负什么职责，这样才能把能力重复或职责重复降到最低。但是所有任务的执行者是不可能被精确固定下来的，因为有些关键任务和问题根本不可能预测，而且常常发生原定人选没有完成预定任务，却由他人完成的情况。因此保持一个责任共担、信息共享的适度松散、灵活的扁平结构非常有利于发挥个人优势和个人灵活性，并能提高个人的学习速度和决策制定的效率。
- 周围群体。家人、朋友和同事的支持和认可对创业者很有帮助，尤其是在他遭受挫折的时候。来自于这些参考群体的认可是对他所选择的个人事业的极大支持，能进而加强他对整个自我形象和自我身份的信心。[12]理想情况下，每一位团队成员都应该会有周围人群支持他。（如果不是这样，创业带头人可能必须得承担起在艰难时期——可能是很难捱过的时期鼓舞和支持团队其他成员的责任。）因此，未来团队成员的配偶是否会坚定地支持他/她走创业之路；是否支持他/她把“血汗钱”投到公司换得股权；以及团队成员的好友是支持、鼓励他们，还是贬损、否定他们等等这类问题都是值得认真考虑的。

常见的误区

在实际实践这些创业理念和态度时，无论企业的商机是好是坏，也无论团队成员是否密切合作，该实践过程总会遇到一些问题。企业可能尚未成立就四分五裂，也可能在成立初期夭折，或者陷于长期而烦人的分裂冲突和争权夺利中而无法自拔，这些问题即便不会摧毁一个企业，也必定会严重地损害其发展潜力。

如果一个团队缺乏创立公司的经验，也没有掌握应对初创阶段各种棘手问题的技能，它一般不会想到在企业正式成立之前的试运行阶段就要对潜在合伙人开展“相互协和度测试”，也不会去向资深的顾问征求这方面的意见。结果，这类团队在面对一些敏感性问题时就可能会束手无策，如：谁拥有多少所有权份额；谁应该投入多少时间、多少资金或其他资源；如何解决分歧以及团队成员如何退出等。因此，当团队成员在企业成立之初对这类关键问题进行初步商讨时，有时会闹得大家不欢而散，使得一个原本拥有良好经营设想、极有前途的团队因上述原因而过早地解体了。就算是凭着创业的一股冲劲，团队被凑合起来了，它也不可能完全解决这许多问题，哪怕勉强解决也不可能。另外一种情况是由于缺乏资金，无法花钱请别人帮忙，因此大家凑在一起组成一支团队，在这种情况下，团队的维持也不会很长久。这类团队不懂得利用试运行阶段来考察团队成员对公司的责任感和贡献度。比如说，要真正建立起一家好企业，合伙人必须全身心投入企业的工作。企业的成功应该成为这位合伙人最重要的目标，而其他问题，包括家庭，都只能退而居其次。[13] 另一个有效利用试运行阶段的好处是，它可以降低某些因素本身固有的风险，如对薪水和股份的过早承诺，而且这类承诺一般是长期的。

组建一个新企业团队最常用的方式也可能是新企业团队最容易犯的错误。有这样一个例子，2~4个创业者——通常以前是朋友或是工作伙伴——决定在各方面都要体现人人平等，于是他们采取了许多民主措施，如：对等股票所有权、等额工资、一样的办公空间和汽车以及其他代表他们地位平等的措施。然而这样一来就产生了其他问题：谁对公司负主要责任，由谁做出最终决定以及如何解决具体分歧等等。虽说新企业团队的职责划分最好适度交叉，决策过程最好有大家的集体参与和商讨，但是过分松散的民主气氛会使管理显得软弱无力。即使合伙人之间签订了细则很严密的买卖协议，也常常无法解决他们之间存在的冲突。

另一个常见的错误就是创业带头人和管理团队盲目自信，觉得自己完美无缺。或是团队对某个产品构思过于乐观，过于依赖。比方说，如果创业带头人不愿或是不能指出自己的缺陷和弱点并增补合适的团队成员来弥补，更有甚者，他或她还不了解什么是真正必需的，才能把新企业发展成为一家成功的公司，那他们就已经陷入危险境地了。[14]

有些团队不能认识到创建并发展企业是一个动态的过程。因此，他们想不到最初的协议过一段时间后就不再适用了，不能再反映团队成员的实际贡献了。尽管你在团队组建的过程中花了不少时间，尽管团队各个成员在企业成立前都同意了这份协议，但事实就是如此。而且他们往往也想不到团队中成员的组成也会在一段时间后发生变化。理查德·特斯塔（Richard Testa）是一名首席律师，他的公司和莲花发展公司以及许多风险投资公司有过业务往来。最近，他在一个关于筹集风险资本的研讨会上做了发言，其中一段话让与会者大为震惊，他说：

> “对于创建新企业，我仅有一点可以确信无疑地告诉你们，而且这点和你及你的合伙人有关。根据我们10多年来的经验，我可以担保，在今天到会的每一家公司中，至少有一位创始人会在5年内离开公司。”[15]

因此，没有动态发展观念的企业团队不可能建立起一套完善的机制来帮助或协助合伙人体面地分手，也无法让团队随着企业的发展进行必要的内部调节。

投资者、未来团队成员或创业带头人的破坏性动机会给团队带来很大麻烦。如果团队对某些具有潜在破坏力的动机不够警觉，如某一成员很早就十分关注权力和控制力，那团队就要遭殃了。在这种情况下，有人认为冲突管理应该成为团队成员的核心任务。一项对“自我授权团队”（self-empowered team）的调查显示，团队成员处理冲突的方式对他们的个人效力和团队的总体表现有很大影响。调查还显示，当团队成员正确认识到解决冲突的目的，是为了大家好，是为了帮助大家得到彼此真正需要的东西，并达成共同的价值，而不是想胜过或超过别人时，他们的工作最有效。[16]

最后，新企业团队可能会过于信任他人。诚实正直对于企业的长远发展当然很重要，而且世界上的确有很多高素质、有道德的人；然而现实世界也存在不少掠夺、偷盗、敲诈、欺骗和虚伪的现象。虽然创业者不信任他人无法取得成功，但盲目的信任同样不会成功。在现实世界里，信任应该是逐渐赢得的，因为它需要有耐心并能经受住考验。投资者们青睐那些能够紧密合作的团队，其主要原因是团队成员彼此信任。在建立信任的过程中，稍有差错就会对企业造成很坏的影响。那些不注意细节的团队——如不注意经常保持和其他人或其他公司的联系——就是犯了这个错误。

报酬与激励

让大家一起分享创始人的蛋糕

创始人们最常问的一个问题就是，“该给谁分多少股?”（在第14章，你将具体研究风险资本家和投资者们用以决定在不同投资回合投资者应该拥有多少公司股份的各种方法。）杰德（Jed）是我以前的学生，近期正在和克莱纳-珀金斯-考尔费尔德-拜尔斯公司的约翰·多尔就筹资建立一家互联网公司的事进行严肃的谈判。在此，我向杰德提出的建议和向其他所有人提出的建议是一样的。

首先，从理念和价值观开始，可以归结为尤因·马里恩·考夫曼的一条重要原则：要与帮助你创造价值和财富的人一起分享财富。一旦过了这一关，你就不会在持股百分比的问题上斤斤计较了。毕竟，零的51%结果还是零。关键在于如何把蛋糕做大。其次，任何得到风险资本支持的企业其最终目标是实现5~10倍于原始投资的收获报酬，甚至更高。也就是说企业会通过首次公开发行的方式高价出售，或是出售给另一家大公司。因此，我们可以采用一种逆向分析法，从首次公开发行时的资本结构开始，预测将要发生的事情并确定谁应该得到多少公司份额。在20世纪90年代晚期资本市场蓬勃发展时，大多数由风险资本支持的小型企业在首次公开上市后都会卖出1 200万~1 500万股股票。通常来说，会有2 500万~4 000万股股票（有时候会有所增减）以每股12 ~15美元的价格出售给公众(其中大多数是机构投资者)。当然这一价格还会依据企业表现及市场对其新股的需求程度减半或是加倍。一般情况下，创始人/CEO在首次公开上市后会得到100万~300万股，价值1 200万~4 500万美元。从这个角度来说，我们就很容易理解为什么寻找一个好机会、建立一个好团队以及采取分散型持股方式实行财富共享要比拥有多少公司份额重要得多。

最后，我要对创业者们，特别是像杰德那样二三十岁的年轻创业者们讲的是，这不会是他们创立的最后一家企业。惟一最重要的事是它必须成功。只要做到这一步，未来就会有无限的商机。但是如果企业创始人/CEO太贪婪，过分强调控制权，把一公司大部分所有权揽在自己手里，而不是与其他创业者共同创造并分享一块大蛋糕，那一切都可能成为泡影。

薪酬制度

Venture Founders公司的约翰·海斯（John L. Hayes）和布赖恩·哈斯利特（Brian Haslett）（已故）在薪酬制度方面做出了杰出贡献。以下内容就是根据他们的工作成果整理得出的。

新建企业的薪酬制度包括财务上的报酬（例如股票、薪金和补贴）和其他一些机会，如：实现个人发展和个人目标；掌握自主权；培养技能使自己能担当起企业里某一特定角色等。此外，每个团队成员对报酬的理解也是各种各样的。这一理解取决于各人不同的价值观、目标和愿望。有人也许会追求长期的资本收益，而另外一些人可能更偏向于短期证券和短期收益。

为新企业团队设立的薪酬制度应该起到促进管理团队的积极性，使他们更好地把握企业商机的作用。它必须贯穿于团队形成、增强企业创业氛围和建立高效团队的整个过程中。比如，是否能吸引到高素质的团队成员并留住他们，这在很大程度上取决于给他们的物质报酬和精神报酬。团队成员的技能、经验、敬业、风险意识和对企业的关心等等都是通过合理的薪酬制度实现的。

在企业生命周期的各个阶段，给创业团队的报酬可以有所不同。像自我发展机会和自我实现机会这样的无形报酬可以贯穿企业生命的始终，而财务奖励在企业发展的不同阶段则可以采取多少有些不同的策略。

由于报酬对每个人都是至关重要的，而企业在早期给予报酬的能力有限，因此，我们必须仔细全面地考虑企业在整个生命周期的总体薪酬制度，而且必须确保企业具备长期支付报酬的能力，不会出现在员工贡献水平提高的情况下没钱给他们加薪，或在新员工加入的情况下付不出他们的报酬等情况。

外部环境亦会对新建企业建立的薪酬制度产生重要影响。我们必须意识到企业和外部投资者之间的权益分配会影响到团队成员所能获得的权益份额。另外，企业对报酬的处理方式也会成为投资者和其他人对该企业可信度的判断依据，因为这些人员会凭企业的薪酬制度来判断企业团队是否敬业。

关键问题

根据前文讨论的理念和观点，为创业团队合理分配所有权是创业带头人的早期关键任务。投资者也许会提些建议，但多半还是会原封不动地把问题扔回给创业带头人，因为这些敏感的所有权问题能否被解决以及最终如何得到解决往往是投资者们检验企业的决定性因素之一。

另外，决定薪酬制度的程序也很重要。我们还要建立起这样一种氛围，让每一位团队成员都觉得自己所做的应该对得起自己得到的报酬，这同样重要。每一个关键团队成员都必须致力于寻找有关报酬的最佳解决方案，使它能够尽可能公平地反映每位团队成员的责任、风险和相对贡献。

好的薪酬制度能够体现特定企业目标并有助于提高企业价值。如果一个企业不需要外部资本，那么就可以不用考虑外部所有者对报酬问题的态度或影响；不过其他有关的各方面事宜还是要考虑的。比方说，如果一家企业的目标是在5~10年内获得大量资本收益，那么薪酬制度就需要针对如何完成这一目标以及如何保持大家的长期敬业精神来达到这个目标这两方面来制定。

关于如何分配的问题，现在还没有任何经过时间考验的公式可以套用，也没有什么简单而行之有效的答案。但我们建议你们从以下这几方面开始入手：

- *差异化*。虽然民主方案可能行得通，但是与根据各人贡献价值不同而实行的差异化方案相比，它包含的风险更大，缺陷也更多。一般情况下，不同的团队成员很少会对企业做出同样大小的贡献，因此合理的薪酬制度应该反映出这种差异。
- *业绩*。报酬应该是业绩（而不是努力程度）的函数，而且该业绩指的是每个人在企业早期生命的整个过程中所表现出来的业绩，而不仅仅是此过程中某个阶段的业绩。有许多企业，它们的团队成员在企业成立后几年内所做出的贡献程度变化很大，但报酬却没有多大变化，这种不合理的薪酬制度使企业很快就土崩瓦解了。（年金补助是处理此问题的一个行之有效的方法）。
- *灵活性*。无论哪个团队成员在哪个既定时间段的贡献多大或多小，这种情况都很可能随着时间的改变而发生变化。而且团队成员的业绩也会和预期的有很大出入。另外，团队成员很可能会由于种种原因而必须被替换，这样的话就需要再另外招聘新成员并添补到现有团队中去。灵活的薪酬制度包括年金补助，提取一定份额的股票以备日后调整等，这些机制有助于让人们产生一种公平感。

时机的考虑

报酬分配制度——如创业团队成员间股票的分配——最有可能在企业生命周期的极早阶段就被制定出来并被加以实施，因为它是激励大家在早期做出重大贡献的一种方式。虽然如此，但实际上报酬应该是按照各人在企业期间的业绩来定。

以业主权益为例，一旦股票分配方案被确定下来，团队成员的相对持股地位就很少再发生变化。虽然新成员或是外部投资者的介入可能会削弱各个团队成员原来的持股地位，但是他们之间的相对地位一般不会改变。

然而在企业开办的头几年会发生一些变故：首先，拥有大量股份的某一团队成员可能会因为表现欠佳而被早早地替换掉；或者某一位重要的团队成员有了更好的发展机会而退出企业；或者是某个关键成员在事故中意外丧生。在任何一种可能发生的变故中，团队都要面临各成员所持股份发生变动的问题。在以上几种情况下，股份原本是作为对团队成员在企业头几年的业绩奖励，可是这些团队成员都没有任职到这段时间结束。

在业主权益方面有几种机制可以保证企业股票初次分配方案变更时不会发生业主权益的损失和冻结。举一个具体例子来说明，企业可以保留在某些情况下以当初的出售价格购回股票的选择权，比如必须替换一名团队成员时。股票回购协议就是为这一目的服务的机制。

为了防止当遇到某位团队成员退出或是过世时，出现弄不清其拥有的股份哪一部分是他自己赚得的，哪一部分是原来公司分配给他的情况，企业可以将该团队成员认购的股份交由第三人托管，并在两年或三年后交付该受让人。这一机制就叫做股票托管协议，它有助于培养员工为促使企业成功而奉献自己的长期敬业精神，同时又为大家在合作不成功的情况下提供了文明而无憾的分手方式。这类股票托管协议作为限制性条件附加在股票证明上，一般为期4年或4年多。在这一时期，作为企业创始人的持股人可以通过工作来“赚得”分给他们的所有股份。如果他们决定在4年期满前离开企业，那他们必须以原先认购时的价格（价格通常很低甚至是免费的）把股票全部售还给企业。这种情况下，持股人在离开企业时就不能拥有任何股份，当然也不会获得任何意外资本收益。而在其他情况下，企业创始人可以每年托管一部分，这样就算他们离开公司，也可以获得一些股份。这种托管方式还可以采取在托管期限内逐年加权直至期满前最后一两年的办法。另外还有其他限制性措施，它们可以保证：不管持股人是去是留，都可以由管理层和董事会控制对其股票的处理。实质上，像股票托管协议之类的机制可以让团队成员面对这样一个现实：这不是一项让他们快速致富的活动。

其他报酬——如工资、股票期权、红利和额外福利等——都可以用做反映业绩变化的手段。但是运用上述手段的能力在一定程度上取决于企业发展的程度。以现金报酬为例，我们是把现金作为报酬分给员工呢还是用于企业发展，这之间存在着平衡问题。因此，在企业成立的最初几个月里，工资必须维持在较低的水平，甚至不发工资，其他红利和额外福利等根本不作考虑。工资、红利和额外福利都要吞噬现金；在企业获得盈利能力之前，现金往往可以先用于企业的经营和发展。就算企业在获得盈利能力后，现金的支付仍然会制约企业的成长。只有在企业顺利实现盈亏平衡后薪水的提高才会促进企业竞争力，至于红利和额外福利，可能还是保持在最低水平比较好，直到企业持续多年获利才可以考虑进一步提高。

价值因素

毫无疑问，团队成员的贡献在性质、程度和时机上都因人而异。在建立薪酬制度时，特别是在股票分配方面，以下几个特定方面的贡献对企业有着特殊价值。

- 创业思路。在这方面，思路提出者的贡献应当被考虑。尤其是当他/她提供了对原型极为重要的商业机密或特定技术，或是对产品或市场进行了调研。
- 商业计划准备。制定出一份能让人接受的商业计划要花费很多资金和时间，因此这方面的贡献也应该加以考虑。
- 敬业精神和风险。一个把自己大部分个人净资产投资于企业的团队成员不仅会在企业失败时承担巨大的风险，而且将不得不牺牲一定的个人利益、投入大量时间和精力、拿他们的声誉冒险并接受较低的薪酬，或者他们已经为企业付出了大量时间。因此员工的这种敬业精神和所承担的风险也是应该被考虑的。
- 工作技能、经验、业绩记录或社会关系。团队成员能够为企业带来工作技能、经验、良好的工作记录或是在营销、财务和技术等方面的社会关系。如果这些对于新建的企业而言至关重要而且来之不易，那么就必须加以考虑。
- 员工职责。团队成员的角色对企业成功所起的作用十分重要，这一点也应该予以重视。

思路提出者或花费大量时间和金钱准备商业计划的人，他们的价值往往会被高估。如果根据这些因素对企业成功所发挥的真正作用来评估其价值的话，他们所持的企业股份不应该超过15%~20%很多。相比较而言，敬业精神、风险承担、工作技能、经验以及责任感对于企业的成功所作的贡献要大得多。

在试图公平地衡量每一位团队成员相应的贡献大小时，使用上面列举的各项考虑因素会有所帮助。它们中每一项都是有价值的；团队成员要自己来协商，达成对各项贡献价值的一致意见，并且还要保持充分的灵活性，以适应今后的变化。

高潜力企业的补偿和激励措施

本书作者对涉及股票期权、激励性股票期权、红利、幻影股票（经正式确认方能生效的股票）等方面的重要税务和会计问题做了一个技术性说明。这个说明比较实用，其标题是“高潜力企业的补偿和激励措施”（HBS 9-392-035），由哈佛商学院出版社提供，地址是马萨诸塞州波士顿索尔爵斯·菲尔德（Soldiers Field）路。另外，堪萨斯城的考夫曼基金会还开发了一套关于高成长企业报酬和补偿措施的很不错的CD-ROM。（电话800/489-4900）。

本章总结

1. 是否拥有强大的团队是区分一个企业成功、勉强维持或失败的关键，也是区别公司是一般公司还是杰出公司的标志。
2. 核心理念、价值观和态度，特别是与那些创造企业价值的成员分享财富和企业所有权这一原则是团队建设的关键。
3. 要准确预计管理上存在的差距，其中心内容是“匹配”概念，团队建设也是一样。
4. 创业者在团队建设中会有很多误区，要努力避免。
5. 如何给予团队成员合理的补偿和报酬不仅需要理念的支持，还需要技术专业知识，这一点做得好不好会在很大程度上影响企业未来的成功。

习　题

1. 为什么团队在创业过程中这么重要？
2. 请说明什么是团队理念和团队态度。为什么它们很重要？
3. 在思考团队问题时，创业带头人必须考虑的最关键问题有哪些？为什么？
4. 团队建设中的常见误区是什么？
5. 哪些重要的报酬、补偿和激励措施有助于团结团队成员？为什么它们如此关键而又很难处理？
6. 创业带头人应该如何在新建企业中分配股票所有权和期权？各人应该得到多少所有权？为什么？

第9章的互联网资源来源

http://www.entreworld.org　Entreworld

http://www.fed.org　Foundation for Enterprise Development

思考题

你考虑过吗？

1. 回想一下你曾参加过或领导过的那些团队。最成功的团队和最不成功的团队其鲜明的领导原则和指导原则各是什么？
2. 究竟什么是团队？与它相反的是什么？
3. 团队并不一定适合每个人。你觉得你个人和团队观念之间的适合性怎样？
4. 某位专家十分肯定地说，他对于新建企业的创业团队能保证的只有一点，就是5年内至少会有一到两个团队成员离开公司或被终止其成员资格。这是什么原因？如果你的团队不是这样，为什么？
5. 请向5位曾与你在一个团队中共事的人征询他们对你团队建设能力的反馈意见。

练 习

薪酬制度

下面的练习能够帮助创业者为新成立的企业设计一套合适的薪酬制度。在进行练习之前，建议你转换一下分析问题的角度，从投资者的角度来看待这个问题，并且设想该企业正在向一个投资团体申请获得风险资本，而这一投资团体在几星期之前曾听过企业的报告会，并对这个团队及其创业计划有着较好的印象。假设这个投资团体希望再了解一下团队打算怎样奖励其成员和其他做出重要贡献的人，请准备一个10~15分钟的简短介绍。

练习
薪酬制度

姓名：

企业名称：

日期：

第一部分

第一部分的任务需要由每一位团队成员单独完成。

步骤1

请说明在你们的企业成立最初的一两年中各人需要完成哪些任务，每位成员为制定企业规划所做出或将要做出的贡献，敬业和包含的风险，以及每位成员带给企业独特的重要技能、经验、社会关系等等。请尽量详细填写，注意不要遗漏任何团队成员。

团队成员	职 责	职 务	对企业规划的贡献	敬业和风险	特长/关键技能等

步骤2

在下表中列出新建企业在完成筹资后每位成员估计可获得的薪金和股票份额（百分比）。

团队成员	薪　金	股票份额（股份数和百分比）

步骤3

在下面填写你认为公司在最初一两年可能提供哪些额外福利。

团队成员	休　假	节假日	健康/人寿保险	退休金计划	其　他

步骤4：

列出其他关键贡献者，如公司董事会成员等，并指出如何奖励他们。

姓　名	专长/贡献	薪　金	股票份额（股票数和百分比）	其　他

第二部分

第二部分需要各位以小组讨论的方式对各个成员的职责分工以及如何进行报酬激励达成一致意见。团队的任务除了为成员及其他贡献各方设计一套薪酬制度之外，还需要研究如何在团队中达成共识。

步骤1

召开团队会议，在上述提到的问题上达成一致，并写下讨论得出的解决方案。

职责/贡献

团队成员	职　责	对企业规划的贡献	敬业和风险	特长/关键技能等

报 酬

团队成员	薪 金	股票份额（股份数和百分比）

报酬（续表）

团队成员	职 务	休 假	节假日	健康/人寿保险	退休金计划	其 他

步骤2

召开团队会议，并在有关其他关键贡献者的问题上达成一致，并写下讨论得出的解决方案。

姓 名	专长/贡献	薪 金	股票份额（股票数和百分比）	其 他

步骤3

以小组形式讨论下列问题并写下讨论得出的重要教训和启示：

- 每个团队采取的方式可以归结为哪些模式？它们之间有哪些异同点？
- 在团队成员中要达成共识的难易程度如何？有没有解决不了而陷入困境的问题？
- 如果所有团队成员的薪金待遇和拥有股份都相等的话，是什么原因造成的？采用这一方式会产生哪些风险和问题？
- 在决定薪酬和股份份额的决策过程中会采用哪些明确的或是隐含的标准？为什么？

注 释

1. Jeffry A. Timmons, "Careful Self-Analysis and Team Assessment Can Aid Entrepreneurs," in *Growing Concerns*, ed. D. E. Gumpert (New York: John Wiley & Sons, 1984), pp. 43–52.
2. Arnold C. Cooper and Albert V. Bruno, "Success among High Technology Firms, " *Business Horizons*, April 1977, p. 20.
3. Jeffry A. Timmons and Susan Skinner, research assistant, "The Route 128 One Hundred," working paper, Babson College, Babson Park (Wellesley) MA, 1984.
4. L. W. Busenitz, D. Moesel, and J. Fiet, "The Framing of Perceptions of Fairness in the Relationship between Venture Capitalists and New Venture Teams," *Entrepreneurship Theory and Practice 21* (1997), pp. 5–21.
5. Jeffry A. Timmons, "Discard Many Old Rules about Raising Venture Capital," in *Growing Concerns*, ed. D. E. Gumpert (New York: John Wiley & Sons, 1984), pp. 173–80.
6. Jeffry A. Timmons, "Venture Capital: More than Money?" in *Pratt's Guide to Venture Capital Sources*, 8th ed. (Wellesley Hills, MA: Venture Economics, 1984), pp. 39–43.
7. David Boyd and David Gumpert, "The Loneliness of the Start-up Entrepreneur," in *Frontiers of Entrepreneurship Research*, 1982, ed. J. A. Hornaday et al. (Babson Park, MA: Babson College, 1982), pp. 478–87.
8. J. W. Carland, and J. C. Carland, "Investigating the Existence of the Lead Entrepreneur," *Journal of Small Business Management 38*, no. 4 (2000), p. 59–77.
9. Remarks made at Babson College Venture Capital Conference, June 1985.
10. See J. A. Timmons, "The Entrepreneurial Team," *Journal of Small Business Management*, October 1975, pp. 36–37.
11. See William A. Sahlman and Howard H. Stevenson, "Choosing Small Company Advisors," *Harvard Business Review*, March–April 1987.
12. Reference groups—groups consisting of individuals with whom there is frequent interaction (such as family, friends, and co-workers), with whom values and interests are shared, and from whom support and approval for activities are derived—have long been known for their influence on behavior. See John W. Thibault and Harold H. Kelley, *The Social Psychology of Groups* (New York: John Wiley & Sons, 1966).
13. This has been shown, for example, by Edgar H. Schein's research about entrepreneurs, general managers, and technical managers who are MIT alumni. See the Proceedings of the Eastern Academy of Management meeting, May 1972, Boston.
14. J. A. Timmons presented a discussion of these entrepreneurial characteristics at the First International Conference on Entrepreneurship. See "Entrepreneurial Behavior," Proceedings, First International Conference on Entrepreneurship, Center for Entrepreneurial Studies, Toronto, November 1973.
15. The seminar, held at Babson College, was called "Raising Venture Capital," and was co-sponsored by *Venture Capital Journal* and Coopers & Lybrand, 1985.
16. Alper, S., Tjosvold, D. and Law, K. S. "Conflict Management, Efficacy, and Performance in Organizational Teams," *Personnel Psychology*, 53 no.3 (2000) pp. 625–42.

第 10 章

个人道德和创业者

"如果你以正直作为代价换取金钱上的成功，这并不是真正的成功。"

——**约翰·卡利南** (John Cullinane)

Cullinet公司的创始人

百森商学院杰出创业者学会1984年会员

学习目的

学完本章后，你将能够：

1. 决定如何解决与道德问题有关的事宜，并确认和分析其理由。
2. 与他人讨论你做出这样决定的道德含义何在，并明确在具体情况下这些道德意识将如何影响你、你的合伙人、你的客户和文中描述的你的竞争对手。
3. 根据历史、哲学和研究几方面的资料得到与商业道德本质有关的背景知识和道德行为思考的来龙去脉。
4. 明白道德意识和高标准在创业生涯中的重要性。
5. 分析"韦恩·保斯都克"（Wayne Postoak）案例。*

练　习

道　德

在这个练习中，你将在道德没有明确定义孰是孰非的情况下做出决定，然后进行分析。就像在现实世界中一样，不是所有关于这些情况的背景信息都能得到，你必须先做出某些假设，然后根据这些假设做出决定。

建议你先完成"道德"练习，然后再读后面的材料，在读完整章后再回顾一下这个练习。

姓名：

日期：

第一部分

步骤1

在以下情况下做出决定。

你无法获得全部背景信息；相反，应该做一些在真实面对这些决策选择时会做的假设。选择你觉得你个人最有可能做出的决定。即使你能想像得出此练习中没有列出的其他富有创意的解决办法，也仍然请你在以下选

* 请见与本书配套的《创业学案例》一书第10个案例。　——编者注

项中选择。

情况1：你在修一门非常难的化学课。你一定要通过这门课的考试才能继续获得奖学金，才不会影响你申请继续攻读研究生。化学不是你的强项。而且由于你平时的平均成绩略低于及格线，你必须在期末考试中取得90分或更好的成绩。期末考试将在两天后举行。一个了解你情况的看门人告诉你他在垃圾桶里发现了化学期末考试的考卷蜡纸并收了起来。他可以把考卷蜡纸卖给你。价钱挺高，但你能负担得起。你会怎样做？

_____(a) 我会对看门人说：谢谢，但我不需要。

_____(b) 我会向有关领导告发看门人。

_____(c) 我会买下试卷蜡纸，并独自保存起来。

_____(d) 我不会买下试卷蜡纸，但我会告诉那些也可能不及格的朋友。

情况2：两天以来，你一直在人工计算一个财务项目。每次当你觉得这项任务已经大功告成时，你的老板就会提出一项新的假设，或提出另一个“如果……会怎样”的问题。如果你的个人电脑里装有一套电子表格软件，就可以很容易地加入新的假设并修改原来的估计值。后来有个同事主动要借给你一套正版的软件让你拷贝。你会怎样做？

_____(a) 我会很乐意接受这个朋友慷慨的帮助并拷贝一份软件。

_____(b) 我会拒绝拷贝软件，宁可用人工计算。

_____(c) 我会决定花300美元自己买一套软件，希望公司会在一两个月内给我报销。

_____(d) 我会申请再次延长已经超过规定期限的项目结束时间。

情况3：你的小型制造公司正处于严重的财务困难中。当你要向一个重要客户发送一大批订货时，你发现这批货物有问题。它们没有符合所有的规格要求，而且可能会给你的客户造成一些问题。你应该在工厂返工。但是，你知道这个问题只有在客户收货付款后才会被发现。如果你不现在发出货物，不能如期收到货款，你的公司可能被迫破产。而且如果你延期发货或把这个情况告知客户，你可能会失去这个订单同样遭致破产。你会怎样做？

_____(a) 我不会发货，并申请自愿破产。

_____(b) 我会通知客户，并宣布自愿破产。

_____(c) 我会发货，并在收到货款后通知客户。

_____(d) 我会发货，并且不通知客户。

情况4：你是一家新公司的共同创始人和总裁。这家公司制造娱乐性产品。在开业5个月后，你的一个供应商告诉你他将不再为你提供某种关键原材料，因为你的公司采购数量不大。没有这种原材料，你的企业无法继续生产。你会怎样做？

_____(a) 我会向另一个供应商夸大我的需要量，使他认为我是一个非常重要的潜在客户，从而确保原材料的供应。这样做可能使该供应商停止向另一家和我没有竞争关系的小企业供货，而此小企业可能会因此被迫退出商业舞台。

_____(b) 我会从另一家有相当多库存的公司（非竞争者）偷取原材料。

_____(c) 我会贿赂供应商，因为我相信可以用一笔数额巨大而我公司也负担得起的非法贿赂来说服他满足我的需求。

_____(d) 我会宣布自愿破产。

情况5：你在为你的新公司开展市场营销活动，要去拜访一个有希望的大客户的采购代理商。你公司正在生产一种电子系统，你希望该代理商会购买该电子系统。在你们谈话过程中，你注意到这个代理商杂乱无章的办公桌上放着几份你的直接竞争者之一向这个代理商提供的某系统成本建议书。这个采购代理商以前曾有过找不到你公司建议书，又向你多要了几份的情况。他暂时离开房间去给你倒一杯咖啡，留你一个人在房间里，你的竞争者的计划书仅一臂之遥。你会怎样做？

_____(a) 我什么都不做，等供应商回来。

_____(b) 我会偷偷地很快瞟一眼建议书，看看最后一行的数字。

_____(c) 我会把这份建议书放到我的公文包里。

_____(d) 我会等供应商回来后，征得他允许后再看建议书。

第二部分

步骤1

根据你平常所使用的标准，把你上述几种情况的答案填入下面的行为分类表内。

	义务型	契约型	功利型	处境型
情况 1				
情况 2				
情况 3				
情况 4				
情况 5				

步骤2

把大家分成几个小组，每组5~6个人，把你小组内每个组员的答案填入下表。把每个小组成员的答案分别填在对应空格内，把代表小组的答案填在最右面的空格内。

组员姓名：						小组答案
情况 1						
情况 2						
情况 3						
情况 4						
情况 5						

步骤 3

力求在每种情况下达成共识（如果可能的话），并记录你们小组达成的共识。在20~30分钟内完成。

步骤4

向全体人员汇报你们小组的结论并讨论你们是如何达成共识的（如果达成的话）。主要讨论以下问题：

- 是否小组达成了共识？
- 达成这个共识是困难还是容易？为什么？
- 涉及哪些道德问题？
- 如果有冲突，那它是如何被解决的，还是仍未解决？
- 在不丧失正直原则的基础上，你找到了什么创造性的解决方案来解决难题？

步骤5

和全体人员讨论以下问题：

- 道德因素对一个新公司管理团队的形成发挥怎样的作用？有何重要影响？
- 道德因素对于获得风险投资发挥怎样的作用？有何重要影响？换个角度来说，即投资者对于道德的态度是怎样的？道德问题对他们的重要性有多大？
- 在讨论并达成共识的过程中，最困扰参与者的感觉是什么？譬如说，如果参与者觉得他的行为从道德角度上讲并不是很好，他会觉得有失体面或不好意思吗？他会担心别人对他的看法吗？诸如此类。

步骤6

明确每个人的大致道德立场，并注明他/她的道德立场与你的是相似还是不同：

人 员	立 场	不同/相似

步骤7

根据他们的道德立场来决定你想让哪些人成为商业合伙人，哪些人你不想要：

想 要	不想要

道德概述

许多成功的创业者相信道德高尚和正直是获得长期成功的重要条件。譬如，杰弗里·蒂蒙斯和他的同事霍华德·史蒂文森对1983年参加哈佛商学院的“企业主/总裁管理活动”（OPM）的128位总裁/创始人进行了调查。[1] 这些人的公司销售额从500万~2亿美元不等，一般在4 000万美元左右。这些创业者都很有经验，平均年龄45岁左右，半数以上创立了自己的公司。当问及他们的企业获得成功最关键的概念、技巧和诀窍及今后5年将如何发展时，他们的回答非常出乎意料。《纽约时报》报道了此项调查结果：72%的总裁认为高尚的道德是长期成功的惟一最重要的因素。

人们时常抱怨：传统道德原则在解释商业模式时总是先假设许多条件，或先下一个定义，把研究的范围缩小简化，然后再展开分析，这当然容易。譬如，有个作家就做过这样一个假设：“竞争者在从事商务活动的过程中都遵守道德，不会躲在暗处突袭对手。”[2] 然而问题是，通常人们很难区分什么是道德的，什么是不道德的，或者说牵涉道德问题的情况常常是模棱两可的。今天，在20世纪已接近尾声之时，“先是艺术家和知识分子，然后带动社会上更多的人，他们不断挑战每一项限制人类热情或阻碍人类欲望和野心的惯例、禁令和规定”，[3] 因此，学生、商人和其他人所接收到的许多信息都是互相矛盾、难分对错的。

有关道德问题的讨论已经引起了许多争论。举例来说，《哈佛商业评论》曾发表过一篇煽动性兼具争议性的文章，它说：商业道德不能以社会道德标准来衡量；它更适合以纸牌游戏中的道德来解释。[4] 文章作者还对此作了论述，他说：“大多数商人在私人生活中绝不会对道德问题漠然视之，这个观点每个人都会同意。但我的观点是：当他们在工作时，他们就不再是一个公民个体了，他们成了游戏中的一个参与者，这时指导他们的道德标准一定和我们平常所讲的不太一样。”作者进一步论述道：“个人道德和商业道德常常是不和谐的，只有通过协商或让步才能解决问题。”这篇文章引起了强烈的反响。1989年，《INC.》杂志报道了另一个故事，引起了大家的关注。下面是对Borland International公司菲利普·卡恩（Philippe Kahn）的采访纪要：

《INC.》：据说Borland公司是由一篇广告发起的，没有这篇广告，我们现在就不能坐在这里谈论这家公司了。此事当真吗？

卡恩：这是真的。一个整版广告，刊登在《BYTE》杂志11月期刊上，是它让公司运行起来的。如果广告失败了，那么我就无家可归了。

《INC》：如果你真的没有成功，你如何支付广告费？

卡恩：可以这样说，是我们促使销售员主动向我们提供优惠条件的。我们的广告只想刊登在《BYTE》杂志上——不想在其他的微计算机杂志上刊登——因为《BYTE》是面向编程员的，我们的对象正是他们。但是我们付不起广告费。我们认为惟一的方法就是用某种方法说服他们，促使他们向我们提供信用付款方式。

《INC》：他们做了吗？

卡恩：噢，他们没有主动提供。我们是这样做的：在广告推销员进来之前——我们在两个小房间里办公，但是我们多雇了些人，这样看起来我们像是一个生意很忙而且是由风险资本支持的公司——我们制作了一张图，假装是我们将向计算机杂志提供的一份媒体计划。我们把表上的《BYTE》划了个“×”。当广告推销员到场后，我们的电话响个不停，并且让临时多雇的人急着办事。这边放着这张图，我们做出不巧才让这个推销员看到的样子，立即把它推到一边。他说：“等一等，我公司能为你在《BYTE》上作广告吗？”我说：“我真的没必要在你公司的杂志上作广告，它的读者不适合我们。”“你们必须试试。”他请求道。我说：“坦白地讲，我们的媒体计划已经完成了，而且我们付不起广告费。”这样他主动提供了很好的付款条件，只要我们让他做一次广告就行。我们预计我们可能会销售20 000美元的软件，这样至少可以付广告费了。结果我们销售了价值150 000美元的软件。现在回想起来，真是件有趣的事，可那时真是冒险啊。[5]

霍华德·史蒂文森和阿玛尔·拜德（Amar Bhide）就这篇报道作了评论，他们说：“大家如果记得住这桩以前发生的欺骗行为的话，会觉得它只是个有趣的玩笑而已，何况大家可能早就把它遗忘了。”[6] 但这却给我们留下了问题：在这种资本家体系之中商人们是怎样运作的呢？

另外，法律虽然被人们认为是白纸黑字、板上钉钉的事，但也存在很多棘手的问题。它不仅有权威性，也存在一定的局限性。首先，我们要明确法律的制定是经过深思熟虑的，并以确保公正为目的。因此，它们界定了伦理规范，值得大家尊重。然而，法律是由立法机构制定的，不是由上帝创造的。它们不能预料新情况；不能总是对它们想影响的事情真正产生影响；一条法律有时还会与另一条法律发生冲突；并且实际情况是，当多种道德因素需要平衡时，或实际上相互冲突时，法律无法判断谁对谁错。因此，从在埃及和中东开始有历史记载至今，法律总是伴随着一个解释法律的人——法官，他可以裁定什么时候虽然有违法律条文却并不用加以处罚，因为它没有违背法律订立的初衷。历史、宗教、哲学和文学的焦点都集中在法律/道德这道难题上，如果这道难题会消失的话，人们之间的群体争论也会越来越少，最终归于消亡。

老套道德观念

20世纪90年代开创了全球性的“创业新时代”。现在的美国和以前一样，一直在为那些希望创立自己的企业并收获成果的人提供各种诱人的条件和培育的土壤。其部分原因是联邦政府比其他任何国家都更鼓励创业，在这种氛围下，自由市场驱动力、个人开拓精神、个人职责和自由精神都得以蓬勃发展。各项法规，如反托拉斯法、劳动法和分级所得税都没能阻碍美国创业的发展。

这些新颁布的法律反映了社会对“什么是道德的商业行为”发生的观念上的变化。它们不仅为新的道德观奠定了法律框架，而且还鼓励许多业内人士自己订立道德规则，这两方面的作用都是令人欣喜的。他们之所以会自己订立道德规则，主要是因为他们希望自主地决定他们自己的法规，而不是被动地由国会把法规强加在他们身上。

随着商业道德环境的改变，创业者的形象也改变了。在老套道德观中，善良创业者的代表人物是霍雷肖·阿尔杰（Horatio Alger），冷酷无情的代表人物是在19世纪——一个奸商横行的时代——自由经济环境中从商的创业者们。在那个时代，工业破坏行为非常普遍，詹姆斯·希尔（James Hill）和爱德华·哈里曼（Edward Harriman）对铁路权的争夺；曾被指控过的约翰·洛克菲勒对其竞争对手炼油厂的破坏；新英格兰纺织厂对童工的剥削；南方种植园对黑人劳动力的剥削以及对“蛇油”和Lydia Pinkham补药的促销都给当今更加注重商业道德的创业者留下了令人不快的印象。

然而，有思想的美国创业学历史学家们也会想到：不管用什么标准来评价美国创业者，也不管这些创业者的动机是什么，某些美国创业者确实回报了社会，建立了非常著名的机构，如摩根图书馆和洛克菲勒基金会。安德鲁·卡耐基的惊人遗产也是一个例子。（当然，这些学者都比较倾向于检验和剖析商界的道德行为，而不会对教士，更不会对学术界本身进行评判。如果把商界和其他领域进行对比的话，在许多情况下，商业部门的行为看起来更单纯。）

卡耐基的例子也很有趣，因为他讲述了当他积攒起相当财富之后，社会各方在对他的态度上发生的一百八十度大转变。卡耐基是一个苏格兰织布工的儿子，在1873~1901年期间，他通过生产原钢积攒了3亿美元的个人财富。卡耐基本人说，他认为竞争可以“使每个部门中最有生命力的部分才能生存下来”。他还说过：“人类中的组织和管理才能是很稀缺的，可以证明这一点的是，具有组织和管理能力的人常常获得极大报酬。”[7] 显然，他觉得自己的观点十分正确，因此，即使有人提出如何解释高额保护关税（等于每吨铁轨生产价格的一半多）使他无法经营英国铁轨生意的事实时，他也一点不打算对自己的话稍作修改。[8] 卡耐基非常珍惜自己多年才积累起来的财富，这从他的话中很明白地反映出来，他说：“如果万能的金钱诅咒我的儿子，我也会马上诅咒他。”[9] 1901年，他在以J·P·摩根为首的联合企业所施加的压力下，不得不把卡耐基钢厂卖给美国钢铁公司。就在这之后，他仍向美国和英国两地捐赠了3亿多美元，并亲自监督捐赠活动的执行，这个数目相当于今天的几十亿。在他向人类捐赠的礼物中包括2 800多家图书馆、国际和平基金和匹兹堡卡耐基学院。

从今天的观点来看，上述创业者这样做可能是出于满足私利的聪明之举。然而，当当今的创业者——如西方石油公司的阿曼德·哈默、美国有线电视新闻网（CNN）的特德·特纳和微软的比尔·盖茨——表现出同样的慷慨时，我们可能会说他们是出于慈善之心，而不会说他们是在履行社会义务。

人们对创业者的活动仍存在一丝怀疑，“创业者”这个词可能还隐喻那些冷酷无情、善于谋算的人，他比“投资天使”的地位低多了。1975年，《时代》杂志指出商人可能是美国总统的最佳候选人，但同时指出“美国公众对商人的动机存在着根深蒂固的怀疑”。[10] 这是引用联合化学公司（Allied Chemical）总裁、默克公司前总裁约翰·康纳（John T. Conner）的话，在这些话后面，《时代》杂志的编辑又添加了编者按："任何以前有从商经历的人立刻就会受到怀疑。某些人会认为他们的决策不可能是为大众谋利。"[11] 然而，在1988年，《时代》的预言成了现实，石油企业家——乔治·布什当选美国总统，给美国最具创业精神的10年划上了圆满的句号，随后当2000年他的儿子乔治·W·布什，这个哈佛大学MBA也当选为美国总统时，这个预言得到了进一步的验证。

应该教授道德吗

根据安德鲁·斯塔克（Andrew Stark）所说，正如20世纪90年代开创了全球范围的创业新时代一样，商业道德世界也被重新定义了。斯塔克认为：

> 新商业道德的提倡者接受两个基本原则。第一，虽然他们同意道德和利益可能冲突，但他们把这种冲突作为一个道德学家分析任务的起始点，而不是终结点……第二，新观点反映了对多动机杂乱世界的认知和接受。[12]

这群新的商业道德学家所面临的挑战是如何解决道德哲学家和管理者之间的分歧。他们提倡用"适度、实用、最小化"[13] 的原则，"从经理人所生存的现实环境和他们所面临的真实问题入手，与真正的经理人进行实质性对话。"[14] 注重决策的实践性的道德课，对创业者和所有经理人来说都是有用的。

道德能传授，也应该被传授

有一篇文章阐述了道德教育的古代传统、19世纪道德传授活动的衰退和20世纪60年代的道德复兴。文章引述了哈佛大学校长德里克·博克（Derek Bok）的话，他指出，道德可以传授并且应该通过教育机构传授，这种教授是必要的，而且是有价值的：

> 准确地说，因为道德所涉及的范围如此之广，在一个价值观如此不同、如此令人困惑的社会里，如果哪所大学不重视道德教育，它就会发现它的许多学生都会在这方面产生困惑，认为道德单单只是一种个人观念，用不着外界来评判，也用不着仔细分析。
>
> 没有什么事比这更为不幸、更不好的。虽然有时道德问题缺乏有说服力的答案，但并不经常如此。而且，大学是最应该鼓励采取推理论证和仔细研究证据来分析问题的机构，即使所面临的是最难解决的人类问题。[15]

纽约股票交易所的前主席约翰·沙德（John Shad）捐赠给哈佛商学院2 000万美元以帮助他们开发商业道德课并把它加入MBA课程中。从1988年秋天开始，哈佛商学院一年级的学生必须参加为期3周、不打分的道德模块学习，该模块被称为"决策制定和道德价值"。课上讨论的案例从Salomon Brothers公司的内部交易、雇员升职的歧视，到将一个美国制造单位安置到墨西哥。副院长托马斯·派珀（Thomas R. Piper）强调，道德课的作用"不是改造罪犯，而是要使年轻人有一种正直感，并试图使他们把商业决策与道德联系起来"。[16] 另一个哈佛大学的道德学教授，现在在斯坦福大学任教的格雷戈里·迪斯（J. Gregory Dees）强调："道德课的主要目的是让人们思考如何避免犯那些不必要的错误……我们想让人们在学完'决策制定和道德价值'这门课后，会自觉地在其他环境中、其他课程和工作上比较自然地、以让人接受的方式提出这方面的相关问题。"[17]

自约翰·沙德捐赠后，开了3门二年级的选修课（"管理的道德难题"、"在竞争环境中的管理信息"、"利润、市场和价值"），并且这3门课都已经被加到了哈佛的道德课程中。沃顿学院也增设了相似的课程——"领导技能"，它要求一年级的MBA学生上1年，它是为期4周的计分道德模块课程。沃顿学院希望引入商业道德和公司责任的核心文献，以此启发学生讨论，并激励学生把这些道德问题应用到其他课程中。这两项课程计划只是把道德课融入课程计划的一小部分例子，因为：

> 现在，在美国校园里教授的商业道德课程有500多门，90%的国家商学院提供了在这方面的一些类似训练。在这个领域中，有超过25本教课书和3本有关这方面的学术杂志。至少有16个商业道德研究中心正在运作，乔治城、弗吉尼亚州、明尼苏达州和一些其他的著名的商业学院建立了商业道德捐赠教席。[18]

另外，在20世纪90年代还出现了大量的相关课程，有的课程是关于富有社会责任感的企业与创业的，有的是关于环境可持续性与负责的企业的。

道德学术研究的用处

道德研究有益于增强学生对商业环境中广泛存在的道

德问题的认知，能使学生从比较远的距离客观地看待道德，并能提供一个理解道德问题的框架。另外，从某种意义上讲，道德研究已经影响到我们日常的信念和行为。例如，在检验道德学课程对学生价值观有多大影响的研究中，研究者对在商学院学过商业道德课的学生和那些没有学过的学生的价值观进行了严格考察，并将他们在此过程中的多个阶段的情况以图表形式进行了比较。[19]

这项研究使用了1967年科尔伯格（Kohlberg）开发的"科尔伯格结构"，它由一系列阶段组成，这些阶段在图表10.1中列出。在科尔伯格结构中，第1阶段的道德和顺从是同义词，其动机是避免指责。第2阶段是个人寻找优势，盈利是主要目的，互动并不能增强个人间的关系。第3阶段的目的是取悦他人，获得别人的赞同，绝大多数人认为中规中矩的老一套行为模式就是这个阶段合适的道德准则。互惠行动仅限于与个人有直接关系的群体里。在第4阶段，是否属于合作行为是在整个社会的大背景下被加以衡量的。外部法律用于协调道德行为，而且个人认为应该维护社会秩序，因而大家同意建立正式的惩罚措施并由警察和法院来执行。在第5阶段，大家意识到互惠行动可能是不公平的。现在的新法律和社会安排可能被用于矫正某些机制，所有公民都应该确保有基本的安全和平等。第6阶段中的自我认知属性会让个人自动拒绝自己认为是非道德的信条和行为，而且个人的判断标准是他/她自己的道德框架，而非大多数人所遵循的老一套观念。因为即便大多数同伴都赞同某项法律，但这并不能保证它确实符合道德的内在准则。当遇到社会难题时，个人接受的是内心原则的引导，而且这些原则可能凌驾于法律体系之上。尽管这些信念是属于个人的，但它们仍具有普遍意义，因为除了个人在支持它们之外，它们自身确实有其价值和效用。因而科尔伯格的最后阶段提出了比遵守国家、教师或学院的标准更高一层的道德标准。而且，它也指出了个人在个人道德标准的背景下所具有的决策能力和解决问题能力。在研究中发现，那些接受商业道德教育的人会沿着道德的阶梯向前迈进，而那些没有接受商业道德教育的人没有任何提高。

图表 10.1

道德判断标准的发展阶段分类

阶　段	导　向	主　题
1	处罚和顺从	顺从即道德
2	相对主义，以获利为目的	简单交换
3	个人间的协调	采取互惠原则
4	法律和秩序	正式司法
5	合法的社会契约	程序式司法
6	普遍的道德原则	个人意识

资料来源：摘自Kohlberg（1967）。[20]

道德的主导力量——诚信

林恩·佩因（Lynn Paine）教授在她哈佛商学院的一篇文章中明确区分了3种行为：规避法律制裁、遵纪守法和更深层次的诚信。

> 从诚信角度来讲，道德管理的任务就是定义组织的主导价值并赋予其生命，创造出一个崇尚优秀品德，雇员之间共同承担责任的环境。[21]

然后她接着描述了有效诚信战略的重要特征（见图表10.2）和道德管理战略的重要特征（见图表10.3）。如今对道德战略和道德行为（这方面的著作最早见于1977年的版本）的呼声正越来越高。这对我们的社会、我们的经济和你来说都是非常棒的消息！

创业者的观点

大多数创业者也认为道德是应该被传授的。在本书中提及的研究项目中，参加哈佛商学院举办的企业主/总裁管理（OPM）项目的创业者和首席执行官被问及如下问题：在针对创业者的商业教育中，需要加入道德这方面的内容吗？反馈信息显示，72%的与会者认为道德可以而且也应该作为一门课程被传授（只有20%的与会者认为不应该传授道德，两个人不确定）。

在谈到为什么要把道德包括进去时，他们引用最多的理由是：道德行为是企业获得长期成功的核心内容，因为道德能把企业成功同个人紧紧地联系在一起。另外，反馈信息也反映出他们对道德严肃而深刻的认识，他们认为道德在促使创业者达到创业目标和对企业的长期影响上起着敏感而重要的作用。这里摘录一些他们的典型观点：

- 如果要让自由的企业系统得以生存的话，商学院最好开始注意道德课程的教授。他们应该知道事业是建立在信任基础之上的，而且这种信任需要诚实和忠诚来支持。小公司里会很快出现这方面的理学士。
- 如果我们所处的社会会向前发展，那并不是因为某个人或某个组织积累了很多钱才促使它向前发展的。只有当所有人都被公平对待的时候，我们的社会才会向

图表 10.2

有效诚信战略的重要特征

世上没有所谓正确的诚信战略。在树立公司价值取向和设计实施方案时，我们必须考虑许多因素，如管理层个人品性、公司历史、文化、业务类型和行业规定等。尽管如此，成功贯彻道德管理战略的企业基本上都具有以下几点特征：

- 公司价值和员工责任定义明确，表述清楚。它们反映了公司所规定的组织义务和公司所有员工普遍的共同希望。所有员工，不论级别如何，对这些规定都非常认真，愿意相互探讨，并能深刻理解它们的实际作用。这并不是说公司里不存在矛盾和困惑，而是指所有员工都愿意在公司价值框架下积极寻找有效解决方案。
- 公司领导者个人带头实践他们自己制定的公司价值取向，诚实可信，言出即行。他们不是嘴上说一套，实际干一套的那种人，而是愿意以公司价值严格要求自己，检验自己所言所行的正人君子。其中保持连贯一致的领导决策是关键所在。对公司价值胡乱评论只会导致员工对它的轻视和贯彻实施的失败。同时，在发生道德义务冲突时，经理人还必须勇于决策、承担责任。
- 公司价值融进了管理决策的各个渠道并反映到了组织的关键活动中：计划制定、目标设立、商机捕捉、资源分配、信息收集和传播、绩效评估、人事提拔和选拔等。
- 公司的体系和结构能有效支持并加强公司价值建设。比如，提供及时准确信息的信息系统、以检验和平衡（check and balance）为原则提高判断客观性的报告制度、不仅注重结果也注重方法的准确的绩效评估等。
- 公司的全体经理人都掌握制定正确道德决策的必备技能、知识和能力。道德思想和道德意识必须深深地印在每位经理人的脑海里。道德教育是其中必不可少的一部分。

要成功建立起一个讲责任、讲道德的环境要求我们必须持续不断地付出努力并投入大量时间和资源。制定一大套行为规范，任命一位高级道德经理，开展一项培训计划，实施年度道德审核——所有这些都只是一些附加装饰而已，它们并不能保证公司最终能成为一家负责守法、言行一致的组织。正式的道德计划可以起到催化剂或支持系统的作用，但却不能保证公司诚信文化的形成，只有深入贯彻公司价值观才能够做到这一点。

资料来源：Lynn Sharp Paine, "Managing for Organizational Integrity," *Harvard Business Review*, March-April 1994, p. 112. (Reprinted with permission.)

前发展，这就是我对道德的简单定义。我认识一些经理和总裁，除了他们的钱袋或野心外，你别想从他们身上再找到任何东西，你肯定不愿意和他们打交道的。

- 依我的经验来看，商界基本上算是我们社会上最讲道德、最遵守法律的地方。
- 我们应该讨论、考虑并仔细研究道德问题；它应该贯穿于每一门课、每一堂课……除了提倡道德外，更有效的方法是让道德成为商业活动中内在的组成部分——而且它确实如此。

然而，这些看法并不为大家一致接受。一位创业者帮助建立了一家拥有国际业务的大公司，他提醒人们说："大家务必牢记：商人90%的努力所包含的只是艰苦工作。"

同样也有一些冷嘲热讽存在。在美国东北地区有一个40岁的房地产建筑公司经理，其公司有300名雇员，年销售额达7 500万美元，他说："当今社会有这么多伪善存在，以至于完全符合道德准则的行为都会被质问，许多人都把它当成了一种新的谈判技术。"

如果创业者怀疑商业行为和道德目标两者之间是不相关的或是有冲突的，认为自己无法把它们结合起来，那真是一件不幸的事。我们根本找不到理由说两者一般总是对立的。不管怎样，在分析道德行为时，没有任何标准可以替代每个人自己的努力和智慧。

创业者的棘手问题

虽然绝大多数创业者认为道德是个严肃的问题，但是当戴维·麦克莱兰呼吁展开与道德有关的调查时，这一领域的研究者们回复他说："我们目前不知道是什么使创业者在做事时有时比较讲道德，有时不讲道德，但很明显，在这方面几乎没有什么比较重要的问题适合未来的研究。"[22] 最近有一篇文章概述了可研究的一些主题（见图表10.4）。显然，仍存在进一步研究的机会。

图表 10.3
道德管理战略

遵纪守法战略特点		诚信战略的特点	
道　义	遵守外界规定的标准	道　义	根据自己选定的标准实行自我监督
目　的	防止犯罪	目　的	一贯负责行为
领导艺术	以律师意见为导向	领导艺术	在律师、人力资源部门和其他部门的辅助下进行管理
方　法	教育、加强约束、审核控制、惩罚	方　法	教育、领导、责任感、组织体系和决策过程、审核控制、惩罚
行动基础	受个人利益引导的自主个体	行动基础	受个人利益、价值、理想和同辈人影响的社会个体
遵纪守法战略的实施		**诚信战略的实施**	
标　准	刑法和规章制度	标　准	公司价值观和理想、社会责任，包括法律责任
实施人员	律师	实施人员	中高级经理和律师等一起实施
活　动	制定遵纪守法标准，开展培训与沟通	活　动	领导制定公司价值和标准 培训和沟通 整合到公司整个系统中 提供指导和咨询 评估价值表现 识别问题、解决问题 监督违法行为
教　育	遵守公司标准和体系	教　育	决策制定和价值观 遵守公司标准和体系

资料来源：Lynn Sharp Paint, "Managing for Organizational Integrity," *Harvard Business Review*, March–April 1994, p. 113. (Reprinted with permission.)

在压力下行动

在创业生涯中，创业者将不得不在时间的压力下处理各种问题，同时还要为生存拼搏。另外，创业者在决定如何解决道德问题时，非常有可能要牵涉到对各方的义务，包括客户、雇员、股民、家庭、合伙人、他本人，或这些人的组合等。要在道德框架和常规做法之间寻找平衡点就如同走钢丝那样必须十分小心。

冲突是不可避免的，创业者为了应付他必然会遇到的冲突，第一步是要清醒地了解他本人、他的团队和投资者以及周围环境的明确的和不明确的信仰。我们在前文中提到的成功创业者都相信，从长远看来，如果你听信别人所说的"道德问题的处理可以按具体情况随机应变"，那你很可能会一头跌进一堆流沙里，而不是一张安全网里，关于这一点，你问问史蒂夫·马登（Steve Madden）或安然、泰科（Tyco）、安达信公司的经理就知道了。

Pitney-Bowes公司的董事长兼总裁弗雷德·艾伦（Fred T. Allen）简明扼要地阐述了他对道德问题的理解，他说：

> 作为商人，我们必须学会权衡短期利益和长期利益。如果要付出的道德代价极高的话，我们必须学会牺牲一些直接利益和短期利益。不然，我们得到的与我们最终会损失的相比真是少而又少。[23]

不同观念

不同的人对什么是道德会有不同的理解，这或许可以解释为什么企业在创建过程中，不管是在新建阶段还是在激烈竞争的阶段，有些方面会不明不白地出问题。我们可以引用无数的例子来证明，合伙关系的破裂常常源于管理

图表 10.4
创业管理的一些难题

难题：因素	可能出现的问题
推广者：	当推广一项新产品或新服务时，诚实意味着什么？
创业的快乐	需要完全公开其风险性和不确定性吗？
印象管理	需要冷静分析现实情况，花同样的时间分析它的不利面和有利面吗？
务实和道德	哪些影响策略过线了，从鼓励和劝诱变成了操纵和强制？
关系：	义务和道德之间的摩擦
利益和角色的冲突	企业初期和后期在角色和关系上的变化
交易道德	出于对相关因素的考虑，而不是从任务的角度来做决定
游击策略	从一个彼此信任的宽松工作环境转变成一个控制度较高的工作环境
革新者：	副作用和外在的负面影响迫使其从社会角度重新考虑道德规范和价值观
"东郭先生的问题"	更加关心未知危害对将来可能产生的影响
新的一类道德问题	谁来负责风险评估？发明者？政府？市场？
变化的道德	打破传统，创造新模式
其他难题：	如果他们是通过合作获得成果的，有没有一种公平的办法来划分利润？
发现者—保管者的道德	创业者应该把合同中没有明确订立归属者的利益全部拿走吗？
商业目标与个人价值观之间的冲突	个人决策和专家决策相结合
令人讨厌的行业惯例	用创造性的解决办法和正直之心来对待道德压力
	虽然不屈从同行的压力而妥协，但要寻求行业的认同

资料来源：摘自J. Gregory Dees and Jennifer A. Starr, "Entrepreneurship through an Ethical Lens," in *The State of the Art of Entrepreneurship*, ed. Donald L. Sexton and John D. Kasarda（Boston: PWS-Kent Publishing Company, 1992）, p. 96.

团队成员间个人道德观念的明显差异。在投资者方面也是如此。当有经验的风险资本投资者寻找正直、诚实和讲道德的创业者时，他们对这些概念的定义都是很主观的，部分是根据投资者自己的信仰来确定的，部分是根据企业所在行业普遍认同的道德氛围来确定的。

法律问题

对于创业者来说，他们会越来越频繁地遇到一种法律与另一种法律直接冲突的情况。比如，在纽约城的一家小企业投资公司陷入了严重的财务危机。小企业管理局（SBA）说，这家公司必须开始清算它的投资，不然它就违反了与SBA签订的协议。然而，证券交易委员会却说，清算对股票持有者来说不公平，因为这样会造成股东投资组合出现不平衡。经过一年半的艰苦谈判，该公司总算找到了使所有各方都很满意的解决方案，但双方都不得不做出妥协。

另一个在法律要求上发生冲突的例子涉及的是《民事服务委员会法》（*Civil Service Commission Code*）和《公平雇佣实践法》（*Fair Employment Practice Acts*）。《民事服务委员会法》规定被雇用的人一定要达到一定的条件，这个原则是在20世纪开始采用的，目的是防止在公共服务领域里的滥用职权现象。但最近为了鼓励和帮助少数民族，新颁布了《公平雇佣实践法》，它要求同样受《民事服务委员会法》约束的那些公共机构在雇用职员时不得持有偏见，而且要废除作为选择条件的雇佣测试。两项法律都有很高尚的道德目的，但要解决它们之间的冲突可不是件容易的事。

另外，商业道德可不像商业航空运输那样有国际法约束。当创业者在国外做生意时，他们会发现他们希望与之做生意的人与他们几乎没有任何共通之处——没有共同语言，没有共同的历史背景，也没有共同的对错道德观念。比如：在美国，贿赂高级官员，换取一些商业上的便利，这种行为无论从道德上讲还是从法律上讲都被认为是不可接受的；但在中东的某些地区，这样做是做成事情的惟一办法。有些在我们看来是贿赂的东西，中东地区只把它看做是一种小费，就像你在纽约一家极好的餐馆用餐后会付给领班一点小费一样。

“入乡随俗”是解决这个问题的一种办法。还有一种办法，就是在做任何事之前都咨询一下具有国际商务专门知识的律师。假设一个经营国际商务的创业者办企业的目的是为了赚钱，那他/她同时必须找出某种办法，在符合法律法规并在道德许可的范围内赚钱。

目的和手段实例

在任何关于道德的讨论中都有一个中心问题，就是行为的非高尚性在多大程度上可以借助目标的高尚性得以弥补，或者说，使用不道德的手段服务于道德的目的是否从某种角度来说会破坏目标的高尚性。举个例子来说，一个大学的农业延伸服务项目，它的目标是帮助小农场主增加农作物产量。从经济角度来讲，如果农场主可能得到更好的收成并由此繁荣发展，那这个目的就是合算的并且是以利润为导向的。然而，为了继续获得项目运作资金，此延伸服务项目必须提供对年收成增长的预测，并估计出它不能按要求的精确度提供的数字。进一步讲，除非能表明该项目可以使农作物的产量有实质性增加，要不然它可能获得的后续资金就会大大减少。在这种情况下，该延伸服务项目决定，在必要的情况下伪造数据。因为即使提出过分乐观的预测不太道德，但该组织的目的是高尚的；并且在不同组织间无法用各自的语言达到相互准确沟通的情况下，一些非道德的行为是可以被宽恕的。事实是，资金提供源最终放弃了它对预测数字的要求，这样立刻解决了这个难题。但是如果情况不是那样的话，该组织中的人——即使他们的意图是利他主义的——当然会开始产生这样的想法：原来伪造是很正常的。然后他们会慢慢允许自己做一些有违自身道德感的事，这样渐渐地会产生不良的、老于世故的心态，这种危险显然是存在的。

下面给出的另一个例子是关于一家小的出租服务企业与一家中等规模的企业集团合并的例子。该例子中的法律意图和实际实施该法律的结果直接相悖。在这个例子中，出租公司的一个合伙人在公司合并前不久遭受了一场严重的机动车事故，多处受伤，看起来似乎不太可能回去上班了。这个合伙人知道将来他的身体状况很难预料。在这种情况下，为了他的家庭，他迫切希望从公司合并获得的股票中拿一部分出来卖掉，得到流动资金。然而，联邦法不允许这么快从合并公司中获利，即不允许这么快出售股票。合伙人咨询了大企业集团的董事长和管理者，他们默许他卖出一大部分股票，并认为这种方法不会产生不利影响。这个人还不放心，又请他的律师仔细核对，发现所涉及的联邦法几乎从来没有被执行过。弄清了风险和该法律适用于他所处情况的基本原理后，他卖掉了部分合并公司中的股票，为的是在他可能残疾或死亡的情况下，给他的家庭提供一些安全保障。尽管后来他完全康复了，但这是预测不到的。

在这个例子中，合伙人的判断是：法律的根本目的允许他做出像他所做的那样的行为。另外，他尽可能详尽地考察了他的行为所包含的风险。他对他能做的决定并不满意，但是他觉得这是当时他能够采取的最好办法。人们能从这个例子中看出创业学领域极激烈的道德冲突。

诚信的实例

创业决策是复杂的，下面这个例子可以证明这一点。一个创业者在他27岁的时候加盟了一家销售额为150万美元的新计算机软件公司，就任一个新的分部的国际市场副总裁。他的主要目的是在主要工业国家为公司的产品建立能带来利润的分销渠道。公司提供的股票激励机制和高杠杆红利计划很明显是以获利能力而不是以数量为基础的。在某一欧洲国家，他从20多家分销商中最后选出了1家。这家潜在分销商是家最好的公司，它具有出色的业绩记录和管理，并且有合作意向。事实上，分销商非常想和该创业者的公司做生意，因此愿意接受10%这个比例的佣金，而不是通常的15%。而且双方都接受交易的其他条件。在这个实例中，尽管实际上这个分销商完全能接受大大低于15%的佣金，但年轻的副总裁还是决定给分销商全部15%的佣金。这项措施非常成功。因为，在5年中，这个国际分部的销售利润从零增加到1 800万美元，最后被一个大公司以8 000万美元兼并。这个创业者在解释这样做的原因时说，他的主要目的是创造一种长期的诚信感。他还说：

> 我很清楚他们要成功地获得我们想得到的市场占有率要花多大代价，也清楚他们的企业运行需要较高的利润支撑，只能从15%的佣金中获得，而不可能从比这少的佣金中获得。因此，我认为，如果我提供给他们全部15%的佣金，他们会觉得我是为他们的利益着想，这样就会建立起一种友好关系，当我们遇到难题时（你总是会遇到的），他们也会与我们一起解决这个难题。实际上确实如此。如果我利用他们当时的迫切愿望把他们变成我们的分销商（以较低的佣金），那么以后他们还会回来与我纠缠不休的。

再谈道德练习

常有人这样说（即使正在创业的创业者也不例外）：“我们连怎样经营企业都没有足够的时间考虑，又怎么会考虑道德呢？” “创业者是偏重于做事，而不是偏重于思考的。道德是一个过于抽象的概念，它不可能与企业现实有很大关系。” “当你正在为生存而奋斗时，你不可能操心你所采用的方法道德不道德，你担心的只有一件事：生存。”

然而，对道德行为的思考就像诗集一样，都是宁静生活中收集起来的感情。本章的目的就是想给人们提供这样一种宁静的空间。

通过做决定或不做决定，一个人会更加清楚地意识到他自己的价值体系，并且更加清楚地知道环境怎样影响着道德决策的制定。然而，在练习中我们只要求参与者回答一些问题，而没有要求他们采取任何行动。其实，在目的和行动之间仍存在一个巨大的鸿沟，要填平这个鸿沟，只有在对大量不明确状况实施具体行动后才能够完成。

本章总结

1. 绝大多数CEO、投资者和创业者认为：在企业达到长期成功的过程中，具有高道德准则是惟一的最重要因素。
2. 从历史上来看，商人的老套道德标准范围非常广。如今，旧的观念已经让位于一个更加清楚、更为多数人所接受的新观点，即道德决策是个极为纷繁复杂的领域。
3. 许多著名的商学院已把道德问题列入他们的课程中。
4. 创业者们一天的工作中几乎总会遇到至少一两个道德问题。
5. 大量道德难题往往在企业生存最关键的时刻向创业者提出挑战，使他们就像是走在钢丝绳上。

习　题

1. 你从道德练习中得出了什么结论，领悟到了什么？
2. 为什么会形成老套的道德标准？它们是如何发生改变的？
3. 为什么道德对创业成功和其他成功很重要？
4. 为什么许多创业者和CEO们认为道德能教授并且应该被传授？
5. 什么是创业者面临的最棘手的道德难题？为什么？
6. 举一个实际例子来解释较高的道德基础是怎样为企业带来好的决策的，以及为什么会这样。

第10章的互联网资源来源

http://www.entreworld.org 由尤因·马里恩·考夫曼基金会主办。

思考题

你考虑过吗？

1. 你如何定义你自己的道德标准？
2. 你面临的最困难的道德抉择是什么？你如何处理的？为什么？你学到了什么？
3. 就你本人而言，你如何判断一个人是道德的还是不道德的？
4. 你如何描述美国总统的道德标准？为什么？如果从投资者、合伙者、发起者的角度来看，你是否接受这些道德标准？

注 释

1. Jeffry A. Timmons and Howard H. Stevenson, " Entrepreneurship Education in the 1980s," presented at the 75th Anniversary Entrepreneurship Symposium, Harvard Business School, Boston, 1983. *Proceedings*, pp. 115–34.
2. Thomas Garret, *Business Ethics* (New York: Appleton-Century-Crofts, 1966) , pp. 149–50.
3. Derek Bok, "Ethics, the University, & Society," *Harvard Magazine*, May–June 1988, p. 39.
4. Reprinted by permission of *Harvard Business Review*. An Excerpt from "Is Business Bluffing Ethical?" by Albert Z. Carr, January–February 1968, pp. 145–52. Copyright © 1967 by the President and Fellows of Harvard College.
5. " Management by Necessity," *INC.*, March 1989, p. 33. Reprinted with permission. Copyright © 1989 by Goldhirsh Group, Inc., 38 Commercial Wharf, Boston, MA 02110.
6. Howard H. Stevenson and Amar Bhide, "Why Be Honest, If Honesty Does Not Pay?" *Harvard Business Review*, September–October 1990, p.123.
7. "Introduction to Contemporary Civilization in the West," *The Gospel of Wealth* (New York: Century, 1900) , p. 620.
8. W. E. Woodward, *A New American History* (Garden City, NY: Garden City Publishing, 1938) , p. 704.
9. Ibid., p. 622.
10. "Time Essay: New Places to Look for Presidents," *Time*, December 15, 1975, p. 19.
11. Ibid.
12. Andrew Stark, "What's the Matter with Business Ethics?" *Harvard Business Review*, May-June 1993, p. 46.
13. Ibid., p. 48.
14. Ibid.
15. Derek Bok, "Is Dishonesty Good for Business?" *Business & Society Review*, Summer 1979, p. 50.
16. John A. Byrne, "Can Ethics Be Taught? Harvard Gives It the Old College Try," *Business Week*, April 6, 1992, p. 34.
17. Chitra Nayak, " Why Ethics DMEV under the Microscope," *The Harbus* 1989.
18. Andrew Stark, "What's the Matter with Business Ethics?" *Harvard Business Review*, May–June 1993, p. 38.
19. David P. Boyd, "Enhancing Ethical Development by an Intervention Program," unpublished manuscript, Northeastern University, 1980.
20. Lawrence Kohlberg was a professor at Harvard University. He became famous for his work there as a developmental psychologist and then moved to the field of moral education. His work was based on theories that human beings develop philosophically and psychologically in a progressive fashion. Kohlberg believed and demonstrated in several published studies that people progressed in their moral reasoning (i.e., in their bases for ethical behavior) through a series of six identifiable stages.
21. L. S. Paine, " Managing for Organizational Integrity," *Harvard Business Review*, March–April 1994, pp. 105–17.
22. David McClelland, *Achieving Society* (New York: Van Nostrand, 1961) , p. 331.
23. "Letter to Editor," *Wall Street Journal*, October 17, 1975.

第三编

资源需求

对创业者而言，资源就像画家的颜料和画笔，只有当他们具有了创作的灵感才会在画布上挥毫泼墨。成功的创业者需要运用特殊的态度、策略和技术，才能以最小的把握商机所必需的资源来获得对企业的控制力。对这些资源的所有权并不是关键，关键是对其他人的资源的控制与影响——既包括货币资源，也包括非货币资源，后者往往比通常认为的重要得多。

确定初创公司的必需的财务要求是一项首要的工作，包括了解企业需要多少资金以及何时、何地获取这些资金。每个创业者都希望“无痛苦”（顺利）地建立适宜的财务基础，第11章的练习可以帮助创业者获得起步资金。另一个重要的工作是确定和得到各种有效的外部资源——董事、顾问、会计师、律师、银行家，诸如此类。重要的是要知道在哪里以及怎样才能找到最好的外部资源，还需要知道如何选择、补偿他们以及与他们共事。

如果说资源是颜料和画笔的话，那么商业计划就是画布。单看画布本身，是空而无物的。关键是要知道通过商业计划为什么、是否能以及怎样能将某个人的思路、团队和资源变成画家的作品，一流的商业计划可以用来获得资金和资源，并发展事业，创业者还要知道如何满足商机的匹配性并弥补差距。

最后，当企业发展的步骤太快以至于没有足够的时间准备商业计划书时，创业者应该做什么？这种情况往往发生在创业者在寻找获得一个生意、执照、特许专营权或是其他热销市场的权利时。成功与失落的不同之处在于你是否知道应该做什么，以及如何快速制作一份简要的商业计划书。

第 11 章

资源需求

当讲到资源控制时……我所需要从资源方得到的仅仅是使用这些资源的能力。有人把理想的企业描述成一个邮局信箱，人们会向里面投寄现金。

——霍华德·史蒂文森

哈佛商学院

学习目的

学完本章后，你将能够：

1. 考察成功创业者对资源（包括人、资本和其他资产）所持的独特态度和方法。
2. 确定选择和有效利用外部专家，如董事会成员、律师、会计师和顾问的重要因素。
3. 考察有关财务资源的决策。
4. 分析“国际传真公司”案例。*
5. 制作简单的现金流量表、损益表和资产负债表。
6. 发现创业者变少为多的方法。

创业者利用资源的方法

资源包括：（1）人，如管理团队、董事会、律师、会计师和顾问；（2）财务资源；（3）资产，如厂房和设备；（4）商业计划。成功创业者对把握商机过程中所需要的资源以及对这些资源的所有权和管理权有着自己的独特看法，与许多大公司中的经理人的看法不同。他们对资源的独特看法体现在第1、2章给出的创业学定义中，在那里，创业的定义是指创造或抓住商机并把握商机的整个过程，不管目前已经控制着多少资源。[1]

霍华德·史蒂文森致力于研究成功创业者利用资源的独特方法。他指出，需要何种资源、何时需要以及怎样获得这些资源都是战略决策问题，这些战略决策必须和创业的其他驱动力相适应。另外，史蒂文森还指出，创业者在企业成长的各个阶段都会努力争取用尽可能少的资源来推进企业的发展。他们需要的不是拥有资源，而是要控制这些资源。

使用这种方法的创业者会减少追逐商机过程中的一些风险，包括：

- **阶段性资本投入**。资源最小化战略衍生了两个重要的企业筹资措施。首先，由于追求节俭，只需要投入绝对数额很小的原始资本；其次，资本的投入被分为几个阶段，与企业发展的关键时刻相对应，这些标志性时刻有时意味着要谨慎前行，有时意味着需要引进第

---

* 请见与本书配套的《创业学案例》一书第 11 个案例。 ——编者注

二轮资本，或是要放弃企业。这样就降低了创业者和投资者的财务风险以及股权被削弱的风险。

- **较少的资本**。所需的资本金额较少，这样就降低了财务风险和创始人股权被削弱的风险。
- **更多的灵活性**。没有资源所有权的创业者在快速决定经营企业还是放弃企业时处于更有利的地位。[2] 对资源拥有所有权的代价之一就是其内在的不灵活性。考虑到环境的快速变化和多数创业企业必须面对的不确定性，缺乏灵活性可能是一个致命伤。公司要想具有竞争力，它做出反应的时间必须短。决策窗（decision window）在大部分时间里是很小的，并且难以捉摸，而且要准确预测出把握住商机所必需的资源也是极其困难的。另外，在企业运行过程中，创业者获取资源的方法要有可重复性，或可以进行战略实验，也就是说，创业者可以对思路进行尝试和检验，以应付快速变化的市场与技术等等，而不需要因为拥有企业的全部资产和资源而对其负责。比如，霍华德·黑德说，如果他一开始就筹集到了他所需的所有资金，并把它全部过早地投入到自己的错误预见——金属滑雪橇上，他就会输得一败涂地。让我们再来假想一下，如果某家公司长期以来只运用一种技术、一种软件或一种管理体系，那它的灵活性会差到什么程度。
- **低沉没成本**。另外，如果公司选择在任何时间都可以放弃企业，那它的沉没成本就比较低。相反，让我们来考虑一下一家预先投入了大量资本的核电厂以及放弃这样一个项目的成本。
- **低成本**。固定成本降低，对盈亏平衡点来说是有利的。当然，它的反面作用就是可变成本可能上升。如果创业者发现的商机具有宽容度大和回报高的经济特性，那企业所面临的可变成本上升完全可以由丰厚的利润抵消。
- **风险降低**。除了可以降低财务风险外，其他风险——如资源陈旧过时被淘汰的风险——也可以被降低。比如，生物技术公司会用风险租赁来作为股权融资的补充部分。

虽然某些人会嘲笑说这种做法实际上是因为公司买不起这些资源罢了，但事实上，不占有资源比占有资源更有优势，选择更多。当然究竟是占有资源好还是不占有资源好，要做好这个决策并不简单，它涉及到许多细节问题，如租赁和购买哪种方式对公司的税收更有利等。

依靠自有资源战略：对资源进行配置和最小化处理

资源最小化，口头上被称为依靠自有资源（bootstrapping），正式一点，被定义为由于缺乏资源密集度，分多个阶段投入资源并且在每个阶段或决策点投入最少的资源。[3] 当讨论起他的关于依靠自有资源的见解时，格雷格·简福蒂（Greg Gianforte）（他与其合作伙伴以1 000多万美元的价格将他们的软件公司——Brightwork发展有限责任公司卖给McAfee联合公司之后，于33岁时退休）说："许多创业者认为他们需要钱……而实际上他们根本没弄清楚商业方程式。"[4] 按照简福蒂的观点，缺少资金、雇员、设备甚至缺少产品，实际上是一个巨大的优势，因为这会迫使依靠自有资源者将精力集中于销售从而为企业带来现金。因此，为了让公司坚持下去，创业者在每个阶段都要问自己，他们怎样才能用更少的资源来获得更多的利益，并把握住这个商机。

正如我们在图表7.3中所概括的那样，大型机构所持态度正好相反，它们通常具有受托人或监护人的观点，大型机构的经理们所寻求的是不仅手头要有完成任务的足够资源，还要有应付困难时期的缓冲资源。

建立你的智囊团

在百森商学院，我们设立了一个为期一年的为MBA二年级学生度身打造的创业强度跟踪项目（entrepreneurship intensity track，EIT），这些学生都有自己想要开发的重要商机。EIT项目的核心部分是百森智囊团（Babson brain trust，BBT）。柯克·波斯（Kirk Poss）的例子说明了BBT如何发挥作用，并阐明了对于提高与蒂蒙斯模型相对应的"匹配性"以及管理风险和回报来说，为什么建立你的企业智囊团能起到重要作用。

起初，柯克打算读医学院，因此他在波士顿的麻省通用医院找了一份工作，这家医院是世界上最重要的医学中心之一。在从事成像研究项目的工作中，他赢得了领导该项目的著名医生的赏识。新的成像技术显示出广阔的前景，麻省通用医院愿意将该技术授权给柯克和该医生要创办的新公司。同时，柯克决定返回百森商学院攻读MBA，并在EIT登记注册以便更快、更明智、花费更少地创业。他加入了蒂蒙斯教授的行列，蒂蒙斯教授在百森商学院依托其人际关系网、受托人、教师和朋友创建了百森智囊团。通过一项基本的"空白分析"（gap analysis）分析了柯克的背景及他的企业，并将蒂蒙斯模式应用于该企业，很清楚地显示出以下两位BBT的成员在创办、开发和建设该公司的过程中具有潜在的巨大增值作用：迈克·赫尔曼，作为首席财务官，他花了大约20年的时间帮助尤因·马里恩·考夫曼将马里恩实验室建成价值10亿美元的医药公司，后来他成为考夫曼基金会的董事长。作为私人投资者和董事，他有大量的与新医药公司相关的工作经验；鲍勃·康普顿（Bob Compton），他是帮助建立Sofamor-Danele公司的原始风险资本家，后来他成为该公司首席运营官，将其建成世界上专营脊髓和颈部损伤植入物和矫正仪器的头牌公司。1999年，Medtronic公司以30多亿美元的价格收购了该公司。

通过将柯克介绍给这两个人，使他获得了他们的智慧、大量的相关经验以及他们与其他人才库和资本的关系。接下来就是柯克自己的事了，他借助自己的创业干劲、承诺和游说本领吸引他们的兴趣、赢得他们的信任、释放他们的才干。令人高兴的是，一切都很顺利。赫尔曼和康普顿看到了这项技术和柯克的巨大潜能，并且市场潜力也足够大，于是他们成了公司种子期的投资者和董事。注意他们的决策过程！他们看到了巨大的潜力，并且确信他们每个人都能对成功几率产生重要影响，因为他们知道能为这个特定的商机增加什么价值以及如何增值。就在2002年编写本书时，该公司仅2000年第四季度就筹集到第一轮的差不多100万美元，并且从那以后每次都是提前超额完成预定的重要目标。最重要的是，它签了一项225 000美元的药品开发协议，正沿着筹集第二轮投资的康庄大道顺利前行。本章最后的“创建你的智囊团”练习将帮助你解决建立智囊团所必需的重要问题和工作，这样的智囊团能为你的企业增加最大价值。

正如这个例子所显示的那样，合适的顾问和智囊团成员非常重要，并为你的企业提供极为重要的价值。最成功的创业者在创业之前将其考虑得很透彻。他们知道他们需要什么来弥补团队的不足，他们会问自己什么是他们还不知道的。他们将主要精力放在确定具有一定知识、经验和网络的人身上，这些人所具有的关键性的才能、经验和资源可以决定企业会成功还是会失败。

运用他人资源

对创业者来说，运用他人资源（other people's resources，OPR），尤其在企业的创立和早期成长阶段，是一种十分重要的方法。相反，大型公司认为必须真正拥有资源的所有权才能控制对它们的使用权，并且决策是以怎样获得和筹集这些资源为中心——这一点和创业者不一样。

关键是具有资源的使用权并能够控制或影响资源配置。本章开头的引述很好地解释了这种思想。

他人资源可以包括诸如朋友、亲戚、商业伙伴或其他投资者投资的或借来的资金。或者包括借到的人、空间、设备或其他原材料，或是由客户或供应商免费或廉价提供的，或通过提供未来服务、机会等换取到的。实际上，使用他人资源有时可能十分简单，如使用免费小册子，就像那些由6大会计师事务所出版的小册子，或利用低成本教育计划或政府资助的管理帮助计划。

你作为一名创业者该如何开始开发这些资源呢？霍华德·史蒂文森和威廉·萨尔曼建议你必须做“两件看起来相悖的事情：寻找最好的顾问——如果必要的话找专业人士——并让他们在更早的阶段、更深入地参与公司活动；同时，对他们的资格和建议要更加谨慎。”[5]一项最近的研究发现，社会资本，包括已经建立的商业网络和朋友及家人的鼓励，与创业活动密切相关。[6]史蒂文森和萨尔曼认为，人与人的接触除了可以建立家庭、朋友、同学和顾问的人际网络，还可以增强创业者和企业顾问之间的关系。[7]对社会意识的准确把握、印象管理的技巧、劝说和影响别人的技巧及较高的社会适应力都可能与成功新企业所需的活动相关。[8]保拉·杜比尼（Paola Dubini）和霍华德·奥尔德里奇（Howard Aldrich）研究了这些“社会资产”如何为新企业的利润带来好处，并为此做出了自己的贡献，参见图表11.1中他们指出的战略原则。然而，也有少数研究未能证明网络关系对企业绩效具有有效影响。[9]

有许多掌握他人资源的控制权而非所有权的例子。在房地产行业，即使是大型公司也不雇用全职的顶尖建筑师，而是在承建一个项目时聘用他们。多数小型公司不雇律师，而是在需要的时候寻求法律帮助。技术顾问、设计工程师和编程员也是这样。采用这种方法的一个具体事例是，有一家公司凭7 500美元现金起家，通过灵活运用信用卡、降低创始人收入，再加上全体人员加班加点的努力工作，在大约10年的时间里，发展到销售额为2 000万美元的规模。这家公司没有筹集任何额外的股权资本。

有一个相反的事例，讲的是一家微型计算机软件行业的拟建新企业。其商业计划显示，仅用于开发初期产品就需要大约30万美元。商业计划书中提到了公司的财务资源使用预算，首先就是要马上购买一台价值大约150 000美元的计算机。创始人拒绝考虑其他选择，如租用一台计算

图表 11.1

关于网络关系与创业有效性的假定

有效力创业者更能系统地计划与监控网络活动。

- 有效力的创业者能够绘制出目前的网络关系图，并能够区分哪些关系具有生产力，哪些只是泛泛之交。
- 有效力的创业者能够认清对企业成功非常关键的有效网络关系。
- 有效力的创业者能够保持和维护网络关系，提高他们的有效性和效率。

有效力的创业者更能采取措施以提高他们网络的密度和广度。

- 有效力的创业者会留出一定时间应对随机事件——心里没谱的事。
- 有效力的创业者能够检查网络的密度，以避免太多的关系重复（因为这会影响网络的效率），但同时保证网络的团结和凝聚力。
- 有效力的创业者通过扩大网络的范围产生倍增效果，促使企业更好、更快地适应变化。

资料来源：摘自Paola Dubini and Howard Aldrich, "Executive Forum: Personal and Extended Networks Are Central to the Entrepreneurial Process," *Journal of Business Venturing* 6, no. 5（September 1991）, pp. 310–12.

机或租用计算机时间段。虽然这家公司的商业计划制定得相当好，但它没能吸引到风险资金。而它从非正式的私人投资者手中筹集到的150 000美元也不够开发这个商机，因此创始人决定放弃，不再创办该企业。假如这是一个更具创业精神的团队，他们就会找出在现有条件下运营企业的其他办法了。

外部人资源

董事会

评估人力资源需求的初期工作是在形成新企业团队（见第9章）的过程中进行的。一旦人力资源需求被确定，并选定一支企业团队，在企业的创办阶段和成长的其他阶段通常需要获得企业外的其他人力资源。

如果在是否成立董事会这个决策上的回答是"赞成"，那么必须选择并找到董事会成员人选，此过程对新企业来说是件麻烦事。[10]

决策 是否建立董事会这个决策首先受公司所选择的组织形式的影响。如果新企业的组织形式是公司制，那它必须设立董事会，董事会必须由股东选举。其他组织形式的企业则具有一些灵活性。

另外，某些投资者会要求设立董事会。风险投资者几乎总会要求成立董事会，并由他们担任董事。

除此以外，决定企业是否引入外部人就值得仔细思考。制定这项决策，创始人首先要明确自身所缺乏的相关经验、专门技能和网络，以及企业目前哪些方面需要由外部董事提供，然后可以把他们可能做出的贡献和存在的风险——设立董事会必定要更多地透露给外部人公司运营计划和财务计划——加以平衡。还要指出的是，因为董事会的责任之一就是选举公司执行官，因此，是否设立董事会的决定还和公司融资决策以及有投票权的股票所有权密切相连。

> 过去几年中互联网公司首次公开上市的浪潮引起了人们的关注，因为这些公司的董事会往往由公司管理人员与风险资本家共同主宰。[11] 根据本文作者的观点，至少一半的董事会成员应该是外部董事，这样他们可以提供独立的、旁观者的观点。

当Hambro国际公司的阿特·斯平纳（Art Spinner）接受《INC.》采访时，他解释说：

> 创业者有这样一个错误的担心……即董事会会盗窃他们的公司或接管公司。虽然创业者可以担心这个，担心那个，但这一点不用担心。几乎从来没有发生过这样的事。实际上，董事会甚至没有多少权力。他们没有能力管辖创业者，只能对他们提些建议。[12]

正如斯平纳所说，董事会成员能够带给企业专业知识。虽然要付出一定的代价，但此代价是公司支付得起的，并且它远远超出了前面提到的负面影响。戴维·冈伯特（David Gumpert）引用了他和合伙人为最初的NetMarquee公司（一家网上直销商）选聘的咨询董事的作用。他说，有目的地选择董事会有两个重要考虑，一是能够填补"空洞"，同时还出于财务方面的条件限制。按照冈伯特的说法："董事会不断地向我们挑战——战术、战略以及整个企业的经营哲学。”这些挑战使公司三方面受益：(1) 防止犯愚蠢的错误，(2) 使他们始终关注真正重要的东西，以及 (3) 阻止他们的悲观情绪。[13]

选择标准：以专业知识和人际关系来增加价值　一旦做出成立董事会的决定，面临的挑战就是寻找合适的董事会人选。持客观态度来选择值得信赖的人这一点十分重要。多数企业一般从创业带头人或团队的熟人中，或在他们的律师、银行家、会计师或顾问中寻找合适的首批外部董事人选。这样一种选择方式对企业来说可能不失为一种正确方式，但必须认识到这种选择过程同时也是在形成管理团队的过程中发现空缺，并寻找合适的人来填补这些空缺的过程。

填补空缺这个问题和前述的成功管理团队标准之一——诚实有智有关，也就是说，要明白你知道什么和你必须知道什么（见图表7.2）。最近有人研究了董事会和风险资本家对董事会的特别贡献，从中得出，创业者对经营经验比对财务知识似乎更为重视。[14] 另外，它还指出：“那些拥有20家最大的风险投资公司之一作为其首要投资者的公司，其CEO通常把风险投资公司董事所提的建议看得比其他外部董事的重一些——但不是极重。”[15]

明确对董事会成员的期望和最低要求可能是让董事们为公司做出最大贡献的一个好办法。

最好的外部董事通常每年花至少9~10天来完成他的职责。每年4天花在季度会议上；1天花在为每次会议作准备上；1天花在处理未预见问题的另一个会议上；再加上通各种电话，加起来1天或多于1天的时间。通常这样的工作按年付费。

高素质的董事是为了获得学习和职业发展机会，而不是为了钱接受董事工作的。董事所得报酬的差异很大。少的为半天或全天会议500~1 000美元，多的为每年参加4~6个全天或一天半会议，再加上经常可为公司提供服务这一条可每年得到10 000~30 000美元。董事通常还可以报销他们为会议作准备和参加会议的费用。给董事一定数量，通常为2%~5%的股份，或5 000~50 000股股票的期权，是吸引董事并回报他们的常用激励方式。

另外，现为11家公司董事和其他两家公司顾问的阿特·斯平纳提出以下建议，作为指导你和董事会之间建立良好关系、共创成果的一套简单规则。它们是：

- 把你的董事作为个人资源来对待。
- 对你的董事一贯诚实。
- 建立一个薪酬委员会。
- 建立一个审计委员会。
- 永远不要建立执行委员会。[16]

新企业发现，出于各种原因，可能成为潜在董事会成员的人对于是否加入董事会持越来越谨慎的态度。

责任　公司董事们可能要对公司行为和公司管理者的行为负个人责任。更糟的是，现在的诉讼越来越多，在许多领域都可能发生。比如，董事将对以下具体事件负有个人责任，它们是：投票同意派发红利，导致公司破产；投票授权从公司资产中提出一部分贷给一位董事或一位公司管理人员，而最终没有得到偿还；在伪造的公司文件或报告上签字。法庭已经宣布如果董事的行为是按诚信原则进行的，那他可以不承担责任。但问题是要一名董事证明他是按诚信原则行事的，不是件容易的事，在企业初建的情形下尤其如此。有几种因素会使这项证明更加复杂化，这些因素包括：管理团队没有经验；出现财务缺陷和现金危机并有待解决，以及缺乏好的完整的信息和记录——而它们是行动的必要基础。最近几年，许多州都已经通过了大家所知的“愚蠢董事法”（dumb director law）。实际上，此法认同了董事是普通人，也可能犯错误和判断失误；它拔除了法律诉讼中的一根毒刺——有些别有用心的律师会借法律依据制造一些不必要的诉讼，而这项法律的出台经历了相当长一段时间。

公司为董事购买免责保险是解决责任问题的一种方法，但这种保险很昂贵。虽然存在上面所提的责任问题，但前文提到的一项调查表明：只有11%的被调查者说他们在聘请董事会成员时遇到过困难。[17] 新企业在处理这个问题时，可以先了解董事候选人对风险的总体态度，然后评价一下这种态度是否是公司管理团队所需要的。

困扰　外部股东可能通过私募或柜台交易市场获得股票，他们对新企业涉及的风险、实现回报的速度和回报的多少可能存在不现实的期望。这种股东对董事会和公司来说是一个长久的困扰源。

时间和风险　有经验的董事知道加入一家销售额为1 000万美元或不到1 000万美元的初级阶段企业要比加入一个销售额达2 500万~5 000万美元或5 000万美元以上的企业投入的时间多，参与度也更强。

正式董事会的几种替代方式

运用顾问和准董事会可能是替代正式董事会的有效方

式。[18]公司顾问委员会的作用是提供建议，而不是制定决策，因此顾问对决策不承担个人责任。公司可以向这些顾问征求他们对公司的客观观察结果和反馈意见，这种非正式董事会可以带来必需的专业知识，而不必卷入法律问题和正规董事会的许多复杂手续。另外，这样做也避免了因为某董事不胜任而不得不免除对他的任命的尴尬情况。通常非正式顾问的薪水较低，酬金为每次会议500~1 000美元。不过请注意，这些顾问在公司的参与度比正式董事会成员低，而且公司也得不到法律的保护，因为法律规定的是正式董事会成员的义务和责任。

非正式顾问组也是一个好机制，通过这个机制，新企业可以观察许多人的行动，并选择一个或两个做常务董事。创业者一方面可以获得外部人的劝告和建议，一方面又不需要在法律上受他们所作决定的束缚。

律 师

决策 几乎所有公司都需要并使用律师提供的服务，创业型企业更是如此。[19]《INC.》杂志最近对大约5 000个订户和5 000名律师进行了读者调查。典型的订户公司其销售额为510万美元，雇员为62人。在这些公司中，94%的公司说他们一般依赖外部的法律咨询。另外，回应律师中有88%认为小企业客户对他们的业务很重要。[20]

创业者除了选择好律师之外，确实还必须具备广泛的法律知识。顾问约翰·范·斯莱科（John Van Slyke）也曾在哈佛商学院任教，他认为创业者获得一个法律学位可能是明智之举，不管是以此学位替代MBA，还是两者兼而有之。[21]他认为创业学的学生在法律方面还是新手，并且他们还没有意识到他们是很脆弱的。

许多书的作者都告诉我们选择和管理律师的重要性。通过了解下面这些法律基础知识，同时获得合适的法律服务，公司可以在法律方面更完善，可以在较长的时间里减少麻烦，降低成本。[22]按照《INC.》杂志的“发现法律”（FindLaw）栏目的说法，对于不具有法律学位的创业者来说，有些法律事务可以通过使用自助法律指南或格式合同来解决，但是，单靠这些资料是不行的。根据该机构的说法，选择律师应该考虑的因素包括：是否可以找到；与该律师接触是否愉快；律师的经验值；打这种官司是否合适、费用是否合适；该律师是否熟悉本行业以及他是否与投资人和风险资本家有关系。[23]

创业型企业究竟如何使用律师要看企业在其特定阶段的需要。企业规模也是一个因素。图表11.2对《INC.》杂志的调查结果作了总结。很明显，销售额低于100万美元的公司大多在订立合同和协议时用到律师。这些公司还要让律师花大量时间来满足高层管理人员的个人需要，处理公司组建事宜以及正式诉讼。当公司规模扩大后，就需要提供关于责任、兼并和回报计划方面的建议。还有一点值得注意的是，无论企业规模多大，合同和协议几乎都是主要用到律师的方面。

以下是创业者最需要获得法律帮助的领域。

- *公司组建*。公司创始人、公司管理人员和董事的可豁免和不可豁免责任，或新企业所选择的组织形式诸如此类问题很重要。当税法和其他情况发生变化的时候，这些问题对已经建立的公司也很重要。此领域的重要程度也可以由一个例子得到解释，它讲述的是一个创始人因为公司职员和另一个股东运用法律手段使他几乎丧失了对其公司控制权的事情。虽然这名创始人拥有公司绝对控股权，但此职员和股东控制了董事会的投票权。此股东试图召开一次董事会议，不再选这名创始人做公司总裁。此创始人发现了他们的计划，并迅速召开了一次股东会议，先把董事们换下去了。
- *特许专营和许可经营*。许多关于未来权利、义务的问题和一旦特许权持有人或承租人或特许权授予人或出租人未履行责任的话会发生什么，这些方面的问题都需要特别的法律顾问。
- *合同和协议*。公司需要律师对关于合同、许可经营、租赁和其他诸如非竞争雇佣协议（noncompete employment agreement）和管辖股东授予权之类的协议提供帮助。
- *正式诉讼、责任保护等*。在当今的崇尚诉讼的氛围中，多数创业者迟早会发现他们自己成为法律诉讼中的被告方并需要法律顾问。
- *房地产、保险及其他事务*。很难想像得出哪个创业者不会在某个时候被牵扯进各种房产交易中，从租赁到购买和销售地产，这些也需要律师提供服务。
- *版权、商标、专利和知识产权保护*。保护产品是很难的。但在法律还不能对产品提供充分保护的情况下就推动产品的开发，短期是可行的，但长期将造成灾难性的结果。比如有一位创业者，如果他的软件不被保护的话，他的企业将面临250万美元的销售损失，并且将有20万美元的软件使用费无法得到。他请了一位在软件产品的销售、租赁和许可经营方面的专家。此律师设计了各种非常微妙，并且很有效力的保护方

图表 11.2

如何使用律师

	公司年销售额（回复者的百分比）%				
用到的法律服务（按总提及次数排名）	**<100 万美元**	**100 万~290 万美元**	**300 万~490 万美元**	**500 万~2 490 万美元**	**≥2 500 万美元**
合同和协议	70	74	69	84	85
高层管理层的个人需求	46	58	56	53	38
正式诉讼	34	50	63	61	91
房地产和保险事宜	32	35	50	51	56
公司组建事宜	45	34	39	33	24
地产规划	23	42	48	44	17
拖欠账款	20	33	39	34	21
责任保护	20	17	22	33	41
版权、商标和专利	21	19	24	28	38
兼并与收购	12	14	29	32	47
雇员福利计划	10	26	19	27	27
税务筹划和复审	13	17	22	17	12
雇员股权计划	9	15	10	18	21
特许专营和许可经营	13	11	14	14	12
政府规定报告	8	6	6	10	12
公开招股说明书	2	1	5	2	18
劳动关系	1	2	2	3	3

说到合同和法律诉讼，法律顾问的必要性体现得十分明显。但《INC.》所作的调查显示小型企业的经理也会依赖公司律师解决个人问题，从税务问题到离婚和房地产遗嘱等。随着公司规模的增加，在责任、兼并和福利计划这些领域里的咨询需求也随之增加。

法，如安装在软件里的内部时钟，如果时钟不被更换的话，那它将关闭该软件。

- *雇员计划*。有效使用和管理福利和股权计划已经变得很复杂。它们要求律师提供特别的专门知识来防范一些常见错误。
- *税务筹划和复审*。对此要提醒大家的是要讲究适宜度。在许多情况下，会计师提出的避税建议会动摇良性经营的观念。为寻找赚钱机会而思虑的创业者比关心如何避税的创业者要有钱得多。
- *联邦、州和其他法规和报告*。理解法规所能产生的影响并遵守法规通常并不简单。违反了联邦、州或其他法规往往会造成严重后果。
- *兼并与收购*。购买或出售一家公司需要专门的法律知识。除非创业者在交易方面很有经验并且有很称职的法律顾问，不然他可能会失掉这笔生意或不得不一直承担代价高昂的法律义务。
- *破产法*。许多人已经听到过有关创业者没有留出资金用于支付各种联邦税和州税，却把这笔现金用于企业经营上的故事。可能这些创业者错误地设想，如果他们的公司破产，政府也不会有什么好运气，就像银行和其他债权人一样。但他们错了。实际上，业主、公司管理层和董事，并且通常是董事要负个人法律责任。
- *其他事宜*。这些事情包括从帮助收取拖欠账款到劳动关系等一系列事情。
- *个人需要*。当创业者积累净资产（即股权和其他资产）时，有关房地产、税赋和财务规划的法律建议是很重要的。

选择标准：以专业知识和人际关系来增加价值

在一项对法律公司或律师的选择因素的调查中，54%的回复者说与公司中某个成员的个人接触是主要因素。[24] 40%

说声誉是选择因素，26%提到以前和公司的关系，只有3%的回复者提到费用这个因素。这些数字都很能说明问题。

在全国许多地方都有专门服务于新企业和高成长潜力公司的律师。寻找律师最好从创业带头人、管理团队或董事的熟人开始，会计师、银行家和同事的推荐也很有用。其他信息来源还包括风险投资公司的合伙人、主要会计师事务所的合伙人（自己拥有公司并接触许多公司）、律师协会或《Martindale-Hubbell法律指南》（列有律师名录）。要有效开展工作，律师必须具备处理企业所面临的特定问题的经验和专业知识。史蒂文森和萨尔曼认为和大型律师事务所或国家会计师事务所的巨大资源挂上钩可能是最好的方法，但这并不是我们可以拟定的惟一战略。你通常可以只拨通一个电话就得到有关税赋或房地产规划的合理建议，但不利方面是，如果你是一家小公司，而它们有十几个像通用电气这样的大客户，你可能会受到怠慢。一两个人的小公司可以拥有极为出色的专家网，这些专家对超出公司内部人员能力范围之外的问题提供帮助。记住，当你需要时，一定要寻求专家的帮助。[25]

比如，有位创业者把公司搬到一个新的办公场所——一幢正被改成办公楼的已装修历史建筑，在为公司重新选址的过程中，他没有寻求公司的两位律师的帮助，因为这两位律师处理的是其他业务，对涉及历史建筑、复杂的税法和多人所有权等问题的办公楼交易没有专门经验。

和管理团队成员、董事和投资者一样，律师和公司之间的相互关系（相互匹配和相互吸引）也非常重要。最后要说的是，好的建议是指具有高度可选性、让你觉得花钱值得的建议。还有一点很重要，就是要认识到律师不是生意人，他们的判断通常不是以生意为着眼点的，相反，他们力求提供完美的或是不会错的保守建议。

多数律师是按小时收费的，大企业有时还要支付聘用定金和统一收费。企业用于法律服务的开支一般会随着公司的发展而增长。许多法律公司会同意延期收费，或一开始以低于一般水平的价格提供服务，目的是为获得某公司的业务。根据《马萨诸塞州律师周刊》统计，合法费用包括以下几方面：合伙人的小时计费，从195~400美元；律师的小时计费，从80~245美元；律师帮办的费用，在45~165美元之间。

银行家和其他贷款人

决策 决定是否需要银行家或其他贷款人通常涉及到如何为特定的需要融资的决策（见第四编）。多数公司都会在某些时候需要银行家或其他贷款人提供融资服务，此决策还包括银行家或其他贷款人如何提供咨询服务。

与其他顾问一样，银行家或其他贷款人也应该是公司的合伙人，而不是难缠的小股东。因此，第一个也是最重要的一点建议是，创业者应该仔细挑选合适的银行家或贷款人，而不是仅仅找一家银行或财务机构就行，虽然找银行或机构也是重要的。不同的银行家和贷款人在如何与创业公司合作方面享有不同的声誉，从“极好”到“一般”到“不好”。这些银行家和贷款人所属的机构也享有和创业公司合作得怎么样的声誉。理想状况是，创业者有一个极好的银行家或贷款人，他们有极好的财务机构。但是有一般机构的极好银行家或贷款人比有极好机构的一般银行家或贷款人要好。

对一个创业者来说，清楚地知道他需要从贷款人那里得到什么是很重要的。一些人需要资产类的东西，如购置机器、设备或库存的钱。另外一些人需要营运资金来支持短期经营所需。

在选择贷款人并与之共事的准备工作中，商业计划是无价之宝。同样，由于银行家或其他贷款人是“合伙人”，以下行动很重要：邀请他参观运行中的公司；避免迟交财务报表（及延迟付款和透支）；以诚实坦率的态度分享信息。

选择标准：以专业知识和人际关系来增加价值 其他创业者、律师、提供一般商业咨询服务的会计师和风险资本家会认识一些银行家和其他贷款人，从他们的推荐开始选择比较理想。在4~7个左右的可能选择对象中，创业者将会找到合适的贷款人和机构。

当今的银行业和财务服务市场比过去的竞争要激烈得多，选择也更多，值得花时间和精力去四处寻找。

会计师

决策 会计职业从我们偶尔听人提起的老派形象——“绿眼罩”（green eyeshade）发展到今天，经过了相当长的历程。今天，实际上所有的大型会计师事务所都已经发现了新兴的创业型企业这个巨大的潜在客户市场，他们的商业战略中相当大的一部分是特别瞄准这些公司的。比如在波士顿地区，著名的前6大会计师事务所已经在128公路——创业世界的中心地带，设立了为它们的小企业客户群服务的办事处。

图表 11.3

大的会计师事务所的业务增长区域

	1995 年业务收入（百万美元）	自 1990 年的变化（%）
会计与审计	6 004	+2.9
税务咨询	3 197	+13.1
管理咨询服务	6 371	+117.7

资料来源：*Public Accounting Report*, Atlanta, August 1996; referenced in J. Andresky Fraser, "How Many Accountants Does It Take to Change an Industry?" April 1, 1997, http://www.inc.com.

会计师常常受到不公正的污蔑，尤其是在安然/安达信事件发生之后。会计师从事的工作内容已经扩展了，不再是简单地算算数字。[26] 图表11.3描述了大的会计师事务所的发展趋势。在新兴公司方面有经验的会计师不仅可以提供审计和税务方面的咨询，还可以提供其他有价值的服务。一个经验丰富的通用商业顾问所具有的价值是无法衡量的，体现在：帮助创业者进行战略评价；帮助企业筹集债务和股权资本；推动兼并和收购；设置董事；甚至还可以帮助平衡企业决策和重要的个人需求和目标的关系。

选择标准：以专业知识和人际关系来增加价值 在选择会计师时，第一步是企业要决定是找当地一家小公司，还是一家地区性公司，或是主要几家大会计师事务所之一。虽然每个公司都是自己做出决策的，但在一项对销售额在400万~2 000万美元的公司的非正式调查中，"多于85%的CEO喜欢和地区性的小会计师事务所合作，而不是6大会计师事务所，因为前者成本较低，并且他们认为可受到比较好的个人关注。"[27] 在做这项决定时，你必须考虑几个因素：[28]

- 服务。必须评估各会计师事务所提供的服务水平和它们对本公司的关注程度。对多数新成立的公司来说，小会计师事务所在这两方面所能提供的往往比大会计师事务所高。但是，如果是一家正在寻求风险资本或战略伙伴并正在谋求上市的具有较高增长潜力公司的创业者，选择全国性的会计师事务所是个不错的出发点。
- 需求。需求，不管是当前需求，还是将来的需求，必须和公司的能力相当。大型事务所的配备比较适合处理高度复杂的问题或技术问题，而小型事务所可能适合提供常规的管理建议和帮助，因为小公司负责人更可能直接参与账务管理。多数情况下，那些处于计划前期或没有上市计划的公司不需要顶级的会计师事务所。但是，对于那些希望一开始就能吸引到风险投资的新创公司来说，可能就需要一个大会计师事务所来参与。
- 成本。多数主要大型会计师事务所会给具有高成长潜力和利润潜力的新创企业提供价格很有竞争力的服务。如果企业需要大型会计师事务所的某个合伙人特别重视的话，此大型会计师事务所提供的服务收费就昂贵多了。但是，如果公司要求有广泛的技术知识，那么大型会计师事务所可能经验比较多，并因而较为便宜。许多处于增长前期的公司无法请得起大的全国性会计师事务所，那么对它们而言，当地小会计师事务所就是最佳选择。按照麦科里集团公司（McCorry Group Inc.）蒂姆·麦科里的讲法，这些小会计师事务所应该告诉你什么时候你该另找一家能提供更多服务的大事务所。[30]
- 相互关系。相互关系总是一项十分重要的考虑因素。

最近会计行业市场的变化导致了市场竞争加剧、资本成本螺旋上升、利润率下降、诉讼增加。[31] 创业者在这样一个买方市场应该四处筛选，找到一个能提供最适宜恰当服务的能干的会计师。寻找好律师的消息源也是会计师的消息源，贸易集团也是很有价值的消息源。

一旦某公司已经达到了比较大的规模，它会有许多选择。一家公司销售额已经增长到约500万美元，未来5年很可能达到2 000万美元并最终上市，它的创始人整理了一份公司简报，包括公司背景、业绩记录以及所需要的银行和会计方面的服务，创始人惊讶地发现，他们收到了多家银行和大会计师事务所极其热烈的回应。

会计行业十分坦率。不管会计师事务所是大是小，它们都是出售时间的，通常以小时计费。如今，4大会计师事务所的合伙人每小时收费在250~600美元之间，当地小型事务所的收费为每小时150~300美元之间。

顾　问

决策[32] 聘用顾问是为了解决一些特殊问题以及填补管理团队存在的空白。有许多很有才能的顾问，他们可以提供十分有价值的帮助，并且是很重要的"他人资源"源。公司所需的建议可能技术含量很高并且很专业，也可能是一些覆盖面很广的常规问题。刚起步的企业和已经成立一段时间的企业的问题和需求也有很大差异。

新创企业通常需要的帮助在于将对公司产生长远影响的一次性的关键任务和决策方面。在一项关于如何使用顾问以及顾问对企业形成的影响的研究中，Fraunhofer社团德国系统和革新研究机构（Germany's Institute for Systems and Innovation Research of the Fraunhofer-Society）的卡尔·拜耳（Karl Bayer）访谈了315家公司。他发现96 家聘用了顾问，并且新创企业聘用顾问的原因有以下几方面：

1. 弥补专业经验的不足。
2. 瞄准一个大的细分市场（可能是为消费品公司做市场调研）。
3. 承担一个项目，此项目需要一大笔设备的初期投资。[33]

这些任务和决策可能包括：评估公司地点、租出和租赁协议；设立公司记录体系和簿记体系；寻找企业合伙人；获得初建资金以及制定初期营销计划。

已经建立的公司面临成长中出现的一些新问题，其中许多问题很专业，管理团队很少具有这些专业知识。包括的问题有：获得市场调研；估计何时、如何把公司业务计算机化；是否租赁或购买主要设备；是否改变库存评估方法等。

虽然不总是能准确点出问题本质，但有时一个外界的新颖观点也可以帮助新企业确定大致的问题本质，比如是否包含人事问题、制造问题或营销问题。BuyerZone.com的李敏云（Mie-Yun Lee）提出了一些建立有效顾问关系的有益的建议，包括：（1）确定，确定，再确定——无论需要花多长时间都要确定和明了方案的预期结果；（2）选择好顾问，就应该建立长期的合作关系，这样才有时间让顾问发挥作用，推动你的企业快速发展；（3）外部资源不是减轻你工作的魔方，沟通是至关重要的成功要素。[34]

拜耳报告说，顾问的使用在3~5年后会对销售产生负面影响。另外，他的市场调查还报告了一项压倒性的（96家聘用顾问的公司中有三分之二）调查结果："顾问所提交的工作……对完成任务来说是很不充分的。"[35] 因此拜耳建议创业者可以找到一位顾问，让他做充分的准备以填补空白并使公司长期受益，但做到这一点需要花点功夫。

选择标准：以专业知识和人际关系来增加价值 很不幸，没有哪个领域像顾问领域这样选择如此之多、质量如此参差不齐、成本如此难以预料。称自己为管理顾问的人很多并且一直在稳步增长，到2003年，全国估计有75 000~80 000名私人管理顾问，而且每年估计要增加大约2 000或更多。另外，约一半多的顾问是为自己工作的，剩下的则为公司工作。同时，政府机构（主要是小企业管理机构）也聘用了顾问去解决企业的问题；各种私人和非营利组织提供管理帮助以帮助创业者；其他人，如教授、工程师等兼职做顾问工作。其他专业人员，如会计师和银行家，也提供这种帮助。

我们要再次申明，相互之间的吸引力是十分关键的。一家公司的总裁在决定聘用顾问之前，曾和这位顾问的许多客户进行了交谈，最终还是决定聘仟他。当这位总裁被问及他到底从这些谈话中学到了什么时，他说："他们不能准确地向我描述出得到过他帮助的具体事件，但他们所有人都说，没有他的帮助就谈不上建立和发展公司！"

由于咨询业的形势看起来非常难于处理，风险非常大，我们这里向大家提供一些可以精简顾问选择范围的办法。首先，顾问应该有专长；虽然一些顾问说他们专业知识很广，但多数会指出他们最适应和擅长处理的几种情况。在寻找顾问的过程中，需要考虑以下几点：[36]

- 好的顾问不会受到地域的限制；他们可以出差并且可以通过电子手段工作。
- 最好的举荐系统是口碑。这一点非常值得重视。
- 总是认真审阅顾问的证明材料。看看顾问过去做过的解决方案是很重要的。
- 人际交往的技巧是很重要的，因此在与顾问面谈时要对顾问的人际技巧进行评价。
- 询问职业相关人士，请他们帮助确认顾问是否具有好的声望。

可以面试3个或3个以上的顾问候选人，考察他们的专业知识、方法和证明书。通过这次首轮筛选后的候选人，可以要求他们准备提出一些特别的建议。

强烈建议大家采用书面协议的形式，指明顾问的责任和任务的目的、项目持续时间、报酬的形式和金额。一些顾问是按小时计费工作的，一些收取固定的费用，还有一些收聘金。同样服务的咨询花费存在极大差异。此差异的一端是小企业管理机构，它为小企业提供顾问，不收费。另一端是著名的咨询公司，它们即便对很小的市场研究和技术可行性研究也要收取很高的费用。

虽然许多产品的质量大致和它们的价格相符，但咨询服务领域却并非如此，很难只凭他们索取的费用来判断顾问的素质。

财务资源

分析财务需求

当我们已经评估过商机的优劣，新企业团队已经形成并且所有的资源需求已经被明确时，接下来就该评估新企业需要从哪里获得资金并在何时要了。（融资来源和如何获得资助在第四编中有详细描述。）

前文已经讲过，有一种本末倒置的倾向，尤其是在这个领域里。创业者倾向于通过分析电子数据表来作为评估企业商机——特别是他们对正式商业计划的思考——的起始点，而不是首先把注意力集中在定义商机，决定如何抓住商机并随后准备所需的资金预算。

然而，当分析资金需求的时刻到来的时候，充分意识到现金是企业的生命线这一点是很重要的。就如南加利福尼亚大学商学院的金融教授詹姆斯·斯坦西尔（James Stancill）所说："任何公司，不管多大多小，是靠现金运转的，而非利润。你不能靠利润来支付账单，只有现金可以。你不能靠利润来给职工发工资，只有现金可以。"[37] 资金几乎总是有限的，因而在评估公司的需求和需求的时机时，人们必须进行一些具有重要意义的重大平衡。

电子数据表 计算机和电子数据表程序是极大地节省时间并极大地增加生产率和创造性的工具。电子数据表无非就是把会计簿的一张张纸改换成用计算机储存的形式。图表11.4给出了一个电子数据表分析的样本，是用Lotus 1-2-3和罗伯特·莫里斯协会（RMA）数据做的。

第一个电子数据表程序由VisiCalc发展而来，它对创业者具有潜在的实用价值。它是由一个MBA学生丹·布里克林（Dan Bricklin）设计的，当时丹正在哈佛商学院就读。这个学生必须完成的任务是对他的案例进行损益表、资产负债表、现金流量表以及盈亏平衡点的分析演算。这一个任务中总会遇到的一个问题就是"如果你假设这样，会怎么样?"

应用电子数据表来分析资金需求的主要优势是它能够回答"如果……会怎么样"这类问题。考虑此类问题时，需要有特别的关联性。如詹姆斯·斯坦西尔指出的：

> 衡量现金流的通常方法——收益加折旧（NIPD）或息税前利润（EBIT）——仅在销售稳定的一段时间内可以表示公司现实的现金状况。[38]

电子数据表可以预测现金流。创业者能够回答这样一些问题：如果销售额以5%而不是15%的速度增长，会怎么样？如果在30天内支付账款只有50%，而不是65%，会怎么样？我们可以看到这些预测中的变化对现金流的影响。

同样的"如果……怎么样"分析过程也可以应用到预编损益表、预编资产负债表和盈亏平衡点的计算上。说得清楚一些，就是通过改变有关收入和成本的假设，比如假设现金为零，来分析盈亏平衡点。因此，可以用诸如RMA之类的假设来作为测试企业假设条件的比较尺度。

有一个例子可以证明使用计算机分析的巨大价值。那是我一个同事的经历。他当时正在认真考虑建立一家新的出版企业。他的机会分析很鼓舞人，并且列举了诸如创业带头人的相关经验和承诺责任这样一些重要因素，还假设了固定和可变成本、市场预估和建立企业可能需要的资源，下一步要做的是制定详细的每月现金流，更为精确地判定企业的经济性特征——包括企业很有季节性这个本质特征的影响，并确定成立企业所需的资金量和潜在回报的金额和时间。在不到3个小时的时间里，有关新建企业的年收入和支出假定被输入计算机中。再过不到两个小时，他已经能够看到经过最初的18个月公司的财务状况，接着看到几种不同的"如果……会怎么样"方案的影响。最终结果是创建新企业的思路被放弃，因为需要的资金量看起来超出了他的潜在支付能力。

计算机分析的优势也会给创业者带来问题，因为计算机只是把一项项"选择"放在创业者面前。这些选择有那么多会发生变化的部分，要对它们进行分析，如果不是以对商机的深刻洞察力为基础，是很容易被弄糊涂的。

通用信息资源

在本章结尾，读者可以找到一些最能体现上述主题的最好的网址列表，你可以根据你的特殊需要在其中找到所需。印刷资源包括《企业信息来源百科全书》（*Encyclopedia of Business Information Sources*）和《小企业资源手册》（*Small Business Sourcebook*）等。这些书每年更新一次，可以在多数商学院的图书馆找到。

图表 11.4

电子数据表分析样本（以美元计）

输出结果：

现金预算	月份 1	2	3	4	5	6	7	8	9	10	11	12
现金余额（期初）	50 000	31 235	9 073	(18 917)	(50 811)	(85 583)	(122 252)	(173 852)	(228 743)	(293 067)	(359 823)	(431 361)
加收入：销售收款	2 725	6 000	9 675	13 350	17 025	20 700	24 375	28 050	34 350	38 775	42 750	46 425
其他收入	0	0	2 000	0	2 000	5 000	0	4 000	0	0	0	0
小计	2 725	6 000	11 675	13 350	19 025	25 700	24 375	32 050	34 350	38 775	42 750	46 425
减支出：原材料付款	16 875	20 625	26 260	31 875	37 500	43 125	50 625	60 000	67 500	71 250	76 875	82 500
其他费用（应计额）	4 494	6 806	9 169	11 531	13 894	16 256	19 313	22 369	25 706	28 069	30 431	32 794
增加的固定资产	0	0	3 000	0	0	0	2 400	0	0	0	0	0
租赁费用	0	80	80	80	80	80	80	80	80	80	80	80
长期债务支付	5	5	5	5	5	5	5	5	5	5	5	5
其他费用（分项）	0	30	0	60	20	0	0	500	0	0	0	0
增加的“其他资产”	0	0	10	0	0	0	0	0	0	0	0	0
联邦税（营业税）	238	645	1 048	1 430	1 863	2 285	2 678	2 840	3 915	4 328	4 740	5 153
小计	21 611	28 191	39 561	44 981	53 361	61 751	75 100	85 794	97 206	103 731	112 131	120 531
净现金利润（亏损）	(18 886)	(22 191)	(27 886)	(31 631)	(34 336)	(36 051)	(50 725)	(53 744)	(62 856)	(64 956)	(69 381)	(74 106)
累计现金余额	31 114	9 044	(18 813)	(50 548)	(85 147)	(121 634)	(172 977)	(227 595)	(291 599)	(358 023)	(429 205)	(505 467)
税后财务收入（费用）	121	29	(104)	(263)	(436)	(618)	(875)	(1 148)	(1 468)	(1 800)	(2 156)	(2 537)
最终现金余额	31 235	9 073	(18 917)	(50 811)	(85 583)	(122 252)	(173 852)	(228 743)	(293 067)	(359 823)	(431 361)	(508 004)
期望的现金水平	2 000	2 000	2 000	2 000	2 000	2 000	2 000	2 000	2 000	2 000	2 000	2 000
保持最低现金水平所需的贷款	0	0	20 813	52 548	87 147	123 634	174 977	229 595	293 599	360 023	431 205	507 467
现金盈余	29 114	7 044	0	0	0	0	0	0	0	0	0	0
销售净额	5 000	10 000	15 000	20 000	25 000	30 000	35 000	40 000	50 000	55 000	60 000	65 000
预测的销售延误折让	1 250	2 500	3 750	5 000	6 250	7 500	8 750	10 000	12 500	13 750	15 000	16 250
销售总额	3 750	7 500	11 250	15 000	18 750	22 500	26 250	30 000	37 500	41 250	45 000	48 750
减：消耗的原材料	1 875	3 750	5 625	7 500	9 375	11 250	13 125	15 000	18 750	20 625	22 500	24 375
直接劳动成本	375	750	1 125	1 500	1 875	2 250	2 625	3 000	3 750	4 125	4 500	4 875
其他制造费用	159	319	478	638	797	956	1 116	1 275	1 594	1 753	1 913	2 072
间接劳动成本	159	319	478	638	797	956	1 116	1 275	1 594	1 753	1 913	2 072
销售成本	2 569	5 138	7 706	10 275	12 844	15 413	17 981	20 550	25 688	28 256	30 825	33 394

图表 11.4（续）

电子数据表分析样本（以美元计）

输出结果：

现金预算	月份 1	2	3	4	5	6	7	8	9	10	11	12
毛利	1 181	2 363	3 544	4 725	5 906	7 088	8 269	9 450	11 813	12 994	14 175	15 356
减：销售费用	188	375	563	750	938	1 125	1 313	1 500	1 875	2 063	2 250	2 438
一般费用和管理费用	94	188	281	375	469	563	656	750	938	1 031	1 125	1 219
坏账费用	75	150	225	300	375	450	525	600	750	825	900	975
固定资产的折旧	250	250	300	300	300	300	340	340	340	340	340	340
租赁费用	0	80	80	80	80	80	80	80	80	80	80	80
其他费用（除去以上各项）	0	30	0	60	20	0	0	500	0	0	0	0
营业利润	575	1 290	2 095	2 860	3 725	4 570	5 355	5 680	7 830	8 655	9 480	10 305
营业所得税	238	645	1 048	1 430	1 863	(2 285)	2 678	2 840	3 915	4 328	(4 740)	5 153
其他财务收入（支出）	243	59	(208)	(525)	(871)	(1 236)	(1 750)	(2 296)	(2 936)	(3 600)	(4 312)	(5 075)
所得税备付	121	29	(104)	(263)	(436)	(618)	(875)	(1 148)	(1 468)	(1 800)	(2 156)	(2 537)
净利润	459	674	944	1 167	1 427	1 667	1 803	1 692	2 447	2 528	2 584	2 615

假设列表（以美元计）

	月份 1	2	3	4	5	6	7	8	9	10	11
销售净额	5 000	10 000	15 000	20 000	25 000	30 000	35 000	40 000	50 000	55 000	60 000
扣除损耗的净销售额	3 750	7 500	11 250	15 000	18 750	22 500	26 250	30 000	37 500	41 250	45 000

年份	1984	1985	1986	1987	1988
预测销售损耗占销售额的百分比（%）……如果有这些损耗，会怎样？	25.0	15.0	10.0	10.0	5.0
原材料成本占销售额的百分比（%）	50.0	48.0	46.0	45.0	45.0
直接劳动成本占销售额的百分比（%）	10.0	10.0	9.0	9.0	9.0
其他费用（一般管理费等，不包括折旧）占销售额的百分比（%）	4.3	4.3	4.3	4.3	4.3
间接劳动成本占销售额的百分比（%）	4.3	4.3	4.3	4.3	4.3
销售费用占销售额的百分比（%）	5.0	4.0	4.0	4.0	4.0
一般费用和管理费用占销售额的百分比（%）	2.5	2.5	2.5	2.5	2.5
联邦所得税占税前利润的百分比（%）	50.0				
此分析从几月份开始（1~12 月）	1 月				
现在是哪一年？	1984 年				

图表 11.4（续）

电子数据表分析样本（以美元计）

年　份		1984	1985	1986	1987	1988
图表 B——应收账款期限						
0~30 天收款（%）		70	70	70	80	80
30~60 天收款（%）		20	20	20	19	19
60~90 天收款（%）		8	8	8	0	0
无法收到的坏账（%）		2	2	2	1	1
图表 C——应付账款期限（原材料）						
0~30 天应付款（%）		100	100	80	80	80
30~60 天付款（%）		0	0	20	20	20
60~90 天付款（%）		0	0	0	0	0
图表 E——直接劳动成本、间接劳动成本、生产费用、销售和一般管理费用、应计额期限						
0~30 天付款（%）		100	100	90	90	90
30~60 天付款（%）		0	0	10	10	10
图表 F——库存假设						
期望的现金水平是多少?（美元）		2 000	5 000	7 000	10 000	10 000
现有几个月的成品库存?		2	2	3	3	3
现有几个月的原材料库存?		3	3	4	4	4
图表 G——财务收入和定期债务假设						
保持期望的现金水平要支付多少贷款利率?（%）		12	12	12	15	15
你的现金盈余回报率是多少?（%）		10	10	10	11	11
图表 H——第一期初始资产负债（美元）						
资产：						
现金余额	50 000					
应收账款	100					
原材料库存	100					
成品库存	300					
应折旧固定资产	3 000					
累计折旧	50					
其他资产净值	200					
总资产	53 650					

图表 11.4（续）

电子数据表分析样本（以美元计）

负债：	
原材料应付款	100
应计应付款	50
应付票据——银行	100
长期债务	100
投入资本	500
留存收益	52 800
总负债+所有者权益	53 650
其他——当前亏损结转（–）	（100）

表 I——现金预算，每月损益表变化（美元）

月 份	1	2	3	4	5	6	7	8	9	10	11	12
收入（现金）：												
其他收款（LTD）	0	2 000	0	2 000	0	0	4 000	0	0	0	0	0
增加的资本投入	0	0	0	0	5 000	0	0	0	0	0	0	0
支出（现金）：												
长期债务付款	5	5	5	5	5	5	5	5	5	5	5	5
其他费用	30	0	60	20	0	0	500	0	0	0	0	0
增加的“其他资产”，不计折旧	0	0	0	0	0	0	0	0	0	0	0	0

表 J——增加的固定资产	资产 1	资产 2	资产 3
流动资产：			
金额（美元）	3 000		
折旧期（美元）	1		
第一年：			
金额（美元）	2 400	3 000	2 400
购买的月份（1~12）	2	3	7
折旧期或租赁期	3	5	5
现金=1/租赁=2	2	1	1
第二年：			
金额（美元）	3 600	3 600	3 600
购买的月份（1~12）	1	6	6
折旧期或租赁期	5	5	5
现金=1/租赁=2	1	1	1
第三年：			
金额（美元）	4 000	4 000	4 000
购买的月份（1~12）	2	3	2
折旧期或租赁期	3	3	3
现金=1/租赁=2	2	2	1

注意：第四年和第五年的假设和上面的相同

图表 11.4（续）

输出结果：

资产负债表（月末）	月份 1	2	3	4	5	6	7	8	9	10	11	12
资产：现金	31 135	8 973	0	0	0	0	0	0	0	0	0	0
应收账款	1 125	2 625	4 200	5 850	7 575	9 375	11 250	13 200	16 350	18 825	21 075	23 400
减：坏账准备	(75)	(225)	(450)	(750)	(1 125)	(1 575)	(2 100)	(2 700)	(3 450)	(4 275)	(5 175)	(6 150)
应收账款净值	1 200	2 850	4 650	6 600	8 700	10 950	13 350	15 900	19 800	23 100	26 250	29 550
成品库存（净值）	13 144	31 125	54 244	82 500	115 894	154 425	200 663	254 606	313 688	377 906	447 263	521 756
原材料库存（净值）	5 625	9 375	13 125	16 875	20 625	24 375	28 125	33 750	39 375	43 125	46 875	50 625
流动资产	50 954	51 873	71 119	104 475	142 969	186 600	237 938	298 856	365 963	435 581	510 038	589 631
固定资产	3 000	3 000	6 000	6 000	6 000	6 000	8 400	8 400	3 400	8 400	8 400	8 400
累计折旧	300	550	850	1 150	1 450	1 750	2 090	2 430	2 770	3 110	3 450	3 790
固定资产净值	2 700	2 450	5 150	4 850	4 550	4 250	6 310	5 970	5 630	5 290	4 950	4 610
其他资产	200	200	210	210	210	210	210	210	210	210	210	210
总资产	53 854	54 523	76 479	109 535	147 729	191 060	244 458	305 036	371 803	441 081	515 198	594 451
负债：应付银行票据	0	0	19 017	50 911	85 683	122 352	173 952	228 843	293 167	359 923	431 461	508 104
应付原材料成本	0	0	0	0	0	0	0	0	0	0	0	0
应付应计额	0	0	0	0	0	0	0	0	0	0	0	0
应付所得税	0	0	0	0	0	0	0	0	0	0	0	0
短期债务总额	0	0	19 017	50 911	85 683	122 352	173 952	228 843	293 167	359 923	431 461	508 104
长期债务总额	95	90	85	2 080	2 075	4 070	4 065	4 060	8 055	8 050	8 045	8 040
总债务	95	90	19 102	52 991	87 758	126 422	178 017	232 903	301 222	367 973	439 506	516 144
股本：资本投入	500	500	500	500	500	5 500	5 500	5 500	5 500	5 500	5 500	5 500
留存收益	53 259	53 933	56 877	56 044	59 471	59 138	60 941	66 633	65 080	67 608	70 192	72 807
负债加资本净值总值	53 854	54 523	76 479	109 535	147 729	191 060	244 458	305 036	371 803	441 081	515 198	594 451

本章总结

1. 成功创业者明智地采用依靠自有资源方法对资源进行配置和最小化处理。
2. 对资源的控制权——不必是所有权——是“变少为多”这种资源战略的关键。
3. 创业者在识别他人资金和资源方面也很有创造力，因此可以分散风险并与他人共担风险。
4. 选择外部顾问、董事和其他专业人士归结为一个关键标准：他们是否能通过他们的专业知识和人际网络为公司增加价值？
5. 如今，由于互联网的出现，能够获得的财务和非财务资源比以往更多，并且还在逐步增多。
6. 建立一个由合适的导师、顾问、教练组成的智囊团是创业者最有价值的“秘密武器”之一。

习 题

1. 创业者在资源问题上思路敏捷，行动迅速。这意味着什么？为什么这很重要？
2. 描述至少两种创造性地运用依靠自有资源方法的例子。
3. 为什么互联网会成为控制资源越来越重要的途径？
4. 在选择外部顾问、董事、咨询专家等此类人员时，最重要的标准是什么？为什么？

第11章的互联网资源来源

http://www.entrepreworld.org 创业世界

http://www.fed.org 企业发展基金会

http://www.sba.gov 小企业管理局

http://www.avce.com 《美国风险企业》杂志

http://www.inc.com 《INC.》杂志

http://www.findlaw.com “发现法律”栏目

思考题

你考虑过吗？

1. 许多成功创业者和私人投资者说开始创建公司时资金太多和太少一样不好。为什么这样说？你能找到一些例子吗？
2. 有人说金钱是资源方程式和创业过程中最不重要的部分。为什么这样说？
3. 你要设计的依靠自有资源战略是什么？

练 习

建立你的智囊团

在企业中能否建立一个由导师、顾问、教练和董事组成的队伍对于企业的成败有举足轻重的作用。建立这样一个智囊团，需要你具有职业的精神、彻底周详的工作作风、高超的说服力以及坚韧不拔的毅力。只有通过你的努力表现和诚信态度才能获得这些导师的信任与肯定。

这个练习的目的是提供一个框架和关键步骤，用于仔细考虑你的需求和建立你企业的智囊团。

第一部分：对比蒂蒙斯模型的差距与匹配度分析

1. 企业发展的每个阶段需要有不同的专业知识并获得创业团队之外不同人士的经验、专业技能和判断力。风险—回报管理方法的一个关键工具是用此模型进行的差距与匹配度分析。

   - 谁具有或能获得我们所缺乏的关键专业知识和资源？
   - 要抓住一个绝好的机会我们必须有，而确实又没有的因素是什么？
   - 目前谁能为企业带来最大的附加价值/真知灼见/实实在在的经验？两年后会是谁？怎样实现？
   - 就我们正打算做的事来说，谁是这方面最睿智、最有洞察力的人？
   - 谁能为帮助企业发展提供最有价值的观点和人际关系网？或就你最不了解的领域提供帮助？

2. 把蒂蒙斯模型分成几大块并详加考察。

   - 核心机会：如果你的团队中还没有这样的人，那你一定得找出谁更了解：收入和成本模型，模型的根本假设和驱动因素；定价、销售、市场营销、分销和客户服务的方法；IT和电子商务；竞争；企业的自由现金流特点和企业经济学？
   - 资源：谁能帮助你认识并联系上你所需要的人、网络、资金源和关键人才？
   - 团队：谁在白手起家创建公司方面比你多10~20年的经验和教训？
   - 环境：谁能从资本市场、关键法律法规和行业/技术/市场的内在驱动因素几方面讲清企业的发展环境、变化和时机？

3. 结论：哪些因素、哪些人对企业的影响最大？通常只有1~3个关键人物或关键资源会对企业产生重大影响。

第二部分：识别并组建智囊团

1. 一旦你已经识别出对公司影响最大的因素和人，你就应该有意安排人把自己引见给他们。公司职员、家庭朋友、室友等都是好帮手。
2. 如果你找不到人帮你引见，你就必须动动脑筋，发挥创造力，主动和他们见上一面。

   - 准备充分，叙述清楚。
   - 提前发送一份会面摘要和议程安排。
   - 了解哪些理由和好处最能打动对方。
   - 后续跟踪：发送一份手写的会谈记录，不要仅仅发一份电子邮件。

3. 就以下类型问题获取直接或间接反馈意见：

   - 我们缺少哪些东西？你觉得我们的团队、营销计划、财务需求和战略等有哪些缺陷？
   - 是否存在我们还不了解的竞争对手？
   - 你如何和我竞争？
   - 谁会拒绝向我们投资？谁会答应？为什么？
   - 我们缺少哪些人？
   - 我们还应该再找哪些人聊？

   你将从你自己问的问题中获得对自己、对企业更深刻的认识，同时从潜在智囊团的问题中了解他们知识和见解的深度和广度。你将很快了解这个人是否对企业感兴趣，是否能为企业带来附加价值。

4. 扩大智囊团队伍，促使企业不断成长。考虑今后两年你可能经历什么样的艰难险阻，把那些已经有过这种经历的人纳入到智囊团队伍中。

练　习

创业者如何变少为多

创业者在对企业实施依靠自有资源战略时，以及贯彻从极为有限的资源中获取大量成果的原则时，常常极富创造力和灵敏性。这项任务可以独自完成，也可以两三个人共同完成。找出至少两三个创业者，他们的公司销售额超过300万美元，历史不超过10年，开创公司的初期原始资本少于25 000~50 000美元。和这些创业者面谈，注意他们最小化必需资源并控制（不一定要拥有）它们的战略战术。

1. 他们用于获取资源的方法、来源和技术是什么？
2. 他们为什么能够用这么少的东西做这么多的事情？
3. 什么假设、态度和思想使他们以这种方式来思考和行动的？
4. 在你所访谈的创业者中间存在哪几种类型？他们的相似点和不同点是什么？
5. 这些最小化依靠自有资源方法对他们保存现金和股权以及创造未来选择机会或创造寻求其他机会的可能性的能力有何影响？
6. 他们如何设计对其员工、供应商和其他资源提供者（他们的初期办公室场地或设施、说明书等）的独特激励结构？
7. 他们用于替代金钱的其他“货币”形式是什么？如通过物物交换来获得场地、设备或人员或提供额外一天或一星期的休假等。
8. 他们能想得出一些例子，说明他们如何在能用真实现金购买资源时，却使用了其他方法来获得资源（的控制权）的情况吗？
9. 许多有经验的创业者说，对第一次创业的创业者们来说，初期拥有太多的金钱比太少更不好。你如何看这种观点？为什么？
10. 一些茁壮成长的新公司开创的时候正好是经济衰退的时候，信用和资本市场都呈紧缩状态。这对培养精细化节约化（lean-and-mean）、想办法做（make-do）、少即是多（less-is-more）的公司理念和节俭、严格按预算的纪律感很有价值。你能想出像这样的一些例子吗？你同意还是不同意？你能想出一些相反的例子吗？如公司在20世纪90年代的经济繁荣高峰期或接近高峰期创立的，那时可获得的资金和信用比他们需要的还要多。

你可以阅读《INC.》杂志、《成功》杂志和《快速公司》等杂志，在阅读一些有关依靠自有资源方法的专题文章时，你将会找到十分有用的背景材料。

注 释

1. This definition was developed by Howard H. Stevenson and colleagues at the Harvard Business School. His work on a paradigm for entrepreneurial management has contributed greatly to this area of entrepreneurship. See Howard H. Stevenson, "A New Paradigm for Entrepreneurial Management," in *Proceedings from the 7th Anniversary Symposium on Entrepreneurship, July 1983* (Boston: Harvard Business School, 1984).
2. Howard H. Stevenson, Michael J. Roberts, and H. Irving Grousbeck, *New Business Ventures and the Entrepreneur* (Homewood, IL: Richard D. Irwin, 1985).
3. Ibid.
4. Emily Barker, "Start With Nothing," *INC.*, February 2002.
5. Howard H. Stevenson and William H. Sahlman, "How Small Companies Should Handle Advisors," in *The Entrepreneurial Venture* (Boston: Harvard Business School, 1992), p. 296. See also a *Harvard Business Review* reprint series called "Boards of Directors: Part I" and "Board of Directors: Part II" (Boston: Harvard Business Review, 1976).
6. B. Honig and P. Davidsson, "*The Role of Social and Human Capital Among Nascent Entrepreneurs*," *Academy of Management Proceedings*, 2001, pp. 1–7.
7. Ibid., p. 301.
8. R. A. Baron and G. D. Markman, (2000) "*Beyond Social Capital: How Social Skills Can Enhance Entrepreneurs' Success*," *Academy of Management Executive* 14 no 1, pp. 106–17.
9. O. O. Sawyerr and J. E. McGee, *The Impact of Personal Network Characteristics on Perceived Environmental Uncertainty: An Examination of Owners/Managers of New High Technology Firms*, http://www.babson.edu/entrep/fer/papers 99, 1999.
10. The authors are indebted to Howard H. Stevenson of the Harvard Business School, and to Leslie Charm and Carl Youngman formerly of Doktor Pet Centers and Command Performance hair salons, respectively, for insights into and knowledge of boards of directors.
11. J. W. Lorsch, A. S. Zelleke, and K. Pick, "Unbalanced Boards," *Harvard Business Review*, February 1, 2001, p. 28.
12. Confessions of a Director: Hambro International's Art Spinner Says Most CEOs Don't Know How to Make Good Use of Boards. Here He Tells You How," *INC.*, April 1991, p. 119.
13. D. E. Gumpert, "Tough Love: What You Really Want From Your Advisory Board," http://www.entreworld.org/content/entrebyline, 2001.
14. Joseph Rosenstein, Albert V. Bruno, William D. Bygrave, and Natalie T. Taylor, "The CEO, Venture Capitalist, and the Board," *Journal of Business Venturing*, 1988, pp. 99–113.
15. Ibid., pp. 99–100.
16. "Confessions of a Director," *INC.*, April 1991, p. 119. Reprinted with permission. ©1991 by Goldbirsh Group, Inc., 38 Commercial Wharf, Boston, MA 02110.
17. "The Venture Survey: Who Sits on Your Board?" *Venture*, April 1984, p. 32.
18. C. O. White and G. Gallop-Goodman. "Tap into Expert Input" *Black Enterprise 30*, no. 12 (2000), p. 47.
19. The author wishes to acknowledge the input provided by Gerald Feigen of the Center for Entrepreneurial Studies, University of Maryland, from a course on entrepreneurship and the law he has developed and teaches at George Washington University Law School; also John Van Slyke of Alta Research.
20. Bradford W. Ketchum, Jr., "You and Your Attorney," *INC.*, June 1982, pp. 51–56.
21. John B. Van Slyke, "What Should We Teach Entrepreneurs About the Law," *Entrepreneurship: What Is and How to Teach It* (Boston: Harvard Business School, 1985), p. 135.
22. J. Adamec, "A Business Owner's Guide to Preventive Law," http://www.inc.com, 1997.
23. FindLaw, Inc., "Selecting an Attorney," http://www.findlaw.com, 2000.

24. Ketchum, "You and Your Attorney," p. 52.
25. Stevenson and Sahlman, "How Small Companies Should Handle Advisors," p. 297.
26. J. Andresky Fraser, "How Many Accountants Does It Take to Change an Industry?" April 1, 1997, http://www.inc.com.
27. Susan Greco and Christopher Caggiano, "Advisors: How Do You Use Your CPA?" *INC.*, September 1991.
28. Neil C. Churchill and Louis A. Werbaneth, Jr., "Choosing and Evaluating Your Accountant," in *Growing Concerns*, ed. David E. Gumpert (New York: John Wiley & Sons and *Harvard Business Review*, 1984), p. 265.
29. J. Andresky Fraser, "Do I Need a Top-Tier Accounting Firm?" http://www.inc.com/incmagazine, June 1, 1998.
30. Ibid., p.2.
31. Andresky Fraser, "How Many Accountants Does It Take To Change an Industry."
32. The Following is excerpted in part from David E. Gumpert and Jeffery A. Timmons, *The Encyclopedia of Small Business Resources* (News York: Harper & Row, 1984), pp. 48–51.
33. Karl Bayer, "The Impact of Using Consultants During Venture Formation on Venture Performance," in *Frontiers of Entrepreneurship Research 1991*, ed. Neil H. Churchill et al. (Babson Park, MA: Babson College, 1991), pp. 298–99.
34. Mie-Yun Lee, "Finding the Right Consultant," http://www.inc.buyerzone.com, February 2, 2000.
35. Bayer, "The Impact of Using Consultants," p. 301.
36. J. Finnegan, "The Fine Art of Finding a Consultant," http://www.inc.com.incmagazine, July 1, 1997.
37. Reprinted by permission of *Harvard Business Review*. An excerpt from "When Is There Cash in Cash Flow?" by James M. Stancill, March–April 1987, p. 38. Copyright © 1987 by the President and Fellows of Harvard College.
38. Stancill, "When Is There Cash in Cash Flow?" p. 38.

第 12 章

商业计划

“夫人，包裹中是你要看的小说，请查阅。分为两册。如果我之前有更多时间的话，我会把它编辑成一册的。”

——伏尔泰

学习目的

学完本章后，你将能够：

1. 检验一个商业计划模型，它经过了30多年实践应用的证明和提炼。
2. 明确商业计划中应该包括哪些内容，为什么？为谁？
3. 识别在准备商业计划过程中一些容易犯的错误以及如何避免这些错误。
4. 分析一个年轻创业者为一家新的电信企业筹集资本而制定的完整商业计划。
5. 决定为你想创建的企业制作并完成一项商业计划必须做什么。
6. 分析“道格拉斯·拉纳利和谢·普里姆雷（Shee Plimley）”的案例。*
7. 明白要将你的远见转变为书面材料所必需完成的工作。

制作商业计划

商业计划的准备通常是个漫长、辛苦、创造性和重复性的过程，如我们在第3章和第4章所探讨的那样，这个过程可以把一个思路雏形变成一个难得的商机，就像把一条毛毛虫变成一只美丽的蝴蝶，商业计划本身就是此过程的顶点。商业计划仔细地阐述了商机的意义、要求、风险和潜在回报，以及如何抓住这个商机。它将显示下面所列的4项选择标准（在第4章中也提到过）对创始人和投资者的重要性，创业者可以通过认真研究、思索和创造性地解决问题，把“企业商机筛选练习”转变成一个完整的商业计划。高发展潜力企业的商业计划表明企业具有以下能力：

- 能为客户或最终用户创造或增加极大的价值。
- 能够解决一项重大问题，或满足某项重大需求或愿望，为此人们愿意多支付一些。
- 有需求很旺盛的市场，利润很高，这些市场有这样一些容易赚钱的特点：规模足够大（至少5 000万美元），成长速度快（至少为20%），利润很高（至少为40%），较早地获得了自由现金流并且现金流充足（不断进账的收入、需要的资产和营运资金少），盈利潜力高（税后利润为10%~15%），为投资者提供很有吸引力并且也能实现的回报（投资回报率为25%~30%）。
- 创始人和管理团队配合得很好，也很适合市场状况和

* 请见与本书配套的《创业学案例》一书第 12 个案例。 ——编者注

风险回报平衡。

准投资者将商业计划作为他们工作的出发点，他们竭尽全力来弄清企业的潜力和各种风险，这些风险包括：技术风险、市场风险、管理风险、竞争和战略风险以及财务风险。即使你不打算筹集外部资金，这项作业也非常重要。创始人和投资者在会议、讨论和调查时发生的碰撞可以向所有各方揭示许多东西，并为他们的关系和谈判设定基调。增强双方的了解是评估过程的重要组成部分。每个人都在想：这些人是聪明人吗？我们在这么密集又短暂的时间里能相处得好吗？他们有创造力吗？他们在听吗？他们能给企业增加价值吗？这种管理对吗？我想让他们成为合伙人吗？他们诚实吗？我们现在的态度是严肃的吗？

投资者也将展示他们自己，他们可以为企业带来真知灼见、专门技能和人际关系，并因此为企业增加了最重要的价值。最有价值的投资者将从市场的角度来查看技术或服务、战略、拟定的融资规模和结构以及团队的弱点，甚至是错误，并将提出纠正这些缺点和错误的战略并推荐人员。如果投资者有眼力，他应该能区分出一般企业、好企业或极好的企业。

商业计划在打印出来时就过时了

本书作者持有以下观点已有30年了，即商业计划从打印机输出的那一刻起就过时了。实际上，在当今的互联网时代，商业计划在输入打印机以前就已经过时了！技术和信息时代前进步伐的加快和全球市场的动态变化使得任何一个原本生命已很短暂的商业计划更加短暂。现在，几乎不可能找到一家经营了一年，仍始终如一地坚持起初制定的商业计划中的战略、市场重心、产品服务和团队的企业了。

始终处于进行中的工作，需要有灵活性

在这样一个快速变化的环境里，灵活性和应变能力成为至关重要的生存技能。要把某个思路发展成一个企业，并通过一个商业计划来阐述如何完成这个过程，做到这一点，创业者需要有开阔的思路和"能屈能伸的灵活性"，还要有清晰的工作重点、敬业精神和决心。

人们应该把商业计划当作一项始终处于进行中的工作。如果你想筹集外部资金或吸引关键顾问、董事或团队成员等，你必须完成一个商业计划，似乎应该如此，但实际上你永远完成不了。就像一次横越全国的飞行计划，在飞行的路途中会发生许多预想不到的变化——暴风雨、使能见度降低的烟尘、雾或突然出现的强大风暴等。驾驶员必须准备随时调整航向以使风险降低到最小，并保证航行成功完成。这种风险/回报管理在商业计划制定过程中是必然存在的。

商业计划不等于企业

制定商业计划是明确新企业的发展蓝图、战略、资源和人员要求的最好方式之一。《INC.》500家成长最快的公司中，绝大多数在成立初期就制定了商业计划。缺少商业计划，想从正规或非正规投资者那里筹集资金都是极为困难的。

然而，许多初次创业的创业者往往简单地得出了这样一个结论：不用做别的事，需要做的只是一份回报丰厚、制作精美、富于吸引力的商业计划，做好了商业计划，企业自然会获得成功。他们把商业计划和建立企业混淆在一起了。与他们的结论相反，一些最有说服力的商业计划从未变成伟大的企业，而一些说服力极差的计划却产生了极为出色的企业。1-2-3电子表格的创造者莲花发展公司的情况就是这样。米奇·凯帕（Mitch Kapor）最初的商业计划只是一封简短的信，其中描述了个人计算机的市场状况和近10种单独产品，制定了企业创建后为期1年的月预算和一项5年目标——收入达到3 000万美元，这需要大约20万~30万美元的资本。风险资本的提供者Sevin-Rosen公司基本上抛弃了原来的计划、战略、产品组合、资本要求、启动计划和企业的头5年规划，他们的结论是：这个商机要大得多，需要100万美元的创办资本，公司要么在5年内获得几亿美元的收入，要么根本不要做——即使销售额可以达到3 000万美元。采取高速启动战略，获得市场先入者的优势是至关重要的，必须点燃这支火箭。剩下的事情大家都知道了。莲花发展公司在第一个5年内就达到了5亿美元的年收入。

这里所传达的信息是双刃的。一方面是，通过商业计划的开发可能形成有利于你的机会。另一方面，你仅仅有一项计划，并不意味着企业会自动获得成功。除非存在根本性的商机，再加上把握该商机所必需的资源和团队，否则世界上最好的商业计划也无济于事。图表12.1归纳了一些对准备商业计划有益的建议。

从实践中获得的一些秘诀

有关商业计划准备和风险资本筹集的最有价值的经验

图表 12.1

准备商业计划时要做什么和不要做什么

要做的事

让所有管理团队成员参与商业计划的准备。
计划要有逻辑、完整并有可读性——还要尽量短一些。
要投入大量时间和一定资金来准备该计划，表明对企业的责任心。
描述关键性的风险和假设，说明为什么在这些情况下还可以创办企业，怎么办。
揭示并讨论企业中的所有现存问题或潜在问题。
确定几种可选择的融资源。
讲清楚要进行的交易：所有权股份的多少和投资者将怎么赢得利益。
富于创造力地获得潜在投资者的关注和兴趣。
要记住计划并不等于事业，实施比计划的价值高得多。
一定要把接受订单和客户放在首位，即使那意味着你必须推迟计划的撰写，因为订单和客户将产生结果为正的现金流。
知道你的目标投资者群（比如，风险资本家、天使投资者、银行或租赁公司）以及他们真正想要的和不想要的，并相应地修改你的计划。
要将比较客观的市场和销售预期值作为财务报表的假设条件，而不是反过来做。

不要做的事

管理团队中不要有无名的神秘人物（比如，“G 先生”，现在是另一家公司的财务副总裁，以后将加入你的公司等。）
不要讲模棱两可、含糊不清和不能肯定的话，比如根据团队想达到的生产量来估计销售量。
不要用行话来描述技术产品或制造过程，或用只有专家才能理解的方式来描述，因为这会限制商业计划的用处。
不要把钱花在制作漂亮的小册子、精美的幻灯演示或其他“噱头”上——相反，只要显示“本质内容”就行了。
当你能签单收现金时，不要把时间浪费在撰写计划上。
在你只是和人握了一次手或达成口头协议，但钱并没有进银行之前，不要假定你已经做成了一笔买卖。（只有当支票兑现的时候买卖才算做成了！）

来自何处？来自在这些方面已经获得过成功的创业者。汤姆·赫斯比（Tom Huseby）[1]是风险资本公司SeaPoint Ventures的创始人和总裁，该公司与Venrock风险投资公司、Oak风险合伙公司和Sevin-Rosen 风险合伙公司结有联盟。他是哥伦比亚大学工程学专业的毕业生，并获得了斯坦福大学的MBA学位，他在加利福尼亚的Raychem公司工作了18年，先是做销售，然后负责开发和管理新业务，最后负责公司在几个国家的业务经营。汤姆是一位杰出的创业者，他作为20世纪90年代早期和中期两家新创电信公司的CEO，筹集到了8 000多万美元的风险资本，这两家公司后来成了上市公司，分别是：Innova公司（NASDAQ: INNV）和Metawave 公司（NASDAQ: MWAV）。让我们来看看汤姆从他自己作为谈判桌两方——创业者/CEO和风险投资者的亲身经历中总结出的智慧结晶：

关于：风险投资者

- 有大量的风险投资者。只要你碰到其中之一，就可以结束对所有700多个风险投资者的拜访了。
- 要从风险投资者那里得到“不”的答复和得到“是”的答复一样难；限定你的目标并迫使其他人说不。
- 对你正在谈的其他风险投资者的情况要说得含糊一些。
- 在没见到风险投资公司合伙人前，不要与该公司的投资顾问或低级职员见两次面。

关于：商业计划

- 在执行摘要里强调你的企业理念。
- 数字并不重要；但经济性（如价值预期和商业模型）真的很重要。
- 让商业计划看起来感觉很好；不要用填表的形式——你以后会用到它。
- 准备大量已发表的文章、合同、市场研究报告、采购订单等的复印件。
- 准备企业中关键人物的详细简历和资历证明。
- 如果你自己不能做这些具体工作，一定要聘用某个能替你做的人。

关于：交易

- 一定要让你现在的投资者和你保持一样迫切的心情。
- 为你的企业创造一个市场。
- 永远不要对某个报价说不。
- 聘用一个完成过许多企业交易的律师。
- 不要停止销售，直到钱进入银行。
- 面对这项挑战——绝不说谎。

关于：筹资过程

- 它比你所能想像的要难得多。
- 你能比你所想像的坚持时间更长。
- 风险投资者为了他们的余生必须做这件事！

以上建议对任何一个寻求外部资金并期望和投资者达成交易的创业者尤其有用。[2]

销售，销售，销售！短视行为

在制定商业计划以及劝说外部投资者投入现金的整个过程中，机会丧失往往是由于创始人的短视行为——只讲销售，销售，销售——所造成的后果，虽然销售能力是评价成功创业者最普遍的标准之一。

但是，在很多情况下，创业者——一般在现金用完或几乎用完的情况下——只是一门心思地向准投资者推销，而忘记了询问许多重大问题，也很少认真地听。结果这些创始人几乎从这些准投资者那里听不到任何东西，即使这些准投资者知道许多有关技术、市场和竞争者方面的事情。毕竟，那是投资者的工作。

那些不仅构想了完美商业理念，而且成功吸引到合适投资者的创业者，通常是悟性很高的听众，这些投资者可以凭他们的经验、智慧和人际网络为企业增加很大的价值。创业者利用这种机会，不只是表述他们的计划，把自己推销出去，更重要的一点，他们会认真地询问准投资者诸如这样的问题：你已经看过我们的理念、我们的历史和战略，我们少了些什么？我们哪些地方是薄弱环节？你会怎样打败我们？谁会打败我们？你将如何修改我们的战略？你会有何不同做法？我们需要什么样的人才能获得成功？你认为必须是怎样的情况才能获得巨大的成功？请你怎么想就怎么说！

这个过程具有两种重要的作用。第一，作为创始人，你可以从中看出投资者是否明智、有见识，最重要的，他们对企业是否有创造性，是否可以提出有关商机和战略的创造性思路、见解或其他方法，而这些又是你与你的团队可能没想到的，这可以使你——创始人——弄清楚投资者能为企业带来什么价值，以及当他们认为你和你的团队在某些事情上“搞砸了”的时候，他们的表达方式能否让你接受。你们之间的关系是否会在一段时间后遭到破坏，并使你遭遇挫折？在此过程中，你会对你的计划和投资者了解许多。

第二个重要的作用是你在认真询问和聆听，而非争辩（投资者可能就想让你这样做）时向投资者传递的隐含信息：我们尽了我们最大的努力；我们对我们的方案高度负责，并相信我们的战略是正确的，但我们的思路是开放的；我们可以聆听，可以学习，可以接受别人的意见；如果有说服力的证据和思想，我们能够适应或改变；我们的头脑并不是花岗岩做的。投资者很可能从中得出结论：你和你的团队是他们能一起共事的创始人和团队。

简化的商业计划

简化的商业计划通常有4~10页，很少超过10页。它包括一些关键点，如后面提到的“商业计划指南”中执行摘要所包含的内容。基本上，这样一个计划会记录一些关键信息，并进行分析，包括商机的核心内容、公司的竞争优势以及创业者常有的创造性见解等。

创业者一般比较喜欢这样的商业计划，因为它通常只需几小时的准备时间，而创业者要经营企业，很少有足够的空闲时间来撰写一份完整的商业计划。在许多情况下，投资者喜欢在最初筛选阶段使用简化的商业计划。

要指出的是，一份简化的商业计划不只可以用于筹资或借款的过程中，而且它还是使你不迷失方向的有用的罗盘。想一想，它就像我们面前挂着的一张主战场的地图，但要提醒大家的是，它是不会告诉我们作战的细节和战术计划的。

谁来制定商业计划

通常会考虑聘请一位外部专业人士来准备商业计划，这样管理团队就可以利用这段时间来融资和创建企业。

聘请外部专业人士并不是个好主意，这有两方面的原因。第一，在制定并撰写商业计划的过程中，可以检验不同战略和战术所产生的后果以及创建企业对人员和财务的要求，不然事情一旦发生，就悔之晚矣。比如，一个创业者在准备其商业计划中发现，他的生物医学产品的主要市场在疗养院，而不是在医院的急救室里，但他和他的医生合伙人以前一直认为是医院的急救室。这项发现改变了整个市场营销行动的重心。如果他把准备商业计划的任务交给外部人去做，他就不会有这个发现，或者至少他不可能对新战略也如此充满信心和责任感。

仔细观察问题

目标和行动之间的关系

请考虑一下这样一支团队，它对创建一家新企业的想法充满热情，并且已经为之进行了大量思考和初期机会评估的工作（如根据第4章中的“企业商机筛选练习”做了彻底的评估）。团队成员认为，他们正在考虑的企业有极好的市场前景，并且很适合创业带头人和管理团队的技能、经验、个人目标与价值、渴望。他们现在一定要知道与创建企业有关的重大风险和问题、长期利润前景以及未来财务和现金流的要求，他们还要知道营业周期需求、季节性需求、设备安置以及营销和定价战略需求等等，这样他们才能开展行动。

现在这些问题必须得到令人信服的答复并以书面的形式做出证明。这样一种商业计划的规划和制定不可能很快，也不会很容易。实际上，真正发挥效力的规划是个要求很高并且十分困难的过程，它需要时间、自律、责任心和献身精神以及实践。但当你创造性地解决了一些长年解决不了的问题或找到新战略时，你同样会感到这个过程充满刺激和趣味。

撰写商业计划所需的技能并不一定是使企业获得成功的技能（虽然其中一些一定会很有用）。此规划过程最好的出发点，同时也是此过程的定位应该是第一手机公司——美国汽车蜂窝电话行业的先行者——总裁保罗·托宾办公室一块小匾额上所写的座右铭“能做到”（Can Do），此座右铭适用于制定计划，并且隐含着计划必须服务于实践这个原则。

另外，如果企业打算凭商业计划来筹集资金，团队必须自己规划，自己撰写计划。投资者对管理团队的素质和他们对准备进入的商业领域的理解程度十分重视。因此，投资者想要确信他们所看到的就是他们能得到的，也就是说，他们希望看到团队自身对企业商机的分析和理解以及对企业的敬业精神。他们要投资的是团队和领导者，而不是某个顾问。商业计划必须完美，一点都不能差才行，只要有一点缺憾都会表现得清清楚楚。

信息细分和整合

在规划和撰写商业计划时，有必要把信息组织起来，使之易于管理并能发挥作用。

以制定商业计划为目的的一个有效信息组织方式是把信息细分成几个部分，如目标市场部分、行业部分、财务计划部分等，然后把信息整合成商业计划。

当各部分彼此独立并且各部分内信息可提取时，这种方法最为适合。各部分的制定顺序可以变化，不同的部分也可以同时进行。比如，因为商业计划的核心是对市场机会、竞争和最终决定胜负的竞争战略的分析，因此从这几个部分开始并沿着这条路径整合信息是个不错的主意。因为企业的财务和营业等方面受增长率、市场规模和市场收入计划的特定内含驱动，因此这些部分的制定可以晚一些。

接下来就可以把信息整合成商业计划了，把执行摘要安排在最后写。

确定行动步骤

以下步骤是围绕撰写商业计划过程中采取的行动展开的，概述了撰写商业计划的过程。这些行动步骤在练习“商业计划指南”中有详细说明。

- 信息细分。项目的总体计划要划分为多个部分，明确轻重缓急，谁来负责哪个部分，第一稿完成的时间和终稿完成的时间。
- 创建一个总日程表。接下来，做一张更清楚的任务表，明确任务的先后顺序、任务的负责人、任务开始的时间和任务必须完成的时间。这张表必须尽可能的明确和详细。各项任务必须再分成几个尽可能小的组成部分（比如，在每次出访之前必须打的电话）。然后，需要检验该表实行起来在时间上有没有冲突和不切实际的情况，可以让同事和事业伙伴来审查该表的现实性、时机和优先度。
- 创建行动日历表。然后，必须把列明“要做的事”排到日历上。当日历表做好后，必须再次对它进行检查，检验它是否存在冲突和不切实际的情况。
- 做工作和撰写计划。必须完成必要的工作，同时也要撰写商业计划。“要做的事”这张表和日历表在必要时也必须加以调整。此过程中有一个部分非常重要，就是要让律师仔细审阅商业计划，以保证计划中不存在使人发生误解的语言和不必要的信息以及警告。该计划还应该让一位比较客观的外部人审阅，如对利润和亏损负有重大责任并具有创业型思路的经理人，或不是潜在投资者的风险资本家。不管创业带头人和他的团队如何擅长制定计划，他们一定会忽略某些问题，或计划中的某些方面表现得不够充分或不太清楚。很少有哪个创业者既擅长规划又擅长沟通的。在制定解决问题的各种方案和回答投资者可能询问的问题过程中，好的审阅者还可以起到顾问的作用。

准备商业计划

完整的商业计划

按第4章中“企业商机筛选练习”所述，完成机会筛选的创业者在经过几小时的思考和非正式规划后，可能会认为现在所需要做的事就是快些把一些事情记下来。但是，筛选商机和制定商业计划之间还存在巨大的差异。

在这些问题的考虑方法上，存在两大重要差异。第一，商业计划可以有两个用途：（1）吸引某人投资50万~1 000万美元，或许更多；（2）为公司在一定年数内提供原则和行动方面的指导。因此，必须仔细思考计划的战略和语言，做到清晰明确，论之有据。

另一个差异是商业计划需要更加详细的内容。（对此有个例外，就是本章前文讨论过的“简化的商业计划”。）这意味着团队必须花更多的时间来收集详细数据，对其进行解释并清楚地表述出来。比如，出于筛选机会的目的，只要指出（如果不能做得更好的话）某产品的目标市场的规模在3 000万~6 000万美元的范围内，市场的年成长率超过10%就可以了。但如果是出于制定计划的目的，要实际创建一家新企业或决定战略等，这些内容就不够详细了。必须大大地缩小目标市场大小的范围；如果不这样做的话，那些看到或使用这个计划的人就会对这个关键数字没有信心。并且只说目标市场成长率超过10%太笼统了。它是说市场在去年和前年的成长率呢，还是说在过去3年中的平均成长率？另外，“超过10%”这样的用词含有不确切的意味。商业计划必须明确说明实际成长率，让大家知道。该成长率今后是否会保持下去以及其原因也必须解释清楚。

为创立企业准备一个有效的商业计划常常要花200~300个工作小时。如果把这些时间挤到晚上和周末，则该过程要持续3~12个月。

用于企业扩张或杠杆式收购这种情形的商业计划一般花上述一半的力气就可以了，因为这时候人们对商业内容——包括市场、竞争、财务和会计等方面的信息——的了解更多了。

图表12.2是商业计划目录的样本，多数有效的商业计划中都包含有表中所列的信息，这些信息提供给大家一个很好的框架来进一步完善。把材料按各个部分组织起来使得信息更容易管理。另外，虽然每个企业由于环境不同，其表述的具体细节和顺序也各有不同，但多数有效的商业计划都以某种形式含有这些信息。（注意，表述信息的具体数量和顺序是很重要的。在其他因素不变的情况下，这些因素在每种特定情形下都会不同，并且会根据计划的目的、企业的不同年龄和阶段发生变化。）

本章总结

1. 商业计划是个在进行中的过程和工作，而不是结果。
2. 考虑到如今影响企业的各个领域的变化，商业计划在它从打印机上刚刚诞生时就已经过时了。
3. 商业计划是一次旅行的蓝图和飞行计划。经过这次旅程，想法变成了商机，风险和回报得到了阐述和管理；适合企业的可能形式和创办企业的时机也得到了清楚的说明。
4. 商业计划中的数字并不重要，但商业模型的经济性和价值定位却极其重要。
5. 商业计划不等于企业；实际上，有一些最成功的企业创建时根本没有正式的商业计划，或者即便有，也被认为是不具说服力或是有缺陷的计划。
6. 准备商业计划并把它提交给准投资者是团队尝试合作，学习企业战略，并判断谁能增加最大价值的最好方式之一。
7. 简化的商业计划是把思路创建、形成和塑造为企业的过程中一条有价值的捷径。

图表 12.2

商业计划目录

1. 执行摘要
   描述企业理念和企业。
   商机和战略。
   目标市场和预测。
   竞争优势。
   成本。
   经济性、盈利性和收获潜力。
   团队。
   招股说明。
2. 行业和公司及其产品或服务
   行业。
   公司和公司理念。
   产品或服务。
   进入战略和成长战略。
3. 市场调研和分析
   客户。
   市场大小和趋势。
   竞争和竞争优势。
   估计市场份额和销售额。
   不断进行市场评估。
4. 企业的经济性
   毛利和营业利润。
   利润潜力和持续期。
   固定成本、可变成本和半固定成本。
   达到盈亏平衡的月数。
   达到正现金流的月数。
5. 营销计划
   总体营销战略。
   定价。
   销售战术。
   服务和保修原则。
   广告和促销。
   分销。
6. 设计和开发计划
   开发状态和任务。
   困难和风险。
   产品改进和新产品。
   成本。
   专有权问题。
7. 生产和营运计划
   营运周期。
   地理选址。
   设施和改善。
   战略和计划。
   规章和法律问题。
8. 管理团队
   组织。
   关键管理人员。
   管理层报酬和股权。
   其他投资者。
   雇佣协议和其他协议以及股票期权和奖金计划。
   董事会。
   其他股东、其他权利和限制条件。
   专业顾问和服务支持。
9. 总日程表
10. 关键风险、问题和假设
11. 财务计划
    实际损益表和资产负债表。
    预编损益表。
    预编资产负债表。
    预编现金流分析。
    盈亏平衡图和盈亏平衡点计算。
    成本控制。
    重点突出部分。
12. 拟定的公司招股方案
    期望融资。
    招股发行。
    资本总额。
    资金的使用。
    投资者的回报。
13. 附录

最终核对表*

这张表将帮助你分配时间，并使你始终抓住重点！
这些要点对于你准备做商业计划的演说也同样很重要。

快速列出你的要点，并给你的信息划分层次——注意，细节很重要！

- 吊起读者的胃口，尤其是在执行摘要中，你使你的商机非常具有吸引力。
  - 确认在一个巨大的、增长中的市场存在某种需求或商机。
  - 形成企业概念，来满足这种需求或利用这种商机。
  - 证明你具有必要的专业技能和团队来有效地建立一个营利并且持续稳定的企业（或者表明你将如何创建这样一支团队）。
- 按优先顺序排列要点，将其分为3类：
  - 基本内容——缺少这一类，你的商业计划一文不值。
  - 应该了解的内容——直接支持你的基本要点，或描述基本要点的来龙去脉。
  - 有趣的内容——使读者更好地理解市场动力、行业等，但不涉及你的商业计划的具体细节。有趣的信息应该被作为附录的内容，这样不会干扰读者的阅读。
- 准确阐述你的市场规模：你的客户是谁，他们为什么会买你的产品或服务，在什么价格下他们会购买。
- 包括客户的证词——这会增加你的可信度。
- 讨论竞争情况，相对于竞争对手的产品与服务，客户为什么会买你的产品和服务？
- 清楚阐述你的营销战略。如何让客户了解你的产品和服务？你如何宣传你的产品能带给客户的利益？
- 当讨论你的团队时要特别仔细。要清楚阐述团队中每个人给企业带来什么相关经验。如果你还没有指定主要的经理人，你应该描述一下你所需要的经验类型，以及招募这种人才的计划。
- 修改细节——使之清晰整洁，并进行排版——粗糙凌乱的报告会使你的计划大打折扣！

* 作者在此非常感谢 Chicago Venture Partners 的格雷格·怀特（Greg White），是他列出了这张表，还要感谢老朋友同时也是一位创业者弗雷德里克·阿尔珀（Frederic Alper），是他和我们分享这张表。他们在他们的 Denali Initiatve 项目工作中使用这种方法，这个项目旨在对来自美国各地的非营利组织的领导人传授创业的学问，他们的课程中也选择《创业学》作为教材。

习　题

1. 什么是商业计划？它为谁准备？为什么？
2. 一个完整的商业计划应该包括什么？
3. 应该由谁来准备商业计划？
4. 潜在投资者如何使用商业计划，他们试图验证的四项标准是什么？
5. 什么是“简化的商业计划”？它在何时会成为一个有效的工具，为什么？
6. “商业计划中的数字并不重要”，这句话是什么意思？请解释。
7. 创业者如何运用商业计划过程来辨别出最好的团队成员、董事和可以带来附加价值的投资者？
8. 制定出一份你所想成立的某个企业的商业计划大纲。

第12章的互联网资料来源

http://www.bplans.com/
http://www.us.deloitte.com/growth/
http://web.mit.edu/entforum/
http://www/Business-Plans/bplans.html
http://www2.inc.com/writing-a-business-plan/
http://www.businessplans.org/
http://www.sba.gov/starting/indexbusplans.html

思考题

你考虑过吗？

1. 如果你具有“销售，销售，再销售”的近视思维方式，还必须加上倾听、询问和学习。你能想出你过分强调销售的时候吗？你从那次经历中学到了什么？
2. 什么样的条件和环境不利于你准备商业计划？
3. 说出3家销售额超过1 000万美元、有利润、在创建之初没有商业计划的企业。为什么会这样？你从中学到了什么？
4. 对你企业最有价值的一些评论和信息将来自于你团队以外的人员。除了你，谁还会审阅你的计划？谁了解该行业/市场/技术/竞争者？
5. 你的一个好朋友主动给你看一份商业计划，结果发现你是商业计划欲建企业的一家潜在竞争对手的董事。你该怎么做？

练 习

商业计划指南

一个练习和框架

此“商业计划指南”练习的顺序按照图表12.2中所列的顺序。它最初是由伦纳德·斯莫伦（Leonard E. Smollen）与已过世的布赖恩·哈斯利特（Brian Haslett）在Venture Founders 公司开发出来的，经过30多年的观察以及与创业者一同工作的经验总结，加上对数百份商业计划的准备和评估，最终总结形成了这张表。它的目的是要让制定商业计划这项艰巨的任务容易一些。

当然，撰写商业计划不存在惟一的最好方法，只要你觉得适宜，并且与你的情况相符就可以。许多方法都可以用来准备和撰写商业计划，建议你从市场调研和分析这部分开始。在撰写计划时，你必须记住，虽然商业计划的一个重要职能是影响投资者，而不是准备一份漂亮的计划书，但你和你的团队必须向别人，同时也向你们自己证实该商机值得追寻，并且提出你实现这一商机的手段。收集信息、做出艰难的决策和制定商业计划是首先要做的事。

商业计划指南告诉大家如何简洁地、用投资者所能接受的格式来表述信息。你应该牢记你的受众是谁，必须认识到没有清楚表述的信息大多不会被采用，同时也不能只关心格式，这一点也很重要。商业计划指南中列出了一项项具体的要素，让你知道商业计划中必须包含哪些内容，以及为什么要包括这些内容。

你可能会感觉到商业计划指南中有许多内容似曾相识，这是完全可能的，因为该指南是根据本书所述的分析框架，建立在第4章的“商机筛选指南”基础上的。如果你还没有完成“商机筛选指南”，本指南将帮助你在进行下一步学习之前完成它。“商业计划指南”需要你提取“商机筛选指南”中得出的数据和分析结果来帮助准备商业计划。

当你按照“商业计划指南”一步步进行时，你要记住尽可能用数据说话。还要注意的是，有时用表格的形式来展现数据更容易。要包含所有数据的来源、使用的方法和/或假设以及研究者的证明材料。如果某项说明的数据是在商业计划的另一处提供的，那么一定要注明在哪里可以找到它。

最后，要记住“商业计划指南”只是一个指南。其用意是为大多数产品和服务行业提供一个有用的指导，而对任何特殊的行业或市场来说，某些关键问题具有独一无二的特性。比如，在化学行业中，现在还存在一些极为重要的特殊问题，如在化学品行业，各级政府对化学产品的使用和生产流程的规定越来越严格；定位于一个狭小市场且具有高资本成本的特殊用途化学处理工厂其生存力不断减小；处理设备交货期长等。在电子行业，大型集成电路新产品的未来可得性及价格可能是特殊问题。当你把该指南应用到特定企业时，应该具备一些关于特定行业的常识。

商业计划指南

姓名：

企业：

数据：

步骤1

把信息细分成多个关键部分

为每一部分设定优先度、负责人、草案和终稿的截止日。当你把信息细分时，要牢记该计划必须要逻辑合理并且信息应该前后一致。要注意的是，因为市场商机部分是计划的核心和灵魂，也极可能是最难写的一部分，最好给它设定一个高优先度，并从那里开始着手。记住，要包括表中列出的这些任务。

部分或任务	优先度	负责人	开始日期	第一稿截止日	完成日期或终稿到期日

步骤2

列出必须完成的任务

设计一张准备该计划的总日程表，设置优先度、负责人、完成该计划各项任务的截止日期。把较大的项目（获取客户和竞争者的情报以及参观贸易展会等现场工作）分割成一些易于管理的小的组成部分（如出行前必须打的电话），并把这些组成部分作为一项任务。表述要尽可能具体些。

任　务	优先度	负责人	开始日期	完成日期

步骤3

把细分表和任务表结合起来，创建一个日程表

在合并两表时，要考虑是否遗漏了什么，以及你对人们能做什么；什么时候能做；需要做什么等的判断是否现实。在创建日历表时，在任务开始的那个星期划个记号“×”，在任务完成的那个星期划个记号“×”，然后把这些“×”连起来。在你把所有任务排到日历表上时，再次仔细查看，看看是否有冲突的地方和不现实的地方。特别是要注意评估团队成员的日程是否安排得太满了。

	星期														
任　务	1	2	3	4	5	6	7	8	9	10	11	12	13	14	15

步骤4

按以下框架建立并撰写一份商业计划

如前所述，此框架的顺序是依据图表12.2所示的内容表顺序。在准备你自己的计划时，你很可能会想按不同的顺序来考虑各个部分。（同样，当你把各部分整合进你的最终计划时，你可能会选择不太一样的材料表述方式。）

封　面

封面页包括公司名称、公司地址、公司电话号码、日期和发行的证券。通常，名称、地址、电话号码和日期在这页的上中部，发行的证券在底部。还建议在封面页底部写如下文字：

> 此商业计划书在保密基础上提交，其保密性仅仅是为了保障私募购买上述证券的具有资格的特定投资者的利益，其他人无权使用。该计划书不可以以任何形式复制、存储或复印。接收该计划书就意味着接收者同意如下条件：如果接收者不订购发行的证券，他就应按上述地址把这份计划书还给公司。不经允许，不得复印、传真、复制或散发本计划书。

目　录

目录中包含各部分及分部分内容的列表、附录以及所在页码。（见图表12.2）

1. 执行摘要

商业计划正文的第一部分一般是执行摘要。通常此摘要简短而精练（一页或两页）。它讲述了商机条件是什么以及为什么存在这样的条件；谁来把商机付诸实施以及为什么这些人可以这样做；公司如何进入市场并进行市场渗透等——它要回答第3章中的问题：“这个企业为什么可以存在，以及为谁而存在？”

基本上，你的企业执行摘要必须反映出图表3.8和“企业商机筛选练习”中所示的选择标准。它提供了你一次机会，让你清楚阐述你的企业具有可持续性、及时性，以及它是如何给购买者或最终用户创造价值或增加价值的。

通常，执行摘要是在商业计划的其他部分都完成之后再准备的。因此在草拟其他部分时，很有必要从每一部分中提出一两句关键语句，或一些关键事实和数字。

执行摘要对想筹集资金或贷款的企业十分重要。许多投资者、银行家、经理和其他读者就是靠这个摘要来很快地决定企业是否值得投资。因此，除非执行摘要十分有吸引力和说服力，不然可能他们不会再看下去，你也永远得不到机会做一次演示或就你的商机与他们进行面对面的讨论。

因此，要留出充裕的时间来准备执行摘要。（我们知道，成功的公众发言人可能要花一小时来准备一分钟的演讲。）

执行摘要通常包含一段或两段，包括以下内容：

A. 描述企业理念和企业。为你正在从事或将要从事的企业描述企业理念。比如，Outdoor Scene公司想生产帐篷，但它的理念是“以高质量、优质服务和准时交货来成为户外休闲产品的行业领袖”。要确保描述的理念可以向人们传达这样一个信息：你的产品或服务将从根本上改变客户现在做某些事的方式。比如苹果计算机公司和英特尔公司的主要投资者阿瑟·洛克（Arthur Rock）认为，他注重的是那些能够改变人们生活和/或工作方式的概念。你必须指明公司何时形成；它将做什么；其产品、服务或技术有何独特之处等。摘要中还应包括有关专有技术、商业机密或企业独具的能力等信息，它们可使你在市场上获得领先优势。如果公司已经成立了数年，要简要概述一下它的规模和发展经历。尽量把你的描述限制在25字之内，但要简单提一下特定的产品或服务。

B. 商机和战略。概述存在什么样的商机，为什么对此商机有兴趣以及计划开发此商机的进入战略。你要清楚表达需要强调的主要观点或利益，还要大概描述一下关键事实、条件、竞争者的弱点（“昏昏欲睡”、迟缓、服务质量差等）、行业趋势及其他可以定义商机的证据和逻辑推理。适当说明在产品与服务进入市场并扩展到其他细分市场（如国际市场）后企业的发展和扩张计划。

C. 目标市场和预测。确认并简要解释行业和市场、主要客户群、产品或服务定位以及你计划如何接触到这些客户群并向他们提供服务。包括的信息有市场结构、你正在寻找的细分市场或机会市场的大小和成长率、你估计的销售数量和销售额、你预计的市场份额、客户的付款期以及你的定价战略（包括价格性能比、价格价值比、价格效益比等考虑因素）。

D. 竞争优势。指明你的创新产品、服务和战略带来的明显竞争优势；供货周期的优势或市场进入者障碍；竞争者的缺点和薄弱环节；其他的行业条件。

E. 经济性、盈利性和收获潜力。概述企业经济性“宽仁和回报”（forgiving and rewarding）的本质（如毛利和经营利润、期望盈利率和盈利持续的时间）；达到盈亏平衡点和正现金流的大致时间框架；关键财务预测；预期投资回报等。一定要简要讨论你的毛利分析以及营运和现金转换周期，尽可能用关键数字。

F. 团队。概述创业带头人和每个团队成员的相关知识、经验、专长和技能，注明以前获得的成就，特别是在承担盈亏责任、总体管理和人员管理方面取得的经验。要包括这样一些重要信息，如以往创业带头人或某团队成员曾经负责过的部门、项目或企业的规模。

G. 招股说明。简要指明业主权益金额或所需的债务融资额；你准备给提供资金者多少公司股份；资金的主要用途是什么；目标投资者、贷款人或战略伙伴将如何达到他期望的回报率。记住，你所瞄准的资源提供者都具有明确的投资倾向，因此你必须了解“风险资本兴奋点循环”（见第3章）。

2. 行业和公司及其产品或服务

需要考虑的主要因素是公司、其产品和服务的理念，以及它如何面对所在的竞争行业。这些因素与市场信息具有各种相关性，例如，适宜性。这里阐述的信息必须包括对行业的描述、对理念的描述、对公司的描述、对你将提供的产品或服务的描述、对这些产品或服务的专有权描述、它们的潜在优势以及产品或服务的进入和成长战略。

A. 行业：

- 介绍拟建的企业其所在行业的现状和前景。一定要考虑行业结构。
- 简单讨论市场大小、成长趋势和竞争者。
- 讨论任何新产品或新发展、新市场和新客户、新要求、新进入者和离开者以及其他能对企业产生正面或负面影响的国家政策或经济趋势和因素。

B. 公司和公司理念：

- 概括描述企业理念、你的公司正在做的业务和打算进入的业务、它将提供的产品和服务以及谁是或谁将是其主要客户。
- 通过背景介绍的形式，给出你组成公司的日期，描述公司产品的定义和开发以及公司骨干人员对产品开发的参与。
- 如果你的公司已经经营了几年并正在寻找扩张的资金，就需要回顾公司历史并引述以前的销售和盈利业绩；如果你的公司在前几年遇到过挫折和亏损，对这些情况要进行讨论，并强调目前及今后你们会努力防止这些困境重现并提高公司绩效。

C. 产品或服务：

- 比较详细地描述所销售的每种产品或每项服务。
- 对产品或服务的应用进行讨论，并描述产品的主要最终用途和重要的第二用途。说清楚你们的产品是如何解决问题、减轻痛苦、提供给人们利益或所需的服务的。
- 强调产品或服务的所有独特特征以及这些特征将如何创造或增加重大价值；同样，要突出目前市场上的产品和服务与你打入市场所提供的产品或服务之间的不同。一定要讲清如何增加价值以及客户的投资回收期——即讨论客户要花多少个月才能收回最初为购买产品或服务所付出的价格，这个价格是由产品或服务的时间、成本和生产率决定的。
- 要讲清产品或服务存在的任何可能的缺陷（包括何时会被淘汰的问题）。
- 说出商品或服务开发的现状以及需要多少时间和资金来完整地开发、测试和引进该产品或服务。如果可能的话，提供产品的性能简介和图片。
- 讨论你可能具有的抢先优势，它能使你获得行业中的有利的或稳固的地位。
- 描述某些使产品或服务具有“不公平”竞争优势的特征，描述产品或服务获得的专利、商业机密或其他专有权特征。
- 讨论扩大产品线、开发相关产品或服务的商机。（强调商机并解释你如何利用这些商机。）

D. 进入战略和成长战略：

- 指出你营销计划中的关键成功变量（如：创新产品、时机优势或营销方法）和你的定价、分销、广告和促销计划。
- 概述你打算发展企业的速度、在第一个五年中要发展到什么规模，以及你在提供最初的产品或服务后的发展计划。
- 说明如何根据商机、增加价值或其他竞争优势（如竞争者的弱点）制定进入战略和成长战略。

3. 市场调研和分析

这部分信息必须支持这样一个论断，即企业能在一个成长行业中攫取极大的市场份额，并从容应对竞争。鉴于市场分析的重要性以及商业计划的其他部分对该部分信息具有极大的依赖性，因此建议你在准备其他部分之前先准备这部分。应该花足够的时间来做好这部分，并检验市场数据的各方面来源。

商业计划的这部分是最难准备的一部分，也是最重要的一部分。商业计划的其他部分都建立在此处所描述的市场调研和分析的基础上，比如，预期销售水平会直接影响这样一些方面，如生产经营规模、营销计划和你所需要的债务额和股权资本等。但多数创业者看起来在准备和展示市场调研和分析，以表明创业者对企业的销售额的估计是有据可查并且是可以实现时，都遇到了极大的困难。

A. 客户：

- 讨论产品或服务的客户是谁或将是谁。注意潜在客户必须按具有共同的可识别特征（如按主要细分市场）来分类。比如，汽车零部件可以销售给制造商，也可以销售给零部件分销商来满足换件市场，因此讨论必须反映两个细分市场。
- 显示每个细分市场上产品或服务的主要购买者是谁，在哪里。必要的话，应该包括国内和国外市场。
- 指明客户是否容易接触到；客户是否愿意接受公司的产品或服务；客户如何购买（批发、通过制造商代表等）；在客户的组织中，购买决策在哪里做出，以及这项决策要多久才能做出。描述客户的购买过程，包括他们最初购买决策的基础（如价格、质量、时机、交货、培训、服务、人际关系或政治压力等）和他们改变现行购买决策的原因。
- 列表显示你手头所有的订单、合同或承诺书。这些无疑是你所能提供的最有力的证明材料。还要列出所有对产品或服务感兴趣的潜在客户，并说明他们为什么有兴趣。另外，还要列出对公司推出的产品或服务没有兴趣的潜在客户，并解释为什么他们没有兴趣以及你将怎样做来克服客户的负面反应。说明你认为你的产品或服务要多久才能被市场接受。
- 如果你现在已经有一家公司，列出你现在的主要客户并讨论你对他们的销售趋势。

B. 市场大小和趋势：

- 按细分市场和/或地区和/或国家，以数量、金额和潜在盈利率来说明今后5年内你将提供的产品或服务的总的市场规模和你将占据的市场份额。
- 还要合理说明你的产品或服务所针对的每个主要客户群、地区或国家市场至少在3年内的潜在年增长率。
- 讨论影响市场增长的主要因素（如行业趋势、社会经济趋势、政府政策和人口迁移），并回顾过去的市场趋势。如果过去的实际年增长率和预期值有任何不同，都必须加以解释。

C. 竞争和竞争优势：

- 比较现实地评估竞争者的优势和劣势，合理评估产品和服务的替代品或代用品，并列出提供这些替代品的公司，最好将国内和国外公司一并列出。
- 根据市场份额、质量、价格、表现、交货、时机、服务、保修和其他有关特征来与竞争品和替代品进行比较。
- 从为客户带来的经济利益的角度来比较你的产品或服务与竞争者的产品和服务所增加的或创造的根本价值。
- 讨论这些产品和服务现在的优势和劣势，并说明为什么它们没有满足客户的需求。
- 指出你对竞争者行为的所有认识，这些认识可以引导你开发出新产品或改进现有产品，使你处于有利地位。比如，讨论竞争者在转折关头是动作迟缓，还是毫无反应，或者还在呼呼大睡。
- 总结竞争对手的优势和弱点，并判断和讨论每个竞争者的市场份额、销售额、分销方式和生产能力。
- 总结竞争对手的财务状况、资源、成本和盈利性以及它们的利润趋势。注意你可以用罗伯特·莫里斯协会（Robert Morris Associates）的数据来进行比较(见本书网址上的附录1)。
- 指出谁是服务、定价、绩效、成本和质量的领导者。讨论为何最近几年有些公司进入或离开了市场。
- 讨论三四家关键竞争者的情况以及为什么客户购买它们的产品，并判断、讨论客户为什么离开它们。
- 据你对竞争者业务的了解，解释你为什么认为它们经不起竞争，并且你能够从它们的业务中获得一部分市场份额。讨论是什么使你认为和它们竞争很容易或很难。特别要讨论的是，你通过诸如专利这样的“不公平”优势取得的竞争优势。

D. 估计市场份额和销售额：

- 概述与你的产品或服务有关并在目前的竞争状况和潜在竞争状况下能促进销售的内容。特别要提到产品或服务能增加或创造的根本价值。
- 识别所有愿意做出或已经做出购买承诺的主要客户（包括国际客户），指出承诺的程度和做出承诺的原因，并讨论在未来几年中哪些客户可能成为购买者，为什么。
- 根据你对你的产品或服务的优势、市场规模和趋势、客户、竞争对手及其产品以及前几年销售趋势的评估，估计今后3年每年要获得的市场份额、销售数量和销售额。记住，要写明所用的假设条件。
- 说明公司销售数量的增长及其估计的市场份额与行业成长、客户和竞争者的优劣势的关系。记住，用于估计市场份额和销售量的假设条件必须清楚地加以说明。
- 如果你的公司已经存在，同样要指出总的市场规模、你的市场份额和前两年的销售情况。

E. 不断进行市场评估：

- 说明你将如何继续评估你的目标市场，评估客户需求和服务，指导产品的改进计划和新产品计划，为生产设施的扩充制定计划，指导产品/服务定价。

4. 企业的经济性

经济和财务特征包括产生利润的表面金额和盈利的持久性，这些特点必须使商机看起来更有吸引力。企业的营运和现金转换周期、价值链等必须和商机以及计划中所确定的战略产生联系。

A. 毛利和经营利润：

- 描述在你计划进攻的细分市场上销售的每种产品和/或服务的毛利（即销售价格减可变成本）和经营利润的大小，其中包括你的企业的毛利分析结果。

B. 利润潜力和持续期：

- 描述企业将产生的税前及税后利润流的大小和预期持续期、引用的适用于该行业的基准、其他竞争情报或你自身的相关经验。
- 说明利润流看起来持续期长或短这个问题。对利润流持续期的长短给出理由，比如你能够创造出的市场进入壁垒，你的技术和市场周期等。

C. 固定成本、可变成本和半固定成本：

- 用美元金额和总成本的百分比详细概述你所提供的产品或服务的固定成本、可变成本和半固定成本以及构成这些成本的基础的购买量和销售量。
- 指出相关的行业基准。

D. 达到盈亏平衡的月数：

- 通盘考虑你的进入战略、营销计划和拟定的融资量，然后表明将花多长时间来达到盈亏平衡的销售量水平。
- 注明随着你公司的成长和能力的显著增加，盈亏平衡将逐渐发生的重大变化。

E. 达到正现金流的月数：

- 通盘考虑上述战略和假设条件，说明企业何时将达到正的现金流。
- 说明你是否会发生现金用完的情况，何时发生。注明发生这种情况的假设条件是什么。
- 注明随着你的公司的成长和能力的显著增加，现金流将逐渐发生的重大变化。

5. 营销计划

营销计划描述的是将如何达到预期销售状况。营销计划必须详细说明发掘商机和竞争优势的总体营销战略。它包括对销售和服务政策的讨论；定价、分销、促销和广告战略；以及销售预期。营销计划必须讲明要做什么、如何做、何时做以及谁来做。

A. 总体营销战略：

- 通盘考虑价值链和你所探索的机会市场上的分销渠道，描述公司的特定营销理念和战略。它包括，比如说，对几种客户群的讨论，将它们分为你已经获得订单的客户群、将成为初期密集销售对象的目标客户群以及将成为今后销售目标的客户群；如何识别出这些客户群中的潜在特定客户以及如何接触到这些客户；可以强调产品或服务的哪些特征——如服务、质量、价格、交货、保修或培训——来增加销售量；某些创新的或不同寻常的营销概念是否会提高客户对产品或服务的接受度，比如原来只讲销售，现在也讲租赁，等等。
- 指出产品或服务最初是否会被引入国际、全国或地区市场；解释为什么；如果可能，最好说明今后的销售延伸计划。
- 讨论决定行业内现金流周期性的季节特性和如何行

动才能消除季节性影响并促进销售。

- 描述旨在获得政府合同——作为填补产品开发成本和经常开支的手段——的计划。

B. 定价：

- 讨论定价战略，包括产品和服务的价格，并把你的定价原则和主要竞争对手的定价原则做比较，包括简单讨论客户的投资回收期（月数）。
- 讨论制造成本和最终销售之间的毛利润，并指出该利润是否足以弥补分销和销售、保修、培训、服务、开发和设备成本的分摊、价格竞争等花费的成本，并仍有利可图。
- 解释你所定的价格将如何使你（1）让客户接受产品或服务；（2）在面临竞争时保持并增加你的市场份额；以及（3）产生利润。
- 根据带给客户的经济性回收期以及通过新颖性、质量、保修、时机、性能、服务、成本节约、效率等增加的价值来说明你的定价战略，并说明你的产品价格和竞争产品或替代品价格之间的差距。
- 如果你产品的定价要比其他竞争产品的价格低，解释你怎样做到这点并保持盈利（如：通过提高生产和分销的效率、降低劳动成本、降低原材料成本、降低经常开支或其他成本因素来大大地增加价值）。
- 讨论你的定价原则，包括讨论价格、市场份额和利润之间的关系。

C. 销售战术：

- 说明销售和分销产品或服务将采用的方法（如：自己建立销售队伍、设立销售代表、现成的制造商销售组织、直邮或分销商等），以及为销售队伍制定的初期和长期计划。包括对各种特定要求（如冷却）的讨论。
- 讨论价值链和最终给予零售商、分销商、批发商和销售人员的利润，以及给予分销商或销售代表的有关折扣、独家分销权等的特别政策，并把这些和竞争对手所给予的进行比较。（见"企业商机筛选指南练习"。）
- 说明如果使用分销商和销售代表，如何选择合适的人员，他们将何时开始成为你的代表，他们将负责的区域，每月增加的分销商和销售代表数，以及每个分销商或销售代表预计可完成的销售量。
- 如果要使用直销队伍，说明该队伍的结构和队伍壮大的速度；指出是否要用直销队伍替换某个经销商或代表组织，如果是，应该是什么时候，如何替换。
- 如果要使用直邮、杂志、报纸或其他媒体，以及电话营销或商品目录销售，指出所用的专门销售渠道或运输工具、成本（每1 000为单位）、预计从各种媒体获得的回复率和投资收益（百分比）等。讨论将如何建立这些渠道。
- 列出每个销售人员每年的预期销售量，以及他们应得到的佣金、奖励和/或薪水，并把这些数字和你所在行业的平均数比较。
- 列出一张销售日程表，以及一份销售预算，包括所有的营销推广成本和服务成本。

D. 服务和保修原则：

- 如果你的公司将提供的产品在服务、保修或培训上有要求，则要指出这些要求对客户购买决策的重要性，并讨论你处理服务问题的方法。
- 描述你所提供的各项保修的种类和条件，是由公司服务人员、代理人、经销商和分销商提供保修服务还是返回给工厂。
- 指出你所拟定的服务收费，以及服务这项业务是可以盈利的还是仅仅保本。
- 把你的服务、保修和客户培训原则及实践与你的主要竞争对手进行比较。

E. 广告和促销：

- 描述公司将使用什么方法来使产品或服务吸引准客户的注意力。
- 对于OEM制造商和工业产品制造商来说，要说明参加贸易展、在贸易杂志上做广告、直邮销售、制作产品宣传单和促销材料以及使用广告代理的计划。
- 对于消费品来说，要说明为引进产品而打算采取的广告战和促销战，以及将向经销商提供的销售帮助和必须参加的贸易展等。
- 列出一份促销和广告（直邮、电话营销、产品目录销售等）的日程表和大概成本，并讨论这些成本将如何产生。

F. 分销：

- 描述你将采用的分销方式和分销渠道。
- 指出运输成本占销售价格百分比的大小。
- 注明必须解决的各种特别问题或目前存在的隐患。
- 如果涉及国际销售，注明将如何处理这些销售，包括分销、运输、保险、信贷和托收。

6. 设计和开发计划

在产品和服务投入市场以前，必须详细考虑一切设计和开发工作的本质和程度，以及所需花费的时间和资金。（注意，设计和开发成本通常被低估。）这种设计和开发可能是将实验室原型转变为成品所必需的工程工作；是特殊工具的设计；是增加产品吸引力和销售力的工业设计；或是服务企业对雇员、设备和专门技术（如设备、新计算机软件和计算机信贷核对所必需的技能）的识别和组织。

A. 开发状态和任务：

- 描述每个产品或服务现在的状态，并解释要使产品和服务畅销还需要做的事情。
- 简单描述你公司为完成开发工作所具有的或需要的能力、专长。
- 列出将参与产品或服务的开发、设计和/或测试的客户或最终用户。指出迄今为止所获得的结果或预期何时会有结果。

B. 困难和风险：

- 明确各种预料会发生的主要设计和开发问题以及它们的解决方法。
- 讨论这些问题对设计和开发成本、市场引入时间等因素的可能影响。

C. 产品改进和新产品：

- 除了描述初期产品的开发以外，还要讨论使产品或服务有竞争力的后期设计和开发工作，开发销售给同类客户群的新产品或服务。与那些参与其中并做出反应的客户进行讨论，讨论中要包括你所掌握的各种证据材料。

D. 成本：

- 说明并讨论设计与开发预算，包括人工成本、原材料成本、咨询费用等。
- 讨论低估这项预算对预期现金流的影响，包括15%~30%的偶然性。

E. 专有权问题：

- 写明你所具有的或正在寻找的各种专利、商标、版权或知识产权。
- 列清使你拥有排他性权利或专有权的各种合同或协议。
- 讨论各种未解决问题、已有问题或悬而未决行动所产生的影响，如有争议的所有权，它涉及到有时间限制的专有权及其他你具有竞争优势的专有权。

7. 生产和营运计划

生产和营运计划必须包括这样一些因素，如工厂选址、必需的设施类型、空间要求、资本设备要求和劳动力（全职和兼职）要求。对一个制造型企业来说，生产和营运计划必须包括这样一些方面的原则：库存控制、采购、生产控制，以及被称为“要么造，要么买的决策”（make-or-buy decision）的原则，即哪些产品零部件将被采购，哪些工作将由你自己的劳动力完成。服务型企业可能需要特别注意选址（接近客户往往是必须的）、日常开支最小化和富有竞争力的劳动生产率。

A. 营运周期：

- 你公司基本营运循环的交付/延迟时间。（包括类似于你在“企业商机筛选练习”中看到的那张图）
- 解释如何处理季节性的生产任务，避免出现严重混乱。（如建立库存或在生产高峰期雇用兼职人员）

B. 地理选址：

- 说明公司计划的地理选址，包括你所做过的选址分析等。
- 根据劳动力因素（包括劳动力的可得性、工人是否有工会组织和工资等）、对客户和/或供应商的接近度、运输的便利程度、国家和当地法律（包括分区法规）、公共设施的便利程度等来讨论选址的优势和劣势。

C. 设施和改善：

- 对于一家现有企业来说，要描述它的设施，包括工厂和办公场所、仓库和土地、专门机床、机器及其他目前用于公司业务的资本设备等，并讨论这些设施是否足够，讨论各种设施的规模经济性。
- 对于一家新创办的企业来说，说明如何获得投产所必需的设施以及何时获取。
- 讨论设备和场地是租还是买（新的或已用过的），并指出租或买的成本和时间以及融资中多大的部分用于工厂和设备。
- 解释今后3年的设备需求。
- 为了适应未来的预期销售能力，讨论今后3年将如何以及何时扩充工厂场地和设备、改善或增加现有工厂场地、转移设施的计划等，指出行动的时机和成本。

D. 战略和计划：

- 描述生产过程，包括你的产品生产过程和所有有关零部件分包——而非自己全包的决策。
- 根据库存融资、可供劳动力技能及其他非技术问题，以及生产、成本和能力因素来调整你所拟定的“要么造，要么买”原则。
- 讨论谁可能成为潜在的分包商和/或供应商，并讨论有关这些分包商和供应商的各种信息和调查报告。
- 列出一份生产计划，写明在具有不同销售额的各个层次上的成本/数量/库存信息，包括以下分类项：可用原材料、劳动力、购买的零部件、工厂经常性开支。
- 写明你的质量控制、生产控制、库存控制的方法，并解释公司将采用的质量控制和检测过程，以将服务问题和某些客户不满度降到最低。

E. 法规和法律问题：

- 讨论针对你的产品、过程或服务的各种相关州、联邦或外国的法规要求，如开业所需的许可证、分区许可、健康许可、环境审批等。
- 特别注明可能影响你的商机本质及其时机的各种将发生的法规变化。
- 讨论各种相关的法律责任或契约义务。

8. 管理团队

商业计划的这部分包括描述团队必须具备的职能；关键管理人员及其主要职责；企业的组织结构；董事会；所有其他投资者的股权状况等。你必须表明他们具有敬业精神，如团队成员愿意在初期接受较低的月薪以及企业中技术、管理、商业技能和经验应该具有合理的平衡。

A. 组织：

- 列出公司里的关键管理角色和将担任这些角色的人员。（如果公司已建并且规模足够大，必须附有组织结构图。）
- 如果不可能在不增加额外经常性支出的前提下，找到全职人员来担任各个执行角色，应说明将如何实现这些功能（如用兼职专家或顾问来完成某些职能），谁来完成以及什么时候由一名全职职员代替他们。
- 如果企业成立之初，某些关键人员不能参加董事会，指出他们什么时候将加入公司。
- 讨论现在和过去关键管理人员共事的情况，这样可以表明他们的技能是如何互补的，并因此形成了一支有效的管理团队。

B. 关键管理人员：

- 对于每个关键人员，详细描述其生涯的精彩部分，特别是专门技术、技能和成就的记录，这些可以证明他/她完成所分配角色的能力。在你的描述中要包括他们在销售和盈利上的成就（预算规模、管辖人数、新产品引进等）及其他以前的创业或全面管理的成果。
- 描述管理团队中每个关键人员的确切职责。
- 在此要包括每个关键管理成员的完整简历或简历表，必须强调他们的相关培训、经验和确凿的成就，如利润和销售的提高、工作团队管理的成功、制造或技术成就以及预算要求和日程安排的满足等。

C. 管理层报酬和股权：

- 说明要支付的月薪、计划安排的股票所有权和管理团队每个关键成员股权投资的数额（如果有的话）。
- 将每个关键人员现在的报酬和他上一份工作的薪水做比较。

D. 其他投资者：

- 在此描述你企业里的其他投资者；具有较多股份的其他投资者的股份百分比；股票被收购的时间和价格。

E. 雇佣协议和其他协议以及股票期权和奖金计划：

- 描述和关键管理人员有关的各种现有或打算采用的雇佣协议及其他协议。
- 指出对股票和投资的各种限制，这些限制条件对股票所有权和处置可能产生的影响。
- 描述各种凭业绩分配的股票期权或奖金计划。
- 概述给关键管理人员和一般雇员的各种股票期权或其他股票所有权激励计划，包括计划安排的或实际上已经采用的。

F. 董事会：

- 讨论有关董事会的规模和组成的公司理念。
- 指出所有拟定的董事会成员并包括一两句成员背景说明，列出他们能为公司带来什么。

G. 其他股东、权利和限制条件：

- 指出你公司的所有其他股东以及各种权利、限制或义务，如与这些权利义务有关的票据或担保等。(如果上文已对这些情况做了说明，这里只要注明没有其他就可以了。)

H. 专业顾问和服务支持：

- 指出将需要的支持服务。
- 指出你的企业所选的法律、会计、广告、咨询和银行顾问的名字和所属公司以及他们将提供的服务。

9. 总日程表

这张表显示了主要事件的时间和内在联系，这些是启动企业和实现企业目标的必要条件，因此这张表是商业计划中必不可少的部分。企业的现金转换周期和营运周期将为这张表提供关键输入信息。一张清楚表述的日程表不仅可以提供规划方面的帮助，除此之外，通过列明对企业成功十分关键的各项事件的截止期限，还可以在说服潜在投资者方面起到极有价值的作用，它可以使潜在投资者相信该管理团队能够很好地规划企业的成长，因为他们能清楚地认识到存在的障碍，并能使投资者的风险最小化。做事情的时间在多数商业计划中往往被低估，因此在制定日程表时能够准确估计做这些事情的时间是十分重要的。按以下步骤来建立你的日程表：

步骤1：（用柱状图）列出企业的每种产品或服务的现金转换周期，列出从订单到原材料、库存采购到运输和收款的整个过程的交付周期或耗费时间。

步骤2：准备一张逐月排定的日程表，表上显示这样一些活动的时间安排：产品开发、市场规划、销售计划、生产和营运，还要包括一些详细细节，显示完成某项活动的主要任务所需的时间。

步骤3：在日程表上列出对企业成功十分关键的一些截止期限或里程碑。如：

- 企业组成。
- 设计和开发的完成。
- 产品原型的完成。
- 获得销售代表。
- 获得机会在贸易展上展示产品。
- 与分销商和经销商签订合同。
- 按生产数量订购原材料。
- 生产或营运的开始。
- 收到第一笔订单。
- 交付第一批销售产品。
- 接到第一笔应收账款付款。

步骤4：在日程表上显示管理人员数、生产和营业人员数和厂房、设备的增长及其与企业发展的关系。

步骤5：大致讨论一下最有可能引起日程延误的活动，将采取什么步骤来纠正这些延误，以及日程延误对企业营运产生的影响，特别是对企业的潜在生存能力和资金需求的影响。

10. 关键风险、问题和假设

企业在发展中有风险，也有问题，商业计划总会包括与此相关的一些隐含的假设。你必须描述一些有关你所在行业、你的公司和人员、你产品的市场吸引力和你创立企业的时机和融资的风险及其负面结果的影响。一定要讨论与销售预测、客户订单等有关的假设。如果企业的某些方面被别人认为是致命的缺点，你就要说明为什么并非如此。如果潜在投资者发现商业计划中没有提到负面因素，会使他们对企业的可信度产生质疑并因此危及企业的融资。提醒你一下，多数投资者会先看管理团队部分，接下来就看这部分。

千万不要遗漏这个部分。如果你遗漏了，读者大多会得出以下结论：

1. 你认为他/她或是很幼稚或是很愚蠢，或者两者兼而有之。
2. 你想蒙蔽他们。
3. 你不能客观地认识并处理假设和问题。

识别并讨论你企业中的风险，可以证明你作为一名经理人的技能，并能增加你和你企业在风险投资者或私人投资者心目中的可信度。主动指出并讨论风险有助于向投资者表明，你已经考虑过它们并且能够处理。这样，风险就不会像一大块乌云那样蒙在投资者的脑海里了。

1. 讨论你计划中所作的假设和隐含的风险。
2. 识别并讨论各种主要问题和其他风险，如：
   - 在获得订单以前就用完了现金。
   - 竞争者引起的潜在降价风险。
   - 各种潜在的行业不利趋势。
   - 设计或生产成本超出估计。
   - 没有达到预期销售额。
   - 与产品开发日程安排不一致。
   - 零部件或原材料采购过程中遇到困难或订货周期长。
   - 超出预计的革新和开发成本。

- 订单大量涌入后现金不足。

3. 指出哪些假设或潜在问题及风险对企业成功最关键，并描述你将不利于企业成长的各种影响降到最小的计划。

11. 财务计划

财务计划是评估投资商机的基础，并且它必须代表你对财务要求的最好估计。财务计划的目的是显示企业的潜力并提供一张财务生存能力的时间表。它还可以作为一份依据财务基准进行财务管理的营运计划。在准备财务计划时，你必须创造性地看待你的企业并思考启动或融资的各种办法。

财务报表作为财务计划的一部分，必须准备好。为了估计现金流需求，会计记账要以现金为基础，而非应计额（即对预期收到的款项和支出采用实时现金流分析）。此分析必须涵盖3年，包括当年和上一年的损益表和资产负债表（如果这些表可以用的话）、3年的盈亏预测、预编损益表和预编资产负债表以及盈亏平衡图。在合适的表上或附件内，必须详细说明诸如以下各项数据的假设：销售水平和销售增长、收款期和付款期、库存要求、现金平衡、商品成本等。对企业营运周期和现金转换周期的分析将使你清楚地识别出这些关键假设。

预编损益表是财务管理的利润计划部分，它可以表明新企业的潜在财务可靠性。因为通常的利润水平，尤其是在新企业开张头几年，不能完全地满足营运资产的资金需求，并且在短期内实际的现金流入与现金流出总会不太一致，所以建议做一个反映这些情况的现金流预测，使得管理者能够对现金需求做出计划。另外，可以用预编的资产负债表详细说明支撑计划营运水平所需的资产，而通过资产负债表的负债项，可以显示如何为这些资产融资。预计的资产负债表能够表明负债/权益比、营运资本、流动比率、库存周转等诸如此类的财务指标是否在允许范围内，以对企业的计划融资做出调整。最后，盈亏平衡图是非常有用的，它可以显示弥补所有成本（包括随生产量变化而变化的成本和不随生产量变化而变化的成本）所需达到的销售水平和产量。

A. 实际损益表和资产负债表。对现有企业来说，要准备当年和上两年的损益表和资产负债表。

B. 预编损益表：

- 用销售预测和随之产生的生产或营运成本来准备至少最初3年的预编损益表。
- 充分讨论在准备预编损益表时做出的假设（如坏账和销售折扣的允许额度，或有关销售支出或总成本以及管理成本占销售成本的百分比的假设），并形成文字记录。
- 吸收商业计划第10部分的内容，突出各种主要风险，如销售量比预计减少20%的影响，或生产能力水平没有在一段时间内超过学习曲线，这些会使企业达不到它的销售和利润目标，并增加利润对这些风险的敏感度。

C. 预编资产负债表：在第1年每半年准备一次预编资产负债表，在营运最初3年，每年年末准备一次。

D. 预计现金流分析：

- 预计营业第1年中每月的现金流和其后至少2年的每季现金流，详细说明预期现金流流入和流出的金额和时间；判断必需的额外融资和时间，并指出营运资金需要的高峰期；指出如何获得必需的额外融资，如通过股权融资、银行贷款或银行的短期信贷额度，以什么条件获得，以及如何偿还。记住它们要以现金会计为基础，而非应计额会计。
- 讨论一些假设，例如有关应收账款收取的时间；给予的交易折扣；对卖主的付款条件；计划增加的工资、薪金；预计各种营运费用的增长；企业的季节性特点（因为它影响到对库存的要求）；每年的库存周转率；资本设备采购等等。同样，这些应该实时计量（即按现金），而非按应计额。
- 讨论现金流对各种企业因素假设的敏感度（如应收账款收取期延长或销售水平低于预测值这种关键假设的变化）。

E. 盈亏平衡图：

- 计算盈亏平衡点，并准备一张图，显示出什么时候将达到盈亏平衡以及可能发生的盈亏平衡点的变化。
- 讨论你企业的盈亏平衡以及达到盈亏平衡的难易度，包括讨论和预计总销售量有关的盈亏销售量规模，毛利的规模和价格敏感度，以及万一企业没能达到预期销售量，如何降低盈亏平衡点。

F. 成本控制：描述你如何获得关于成本的报告信息，多长时间收到一次；谁将负责各种成本因素的控制以及你如何处理预算超支。

G. 重点突出部分：

突出得出的重要结论，如：所需的最大现金量和何时获得这些现金；需要的债务融资额和股权融资额；债务归还的时间等。

12. 拟定的公司招股方案

商业计划这部分的目的是指出需要筹集的资金额和提供给投资者的证券性质和额度，简单描述筹集资金的用途，并大概说明投资者如何实现期望的回报率。建议你读一读本书第四编有关融资的讨论。

你在这里拟定的公司融资条件只是和那些感兴趣的投资者谈判过程的第一步，你今后的融资很可能会与最初提议的不一样，包括一些原来没有提议过的证券种类。

A. 期望融资：根据你预计的实时现金流和你对今后3年公司发展、扩张（如计划中所描述的）所需资金额的估计，指出此次招股将获得多少资金以及通过定期贷款和信贷限额将获得多少资金。

B. 招股发行：

- 描述此次招股发行将出售的股票类型（如普通股票、可转换公司债券、担保债券、债券加股票）、单价和证券总量。如果证券不仅仅是普通股，要指出类型、利息、到期日和转换条件。
- 指出在招股完成后或各种可转换债券或认股证购买权的转换和买卖完成后，此次招股发行的投资者在公司中所占股权的百分比。
- 通过私募资金出售的证券无需到证券交易所注册，对这类证券，商业计划的这部分应包括如下说明：

  此次发行所销售的股份都是有限制的证券，不可以马上再出售。准投资者应该注意到这些证券的再出售在不确定的一段时间内受到限制。每个购买者必须以公司法律顾问同意的形式执行“非分销协议”。

C. 资本总额：

- 以表格的形式列出普通股未偿付股份的现行数目和拟发（发行后）数目。指出由关键管理人员提供的股份并显示在完成拟定融资后他们将持有的股份数。
- 指出你公司普通股中有多少股份在此次发行中没有发行但将继续保持可发行状态，其中有多少将留作未来关键员工的股票期权。

D. 资金的使用。投资者想知道他们的资金将被如何使用。因此要提供关于如何使用筹集资金的简要说明。尽可能详细地概述用于产品设计和开发、资本设备、市场营销和一般营运资金等方面的资金量。

E. 投资者的回报。说明你的价值判断和你的拟定所有权股份将如何使目标投资者获得希望的投资回报率，以及可能采用的收获机制或退出机制［首次公开上市、全盘出售、兼并、管理层收购（MBO）等］。

13. 附录

此处包括一些对商业计划主体来说过于广泛但十分必要的相关信息（产品说明书或照片、参考资料表、关键零部件的供应商、特定地点因素、设施或技术分析、顾问或技术专家提供的报告和各种关键法规审批、许可的复印件等）。

步骤5

整合各部分

把分散的各部分合成一个完整连贯的商业计划，可为其创建的目的服务。

步骤6

获得反馈

商业计划一旦写完，建议你让别人审阅。无论你和你的团队如何优秀，还是很可能忽略一些问题，并且在处理与你公司有关的问题时思路不清。一个好的审阅者可以给你提供一种外部的客观评价。你的律师可以帮助你确认你的商业计划中不存在容易引起歧义的讲法，并且该计划中已包含所有必要的警告等诸如此类的内容。

注 释

1. The authors are extremely grateful to Tom Huseby, a long-time friend, fellow fly fisherman, and wilderness explorer, for sharing his extraordinary wit and insights over the years in classes at Babson College, Harvard Business School, and with the Kauffman Fellows Program, and for his contribution here.
2. See also William A. Sahlman, "How to Write a Great Business Plan," *Harvard Business Review*, July–August 1997. pp. 98–108, for an excellent article on business plans.

第四编

创业企业融资

融资战略应该受公司和个人目标及由此引起的融资需求驱动，并最终决定于各项可选方式。在最终分析中，这些方式受到创业者的相对议价能力以及管理和协调筹资行动技能的影响。而议价能力在很大程度上受当时所处条件的影响，另外还要受现金按目前消耗率可持续时间的影响。

现在公司融资有大量可选方式。许多人认为，有良好管理的新兴公司在成长和盈利前景看好的情况下，可融到的资金会很充裕。但明智的创业者应该谨记本文提出的警告，避免短视行为——拿了钱就跑——的诱惑。不同的融资方式成本有很大差异。

虽然有些方式看起来完全是独立存在的，和其他方式毫不相干，但一项融资战略很可能既包括债务资本又包括股权资本。在考虑哪种融资方式最适合某个企业的某个特定成长阶段时，吸取有过此类经历的人的经验是很重要的，这些人包括其他创业者、专业投资者、贷款人、会计师和其他专业人士。

在寻找债务资本或股权资本时，创业者应该采用专业手段来选择投资者和贷款人并向他们展示自己的企业。

第 13 章

创业融资

"让创业者最开心的是看到公司有正的现金流。"

——弗雷德·阿德勒

风险投资家

学习目的

学完本章后，你将能够：

1. 仔细考察新企业融资的各项关键问题。
2. 研究创业融资和常规的管理理财或公司理财有什么不同之处。
3. 详细了解筹融资战略的拟定过程和其中包含的各种关键变量，包括识别新企业财务生命周期、财务战略框架和投资者偏好等。
4. 分析"国际传真公司日本子公司"的案例。*

风险融资：创业者的致命弱点[1]

创业融资有三项核心原则：（1）现金多比现金少好；（2）早得现金比晚得现金好；（3）风险较小的现金比风险较大的现金好。虽然这些原则看上去极为简单，但创业者、首席执行官和部门经理似乎常常忽略了它们。对这些人来说，不管公司大小，财务分析总是件棘手的事。就算是熟悉财务问题的管理团队，也可能并不擅长把战略与财务决策和公司所面临的挑战、选择联系起来。下面我们就举一些例子来加以说明：

- 当你审阅首席财务官刚刚递到你手中的年终报告时，除了公司亏损比你3个月前预计的还要大之外，你可能看不出有任何令你惊讶的地方。因此你不得不像前3年一样，再一次走进董事会办公室，向他们报告坏消息。这是一家于1945年建立起来的家族企业，它已经度过了生存期，并以年均17%的销售增长率繁荣发展。事实上，公司虽然最近几年出现了亏损，但市场份额确实获得了显著增长。在整个行业年均增长率不到5%的情况下，要在成熟市场上保持较高增长率的机会很少。那这究竟是怎样发生的？你和你公司的前途在哪里？你如何向董事会解释这4年来销售额和市场份额不断增加，但公司不断亏损的情况？你对扭转该局面有何建议？
- 在过去20年中，你的有线电视公司通过自有资产扩张和大量兼并获得了高速成长。在鼎盛时期，净资产达到2 500万美元。在接下来的10年中，依靠有线电视行业通行的高杠杆融资方式，公司不断扩张，资产总额猛增。10年后，你的公司市值达到5亿美元左右。债务负担仅为3亿美元，但个人却控制着公司100%的所有权。仅仅两年后，你的2亿美元净资产惊人地缩

* 请见与本教材配套的《创业学案例》一书第 13 个案例。 ——编者注

减为零！而且还不得不面临一场让你个人筋疲力尽，让公司财务遭受重大损失的战役——重组以求生存；这时个人破产的可能性极大。这是如何发生的？公司还有救吗？[2]

- 5年以前，你的公司还是行业中的领袖，达到并超过了你当期的年销售额、盈利和新开商店数的商业计划目标。随着每年销售额和盈利的翻倍和目标的超额完成，公司股价从首次公开上市时的15美元上升到了30多美元。同时，你自己仍持有公司的大量股票。但突然发生了让人震惊的事情——5年以后，你的公司亏损了7 800万美元，销售额仅为9 000万美元！公司股价直线下滑。接下来是残酷的公司重组，最初管理团队所持的股票全部被收购，包括你在内，你被驱逐出由你创建和钟爱的公司。公司为什么会失去控制呢？为什么你作为创始人，不能预见公司的崩溃呢？你能及时拯救公司吗？
- 作为一家快速成长的电信公司董事会主席，你正在召开公司股票成功上市后的第一次董事会会议。在规划进度时，你计划在今后3年中使公司的销售额达到1 500万美元。就目前情况来看，公司去年的销售额为500万美元，银行里存有350万美元现金，资产负债表上没有债务，从这些数字看来，你的计划定得似乎比较适度。在会议开始时，两名外部董事之一向管理者和首席财务官提出了他最爱提的问题："公司现金什么时候会用完？"首席财务官起初感到困惑，然后变得有些愤怒和恼火，因为他觉得这是一个毫不相干的问题。不过，他还是解释道，我们的公司现金十分充足，我们不需要银行帮助。但16个月后，在首席财务官没有通报任何预警信号的情况下，公司的现金就枯竭了，还透支了信用额度100万美元中的70万美元，而且这种情况还可能继续恶化。董事会解雇了公司总裁、首席财务官和一个从大型会计师事务所来的高级审计合伙人。作为董事会主席的你不得不亲自接管公司业务并个人向濒于崩溃的公司投入50万美元让公司继续得以运行。这时轮到银行恼火了，而你必须设计一项应急计划来解决财务危机，你该怎么做呢？

财务管理短视思想：那不可能发生在我身上

以上这些例子有3个共同点。第一，这些公司都是真实的公司并且这些事件确实发生过。[3]第二，这些公司都由成功的创业者领导，他们完全掌握制备规范财务报表的知识。第三，每个例子中的问题都出在财务管理短视思想上，这一方面表现为自欺欺人，另一方面说明他们完全不了解财务管理与商业战略之间的复杂动态变化和相互影响。为什么会这样呢？

超越"及早收钱，推迟付款"思路 在我担任教师、作家、董事、创业者和创业公司投资人的30年中，见过几千名创业者和经理人，包括参加EMBA课程的经理人、MBA学生、考夫曼资深会员、公司创始人、总裁、"年轻总裁组织"成员和中间市场公司的首席执行官。他们亲口承认，觉得自己缺乏财务分析知识和把财务与管理战略联系起来的能力，并为此感到惴惴不安，有时甚至是胆怯和害怕。这当然有可能，因为绝大多数创业者和非财务经理对这方面都不太在行。当面临复杂多变的财务关系时，他们除了谨守"及早收钱，推迟付款"的思想外，几乎没有任何更好的经验，心理上也感到十分不安。就算那些让销售额和利润保持持续大幅度增长的优秀经理人也常常不能及时注意到增长的销售量对现金的影响——应收账款和库存的增加都需要现金流的支持，而当他们注意到时，往往为时已晚。

电子数据表幻景 财务上有许多需要警惕的问题（见图表13.1），几乎没有哪个创业者不想获得这些问题的现成答案。然而直到现在，这些答案仍很难获得。就算我们已经具备了做分析所必要的能力和信息（通常我们并不具备），通常也要花几星期才能得到分析结果。在电子数据表风行的时代，这些答案常以长篇报告的形式出现，其中包含数不清的方案、整页整页的数字和图表备份，有时还需要一名公司财务分析师、经理或首席财务官演示说明分析结果。

但通常大量的电子数据图表实际上只是一个幻景。它缺了什么？传统电子数据表只能显示并处理数据，虽然它可以提供数字，也可能确定某些趋势，但关键财务问题必须解决的财务结构和商业决策之间的关系和相互依赖性分析却没有。因此，要真正理解财务数据并得出新的可选方案和解决方法极为缓慢，甚至遥遥无期。从电子数据表本身来说，它不可能建立起财务和战略内在关系这种较为复杂的关系模型，但这是创业者必须牢牢掌握的。对董事会来说，不能获得这些信息是致命的，稍有延误都意味着机会的丧失。当前文提到的那些创业者在预测其商业决策的财务结果和风险回报时，财务专业知识上的缺陷对他们来说可能造成致命的打击。而在财务面临危机的时候，这项弱点很可能使原本已经比较糟糕的情况更加糟糕。

图表 13.1

关键：预测和财务的警惕性

为了避免前文所描述的棘手问题，创业者必须考虑如何把商业战略决策和财务计划、财务可选方案联系起来。这个问题的关键是预测：最可能发生什么？何时发生？继续发展下去会怎么样？哪些方面会出错？对达到我们的商业目标和增加或保持我们的备选方案有什么影响？懂财务的创业者一眼就能看出这些问题都和如何创造性地解决财务问题有关。在实践中，财务感觉敏锐的创业者和经理人对大量关键战略和财务问题保持着高度警惕性。这些战略和财务问题包括：

- 关键商业决策（如定价、数量和影响资产负债表、损益表、现金流的政策变化）对公司财务的影响和结果是什么？它们经过一段时间会发生怎样的变化？
- 我们如何从管理的角度，而不仅仅是从GAAP的角度来衡量并监督财务战略和财务结构的变化？
- 我们的行业成长过快意味着什么？如果没有外部债务或股权融资，我们最快的成长速度为多快？如果我们的成长速度提高或降低X%，需要多少资本？
- 如果我们的成长加快或放慢X%，我们的现金流、盈利率、资产回报率和股东权益将发生怎样的变化？
- 这需要多少资本？多少可以通过内部融资获得，多少必须从外部资源获得？债务资本和股权资本的合理组合是怎样的？
- 如果我们的利润比计划要求的少20%会怎么样？多20%呢？
- 我们的关注点和优先次序应该是什么？我们每条产品线的现金流和收益收支平衡点在哪里？对我们公司来说在哪里？对我们的事业部来说在哪里？
- 我们的定价、数量和成本是多少？我们的现金流和净利润对价格、可变成本或数量的增加或减少的敏感度是多少？价格/数量比为多少才能使我们达到相同的现金流和净利润？
- 定价、成本和数量的这些变化将如何影响我们的主要财务比率，我们将如何与行业中的其他竞争者较量？我们的贷款人将如何看待这些？
- 在每个阶段——初创、快速成长、停滞或成熟阶段——我们应该怎样考虑这些问题？

在很多情况下，原本普普通通的公司因为有了财务技巧娴熟的创业者而成为成功的典范。显然，这些创业者的财务技能构成了他们的秘密竞争武器，和那些财务技能不如他们的创业者相比，他们具有决定性优势。

关键融资问题

图表13.2显示的是创业融资方面的一些核心问题。这些问题包括：价值创造、企业利益相关者或参与者如何分割价值以及企业内在风险的处理。对多数潜力较大的企业来说，完善筹融资策略、了解各种可选方案、获取资金对企业的生存和成功至关重要。

因此，创业者所面临的关键问题中许多都和创业企业的融资有关，如：

- 创造价值。企业必须为谁创造价值或增加价值，从而形成正的现金流并使其获得丰厚的回报？
- 分割价值。不管是自己新建企业还是购买现有企业，其交易结构是怎样的？怎样估价？不同企业结构对税收会产生什么重要影响？筹集外部风险资金的法律程序和关键问题是什么？
- 创业者如何有效地向融资对象和其他对象演示他们的商业计划？需要事先预测、为之做好准备并给予回应的一些险恶陷阱、雷区和危险是什么？这些问题中时机的重要性和敏感度如何？
- 考虑风险。创建、兼并或扩张公司需要多少资金？根据可接受的条件，何时、何地、怎样才能获得这些资金？风险和风险资本融资——股权、债务和其他新类型——的来源有哪些？如何谈判并获得适宜的融资？
- 需要接触并开发的融资联络点和关系网是哪些人？
- 成功创业者是如何整合必需的财务资源和其他资金等价物以抓住并利用商机的？他们力求避免的陷阱是什么？如何避免？
- 分阶段获取资源法是否能减少风险、增加回报？

清楚地理解融资要求对新兴公司尤为重要，因为已建立起来的公司，无论大小，都已经有了客户基础和收入流，和它们相比，新公司要经历的是财务的“地狱”。在新公司成立早期，它们是资本的吞噬者，但通常负担不起大额债务。更糟糕的是，它们成长得越快，它们对资金的

图表 13.2
创业融资的中心问题

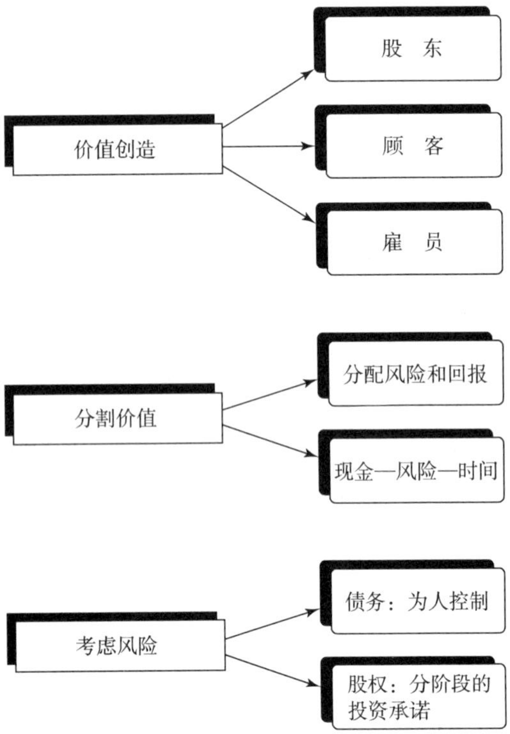

胃口越大。

图表13.3清楚地展示了这种状况，显示出了各个不同时点上亏损占初期股东权益的百分比。[4] 阴影部分显示的是157家公司从创始之初开始的累计现金流。对这些公司来说，达到营业盈亏平衡点花了30个月，收回初期资本投资花了75个月（即在第七年）。从图中可以看出，现金在很长一段时间都是处于出超状态。这种现象正是新兴公司所面临财务问题的关键所在。

创业融资：企业主的观点

如果某创业者既在一家已建的大型公司又在一家私人新兴公司里负责过融资，当他被问到二者之间是否有不同之处时，你会听到一大串内容。虽然它们之间会有些共同点，但高潜力企业的创业融资和公司理财或管理理财之间不论从理论上，还是从实践上，都存在明显的或细微的不同之处。甚至，一些金融理论在应用到新企业时还会受到某些关键条件的限制。

学习创业融资的学生和从业者一直怀疑许多所谓现代金融理论的可信度和有效性，包括资本资产定价模型（CAPM）、β值等。[5] 而且最令人惊讶的是，这种怀疑态度正得到公司理财理论家的支持。《哈佛商业评论》中的一篇文章这样写道：

> 最强的冲击之一正来自一个曾帮助创立了现代金融理论的人——芝加哥大学教授尤金·法马（Eugene Fama）。他的研究结果对广为运用的股票不稳定性研究方法——β值理论提出了质疑。第二组批评家正在寻找新的融资范例；他们相信它将从非线形动态和浑沌理论中出现。但是第三组完全避开了这些科学方法，他们的观点是投资者不总是理性的，而且经理人完全以市场为导向的行为将摧毁美国公司。在他们看来，高度细分的美国金融市场在分配资本和监督管理层方面所做甚少。[6]

该作者接着进一步对公司理财的基本假设提出了质疑，他继续写到："有效市场假设、投资组合理论和CAPM这三种概念对如何把金融市场和它们试图估价的公司相联系产生了深远的影响……它们造成了大量投资项目的流产或兴建。"[7] 作者南希·尼科尔斯（Nancy Nichols）得出结论"尽管经济理论有条有理，但全球经济可能的答案并不是惟一的。"[8]

尤其值得一提的是，即使是最权威的现代金融理论家，著名的诺贝尔奖得主，哈佛大学的罗伯特·默顿也还有很多需要学习。他的金融著作和理论一直被长期资本管理公司（Long Term Capital Management, Inc.）奉若神明，但20世纪90年代该公司彻底崩溃，该事件差一点导致整个金融体系的颠覆。

了解金融理论的受限之处和创业融资领域的不同之处，并能理解其含义是创业者的核心任务。为了理解这些限制条件和不同之处的特征和特点，请考虑以下一些方面。

现金流和现金 现金流和现金才是创业融资的国王和王后，基于权责发生制的会计、每股收益、税法和证券交易委员会规则的创造性运用和过度利用则不是。关于这一点问一下安然公司（译者注：安然公司因为财务作假导致破产）就知道了！

时间和时机 基于企业财务稳健的融资方式常常对时间维度很敏感，甚至很脆弱。对创业企业的融资来说，它们的关键融资行动时间更短、更紧迫，行动的最佳时机稍纵

图表 13.3
新创的小企业的初期亏损

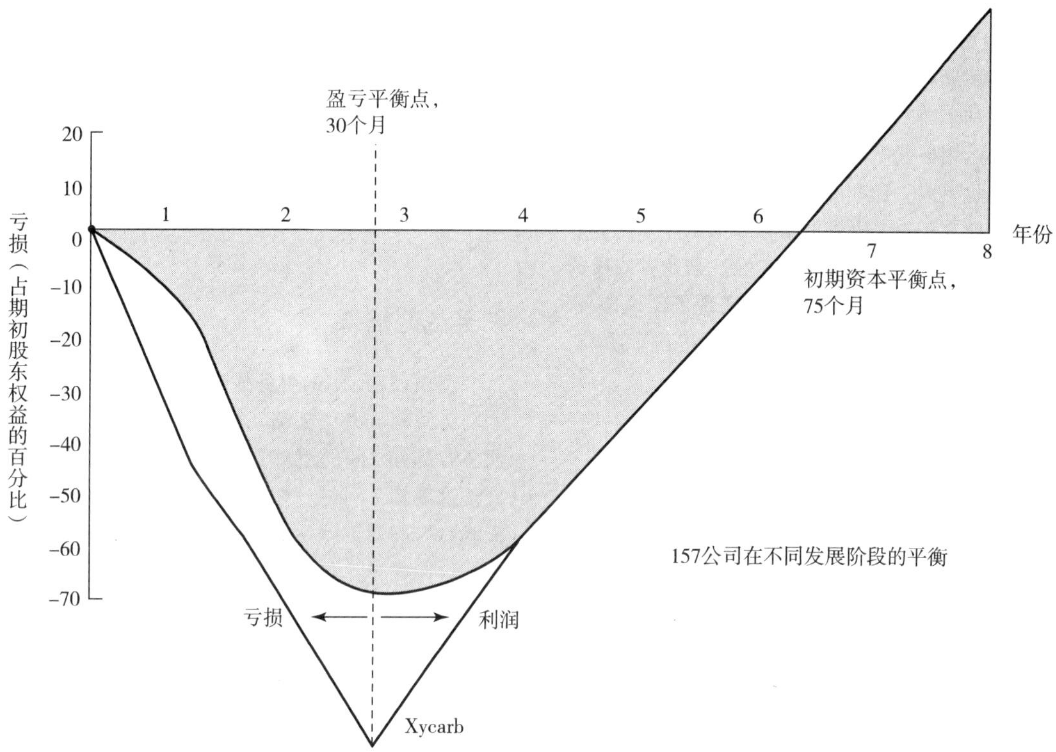

资料来源：Indivers.

即逝，而且面临的外界环境变化也更大更快。

资本市场 95%以上的私人创业企业在融资时都会遇到资本市场不健全的问题，如不易进入，组织不力，甚至根本找不到。实际上，诸如资本资产定价模型之类的通行金融理论和模型所提出的所有假设和总结出的各种特点都不适用于小企业融资，包括已经上市的小公司。事实上，大量信息、知识和市场的巨大差异和不对称性使理性、完美的市场模型在运用时受到了极大限制。

重点 高潜力企业获得成功有许多关键因素，其中资本只能排在最后几位。对高潜力企业的创业者来说，他们寻求的不仅是合算的交易，还希望投资者能在专业技能、聪明才智、忠告经验或其他方面助他们一臂之力。他们会始终如一地追求更多的价值（不仅指货币价值），而不仅仅停留在交易是否合算或股票转让价格是否够高上。

筹集资本战略 最优或最大化筹资量的战略实际上会增加，而不是降低新兴公司的风险。因此，高潜力企业的风险投资机构和其他投资者所采取的通行做法是“分阶段资本投入”，这种概念指的是第一期先投入3~18个月的资金，然后根据结果和承诺再确定随后的出资额度。与投资者的做法相类似，当企业的估价不够高，或估价有可能大幅上升时，聪明的创业者会拒绝吸收过多资本。

负面连锁反应 比起大型公司的管理层，财务战略或财务决策的执行结果对新企业所有者带来的影响更具个性化和情绪化。当创业者现金枯竭或经营失败后，他们所面临的负面影响是长期的，从某种意义来说甚至是灾难性的，因为他们在向银行或其他贷款方融资时通常提供的是个人担保。现在让我们来把他们的情况和雷诺·纳比斯科公司（RJR Nabisco）总裁的情况相对比。他和公司签订了5年的聘用合同，5年中所有报酬和奖金加起来总共达到2 500万美元，并且还可以按业绩提成赚到更多的钱。但是，即使他业绩一般或很糟，他仍可稳拿2 500万美元。

风险/回报关系 虽然高风险/高回报和低风险/低回报关系（所谓经济学法则和财务法则）非常适用于高效、成熟和相对完善的资本市场（比如有货币交易账户、储贷机构存款、上市股票和债券、抵押单等融资工具的资本市场），但创业型融资常常出现相反的情况，这条规律并不太适用。有些盈利率高、回报率也高的风险投资开始时的风险很低。许多运用极端杠杆融资方式融资买入的企业可能比新创企业风险更大。资本市场的定价与风险程度并不一定相关，原因就在于前文提到的第二和第三点——资本市场交易的时机以及不对称性和不完美性。创业者或投资者在其他人还没有意识到之前就创造并实现了低风险/高回报的商业机会，对经济学法则和财务法则提出了质疑。最近凯玛特和安然公司的破产就说明了这一点。

估价方法 目前已有的公司估价方法，如适用于华尔街大型交易的贴现现金流模型，看来对私有新兴创业公司市场上的卖方有利，对买方不利。卖主很喜欢看着MBA毕业生或原投资银行咨询顾问手里拿着一台HP-12C计算器或最新的个人手提电脑出现在他面前，然后很快制作出“10年贴现现金流流程。”通常这些方法的假设和其设计思路与小型私人公司的估价毫不相关，甚至会产生误导，因为小公司的历史成长曲线和未来成长曲线非常不稳定、极富动态变化。

常规财务比率 目前的财务比率在应用到多数私人创业公司时，都会产生偏差。一方面，创业者常常同时拥有一家以上的公司并可把现金和资产从一家转移到另一家。比如，创业者可能拥有一家公司的房地产和设备，并把它们租给另一家公司。使用不同的会计年度使解释资产负债表真实含义的工作更为困难，同时增大了过度避税的可能性。另外，企业中许多最重要的价值和权益创造因素并不包括在资产负债表中，也可能是隐性资产，如：优秀的管理团队；最好的科学家、技师或设计师；专业知识和商业关系，这些都是不能买卖的，更不用说以资产负债表来估价了。

目标 创造长期价值，而不是追求短期收益最大化，这是成功创业者的普遍思路和战略。既然利润不是重点，创业企业就将财务战略的目标定为价值创造，并通常以牺牲短期收益为代价。价值创造来自公司的成长，而通常其成长在很大程度上是通过自身融资实现的，因此会损失一些账面利润。

确定资本需求

我的企业需要多少资金？何时需要？这些资金能撑多久？从何处，向谁筹集资金？这个过程应该怎样编排，怎样管理？这些问题对公司的任一发展阶段，对任何一个创业者来说，都是至关重要的。下面分两部分来回答这些问题。

财务战略框架

图表13.4所示的财务战略框架告诉了我们如何开始编制财务战略和筹资战略。[9] 该表为此提供了具体流程并表明了各部分之间的逻辑关系，以便让我们可以有的放矢地处理这项棘手问题。商机引导并决定了企业战略，然后企业战略又决定了财务需求、融资源和交易结构以及财务战略。（同样，除非把这些内容都定义得很清楚，否则据此开发出的电子数据表和“玩弄数字游戏”只是“游戏”罢了。）

一旦创业者抓住了商机的本质并确定了捕获商机的战略，而且确实存在捕获商机的可能性时（当然，情况很可能发生变化，甚至变化巨大），创业者就可以开始按照（1）营运需求（即营运资本）和（2）资产需求（创建企业或增加设施、设备，研发及其他明显属一次性开支的）来考察融资需求。该框架为制定财务战略，创造性地识别融资源，设计筹资计划和安排交易结构留出了充足的空间。

不管公司采取什么筹资战略及交易结构，由此而采取的行动都会产生实际成本或实时成本，并会影响公司未来的融资选择。类似地，每种融资源也有各自特定的要求和成本，包括显性成本和隐性成本，它们会极大地影响财务战略和财务需求。要想创业成功，创业者必须充分警惕潜在的不利情况，认真研究具体细节，并在评估、选择潜在融资源并与之谈判和建立商业合作关系时保持谨慎的态度。这样他们才能以最合理的条件在最恰当的时间找到最合适的融资源，同时避免错误的资源匹配、昂贵的无效搜索和灾难性的商业合作。

融资环境的变化（如2000年3月和1987年10月的剧烈震荡后那段时间）会对小企业融资市场和融资机构产生重大影响，主要表现为贷款人和投资者高度谨慎的风险防范态度。当融资环境趋于恶劣时，创业者不得不挖空心思设

图表 13.4
财务战略框架

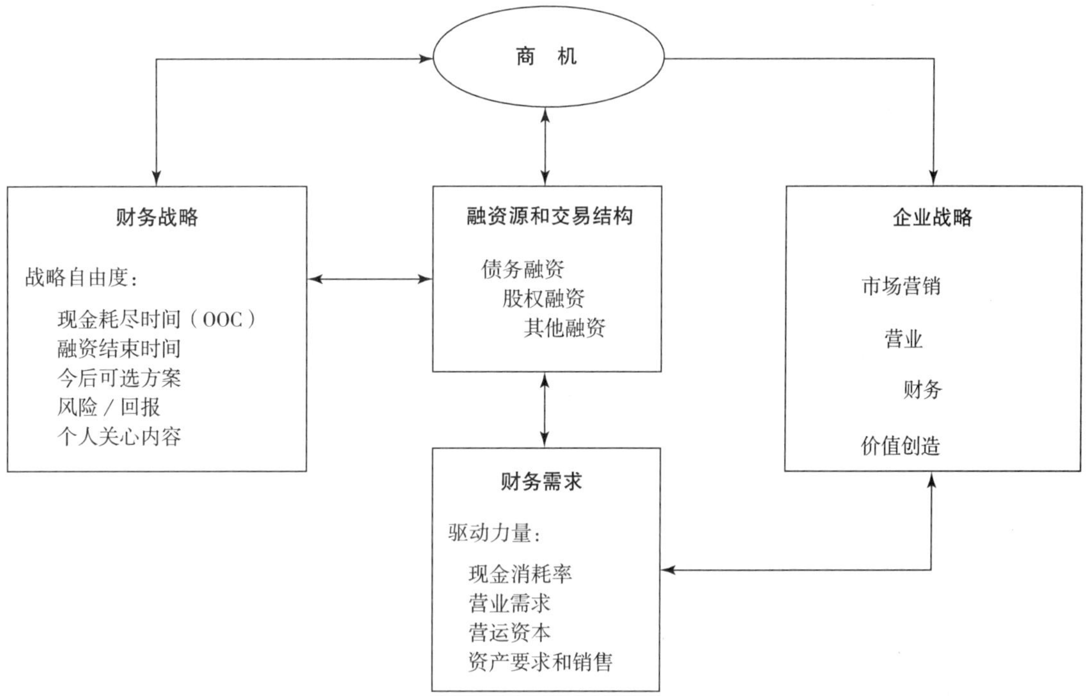

计有效的财务战略并竭尽全力联系各个融资源。同时，有些看来非常可信、非常有诱惑力的融资机会最终却只是一场泡影。（下面一章讲到了一些潜在的致命诱惑，以及一些在设计筹资战略和评估不同融资源并与之谈判的过程中需要认识的和考虑的问题，以及避免这些陷阱所必须考虑的因素。）

自由现金流：资金消耗率、OOC和TTC

确定风险型企业外部融资需求的核心概念是自由现金流，它有3个重要参数：（预计或实际的）现金消耗率(burn rate)、OOC时间（公司将何时用完现金）和TTC（或者说是结束融资——并结清票据所需的时间）。这些参数很重要，因为它们对创业者的选择以及与各种股权/债务资金源的议价能力有着重大影响，图表13.5对此作了表述。第15章“交易的估价、结构和谈判”讲述了交易结构、条件和契约的具体细节。

它所传达的信息很清楚：如果你的现金在90天后，或不到90天就会用完，那你的处境十分不利；即使在6个月后出现OOC，这也太快了；但如果你有一年或一年以上的时间，你谈判的选择权、条件、价格和承诺将大大改善。它的意义很明确：理想做法是在还不急需资金的时候开始筹集资金。

公司或项目产生的现金流定义如下：

	息税前利润（EBIT）
减	上缴税收（税率乘以EBIT）
加	折旧、摊销和其他非现金收费
减	增加的营业营运资本
减	资本开支

经济学家把这个结果称为自由现金流。该定义考虑到了投资利益、收入和投资成本以及达到一定水平的销售量和净利润所必需的营运资本和工厂设备的投资量。

该定义可进一步细化，把扩展的营业营运资本包括进去。营业营运资本定义如下：

图表 13.5

从OOC时间来看创业者的议价能力

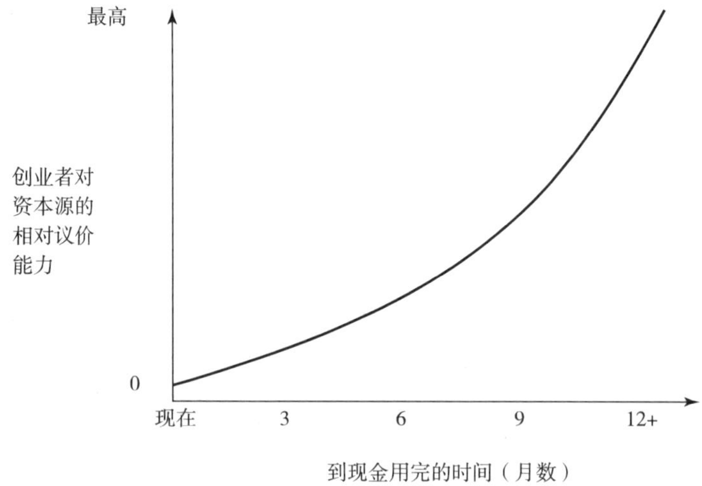

	交易现金余额
加	应收账款
加	库存
加	其他营运流动资产（如：预付开支）
减	应付账款
减	应付税
减	其他营运短期债务（如：应计开支）

最后，该扩展定义可以简化成下面比较简单的形式：[10]

	付息前税后利润（EBIAT）
减	总营运资本净增值（FA+WC）

总营运资本净增值定义为：

	营业营运资本的增加额
加	固定资产净增值

精心制定融资战略

关键变量

当需要融资时，各种融资类型的可得性、它们与企业的适合度及其成本会受许多因素的影响，包括：

- 迄今为止的成果和业绩。
- 投资者能感到的风险。
- 行业和技术。
- 企业的发展潜力和预期退出时间。
- 企业预期成长速度。
- 企业年龄和发展阶段。
- 投资者要求的回报率或内部回报率。
- 需要的资金量和企业原来的估价。
- 创始人在企业成长、控制、清算和收获方面的目标。
- 相对议价地位。
- 投资者要求的条件和承诺。

当然，其他许多因素，特别是投资者或贷款人对商机优劣和管理团队素质的看法，也将对投资或贷款的决策产生影响。

总的来说，公司经营资金可以通过债务融资或某种形式的股权融资来获得。[11] 并且，大家普遍认为，不管是新公司还是已建公司，如果创业者不想过分分散自己的股权但又想获得充足的成长资金，则该公司不仅要采取股权融资，还要采取债务融资方式。

通常，短期债务（即一年期或不到一年的债务）用做企业的营运资本，并用销售所得来偿付。长期债务（即1~5年期贷款或5年以上的长期贷款）用做营运资本或用来购置资产或设备，这些资产和设备又可以抵押获得贷款。股权融资用于填补通过银行解决不了的融资缺口，它既保留了创业者的所有权又降低了还款风险。

然而，刚开业的新企业如果没有股权融资或优先级低于所有银行贷款的长期债务，将很难获得银行的短期或长期贷款。[12] 因为从贷款人角度来讲，新建企业无法提供任何证据说明它们能够完成多少销售量和利润，产生多少现金来偿还短期债务；它们更无法保证长期盈利和偿还长期债务的能力。而且，即使企业用资产作抵押也未必能得到银行贷款，因为资产价值会随着时间不断贬值，如果没有充足的权益资本和完善的管理，企业资产并不能向银行提供真正的贷款担保。[13]

银行可能根据最大的负债权益比把钱贷给某家新建企业。根据这一比率，银行为新建企业用做营运资本所提供的贷款最多等于股权加上次级债务的总额。新建企业也可以从小企业管理机构、制造商和供应商、融资租赁机构获得贷款。

为进一步扩展业务而寻求短期资本或资金的现有企业更容易获得债务融资和股权融资。像银行、专业投资者和租赁融资公司这类融资源常常要寻找这样的公司，并把它们当做有担保贷款或无担保短期贷款的重要客户或优质投资对象。另外，现有企业或扩张期企业比新建企业更容易从私人或机构融资源那里筹集到股权资本，而且筹资条件更优惠。

认清在具体情况下各种融资源（不管是债务融资、股权融资，还是两者的结合）的融资条件是高效率、低成本获取融资资本的关键。

财务生命周期

为了识别各种股权融资方式，并判断这些方法是否可用、何时可用，我们可以先从研究公司财务生命周期开始。图表13.6显示了在一段时间内，各种不同类型的公司在不同发展阶段（由不同的销售水平确定）可使用的资本类型。[14] 它还概述了不同发展阶段（研发、初创、早期成长、快速成长和退出）风险投资的主要来源及其成本。

如图表中所示，各种融资源有不同的偏好和做法，包括他们将提供多少资金、在公司生命周期的哪个阶段投资、资本的成本或他们寻求的预期年回报率。处于不同发展阶段和成长率不同的公司，其可利用的融资源变化很大，并且在全国不同地方也有差异。

许多股权融资源在公司还没有超越早期成长阶段时是不会向公司提供资金的。而那些向早期发展阶段公司提供资金的融资源，特别是个人融资源、朋友以及其他非正式投资者或投资天使，当公司能够继续成功发展时，却无法满足公司后期发展阶段的资金需求。

影响融资可得性的另一项关键因素是公司的发展潜力。就拿预期美国在2003年要成立的300多万各类新企业来说，其中的5%或不到5%可能达到高潜力公司的成长和销售水平。所有新公司中，基金公司总共将占到8%~12%，它们的发展较慢，但销售额将超过100万美元并且可能增长到500万~1 500万美元。剩下的是发展平稳的传统生活型公司。被称为高潜力公司的那些公司（那些成长速度快，并且销售额可能超过2 000万或2 500万美元的公司）很可能公开上市，并且它们有大量的融资选择，包括债务和股权融资的结合及其他选择（将在后文提到）。基金公司的选择较少，生活型公司的融资源则仅限于创始人的个人投资和他们所能积累的资产或抵押品。

总的来说，投资者相信公司越年轻，投资的风险越大。这应了风险资本企业中的一句老话：柠檬两年半成熟，但李子要七八年。

虽然图中所示的时间界限和资金限制只是参考性的，但它们确实反映了不同融资源对公司不同发展阶段的风险和回报率的看法。

投资者偏好

投资者或贷款人的做法因人而异，即使同一类的投资、贷款人也会随市场条件、时间、地点的不同而采用不同的行为。要确定真正的融资源并制定出相应的筹资战略，需要知道投资者或贷款人正在寻求的投资类型。虽然图表13.6标出了阶段、数量和收益指标，但事先对特定投资者或贷款人的偏好做适当研究，可以避免数月的盲目寻找，并节省许多个人资金，同时可以大大增加按可接受条件成功筹集资金的可能性。

本章总结

1. 现金为王。现金流为正是件令人高兴的事。现金多比现金少好。早得现金比晚得现金好。风险小的现金比风险大的现金好。
2. 财务专业知识、财务问题和财务分析往往是创业者的致命弱点。

图表 13.6

财务生命周期

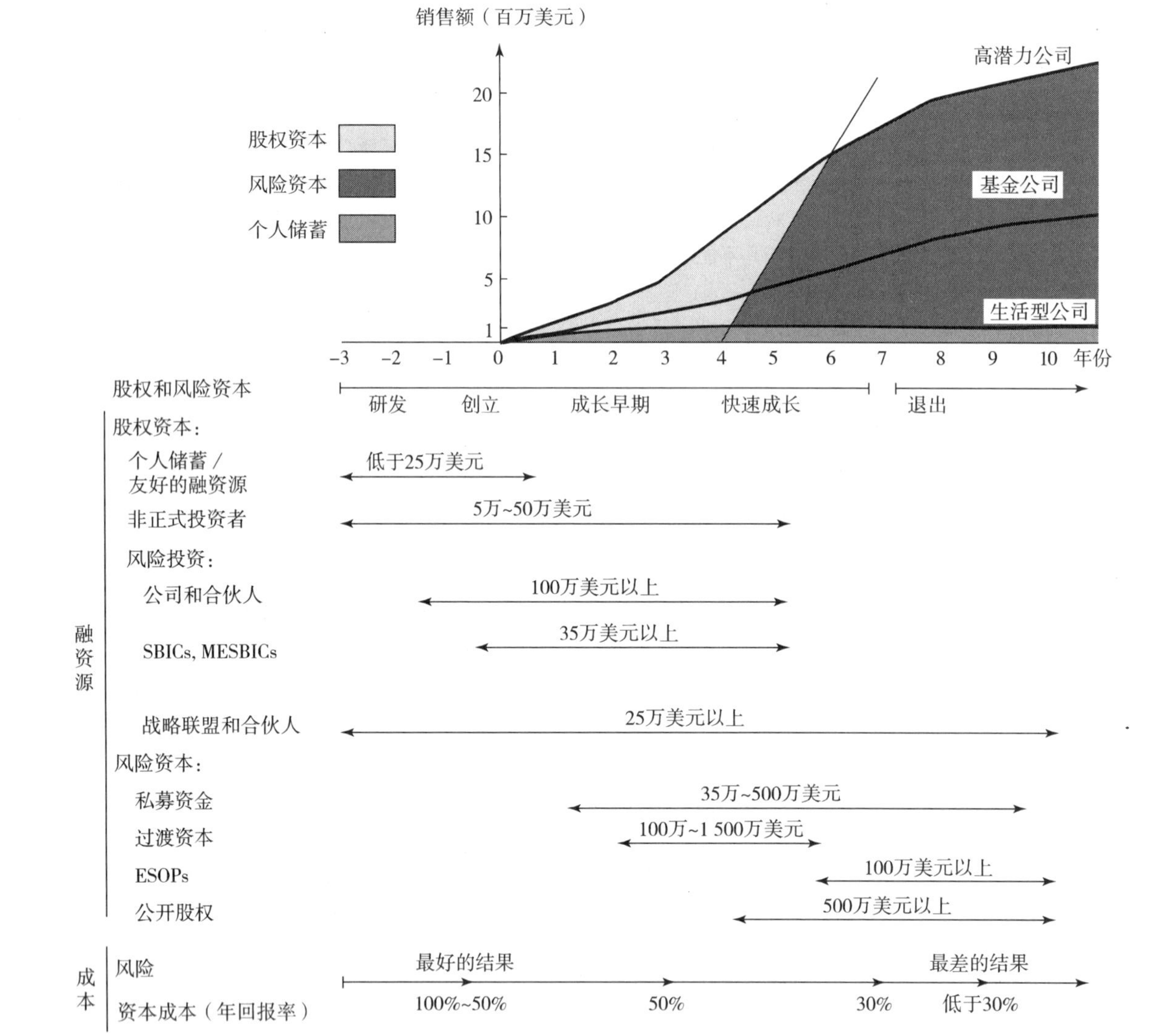

资料来源：Adapted and updated from the original by W. H. Wetzel, Jr., "The Cost of Availability of Credit and Risk Capital in New England," in *A Region's Struggling Savior: Small Business in New England*, ed. J. A. Timmons and D. E. Gumpert （Waltham, MA: Small Business Foundation of America, 1979）, p. 175.

3. 创业企业融资是价值创造定量、分割价值、管理和抵御风险的艺术和科学。
4. 对新的风险企业的成功来说，确定资本需求，制定融资和筹资战略，管理和编制财务流程十分关键。
5. 收获战略对创业过程来说，和价值创造本身一样重要。不能实现的价值可能就没有价值。

习 题

1. 你能定义以下概念并解释它们的重要性吗？它们是：资金消耗率、报警日、自由现金流、OOC、TTC、财务管理短视、电子数据表幻景。

2. 为什么说创业融资是创业过程中最不重要同时也是最重要的部分？请解释此悖论。
3. 哪些因素影响融资的可得性、匹配度和成本？为什么这些因素很关键？
4. 自由现金流的含义是什么？为什么创业者必须理解自由现金流？
5. 为什么懂财务的创业者会问图表13.1中的财务和战略问题？你能给出你企业中这些问题的答案吗？

第13章的互联网资料来源

www.entreworld.org 考夫曼基金会

www.businessweek.com/smallbiz/index.html 在线商业周刊

www.federalreserve.gov/pubs/buscredit/type3.htm 联邦储备委员会

www.businessfinance.com/ Business Finance.com

www.exim.gov 美国进出口银行

www.opic.gov Overseas Private Investment Corporation

www.sba.gov 这个网站带给你丰富的信息资源，包括：

http://www.sba.gov/financing/fr7aloan.html The SBA's primary lending program

http://www.sba.gov/financing/frfastrak.html SBA Express Guaranty (36 hour turn-around time)

http://www.sba.gov/financing/frcaplines.html CAPLines guaranties asset-based lines of credit

http://www.sba.gov/financing/frmicro Micro loans up to $35 000 via community-based lenders.

http://www.sba.gov/SBIR/indexsbir-sttr-98awards Technology Ventures: SBIR and STTR

http://www.sba.gov/financing/frpollute.html Pollution Control Ventures

http://www.sba.gov/financing/frexport.html International Trade Ventures

思考题

你考虑过吗？

1. 财务短视行为和电子数据表幻景可能会使你受到多大程度的损失？
2. 那些认为你必须首先有大量资金才能赚钱的人是幼稚无知的。为什么这样说？你同意吗？
3. 你必须结交谁才能加强团队的创业融资能力？

注 释

1. This section was drawn from Jeffry A. Timmons, "Financial Management Breakthrough for Entrepreneurs."
2. For more detail, see Burton C. Hurlock and William A. Sahlman, "Star Cablevision Group: Harvesting in a Bull Market," HBS Case 293-036, Harvard Business School Publishing.
3. Their outcomes have ranged from demise to moderate success, to radical downsizing followed by dramatic recovery, to still being in the midst of a turnaround.
4. Special appreciation is due to Bert Twaalfboven, founder and chairman of Indivers, the Dutch firm that compiled this summary and that owns the firm on which the chart is based. Mr. Twaalfhoven was also a leader in the Class of 1954 at Harvard Business School and has been active in supporting the Entrepreneurial Management Interest Group and research efforts there.
5. See Paul A. Gompers and William A. Sahlman, *Entrepreneurial Finance* (New York: John Wiley & Sons, 2002).
6. Nancy A. Nichols, "In Question: Efficient? Chaotic? What's the New Finance?" *Harvard Business Review*, March–April 1993, p. 50.
7. Ibid., p. 52.
8. Ibid., p. 60.

9. This framework was developed for the Financing Entrepreneurial Ventures course at Babson College and has been used in the Entrepreneurial Finance course at the Harvard Business School.
10. This section is drawn directly from "Note on Free Cash Flow Valuation Models," HBS 288-023, pp. 2–3.
11. In addition to the purchase of common stock, equity financing is meant to include the purchase of both stock and subordinated debt, or subordinated debt with stock conversion features or warrants to purchase stock.
12. For lending purposes, commercial banks regard such subordinated debt as equity. Venture capital investors normally subordinate their business loans to the loans provided by the bank or other financial institutions.
13. The bank loan defaults by the real estate investment trusts (REITs) in 1975 and 1989–91 are examples of the failure of assets to provide protection in the absence of sound management and adequate equity capital.
14. William H. Wetzel, Jr., of the University of New Hampshire originally showed the different types of equity capital that are available to three types of companies. The exhibit is based on a chart by Wetzel, which the authors have updated and modified. See William H. Wetzel, Jr., "The Cost of Availability of Credit and Risk Capital in New England," in *A Region's Struggling Savior: Small Business in New England*, ed. J. A. Timmons and D. E. Gumpert (Waltham, MA: Small Business Foundation of America, 1979).

第 14 章

获取风险资本和成长资本

"金钱就像人的第六感觉，没有了它，其他五种感觉也无法得以充分利用。"

——萨默塞特·莫姆

Human Bondage公司

学习目的

学完本章后，你将能够：

1. 仔细考察资本市场食物链及其意义。
2. 学会识别股权资本的正式和非正式投资源。
3. 学会如何寻找股权投资者并与他们建立联系，以及如何和他们打交道。
4. 了解风险资本投资者的投资决策。
5. 分析"欣德曼公司"这个案例，它讲述的是一个创业者在创立并发展一家快速润滑油特许专营公司时所采取的各种筹资战略。*

资本市场食物链

股权资本市场就像一条"食物链"，该链上级别越高的参与者预期获取的交易规模越大（见图表14.1）。这种假设有助于帮助创业者形象地理解并有效地判断企业在各个不同发展阶段可以获取的各种股权资本来源和它们一般能提供的资本额，以及当公司首次公开上市（initial public offering，IPO）或出售时，各投资方所能得到的公司股权比例以及股票价格等。

图表14.1的最后一行显示了从研发阶段到IPO阶段的最终升级过程。在IPO阶段，资本市场对多数小公司的新发行股一般愿意支付12~18美元的价格。当然，当所谓的IPO之窗关闭或很紧的情况下，如2001年，股价会低一些。在低迷阶段（每周只发行1~3支新股，而在1996年6月每周要发行50多支新股）发行的少数新股的股价在每股5~9美元之间。在IPO高峰期，如1999年，股价可以达到每股20美元，甚至更高。

创始人最难做的决策之一就是决定是否应放弃股权，仅掌握公司的名义控制权，从而换取创造更大价值的机会。"首次公开上市时股权资本占公司总价值的百分比"这一行数据显示，到公司上市时，创始人可能已经售出了70%~80%的股权，甚至还要多。只要公司的总市值达到1亿美元以上，投资者和创始人本人一定会获得巨大的超额价值。在20世纪90年代末网络公司疯狂发展的颠峰时期，一些公司上市时的总市值达到了10亿~20亿美元，甚至更高。创始人最初掌握的名义股票价值至少为2亿~4亿美元，或者更多。但这些高得惊人的数字并不能维持多久。就拿Sycamore网络公司来说，从初创到上市短短不到24个月的时间里，

* 请见与本教材配套的《创业学案例》一书第 14 个案例。 ——编者注

图表 14.1

创业企业的资本市场食物链

阶段	研发阶段	种子阶段	初创阶段	高速成长阶段
公司在该阶段的企业价值	低于 100 万美元	100 万~500 万美元	100 万~500 万美元以上	高于 1 亿美元
资本来源	创始人 高额净资产 个人 朋友、家庭和蠢人 SBIR	朋友、家庭和蠢人 投资天使基金 种子基金 SBIR	风险投资系列 A、B、C…… 战略合作伙伴 非常高的净资产 个人 私有股权	IPOs 战略收购方 私有股权
投资资本额	低于 5 万~20 万美元	1 万~50 万美元	50 万~2 000 万美元	1 000 万~5 000 万美元以上
首次公开上市时股权资本占公司总价值的百分比	10%~25%	5%~15%	以前的投资者占 40%~60%	公众持股占 15%~25%
每股价格和股票数量*	0.01~0.50 美元 100 万~500 万股	0.50~1.00 美元 100 万~300 万股	1.00~8.00 美元 500 万左右~1 000 万股	12~18 美元以上 300 万~500 万股

* 首次公开上市后

图表 14.2

创业企业的风险投资食物链

风险投资系列A、B、C……（各回合的一般规模）：

以3个阶段的投资回合为例

	“A” @500万美元—— 初创阶段
回合（Q4 2000）*	“B” @750万美元——产品开发阶段
	“C” +@1 200万美元—— 产品交付阶段

* 估值随行业变化很大（如 2×^{S}+）

+ 估值随地区和风险投资周期变化。

创始人戴史·德斯潘达（Desh Deshpanda）和唐·史密斯（Don Smith）每人获得的股票名义价值都达到了几十亿美元。[1] 但到2001年末，他们的股票名义价值跌到了零。

在本章接下来的部分我们将讨论各类股票投资者，并介绍识别和接触各种投资者的方法。图表14.2对最近的风险投资食物链进行了总结。在前3个回合中，即A、B、C系列，大家可以看到资本的投资总量一般非常大，分别为500万美元、750万美元和1 200万美元。

保护你的股权

任何年轻企业最难抉择的情况之一就是在获得创立和发展企业所需资金和保留股权之间做出平衡。对创业者来说，他们一般应该遵循这样的原则：尽可能长时间地坚持利用自己的全部资源。图表13.6明确显示：不管资金来自何处，资金进入越早，资金的成本越高。在对企业发展不造成实质性障碍的前提下，创造性地依靠自有资源策略可以极大地保留股权。

当我们开始考虑如何获取风险投资时，我们首先必须弄清3个核心问题：（1）企业是否需要外部股权资本？（2）创始人是否想要外部股权资本？（3）谁来投资？这三个问题是管理团队必须考虑的核心问题。另一点需要记住的是，大馅饼上的一小块也比小馅饼上的一大块好。就像一位创业者所说：“我宁愿要一片西瓜，也不愿只要一整个葡萄干。”[2]

在掌握了第4章的“企业商机筛选练习”、第12章制定的“商业计划”和第13章的“自由现金流”方程（包括OOC、TTC和盈亏平衡）的基础上，估计资金需求比较容易。然后要判断资金注入方式，究竟是采取债务融资方式还是股权融资方式要看情况而定，并且应该注意两者之间的平衡，见第16章关于债务资本的介绍。在绝大多数高技术企业刚刚成立或早期发展阶段，一般需要筹集部分股权资本来为研发提供资金支持。

一旦确认需要额外资金并确定了所需数量，管理团队就必须考虑股权投资的可行性。如第11章中所说，依靠自有资源仍不失为一项十分有吸引力的融资方案。比如，《INC.》杂志提到，某些行业的创业者会把资方是否能提供比较长的信贷期限来作为“选择资方”的条件之一。[3]

《INC.》访谈的其他创业者则提议向客户提前收取货款。[4] 比如，有个叫丽贝卡·麦克纳（Rebecca McKenna）的创业者建立了一家软件公司，公司2001年在保健行业的销售额达到了800万美元。其公司产品给客户带来了极大经济利益，因此她可以向每位客户要求每笔合同提前预付25%的订金。资金预付成为她重要的依靠自有资源融资方式。如果公司管理层觉得股权分散会对公司产生负面影响，或会影响他们管理的有效性，那他们可以采取上述这类方式。股权融资则要求管理团队充分确认投资者能给企业带来的附加价值，并找出那些能为企业带来特定专业知识的投资者。在做融资决策时，究竟采取“股权融资”还是其他融资方式，必须认真考虑现金流和高额回报率要求之间的关系。

决定由谁来投资不仅仅是项决定， 而是一个过程。管理团队要考虑许多融资源。既要考虑正式投资者，又要考虑非正式投资者；既要考虑私人市场，又要考虑公开市场。选择投资者最重要的一项标准是他们能给企业带来什么价值——资金以外的价值。许多创业者常常因为所需资金达不到正式投资者（即风险投资公司和机构投资者）的最低融资要求，而转投“投资天使”或富有的个人。而要判断风险投资者是否会对投资感兴趣，可以从所需融资量和预计回报率两方面来考虑。

不过，创业者一定要小心，“实际上在进行私人股权融资的公司中只有30%~40%最终获得了资金。”[5] 另外，不管公司是否筹集到资金，要付给投资银行的费用和撰写招股说明书及其他法律文件时聘用律师的费用都必须如期支付。

时　机

时机也很关键。企业绝对不能等到出现严重的现金短缺时才去寻找资金。对一家刚刚成立的公司，特别是一家没有任何筹资经验或从没有筹资成功过的企业来说，延误寻找资金的时机是极不明智的，因为筹集资金很可能要花6个月或更长的时间。延误时机除了造成现金流方面的问题外，还会严重损害企业管理团队的可信度，因为等到现金短缺才筹集资金这种行为本身就会被人认为是管理团队缺乏规划，因此会在公司与投资者谈判时产生严重的负面效果。

但如果企业过早地筹集资金，创始人的股权就可能被不必要地削弱，并且财务上保持节俭这条财务纪律也会慢慢失去效力。

投资天使和非正式投资者

谁是投资天使和非正式投资者

在当今美国，富有的个人可能是新创建公司最重要的资金来源。[6] 由于证交所对投资天使规定了资格认定标准，只有资产达到100万美元以上的个人才能成为投资天使。[7] 根据新汉普郡大学创业研究中心（Center for Venture Research at the University of New Hampshire）的调查结果，美国大约有40万活跃的投资天使。当2000年技术股大幅下跌时，美国的投资天使们向新建企业提供了大约300亿美元的融资，而风险投资机构投入的资金也不过500亿美元。[8]

新汉普郡大学的比尔·韦策尔（Bill Wetzel）发现这些投资天使大部分都是靠自己创业成为美国的百万富翁的。他们凭借自己的力量创造了大量财富，掌握了很丰富的商业和财务经验，年龄基本在四五十岁。他们还受过良好教育；95%的人持有完成4年大学学习的学士学位，51%有硕士学位。获得硕士学位的人中，44%现从事于技术领域，35%在商业或经济领域。根据投资天使社区（Angel Society）的共同发起人兼CEO——斯科特·彼得（Scott Peter）所说，投资天使中96%为男性。但在一家非营利组织——Springboard 2001的策划下，一系列风险投资会议正致力于把女性创业者和投资者吸引进来。它在美国召开的一系列以其公司命名的风险投资研讨会已经为200多家公司提供了宣讲机会，并帮助企业在2000年和2001年两年中筹集到了将近6亿美元的资金。

由于非正式投资者每次投资的一般投资额度在1万~25万美元之间，所以他们特别适合以下这些类型的企业：[9]

- 资金需求在5万~50万美元之间。
- 5~10年内的销售额有望达到200万~2 000万美元。
- 销售额增长率以及利润增长率在每年10%~20%的已建、小型、私人所有的企业，因为该增长率不足以吸引到专业投资者，如风险投资公司。
- 特殊情况，如还未开发出原型的高技术发明者的早期融资。

- 预计在3~5年内能实现大量自由现金流的公司。

这些投资者可能单独投资，也可能和其他富人一起联合投资，他们可能为自己的利益要求较多的股权，甚至试图取得控股权，还可能在销售额和利润增长率达不到他们预期值时丧失耐心。

通常，这些非正式投资者对他们所投资的市场和技术很了解，很有经验。如果找到了合适的投资天使，他会给公司带来比资金多得多的价值。作为顾问或董事，他们从以前做成的投资交易中悟出的道理、获得的专业知识和人际关系网能给公司带来比他所投资的1万~25万美元更多的价值。一般说来，这些富有的投资个人对企业潜在价值的估价不如那些风险投资组织那样清楚，有时他们希望参与到创业中，这种非经济因素可能成为决定他们投资决策的重要一点。这些投资者明显更偏好投资于位置在1小时车程以内的公司。例如，一个成功创业者可能想帮助其他创业者起步，或一个富人想帮助其社区建立新公司。

寻找非正式投资者

寻找这些支持者并非易事。一位专家说："非正式投资者，特别是富有的个人和成功创业者，是一个广为分散的群体，喜欢匿名。要识别他们并和他们建立联系需要高超的技能。"[10]

互联网为创业者们寻找这些投资者提供了一个有效的方法。有一些正规的搜索源，如GarageTechnology Ventures（http://www.garage.com）、天使社区（http://www.angelsociety.com）、商业伙伴（http://www.businesspartners.com）和私人投资者网（http://www.privateinvestor.com）都可以提供关于潜在投资者的有价值的建议、帮助和信息，并能帮助投资者和寻求资金的创业者建立联系。特别为女性提供服务的网站包括womenangels.net（http://www.womenangels.net）、女性与企业中心（http://www.cweboston.org）和angel2angel（http://www.angel2angel.com）。

当然，创业者也可以通过打听自己的商业伙伴或其他联系人来找到资金支持者。其他成功的创业者会认识他们，许多税务律师、会计师、银行家和其他专业人士也可能认识他们。除了主动出击，碰运气之外，找到非正式投资者的最好方法是寻求他人推荐，包括律师、会计师、商业伙伴、大学教师和与投身于新企业并可能认识这些人的创业者。因为这类投资者了解投资机会的信息渠道就是他们的商业伙伴、创业伙伴和朋友，而且许多非正式投资者在很多情况下都是一起投资的，因此通过一个非正式投资者往往可以认识其他许多非正式投资者。

多数较大城市里都有律师事务所和私募资金公司，它们把大量投资需求组合起来，形成证交所"规定D"项下的发行股，向各个私人投资者网络发行。他们可能筹集到几十万到几百万美元的资金。这些公司的名录每年由《企业》（*Venture*）杂志出版，并在《INC.》这类杂志上刊有相关文章。其他有关投资天使的文章可见《福布斯》、《财富》、《华尔街日报》（*WSJ Start-up.com*）、《商业周刊》、《Red Herring》、《Wired》及其网站。

联系投资者

如果有人向创业者推荐了候选投资人，则该创业者应先征得推荐人的允许，同意他在和投资者联系时提及推荐人的姓名，然后才可安排与该投资者的会面。在会面时，创业者必须简明扼要地讲清企业的关键特征，包括：

- 面临怎样的市场机会？
- 有何绝对优势？
- 企业如何赚钱？
- 创业时机和团队成员组成的合理性？
- 投资者如何退出投资企业？

在"网络泡沫"破灭之后，整个资本市场食物链又都回到了原来评估企业潜在价值的基本原则。

然而，创业者必须避免在同一时间会见两个以上的非正式投资者。与两个以上投资者会面通常会出现一名投资者提出反面观点，另一名跟从的情况。而且，一次只处理一个投资者的负面反应和问题较为容易。就像狼捕猎一样，如果创业者把目标"猎物"孤立出来，然后集中围捕，他的成功机会将大大增加。

不管这次会面的结果如何，创业者都要从会面中尽量打听到其他潜在投资者的名字。如果能做到这一点，创业者就能列出一份越来越长的潜在投资者名单，并进入一个或多个非正式投资者的网络。如果这次会面的结果达成了良好投资意向，通常这名十分熟悉产品和市场的投资者会引来其他投资者的参与。

评估过程

非正式投资者会希望审阅商业计划，与整个管理团队见面，查看任何可能被投入生产的产品原型或设计，等等。他还可能会通过他认识的同时也了解创业者和产品的人对企业团队背景和企业产品潜力进行调查。这个过程和专业投资者所应付出的努力（见下文）差不多，但没那么正式，也没那么有板有眼。新企业的创业者如果有几位候选投资者可供选择的话，那他明智的做法是选择一位在提供资金之外同时能提供有益咨询的非正式投资者，投资者可以把他的知识、才智和人际关系网贡献出来，并且和创业者保持目标一致。

决　策

如果非正式投资者决定投资，他会请律师草拟一份投资协议。该协议可能比由专业投资者（如风险投资公司）出具的协议要简单些。但不管哪种协议，都应该遵循本章后文所讨论的有关投资者和投资协议的注意点和建议。

某个非正式投资者在签订投资协议时很可能会要求包括某种形式的"售出期权"，即投资者有权要求企业在指定的年限后按指定的价格重新买回它的股票。如果该企业没有进行收获，售出期权也将为投资者带来现金回报。

如果想查看风险投资协议文本，请登录本书网页http://www.mhhe.com/business/management/timmons，上面有协议样本可供下载。

风险资本：金矿和陷阱

新建的年轻私人公司中只有两类投资者：有附加价值的投资者和无附加价值的投资者。如果你从投资者——特别是风险投资机构或很有实力的私人投资者——那得到的只是钱，那你的交易并不成功。筹集风险资本的关键之一就在于寻找既能给公司注入资本，又能给公司带来真正附加价值的投资者。研究和实践表明，投资者既可以给年轻企业增加价值，也可以削减价值。因此，认真筛选潜在投资者，明确判断他们与创始人在专业知识和人际关系网方面的互补性，将会产生重要的结果。其中是否能加强关键管理层队伍、扩大客户和供应商基础、推荐新投资源是判断他们是否能为企业增加附加价值的基本方法。

一家国际电讯企业的年轻创始人找到了一名私人投资者并让他同时担任公司的顾问。下面以这家公司为例，说明私人投资者可以向公司提供哪些关键性的帮助：他把创始人引见给了其他私人投资者、国外企业高层（他们后来也成了公司的投资者，并在战略同盟中发挥了巨大作用）、相关的法律和会计师事务所；在前几轮投资的策划和谈判中起到了有效的宣传媒介作用；为公司找到了其他一些熟悉该领域技术、和外国投资者有联系并熟悉跨文化战略联盟的潜在董事和顾问。

还有许许多多其他例子可以说明风险投资者对新公司发掘关键客户和关键供应商极为重要。没有他们的话，这些大客户和卖主可能对新公司瞧都不会瞧上一眼。另外，风险投资者还可能在以下这些情况下提供很有价值的帮助：谈判原始设备制造商（OEM）协议、许可协议或特许专营协议；建立与银行和金融租赁公司的联系；寻找组成团队的关键成员；帮助修订或制定战略。Norwest Venture Partners公司先是找到阿史利·斯蒂芬森（Ashley Stephenson）来经营一家证券投资公司，然后又为他经营的第二家企业提供资金支持。该公司合伙人厄尼·帕瑞兹（Ernie Parizeau）说："多数风险投资公司都掌握一些一流经营者的信息。这些人是你可以下注的黑马。"

急需资金的创业者往往只顾寻找资金，而等不及可为公司增加附加价值的投资者出现。这种迅速解决资金问题的做法通常会对公司产生长期的负面影响。

什么是风险投资[11]

风险（venture）一词表明这类资本含有一定风险（risk），甚至带有赌博的成分。具体说，"风险投资行业是为具有高增长潜力的企业的创业者提供资本和其他资源的行业，目的是获得高的投资回报。"[12] 这个投资过程包括许多阶段，如图表14.3所列。在整个投资过程中，风险投资机构可以从以下几方面来增加企业的价值：识别及评估商业机会，包括管理战略、进入战略和成长战略等；进行投资谈判并达成协议；对公司进行监督和指导；提供技术和管理帮助；吸引额外资金、董事和管理人员、供应商及其他关键利益相关者和资源。这个过程开始于一个或一组目标投资机会的形成，然后是撰写筹集风险投资的建议书或招股说明书。一旦筹集到资金，价值创造过程就从达成筹资交易转到制定和执行收获战略上，然后又回到筹集另一项资金。此过程通常花10年时间，但少于或多于10年的情况也经常发生。

图表 14.3
传统风险资本投资过程

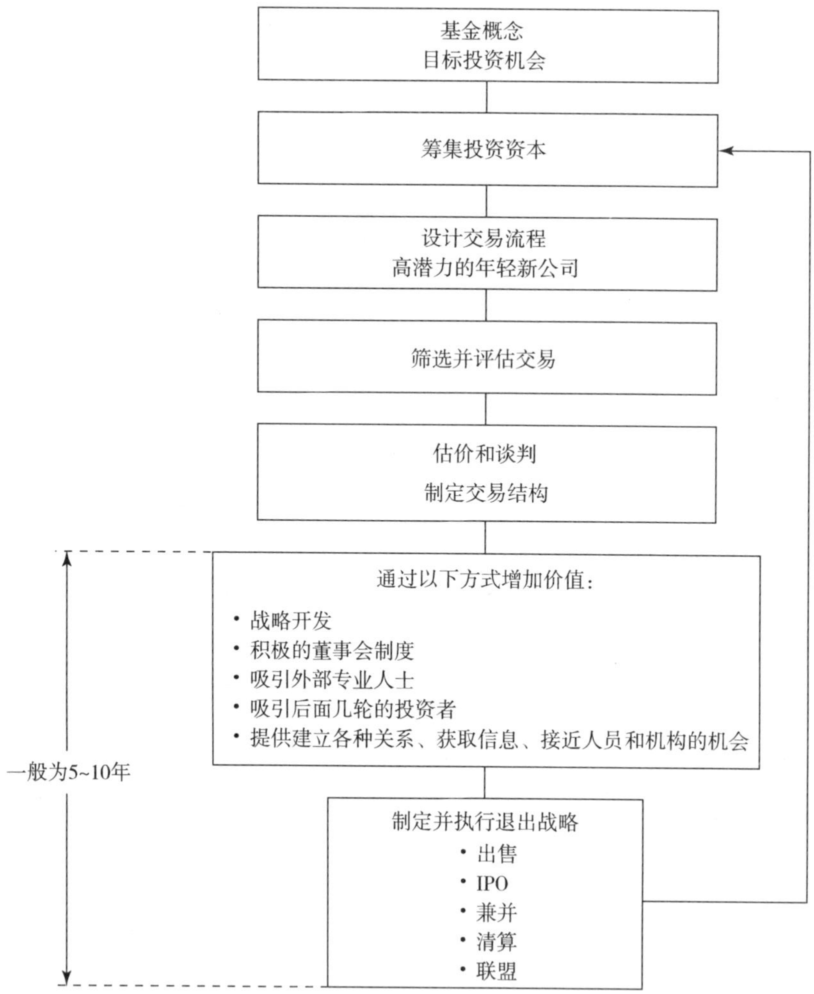

资料来源：William D. Bygrave and Jeffry A. Timmons, *Venture Capital at the Crossroads* （Boston: Harvard Business School Press, 1992），Figure 1–4.

风险投资行业

虽然风险投资的根源可以追溯到20世纪20年代或30年代富族进行的投资，但多数行业观察家都把这个思想归功于时任波士顿联邦储备银行总裁的拉尔夫·弗兰德斯（Ralph E. Flanders）身上。1946年，弗兰德斯组建了一支一流团队，创建了美国研究开发公司（American Research and Development Corporation），这是第一家除个人之外向快速成长的新公司提供风险资本的公司，这些快速成长的新公司多数都是制造型或技术型企业。

尽管美国研究开发公司十分成功，但风险投资行业并没有获得蓬勃发展，直到20世纪80年代，该行业才进入“急速发展”阶段。见图表14.4所示的1969~2000年间风险资本投资量。1980年以前，风险投资可以说是处于休眠状态；1979年只有4.6亿美元被投资到了375家公司。但在1987年投资颠峰时期，该行业迅速膨胀到700多家风险投

图表 14.4

美国投资（1969~2000年）

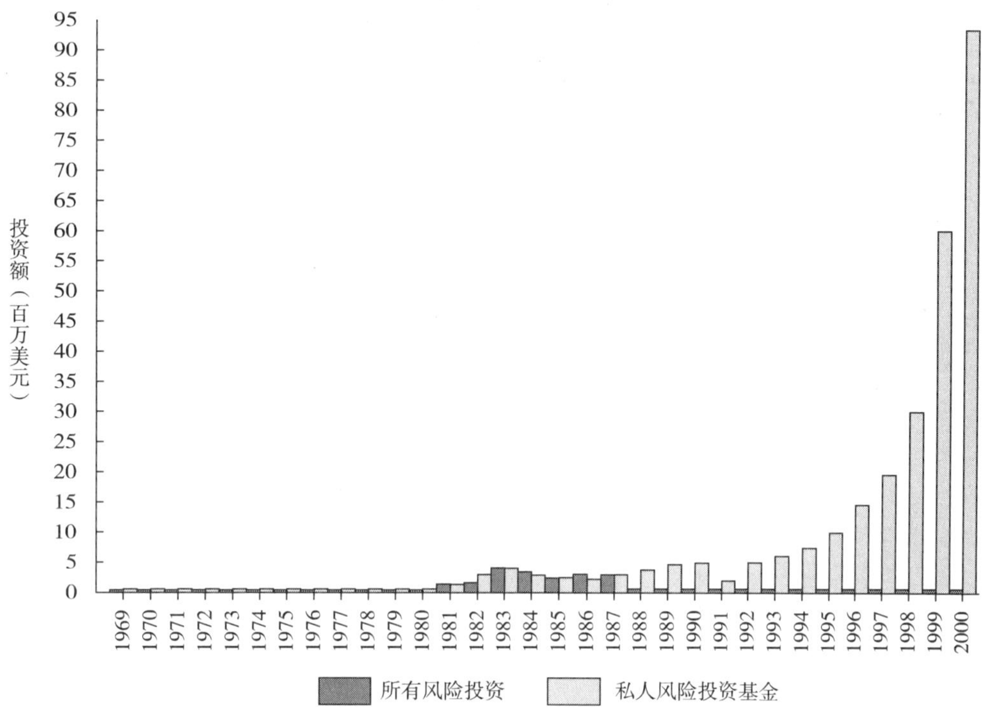

资料来源：*2001 National Venture Capital Association Yearbook.*

资公司，向1 729家发行证券的公司投资了39.4亿美元。在20世纪70年代还处于休眠状态、不起眼的小行业在80年代一跃而成为生机勃勃的私有风险资本和股权资本大市场，它时而狂热，时而平稳，变幻莫测。“在经历了4年年均25%的萎缩后，1992年筹集到的新风险资本是1991年的两倍还要多。”[13] 但行业观察家把此增长归因于“为形成1亿多美元的合伙公司而出现的再次筹资热”。[14]

蓬勃发展的90年代

大家从图表14.4~14.6可以看出，该行业在20世纪90年代经历了8倍的增长。虽然2000年的绝对投资额极为巨大，但20世纪80年代的增长率比2000年的高得多，从1979年的10亿美元增长到了1989年的310亿美元。

到2001年，风险投资不仅投资额发生了变化，投资结构也变得专业化和集中化了。图表14.7总结了该行业发生的一些重要变化，它们对寻求资金的创业者和投资者来说都有重要意义。20世纪80年代末出现的结构变化趋势在整个90年代得到了延续，它们的特征是：

1. 基金的平均规模越来越大，而且5亿美元以上的超级基金占总管理资本的将近80%。高绩效的投资基金，如Spectrum Equity合伙基金和Weston-Presidio基金，在7年前的第一笔投资基金只有1亿~2亿美元，而到20世纪90年代这些基金发展到了10亿多美元。
2. 投资的平均规模也随之增长。以前从未听说过企业在新建阶段或初期成长阶段就筹集到2 000万美元、4 000万美元，甚至8 000万美元，但在20世纪90年代末的网络公司和电信投资热中这样的投资已是司空见惯。
3. 在20世纪80年代开始形成的投资专业化逐渐扩展到了主流基金和超级基金中。比如Oak风险合伙基金，它放弃了长期投资的医疗保健行业，转而和其他投资机构一起投资于信息技术。

图表 14.5

风险投资行业

管理下和支出的估计资本（10亿美元） 1969~2000年			
年 份	投入独立的私人风险投资公司的新资本	管理下的总风险资本*	对发行证券的公司的投资
2000	92.9	209.8	103.5
1999	60.0	142.9	59.4
1998	29.4	90.9	22.0
1997	17.1	65.1	17.2
1996	11.8	48.9	11.2
1995	9.9	40.2	5.5
1994	7.6	35.3	5.3
1993	4.5	31.6	4.9
1992	5.0	30.3	5.1
1991	1.7	30.1	2.5
1990	3.1	32.0	3.3
1989	5.6	31.0	4.7
1988	4.5	27.5	4.9
1987	4.8	25.2	4.5
1986	3.7	20.9	4.1
1985	3.1	17.6	3.4
1984	3.2	14.3	3.3
1983	4.2	10.8	3.1
1982	2.0	6.8	1.8
1981	1.6	4.8	1.3
1980	2.1	3.0	0.6
1979	0.6	1.0	0.5
1978	0.2	3.5	0.3
1977	—	2.5~3.0	0.15
1976	—		0.1
1975	—		0.09
1974	—		0.1
1973	—		0.2
1972	—		0.12
1971	—		0.13
1970	—		0.08
1969	—	2.5~3.0	无

资料来源：*2001 Venture Economics National Venture Capital Association Yearbook*. 但1969~1978年的数据选自《National Venture Capital Association Yearbook》以前的版本，所以数字可能会受不同计算方法的影响。

* 管理下的总风险资本从1969~1977年基本没变，大约在25亿~30亿美元之间，因为新投入的资金大体上等于提走的资金（风险企业经济学的原则是8年后才能提走投资在该行业中的资金）。

图表 14.6
管理下的总风险资本

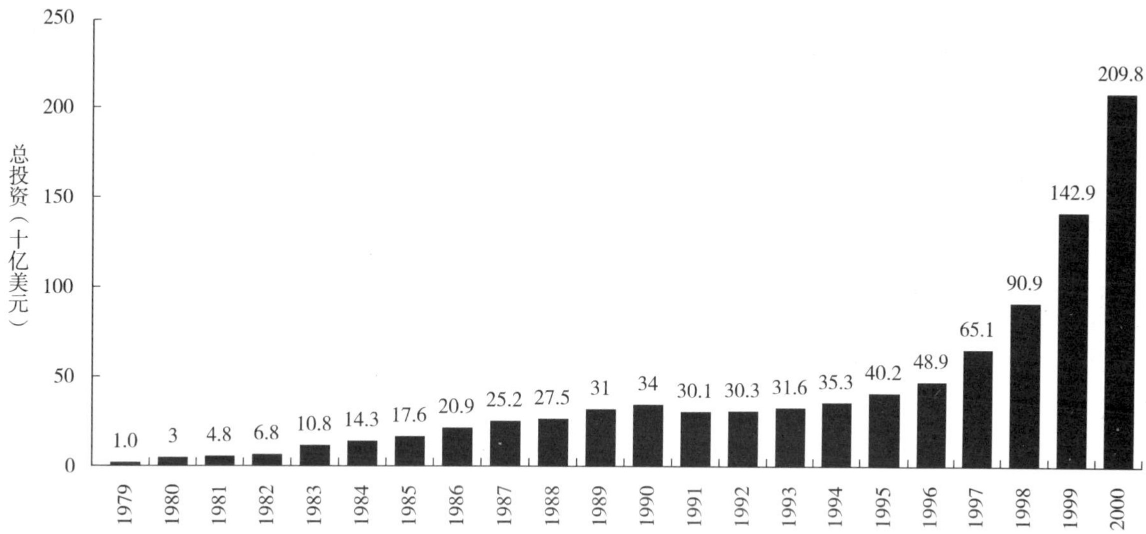

资料来源：*2001 National Venture Capital Association Yearbook.*

20世纪90年代风险投资市场的重大逆转对新建企业的创业者来说是一个极大的好消息。到1990年为止，虽然基金规模不断扩大，但投资于企业创办阶段和早期成长阶段的投资基本却不存在。90年代，由于互联网、软件、信息技术和电信、网络技术的机会不断涌现，创办阶段和早期成长阶段投资重新获得勃勃生机。

2000年崩盘：风险投资周期重现

纳斯达克市场的崩盘开始于2000年3月，到2001年夏末股指下跌了60%多。这次股权价值的重大下挫导致了私人股权和上市股股价的震荡下滑。它的影响一直到2002年仍余音未了。许多踌躇满志的公司在1998年和1999年公开上市，然后看着它们的股票价格一路飚升，涨到了每股150~200美元以上的价格，再接着就看到它直线下跌，直跌到10美元以下。举个例子来说，Sycamore网络在1999年10月上市，每股30美元，第一个星期就上涨到接近200美元一股，但到2001年夏，交易价格仅在每股6美元左右。网络公司破产者不计其数。

同样，许多年轻的电信公司从2000年夏末开始也经历了股价迅速下跌的过程，在短短不到一年的时间里股票缩水90%以上。这种下跌趋势横扫整个风险投资市场和私人股权市场。到2001年年中，投资的资本总量仅为2000年最高峰时的一半，股票价值直线下降。走低融资回合——即此轮融资价格比前一轮的低——非常普遍。在1969~1974年和1980~1993年两阶段低谷期后，创业者还从来没有经历过这样的低潮。

为了解释股市震荡对创业者和投资者的影响，让我们来看看2001年公司的状况。当它们用完了筹集到的资本并面临新一轮后续融资需求时，股票价格仍然痛苦地在不断下滑。即使是那些按计划完成了预定目标的公司，其股票价格仍比一年或一年半前的上一轮融资低15%~30%。而那些业绩达不到商业计划目标的公司，走低回合比前一轮的融资价格更要低50%以上。更糟糕的是，投资节奏也大大放慢。1998~1999年投资热潮期间，对融资企业的调查一般只要45天或更少的时间。但到了2002年，投资者要花上6~8个月时间，十分接近投资热潮前的历史均值。

所有这些都反映了令人吃惊的现实，即风险投资周期——很像房地产周期——似乎在不断重复。资本稀缺导致高回报，高回报导致过多新资本，过多新资本又导致回报率降低。新千年又迎来了“Y2K”问题。风险投资和私人股权市场的彻底瓦解又一次重复了1969~1974年和1988~1992年的投资低潮。

图表 14.7
新的风险投资行业的不同构成结构

	超级基金	主流基金	第二层次基金	专业基金和细分市场基金	金融型和工业型公司基金
估计数量和类型(2000年)	106 主要为私人独立基金	76 主要为私人独立基金；一些大型机构SBIC和公司基金	455 大多为SBIC；一些私人独立基金	87 私人独立基金	114
管理基金规模	超过5亿美元	2.5亿~4.99亿美元	不到2.5亿美元	2 500万~5 000万美元	5 000万~1亿美元以上
典型投资	系列B、C…… 500万~2 500万美元以上	系列A、B、C…… 100万~1 000万美元	系列A、B 50万~500万美元	系列A、B 50万~200万美元	系列A、B、C…… 100万~2 500万美元
投资阶段	后期扩张、LBOs、初建阶段	后期扩张、LBOs、一些初建阶段；过渡资本	后期阶段；少数初建阶段、特定领域	种子融资和初建融资集中于特定技术或市场	后期阶段
战略重点	技术；全国和国际市场；资本收益；战略重点范围广	技术和制造业；全国和地区市场；资本收益；更加注重专业化	折中方案——地区性的多，全国性的少；资本收益、本期收益；服务业	全国和国际高科技链；"供给者基金"、资本收益	技术窗口；新市场和供应商的直接投资；多样化；战略合伙；资本收益
股权融资和债务融资的平衡	主要为股权投资	主要为股权融资；可转换优先股	主要为债务融资；约91个SBIC主要做股权投资	主要为股权融资	混合
资本的主要来源	成熟的全国性和国际性机构；自有资金；保险公司和退休金基金；机构和富有个人；外国公司和外国养老基金；大学	成熟的全国性和国际性机构；自有资金；保险公司和退休金基金；机构和富有个人；外国公司和外国养老基金；大学	富有个人；一些较小机构	机构和外国公司；富有个人	内部资金
主要投资角色	积极的领导或合作领导角色；常常是联合财团；董事席位	投资较少，有些是单独投资	初期投资者或领先投资者；竭尽所能；直接参与	在后期阶段投资，很少发生在初建阶段；基金和证券投资公司的直接投资者	

注：根据阶段和市场条件，目标回报率有很大不同。种子投资者和初建投资者寻求的可能是超过50%~100%税后复回报率；在成熟的后期阶段投资中，他们寻求的回报在30%~40%这个范围内。一般投资者普遍期望在5~10年内实现最初投资的5~10倍增长。

资料来源：*2001 National Venture Capital Association Yearbook.*

风险投资过程

图表14.8显示了风险投资过程的主要活动。此动态流程围绕的核心内容就是创业者、商机、投资者和资本的碰撞。[15] 由于风险投资者带来的不仅是资金，还有经验、人际网络和行业关系，一名专业的风险投资者对一家新企业来说十分有吸引力。另外，风险投资公司有雄厚的资金实力并且和其他利益团体有广泛的联系，这些都有利于企业筹集到发展所需的资金。

风险投资过程出现在基本由私人公司组成且发展相当不完善的资本市场上。该资本市场主要针对新公司、刚出现的公司和中等规模的公司（即那些销售额在500万~2亿美元的公司）。资本的可得性和成本取决于以下许多因素：

- 管理团队素质和商机这两方面的风险。
- 行业、市场、技术的吸引力及其相互之间的吻合度。
- 发展潜力和风险。
- 预期成长速度。
- 公司的年龄和发展阶段。
- 所需资本量。
- 创始人对公司成长、控制、资本流动性和收获的目标。
- 投资者目标和战略的匹配程度。
- 投资者和创始人就当时的投资市场所具有的相对议价能力。

但是接触风险投资公司的企业中只有不超过2%~4%的企业获得了融资；见图表14.9所示的公司数和对应的总投资量。尽管在上一次投资热潮中投资量获得了增长，但观察家说再次出现的筹资热潮“没有发生在投资的种子阶段和早期阶段，很大程度上是因为那些交易所需要的资金量较小，而大型基金，握有5亿美元以上的投资资金，更喜欢做大笔买卖”。[16] 另外，创业者可能为了获得种子/创建阶段的融资而放弃25%~75%的股权。这样，完成了几

图表 14.8
风险投资流程

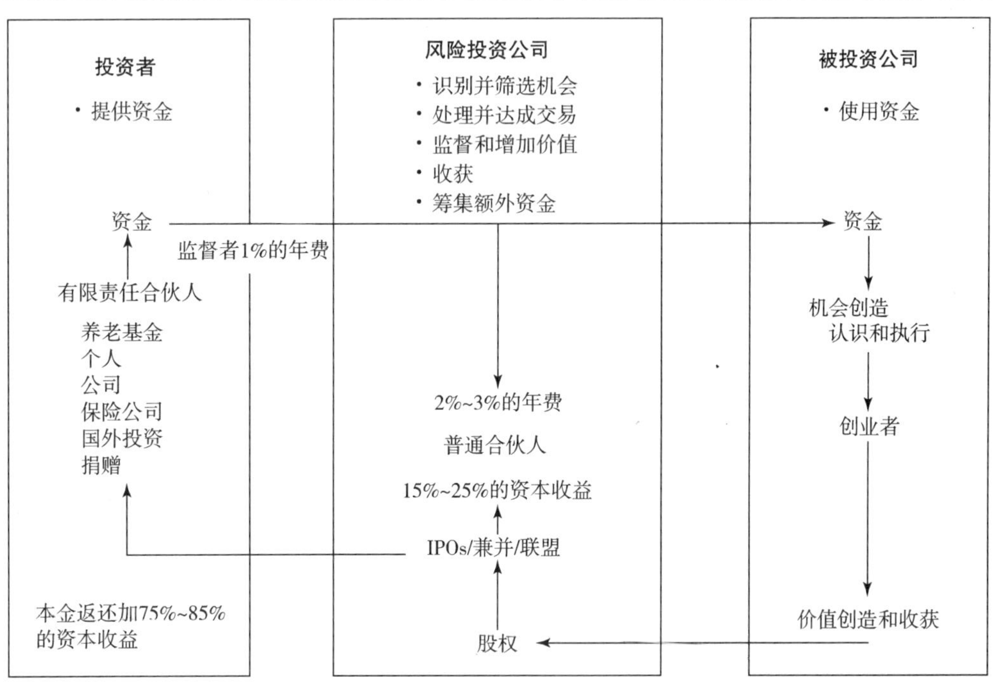

资料来源：William D. Bygrave and Jeffry A. Timmons, *Venture Capital at the Crossroads* (Boston: Harvard Business School Press, 1992), Figure 1–3.

图表 14.9

美国每年的风险投资情况（1990~2001年）

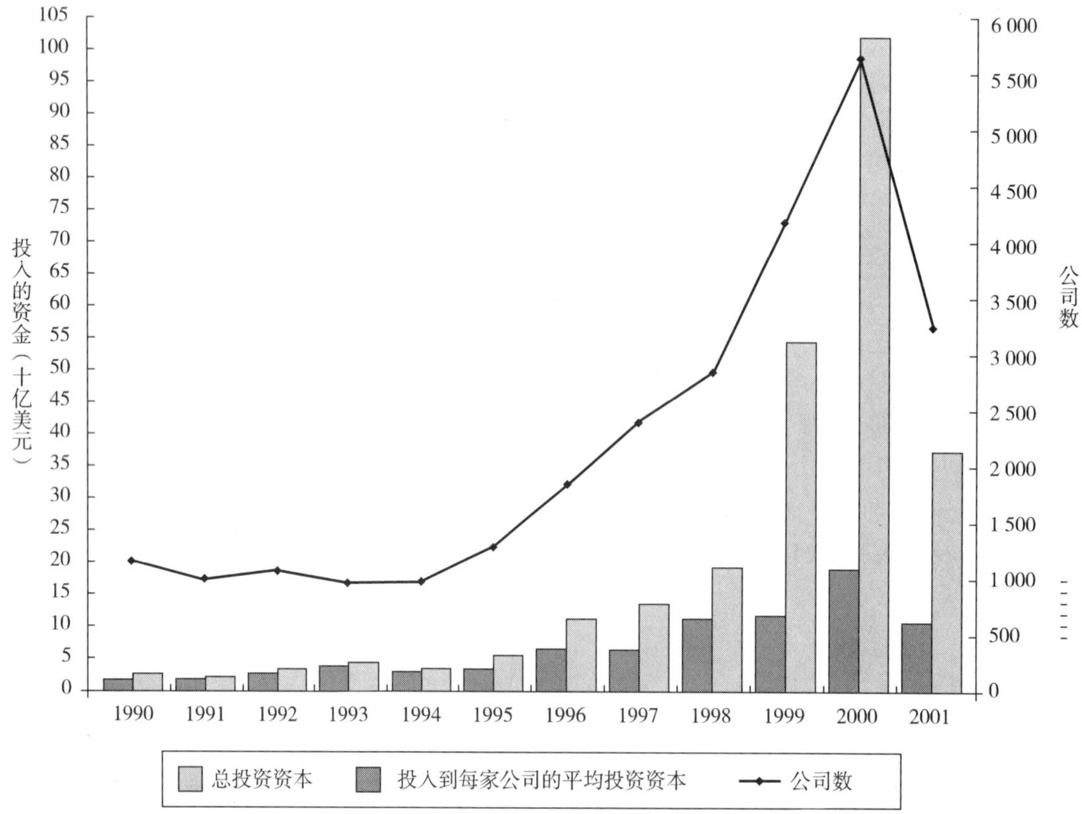

资料来源：PricewaterhouseCoopers/Venture Economics/NVCA/Money Tree Survey of 02/20/2002. Note: In 2002, approximately $40 billion was invested.

轮风险融资后，创业者就只剩下不到10%~20%的企业股权了。

风险投资者设定了严格的投资标准，因此最终仅有少数企业可以获得投资。他们所寻找的对象是那些具有非常高的成长潜力，能使他们的投资资金在5年内翻5倍的企业；他们非常重视企业管理层的素质；并且偏好那些在技能上能相互取长补短，并由有创业经验或盈亏管理经验的人带队的团队。实际上，这些投资者在寻找的是"超优交易"(superdeal)。超优交易符合图表14.10所概括的投资标准。

识别风险资本投资者

风险投资公司或风险投资合伙人有很好的资金基础和专业管理人员。他们的投资原则包括对投资规模、投资期限、地点以及企业所处行业等一系列因素的偏好。这些投资资金可以由一个或几个富有家族、一个或几个融资机构（如保险公司或退休金基金）和富有个人提供。多数以有限合伙制的组织形式出现，基金经理人是普通合伙人，投资者是有限责任合伙人。今天，这些基金多数倾向于投资100万~500万美元，或更多。虽然一些小型基金投资规模较小，但它们中多数的投资额在50万~150万美元之间。有些所谓的超级基金有5亿多美元的投资资金，根本不会考虑500万美元以下到1 000万美元的投资。风险投资公司和风险投资合伙人会对潜在投资对象进行彻底、专业的调查和评估。它们多数投资于高科技公司，但也有许多公司会考虑其他投资领域。

来源和指南 如果某创业者正在寻找风险投资，他可以

图表 14.10

投资者认为的传统超优交易特点

使命

- 建立具有高获利能力并在行业主导市场上占据重要地位的公司。
- 在4~7年内以较高的市盈率上市或合并。

完善的管理团队

- 由行业"超级明星"领导。
- 具有该行业中被认可的创业、全面管理和损益管理经验。
- 有重要创新者或技术/营销领头人。
- 拥有互补和相互融合的技能。
- 有不同寻常的坚韧、想像力和敬业精神。
- 具有诚信度高的声誉。

专有产品或服务

- 有极具竞争力的领先优势、"非公平"优势和可持续优势或可抵御优势。
- 产品或服务具有高增值特点，可早日给用户带来回报。
- 通过合同或法律规定，享有或能取得排他的权利。

有旺盛生命力、可持续发展的大市场

- 将在5年内吸纳一家1亿美元的市场进入者。
- 目前销售额为2亿美元，或更多，并以每年25%以上的速度成长。
- 现在没有占主导地位的竞争者。
- 有明确界定的客户和分销渠道。
- 具有容错性和高回报的经济特征，如：
  — 毛利为40%~50%，或更多。
  — 税后利润率为10%或10%以上。
  — 达到正现金流和损益平衡点的时间较早。

交易估价和回报率

- 第一轮资本需求较大（即大于100万美元，小于1 000万美元）。
- 能够在5年内实现15倍或15倍以上的市盈率，同时给予投资者10倍于原始投资的回报。
- 有可能还有几轮回报非常高的融资。
- 有反股权稀释的权利和首次公开发行认股权以及其他明确的收获/清算选择权。

资料来源：William D. Bygrave and Jeffry A. Timmons, *Venture Capital at the Crossroads* （Boston: Harvard Business School Press, 1992）, Figure 1-2.

先查找一下由企业经济学出版社（Venture Economics）出版的《普拉特风险资本源指南》（*Pratt's Guide to Venture Capital Sources*）和ventureone的网址http://www.ventureone.com，它们和其他一些信息源都提供风险投资公司名录。创业者还可以请会计师、律师、投资和商业银行，以及了解专业投资者的商业人士推荐。最好的信息来源是那些最近尝试过筹集资金的其他创业者，不管他们的筹资有没有成功，他们在这方面都能提供很多宝贵的建议。

有时专业投资者会找创业者。风险资本投资者不是等着交易来找他们，而是先寻找它觉得有商品价值的产品或技术，然后自己找创业家达成交易。克莱纳·帕金斯（Kleiner Perkins）用这种方法创办了Genentech和Tandem计算机公司，格雷劳克（Greylock）和惠特尼（Whitney）也用这种方法开办了MassComp公司。

找什么样的投资者 创业者应该对潜在投资者进行筛选，以明确他们的偏好，包括对投资阶段、行业、技术和拟定的资本要求等。同时他们还应弄清哪些投资者有投资资金，哪些在积极寻找交易对象，以及哪些有时间、有人员来对新交易进行调研。根据投资者的规模和投资战略之间的相关性分析，刚建成一到两年的基金一般会处于积极寻找投资交易阶段。

早期阶段创业者应该寻找具有以下特征的投资者：(1) 正在考虑新的投资项目并且能提供创业者所需的资金；(2) 对处于特定成长阶段的公司感兴趣；(3) 理解并偏好该行业（即市场、产品、技术或服务重点）；(4) 能提供有价值的商业建议、道义支持并能帮助企业接触到更大的商业圈或融资圈；(5) 有信誉、公平、有道德，并且与创业者会有很好的私交；(6) 有10年或10年以上为小公司提供咨询服务或创建工作的良好业绩记录。[17]

创业者能够从投资者那里得到许多高附加值的服务。最理想的情况是，投资者把自己定位为一名教练，一方面要完全参与，一方面又不干预企业运营。从投资者所能提供的支持来看，他应该既耐心又大胆，应该在创业者需要他做宣传、咨询或提供客观公正的观点的时候提供帮助。投资者还应该能在未来的谈判、融资、私募资金和公开招股以及联系关键人物等方面发挥作用。

要注意什么 寻找投资者时还应注意一些问题。除非创业者的情况十分紧急，已经无法进行其他选择，否则应该警惕以下情况：

- *态度*。如果创业者始终见不到投资公司的合伙人，老是被打发到低级员工那里；或投资者认为他能比创业带头人或公司的管理团队能更好地经营企业，那么创业者就要小心了。
- *责任过多*。如果主要投资者一方面表示他们将积极发挥自己作为董事的作用，一方面却同时在其他6~8家新建公司或处于初期阶段的公司担任董事职务；或同时正在为一家新基金筹集资金，那么创业者就要小心了。
- *缺乏经验*。创业者在与有以下特点的风险投资者打交道的过程中必须小心：有MBA学位；年龄不超过30岁；只在华尔街做过咨询顾问；没有经营成长型、新公司的实践经验；而且特别关心钱。
- *声誉不佳*。创业者要小心那些因在公司成长早期就撤换创始人或频繁撤换创始人而出了名的基金，还要小心那些四分之一以上的被投资公司出现困境或没有达到预期商业计划的投资基金。
- *掠夺性定价*。在资本市场不景气时（如1969~1974年、1988~1992年、2000年至今），那些趁机大肆压低新企业股价并强行开出对公司先前投资者极为不利的交易条件的投资者最终都无法成为优秀的长期融资合作伙伴。

如何了解投资者情况 创业者如何去了解风险投资公司的声誉呢？最好的信息源是以前进行过融资的CEO/创始人。除了要了解成功的投资交易外，还要打听那些投资交易结果，是一般、很差，或造成被投资公司陷入极大困境，并留下这些公司的名字和电话号码。通过和这些CEO的交谈，创业者们可以了解风险投资公司的真实情况，包括它的公正性、品格、价值观、道德伦理和潜力，以及它如何执行它的投资理念。了解一下投资公司在定价会议上的表现往往也很有意义。

和风险投资者打交道[18]

要记住，风险投资者有大量的商业计划和建议书要看，有时1个月要看100多份，但他们一般只投资其中1~3个。所以以下建议可能会对如何与他们合作有帮助。

如果可能的话，让投资者非常了解同时也非常了解你的人（投资者投资的公司董事或创始人、他们基金中的有限责任合伙人或曾与投资者在投资交易中合作过的律师或会计师）引见一下。在确定了最好的目标后，你应该通过某些营销行为为自己的公司开辟一片市场。多找几个融资对象。不要让对方知道你还在和哪家投资公司谈，在这点上讲得含糊一些，因为如果其他公司知道是哪家公司第一个把你回绝了，那可能每家公司都会回绝你，而且让他们说“行”比“不行”的难度要大得多，你在得到肯定答复之前肯定会浪费许多时间。

当投资者一定要让你说出你还在谈的其他投资者时，你就简单告诉他：“我们的所有公司顾问都认为这方面消息是公司机密，我们管理团队也这样认为。我们谈的其他投资者也和你们一样素质很高。谁能够与我们配合良好、让我们公司有最大的起色并且愿意第一个向我们投资，谁就会成为我们的合伙人。如果我们谈妥了条件并签好协议，到时候如果你需要共同投资人的话，我们会很愿意将这些投资人的名字告诉你。”如果不运用这种技巧，往往会使你在谈判中处于被动。

多数确有兴趣的投资者会对如何改善你的战略、产品线、定位和其他许多问题有明确的思路。如果他们是对的，那这就是他们可以为企业带来的附加价值之一。但你也必须做好思想准备，他们很可能会把你的商业计划拆得七零八落，然后再重新拼装起一份新的商业计划。他们喜欢按自己的格式和融资模式来解决问题。和他们一起修改商业计划是你认识他们的一个好办法。

永远不要说谎。就像一位创业者所说的："你必须用事实进行巧妙的宣传，但不要说谎。"在资金没有进入银行之前，不要停止推销。用事实说话。要能实现你自己做出的或在商业计划和演讲时提到过的承诺、说过的话或主张。汤姆·赫斯比（Tom Huseby）讲过一段充满智慧的话："事情总是比你想像的要难得多。你能比你想像的坚持更长的时间。他们在余生中必须这样做！"最后，永远不要对一份报价说不。有句老话：你的第一份报价可能是你最好的报价。

创业者可以问的问题

在寻求风险投资时向投资者做演示是件压力很大、要求很高的工作，这一点符合融资的高风险特点。风险投资者一方面对他们的有限责任合伙人负有极大的法律和受托责任，一方面也受到自身利益的驱使。因此，他们在进行例行调研和提问时会问得非常详细，并借此来评估创业者的智慧、诚信、机智和创业思路的创造性（见第7章）。

在演示和问答阶段结束后，创始人也可以问一些简单问题来了解投资者的许多情况并提高自己的可信度，这些问题包括：

- 请问您觉得我们的战略、我们对竞争的评价和我们的商业计划怎么样？
- 您是否发现有我们没有谈到的竞争对手？您觉得我们的薄弱点在哪里？我们该怎么和别人竞争？
- 您觉得我们应该怎样改变对企业和规划的思路，才能抓住商机呢？
- 我们的团队是否像您希望的那样强？您会怎样改善我们这支团队？何时开始？
- 您是否能大致说一下，如果您投资______美元，您觉得我们的公司大概值多少？

从他们的回答中，你将了解到他们对你所处的行业、技术和竞争者等许多方面的熟知程度和实践经验，并可借此推断出他们能给企业带来的真正价值。同时，你还能更好地了解他们的坦率和诚信度：他们在回答时是否明确自己所做回答的后果？是否坦诚率直？最后，这些问题还能向投资者传递一个非常有利的信号：这个创业者睿智、开明、领悟力强而且自信，即便我们可能有对他不利的观点，但他仍敢向我们直接了解我们对他的看法和意见。

例行调研：双向交流

通常投资者要花几个星期或几个月才能完成对一家新建企业的例行调研，但如果投资者了解创业者，那这个过程可以快得多。对投资者来说，要调查取证关键人物的实际情况、背景和声誉、产品的市场前景和技术含量、专有权等是件极辛苦的事。他们还会想和你的董事、顾问、前雇主和前合伙人谈谈等。因此你应该尽量让这件事变得容易些。你可以向他们提供有关人员十分详细的简历以及一张10~20名可以证明你的工作成绩的证人参考名单（名单上列明电话号码和地址），如：前客户、银行家、卖主等。另外多准备几份可以证明你所说属实的报刊文章、报告、研究、市场调研、合同或购买订单、技术细则等的复印件。

一项最近的研究项目考察了全国86家风险投资公司是如何开展他们的例行调研的。为了正确评估商机、管理层、风险、竞争并衡量优势和劣势，这些公司要花上40~400小时的时间，其中多数公司要花120小时。这样算来，如果它们全天工作，也要花近3个星期才能完成。而在极端情况下，有些公司要工作6星期才告完成。[19] 这种例行调查的核心任务是认真核查管理层的证明材料并查证公司的业绩记录和能力。

在投资者对你的企业进行调研时，你也应该自己对风险投资者展开调研。打听一下与投资者做过成功或不成功交易的公司名和电话号码，还有最终被他们撤换掉的总裁的名字。谁是他们的法律和会计顾问？他们真正给所投资的公司带来了什么附加价值，在这一点上他们留下了怎样的声誉，表现出了怎样的素质，以及有什么样的记录？最后，管理团队和负责投资的普通合伙人之间的融洽度非常关键，他十有八九会在公司董事会中担任董事一职。如果你的融资合伙人无法令你尊重，而且你也无法与他进行密切合作，那你即便得到了他的投资，也可能会后悔一辈子。

其他股权融资源

小企业管理委员会的7（a）担保商业贷款项目

小企业管理委员会（SBA）的7（a）担保商业贷款项目自1953年开始通过提供长期贷款担保来提高小企业的融资能力，从而有力地支持了新建和高潜力企业的发展。[20]每年，7（a）贷款项目会提供4万笔贷款。它基本上只提供担保，但小企业管理委员会根据该项目也直接贷款给妇女、退伍军人、少数民族企业和其他小企业。根据该项目，SBA为每笔贷款提供贷款总额50%~90%的担保，最高限额为100万美元，同时要求银行和某些非银行贷款人必须向SBA担保的企业提供贷款。7（a）项下的合法活动包括为借款人提供房地产、固定资产（如机械和设备）和用于购买存货的营运资金，或满足其现金流需求等。[21]

SBA项目对经济和创业的影响令人瞩目。它的最高担保限额100万美元，曾帮助许多创业者创办、挽救、扩展或购买了企业。根据SBA的统计数据，SBA借款人在2000年创造了541 539个工作岗位；在1993~1998年间，SBA帮助创造了230万个工作岗位，即在所有新增岗位中约占15%。

小企业投资公司

小企业投资公司（small business investment companies，SBIC）的经营许可权由SBA颁发，并可从SBA获得债务资本——每1美元的个人权益可贷款4美元。[22] SBIC的影响很大，许多大型美国公司都曾从SBIC接受过早期融资，包括英特尔、苹果计算机公司、Staples、联邦快递、太阳微系统公司、赛贝斯（Sybase）公司、卡拉维高尔夫公司和澳洲牛排公司（Outback Steakhouse）等。[23] SBIC项目开始于1958年，主要针对小型新兴企业对风险投资的需求并致力于提高它们的成长机会。[24] SBIC的股权资本一般由一家或多家商业银行、富有个人和投资公众供应。该项目的好处有两方面：（1）符合SBIC项目帮助资格的小企业可以获得股权资本、长期贷款和管理专家的帮助；（2）参加SBIC项目的风险投资者可以从联邦政府以优惠利率借得资金，补充他们的私有投资资本。根据美国小企业投资公司协会（National Association of Small Business Investment Companies）的统计数据，到2000年12月，全国营业的SBIC有404家，管理资本总计160亿美元。自1958年起，SBIC项目已经向将近9万家的美国小公司提供了大约270亿美元的长期债务资本和股权资本。

SBIC受法律限制，只能以少数股权持股人的身份出现，并且不论在什么情况下，投资的最高限额为他们股权资本的20%。由于SBIC的大量资金是从SBA借来的，并且必须偿还，因此他们偏向于投资那些回报有保障的领域。它们最常提供的四种融资形式是：有购买股票期权的长期贷款、可转换债券、直接贷款和在某些情况下使用的优先股。在2000年，SBIC从银行获得的平均融资额为400万美元。[25] 由于它们有SBA债务，SBIC一般不会向新建企业或早期阶段的公司提供资金，但会向比较成熟的公司投资。根据SBA提供的资料，SBIC项目在最近几年发生了很大变化，包括1996年的小企业项目改进法案（Small Business Program Improvement Act of 1996）等（这些资料可见网址www.sba.gov上的SBIC项目一栏）。

过渡资本

当公司已经克服了许多早期阶段风险时，可能就是过渡资本上场的时候了。[26]过渡资本（mezzanine financing）一词指的是介于优先债务资本和普通股之间的资本。在某些情况下，它以可赎回优先股的形式出现，但在多数情况下，它是带有股权“色彩”的次级债务，包含认股证或可转换成普通股的性质。此次级债务资本有许多债务的特征，但也可以作为股权来支持优先债务。它通常是无担保的，有固定利息，期限为5~10年。在设立这种贷款方式时要考虑许多变量：利率、股权金额和股权形式、执行价格/转换价格、转换期限、赎回性质、偿债基金、合约和售出期权/购买权。这些变量经过不同组合能为满足发行者和投资者两方面的需求提供大量可选结构。

与股权资本相比，过渡资本也有些劣势，这些劣势抵消了它所具有的优势。过渡资本作为一种债务形式，利率必须按期偿还，并且如果不转换成股权，本金也必须偿还。这对现金提出了很高的要求，并且如果预期成长率和盈利率不能实现，现金吃紧，可能还会成为很重的负担。另外，次级债务常常包含和净值、债务和红利有关的契约条款。

过渡资本投资者一般寻找那些宣布过业绩记录，年收入接近1 000万美元或1 000万美元以上的公司。因为该融资包括利息支付，投资者应认真考察现有现金流和未来现金流以及预期目标。

过渡融资被用于各种行业中，从基本的制造业到高科技行业。但正如这个名字所暗示的，它更集中于大量做普通业务的公司，而不是集中在高科技、高增长的公司。零售专卖店、广播、通信、环境保护、分销和为大众客户或企业提供服务的服务行业对过渡资本投资者更有吸引力。

私募资金

对于由于种种原因没能上市的私人公司来说，私募资金是一条很有吸引力的筹集股权资本的渠道。如果公司的目标是在短期内筹集到一定数量的资金，这种融资方式比较合适。在这项交易中，公司向一些私人投资者发行股票，而不是向公众公开发行股票。私募资金和公开上市相比，需要的书面工作极少。

如果公司的管理团队认识足够多的投资者，那么私募资金就可以在一小群朋友、家人、亲戚或熟人中间进行。公司也可能让某家中介公司在一些有兴趣投资于小公司的投资者中散发私募资金的建议。以下四类投资者可能对私募资金感兴趣：[27]

1. 假设你制造了一种产品并把它销售给经销商、特许专营商或批发商，这些人了解并尊重你的公司。另外，他们依靠你来提供给他们要销售的产品。如果他们认为购买你公司的股票将有助于产品的持续供应，并且如果你生产出一种新产品或对产品进行了改进，你可能给他们一些更多利益的话，他们可能会出于自己的利益考虑购买你的股票。但这样做会有一些问题，一个问题是：当一个经销商投资而另一个没有投资的时候，你将来能同样公平地对待他们吗？另一个问题是：一个投资过的客户可能要求获得某个特定地理区域的惟一许可权，你可能难以拒绝。
2. 你股票的第二类准购买者是那些专业投资者，他们总是在观望着，想购买一家处于形成期而且很有发展潜力的小公司，再驾驭它驶向成功。通常情况是，这些富有经验的投资者选择某一他们相信会热起来的行业，并在该行业中选中某个特定产品或服务，然后把他们99%的注意力集中在管理层的能力上。如果你的管理层或某个关键人物在管理、技术或市场营销中已经赢得了很高的声誉，成为一名新星，这些满脑考虑风险的投资者们的注意力可能会聚集到那个人身边（高科技行业是个很明显的例子）。你的经营业绩能否经得起他们追星似的考验，这将决定他们是否愿意为你的私募资金冒险。
3. 还有就是那些正在寻找机会购买成长型小公司股票的投资，他们希望这家公司能很快上市，当新投资者把股价抬高时，他们就能得益，这种情况经常发生。对这种投资者来说，私募资金的消息是秘密情报，告诉他们有家公司要行动了，并且值得调查，通常他们着眼于这家公司上市的可能性。这些投资者通常不关心公司的控制权，公司也不太会受到他们的干涉。
4. 私募资金常常还会吸引到希望利用公司上市或出售公司获利的风险投资者。为了有助于确保公司能达到令他们满意的发展阶段，这些投资者会积极地发挥他们作为董事的作用，并利用自己的技能和经验帮助公司发挥它的潜力。

首次公开上市

首次公开上市一般被称为IPO，通过联邦注册和公司股票包销来筹集资金。许多联邦和州的证券法律和法规都对IPO有专门规定；因此，管理层应向十分熟悉当前法规的律师和会计师咨询，这一点很重要。

过去，比如在1983、1986和1992年，新股发行处于强劲牛市期间，为一家早期成长阶段的企业，甚至是初创企业筹集资金都是可能的。我们很容易看出这些股票市场的迅猛发展期，新股发行次数从1980年的78次一跃跳升到了1983年令人瞠目的523次，发行金额则从1980年的约10亿美元到1983年一下增长到12倍（见图表14.11）。另一个迅猛发展的阶段出现在3年后，即1986年，新股发行次数达到了464次。虽然1992年的新股发行数（396）没有超过1986年的记录，但IPO筹资金额达到了创记录的222亿美元。在解释为什么新股发行数减少而筹资总额却增加时，一位观察家说：“1983年每项交易的平均规模是1992年所有已完成交易的平均金额7 000万美元的四分之一。”[28] 但在其他比较困难的融资环境里，如在1987年10月19日股市暴跌后的那段时间，新股市场极为平静，尤其是和1986年对创业公司的火热场面相比，这段时间安静极了。结果，投资退出机会十分有限。另外，要从公开市场上为早期成长公司，甚至是稍微成熟一点的公司筹集到资金十分困难。以下是几个十分典型的例子：

> 某创业者花了十几年时间把一家工业割草设备制造公司从一无所有发展到销售额达到5 000万美元的

图表 14.11
首次公开上市（1980~2000年）

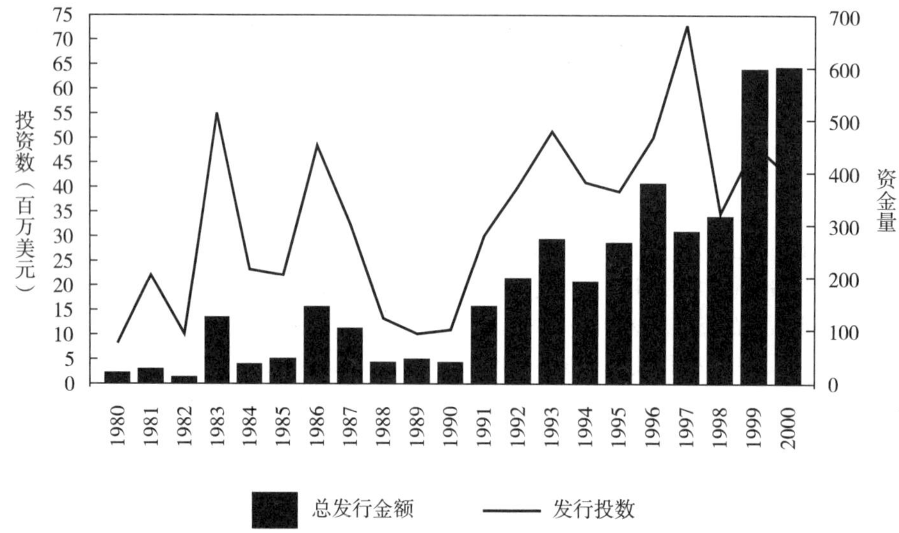

资料来源：Securities Data Co., and Jay R. Ritter, University of Florida, January 29, 2001, "Summary Statistics on 1975-2000 Initial Public Offerings with an Offer Price of $5.00 or more."

注意：这些数字和本书以前几个版本中的数字稍有差别，因为Ritter剔除了一些IPO（包括：发行价低于5美元的IPO、美国存托凭证(ADR)、代销协议发行、联合发行、法规A发行、房地产信托投资基金、合伙制和封闭式基金），另外还对原来的数字进行了更新。但本图表所显示的趋势和以前几版是一致的。

规模。该公司近年来有着很扎实的盈利增长记录。虽然这家公司按《财富》500强的标准还只能算一家小公司，但它在1987年年中是该行业中最大的一家。考虑到公司打算进一步发展的计划，创业者、资助者和董事们都认为IPO的时机来到了，包销商也同意了。到1987年年初，所有事情都排上了日程表，并且计划在11月开始"路演"，向包销商的各个办事处介绍公司状况。接下来的事情已经知道了，将近两年后，IPO仍未实现。

1991年，当IPO市场开始热起来的时候，一家以剑桥为基地的生物技术公司在投资者和投资银行的劝说下，把公司推向上市。在这年春天的时候，IPO之窗还是敞开的，因为医疗和生物技术股是所有行业股票中业绩最好的一种。到5月份，他们的准备工作都做好了；在6月份，"路演"在日本开始，然后经过欧洲，7月中旬在美国结束。当日程表上预定的IPO日期逐渐接近的时候，联合国给萨达姆·侯塞因的最后期限也临近了。美国参与战争后，新股市场急转直下，该生物技术公司的管理层看着他们的股票价格从每股14美元跌到每股9美元。[29]

最近的一个典型事例发生在2000年，在这一年，纳斯达克股票市场暴跌，IPO市场停滞。有家我们暂且称为NetComm的公司，筹集了2亿多美元的股权和债务资本，正朝着年收入超过5 000万美元的目标迈进，而且再过18个月就能达到正现金流了。但它还需要1.25亿美元的资本才能达到这一点。这家公司已经完成了发行登记，并准备在2000年5月份上市，但一切都晚了。不仅IPO被取消，随后的公司兼并计划也失败了，公司在2000年秋天被破产清算，每1美元资产作价20美分！许多公司在这段时间都经历了类似的命运。如图表14.12所示，2001年有37家风险投资支持的美国公司上市，总筹集资本32亿美元，和上一年创记录的210.8亿美元相比有天壤之别，接近1998年的36亿美元。2001年的平均上市规模为8 730万美元，而2000年为9 330万美元，同时，上市后的平均市值为4.075亿美元，而2000年为4.705亿美元。[30]

当公司公开发行股票时，它的成熟度越高，股票发行的条件就越好，公司会得到较高的估价，并且创始人为得

图表 14.12
IPO 近期分析

年份	美国 IPO 数	美国风险投资支持的 IPO 数	风险投资支持的总上市规模（百万美元）	风险投资支持的平均上市规模（百万美元）	风险投资支持的上市后总市值（百万美元）	风险投资支持的上市后平均市值（百万美元）
1996	771	268	11 605.6	43.1	56 123.0	208.6
1997	529	131	4 704.5	35.9	20 838.8	159.1
1998	337	75	3 623.9	48.3	16 837.4	224.5
1999	508	223	17 804.7	76.4	114 864.6	493.0
2000	351	226	21 077.1	93.3	106 324.3	470.5
2001	110	37	3 230.6	87.3	15 078.5	407.5

资料来源：Thomson Financial/Venture Economics & National Venture Capital Association, January 7, 2002.

到所需资金不得不放弃的股权越少。

创业公司想上市还有许多原因。以下列举了上市的一些好处：

- 能比从私募资金和风险资本那里筹集到更多的资金，同时股权稀释较少。
- 能改善资产负债表并能减少或消除债务，因而提高了公司净值。能获得必要的现金来追逐商机，其他方式负担不起。
- 当公司在最不需要额外资金时筹资，可以接触其他融资渠道并提高议价能力。
- 能提高在客户、卖主、关键人物和可能投资者中的可信度。给人留下“你现在身处一个大团队”的印象。
- 能为所有人和投资者赢得预期的资本流动性。
- 能以免税交换股票方式，而非支付现金的方式来兼并其他公司，为公司兼并创造了选择机会。
- 创造了以股权激励新雇员和现有雇员的方法。

尽管有以上好处，但IPO也有以下一些不利方面：

- 通过公开发行股票筹集资金的法律、会计和管理成本比其他筹资方式高。
- 要投入大量管理精力、时间和费用来满足SEC的规定和汇报制度，并保持住上市公司的地位。管理层必须从公司经营中分出大量的时间和精力用在这上面，这会影响公司的业绩和成长。
- 管理层可能对保持住公司的股票价格和计算资本收益更感兴趣，而不把精力放在经营公司上。保持住或增加当年收入的短期活动可能优先于建设公司和增加公司长期收益的计划。
- 通过公开发行公司股票获得的资本流动性可能是表面上的，而不是真实的。如果没有足够多的流通股票和很强的“造市力量”，可能不存在真正的本公司股票的市场，因而也就没有资本流动性。
- 有时投资银行愿意把一家新公司或未成熟公司上市，但公司可能并不愿意和它做生意，也不想建立长期关系。

上市之后再私募[31]

有时一家公司上了市，起初由于市场对公司的期望值较高，所以吸引了大量投资者；但后来由于种种原因，公司运气不佳，市场期望值迅速下降。这时会出现融资前景变糟、现金出现危机、股票价格在公开市场上下跌等一系列麻烦。你发现你需要筹集新的资金来克服这些困难，但如果再发行新股的话，公众投资者们已经不会再感兴趣，也不肯再合作了。

但仍有其他投资者，他们具有丰富的经验，而且看到的也不只是今天的问题；他们知道公司的根基是很扎实的。尽管公众不再理睬你，但这些投资者可能非常愿意接受你向他们私募资金以渡过难关。在这种情况下，你可以使用各种证券——普通股、可转换优先股、可转换债券来募集资金。有几种责任豁免的筹资方式，通常在适用它们的证券规定中有明确说明。

规定D是SEC和州证券协会首次合作努力开发出的一项适用于小规模发行者的统一免注册条款。相当多的州法律都有和法规D一致的资格认定条款。至于规定非常严格的州，如加利福尼亚州，显然除外。但即使在加利福尼亚，适用的责任豁免和规定D的概念也基本一致。

虽然规定D概述了免注册股票发行的一般程序，但它仍要求向SEC填报一些信息（表格D）。表格D是一张比较短的表格，要求填一些发行者和发行股票的基本信息，以及一些有关发行费用的具体数据和发行所得的用途。

规定D提供了在某些情况下销售证券的免注册条款。规定D适用的各种情况一般用规则号来代表。这些规则及其适用情况如下所示：

规则504。既不受“1934年证券交易法”报告制度约束（非上市公司），并且不是投资公司的发行人可以在12个月内销售价值最高为100万美元的证券，投资者数量不限。

规则505。非投资公司发行人可以在12个月内向至多35家未经认证的买主（nonaccredited purchaser）销售价值最高为500万美元的证券，经过认证的买主数量不限。发行人即使是上市公司（必须符合“1934年证券交易法”的报告制度要求），也适用这项免责条款。

规则506。发行人可以向至多35家未经认证的但有经验的买主销售不限量的证券，经过认证的买主数量不限。上市公司适用这项免责条款。

员工持股计划

某些公司非常自信自己在未来可获得稳定的收入和现金流，这样的公司可用ESOP作为另一项潜在融资渠道。ESOP是一项让雇员成为公司投资者的计划，由此创造了内部融资渠道。对员工来说，ESOP也是一项没有多少税收负担的退休福利计划。实际上，ESOP通常从银行或保险公司贷款，并用这项现金收入来购买公司股票（通常从所有者或股票库购买）。然后这种股票可以用做取得银行贷款的抵押品，同时企业主或公司持有现金并可用于多种用途。对于贷款人来说，给ESOP贷款的好处是所获利息50%免税。公司每年向ESOP提供一定金额的款项用于归还银行贷款，包括本金和利息，享受税收减免待遇。“既能投资购买公司的股票又能获得许多税收优惠，这两者的结合使ESOP成了一项有吸引力的工具。”[32]

与资本市场同步

资本市场，尤其是对通过首次公开上市的私人公司来说，呈现出动态、易变、非对称性和不完善性的特点。这句话所描绘出的画卷栩栩如生。在注入大量资本前，先了解一下今后6~12个月内的资本市场状况，可以节省十分宝贵的时间和成千上万美元，有时甚至是几百万美元。以下列出的是现在可向你提供信息的最好信息源：

- National Venture Capital Association （www.nvca.org）.
- Daniel R. Gamer, Robert R. Owen, and Robert R. Conway, *The Ernst & Young Guide to Raising Capital* （New York: John Wiley & Sons, 1991）.
- David Schutt, ed., *Pratt's Guide to Venture Capital Sources* （New York: Venture Economics Publishing, 1993）.
- *Venture Capital Journal* （published monthly by Venture Economics Publishing）.
- *Venture Finance*, “IPO Reporter.”
- *INC.*
- *Red Herring*, a Silicon Valley magazine.
- *Venture One*, database and reports on venture capital from California.

本章总结

1. 要理解资本市场上的动机和要求，关键是要将整个资本市场看成一个寻找被投资公司的食物链。
2. 创业者必须明确对外部投资者的需求，他们是否想要外部投资者，以及如果想要，要谁。
3. 美国的独特资本市场包括许多私人投资者，从“投资天使”到风险投资者都有。
4. 寻求资本可能要花许多时间，并且你从谁那里获得资金比获得多少资金更重要。
5. 有人说，比让风险投资者说“行”还要难的惟一一件事就是让他说“不行”。
6. 对创业者来说幸运的是，20世纪90年代传统的风险资本重新蓬勃发展，它增加了公司的价值和融资渠道。知道找谁、找什么、小心谁、小心什么的创业者增加了获得成功的机会。

习　题

1. 说明一下这些词的含义及其重要性：保护你的股权；投资天使；风险投资；估值；例行调研；IPO；过渡资本；SBIC；私募资本；规定D；规则504、505和506；ESOP。
2. 应该找怎样的投资者？为什么？
3. 创始人如何为例行调研和评估过程做准备？
4. 描述风险资本的投资过程及对资金筹集的意义。
5. 多数风险投资者说：太多的资金在追逐太少的投资交易。为什么会这样？这是什么时候发生的？将会什么时候再出现？为什么？
6. 资本的其他来源是什么，这些资本如何获得？还有哪些融资渠道？如何评估这些融资渠道？
7. 解释资本市场食物链以及它对创业者和投资者的意义。

第14章的互联网资料来源

http://www.ventureone.com VentureOne, a Reuters company
http://www.venturewire.com Venturewire
http://www.pwc.com PriceWaterHouseCoopers
http://www.garage.com Garage Technology Ventures
http://www.findyourangle.com Findyourangels.com
http://www.universityangels.com Universityangels.com
http://www.fastcompany.com/homepage FastCompany

思考题

你考虑过吗？

1. 一些创业者说，除非你没有其他办法，否则你不应该筹集风险资本。你同意还是不同意？为什么？
2. 举一个筹集过外部资本，后来被董事会解雇的创始人或CEO的例子。从中得出的教训是什么？
3. 风险投资者如何赚钱？作为一种商业形式，风险投资的经济性是怎样的？

注　释

1. Alex Pham, "MassFirm takes $14B Rocket Ride" *The Boston Globe* 10/23/1999.
2. Taken from a lecture on March 4, 1993, at the Harvard Business School, given by Paul A. Maeder and Robert F. Higgins of Highland Capital Partners, a Boston venture capital firm.
3. Robert A. Mamis, "The Secrets of Bootstrapping," *INC.*, September 1992, p. 72.
4. Ibid., p. 76.
5. Ibid.
6. G. Baty, "Initial Financing of the New Research Based Enterprise in New England," Federal Reserve Bank of Boston Research Report No. 25, Boston, MA, 1964; and G. Baty, *Entrepreneurship: Play to Win* (Reston, VA: Reston Publishing, 1974), p. 97.
7. *New York Times*, July 6, 2001.
8. Robert J. Robinson, and Mark Van Osnabrugge, *Startup Funds with Startup Companies—A Guide for Entrepreneurs, Individual Investors, and Venture Capitalists* (San Francisco: Jossey-Bass, 2000).
9. William H. Wetzel, Jr., "Informal Investors—When and Where to Look," in *Pratt's Guide to Venture Capital Sources*, 6th ed., Stanley E. Pratt (Wellesley Hills, MA: Capital Publishing, 1982), p. 22.

10. Ibid.
11. Unless otherwise noted, this section is drawn from William D. Bygrave and Jeffry A. Timmons, *Venture Capital at the Crossroads* (Boston: Harvard Business School Press, 1992), pp. 13–14. Copyright 1992 by William D. Bygrave and Jeffry A. Timmons.
12. "Note on the Venture Capital Industry (1981) ," HBS Case 285-096, Harvard Business School, 1982, p. 1.
13. Michael Vachon, "Venture Capital Reborn," *Venture Capital Journal*, January 1993, p. 32.
14. Ibid.
15. Bygrave and Timmons, *Venture Capital at the Crossroads*, p. 11.
16. Vachon, "Venture Capital Reborn," p. 35.
17. For more specifics, see Harry A. Sapienza and Jeffry A. Timmons, " Launching and Building Entrepreneurial Companies: Do the Venture Capitalists Build Value?" in *Proceedings of the Babson Entrepreneurship Research Conference*, May 1989, Babson Park, MA. See also Jeffry A. Timmons, " Venture Capital: More than Money," in *Pratt's Guide to Venture Capital Sources, 13th ed., ed. Jane Morris* (Needham, MA: Venture Economics, 1989), p. 71.
18. The authors express appreciation to Thomas Huseby of SeaPoint Ventures in Washington for his valuable insights in the following two sections.
19. Geoffrey H. Smart, "Management Assessment Methods in Venture Capital," unpublished doctoral dissertation, 1998 (Claremont, CA: The Claremont Graduate University), p. 109.
20. Data were compiled from the Small Business Administration, http://www.sba.gov.
21. Daniel R. Gamer, Robert R. Owen, and Robert P. Conway, *The Ernst & Young Guide to Raising Capital* (New York: John Wiley & Sons, 1991), pp. 165–66.
22. This section was drawn from Jeffry A. Timmons, *Planning and Financing the New Venture* (Acton, MA: Brick House Publishing Company, 1990), pp. 49–50.
23. The National Association of Small Business Investment Companies (NASBIC), http://www. nasbic.org.
24. Small Business Administration, http://www.sba.org.
25. The National Association of Small Business Investment Companies (NASBIC), http://www.nasbic.org.
26. This section was drawn from Donald P. Remey, "Mezzanine Financing: A Flexible Source of Growth Capital," in *Pratt's Guide to Venture Capital Sources*, ed. D. Schutt (New York: Venture Economics Publishing, 1993), pp. 84–86.
27. The following examples are drawn directly from Garner, Owen, and Conwav, *The Ernst & Young Guide to Raising Capital*, pp. 51–52.
28. Thomas N. Cochran, "IPOs Everywhere: New Issues Hit a Record in the First Quarter," *Barron's*, April 19, 1993, p. 14. Though softened in 1997, the IPO market by any prior standard remains robust.
29. This synopsis is drawn from "Rational Drug Design Corporation," HBS Case 293-102, Harvard Business School, 1992.
30. http://www.ventureeconomics.com.
31. Garner, Owen, and Conway, *The Ernst & Young Guide to Raising Capital*, pp. 52–54.
32. Ibid., p. 281.

第 15 章

交易的估价、结构和谈判

"总是假定交易不会达成并留有备选方案。"

——詹姆斯·欣德曼

杰斐润滑油国际公司创始人、首席执行官兼董事会主席

学习目的

学完本章后，你将能够：

1. 确定风险投资者和专业投资者估计公司价值的方法。
2. 了解如何给投资者分配股权比例。
3. 研究如何确定交易结构，包括重要的条款、条件和契约。
4. 了解谈判与签订交易的要点。
5. 了解优劣交易的特点并识别创业者在企业融资中面临的沙陷阱。
6. 分析在"过渡资本投资者"案例中创业者所面临的实际交易状况。*

估价的艺术和技巧

创业者和私人投资者的融资市场和公司融资市场极为不同。公司融资市场是上市公司在成熟资本市场上角逐和竞争的赛场，而私人公司和私人投资者构成的创业融资市场则比资本市场更为多变、更不完备、更难进入。两者的资本来源也十分不同。创业融资市场上的公司历史非常短、变数很大、环境变化快、十分不稳定。这些显著差异对创业者和投资者都造成了深远影响。像"现金为王"、"β系数"和美妙的公司金融理论等在此毫无用武之地，统治一切的是资金的流动性和融资时机，而且资本使用者和供应者之间充满着无数无法回避的矛盾。最后，创业公司的价值很难估算，与其说它是项科学计算工作，还不如说是项艺术工作。

公司的价值是多少

回答是：看情况！上市公司市场上每天都有几百万的股票在交易，公司的市值（总股数乘以每股股价）随时可以确定，但私人公司的市场很不完善。

价值的决定因素

公司融资所用的标准和方法适用于评估上市公司在资

* 请见与本书配套的《创业学案例》一书第 15 个案例。 ——编者注

本市场上的价值，当原封不动地应用到创业公司时，会存在很大的局限性。创业公司的估价有3项关键考虑因素：现金、时间和风险。在第13章，你已经明确了企业的资金消耗率（burn rate）、现金耗尽时间（OOC）和融资完成时间（TTC），因此不难看出，拥有的现金额和创造现金的能力在估价中将起到重要作用。同样，图表13.5表明时间也会起到重要作用。最后，风险或风险意识也会影响估价。有句老话“风险越大，回报越大”，这句话极能说明投资者在评估企业价值时的心态。

长期价值创造和季度收益

创业者的核心使命是建立最好的公司，如果可能的话，还要建立起一家伟大的公司，这是为所有利益相关者和社会创造长期价值的惟一可靠方式。这项使命所要求的企业战略完全不同于仅仅瞄准季度收益最大化，以求按当时市盈率得出最高股价的企业目标。第19章对此有更多阐述。

决定价值的心理因素

公司的价值常常被估得出奇的高，是正常的市盈率和价格/销售比的好多倍。在股市最好的几年，比如1992~1993年的牛市，纽约股票交易所指数的交易当时都能获得将近20倍收入；1987年10月股市急剧下跌后，这个比率跌到了8左右。此后许多年，即使是12~15也被认为相当不错。到了1998年至2001年后期，标准普尔500公司的市盈率超过了30。反过来，让我们来考察一下20世纪90年代末对马萨诸塞州 100强上市公司的调研，其中许多公司的股票都以50倍或50多倍于收益的价格成交，几家甚至达到了95~100倍，是销售额的6~7倍！更高的估价出现在1998~2000年初所谓网络泡沫高峰期，在这段典型的疯狂期，有些公司的市值是销售收入的100倍甚至更高。

通常极高估价的背后是心理波动，一方面受贪欲支使对一家好公司充满了热情，一方面又害怕抓不住股票升值机会而忧心忡忡，这两种情绪结合在一起，造成了对公司估价的抬升。同样的心理也会让私营公司的价格达到让人意想不到的高度。比如，在20世纪60年代后期，施乐以10亿美元买下科学数据系统公司（Scientific Data Systems），后者当时的销售额为1亿美元，税后利润为1 000万美元，施乐的购买价格是科学数据系统公司销售额的10倍，利润的100倍！观察者的期望也能形成价值。

一个理论观点

确定边界和值域，而不是算出数字 估价不仅仅是一门科学，刚刚给出的实例就说明了这一点。我们很快就会看到，要判定一家私人公司的价值至少有一打不同的方法。每个估价练习都包含许多假定和许多判断要求。比如，有这样一个例子，创业者咨询了13位不同专家，以判定他应该出价多少来购买一家销售额为1 000万美元的公司的另一半股份，答案从100万~600万美元不等，后来他以350万美元收购了此公司的另一半。

因此，如果希望估价工作能得出一个数字或一个非常小的数值范围，这可能犯了严重错误。实际上你所能期望的只能是一个值域，其边界由各种不同方法及每个方法的基本假设确定。在此值域内，买方和卖方必须自己判定自己的合适区域，判断哪一点是你卖或买的分界线？判定出这一点对你准备好买卖谈判非常有益。

投资者要求的回报率

不同投资者对不同发展阶段的投资会要求不同的回报率（ROR），并且希望持有的时间长短不一。比如，图表15.1概括了风险资本投资者对公司不同发展阶段的投资所追求的年回报率以及他们希望持有这些投资的时间。风险资本投资所要求的回报率由几项基本因素决定，包括对系统风险、资金流动性和价值增加的评估值。当然，这些数据会因地区和时间不同，随市场条件的变化而变化，因为这些投资所在的细分资本市场不可能是完美无缺的。

图表 15.1
风险资本投资者寻求的回报率

阶 段	年 ROR%	一般期望持有的时间（年）
种子和初创阶段	50~100 或以上	10 年以上
第一阶段	40~60	5~10
第二阶段	30~40	4~7
扩张阶段	20~30	3~5
过渡阶段	20~30	1~3
LBOs	30~50	3~5
回收（Turnarounds）	50 以上	3~5

投资者要求的所有权份额

投资者要求的回报率决定了投资者要求的所有权份额，如图表15.2所示。我们100万美元的投资，以50%的复回报率计算，其未来价值将是100万美元×（1.5）^{5}=100万美元×7.59=759万美元。因此，第五年所要求的所有权份额是：

$$\frac{\text{投资的未来价值}=759\text{万美元}}{\text{公司的未来价值}=1\ 500\text{万美元}}=51\%$$

最后要提醒的是，我们可以看出改变关键变量中的任何一个，结果都会随之变化。

如果风险投资者要求得到前面所说的回报率，那么他们同样要求得到的所有权份额按以下确定：在初创阶段，如果投资者供给所需的全部资金，则分配给他/她25%~75%的所有权；初创阶段后，根据投资的金额、投资期限和企业的历史记录分配给投资者10%~40%的所有权；经营了几年的公司在后几轮融资中给那些提供给它持续增长所需额外资金的投资者分配10%~30%的所有权。

公司定价理论

我们在第14章介绍了食物链的概念，在此再把它引用过来，见图表15.3。该表描述了公司从思路阶段到首次公开上市的发展演变过程。不同资本源——从投资天使、朋友和家人到风险投资者、战略合伙人和证券市场——的胃口根据公司规模、阶段和投资额的不同而变化。如果创业者能很好地理解这条食物链和不同资本源的胃口，那他们就能更好地制定筹资战略，把目标定在更加现实的资本源、资本数量和估价上。

公司定价理论可简单概括为图表15.4。理想状况下，风险资本投资者都会预期今后两三轮的融资是，开始每股1美元，到系列B涨四五倍，到系列C再翻一倍，然后到IPO时再在每股8美元的基础上翻一倍。绝大多数成功进入IPO融资阶段的交易都属于这种通常模式，但也有许多与此趋势不同的情况。实际上，许多因素都会改变该理论。

图表 15.2

投资者在不同 ROR 目标下要求的所有权份额

假定：

初期创建投资额=100 万美元　　第五年税后利润=100 万美元

持有时间=5 年　　第五年价格/收益比=15

要求的回报率=50%

计算要求的所有权份额：

投资者的回报目标（年复百分比）%

价格/收益比	30%	40%	50%	60%
10 倍	37	54	76	106
15 倍	25	36	51	70
20 倍	19	27	38	52
25 倍	15	22	30	42

现　实

在过去25年中，风险投资行业从年投资仅5 000万到1亿美元飞速增长到了2000年的1 000亿美元。图表15.5显示了资本市场的真实运行状况和目前市场状况、交易流、相对议价能力对真实交易的影响方式。图表15.6显示了网络公司爆炸和资本市场暴跌导致私人公司价值不断下降的情况。纳斯达克指数从5 000多点下降到了2000年底的2 000点以下，在大约9个月内下跌了63%。

2003年的走低融资回合，或称倒尖顶式融资回合

1987年10月股市暴跌后也曾发生过这样的情况，创业者们在第二轮或第三轮融资中遭受重挫。股票价值从系列A到B，或B到C并没有达到预期4~5倍的增长，相反，一路走低，陷入了我们所称的“倒尖顶式”回合，即股价一般只有上一轮股价的四分之一或三分之二，如图表15.6所示。由于投资者一般受到保护，股份不被稀释，这最终造成了创始人所有权的极大下降。创始人由于经营不善导致所有权下降是一回事，但由于纳斯达克和IPO市场暴跌而导致所有权下降则很有些待遇不公的味道，但这也是现实。

就拿两家优秀的年轻企业为例，一家在1998年创办，一家在1999年创办。到2001年秋，第一家已经获得了两轮风险投资，年收入突破目标2 000万美元，正在试图通过新一轮私募资金融资2 500万美元。上一轮的融资价格为每股4.50美元。系列C定为每股2.88美元，比上一轮降低了36%。第二家公司也达到或超过了它所有的商业计划目标，并有望在2001年EBITDA达到2 500万美元。它的上一

图表 15.3

创业企业的资本市场食物链

	阶段			
	研发阶段	**种子阶段**	**初创阶段**	**高速成长阶段**
公司在该阶段的企业价值	100 万美元以下	100 万~500 万美元	100 万~500 万美元	1 亿美元以上
资本来源	创始人 高额净资产 个人 朋友、家庭和蠢人 SBIR	朋友、家庭和蠢人 投资天使基金 种子基金 SBIR	风险投资系列 A、B、C…… 战略合作伙伴 非常富有的个人 私有股权	IPO 战略收购方 私有股权
投资资本额	低于 5 万~20 万美元	1 万~50 万美元	50 万~2 000 万美元	1 000 万~5 000 万美元以上
首次公开上市时股权资本占公司总价值的百分比	10%~25%	5%~15%	以前的投资者占 40%~60%	公众持股占 15%~25%
股票价格和数量 *	0.01~0. 50 美元 100 万~500 万股	0.50~1.00 美元 100 万~300 万股	1.00~8.00 美元 500 左右~1 000 万股	12~18 美元以上 300 万~500 万股

风险投资系列A、B、C……（各回合的一般规模）：

以三个阶段的投资回合为例

回合（Q4 2000）
- "A" @500万美元—— 初创阶段
- "B" @750万美元——产品开发阶段
- "C" +@1 200万美元—— 产品交付阶段

估值随行业变化很大（如 2×^{s}+）

估值随地区和风险投资周期变化。

* 首次公开上市后

图表 15.4

公司定价理论

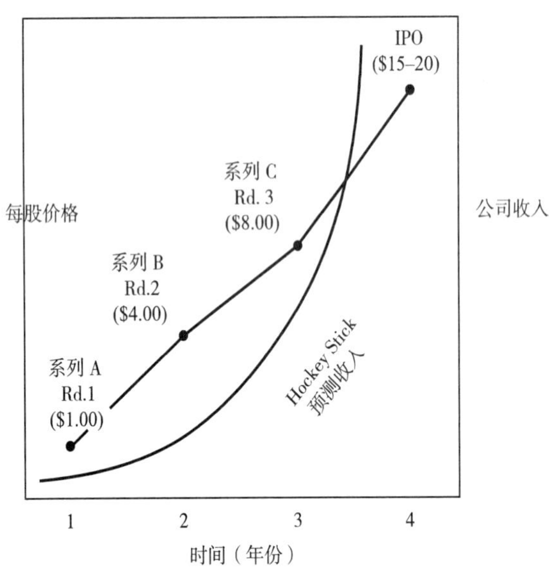

轮系列B融资定价为每股8.50美元，而新一轮系列C价格仅为每股6.50美元，下跌将近24%。

2001年和2002年初的许多融资都附加了一些繁琐的条件，如在给系列A或B投资者分配利润前必须先保证给系列C投资者分配3~5倍的回报！在倒尖顶式融资回合中，创始人和早几轮的投资者都损失惨重。由最后一笔钱决定交易条件的原则仍旧普遍适用。

由以上事例大家可以感受到，当外部事件，如纳斯达克指数暴跌引发负面连锁反应时，公司估价有多脆弱、多不稳定。大家还可以重新认识到时机是多么重要。即使以上两个例子中这两家公司表现得如此优秀，他们仍然逃脱不了股价大跌的厄运。想想那些达不到计划目标的公司：即使它们获得了融资，一定也是被打压得不成样子了。和1998~1999年网络鼎盛时期——那时还处于概念阶段的公司（没有产品，没有成形的模型或雏形，也没有有经验的管理团队）就可以筹集到2 000万、5 000万、7 000万美元，甚至更多，而且首次公开上市时价值几十亿美元——相比，真是惊人的逆转。历史在问：这究竟是怎么回事？

图表 15.5

现实

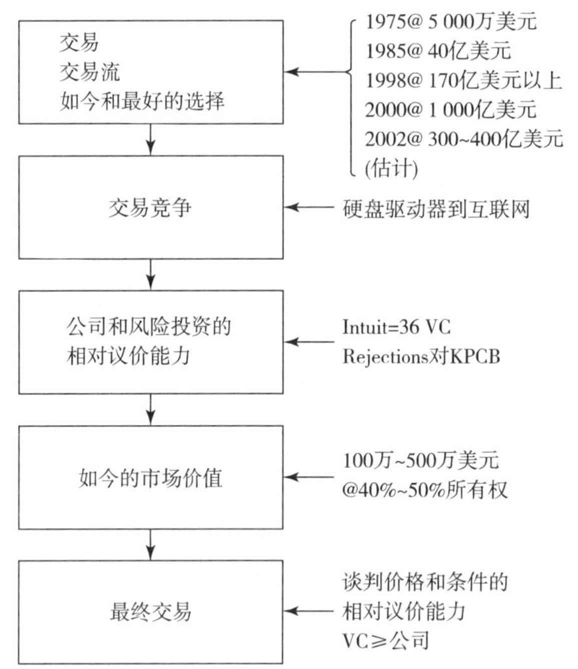

图表 15.6

现实：走低融资回合

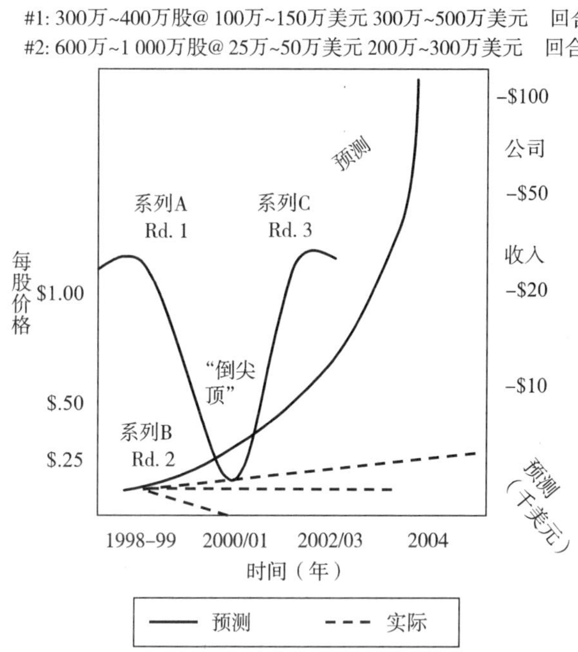

纳斯达克：在2000年3月超过5 000点，达到峰值。到2000年12月31日下跌63%。

历史同样回答：正现金流仍然是真正的快乐所在！

估价方法

风险投资法[1]

该方法适用于投资于某家当时现金流为负，但几年后预计会产生很多收入的公司。如第14章谈论过的，风险投资者是最可能参与这种投资的专业投资者，因而也是常常采取此风险投资法的投资者。这种方法包含的步骤如下：

1. 估计公司几年后投资者计划要收获时的净收益。可以根据创业者在商业计划中表述的销售额和利润预期来估计。
2. 确定合理的价格/收益比，或称市盈率（P/E）。可通过研究具有相似经济特点的公司其当前市盈率来确定合理的市盈率。
3. 通过把净收益乘以市盈率计算出预期的期末价值（terminal value）。
4. 然后把期末价值折算成现值。风险投资者采用的折现率从35%~80%不等，因为这些投资种类包含的风险不同。
5. 根据投资者的初期投资来决定他们要求的所有权比例，即用初期投资除以估计的现值。

总结上述步骤，可用下面这个方程式：

$$\text{最终要求的所有权}=\frac{\text{要求的未来价值}\times\text{投资额}}{\text{期末价值}}=\frac{(1+\text{IRR})^{\text{年数}}\times\text{投资}}{\text{市盈率}\times\text{期末净收益}}$$

6. 最后，必须用下面这个方程式来计算出股票数和股价：

$$\text{新股票数}=\frac{\text{投资者要求的所有权比例}}{(1-\text{投资者要求的所有权比例})\times\text{老股票数}}$$

按照定义，股价等于支付的总金额除以股票数。

风险投资者一般采用这个方法，因为他们进行股权投资的行业常常需要大量初期投资并且预期收入很高；另外一个事实是，所有权比例是谈判中的一个关键问题。

基本方法

该方法就是指计算未来收入流的现值（见图表15.7）。

第一芝加哥方法[2]

另一个可选的估价方法由第一芝加哥公司的风险投资组创造。它采用较低的折现率计算预期的现金流。预期现金流是三项可能方案的平均数，每个方案的权重都根据其概率确定。决定投资者要求的最终所有权的等式是：

$$\text{要求的最终所有权}=\frac{\text{未来投资价值}-\text{未来非IPO现金流的价值}}{\text{概率（成功）}\times\text{预测的期末价值}}$$

该方程式[3]和最初的基本风险投资方程式的区别有两方面：（1）基本方程式假设投资和第五年收获之间没有现金流，未来投资价值中扣除了即期现金流的未来价值，因为两者之间的差值才是计算在期末价值中占多少比例的数值；（2）基本方程式对预测（forecast）期末价值和预期（expected）期末价值不作区别，传统方法用的是预测期末价值，通过使用高折现率来加以调整；该方程式采用的是期末价值的预期价值。图表15.8给出了用这种方法的实例。

所有权稀释法[4]

上面的实例不太现实，因为在多数情况下，为一家高潜力企业融资必须要进行几轮投资。以图表15.9显示的定价工作表为例，表中预期有3轮融资。除了估计当前一轮融资比较合适的折现率外，第一轮风险投资者现在还必须估计很可能用在以后几轮融资（预计在第2年和第4年发生）中的折现率。虽然50%的比率仍旧适合第0年，估计Hitech公司的投资者会要求在第2年得到40%的回报率，在第4年要求25%的回报率。如果末期市盈率为15，那么留给每个投资者的最终所有权可用基本估价方程式来计算：

第一轮：

$$\frac{\text{未来价值（投资）}}{\text{期末价值（公司）}}=\frac{1.50^5\times 150\text{万美元}}{15\times 250\text{万美元}}=30.4\%\text{所有权}$$

第二轮：

$(1.40^3\times 100\text{万美元})/(15\times 250\text{万美元})=7.3\%$

第三轮：

$(1.25^1\times 100\text{万美元})/(15\times 150\text{万美元})=3.3\%$

图表 15.7
基本方法举例

高科技公司						
年	收入增长百分比	收入（百万美元）	税后利润率	税后利润（百万美元）	现值因数	每年的收入现值（百万美元）
1	50	3.00	0	0	1.400	0
2	50	4.50	4.0	0.18	1.960	0.09
3	50	6.75	7.0	0.47	2.744	0.17
4	50	10.13	9.0	0.91	3.842	0.24
5	50	15.19	11.0	1.67	5.378	0.31
6	40	21.26	11.5	2.45	7.530	0.33
7	30	27.64	12.0	3.32	10.541	0.32
8	20	33.17	12.0	3.98	14.758	0.27
9	15	38.15	12.0	4.58	20.661	0.22
10	10	41.96	12.0	5.03	28.926	0.17
超速成长期收益的总现值						2.12
收入流的剩余未来价值				63.00	28.926	2.18
总计公司现值						4.30

图表 15.8

第一芝加哥方法举例

	成 功	勉强生存	失 败
1. 年收入增长率（以 200 万美元为基数）	60%	15%	0%
2. 3 年后的收入水平	819 万美元	304 万美元（清算）	200 万美元
3. 5 年后的收入水平	2 097 万美元（IPO）	402 万美元	
4. 7 年后的收入水平		532 万美元（兼并）	
5. 清算的税后利润率和收益	15% 315 万美元	7% 37 万美元	
6. 清算时的市盈率	17	7	
7. 公司清算价值	5 355 万美元	261 万美元	69 万美元
8. 按 40%折现的公司现值	996 万美元	25 万美元	25 万美元
9. 每种情况的概率	0.4	0.4	0.2
10. 每项情况的公司预期现值	398 万美元	10 万美元	5 万美元
11. 公司预期现值		413 万美元	
12. 投资 250 万美元要求得到的所有权百分比		60.5%	

图表 15.9

三阶段融资举例

Hitech 公司（以千为单位）

	第 0 年 1989	第 1 年 1990	第 2 年 1991	第 3 年 1992	第 4 年 1993	第 5 年 1994
年收入	500	1 250	2 500	5 000	81 000	12 800
利润	(250)	(62)	250	750	1 360	2 500
营运资本按年收入的 20%	100	250	500	1 000	1 600	2 500
固定资产按年收入的 40%	200	500	1 000	2 000	3 200	5 120
自由现金流	(550)	(512)	(500)	(750)	(440)	(380)
累计外部融资需求	500	1 653	1 543	2 313	2 753	3 133
股权发行	1 500	0	1 000	0	1 000	0
股权保有	1 500	1 500	2 500	2 500	3 500	3 500
现金余额	950	436	938	188	748	368
假设：投资者每轮要求的长期 IRR	50%	45%	40%	30%	25%	20%

资料来源：William A. Sahlman, "A Method for Valuing High-Risk, Long-Term Investments," Harvard Business School Note 9-288-006, Exhibit 9, p. 45 Copyright ⓒ 1988 by the President and Fellows of Harvard College.

贴现现金流

在简单贴现现金流方法中定义了三个时段：（1）第1~5年；（2）第6~10年和（3）第11年到永远。[5]每个时段都必须规定一些假设运营参数，分别是最初销售额、成长率、EBIAT/销售额和（净固定资产+营业运营资本）/销售额。当运用这种方法时，大家还应该注意它们之间的关系和平衡。在这些假设基础上，才可以把折现率应用到资本的加权平均成本（WACC）上。[6]然后用自由现金流价值（第1~10年）加上期末价值。此期末价值为公司成长到无限期时的价值。

其他常用的估价方法

估计公司价值的常用方法还有其他几种。其中许多是根据类似公司最近几次类似交易，凭公司的一次销售额或以前的一次投资来估价。比较项可能是以下这几个乘数：收益、自由现金流、年收入、EBIT和账面价值等。懂行的投资银行家和风险投资者认为了解目前私募资本市场上的活动和交易如何定价是他们必须做的事。这些方法最常用于评估某家现有公司的价值，而非新建公司，因为现有公司及其财务表现的已知情况比较多。

创业者面临的焦油陷阱

创业者（即资本使用者）和投资者（即资本供应者）之间存在一些内在矛盾。[7]创业者希望随时能得到融资，而投资者只想在时间允许的范围内尽可能晚地提供资金或只在公司需要资金的时候提供。创业者应该是在还不需要的时候就想到要筹集资金，同时给自己留有其他资金源的备选方案。

类似地，资金使用者想尽可能多地筹集资金，而投资者只想提供该融资阶段需要的资金。投资者，如风险投资者，用阶段投资的方法在6~12个月间累积投资，以此来控制他们的投资风险。

在交易谈判中，创业者有时喜欢提高其公司的估价，抱着“我开价，你开条件”的态度。投资者一般会试图改变这种观念，因为毕竟这是他的资金。因而投资者会尽量把估价压低，抱着“我开价，我开条件”的态度。

这种对抗性不仅表现在融资交易中，还表现在资本使用者和资本供应者之间的不同风格上。使用者十分重视他们的独立性和他们自己的公司带给他们的灵活性。然而，投资者也希望保留他们的选择权。这些选择通常包括企业再投资和放弃企业。

这些观点也在组成董事会时发生碰撞，因为创业者想要控制权和独立性，而如果公司经营没有达到预期目标，投资者就会试图控制董事会。对多数想自己主宰命运的创业者来说，控制权是个感情问题。这些资本使用者中的许多人高度推崇自主权和自决权，他们十分赞同沃尔特·迪斯尼在这样一句话中所表达的感情：“我不是为了赚钱才拍电影的，我是为了拍电影才去赚钱的。”投资者可能相信这些资本使用者的这种感情，但他们仍旧希望通过某些方式来保护自己，如第一否决权、首次公开上市权和各种其他退出选择。

资本使用者和供应者的长期目标也可能互相抵触。创业者可能对自己企业的进步很满意，对一位数或两位数的增长十分高兴。这是他们的企业，他们的孩子；如果它取得了一点点成功，许多创业者会感到他们获得了极大的成就感。但投资者不会对一点点成功感到满意，而是想让他们的投资产生极高的回报——他们想从创业者那里拿到一个本垒打。因此，创业者觉得身上的压力太重，而投资者觉得这是必需的。

这些战略相互抵触，这在资本使用者和供应者的管理风格上充分表现出来。创业者愿意承担有限的风险，或把不必要的风险降低到最小或完全避免，但投资者赌的是超常表现，愿意每天把整个公司都赌上去。

创业者具有看到机会，更为重要的是，抓住机会的能力。他们具有一种本能，希望为抓住新的机会而改变、适应或放弃。但是，投资者寻找的是像商业计划中预期的那样清晰而稳定的发展，这没有给任何特殊情况留下余地。

最后，他们的最终目标也可能不同。作为一名一直在建设自己公司的创业者，他可能觉得经营一家公司很有意思。因此，其个人成功和公司成功的定义都包含致力于公司的长期建设，以创造出一个持续发展的机构。但投资者只想在2~5年内撤出资金，以便再投资于其他企业。

阶段资本投入[8]

风险投资者极少会投入某家公司所需要的全部外部资金以完成其商业计划；相反，他们只投入公司为完成某些阶段发展而需要的资金。结果，每个公司在成立之初就明白它能拿到的资金只够用于这一发展阶段。通过阶段性投资，如果项目前景暗淡，风险投资者就可以放弃该项目。“放弃”这项权利十分必要，因为只要别人不断投入资金，创业者就几乎永远不会停止向一个注定失败的项目投资。

阶段性投资还向创业团队提供了激励因素。资本是私有企业的一项稀有而昂贵的资源。资本使用不当对风险投资者来说，其代价很高，但对管理者来说并不一定如此。为了鼓励经理人尽量保留资本，风险投资公司对资金使用不当的行为给予了严厉的处罚。这些处罚一般有两种基本形式。第一，提高资本要求，以惩罚性的回报率稀释管理层的股权份额。第二，阶段性投资，这样风险投资公司可以在不满意的时候完全放弃企业。放弃企业（即使该公司在经济上可能还有活力）这个切实的威胁是确立创业者和风险投资者之间关系的关键。通过拒绝投资行为，风险投资者还向其他资本供应者发出了这样一个信号，即向该公司投资的风险极大。

除了拒绝投资以外，风险投资者还可以通过解雇或降职来约束自行其事的管理者。然后还可以通过股票购买协议条款来辅助解雇或降职。比如，公司一般有权购回离职经理人的股份，回购价格常常低于市价；股票托管计划限制了雇员在不满合同期时离职可以得到的股份。最后，非竞争条款可以非常严厉地惩罚那些离职的人，尤其是对那些其人力资本对企业十分重要的人。

创业者接受阶段性投资过程，因为他们通常对自己达到目标的能力很有信心。他们明白如果他们达到了那些目标，他们最后能得到很大份额的公司股票，这比他们坚持预先得到全部资金的利益要大得多。

确定交易结构

什么是交易[9]

交易的定义是至少两方或两方以上主体之间的经济协议。就创业融资来说，多数交易包括现金流的分配流程（和金额与时机都有关）、风险分配及不同群体之间的价值分配。比如，交易可以在资金供应者和使用者之间达成，或者在企业管理层和雇员之间达成。

交易发展过程的思考方式 为了评估和设计长期有效的交易，威廉·萨尔曼教授提出以下一系列问题作为交易人确定交易结构和理解交易发展过程的指南：[10]

- 交易者是谁？
- 他们的目标和目的是什么？
- 他们观察到的风险是什么，以及如何管理这些风险？
- 他们观察到什么问题？
- 他们按确切条件和相对条件分别投资了多少？投资成本和市值分别为多少？
- 做出目前决策的背景是什么？
- 他们目前的投资或声称的投资其形式是什么？
- 他们必须施加的力量是什么？是要促使公司变化吗？
- 他们实际可进行的选择是什么？他们采取这些行动要花多长时间？
- 他们能施加的确切威胁是什么？
- 他们如何获得信息，从谁那获得？
- 该信息源的可信度怎么样？
- 他们在不同方案下声称要投资的价值有多大？
- 他们如何获得他们声称的投资额？
- 他们可以从另一方调拨过来的资金有多少？
- 该情形的不确定性有多大？
- 游戏规则（如税收、法律方面）是什么？
- 目前的状况（如经济状态、资本市场、行业特性）怎样？该状况预期将会怎样改变？

成功交易的特点[11] 虽然做交易最终是艺术和科学的结合，但还是有可能总结出一些在某一段时间被证明是成功交易的特点。这些特点是：

- 它们简单。
- 它们强健（它们不会因为跟预期有小的差异而告吹）。
- 它们有生命（它们不是不变的）。
- 它们考虑了各种情况下，交易各方的激励因素。
- 它们提供了沟通机制和解释机制。
- 它们的主要基础是信任，而不是深奥的法律用语。
- 它们没有明显的不公平行为。
- 它们没有限制筹集额外资金。
- 它们把资本使用者和资本供应者的需要结合得很好。
- 它们透露各自的信息（如，他们对自己完成承诺能力的信心）。
- 它们在必须融资以前，不断接受新的信息。
- 它们没有不连续情况存在（如打乱资本代理人行动的界限）。
- 它们考虑到筹集资金要花时间这个事实。
- 它们提高了企业成功的机会。

交易的属性因素 这涉及到许多价值分配条件、基本定义、假设、业绩激励因素、权利和义务。交易还应该包括传递及时的可信信息的基本机制、契约订立代表权和担保，加上消极的和积极的付款承诺也将构成交易结构的一部分。另外，多数交易中都应该有默认条款和补救行为条款。

管理风险/回报的工具 在交易中，现金和股权分配是由交易者排定优先次序的。交易者可用的工具包括：普通股、合伙关系、优先股（红利和清算偏好）、债务（担保的、无担保的、个人担保的或可转换的）、按业绩定价（以压力为激励因素或积极激励因素）、售出期权和购进期权、担保和现金。以下是交易的一些关键点，它们比金钱更重要：

- 股票（也可能是股票和债券）的数目、类型和组合，以及它们影响投资者回报率的各种特征（如售出期权）。
- 配股数和时间、转换数目和时间等。
- 债务融资或优先股融资的利率。
- 董事会中的席位数目，以及谁实际上将代表投资者。
- 管理团队和董事会组成上可能发生的变化。
- 投资者的股票认购权（在记名公开上市股票的情况下）。
- 授予投资者的第一否决权，他们可以在以后私募资金时或IPO时行使此权利。
- 雇佣协议、非竞争协议和专有权协议。
- 法律、会计、咨询或其他与达成交易有关的费用支付。
- 截至预定日期的特定表现目标：收入目标、开支目标、市场渗透目标等。

理解交易的赌注

由于交易是建立在现金、风险和时间的基础上，因此它必须对这些方面做出解释。交易者对这些因素中每一项的看法都会对该企业的总估价和随后的交易产生影响。如前文所述，评估一个企业的价值有许多不同方法，这些不同的估价方法增加了交易的复杂度。比如，让我们来考虑一下以下的交易条件：[12]

- 一家风险投资公司提议筹集1.5亿~2亿美元通过兼并来建立RSA移动电话资产（RSA Cellular Phone Properties）公司。该风险投资公司承诺将提供股权融资1 500万~3 000万美元，并将带头筹集优先债务融资和从属债务融资以购买经营许可权。许可权获得者将获得新公司未来股权价值中的30%；该风险投资公司将获得60%（从属债务估计占10%）；管理层将获得5%~10%，但只有在达到原定回报目标以后才行。该风险投资公司的方案在最差情况下将为公司带来33%的ROR，为许可获得者带来9%的ROR，管理层的ROR为零。非竞争协议有效期为12年，另外还有股票托管等安排。
- 创业者必须在两种交易方案中选择一个：

  交易A：风险投资公司将带头投资300万美元并要求管理层投资100万美元。在该风险投资公司获得25%的投资回报后，余下的收益对半分。其他普通投资规定也适用（托管、雇佣协议等）。该风险投资公司对管理层可能进行的未来几轮融资及所有其他交易有第一否决权。

  交易B：另一家风险投资公司将带头投资400万美元。管理层无须投资。未来收益由风险投资公司得75%，管理层得25%。在企业未获得正现金流前，该风险投资公司对管理层可能进行的未来几轮融资和其他交易有第一否决权。
- 一群很有才能的资金管理者得到4 000万美元的资金要他们管理。合同要求这些管理者经营的投资组合回报高于国库券收益20%。合同有效期为5年。管理者在合同有效期满之前不得抽出他们的收益份额（除了付税以外）。

在阅读和思考这些交易时，我们要试着找出提议这些交易条件的人他们的假设、动机和信念是什么。以下这些问题对识别交易者的动机可能有所帮助：

- 赌的是什么？
- 目的是什么？
- 谁在冒险？谁得到回报？
- 应该是谁在打赌？
- 如果创业者的经营业绩超过了风险投资者的预期，会发生什么？如果他们没能达到风险投资者的预期，又会发生什么？
- 资金管理者会怎样行动？他们的投资战略将是什么？

得到的一些教训：手提包里的狗

几年前，住在纽约城一幢摩天大楼里的朋友给我打了个电话。她很忧伤，因为她那只心爱的、不声不响的狗在半夜死了。她想为狗举行一个体面的葬礼，但当时是冬天最冷的时候，她不知该如何是好。有人建议她和长岛上的宠物墓地联系并把狗带到那去。狗可以先冷冻起来，到了春天再好好地安葬。

她鼓起勇气，把狗放在手提包里，下了电梯，来到门外。当她艰难地走到一街区以外的一个十字路口要叫一辆出租车时，一个年轻人注意到了她并主动要帮助她。那时她已累得大口喘气，她很快地上下打量打量这个年轻人并接受了他的帮助，让他帮着拎包。没一会儿，当她再转身找那个年轻人时，发现他拿着她的手提包飞快地沿着马路逃跑了。现在，请想像一下当这个年轻人和他的朋友打开手提包并看到抢到的东西时脸上是什么表情！

这个故事要讲的道理是筹集资金对创业者来说，有时会发生像手提包里的狗那样令人惊讶的事情。下面各小点有助于把这类意外事件的可能性降到最低：

- 当你确实需要资金的时候再筹集。
- 尽可能多地了解筹资过程和如何管理该过程。
- 明白你的相对议价地位。
- 如果你能得到的全部就是资金，你得到的东西实际并不很多。
- 总假设交易不会达成。
- 总保留有备选资金源。
- 法律专家和其他专家的消息会有不确切的地方——你要自己一点点从他们那里挤出细节。
- 资金使用者在和资金供应者打交道时，总是处于不利地位。
- 如果在你试图筹集资金的时候，你的资金已经用完了，资金供应者会借机从你那里大捞一笔。
- 初建企业的创业者是第一次筹集资金；资金供应者已经经历过许多次，他们每天都以此为生。

谈　判

许多专家用各种方法定义过谈判，就如以下一些例子所示。《任何事情都可以谈判》（*You Can Negotiate Anything*）一书的作者赫布·科恩（Herb Cohen）把谈判定义为："一块知识和努力的领地，目的在于从我们想要得到东西的人那里得到他们的帮助。"[13] 或类似讲法："运用信息和力量来影响'张力网'中的行为。"[14] 谈判领域中的其他专家——罗杰·费希尔（Roger Fisher）和威廉·尤里（William Ury）说："谈判是来来回回的交流，是在你和另一方既有共同利益又有抵触点的时候为达成协议而设计的。"[15]

什么可以谈判

能谈判的东西比创业者想的要多得多。[16] 比如，代表投资者的律师其惯常手法是一再说，事实上，"这是我们的底价"，并且还会告诉创业者"你要么接受，要么放弃"。但实际上，创业者还是可以在此情况下继续谈判并达成一项满足自己需要的协议。

在谈判过程中，投资者将会观察创业者的谈判技巧、智慧和成熟度。创业者也享有完全相同的机会来观察投资者。如果投资者发现什么足以动摇他们的信心或信任的东西，他们很可能会退出这笔交易。类似地，如果投资者表现出易怒、脾气暴躁、不顾另一方利益、不愿做任何妥协，并且看上去是想从交易中榨取最后一分好处，让创业者承担过多"超负荷条款"的话，创业者也会想要退出。

在整个谈判中，创业者必须牢记，成功的谈判是谈判双方都认为他们做成了一笔公平的交易。在最好的交易中，没有哪一方赢，也没有哪一方输，这样的交易才能谈判。该方法在罗杰·费希尔和威廉·尤里的作品中有进一步的阐述。罗杰·费希尔和威廉·尤里集中谈到的并不是软性或硬性谈判策略，而是有原则的谈判，这种方法是由哈佛谈判项目（Harvard Negotiation Project）开发出来的。该方法强调谈判的目的是："根据事件的利益，而不是通过双方各执一词的一番杀价来决定。它表明你们应该随时随地地寻求共同利益，并且如果有些地方双方利益发生冲突的话，你们应该坚持根据客观公允的标准达成谈判结果。"[17] 他们继续讲述了原则性谈判的以下四点内容：

人：把人和问题分离开来。

兴趣：集中在兴趣，而不是各自所处的位置上。

选择：在决定做什么之前，先认清各种可能性。

标准：坚持结果要以客观标准为基础这一点。

其他人也提到过原则性谈判这种方法，比如，鲍勃·伍尔夫协会（Bob Woolf Associates）——一家以波士顿为基地的公司（它是从Larry Bird到Gene Shalit的各个公司代表）——的鲍勃·伍尔夫。伍尔夫简单明了地说："你想让另一方在和你打交道时公道明理，而不是步步为营。有个办法可以帮你达到这一点，就是待人如待己，这样你将很可能会成功。"[18]

创业者一般面对的特定问题[19]

不管你在谈判中选择了哪种方法，谈判将主要集中在创业者提供的股权值多少和投资者的投资能购买多少股权上。即便如此，其他许多问题和估价及所有权份额可能同样重要，包括对公司的法律控制权和财务控制权；投资者和创业者在各种情况下的权利和义务等。投资者能带给企业的不仅有金钱，还有其背后隐含的价值——如人际关系、极有价值的专业知识、需要资金时的额外融资，以及公司长期发展中所需的耐心和兴趣——这些都十分重要。以下是交易最关键的一些方面，它们的重要程度超出了“金钱”：

- 股票（可能是股票和债务）数目、类型和组合及其影响投资回报率的各种特点（如售出期权）。
- 配股和转换等行动的金额和时机。
- 债务融资或优先股融资的利率。
- 董事会中的董事席位数以及谁实际上将代表投资者。
- 管理团队和董事会组成人员可能发生的变化。
- 投资者的股票认购权（在记名公开上市情况下）。
- 授予投资者对今后的私募资金行动或首次公开上市行动的第一否决权。
- 股票托管计划和协议。
- 法律、会计、咨询付费或其他和达成交易有关的费用。

创业者可能发现谈判中还包括一些很微妙但十分重要的问题。如果他们或他们的律师对此不熟悉，可能会错过这些问题，或把它们当成简单的基本问题，但实际上，这些问题对企业未来的所有权、控制权和融资有很重要的意义。某些问题可能让创业者背上沉重的负担，它们是：

- *共同销售条款*。这一条款让投资者在首次公开上市之前可以先得到对其股份的偿付。它保护了第一轮投资者，但引起了后几轮投资者和第一轮投资者之间的矛盾，并可能削弱创业者获取现金的能力。
- *Ratchet反稀释股权保护条款*。该条款使带头投资者在后续股份出售价格比最初支付价格低的情况下可以免费得到额外普通股。凭借这条条款，第一轮投资者可以使公司在经营困难时无法筹集到额外的必需资金。虽然这条保护条款有利于投资者的利益，但它忽略了这样一个事实，即在困难时刻，是由最后一笔钱来决定价格和交易结构的。
- *冲销融资*。这个战略是最后一着。当现有优先股股东不愿再投入额外资金时，该条款就一笔勾销所有以前发行过的股票，这样就削弱了所有持股人的股权。
- *强制买断*。在此条款下，如果管理层没有找到买主或没有在规定日期前让公司上市，那么投资者可以按他们商定的条件找一个买主。
- *要求认购权*。在此，投资者可以要求在3~5年内至少有一次IPO。实际上，这类条款很难实行，因为最终控制这类事件的是新公开发行股市场，而不是协议条款。
- *背负认购权*（piggyback registration rights）。这些条款授予投资者（和创业者，如果他们坚持的话）在股票上市时出售股票的权利。因为通常由证券包销者做决定，该条款一般是非强制性的。
- *关键人物保险*。这要求公司为关键人物投保。保险的指定受益人可以是公司或优先股股东。

交易条件单

不管你是从投资天使还是从风险投资者那里获得了资本，你都应该充分了解并弄清你所签协议的重要条件条款。许多经验丰富的创业者说，条件和你的投资者是谁这两点比估价更重要。如今，交易结构的技术已经很成熟，因此创业者及其法律顾问必须详细了解各种细节：如果你不了解，那你只能得到你应该得到的——而不是你想得到的。

为了阐明这一点，请考虑以下4种常见交易安排：（1）全参与优先股；（2）部分参与优先股（4倍回报）；（3）普通优先权（每普通股1美元）；（4）非参与优先股。然后，假设公司通过IPO或被另一家公司兼并收获了2亿美元。这些具体交易安排为什么重要？不应该让法律专家来仔细把关吗？

请考虑两种收获方案下这些交易安排的不同经济结果，如图表15.10所示。该图表显示，在这个例子中，即使普通股股数（一般由创业者拥有）和优先股股数（由投资者拥有）都相等，但最终收益可能存在2 400万美元的巨大差异。兼并退出对投资者更有利；而在目前阶段，IPO市场已经向新公司关闭了。

黑箱技术公司的交易条件单

我们所见过的对交易结构、交易条件和交易谈判意义的最好表述和讨论见于黑箱技术公司（Black Box Technology, Inc.）的交易条件单。它由著名的Testa, Hurwitz & Thibeault,波士顿律师事务所（12 High St., Boston, MA 02110）开发。这是2001年10月3日蒂蒙斯教授风险投资课上的一部分讲课内容，由希瑟·斯通（Heather M. Stone）和布赖恩·戈尔茨坦（Brian D. Goldstein）讲授。本书经过该公司和作者的同意把它引用到这里。我们强烈建议大家在和私人投资者谈判之前和挑选经验丰富的顾问之前先仔

图表 15.10

考虑通过IPO或兼并两种方式收获2亿美元的不同经济结果

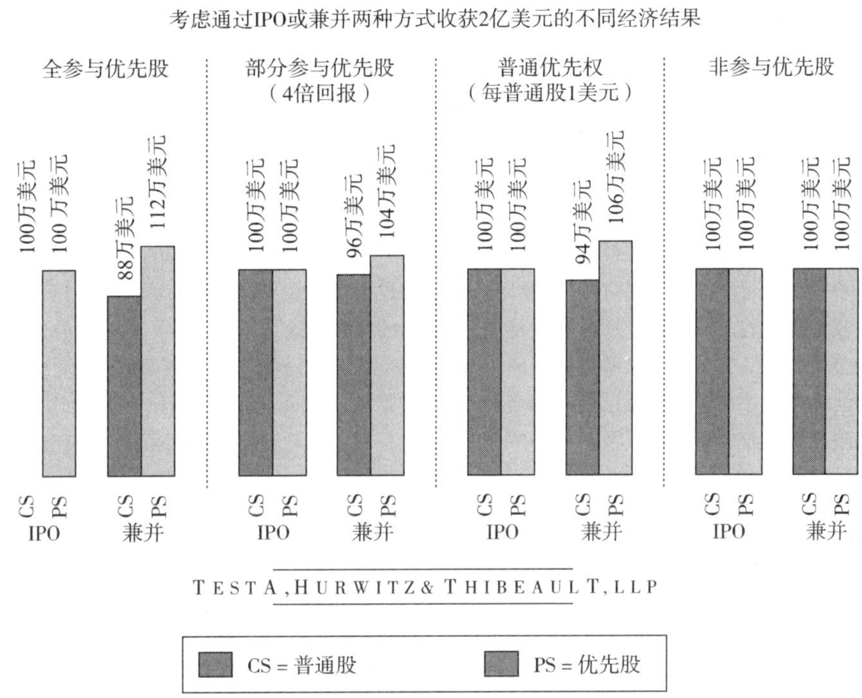

资料来源：ⓒ copyright Testa, Hurwitz & Thibeault, LLP, from a presentation by Heather M. Stone and Brian D. Goldstein at Babson College, October 3, 2001.

细阅读这部分内容。

沙陷阱[20]

战略限定范围

每项筹资战略都会要求管理层采取某些行动并承担某些责任，这最终会按照当前和未来的融资选择围绕公司划出一个战略限定范围。在先前行动的基础上，这些未来选择方案可以有不同程度的自由度。那些没有考虑过筹资战略后果及其对自由度的影响的方案就落入了这个陷阱。

虽然我们不可能完全避免受到战略范围的限制，虽然有时划定战略范围有明确的目的，但有些并不是我们有意安排的，甚至是出乎意料的。比如，一家公司打算保持私人所有的公司性质，或把负债与权益之比控制在1.5~1.0之间，这样的公司已经有意识地设定了自己的战略范围。

法律限定范围

许多人讨厌卷入法律或会计细节问题。许多人认为既然他们支付了大量专家费用，他们的顾问应该会注意具体细节问题。

法律文件清楚地说明了交易各方的条件、责任和权利。由于不同交易方达成交易的方法不同，并且这些法律和合同的细节问题在筹资过程的最后才出现，不注意这方面问题的创业者可能最后一无所获，因为创业者会面临一些责任约束很多的法律条件和法律契约，它们不仅履行起来十分困难，而且会对未来选择造成很大的限制和约束——法律限定范围，这对公司来说预示着潜在的巨大灾难。创业者不能仅依靠律师和顾问在这些有关企业生死的问题上来保护他们。

为避免踏入这个陷阱，创业者必须遵循这样一条基本格言："恶魔就躲藏在细节问题里。"创业者如果不认真阅读最后提交的文件是很危险的。任用一名没有经验、不能胜任的律师风险也极大。同时还要给自己留有一定的选择余地并保留一定的现金，这也是很有帮助的；这样还可以让谈判对手一直保持比较灵活和协作的态度。

公司地位和规模的吸引力

从我们的文化来看，较高地位和较大规模的吸引力好像较大，甚至当我们在筹集资金的时候也会有这种倾向。只瞄准最大、最知名或最权威的公司，这是创业者常常遇到的一个陷阱。这些公司通常最容易被大家所关注是因为它们的规模大，投资活动多，并且它们从业已经有相当长一段时间。但随着风险投资行业的差异化以及其他一些原因，这些大公司有时候可能合适，但有时候也可能不合适。

比如，某创业者有一款新型专利设备，可供半导体制造商使用。他前一轮融资的资金将要用完，为把该设备投入测试地点，随后投入生产，他需要更多的资金。虽然实验室测试十分成功，但他以前的资金支持者却不愿意追加投资，此项目比商业计划中拟定的日程已经晚了将近两年。他花了一年时间把精力投入到风险投资行业中许多最大、最知名的公司和知名人士上，但没有结果。后来在外部顾问的帮助下，他决定展开另一种筹资战略。首先，他把那些最可能成为该设备准客户的公司列出来。接着，他列出已经向此潜在客户群投资过的投资者，因为这些投资者最有可能成为潜在资金支持者，因为他们对其技术、潜在增值部分和其他公司在此方面的潜在竞争优势最了解。列出的风险投资公司不到12家（从700多家筛选出来），并且该创业者以前从没有跟其中任何一家接触过。实际上，他连其中许多家的名字都没听说过，但他们其实都是该行业中积极的投资者。不到3个月，其中3家提供了投资，融资结束。

我们避免踏入这个陷阱的最好方法是，不管债务融资还是股权融资，找那些懂技术、了解市场、有专业人员网并在竞争市场上显示出超群智慧的资金支持者，同时把注意力集中在那些和公司经营十分相配的相关专业技术上。

未知领域

涉足未知领域又是另一个问题。创业者必须十分详细地了解该领域，特别是各种股权来源的要求和选择。如果不这样做的话，他们可能会犯严重的战略错误并浪费时间。

比如，一家不属于"主流风险投资交易"的企业可能会被过高地估价并被介绍给某些实际上不相配的大投资者，而不是实际估价并被介绍给某些较小但更专业的基金、私人投资者或潜在战略合伙人。下面的这个例子是真实的。某个公司的创始人们用完了自己将近10万美元的资金，调动了各种关系，几乎到了被迫放弃该项目的地步。

另有一个构思不完善的筹资战略例子，其搜寻投资者的过程实际上更像博彩，而不是经过深思熟虑、有明确目标的搜索。这是一家纤维光学行业的公司，叫Opti-Com。[21]它是该行业一家知名上市公司的子公司，是家新建公司。其管理团队完全值得信任，但成员并非行业中的超级明星。商业计划显示该公司可以在5年后达到5 000万美元的销售额，这有些不可思议。但该创业者的外部顾问告诉他，这是风险资本投资者会考虑投资的最低限额。商业计划建议以公司10%的普通股筹集75万美元。以比较现实的态度来看，因为该公司是一家应客户特殊要求生产定制产品的供应商，而不是一家掌握新技术、享有重大专有技术优势的供应商，5年后的销售估计在1 000万~1 500万美元之间比较现实。这名顾问还说他们的商业计划应该提交给波士顿地区16家第一流的主流风险投资公司。4个月后，他们被16家公司回绝。然后创业者又被告知应该"在纽约找找同样高品质的风险投资公司"。一年后，该创始人几乎用完了所有资金，但寻找资金支持的努力没有成功。当他把筹资目标从主流风险投资者身上转移开来，转到一家更合适的资金源——一家在马萨诸塞州特别创立的小基金时，投资交易达成了。该小基金专为那些还没发展壮大到足以吸引传统风险投资，但可以作为国家经济革新补充部分的新兴企业提供风险资金。Opti-Com筹集到了必要资金，但其估价更加接近新建企业交易的市场行情（没有原来商业计划中那样高）。

机会成本

金钱的诱惑常常会把人带入一个最常见的陷阱——机会成本陷阱。创业者的乐观精神使他们会得出这样的结论：有好的人和好的产品（或服务），就一定会赚很多钱并树立自己的品牌。在此过程中，创业者一般会低估从银行获得资金的实际成本，并且创业者还会低估实际所需花费的时间、精力和创造力。实际上，筹集资金所需投入的精力可能是获取资本中最容易被忽视的一个方面。在所有这些情况中，随着时钟的滴答作响和日子的飞速流逝，都存在把资源耗费于某一特定领域的机会成本。

比如，对一家新创企业来说，创始人会在几个月里花去几乎所有的时间寻找投资者并告诉他们自己的想法和经历。得到同意投资的答复可能要花6个月时间，而得到不同意投资的答复可能要花一年的时间。同时，会有大量现金和人力资本的流出而非流入，该现金和资本可能花在别的地方更有好处。

有这样一家新建企业，它从1984年开始寻找风险资本。一年后，该创始人花尽了其种子资金10万美元，并且他是辞了职，把全部精力投在这上面的。但他接触了不下35家融资源，都没有成功地筹集到资金。其中包含的机会成本显而易见。

在现有新兴公司中也存在机会成本。就人力资本来说，高层管理人员花费一半时间用于筹集一笔大额外部资金是司空见惯的。同样，这还需要大量精力和体力的投入，而企业日常经营也要分去一定的精力和体力。其对近期业绩的影响总是负面的。另外，如果预期会成功地筹集到资金，而后来筹资失败，那么就会挫败士气，造成关键人员的流失。

大量的机会成本还存在于不得不放弃原本可以做的生意和可抓住的市场机会上。比如，就拿刚才提到的新建公司来说。当这家公司被问及，如果他们把创始人的种子资金花在开发新客户和业务上，公司会达到怎样的销售水平时，其创始人毫不犹豫地回答："我们到现在的销售额会有100万美元，并且可能会获得一点点利润。"

低估其他成本

创业者一般会低估筹集资金和运用资金的非预算成本。比如，当一家公司上市后，会面临一笔不断增长的成本开支。证券交易委员会要求定期出具审计过的财务报表和各种报告的费用、外部董事费用和责任险保费，以及和其他大量报告要求相关的法律费用支出等。这些开支增长得很快，常常会达到每年开销10万或10多万美元的水平。

另一项极易被忽视的"成本"是信息披露，这可能是让资金支持者投资的必要措施。创业者可能不得不披露比他们自己预想还要多的公司情况和其个人财务情况。这样，公司的弱点、所有权和报酬安排、个人和公司财务报表、营销计划和竞争战略等都必须透露给创业者根本不了解、不信任的人和那些他们可能自始至终都不会与之打交道的人。另外，他们还失去了对信息流通范围的控制力。

贪　婪

创业者——特别是现金用完或几近用完的创业者——可能会对所有资金来者不拒。对创业者来说，最使他们愉快的经历中，其中之一就是觉得有希望筹集到第一笔大额外部资金的时候，或可以获得公司扩展所必需的大额银行信用额度的时候。如果公司的基础很扎实，资金自然会有人提供的。

太着急

通常在经历了几个月的资金源搜寻和谈判后，另一个陷阱又在等待着饥渴并且警惕性不高的创业者，并且它的诱惑力难以抗拒。这就是相信交易已经完成并过早结束与其他投资者谈判的陷阱。创业者陷入这个陷阱的原因是因为他们以为一次握手（或者是随之而来的意向书或一张生效的交易条件单）就代表交易的达成。

以下这个例子很好地说明了创业者是如何把握人们的这种心理来达到自己目的的。有家销售额3 000万美元的公司，它的创业者和一名重要的副总裁和几家风险投资者、3家主要战略伙伴和一家过渡融资源谈判了将近6个月。公司的资金只够维持60天，过渡资本投资者也知道这一点。过渡资本投资者可提供1 000万美元，它的态度是要么全拿去要么一分钱也别拿。副总裁在总结了公司的相对议价实力后，说："这是我们惟一的选择；其他融资源到上个月底都退出了；和3家主要公司的谈判还没有任何实质性的进展。他们要价是太高，但我们需要资金。"但这位创业者和执行副总裁成功地把公司的劣势掩藏起来，让过渡资本投资者看不出来。在每次和过渡投资者进行谈判的时候，这名创业者总是装作他后面还要和另一家更大的公司谈判的架势（当天下午搭乘一班两小时后的航班离开）。实际上，他造成了这样的假象，即他和其他投资者的谈判要远比他们在进行的谈判重要。该交易以双方都满意的条件达成。公司在6个月后上市，现在极为成功。

没有耐心

另一个陷阱是在一家投资者不能很快理解创业者的意图时，创业者对融资表现出的耐心不足。其实每笔交易的速度和动量都是不一样的。

比如，有这样一个管理团队想购买自己受雇公司的例子。这是一家在轿车移动电话行业中的公司。他们作为公司的管理团队，是第一批在5月份知道公司要被所有人出售的。预计代表卖主的投资银行家在7月初会准备好向公开市场发布的招股备忘录。如果该公司的管理团队想要自己买下公司，他们就必须在3~4个星期的时间里筹集到大约1.5亿美元。要在这么短的时间里制定出一份粗略的商业计划都不太可能，更别提要筹集这么一大笔资金了。火车在以每小时140公里的速度前进，并且速度每天都在增加。这些创始人确定了5家表示出兴趣的一流风险投资公司和杠杆融资收购公司。他们坐下来和每家公司的代表讨论商业计划概要和融资事宜。一家极出色的公司派出了一位可能在其他业务上十分有经验、十分能干的合伙人，但他的提问表明他对该行业所知甚少。这群创业者明白他们必须再找其他资金源。

如果这群创业者因为时间太紧而陷入了耐心不足的陷阱，急于获得融资，那他们就会使自己处于很大的风险之中。因为这名投资者对该行业和该商业的基本知识严重缺乏，并且没有预先好好地学习过。等到这名投资者对这项业务了解的时候，一切都晚了。

“拿了钱就跑”的短视行为

公司筹集资金的最后一个陷阱是拿了钱就跑的短视行为，这会让创业者永远不能正确地评估任何一个最关键的长期问题——即投资者除资金之外，还能为公司增加多少价值。陷入此陷阱的创业者根本不知道其准财务合伙人到底有多少关于市场和行业的相关经验和专业知识，也不知道他们需要的但没得到的合同是什么，也不清楚投资者加入能带来什么样的明智之举和声誉——但他们还是拿了钱。

如前所述，公司的成功发展受管理团队和财务合伙人互动关系的影响极大。如果他们之间建立起了有效的合作关系，则其协同作用增加的价值可以有力地把公司推向成功。许多创始人忽视了一些投资者经常会贡献的附加价值，而错误地把精力投入到争取“更合算的交易”上。

本章总结

1. 资本使用者（创业者）和供应者（投资者）之间很少有“公平之战”。创业者必须学习资本市场是如何决定估计风险的，以此做好准备。
2. 好几种估价方法被用于评定公司的价值，风险投资方法是最常用的一种方法。
3. 投资者喜欢分阶段投资，以此来管理和控制风险，并保留他们对再投资或停止投资的选择权。
4. 资金使用者和供应者之间存在大量潜在矛盾，并且这些矛盾需要理解和化解。
5. 成功交易的特点是在一堆重要问题间认真思考和精细平衡。
6. 交易结构可以促进好企业的产生，也可以破坏原本可能情况很好的企业。
7. 交易谈判是艺术又是科学，并且可以形成也可以破坏建立起来的关系。
8. 创业者在筹资周期中会遇到大量战略方面的、法律方面的和其他一些方面的“沙陷阱”，他们在处理这些陷阱时需要清醒的认识和技巧。

习 题

1. 投资者和创始人在评估公司价值上为什么会有这么大的差别？
2. 价值的决定因素是什么？
3. 定义并解释以下问题的重要性：长期价值创造、投资者要求的IRR、投资者要求的所有权份额、DCF、交易结构和筹资中的沙陷阱。
4. 说出5个评价公司价值及其优劣势的通行方法，要考虑它们的前提假设条件。
5. 什么是分阶段资金投入？为什么这很重要？
6. 什么是公司价值；解释该理论和公司估价的现实。
7. 什么是“倒尖顶式”融资回合？
8. 投资者和创业者之间存在的一些内在矛盾是什么？这些矛盾如何影响企业成功的机会，为什么？
9. 在考虑交易结构中要考虑的最重要的问题是什么？为什么？
10. 企业投资中能谈判的问题有哪些？为什么这些很重要？
11. 筹集资金的误区和沙陷阱是什么？为什么有时创业者会陷入这些误区和陷阱？

第15章的互联网资料来源

http://www.entreworld.org
http://www.venturejournal.com
http://www.venturewire.com
http://www.ventureone.com
http://www.IPOReporter.com
http://www.cnnfn.com

思考题

你考虑过吗？

1. 谁应该在其公司里引入外部投资者？谁不应该？
2. 有人说，一个好的交易结构不能把一桩坏生意变成一桩好生意，但许多好生意被坏的交易结构扼杀。为什么会是这样？你能分别找出一个例子吗？
3. 在不同交易中"压赌"所透露出的信念和假设是什么？
4. 什么是好交易？为什么？

注　释

1. This venture capital method of valuation is adapted from William A. Sahlman, "A Method for Valuing High-Risk, Long-Term Investments: The 'Venture Capital Method,'" Note 9-288-006, Harvard Business School 1988, pp. 2–4. Copyright © 1988 by the President and Fellows of Harvard College.
2. This paragraph is adapted from Sahlman, "A Method for Valuing High-Risk, Long-Term Investments," p. 56.
3. Ibid., pp. 58–59.
4. Ibid., p. 24.
5. Jeffry A. Timmons, "Valuation Methods and Raising Capital," lecture, Harvard Business School, March 1993.
6. Note that it is WACC, not free cash flow, because of the tax factor.
7. Jeffry A. Timmons, "Deals and Deal Structuring," lecture, Harvard Business School, February 23, 1993.
8. The following section was adapted from William A. Sahlman, "Structure of Venture Capital Organizations," *Journal of Financial Economics 27* (1990), pp. 506–7.
9. The following paragraph was adapted from "Note on Financial Contracting: Deals," by William A. Sahlman, HBS Note 99-288-014, Harvard Business School, 1988. p.1. Copyright © 1988 by the President and Fellows of Harvard College.
10. Ibid., pp. 35–36.
11. Ibid., p. 43.
12. Timmons, "Deals and Deal Structuring."
13. Herb Cohen, *You can Negotiate Anything* (New York: Bantam Books, 1982), p. 15.
14. Ibid., p. 16.
15. Roger Fisher and William Ury, *Getting to Yes* (New York: Penguin Books, 1991), p. xvii.
16. See, for example, H. M. Hoffman and J. Blakey, "You Can Negotiate with Venture Capitalisits," *Harvard Business Review*, March–April 1987, pp. 16–24.
17. Fisher and Ury *Getting to Yes*, p. xviii.
18. Quoted in Paul B. Brown and Maichael S. Hopkins, "How to Negotiate Practically Anything," Reprinted with permission *INC.* magazine (February 1989), p. 35. Copyright ©1989 by Goldhirsh Group, Inc., 38 Commercial Wharf, Boston, MA 021110.
19. Jeffry A. Timmons, "Deals and Deal Structuring" lecture.
20. Copyright © 1990 by Jeffry A. Timmons.
21. This is a fictional name for an actual company.

第 16 章

获取债务资本*

“为公司进行杠杆融资就像驾驶着一辆轿车，其方向盘中心正有个锐刺直指你的心脏。只要公路平稳，不会有什么问题。但一旦路上有点颠簸，你就可能会丧命。”

——沃伦·巴菲特

学习目的

市场周期对新公司的信贷有很大影响——常常表现为信贷不足。在2000年初市场崩溃后，许多老规则消失了，新的更严酷的银行信贷环境出现了。本章的目的是促使你更好地为债务资本市场的新现实做好准备。即使以后债务融资市场环境改善了，在此学到的东西仍将为你提供重要的竞争优势。

学完本章后，你将能够：

1. 识别债务融资源并了解在如今的资本市场上如何获取这些资金来源。
2. 仔细研究贷款人在贷出款项时的观点和标准，如何准备贷款建议书，以及如何谈判达成一笔贷款协议。
3. 获得有关知识来帮你管理和安排获取债务资本。
4. 研究贷款人是如何估计公司的债务能力的。
5. 识别创业者在考虑债务融资时所必须避免的一些焦油陷阱。
6. 分析杰斐润滑油国际公司的案例。**

周期模式：以前的好日子回来了，但又离去了

对创业者和他们的投资者来说，1990~1993年折磨人的信贷紧缩和股权市场停滞状况已经过去，取而代之的是在上个千年末美国历史上最为生机盎然的资本市场。利率降到了历史最低，信贷环境良好，酷似1987年市场崩溃前那一段令人可喜的日子。20世纪90年代早期那段萧条的日子过后，银行贷款能力和银行之间的竞争大大加强了。

信贷环境的改善使贷款人更加清醒地意识到了新创业

* 作者想对百森商学院同事及老友莱斯利·查姆（Leslie Charm）先生对本章所做的重要修订表达诚挚的感谢。

** 请见与本书配套的《创业学案例》一书第16个案例。 ——编者注

经济环境下成长型公司所具的潜力。银行行长和负责贷款的经理们积极寻找创业公司，让它们成为自己的准客户。他们和当地大学、创业协会一起合作，主办研讨会、讨论会和商务会，所有这些活动的目的都是为了培养起创业公司客户。对创业者来说，信贷环境方面的变化令人欣喜。但在2000年，即使在利率极低的情况下，新一轮信贷紧缩又开始了，它的程度没以前严重，在2002年初有所加强。信贷供给是周期性的，这条根本信贷原则并没有多大改变。

提　醒

历史告诉我们，有利的信贷环境会发生变化，有时是突然性的。如果信贷环境逆转，就又会要求提供个人担保。即使是最有信誉的公司，即使它们有令人羡慕的及时偿付利息和本金的记录，它们也会被要求提供所有人出具的个人担保。另外，还可能存在债务资本市场扭曲的现象。当信贷紧缩变得比较严重时，银行自身将面临营运资金缺乏和资不抵债的问题，并会牵连其他许多银行倒闭，如20世纪90年代发生的情况就是如此。为了解决自身的资产负债问题，银行通常会要求信誉最好的借款人最先还付！银行的这种行动会给成千上万家高品质的小公司迎头一棒，并使他们就此衰败下去。同时，随着银行间竞争的减弱，信贷的不断紧缩，企业的贷款价格和条件变得更为苛刻。减少债务融资会成为小公司和大公司的主导财务战略。

贷款人的观点

贷款人是很谨慎的资金提供者。这很容易理解，因为银行可能只能赚到总资产1%的净利润，因此它们对可能亏损特别敏感。如果银行注销一笔向某小公司提供的100万美元的贷款，则该银行不得不收回累计达1亿美元的盈利性贷款，才能弥补这项损失。

但它们也是做生意的，也要寻求利润的增长和提高。银行只有在发现了成功的年轻成长型公司并在它们身上下注的时候，才会有望获得利润的增长。历史上，贷款手续费和其他费用一直是银行获利的主要来源。在信贷周期的紧缩阶段，银行在放贷时可能会附加各种对自己有利的条件。比如，某公司要向银行借入一笔1 500万美元、为期5年的贷款，银行出具的贷款建议书除了规定收取预付起始费和贷款手续费之外，还提出把收益提高保证也作为贷款的一部分条件。这项额外要求将使银行有权在该公司销售额超过1 000万美元并且盈利时，或在该公司被出售、兼并或上市时，额外获得300万美元的款项。虽然这种做法在目前的经济环境下并不常见，但它随着经济周期的变化有可能重新流行起来。

债务资本源[1]

年轻企业和新企业的主要债务资本源是商业信用贷款、商业银行、融资公司、代理融通公司和租赁公司。[2]当然，新建公司比已建公司更难借到资金，因为它们没有资产或盈利记录，并且还没来得及形成正向现金流。尽管如此，如果由创业者管理的新建公司业绩记录好，所有者权益项大，并能提交一份很好的商业计划，则它们就能够从一个或多个融资源借到资金。但如果所有者权益项或抵押资产极小，那该新建公司获得银行贷款的希望不大。

能否获得这种债务资本，部分原因还在于企业所处的地点。在像东马萨诸塞州和加利福尼亚的硅谷那样的创业温床地带，债务资本、租赁资本和股权资本比中西部地区容易获得。并且，在创业温床地带，风险投资公司和侧重于高科技公司贷款的银行经理之间的接触十分密切。虽然银行很少借钱给新企业，但这种接触十分有利于新建企业和早期发展阶段的公司借得资金。但即使在这些创业温床地带，也只有很少几家银行对新建企业表现得比较积极。

图表16.1概述了这些融资源的优势和劣势，它们取决于这样一些很明确的衡量标准，如资本借贷利率或成本、关键期限、条件和契约，以及与当时所有者的状况和公司需求两方面的匹配度。[3]你能达成多好一笔交易是你的相对议价能力和你在各个竞争对手中的竞争力的函数。

归根结底，贷款交易中最重要的是和你打交道的人，而不是金额、条件或机构。找到合适的银行家（或其他资本提供者）比找到合适的银行更重要。同样，行业特点、市场特点、公司从现金流角度来说所处的阶段和健康状况、债务总额和抵押品是评估过程的核心内容。图表16.2概括了这几个不同融资源的融资期限。注意要找到一年期以上的融资源很难。

最后，创业者总会提一个恒久不变的问题：什么可以用来做银行担保？根据我的资产负债表，我能期望银行借给我多少？图表16.3是就此问题给出的一份基本项目指南。由于多数贷款和信用额度以资产为基础，了解贷款人的抵押指南非常重要。资产负债表中的关键资产通常可以

图表 16.1

不同类型企业的债务融资源

融资源	新建企业	已建公司
商业信用贷款	可以获得	可以获得
融资公司	有时可以获得，要有很高的股权融资	可以获得
商业银行	极少可以获得（条件是提供资产担保）	可以获得
代理融通公司	根据客户性质决定	可以获得
租赁公司	很难，除非有风险投资支持的新建企业	可以获得
互助储蓄银行及储贷银行	根据个人担保的实力决定	以房地产和其他资产做抵押的公司可以获得
保险公司	极少，除非有风险投资支持	可以获得

资料来源：Updated from Jeffry A. Timmons, *Financing and Planning the New Venture* （Acton, MA: Brick House Publishing Company, 1990), p. 34.

图表 16.2

根据融资期限划分的债务融资源

	融资期限		
融资源	短　期	中　期	长　期
商业信用贷款	可以	可以	可能
商业银行	多数情况可以	可以（以资产为基础）	极少（根据阶段现金流前景）
代理融通公司	多数情况可以	极少	没有
租赁公司	没有	多数情况可以	一些
相互储蓄银行及储贷银行	可以	可以	以房地产和其他资产为基础的公司可以
保险公司	极少	极少	多数情况可以

资料来源：Updated from Jeffry A. Timmons, *Financing and Planning the New Venture* （Acton, MA: Brick House Publishing Company, 1990), Table 3, p. 34.

图表 16.3

银行能接受什么样的担保？具体贷款标准

抵押品	信用额度
应收账款	90 天期内应收账款的 70%~80%
库存	20%~70%，根据库存产品的更新换代速度和销路来决定
设备	市价的 70%~80%（如果是专门设备，则比例更小）
动产抵押品	拍卖估价的 80%，或更多
条件销售合同	采购价格的 60%~70%，或更多
工厂改造贷款	估价或成本的 60%~80%

资料来源：Updated from Jeffry A. Timmons, *Financing and Planning the New Venture* (Acton, MA: Brick House Publishing Company, 1990), Table 1, p. 33.

用做抵押品，但凭借这些抵押品获取贷款的百分比只能给出大致范围，具体数值会随着地区的不同和企业类型的不同而变化。比如，不易消耗变质的消费品相对更新速度快、极易被淘汰的技术产品来说，在计算贷款抵押上差别很大。如果公司已经有大量债务融资，并且已经抵押了它的所有资产，那它就没有很大的谈判空间了。如果某公司因为现金流出现问题而准备将全部资产都抵押给某银行，那么即使这家公司提供的抵押品超出了该银行贷款指标所规定的抵押额，该银行也不太会放弃自身的有利谈判地位，而是让这家公司去找另一家贷款人。

商业信用贷款[4]

商业信用贷款对小企业来说，是一项主要短期资金源。实际上，商业信用贷款占到非金融公司短期债务的30%~40%，在小公司中此比例一般更高。商业信用贷款在资产负债表上反映为应付账款，或应付销售款。

如果某小公司购买货物或服务的付款期限为30、60或90天，那它实际上获得了一笔30~90天的贷款。许多小型新建公司在没有其他形式的债务融资源可以提供的时候，仍然可以获得这种商业信用贷款。供应商提供这种商业信用贷款是获得新客户的一种方式，并且通常把坏账的风险计入其商品价格。另外，提供商业信用贷款的渠道合伙人通常比商业银行了解更多的特定行业知识。[5]

新建企业获得商业信用贷款的能力取决于其管理层的素质和信誉，以及它和其供应商建立起来的关系。要提醒大家的是：一直推迟付款或不付款可能会让供应商减少发货，或只以货到付款（COD）方式发货。要持续获得商业信用贷款的关键是不断支付一些款项，即使这些款项不足以支付全部货款。同样，运用商业信用贷款的实际成本可能非常高，比如，不会享受立即付款给予的折扣。因为商业信用贷款的成本不太可能以一年期成本这么明确的形式表示出来，所以新建企业要极仔细地分析这种贷款的优劣势，寻找最有利的贷款条件。

商业信用贷款可能有以下几种形式：延长付款期限；在特定时期或特定季节发货，即供应商在购买者的销售旺季到来之前发送货物，在该季节内90~120天后收取货款；货物存储，售出后再收款；设备贷款或租赁。

商业银行融资

商业银行比较喜欢贷款给那些在销售额、利润、客户满意度和手头订货等各方面都有良好记录的已建企业。它们担心新建企业的失败率较高，因此不太热衷于给这些公司贷款。它们喜欢做无风险的贷款人，这和它们利润率比较低的情况是一致的。为了保护自己，它们首先注重的是正现金流，然后才是抵押品，对新的年轻企业（根据信贷环境），它们一般会要求所有人为自己的企业提供个人担保。像股权投资者一样，它们对管理团队的素质十分看重。

尽管有以上这些条件，但如果新建企业或年轻企业已经获得了风险投资公司提供的大量股权融资，有些银行，尽管很少，但确实会向它们贷款。特别是在像硅谷、波士顿和洛杉矶这些创业和风险投资活动中心，更是如此。

商业银行是现有中小型企业（不是新建企业）主要债务融资源。小企业贷款可能由银行的小企业贷款部或通过信用积分（即“通过数字”来决定是否批准贷款）处理。你的个人信用记录也会影响信用积分。金额较大的贷款要贷款委员会批准。如果贷款额超过当地银行供给的能力限度，则贷款的部分或全部会转到相临社区的“对应”银行和附近的融资中心。这种对应银行网使得处于郊区的小银行可以接手它们原本根本无法处理的贷款申请。

商业银行提供的贷款多数是一年期的或不到一年期的。这些贷款中的有些无担保，其他则由应收账款、库存或其他资产担保。商业银行也提供大量中期贷款（或定期贷款），1~5年到期。这些定期贷款中的大约90%，银行要求提供抵押，抵押品一般包括股票、机器、设备和房地产。多数定期贷款是在贷款期限内定期偿还，但不一定是等额还付的。除了房地产抵押和SBA或类似组织提供的贷款担保外，商业银行极少会提供为期超过5年的贷款。

银行还向小企业提供许多服务，如计算机化工资单设备、信用证、国际服务、租赁融资和货币市场账户等。

美国目前大约有6 500家商业银行。这些银行的完整名单可以在《美国银行指南》（*American Bank Directory*，McFadden商业出版社）中找到，名单按州排列，每半年出版一次。

信用额度贷款

信用额度是银行和借款人之间达成的正式或非正式协议，规定了借款人向银行申请的一年期贷款的最大额度。通常银行会收取信用额度的一定百分比，并以此作为以后公司向银行申请贷款时，银行保证履行贷款责任的明确承诺。

信用额度资金用于像增加库存、应收账款融资等的季节性融资。这两项一般是企业资产负债表上最大、最常获得融资的项目。按一般惯例，这些贷款的偿付由出售或清算用贷款融资所获得的短期资产来完成。信用额度可以是无担保的，但银行也可能会要求以库存、应收账款、设备或其他应收资产来抵押。无担保信用额度对借款人的任何资产都没有留置权，也没有高于任何商业信用债权人优先取得还款的权利，但银行可以要求信用额度贷款的偿付优先于对公司委托人和股东的债务偿付。

信用额度的执行手段是一系列可循环使用的90天期票据。可循环使用的90天期票据比较常用，银行可期望借方在一年之内还清其贷款，并可能有一两个月贷款余项为零。这就是大家所知的“暂停信用额度”或“结清”。商业银行一般还可能要求借方在银行留有一个经常账户，账户上保存至少为未清偿贷款5%~10%的资金（“偿还资金”）。

对一个大型并且财务信誉良好的公司来说，“基本风险”信用额度的利率为银行的优惠利率或稍高于LIBOR。小公司可能被要求支付更高的利率。在计算真实利率时还应包括与贷款有关的各种费用。偿还余额或暂停信用额度等要求或其他费用都会增加实际的有效利率。

远期销售融资

许多向购买其设备的购买方提供分期付款的经销商或制造商自己不能提供分期付款融资或条件销售合同融资。在这种情况下，它们把分期付款合同出售并转让给银行或销售融资公司。（一些非常大的制造商可通过被自己控制的金融公司融资。多数非常小的零售商只能把他们的客户分期付款合同提交给销售融资公司，这类融资多为销售融资公司提供，条件更灵活。）

从制造商或经销商的角度来看，远期销售融资实际上是从长期分期付款应收账款获得短期融资的一种方式。从购买方的角度来看，它可以为购买新设备提供融资。

在远期销售融资情况下，银行按分期付款的总价贴现值买下该合同，并把它作为条件销售合同中制造商/经销商权益转让的抵押品。另外，银行的分期付款应收票据融资包含对卖方的追索权，即如果购买方没有如约付款，银行有向卖方追索的权利。这样，银行承担了设备购买方的付款义务，享受了制造商/经销商在条件销售合同中的抵押权益，并在违约情况下有对制造商/经销商的追索权。银行还扣留应支付款项的一部分（5%或5%以上）作为经销商准备金，直到票据结清为止。随着合同金额逐步付清，准备金逐渐占据票据中越来越大的百分比，因此在多项销售合同融资时一般会做出一项安排，以确保所有合同的准备金不超过20%左右。

在销售融资安排下的设备购买价格包括由提供融资的银行所提取的“远期销售价格费率差”（如：一般提高6%~10%的价格以抵消银行提取的折扣）。分期付款的款项可能直接由银行收取，也可能通过制造商/经销商间接收取。

远期贷款

银行远期贷款通常为1~5年期，可能是无担保的，也可能是有担保的。不管有担保的，还是无担保的，银行远期贷款的多数基本特点都是一样的。

远期贷款为公司的长期发展提供了必需资金。还可用做接续性短期贷款的替代方式，前提条件是借方有望续借。

远期贷款有3项显著特征：由银行提供，期限最长为5年（有时超过5年）；要求定期偿付；拟订远期贷款协议时可按照借方的特殊需求和要求（如：在贷款期的初期可以比较小，在期末比较大）。

因为远期贷款要几年才会到期，在此期间，借方的情况和财产可能发生很大的变化，银行必须认真评估借方公司的前景和管理层。即使有初期雄厚资产的担保，几年的严重亏损也会使这种担保荡然无存。远期贷方特别重视借方公司的创业和管理能力。银行还会认真考虑这样一些事，如公司及其行业的远期前景、现在的和预期的盈利能力以及以往业绩所表现出的现金生成能力是否能满足贷款还付要求等。远期贷款的定价可能较高，这反映了长期贷款所隐含的较高风险。

为了减小远期贷款所包含的风险，银行会在贷款协议中要求加入一些限制性保护条款。这些保护条款可能禁止额外借款、公司合并、红利支付、资产销售、提高所有者薪水等。而且，银行还可能要求公司承诺在业务恶化早期提供预警，像负债权益比和现金流对利率变化等。

动产抵押和设备贷款

把某项合适的财产（动产）指定为抵押品是提供有担保远期贷款的常用方式。动产可以是各种机械、设备或企业财产，用它们做抵押的方式和用房地产做抵押的方式一样。动产归借方，除非借方不偿还债务。在后面这种情况下，动产归银行所有。一般情况下，机械和设备抵押信贷主要限于新机械或设备，或性能较好并能售出的二手机械或设备。

要注意的是，在许多州，动产抵押贷款现在都以《统一商业法》（UCC）的担保协议形式在执行。但许多地方仍使用动产抵押，仍把它用于移动运输工具（即拖拉机或起重机），并且出于习惯，即使贷款是通过UCC担保协议执行的，许多借方仍继续使用动产抵押这个术语。“动产抵押”的期限一般为1~5年，有些时间更长。

条件销售合同

条件销售合同用于为企业购买新设备提供大额融资。

按销售合同规定，买方答应购买设备，交付名义订金，并在1~5年的时间内以分期付款方式支付余额。在设备购买款项全部付完之前，卖方一直拥有对设备的所有权。因此，此类销售完成的前提条件是买方完成付款。

销售合同是由银行提供融资的，如果买方不偿还贷款，则银行对卖方有追索权。这使得为购买一件好的二手拍卖设备而进行融资非常困难，因为如果设备是通过拍卖购得的，对卖方就没有追索权；如果贷款收不回来，银行只能出售设备。有时，一家公司在寻找对新设备的融资时，会先把它的一些设备卖给某经销商，再连同新设备一起买回来，以此来获得银行的条件销售合同融资。

条件销售合同的真实利率很高，如果考虑到分期付款的影响，可以高到15%~18%。因此买方/借方必须确保新设备带来的生产率增长和利润增长能弥补利息的支出。

工厂改造贷款

为改造企业固定资产和厂房而进行的贷款融资叫做工厂改造贷款。它属于中长期贷款，通常将要改造的那部分固定资产或厂房以第一抵押权或第二抵押权融通获得资金。

商业融资公司

商业银行一般是企业的首选贷款人。当银行说不的时候，积极寻找借款人的商业融资公司就成为很好的选择。它们常常借钱给现金流不为正的公司，但只有在他们觉得这些公司值得冒险的时候才会这样做。在信贷较紧的经济环境下，商业融资公司一般比银行更能承担风险。

银行贷款的主要决定因素是企业的持续成功运作和偿还贷款的现金生成能力。而商业融资公司贷款的基础是资产（应收账款、库存、设备）清算价值，它理解并知道如何销售，在哪里销售，这些资产的清算价值是否足以清偿贷款。如今银行也拥有了许多商业融资公司。随着借款人财务实力的增强和业绩记录的积累，他们比较容易转向更有吸引力的银行融资。

在有库存或设备的情况下，清算价值是指可以通过拍卖或快速销售来实现的金额。融资公司一般不会对90天以上的应收账款、联邦或州政府机构应收账款（因为很难对它们执行留置权，而且付款都很慢）或任何要看交付产品性能而定的待收款提供融资。

出于清算考虑，融资公司偏向于马上可以销售的库存产品，如电子元部件，或以像小胚或标准形状这样的商品形式出现的金属制品。一般融资公司不会接受库存作为抵押品，除非它也有应收账款。对于设备抵押贷款来说，只有某些融资公司做，并且只对一些像车床、磨床等的标准设备提供抵押贷款。融资公司，像人一样，会偏好某些产品，并会在抵押基础上向它们提供比较多的贷款。

融资公司会按抵押品价值的多大比例提供贷款？一般为90天期内应收账款的70%~90%，原材料和/或不过时、未破损的成品库存清算价值的20%~70%，设备清算价值的60%~80%，清算价值由评估机构裁定。应收账款和库存抵押贷款期限为一年，设备抵押贷款为3~7年。

所有这些贷款都有很严厉的提前偿付惩罚措施：融资公司不想在借方信贷形象改善时，马上被银行替代掉。通常融资公司会要求3年的业务关系存续期，如果这一条款未得到执行，就要求支付提前偿付补偿费。

融资公司提供贷款所必需的数据包括应向银行提供的全部数据，还要加上用做抵押品的资产的具体资料。对于应收账款融资来说，包括应收账款（和应付账款）的具体剩余时间以及销售、退货或折扣（统称为稀释成本）和收款的历史数据。

对于库存融资来说，包括库存品目的具体情况，在库的时间和周转率。设备抵押贷款申请应该随附采购日期、设备每项部件的成本和评估价。评估价一般都要求有，而且必须由（借款人）可接受的外部评估师做出。

和商业融资公司打交道的好处是它可以安排银行不办理的贷款，并且在贷款安排上可以比较灵活。融资公司的索价比银行的利率高0~6%，还有提前偿还惩罚条件，并且在应收账款抵押贷款情况下，还对借方未偿付的抵押应收账款享有追索权。

由于融资公司承担着巨大的风险，并且其贷款是以资产为基础的，它通常要求借款的公司经常汇报并对借款公司采取大量监督行动，以完全掌握用做贷款抵押的应收账款和库存的情况。一般要求企业委托人提供个人担保。融资公司和银行一般都会保留由于担心借款人出现严重危机而减少按应收账款或库存价值贷出比例的权利。

代理融通

代理融通是应收账款融资的一种方式。但它不用应收账款做抵押来借款，而是按贴现价把应收账款出售给资金融通代理公司。融通资金总额为抵押应收账款的折扣价。达不到代理融通信用要求的发票不会被接受为抵押品。

(超过90天的应收账款一般不被接受。)银行会通知货物购买者，该账户已经转到银行名下，货款直接付给银行，并由银行贷记到借款人账户上。这叫通知计划。另外，借款人也可以和平常一样直接收取货款，然后付清银行贷款，这叫非通知计划。

代理融通可以让无法以其他方式获得融资的公司获得贷款。贷款额随销售额和应收账款的增加而增长。但这种方式也有缺点。成本高，而且除了某些行业外，商业信用贷款人有时会把代理融通看做公司财务状况恶化的表现。

在标准代理融通协议中，一旦客户把货物发送给客户，产生了应收账款，则融通代理人立即购买客户的应收账款，没有追索权。虽然代理人在退货、定价错误等情况下对借款人有追索权，但代理人承担它批准购买的应收账款所产生的坏账亏损风险。但许多融通代理都只在有追索权的基础上提供贷款。

一旦提供了证明材料（传统代理融通）或到了发票的平均到期日（到期代理融通），客户就可以得到现金。在到期代理融通情况下，公司通常可以获得代理人答应在到期日支付款项的大约90%贷款。多数代理融通贷款期限为一年。

代理融通也可以有追索权。在这种情况下，借款人必须用新的当期应收票据替换90天后还未兑付的应收票据，这样才能使借款水平仍保持在原来水平上。

代理融通比其他贷款更适合某些企业。对一家年销售额超过30万美元，资本净值超过5万美元，按正常信贷期限向客户群（该客户群的75%交易是以先进货后付款的方式完成的）出售商品的企业来说，代理融通是一项真正实用的选择。代理融通在纺织、家具制造、服装制造、玩具、鞋和塑料制品等行业中几乎已经成了习惯方式。

企业要从银行获取应收账款贷款，必须提供某些资料，而融通代理人同样要求提供这些资料。因为代理人将买下应收账款，没有追索权，它将仔细分析准客户应收账款的质量和价值。它需要了解应收账款具体到期时间，加上坏账、退货和折让等历史资料。它还将调查购买其客户产品的客户的信贷史，并为每个客户建立信贷限度。企业客户可以得到的客户应收账款融通资金最高为代理人按以上方法设定的最上限。

通过代理融通的应收账款融资成本比从银行或融资公司贷款的成本高。代理人承担了信贷风险，进行了信贷调查和资料收集，并预支了资金。一般地，代理人收取的服务费最高为代理总销售额的2%。

代理人还要收取预付给企业的资金利息，通常为优惠利率加上2%~6%。借取大量资金的大型已建企业会比只借取一次性短期资金的小型借款人获得更优惠的利率。最后，代理人还会扣留已购应收账款5%~10%的准备金。

代理融通不是获取资金最廉价的方式，但它确实能很快地将应收账款转为现金。并且，虽然代理融通比应收账款融资成本高，但它为用户节省了信贷代理费、信贷和收款人员的工资支出以及坏账注销成本。而且代理融通还能为借款人提供更好的收款服务信用信息。

租赁公司

租赁行业在最近几年获得了长足发展，并且租赁融资已经成了企业中期融资很重要的资金来源。美国大约有700~800家租赁公司。另外，许多商业银行和融资公司都有租赁部。一些租赁公司处理各种各样的设备租赁，而其他一些则专长于某些类型的设备租赁——车床、电子测试设备等。

像汽车、卡车、打印机和办公家具等通用的、立即可转售出去的商品，新企业和现有企业都可以租赁。但新建企业会发现，要租赁其他类型的工业设备、计算机设备或企业设备，如果没有用来担保租赁的信用证或储蓄凭证，也没有创始人或有资金实力的第三方所提供的个人担保，要成功租到设备是很困难的。

但已经得到大量风险投资的高科技新建企业不在此例。这些企业中有些已经从以股权为导向的出租人那里为专业设备得到了大量租赁融资，这些以股权为导向的出租人在为新建企业提供租赁贷款额度时，相应地获得了某种形式的股份购买权。做这种风险租赁的公司，举例来说，有加利福尼亚州奥克兰的Equate公司（在波士顿、纽约和达拉斯都有办事处）和加利福尼亚州磨坊谷的Intertec公司。像其他许多融资方式一样，在货币市场趋紧时，风险租赁融资会大大减少。

一般工业设备租赁的期限为3~5年，但在某些情况下可能更长。每年还可能有金额为最初设备价值3%~5%的续租赁融资选择。虽然有些所谓的经营性租赁在其租赁期间不能产生等于或多于租赁设备价格的收入，但租赁融资通常会要求归还给出租人全部租赁设备的成本加上融资费用。

一般必须支付大约为租赁商品价值10%的预付款。设备租赁的利率比其他形式的融资可能高，也可能低，这要根据出租的设备、承租人的信誉和租借年数来定。

租赁信贷的条件和商业银行对设备贷款所用的标准十

分相似。主要考虑的因素是租赁设备的价格、租赁的正当理由以及承租人在租赁期内的预期现金流。

企业是否应该租赁设备呢？租赁有几项好处。它使得年轻或成长中的公司能保留现金，减少对股权资本的需求。租赁还有税收优势，因为租赁付款可以比折扣在更短的期限内扣除掉。

最后，如果租赁期满，被租赁的设备不再需要，或在技术上已经过期，租借人可以归还设备。租赁这种形式有这样的灵活性，这对高科技行业的公司来说，是项特别有吸引力的优势。

租赁是否能改善公司的资产负债状况还要看情况而定，因为现在的会计实务要求通过资本租赁得到的设备的价值必须反映到资产负债表上。但经营性租赁不用出现在资产负债表上。一般融资租赁品属于经济所有权下的项目，而非法律所有权下的项目。如果经济风险主要在承租人一方，那它必须被折算成货币价值并体现在资产负债表的债务一栏。折旧也根据风险和相应的税收利益决定。不需要这种税收抵扣好处的新建企业采用经营性租赁能获得更有利的条件。

贷款决策之前[6]

选择银行，更具体地说，是选择银行家，是新企业或年轻企业所做的重要决策之一。（见图表16.4。）以下所

图表 16.4
从银行里寻找些什么

银贷知识：很少有银行家会有意带你误入歧途。但Nature' Warehouse——一家在萨克拉门托有600万美元资产的烘烤食品公司——的共同所有人丹·兰（Dan Lang）发现，有些银行家比其他人对在既定情况下可能发生什么把握得更清楚。丹·兰和他的合伙人最近见了几家银行的贷款负责人，想融资100万美元，帮助购买Nature' Warehouse。但只有萨克拉门托一家商业银行的贷款负责人立刻回答说“他可以提供10年期SBA贷款。他没有任何犹豫，他知道他能做什么，不能做什么。”

紧迫感：“银行家的工作时间”可能不太有人提了，但CEO和银行家对“快速完成任务”概念的理解常常相差几天，甚至几个星期。在佛蒙特州沙伦的一家床上用品邮购公司——Pure Patience——的共同所有人蒂姆·金德（Tim Kinder）发现他在佛蒙特国家银行的银行家能够——并且十分愿意——按他安排很紧的时间表完成一笔10万美元的贷款。金德说他甚至夜里在家也接到了银行家的电话，告诉他贷款的最新进展情况。

传授技能：许多银行家不能——或不想——讲他们期望客户做什么，以及银行如何做决定。但在伯灵顿州劳洼的一家建筑材料分销商——已建成3年的Preffered Products公司总裁德怀特·马尔屈（Dwight Mulch）说，他从在First Star银行的贷款负责人处得到了这两方面的全部信息，并受益匪浅。马尔屈说：“在一开始，他实际上在牵着我的鼻子走。他给我看怎样写计划，他还告诉我这个系统是怎样运作的。”

行业知识：在密歇根州绍斯菲尔德的一家计算机咨询公司——Resource Solution集团公司的总裁，戴夫·桑格（Dave Sanger）说，不管你在哪个行业，有个对你这类公司了解的银行家总是有帮助的。桑格说，他在底特律Manufacturer's银行的贷款负责人“知道我们没有像零售商或制造商那样的资产，而且她知道我们行业的术语”。

融资稳定感：一家明尼阿波利斯运输中介公司——Twin Modal的首席财务顾问——凯文·惠伦（Kevin Whalen）在有选择机会的情况下，并没有选择提供最优惠条件的那家银行。他说“银行受到法规控制者的约束并小心从事”也是件好事。在1989年惠伦——他自己以前也是一位银行家——选中Marquette银行之前，他比较了几家银行的电子数据表，分别对资产回报、资本对资产比率等做了比较。“我觉得，从长期来说，我们身边有个最保守的银行更好。”

提供支持的经理人：在亚利桑那州斯科茨戴尔的一家公共关系公司——Walker Communications的总裁——迈克·沃克说，银行有政策，“但你希望有个经理人在必要时有胆量无视这些政策。”比如，沃克在亚利桑那第一州际银行的分行经理人就允许他在他们公司存款后立刻用支票提取现金，并且常常为他解决他在该银行内遇到的难题。沃克说：“我不知道手册里写了些什么，但我想你需要有个能支持你的人。”（当请求合理时，事实确实如此。）

资料来源：Karen E. Carney Phaedra Hise，“What to Look for in a Bank,” Reprinted with permission, *INC.* magazine, July 1992, p. 8. Copyright © 1992 by Goldhirsh Group, Inc., 38 Commercial Wharf, Boston, MA 02110.

讨论的许多贷款方式和决策都适用于商业融资公司贷款人和银行。有时银贷关系可能决定企业在困难时期的生死。有许多这样的例子，某家企业正在生死线上挣扎，一家银行向它收回贷款，致使这家企业破产；而另一家银行没有收回贷款，帮企业渡过了难关并促使它繁荣发展。

不向新建企业和处于早期发展阶段的企业提供贷款的银行一般会以缺乏经营记录作为拒绝贷款的主要理由。而提供贷款的贷款人其对象通常是以前有过成功经营历史的富有创业者，或那些由投资者提供了资金支持的公司，并且贷款人以前曾与这些投资者有过业务关系，相信这些投资者的判断力（如知名风险投资公司，他们相信该风险投资公司会在下一轮投资）。

在高技术和风险投资中心，大型银行的主要官员中有一名或多名高技术贷款负责人，他们擅长于向早期发展阶段的高技术企业提供贷款。这些银行家有许多经验，理解这类企业的市场和运作特性、问题和机遇。它们一般和风险投资公司关系密切，并会把创业者引见给这些公司进行股权融资。风险投资公司也相应会把它们投资的企业引见给银行做债务融资。

在选择贷款人时，创业者应该考虑什么呢？贷款决策中什么最重要？创业者应该怎样和贷款人保持长期关系？贷款人的决策在许多方面和风险投资者的很相似。他们的目标都是通过良好的贷款获得利息为其公司赚钱，害怕放出了不良贷款给借钱不还的公司，自己遭受损失。为此，贷款人会想方设法保护自己，避免风险。贷款人关心的是其客户的贷款种类、偿还能力和能提供的抵押。最后，也是最重要的一点，贷款人必须判断好借款公司的关键经理人的品格和素质。

图表16.5概述了获取贷款的关键步骤。由于银贷关系十分重要，所以创业者在选择银行之前，应该多了解一些情况。选择银行的标准应该不仅仅局限在利率上。同样重要的是，创业者不应该等到他们实在需要资金时，才去建立和银行的联系。选择银行和建立与银行的联系应该在你还不急需资金时就开始。当创业者就要面临财务危机时，

图表 16.5

获得贷款的关键步骤

在选择和接触某一银行家或其他贷款人之前，创业者及其管理团队应该采取以下几项准备步骤。

- 决定他们想达到的公司增长幅度和增长速度，遵守“融资跟随战略”这句格言。
- 判断他们需要多少资金，以及何时必需这笔资金。为此，他们必须：
  — 制定出运营和资产需求日程表。
  — 准备一份实时现金流预测。
  — 决定他们需要多少资本。
  — 指明他们将用他们借的资金干什么。
- 在他们的商业计划中修订并更新“公司小档案”。这应该包括：
  — 以执行摘要形式出现的计划核心组成部分。
  — 公司的历史（合适的话）。
  — 概述过去三年的财务结果。
  — 简洁描述他们的市场和产品。
  — 描述他们的经营状况。
  — 现金流报表和财务要求。
  — 描述关键经理人、所有人和董事。
  — 指导他们发展公司的关键战略、事实和逻辑梗概。
- 识别出他们所寻找的债务融资类型的潜在融资源，以及他们想要的金额、利率、期限和条件。
- 选择一家银行或其他贷款机构，索要利率表，并准备陈述。
- 准备一份书面贷款申请。
- 介绍情况，谈判，然后达成交易。
- 在获得贷款后，借款人要和贷款负责人保持积极有效的联系。

资料来源：Jeffry A. Timmons, *Financing and Planning the New Venture* (Acton, MA: Brick Housing Publishing Co., 1990), pp. 82–83. Also see Bruce G. Posner, "The One-Page Loan Proposal," *INC.*, September 1991.

企业的财务报表情况最差，银行完全有理由怀疑管理层的财务和规划技能——这些都减少了创业者获得贷款的机会。

贝蒂（G. B. Baty）和斯坦西尔（J. M. Stancill）描述了这样一些创业者在选择银行时特别重要的因素。[7] 被选的银行应该大小合适，既有实力为企业的可预见资金需要提供贷款服务，又不至于太大而不把你的业务放在眼里。各银行和小公司合作的愿望和能力差异很大。有些银行特别设有小企业贷款负责人，并把新企业和处于早期发展阶段的企业看做未来大客户的萌芽。其他银行只会把这类新企业的贷款看成风险极大的买卖。银行会不会向出现问题的小企业收回贷款，或减少贷款？当它们可贷出的资金较少时，它们会不会削减向小企业的贷款，而贷给它们更加稳当的老客户？当贷款的企业遇上难题时，银行是否有足够的想像力和创造力并提供帮助呢？引用贝蒂的话说，就是"他们是那种只会看一眼你的资产负债表就晕过去的银行，还是会尽可能提供建设性财务解决办法的银行？"

银行对你所处的行业有贷款经验吗？如果有，你就有较大的机会可以获得贷款，并且银行对你会遇到的问题会有较大的接纳力，并能更好地帮你开拓机会。你和银行贷款负责人之间有很好的个人关系吗？记住，和你谈话的是银行，和你打交道的也是银行。此人了解你的行业和竞争吗？该负责人能向其他贷款负责人清楚地解释你的企业、技术和独有优势吗？他有管理小企业贷款的经验吗？你能一直指望这个人吗？他的业绩记录好吗？他的贷款权限能满足或超出你的需要吗？别人是否说他明理，有创造力并且愿意冒险？

创业者怎样来评估银行呢？首先，创业者应该咨询会计、律师及其他和该银行打过交道的创业者。和银行在企业经营好时和坏时都打过交道的创业者，他们的建议特别有价值。第二，创业者应该和几家银行的贷款负责人见见面，并系统地了解他们对其公司借款人的态度和方式。谁见了你，见面多长时间，中间被打扰了几次，这些都是衡量银行对你贷款兴趣的有效信息。最后，从它们的借方名单中选一些小企业咨询咨询，并和这些公司的创业者聊聊。通过所有这些接触和讨论彻底了解贷款负责人和银行自身的生命力，它们是决定银行将怎样对待你和你的企业的重要因素。

接近并与银行家会面

获取贷款和其他许多事情一样，是一项销售工作。许多借款人会忘掉这一点。处于早期发展阶段的创业者必须向银行家推销自己和其企业的生命力和潜力。早期发展阶段的创业者和风险投资者打交道的情况也大致相同。

和贷款人的首次接触很可能是打电话。创业者应该准备好能很快地描述清楚企业的性质、成立年数和发展前景；股权融资的数量和提供该融资的融资源；公司以前的财务表现；创业者的经历和背景；以及希望银行提供的融资类型。如果哪个认识该银行家的风险投资公司、律师、会计师或其他公司合伙人能做介绍人，那将很有帮助。

如果贷款负责人同意见面，他可能会要求你预先提供简略的贷款建议书、企业概况和财务报表。准备充分的建议书和合理的股权融资额申请可能会引起银行家的兴趣。

和贷款负责人的第一次会面可能会在企业的经营场所。银行家会有兴趣见见管理团队，看看他们和创业者的关系怎样，并了解一下公司采用的财务控制和财务报告制度以及它们究竟运行得怎样。银行家还可能想见一个或几个企业的股权投资者。所有这些基本上都是一个目的，即银行家想用这次见面的机会来评估一下那些最终要对贷款负偿付责任的人其正直感和商业敏锐度。

在和所有可能投资的银行家见面的过程中，创业者必须表现得非常自信，知识丰富。如果银行家对他所见所闻留有良好印象的话，他会索要更详细的文件和参考资料，并开始讨论银行可能贷给企业的资金量和时机。

银行家想了解什么[8]

首先你必须描述一下企业和它所在的行业。图表16.6说明的是银行家如何从创业者所说的话中"看一家公司"。你将用资金干什么？贷款对企业有意义吗？所需要的部分或全部资金是否通过股权融资更好，并非需要债务融资？就新企业和年轻企业来说，贷款人不喜欢看到它们的总债务股权比超过1。这些问题的答案还将决定贷款种类（如信用额度或期限）。

1. 你需要多少资金？你必须准备好申请所需资金量的恰当理由，并描述这项债务怎样和企业融资和发展总体计划相配合。另外，贷款额应该充分考虑不可预见发展所需的资金。（见图表16.7）
2. 你何时如何还贷？这个问题很重要。用于季节性库存购进或应收账款融资的短期贷款比长期贷款容易，特别对早期发展阶段的公司尤其如此。贷款将如何偿付其实是最基本的问题。假设你借钱是为了给能产生足够现金来偿付贷款的活动融资，如果事

图表 16.6

与你公司联系的银行家如何理解你的损益表

销售额	你卖什么？
	你卖给谁？
货物成本	你如何买？
	你买什么？
	你从谁哪里买？
毛利润	你是一家超市还是一家古董店？
销售	你如何销售和分销产品？
G&A：一般费用与管理费用	经营所需的经常支出和支持是多少？
R&D	对产品进行了多少再投资？
营业利润	在获得融资前，企业是否有运转资金？
利息费用	这项固定支出有多大？
税前利润	你赚钱吗？
税	公司还是子公司？
税后利润	
红利/退股	分配给什么人？分配了多少？
	有多少资金留给了公司？

资料来源：This exhibit was created by Kathie S. Stevens and Leslie Charm as part of a class discussion in the Entrepreneurial Finance course at Babson College, and is part of a presentation titled, "Cash Is King, Assets Are Queen, and Everybody Is Looking for an Ace in the Hole." Ms. Stevens is former chief lending officer and member of the credit committee for a Boston bank.

情弄糟了，你的应急计划是什么？你能描述这类风险并指出你将如何处理它们吗？

3. 是否有偿付贷款的第二手资金？或有实力的担保人？
4. 你何时需要资金？如果你明天就需要，那什么也别说了，你是个很差的规划者和管理者。但如果你下个月或再下个月才需要资金，那表明你具有预先规划能力，并且你留给了银行家充分的时间来调查并处理这笔贷款申请。一般申请者很难在3个星期内获得贷款决定（有些小银行仍旧每月只开一次信贷会议）。

所有创业者回答这些问题的最好方式之一是拟订一份准备充分的商业计划。该计划应该包括现金流预测、利润亏损预测和资产负债预测，这些数字能说明需要贷款的金额和偿付的办法。贷款人会对资产价值、企业现金流和下述财务比率特别重视，如流动资产对短期债务比、毛利率、资产净值对债务比、应收账款和应付账款周期、库存周转率、净利润对销售额比等。借款人公司的这些比率将和竞争公司的平均比率相比较，以衡量潜在借款人的相对财务状况。

对现有企业来说，贷款人会想要审阅一下由注册会计师（CPA）准备的或审计的前几年的财务报表，还有过期应收账款和应付账款的明细表、库存周转率和重要客户、债权人名单。贷款人还会想知道所有现在要付的税。最后，他/她还会想了解固定资产以及所有应收账款、库存或固定资产留置权的具体细节。

创业者—借款人应该把他/她与银行的合同当做一项销售使命来看，并提供马上需要的数据，并且提供的数据要让别人一看就懂。创业者所提供的资料越能表明企业的可信度，企业获得有利贷款决策的速度就越快、越容易。创业者还应该尽早要求和银行家的上司见面。这对获得贷款很有帮助。记住你要和银行建立联系，而不仅仅是银行家。

贷款决策

当今贷款环境中最重要的变化之一是集中贷款决策。

图表 16.7

贷款建议书概要举例

申请日期：	2002 年 5 月 30 日	
借款人：	Curtis-Palmer & Company, Inc.	
金额（美元）：	4 200 000	
贷款款项用途（美元）：	应收账款，总计	1 600 000
	库存，总计	824 000
	WIP，总计	525 000
	市场营销，总计	255 000
	滑雪表演特别支出	105 000
	偶然开支	50 000
	负责人贷款费	841 000
		4 200 000
借款类型：	季节性循环信用额度	
截止日期：	2002 年 6 月 15 日	
期限：	1 年	
利率：	优惠利率+1%，没有偿还准备金，没有贷款手续费和起始费	
分期支付贷款（美元）：	截止日，500 000	
	2002 年 8 月 1 日，1 500 000	
	2002 年 10 月 1 日，1 500 000	
	1994 年 11 月 1 日，700 000	
抵押：	应收账款的 70%	
	库存的 50%	
担保：	无	
偿付日程表：	票据开出后一年结清 4 200 000 美元或余额	
偿付资金来源：	a. 经营的多余资金（见现金流）	
	b. 如果公司成长有盈利，续借的和增加的贷款额度	
	c. 三年期票据兑换的资金	
应急资金来源：	a. 出售并回租设备	
	b. 负责人的贷款（申请个人担保）	

资料来源：Updated and adapted from Jeffry A. Timmons, *Financing and Planning the New Venture*（Acton, MA: Brick Housing Publishing Co., 1990），p. 86.

传统做法是，贷款负责人可能有最高到几百万美元的贷款权限，可以提供贷款给小公司。贷款人除了通过分析公司以前的资产负债表、损益表、现金流和抵押品来判断该公司的资信可靠度外，还要评估创业者的品格和声誉，而后两者是决策的核心内容。随着贷款决策越来越多地由贷款委员会或通过信用积分做出，这种面对面的决策过程已经让位于对以下这些方面的深入分析，如公司商业计划、现金流驱动因素和驱散因素、竞争环境以及考虑到公司博弈计划和财务结构的贷款回收安全余量。

这对创业者意味着更高的要求：你再也不能依靠你的销售技巧和仅仅与贷款负责人的良好关系来继续得到有利的贷款协议了。你，或关键管理团队成员，必须能准备好各种必要分析结果和全套单据来使别人（你可能永远不会见到这些人）确信你一定会偿还贷款。你还必须了解用于比较你的贷款申请和行业一般贷款要求的财务比率和标准，并用它们来支持你的分析结果。由于出具的这些材料能有效地帮助你的公关经理为贷款申请辩护，所以你将能更容易也能更快地获得贷款批准。

贷款标准

第一，也是最重要的是，对股权投资者来说，管理团队的素质和业绩记录是决策的主要因素。有3~5年盈利记录的历史财务报表也很必要。另外还必须有很完善的商业计划，它要包括公司的估计销售额、细分市场、现金流、预期利润、营运资本、资本开支、融资资金用途以及有效会计体系和控制体系的证明。

简而言之，创业者必须根据如图表16.3所示的指南准备好抵押分析，还有债务能力分析，债务能力可以通过分析新贷款到位时的保证金比率来决定。利息保证金的计算方法为息税前利润除以利息（EBIT/利息）。对有稳定且可预测现金流和收入的企业，银行要求的保证金比率较低（即在2以下）；对现金流不稳定且不可预测的公司，比如，有竞争和过时风险的高科技公司来说，银行要求的保证金比率较高（可能为5，或者更高）。当然底线是公司按时偿付利息和本金的能力。

贷款限制[9]

贷款协议规定了贷款人提供资金的条件。这个协议为贷款人提供了两项保障：确保他们获得按协议规定偿还的款项；并保护他们作为债权人的地位。在贷款协议中（和在投资协议中一样），有负面的，也有正面的保护条款。负面保护条款是对借款人的限制，比如，借款人的总贷款不再增加，借款人的资产不得向别人抵押，不得支付股息或限制所有者的薪水等。

正面的保护条款定义了借款人必须做什么。比如至少保留多少资产净值或营运资金；及时支付所有联邦税和州税；给关键的人和财产充分投保；根据协议条件偿还贷款和利息；以及定期向贷款人提供财务报表和报告。

其中有些限制条款会阻碍公司的发展——比如，无条件地限制进一步借款。最高贷款额的限制常常是根据借款人贷款时的资产确定的。但是，在签贷款协议时应该认识到，随着企业的发展和其总资产和资产净值的增长，它将需要增加贷款，也有能力承担额外的贷款来维持其发展，因此不应该签订一个最初的固定限额。然而，银行（特别是在信贷紧缩时期）仍会在同意贷款额上加上一个上限，因为这可以帮助他们更严格地把好贷款审核关。类似地，那些要求至少保留多少营运资本或流动比率的限制条款也可能很难实施，比如要一个季节性很强的企业在全年的所有时间都保持最低营运资本或流动比率。只有通过分析过去的月财务报表才能明白是否能遵守这项条款。

必须小心对待的保护条款

在借款之前，创业者必须明确哪些类型的限制或保护条款是可以接受的。在签订任何贷款协议之前，应该先咨询公司的律师和会计师。有些条款是可以谈判的（这要看总的信贷环境），创业者应该积极谈判，尽量达成让企业不仅在短期内可以生存，在长期也能生存下去的条件。一旦达成了贷款条件并且银行也提供了贷款，创业者和企业就要受到协议的制约。如果银行说：“好的，但是……”其实是：

- 想对你在许可程度内的财务比率加以限制
- 不允许再贷款。
- 想要掌握对任何新管理人员的否决权。
- 你不能购买或出售任何资产。
- 不允许进行任何新投资或购买任何新设备。

以下是有关个人担保非常实用的建议：何时需要个人担保、如何避免以及如何取消。

个人担保和贷款

何时需要：

- 如果你的抵押品不足。
- 如果存在股东贷款或存在企业欠高级经理钱和高级经理欠企业钱的情况。
- 如果你的业绩不佳或不稳定。
- 如果你存在管理问题。
- 如果你和银行家的关系比较紧张。
- 如果你遇到了新的贷款负责人。
- 如果信贷市场发生混乱。
- 如果贷款机构出现一波不良贷款，正采取严厉措施进行整顿。
- 如果你对市场不太了解。

如何避免：

- 保持好的或极佳的业绩。
- 采取保守的财务管理。
- 保持一段时间正的现金流。
- 保持充足的抵押品。
- 认真管理资产负债表。

如何消除（如果你已经有了个人担保和贷款）：

- 见前文“如何避免”。
- 制定出一项有业绩目标和时间表的财务计划。
- 当你有些议价资本的时候，在开始谈判时就预先达成根据某些业绩标准解除这种关系的条件。
- 继续积极寻找后备资金源。

建立与银行的关系

获得贷款后，创业者应该培养他们和银行家之间的密切合作关系。太多的生意人直到他们需要贷款时，才去找贷款负责人。睿智的创业者会采取更为积极的态度，会积极向银行通报其业务情况，因此他们更容易贷到企业进一步扩张所需的资金，并且在公司出现困难时更容易获得银行的帮助。

为建立这样一种关系必须做些事，其中有些事很简单。[10] 除了向银行家提供月财务报表和年财务报表外，还应该提供产品新闻发布稿和任何有关企业或其产品交易的文章。创业者应该邀请银行家参观企业设施，让它们审阅产品开发计划和企业的前景规划，并和他/她建立个人联系。如果这些都做了，当企业申请一笔新贷款时，贷款负责人会有比较好的心情来推荐批准该贷款。

如果是坏消息，又怎么办呢？绝不要让银行家出乎意料地得到一个坏消息；一定要让他们自己看到不好的事情正在慢慢逼近，像你自己经历的一样。如果突然告诉他们一个不好的消息，这意味着创业者没有坦诚地对待银行家，或管理层没有很好地管理企业。不管银行家会做出哪一种判断，都会损伤你们之间的关系。

如果不能及时归还贷款，创业者也不应该惊慌失措，回避银行家。相反，他们应该拜访他们的银行，解释这笔贷款不能偿付的原因并告知什么时候能归还贷款。如果在付款日到期前做这些事，并且创业者和银行家之间的关系好的话，银行家会通融的。其实他又能怎么办呢？如果创业者向银行家充分展示了企业的生命力和未来的发展潜力，银行家当然不会想收回这笔贷款，把客户拱手让给竞争者或让企业倒闭。和银行家有效沟通的关键是坦诚相告，而不是害怕。换句话说，创业者必须表明他们已经充分意识到了不利事件，并有办法来解决它们。

为了进一步在银行家那里建立可信度，创业者不应该等到他们急需贷款时再贷款，并且应该及时偿贷。这会建立起良好的贷款和偿贷记录。创业者还应该尽一切可能达到他们为自己设定的并和银行家讨论过的财务目标。如果做不到这一点，即使企业仍在成长，也会损伤创业者的可信度。

当企业成长壮大时，银行家有理由期待创业者继续保持和他们的联系，而不是去找利率更优惠的贷款人。同样，创业者也有理由期待其银行继续向他们提供所需的贷款，特别是在困难时期，这时贷款人稍微犹豫一下就可能造成企业生存的危机。

银行家或其他贷款人的贸易关系合约

1. 你的银行家是你的合伙人，而不是一个很难对付的少数股权股东。
2. 要诚实坦率、信息共享。
3. 邀请银行家参观你经营的企业。
4. 永远避免透支、延迟付款和延迟提供财务报表。
5. 坦率诚实地回答问题。*说实话*。说谎是不合法的，并且肯定违背了贷款条款。
6. 理解银行业的业务。
7. 有“应急法宝”。

当银行拒绝贷款的时候该怎么办

如果银行拒绝贷款给你，你该怎么办呢？变更部署并审阅以下这些问题。

1. 公司现在真的要借款吗？有其他地方可以筹措到资金吗？勒紧腰带。有没有哪些不必要的开支？财务开支要审慎；节省再节省。
2. 资产负债表状况如何？你的公司是否发展得太快了？把你自己和公布的行业比率相比较，看看你的发展速度是否合适。
3. 银行是否十分清楚地理解你的需求？你真的了解贷款负责人吗？你对银行标准和它们的喜恶认真研究过吗？你的贷款负责人是否太忙，来不及仔细考虑你的贷款要求？贷款负责人可能有50~200个客户。你和银行之间的关系是否一直保持得很好？
4. 你写的贷款建议书是否现实？它只是一份一般的请求，还是和银行通常见的建议书类型有些不同？你是否只是口头提出了贷款申请，但没有提供任何书面支持材料？
5. 你是必须换一名新的贷款负责人，还是要换一家银行？如果你对上述问题的答案弄得很清楚，那你的书面建议书是现实的，打电话给商业贷款部的负责人并安排一次会面。坐下来并和银行家讨论你为获得这笔贷款所做的种种努力，各种事实以及银行拒绝贷款给你的原因。

6. 还有谁会提供这笔贷款（问问拒绝你的银行家）？

同时你应该多见几家贷款人，以免丧失宝贵的时间和金钱。

焦油陷阱：创业者一定要小心

现代公司财务理论崇尚零现金余额和使用杠杆融资来提高ROE。这种想法对那些紧密团结，想永远生存下去的公司来说，极具毁灭性。如果你以20世纪80年代发生的事件来做判断，那么多大公司过度使用杠杆融资，结果证明它们的冒险真是不值得：20世纪80年代完成的LBO中有三分之二最终都出现了严重问题。在20世纪80年代早期，当IBM资产负债表上首次出现债务融资后，几乎与此同时，公司开始出现严重亏损。20世纪90年代早期的兼并狂潮和90年代末的高科技风险投资热也都出现了这个问题。

当心杠杆融资：资本回报幻景

根据ROE理论，运用债务融资可以极大地提高ROE。因此，公司的现值也将随着负债—股权比率从0变成100%而极大地增长，如图表16.8所示。但仔细研究后发现，虽然债务增加可以增加公司的现值，但如果公司增长率如图表所示为2%增加到8%，现值也只能从17%提高到26%。但如果公司出现任何麻烦——并且迟早会出现麻烦的可能性很高——它的选择和灵活性由于优先贷款人的协议条款规定就会受到很大限制。杠杆融资形成的资本结构不具有容错性，它虽然可能增加投资回报率，但通常不值得冒这么大的风险来达到这一目的。万一逆境出现就会失去整个公司，如果你觉得冒此风险来换取净值的增长是值得的，那你只管做好了。但说说容易，真关系到企业生死，就难上加难了。

随便问问哪个曾经必须和银行杠杆融资业专家打交道的创业者，你会得到一个让你清醒，甚至让你害怕的消息：这是地狱，你不会想再干第二次。

利率结构：引发个人灾难的定时炸弹

当考虑为其公司提供杠杆融资时，创业者必须警惕一些鲜为人知的陷阱。一旦公司陷入严重的财务困境，随后发生的债务重组通常是生存和恢复计划的一部分。问题

图表 16.8
总现值

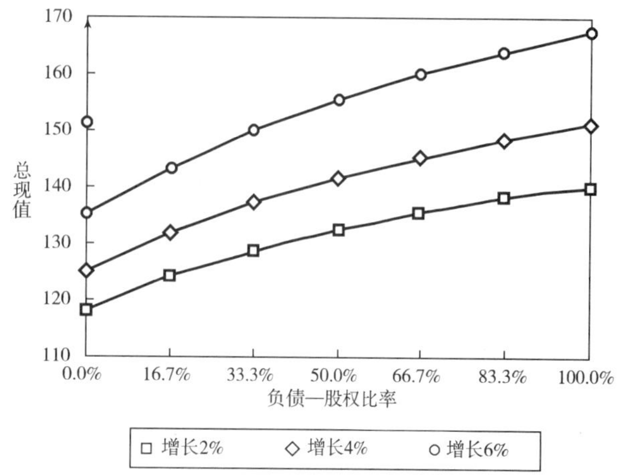

资料来源：William A.Sahlman, "Note on Free Cash Flow Valuation Models," HBS Note 288-023, Figure 5.

是，在重组过程中，贷款人享有的本金和利息偿付可能被转换成认股证、直接股权或其他形式，债务没有了。但不幸的是，这种免除的债务变成了企业所有者和贷款的个人担保者——创业者必须缴税的收入。**注意**：在一家中西部有线电视公司的重组中，创始人有一次遇到了自己可能要承担1 200万美元税务责任的情况，这足以使他个人破产，甚至更糟。但在此案例中，他很幸运，创造性的交易重组使他避免了这个灾难性的结果，但其他许多过度使用杠杆融资的创业者就没有这么好的运气了。

不要做贷款人，也不要做借款人，但如果你必须……

在卡里森·基勒（Garrison Keillor）的广播节目——A Prairie Home Companion中，他描述了明尼苏达州Lake Wobegon这样一个虚构的城镇。在Lake Wobegon银行入口处的花岗岩上刻着这样的警句："不要做贷款人，也不要做借款人。"这对处于早期发展阶段的创业者来说，真是一个十分好的建议。因此，如果你必须借钱的话，以下这些建议可能对你有些帮助。

1. 在你还不需要的时候借钱（这一条保证能实现第二条建议）。
2. 避免个人担保，根据公司表现的重要标志——如达

到的现金流水平、营运资金水平和所有者权益水平——来限定融资的资金量和融资时间。但也别害怕个人担保，可以先在多个市场上提供个人担保，然后再想办法把它们部分或全部收回。

3. 具体细节往往隐藏着重大灾难。仔细阅读每条贷款条款和要求——只有所有者才能真正理解它们预示的后果。
4. 尽量避免或修订所谓的触发条款，如：如果出现会对公司的未来产生实质性负面影响的变化或事件，则贷款立即到期并需马上偿付。
5. 持保守和谨慎的态度。

本章总结

1. 商业周期影响贷款周期，多多少少起到些限制性作用。
2. 新建企业一般不是银行信贷的候选人，但一旦有盈利并建立了体面的资产负债表，就会有许多债务融资源。
3. 在贷款决策前后管理并协调与银行的关系是创业者的关键任务。
4. 了解获得贷款的关键步骤，选择一位对公司有附加价值的银行家——而非银行——可以提高你成功获得贷款的机会。
5. 贷款条款对你在经营企业中能做什么和不能做什么有着深远的影响。贷款协议的细节极为重要。
6. 对绝大多数小公司来说，杠杆融资只有在最有利的信贷经济环境下才能发挥作用。如果企业经营不善，杠杆融资会成为灾难。
7. 利率结构也是会给每个借钱的创业者造成个人灾难的定时炸弹：即使你的银行债务在重组中得以免除，它也会变成借款人的应缴税收入！
8. 当银行拒绝你的贷款请求时，必须就几项关键问题做出努力来改变他们的决策，否则必须寻找银行以外的其他信贷来源。

习 题

1. 定义并解释以下概念，并说明为什么它们很重要：债务融资源、商业信贷、信用额度、应收账款融资、远期销售融资、商业融资公司。
2. 什么可以用做贷款担保，一般银行会根据其价值的多大百分比来提供贷款？
3. 评估贷款人要注意哪些事，为什么这些事很重要？
4. 有附加价值的银行家是什么意思？这为什么很关键？该怎样办？
5. 贷款人用于评估贷款申请的标准是什么？贷款决策前后应该做些什么以利于今后的贷款申请？
6. 贷款人可能要求的限制条款和保护条款是什么？应该如何尽可能地避免这些条款，为什么？
7. 贷款请求被拒绝时应该考虑哪些问题？
8. 为什么小公司的创业者必须特别小心杠杆融资？
9. 为什么当你借了钱后，就随时存在利率结构定时炸弹？
10. 一个公司应该什么时候贷款？

第16章的互联网资料来源

www.federalreserve.gov 联邦储备银行

www.rmahg.org 罗伯特·莫里斯协会

www.aba.com 美国银行业协会

思考题

你考虑过吗？

1. 你结婚已经近30年，并且深爱你的爱人和家庭。一项信贷紧缩政策使你无法偿还贷款，贷款人免除了你公司5 000万美元的债务。但利率结构告诉你，你欠它们1 500万美元。你的律师说你应该离婚以保护其他资产。你会怎么做？
2. 为什么沃伦·巴菲特对杠杆融资这么谨慎？
3. 如果你拟建的企业获得了正现金流和盈利能力，你能计算出它今后3~4年的债务融资能力吗？

注 释

1. This section is drawn from Jeffry A. Timmons, *Financing and Planning the New Venture* (Acton, MA: Brick House Publishing Company, 1990)
2. Ibid., p. 68.
3. Ibid., p. 33.
4. Ibid., pp. 68–80.
5. Neelam Jain, "Monitoring Costs and Trade Credit," *Quarterly Review of Economics and Finance*, 41: 2001, pp. 89–111.
6. Ibid., pp. 81–82.
7. G. B. Baty, *Entrepreneurship: Playing to Win* (Reston, VA: Reston Publishing Company, 1974), and J. M. Stancill, "Getting the Most from Your Banking Relationship," *Harvard Business Review*, March–April 1980.
8. This section is drawn from Timmons, *Financing and Planning the New Venture*, pp. 85–88.
9. Ibid., pp. 90–94.
10. Baty, *Entrepreneurship: Playing to Win.*

第五编

企业创建和创建后

在快速成长情况下，随着公司的成长和创业型公司所要求的管理模式不断发生变化，创业者面临着许多一般企业根本不会遇到的悖论和挑战。

面对公司的快速发展，他们是否能像经理人一样有很强的适应力和弹性，迅速成长；是否有足够的勇气、智慧和自律来平衡控制发展速度和快速发展（以跟上竞争和行业变化）两者之间的关系？这些将变得如水晶一般清晰。

在创业者的公司快速发展时，创业者会面临巨大的压力和体力、感情上的消耗和磨砺。这些还会随着领域的扩大而增大。创业者在创建企业后会发现：现在必须做“企业”；没有犹豫的余地；也没有“跟随者”。显然，那些制定了个人创业战略、身体健康、生活状况良好并且自己知道他们将从事的是什么的创业者会比那些不符合上述条件的创业者做得好。

创业者面临许多催人奋进、极其艰苦的挑战，他们都成功地一一克服了。在所有这些挑战中，没有什么比收获退出更让人感到舒畅和兴奋。也许这一点在音乐喜剧《奥利弗》最后几句台词里反映得最明白无误，它说：“最终所有一切都进了银行，一大笔！”

当然，钱不是我们惟一追求的，也不是我们追求的全部。但钱是保证独立和自主，让我们干我们想干的事，并且大部分是按自己开出的条件干的工具。而且它可以大大增加我们的选择和机会。虽然价值创造是目的，但成功的衡量标准是财富创造，以及分配和使用财富的方式。实际上，对创业者来说，财产净值才是价值创造过程的最终得分卡。

第 17 章

高速成长管理：企业创建后的创业学*

"别担心贪多嚼不烂，尽管嚼就是了！"

——罗杰·百森

百森商学院创始人

学习目的

学完本章后，你将能够：

1. 了解并检验那些具有较高潜力、快速成长的企业是如何创立出新型的组织模式以替代雷龙资本主义制度的。
2. 研究具有较高潜力的企业是如何"发展壮大"的，以及与高速成长有关的具体问题和对组织、领导层的要求。
3. 考察用以区别高成长企业的先进管理实践的最新研究。
4. 分析组织文化和组织氛围的相关概念，具体研究创业领导者们是如何培养和形成有利的文化氛围的。
5. 确定有助于提醒创业经理们注意潜在危机的具体信号和线索，以及解决危机的方法。
6. 分析"快速润滑油特许专营公司"案例。**

创立新型的组织模式

在本书的开头部分，我们记录了雷龙资本主义的衰亡。反应敏捷、灵活快速的创业公司在人才和思想方面有着无可匹敌的优势，以其新型的领导风格、创造价值的热情和追求商机的执着取代了日渐衰老的企业巨人。这些创业企业经历了高速乃至爆炸式的发展，成为美国风险投资界的投资首选。

由于他们的创新天性和快速突破能力，创业企业在创立新型组织和管理模式方面显示了非凡的才能。它们已经

* 特别感谢埃德·迈瑞姆（Ed Marram），感谢他作为创业者和教育者对研究和推进成长型企业所做的终身贡献，也感谢他作为朋友能与作者分享他的知识。

** 请见与本书配套的《创业学案例》一书第 17 个案例。 ——编者注

摈弃了二战后至20世纪90年代期间行业巨人典型的组织结构和组织方法。我们可以这样来概括雷龙企业的特点：它们缺乏处理不确定事件和应对急剧变化的创造性和灵活性，用规章、组织结构、等级制度和定量研究来加以弥补。

这一模式的典型范例是Hay体系，它在20世纪80年代成为大公司界定和评价管理工作的主要方法。取得“Hay积分”是获取更多报酬、担任更高职务和拥有更大权力的关键。“Hay 积分”的标准包括：所辖人数、所辖资产价值、销售量、产品数、设施面积、营业和资本总预算等等。很清楚，在这种体系下名列前茅的人一定有以下特点：官僚作风、所辖员工最多、预算最大、不断增加所辖人数、提高等级、不断构思耗资最多的项目。在这些标准中，我们本书所说创业学的基本条件一条都找不到，如价值创造、商机创造和把握、节约资源、依靠自有资源战略、阶段资本投入、团队建设、最优匹配和悖论变通等等。

与雷龙资本主义多层次、等级化和军队式的控制和领导模式相反，创业公司的共同特点是：结构扁平化（通常只有一两个层次）、高度适应性和灵活性；结构看起来呈连环状而非阶梯状；以客户和关键任务为中心融合成一个整体；并以学习和影响力而非级别和权力为基础。领导者更多的是凭借丰富的知识和突出的业绩形成有效的影响力来说服别人，而不是靠正式级别、职务或资历。他们创造了终身学习型企业文化，并十分珍视为此做出贡献的人，愿意与他们共同分享财富。

创业领导者不是管理者也不是经理人

在成长型企业中，所有者—创业者要完成许多事情：识别和选择商机、分配资源、激励雇员、保持对企业的控制，同时还要鼓励创新行动，促使企业发展。在新企业里，创业者最大的挑战就是要学会如何和大象跳舞，又不被大象踩死！一旦超越了新建阶段，所有者/经理的最大挑战就是发展公司，做到能把大象领到舞场。

下面引用了两位著名企业领导人的话，这是他们根据与20世纪60~80年代MBA的多次接触有感而发的。一位是联邦快递公司的创始人、主席兼首席执行官弗雷德·史密斯，他说：“MBA就是《财富》500强企业中那些靠说‘不’而成就事业的人。”

美国的风险投资之父，多年担任哈佛商学院教授的乔治·多瑞阿特将军说：“没有哪家企业是哈佛MBA分析不了的。”

这两人的话意味深长。他们的观点同样解释了雷龙资本主义为什么停滞不前乃至最终衰亡。20世纪50、60、70年代和80年代早期的大批MBA被灌输的都是雷龙式企业的管理模式。直到20世纪80年代，所有MBA课程的案例、习题和授课内容实际上都是关于知名大公司的。

战略突破：百森商学院的富兰克林·欧林研究生院

世界上第一个打破50年来传统MBA项目的学院就是百森商学院的富兰克林·欧林研究生院。1992年，该学院教师真正把理论用于实践，彻底废弃了传统功能型的MBA教育，传统教育包括许多课程：会计、市场营销、财务、信息技术、运营管理和人力资源等，它们都各自独立，基本以授课为主。

一套经过彻底改革的MBA一年级课程出现了。这是一套全新的、以团队形式教授的课程，由一系列高度综合的模块组成，完全以《创业学》创业过程模型为指导。[1] 如今的MBA学生们可以体验到与以往完全不同的学习曲线，在第一年就接触到大量可直接或间接应用于创业过程的案例、作业和授课内容。大多数案例研究的重点是新兴的创业企业，其他则侧重于寻求重塑创业精神和改革管理方式的大型知名企业。新课程开出5年多后，学生、雇主和教师一致认为该课程极为成功。（见百森商学院的网站：www.babson.edu.）

高速成长企业的主要实践方式[2]

在图表2.11中，我们曾就一份针对高速成长企业的调研报告做了分析，并总结出了这类企业的主要实践方式。现在，这项研究可能会对读者产生新的意义。在逐一研究了市场营销、财务、管理和规划这四个领域后，我们可以看到创业者们实际上在以多快的速度追逐商机；设计、管理和协调财务战略；组建共同决策团队；以及制定富有远见、清晰而灵活的规划。显然，快速成长是一种完全不同的博弈，需要创业型的思路和技能。

发展壮大

回顾发展的各个阶段

具有高潜力的企业处于小规模的阶段不会很长。尽管创业者可能在评估商机、创建新的企业团队、配置资源、规划等方面完成得很出色，然而说到管理和发展这样的高潜力企业就完全是另外一回事了。

在高速成长阶段，企业会面临我们前面曾在第8章中讨论过的问题，具体包括限制创始人和团队创造性的因素；引起岗位、责任、目标困惑和不满的因素；要求专业化而损害了共同合作的因素；以及要求必须执行机械程序和控制的因素等等。

前面也讨论过，高成长企业的管理者通常缺乏创办新企业的经验，同时又要面对时间和变化的双重压力，面临的事件也没有连续性和规律性。通常，企业的结构、程序和模式随时在变，因此决策绝对不能依靠直觉或因循惯例。

第8章还讨论了公司在成长中经历的几个阶段。创办前的3年称为研发（R&D）阶段；创办后的头3年称创建阶段；第4年到第10年为早期成长阶段；第10年到第15年前后为成熟阶段；第15年之后则称为稳定阶段。这些时间段只是大约估计，会有些出入。

生命周期的各种模式和我们前面讨论的内容都将成长型企业的生命周期描述成一条光滑曲线，先是销售额和利润迅速上升，然后逐渐趋平直至最高点，接着向下倾斜。

然而事实上，只有很少新建的成长型企业能够经历这么平滑的线性成长，甚至可以说没有。如果绘制出新企业最初10年的实际成长曲线，这些曲线看起来更会像一条高高低低的过山车轨道，而不是通常所描绘的平滑上升的发展曲线。在一般成长型企业的整个成长过程中，它们随时会发生扭伤、拌倒、打嗝、消化不良和恢复元气的情况，一帆风顺只是零星点缀罢了。有时在整个阶段内都会呈现出持续上升的趋势，但其他时候却要面临几近崩溃的境地，或至少处境相当危急。一位20年的创业者兼教育者埃德·迈瑞姆（Ed Marram）把公司成长也划分为5个阶段，分别是迟疑、失误、春雷、掠夺和离散（见图表17.1）。迟疑指的是生存充满不确定性的阶段；失误指的是许多公司跌倒失败的阶段；在春雷阶段，公司茁壮成长，创业者建立起强健的管理团队；掠夺阶段出现了充沛的现金流；在离散阶段，公司必须重新振兴，或走向衰退。

图表 17.1
成长阶段

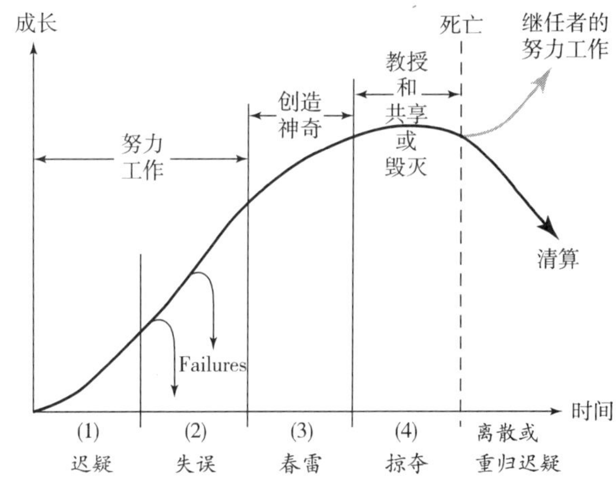

核心管理模式

正如我们前面提到的，一些关键变量的变化决定了从一阶段转入下一阶段的剧烈或难易程度。因此，我们可以就公司在成长中可能遭遇的主要管理难题和主要转变做一下总结。公司的核心管理模式受到雇员人数的影响，而后者又和销售额有关。[3]

正如前文图表8.3中所显示的，在销售额达到约500万美元而雇员总数约25人之前，企业核心管理模式就是做。销售额在500万~1 500万美元之间而雇员人数在25~75人之间时，核心管理模式是管理。而在销售额超过1 000万美元，雇员人数超过75名时，企业的核心管理模式就成了管理管理人员。当然上述营业收入和雇员人数只是大致数字。雇员数的多少只能用来作为显示管理工作复杂性的指标，表明将要攀登的又一高峰，并不是一个精确数字。为了说明每个雇员的销售额差异有多大，请见图表17.2。这份1992年报告显示的度量结果仍适用于今天的情况——知名企业人均销售额在12.5万~17.5万美元之间，而锐步公司的销售额为69.17万美元（因为它把大量制鞋工作分包出去，所以雇员数相对较少），比Sonesta国际饭店1.97万美元的人均销售额高出近35倍。这些数字都是一些域值，会随通货膨胀和竞争动态的变化而不断变化。人均销售额

图表 17.2

1992 年度各企业平均每位雇员的销售收入

公 司	（单位：千美元）
Raytheon Company	141.8
Digital Equipment Corporation	138.7
Data General Corporation	159.5
Stratus Computer, Inc.	185.5
Wang Laboratories, Inc.	164.8
Well Fleet Communications	226.9
Lotus Development Corporation	204.6
Gillette	167.6
Biogen, Inc.	309.4
Genetic Institute	158.1
Picture Tel Corporation	199.2
Augat, Inc.	92.7
Ground Round Restaurants	23.4
Sonesta International Hotels	19.7
Mediplex Group, Inc.	40.8
Neiman Marcus Group	170.0
Stop & Shop Company	118.5
Reebok International Ltd.	691.5

资料来源：*Boston Globe*, June 8, 1993, p. 60.

(SPE）可用来解释公司在行业中的地位，但一定要记住它只是个相对衡量标准。2001年赛贝系统公司（Siebel Systems）的SPE为560 532美元,但太阳微系统公司的SPE只有493 098美元。IT供应商GTSI的SPE为1 300 871美元，而NVIDIA的SPE达到了1 875 673美元。[4] 人均销售额的暴涨成了网络泡沫破灭的预兆，而且20世纪90年代末网络公司超乎寻常的股票市值或多或少是因为大家按人均可变成本形成对技术股的预期造成的。

各种企业的创业者们都将面对同样的核心问题：随着企业规模的扩大，其核心管理模式将会从*做变成管理*，再*变成管理管理人员*。

在一个企业成长的各个阶段，总会经历危机或障碍。图表17.3和下面的讨论都提到了各阶段的一些危机征兆。[5] 如图表所示，创业各个阶段的每项根本驱动力都会有许多“信号”，显示危机迫在眉睫。虽然该表所列内容已经很长，但它仍不能包括全部，仅是列出了其中最普遍的一些。这些信号并不一定说明每家企业在每个阶段都会发生这些危机，但是信号一旦出现，严峻的困境也就不远了。

成长速度方面的问题

识别危机信号和制定管理方法的困难还来自于增长速度本身。增长速度越高，潜在困难越大；因为它会造成各种压力、混乱、困惑和失控的情况。毫不夸张地说，这些压力和要求是呈几何级数增长而非线性增长的（参考第8章的相关讨论）。

增长速度影响着企业经营的各个方面。随着销售的增长，雇员人数的增加以及存货水平的提高，销售增长的速度超过了生产能力的增长速度。于是公司开始增加设施，员工开始在建筑间奔忙，会计系统和控制出现滞后，等等。现金流出也不断加速。随着现金流出的加速，学习曲线也开始发生问题。而最为糟糕的是，现金的回收出现滞后，如图表17.4所示。

百森商学院召开的研讨会邀请高速成长企业——即年销售收入达到100万美元以上和年增长速度超过30%的企业——的创始人和总裁讨论了高速增长所引起的重大问题。[6] 这些企业创始人和总裁指出了以下几点：

- *商机超载*。成熟企业通常顾虑的是缺乏足够的销售额或新的市场商机，但这些企业完全不同，它们的问题是商机太多。如何选择是个大问题。
- *资本过多*。虽然大多数已经稳定发展，甚至有些知名的中小规模企业常常会碰到股权融资和债务融资方面的困难，但大多数高成长企业并不会受到这方面的限制。它们的问题在于，如何从合作伙伴角度根据对方所提出的交易条件来对投资者进行评估。
- *现金耗用与回收速度的不一致*。这些企业都指出了现金耗用速度超过现金回收速度的问题。他们发现除非建立起有效的一体化运做和控制体系，包括会计、存货、采购、运输和出票系统各个方面，否则这种不一致很可能会导致企业经营出现混乱甚至崩溃。例如，曾有一家企业在3年内把销售收入从500万美元提高到1 600万美元，翻了3倍。公司总裁突然辞职，但坚持说，公司已有系统可支持企业销售收入增长到1亿美元。然而，公司的管理系统实际上已经存在不少缺陷，而计算机系统更是早已不堪重负，企业已经好几个月都无法得到任何可靠的财务和会计信息。每年亏损在100万美元以上，使公司贷款人极为恐慌。更为雪上加霜的是，审计人员并没有及时掌握情况，当他最后发现时已经为时已晚，自己不得不被撤换掉。尽管最后该公司还是幸免于难，但是为了偿还银行借款和避免破产，它不得不对企业的经营做出重新调整，

图表 17.3

危机与症状

创建前阶段（创建前的3年）

创业者：

- 关注焦点。企业创始人是否是一个致力于公司建设的真正的创业者，还是仅仅是个发明家、业余技术爱好者或其他？
- 销售。创业团队是否具备企业经营所必需的销售和签约技能，是否能按时完成计划？
- 管理。创业团队是否具备必要的管理技能和相关经验，是否有一两个领域（例如在财务或者技术方面）负担过重？
- 所有权。是否就所有权和权益分配达成了关键性决议，创业团队成员是否完全赞同？

商机：

- 关注焦点。企业的经营真正是受用户、客户和市场（需求）驱动的，还是受创造欲所激发的发明驱动的？
- 客户。是否根据具体的姓名、住址和电话号码进行了客户确认，是否对购买水平进行了估计，业务是否仅仅停留在设想阶段？
- 供应。是否了解获得供应品、零部件的成本、利润和交付周期，是否了解关键人员？
- 战略。进入战略是毫无目的的，还是有恰当定位和目标的？

资源：

- 资源。是否已确认了所需的资本来源？
- 现金。企业的创始人是否已经耗尽了现金和自有资源？
- 企业规划。创业团队是否已将企业规划制定妥当，还是正在进行之中？

创建和生存期（第0~3年）

创业者：

- 领导层。最高领导的地位是否已经得到认可，还是创始人们仍在争夺决策权或坚持在所有决定上的平等地位？
- 目标。创始人是否共同拥有一致的目标和工作风格，还是一旦起步随着压力的增大就出现冲突和分歧？
- 管理。创始人是否已预见到了企业由做到管理到放手——决策权和控制权——的转变，这种转变是企业按时完成计划的必要条件，是否为此做好了准备？

商机：

- 经济因素。是否能按时完成给予客户的经济利益和回报？
- 战略。公司是否仅有单一产品，并且不指望有所发展？
- 竞争。市场上是否有原先未知的竞争对手和替代品出现？
- 分销。按计划及时获得经销渠道是否存在意外情况和困难？

资源：

- 现金。企业是否由于没有制定企业规划（以及财务计划）而过早地面临现金危机？就是说，是否因为没有人考虑在什么时候会缺少现金，企业所有者的资金是否已耗尽之类的问题而使公司面临危机？
- 时间表。企业规划的预算和时间估计是否与实际有明显偏差？企业是否有能力根据计划按时配置资源？

成长初期（第4~10年）

创业者：

- 做还是管理。企业创始人是否仍停留在做的阶段，还是已经进入根据企业规划对结果进行管理？创始人已经开始对关键问题下放权力了，还是依然保持对所有重大问题的否决权？
- 关注焦点。企业创始人的观点仅仅是停留在操作层面的，还是同时正在进行着一些战略层次的认真思考？

商机：

- 市场。是否按计划准时取得重复销售收入和新客户销售收入，是由于与客户的有效沟通，还是出于工程技术、研发或规划小组的努力？公司是否在保持其直接销售优势的基础上不断向市场导向转变？
- 竞争。客户的流失，或者没有完成销售计划是否被简单地归因于价格或质量，而忽视了客户服务因素？
- 经济因素。销售毛利是否开始萎缩？

图表 17.3（续）
危机与症状

资源：

- 财务控制。会计和信息系统以及控制（例如对订单、存货、账单编制、收取货款、成本和利润分析、现金管理等等的控制）是否跟得上企业发展的速度，是否能及时发挥作用？
- 现金。公司是否总处于现金短缺的状态——或濒临现金短缺，是否没人关心企业现金流，没人关心会在什么时候由于什么原因缺少现金以及应该如何处理这种情况？
- 联系。公司是否建立了持续发展所必需的外部联系网络（例如与董事、联系人等等）？

成熟期（第10~15年以上）

创业者：

- 目标。企业的合作伙伴在控制权、目标、基本伦理和价值观上是否存在冲突？
- 健康状况。企业创始人的婚姻、健康或情感是否出现危机迹象（比如说外遇、吸毒、酗酒，或者与合作伙伴或配偶发生争斗或争吵）？
- 团队合作。企业发展到管理管理者阶段,是否形成了为“大目标”奋斗的团队建设理念，还是仍在公司控制权上冲突不断,甚至有可能导致分裂？

商机：

- 经济性因素/竞争。使企业顺利发展至这一阶段的产品和/或服务是否由于产品/服务的更新换代、竞争者的勾心斗角、新技术的产生或来自境外的竞争而在经济性上遭受无情的打击，以及是否已有了相应的应对计划？
- 产品延伸。公司主打新产品的上市是否失败？
- 战略。公司是否在高速成长的市场上由于缺乏战略性的界定（比如在何种情况下应该对商机有所取舍），而盲目地对任何商机都抓住不放？

资源：

- 现金。企业是否又面临现金短缺的困境？
- 发展/信息。是否由于信息系统、培训和培养新经理计划的滞后而使企业的成长失去控制？
- 财务控制。财务控制制度是否仍落后于销售？

收获期/稳定发展阶段（第15~20年以上）

创业者：

- 继任/所有权。处理管理权更替和棘手所有权问题（特别是处理家族内部的所有权问题）的相关机制是否已经落实？
- 目标。企业合伙人之间是否在个人目标、财务目标以及财产的问题上出现冲突和分歧？企业创始人中是否已有人感到厌倦或疲惫不堪了?他们是否正在试图改变某些观点和做法？
- 创业热情。不断识别和追求商机来创造新价值的热情是否有所减弱?是否开始出现热衷于追求势力范围、追求地位和权力的迹象？

商机：

- 战略。企业中是否有创新精神和振作精神（例如，目标设定为靠投产不到5年的新产品或服务完成公司一半的销售收入），还是开始出现懒散气氛？
- 经济性因素。核心的经济性因素和商机的持久性是否遭到破坏，从而导致企业的盈利性和投资回报几乎降低到《财富》500强企业的水平？

资源：

- 现金。现金短缺问题是否通过增加银行借款和财务杠杆融资的手段得到了解决，因为企业创始人不愿意——或者不能同意——放弃股权？
- 会计。是否已经考虑到并着手解决会计和法律问题，尤其是与企业财富积累、不动产和税务计划有关的方面？ 收获概念是否已成为长期发展规划的一部分？

图表 17.4

现金使用速度/订单/收款的超前与滞后

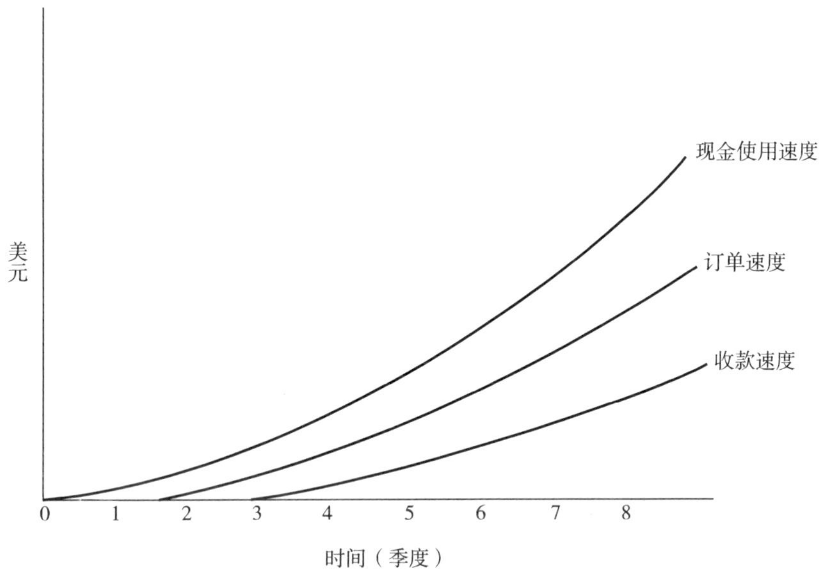

而且销售收入也缩减到600万美元。所幸的是，该公司现在正处于恢复阶段。

- *决策制定*。许多企业取得成功是因为它们实施了功能性的每日、每周决策方式而非战略决策方式。在它们看来，战略并不是很重要。这些公司的许多代表都说，在高速成长情况下，战略只能起10%的作用。
- *设施和规模扩张……及意外情况*。规模或设施扩张是个问题，也是企业处于早期爆炸式增长阶段最叫人头痛的问题之一。许多企业的经理人都没有准备好如何应付由于扩张而产生的意外、迟延、组织困难和系统中断情况。

行业动荡

刚刚提到过的种种问题都会随着企业所处行业中发生的动荡而愈演愈烈。增长速度高的企业往往存在于同样在快速发展的行业中。而且行业中往往会有很多新的进入者同时加入到产品或服务的竞争和替代品的竞争之中。

由此引起的后果有很多方面。通常，价格会出现波动。20世纪80年代半导体行业的动荡就是一个很好的例子。从1984年6月~1985年6月，64K存储器芯片的OEM生产价格从2.50美元跌至50美分，256K存储器芯片的价格则由15美元跌到了3美元。同样的行业剧烈动荡也出现在2000~2002年，手机通话价格下降了50%多。这一波动给该行业的企业在营销和销售预测、财务计划和现金预测等方面带来的混乱可想而知。另外，这还常常会引起成本和经验曲线的大幅度波动。成长型企业一步跟不上，后果就极为严重。图表17.5所示的宝丽来和施乐公司的例子就说明了这一点。

文化和组织氛围的重要性

文化和组织氛围的六个维度

不管是对于新建企业还是现有组织，组织文化和氛围是企业组织得以更好应付成长问题的关键。应用组织氛围理念（例如，员工对所在工作环境的认识）对大型企业绩效所做的研究得出了两大结论。[7] 首先，一个组织的氛围会对业绩产生十分显著的影响。此外，组织氛围是由人们对组织的期望以及关键管理人员的实践和态度共同形成的。

图表 17.5
强势企业的垮台

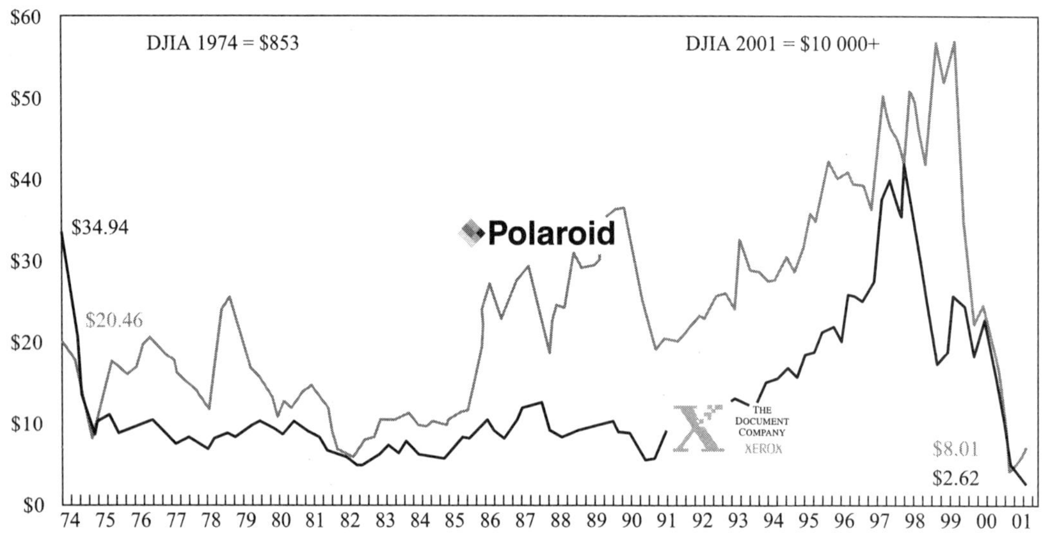

资料来源：The authors wish to thank Ed Marram for sharing this analysis.

组织氛围的概念对于新建的企业以及大型组织的创业努力都有着现实意义。被管理者对创业者的风格和优先考虑事项——尤其是他管理任务和员工的方式——十分清楚，并会相应反映到公司业绩上。回想一下百事公司的恩里科（Enrico）所形容的企业氛围，其中的关键因素包括：制定短期目标，兼顾长远目标，设立高水平的业绩标准；提供反应快速的个人领导；鼓励员工的个人能动性；帮助别人取得成功以及建立有助于取得成功的个人网络等等。我们或者还可以听一下Mentor Graphics公司系统集团总裁杰拉尔德·兰格勒（Gerald H. Langeler）的观点，他解释了什么是“远景陷阱”。[8] 兰格勒把所在公司创业氛围的远景简单描述成“致力于让人愿意接受的建设”。[9] Mentor Graphics公司的企业文化明显受其创始人风格的影响，因为“当时我们可能有15个人，我们不仅能做到快速信息共享，而且在做事时有很强的紧迫感和目的性，完全不靠人为设定的远景。”[10]

事实表明，出色的团队在设定优先考虑事项、解决领导权方面存在的问题、确定团队成员间的角色和职责分工、倾听意见和参与活动的态度以及处理不同意见等方面的做法往往与众不同。此外，很多实例还表明，某些特定的管理方式对一个成长型组织的文化会产生重要影响，例如合议管理方式会带来激励、承诺和团队合作，虽然不能取得立竿见影的效果，但会对以后阶段发挥重要作用。到那时，企业的行动和后续工作就会非常快速果断，因为各种事情的优先级已经经过协商、妥协和认定，早就确定下来了。另外，一般总会出现的新分歧也不会阻碍工作的进展，因为大家对企业总体目标和基本优先次序已经达成了明确广泛的共识。如果没有共识，任何新出现的问题或分歧都会引发长时间痛苦的争论和重新谈判，而这仅仅是因为开始没做好前期准备工作。

组织氛围可以按照以下6个维度进行描述。

- 清晰度。组织氛围的清晰度是以工作、程序和任务是否能够得到有组织的、简洁和有效的完成来衡量的。
- 标准。管理层对雇员取得高标准、出色业绩的期望和所施加压力的程度。
- 承诺。雇员对于完成组织目标和目的承诺付出的责任。
- 责任。组织成员不需别人的监督和规劝，自己愿意承担完成目标的责任感。
- 认可。员工所能感受到的由于其任务完成出色而得到的认可和（非物质上的）嘉奖的程度，而不仅仅是因差错而被惩罚。
- 团队精神。员工在合作中所能感受到的凝聚力和团队精神的程度。

管理方法

为了能够成功塑造以上企业文化和氛围，在企业的核心管理模式中通常会运用到以下具体的管理方法（在第8章中也曾讨论过）。

领导方式　成功企业的领导模式不会是简单划一和一成不变的。它们有的由多人分担领导权，有的采用非正式领导权，有的甚至采取一位自然领导人来指挥一项任务的办法。然而在通常情况下，领导模式是指管理者如何就什么人拥有什么样的责任和权利，以及什么人应该为谁或与谁一起进行什么样的工作的问题上做出界定，并彼此达成一致。工作角色、任务、责任和适当的审批程序得以确定。

在这样的组织中不存在领导权的竞争，领导权建立在专业技能而非权威的基础上。虽然企业的领导方式强调的是以任务为导向，然而总是会有领导者以其独有的幽默和智慧为企业的领导模式提供更好的维护和集体凝聚力。此外，组织领导者不会把自己所做的决定强行灌输给他的团队成员，或者是把一些潜在的资源独断地占为己有。相反，领导者深谙各项工作之间以及领导者和他们下属之间的关系，而且也有能力通过适当的方式，即通过指导、建议等方式来对不同工作进行有效的领导。

这一方式与所谓"恳谈方式"完全相反，后者是指2~4个创业者——通常是朋友或因工作关系认识的人——在决定诸如谁是负责人、谁有权做出最终决定以及如何解决意见上的重大分歧等问题上避而不谈，从而遗留下很多有待解决的问题。尽管责任交叠和决策权共享在一定程度上对新企业是可取的，然而过分松散则会导致企业组织的衰弱。

它也完全不像以下这些情况：领导独断专行、大权独揽；大家就领导权问题展开激烈竞争；或某项工作的重要性凌驾于其他工作之上。

合议　大多数成功新建企业中的领导人在确定职权和责任界定方式时，考虑的是如何激励大家为实现跨部门目标和公司目标而奋斗。在管理中采用合议方法要求具备不依靠正式权力与同事和其他管理者的下属（或上级）进行合作和管理的能力，以及平衡各种不同观点和需求的能力。

在这种合议方法中，管理者们应表现出愿意为达成全局目标而放弃个人利益和权利的姿态，并让一些重要人员参加跨职能或跨部门的目标制定和决策，要重视参与和倾听。

此外，务实的管理者擅长通过协调各方观点来解决问题并达成协议，不会过分强调彼此间的差异；他们也不会扮演强硬谈判者的角色或强人所难，硬要实施其个人决定。大家会开诚布公地亮出自己的不同意见，并愿意坦诚地讨论彼此的差异、假设、理由和结论。逻辑推理和理性决定一切，大家愿意在合议基础上改变自己的观点。

交流　务实的管理者能做到信息共享并愿意改变个人观点。在会议上如果采取一些有效措施，如圆形座位安排；减少干扰或题外话；在出现打岔、喧闹或个别交谈时及时应对，则十分有助于提高倾听和参与的效果。

鼓励　成功的管理者会通过鼓励创新和有计划的冒险活动来树立信心，而不是靠对未能达到理想情况进行惩罚或批评，相反，他们会期望并鼓励他人去发现和纠正自己的错误并自己解决问题。在同事和其他人眼里，他们平易近人并愿意在需要时给予帮助，而且他们能提供必要的资源以帮助他人完成工作。在适当的时候，他们还会为同事和下属进行辩护，即便是在明知可能会失败的情况下也不惜挺身而出。另外，他们还能够及时地发现差距并对良好业绩给予嘉奖。

信任　最有成效的管理者在别人眼里是值得信赖和正直坦率的。他们言出必行；不在公司里制造和传播谣言；坦诚而自然，既不谨慎寡言也不过分字斟句酌；并且在人们眼中诚实坦率；享有出师必胜的声誉，能兼顾不同观点和需求，创造性地解决问题。

发展　有效的管理者在发展人力资本方面也声名远播（即他们会以身作则，用心培养和发展其他有效的管理者）。正如在前面第8章中提到过的，布拉德福德和科恩将英雄主义的管理者与超英雄主义的管理者进行了一番比较和区分，前者的控制欲在很多情形下会压抑组织合作，而后者却是一位开拓者，他通过发展企业中层管理者而真正使组织卓越不凡。如果一个公司只在面临价格竞争和利润萎缩的情况下才开始培养中层管理者，那么该组织很可能已经不堪一击了。因此，把对中高层管理者的培养计划与公司战略联系起来是相当关键的第一步。

21世纪的创业管理：三个突破点

在过去20年间出现了3个极为成功的企业，它们分别是：堪萨斯城的马里恩实验室公司、威斯康辛州夏伯根市的约翰维里香肠公司和密苏里州的斯布林菲尔德再造公司（Remanufacturing Corporation of Springfield）。这些公司彼此独立、相互之间并无关系，但它们都创造了“高标准、终生学习型的文化”，创造和开发了“伟大成就链”。这些企业的经验和教训为21世纪的创业管理展现了美好的蓝图。它们奠定了标准，并把可能的前景真真切切地展现在大家面前。因此毫不奇怪，今天美国那些最激动人心、发展最迅速、获利最丰厚的企业会和上述这3家公司有着如此惊人的相似。

尤因·马里恩·考夫曼和他的马里恩实验室

在第1章中曾提到过，尤因·马里恩·考夫曼于1950年在他的车库里成立的马里恩实验室，在1989年与Merrill Dow公司合并时销售收入达到25亿美元，市值为65亿美元。在该公司的建设者中涌现了300多个百万富翁和13个基金会，其中就包括著名的尤因·马里恩·考夫曼基金。与之形成鲜明对照的RJR Nabisco公司，该公司在面对KKR公司的杠杆收购时规模要比马里恩实验室大10倍，但仅仅造就了20名百万富翁。显而易见，这两家公司有着显著的不同。马里恩实验室之所以能够取得如此非凡的成功，其关键在于它把蕴涵着巨大潜力的商机与具有超前核心价值和管理理念的管理实践紧密结合了起来。下面总结的原则十分简单，但要真正灌输到人们心里，让大家不论在顺境中还是在逆境中都永志不忘相当困难。

1. 待人如待己。
2. 与那些参与创造财富的人共同分享财富。
3. 追求最高的业绩和道德标准。

正如前面提到过的，马里恩实验室并没有什么组织结构图，公司把企业所有人员都看做合作伙伴而不是雇员，而且公司还制定了广泛的利润分成和员工参股的计划。在与创立了马里恩实验室并至今仍经营着尤因·马里恩·考夫曼基金的考夫曼先生及其高级管理人员多年共事的基础上，本书作者可以体会到，他们真的是非常真诚、非常认真地说出这些原则的。他们在成功时也会开开玩笑，但对这些核心理念和价值观确实极为认真。

杰克·斯塔克和他的斯布林菲尔德再造公司

杰克·斯塔克（Jack Stack）是这场管理革命中真正出色的圣哲，他写的《伟大的经营策略》（*The Great Game of Business*）是所有创业者的必读著作。在1983年间，杰克·斯塔克与十几个同事一起从一家濒临倒闭的国际收割机公司（International Harvester Corporation）手里收购了一间专门进行拖拉机翻新生产的厂房。他们以89:1的负债/权益比和21%的利息率，按每股10美分的价格收购了这家公司。而到1993年，公司职工持股计划中的股票价值已接近20美元，而且销售收入将近1亿美元，完全扭亏为盈。这个奇迹究竟是如何发生的呢？

与尤因·马里恩·考夫曼相似，杰克·斯塔克同样也创造和贯彻了一套与大型企业截然不同的管理方法与价值体系，完全摒弃了大型企业所普遍存在的组织管理严密、等级分明和监控式的管理方式。该公司领导方式中最核心的部分就是理念的创造。这一理念就是：要使公司的所有人员都以企业所有者的态度思考和行动，尽自己最大的努力做到最好，并要不断学习。要通过相互学习和增加透明度发展团队合作精神，使之成为企业经营的关键，并教育每一位员工让他们对企业的短期和长期目标承担起自己应负的责任。斯戴克是这样来描述的：

> 我们试图在工作场所铲除无知的现象，并用教育而不是威胁和恐吓来提高大家的参与度。在此过程中，我们力图去弥合美国企业存在的最大隔阂——工人和管理者之间的隔阂。我们正在建设一个能够使所有人都凝聚起来向共同目标努力的制度，而要做到这一点，你必须彻底废除那些将人们分割开来而使他们无法进行团队合作的障碍。[11]

在斯布林菲尔德再造公司中，每个员工都学会了如何看懂和分析包括损益表、资产负债表和现金流量表在内的全套财务报表，并且也理解了他们各自的工作对报表中的每一项数字会产生什么样的影响。这种透明化的管理风格与责任的下放和扩散密切相连，而且与财富创造（即股东财富）和财富分享——通过短期奖金和长期参股实现——的观念密切相连。杰克这样描述了这种方式产生的价值：“这一方式所产生的效应来自于让人们了解他们所创造的那些数字的价值。这样，组织中底层与最高层之间的沟通将显著改善。”[12] 他在10年间所取得的成就令人叹为观止，而更让人吃惊的是他还有时间和别人分享这种方法。150多家公司参加了研讨会并采纳了这种方法。

拉尔夫·斯特耶和他的约翰维里香肠公司[13]

1975年，约翰维里香肠公司还是一家毫不起眼的小公司，销售收入在500万美元左右，管理方式也相当传统，等级分明而且监管很严。然而在短短的几年内，企业业主的儿子拉尔夫·斯特耶（Ralph Stayer）对公司进行了一番彻底的改革，变革后的管理模式在价值观、文化和思想上都与前面尤因·马里恩·考夫曼和杰克·斯塔克的原则极为相似。

改革的成就是惊人的：到1980年，公司的销售收入达到了1 500万美元；1985年达到5 000万美元；1990年竟高达1.5亿美元。他所倡导的改革核心是全面学习文化：每个人都是学生，应该不断地努力提高自己和掌握更为有效的方法。高绩效标准和培训投入，以及保证公平奖励长短期成果的绩效考评方式，都是公司转型的关键。职责和解释权被下放和扩散。比如，过去是将投诉信件交给营销部门，由营销部分归档并给予回复，现在它们直接被交到了对产品口味负责的一线香肠填充者手中，并由他们来答复客户的投诉。另外一个例子就是对新进人员的面试、聘任和培训过程。一位公司刚聘用的女员工指出，现有招聘过程存在很多缺点，并提出了改善方案。结果，全部招聘责任被从传统人力资源/人事部门转移到了一线人员手中，这一措施产生了极好的效果。

可想而知，这些巨大的变化来之不易。拉尔夫的见解十分独到：

> 从1980年起我就开始寻找变革的途径。我开始的办法是查找关于如何使员工关心本职工作和公司状况的书籍，但毫无结果。没人能告诉我如何唤起员工们的积极性；我必须自己去寻找解决方法……而所有的管理者都会问的一个最重要的问题就是："我究竟想达到什么目的？"[14]

即便已迈出了如此巨大的一步，斯特耶还是准备再迈出几步，它们和第一步同样充满风险。凭直觉，我提出了这样的要求："从现在起，"我向我的管理团队宣布，"你们必须对各自做出的决策负责。"……我由控制独裁转向了放弃独裁。倒不是有谁要求，而是我希望他们承担更多的责任。[15]

斯特耶还就改变约翰维里香肠公司这样的企业所面对的种种挑战发表了如下更为独到的见解：

> 我这两年还一直在设想一些将约翰维里建成全世界最大的香肠制造商的具体战略和战术方案。我们试图超前进行组织结构规划，比实际需要提前2~3年……后来我才意识到这种结构性的变化必须从日常工作现实出发；没有人能够高高在上进行指挥，当然更不能超前规划了。[16]

图表17.6归纳了约翰维里香肠公司多年来改革中的重要步骤。这样的图表无疑过于简化了具体的过程，而忽略了实现它所要求的惊人决心和努力，然而它毕竟体现出了关键因素的组合方式。

伟大成就链

在我们回顾这3家著名公司时，我们可以发现一个明显特点，即它们在组成和流程上都有一些共同特性，构成了一条伟大成就链。这条链被不断强化、永存不朽（见图表17.7）。成就链的起点是给整个公司灌输"伟大"远景及所有者思想的领导力。贯穿整个组织的终身学习理念和高标准工作绩效是上述3家公司价值创造创业文化的关键。教育和奖励团队合作、进步和相互尊重的企业文化为公司的运作和发展提供了润滑油和黏合剂。最后，公平慷慨的长短期报酬制度，加上确保每个员工都能了解并使用数字的必要教育，将创造出与贡献财富的人共同分享财富的有效机制。这条链的成果不言而喻：出色的个人、职业和财务成就。

图表 17.6
对约翰维里香肠公司的总结

转型的关键方面：

1. 从最高层开始进行：拉尔夫·斯特耶意识到他正是问题的核心，而且意识到了变革的需求——最困难的一步。
2. 远景是人力资源管理和公司文化的重要因素：
   - 不断学习型组织。
   - 团队概念——改变参与者。
   - 新的工作模式（拉尔夫·斯特耶的角色及决策制定）。
   - 以业绩和结果为基础的报酬与奖励机制。
3. 斯特耶做出将责任和解释权下放至一线决策者的决定：
   - 一线人员最接近客户和问题。
   - 界定整项任务。
   - 投资于培训和选拔。
   - 工作标准和反馈=发展的工具。
4. 作为实现手段的控制机构和运行机制：
   - 评估工作业绩，而非举止行为或行动等。
   - 强调学习和发展，而不是归咎责任。
   - 根据你和公司的特别要求设计控制和运行机制。
   - 员工队伍实行分权和最小化。

图表 17.7

伟大成就链

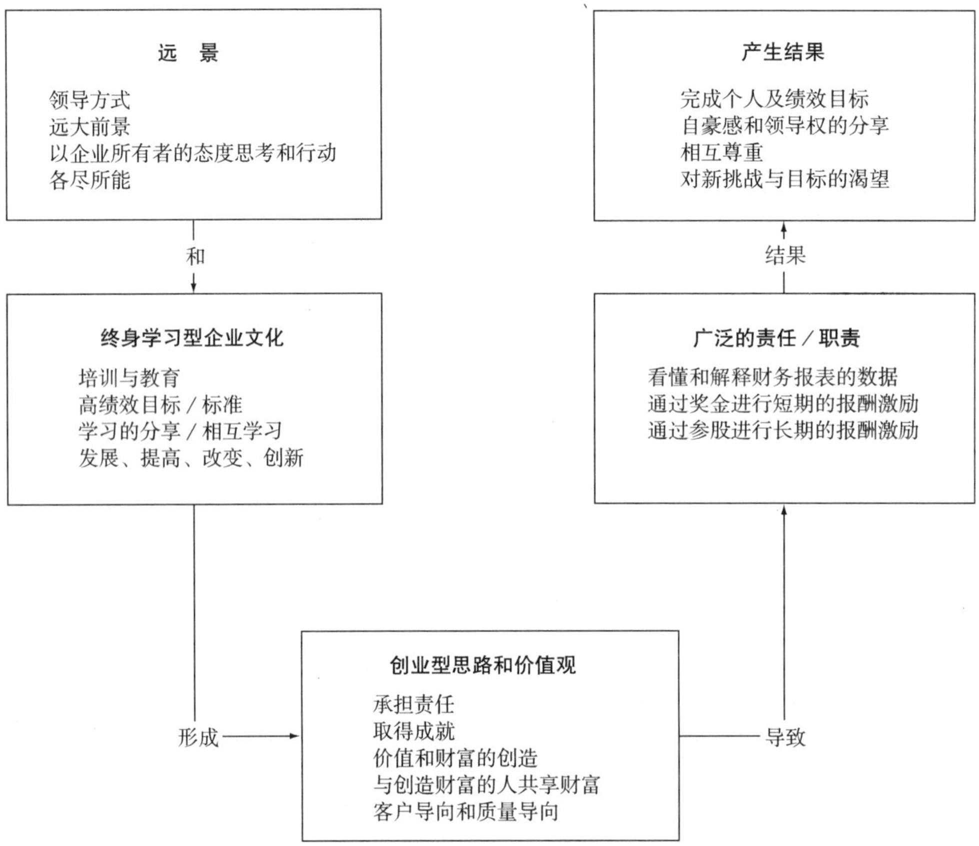

本章总结

1. 高速成长的要求导致创业者们发明了新的组织模式。
2. 当今的创业型组织结构层次扁平、行动迅速、灵活而反应迅速、能随时处理不确定事件和变化。它与雷龙资本主义普遍存在的等级严密、层次分明和越多越好的综合症恰恰相反。
3. 高成长企业的创业者们由于在营销、财务、管理和计划方面采取先进的创业方式而卓然超群。
4. 随着高潜力企业逐渐发展壮大，他们会经历一系列阶段（迟疑、失误、春雷、掠夺、离散或重归迟疑），每一阶段各有其特殊的挑战和危机，并会随着加速成长而日趋严峻。
5. 建立一个有利于创业的企业文化和氛围是企业的核心任务。
6. 伟大成就链概括了创业企业在领导和管理上的重大突破。

习 题

1. 为何旧的层次分明的管理模式会让位于新的组织模式？
2. 新建的企业在成长过程中会遇到哪些具体问题和危机？它们是怎样产生的？
3. 解释很多企业所经历的发展阶段及其独特性。

4. 组织文化和氛围在一个高速成长的企业中扮演着什么样的角色？为什么很多大型公司无法创造出创业型文化？
5. 什么是伟大成就链，为什么创业者们能够从中获益？
6. 为什么成长速度是一个成长的企业在组织结构上面临挑战时的核心驱动力？

思考题

你考虑过吗？

1. 许多大型组织现在正在尝试对自己进行重新改造。在这一过程中最大的挑战是什么，为什么？
2. 一个公司的成长速度应该多大？从组织和财务的角度看，多快的速度就太快了？
3. 在你的理想世界中，你将如何描述完美企业组织中的生活和工作情形？
4. 什么样的人不适合做创业者？

注　释

1. See William Glavin, *The President's Report—1996* (Babson Park, MA: 1996). Babson College.
2. Special appreciation is given to Ernst & Young LLP and The Kauffman Center for Entrepreneurial Leadership for permission to include the summary of their research here.
3. Harvey "Chet" Krentzman described this phenomenon to the authors many years ago. The principle still applies.
4. Kim Cross, "Does Your Team Measure Up?" *Business 2.0(www.business2.com)*, June 2001.
5. The crises discussed here are the ones the authors consider particularly critical. Usually, failure to overcome even a few can imperil a venture at a given stage. There are, however, many more, but a complete treatment of all of them is outside the scope of this book.
6. These seminars were held at Babson College near Boston in 1985 and 1999. A good number of the firms represented had sales over $1 million, and many were growing at greater than 100 percent per year.
7. See Jeffry A. Timmons, "The Entrepreneurial Team: Formation and Development," a paper presented at the Academy of Management annual meeting, Boston, August 1973.
8. Gerald H. Langeler, "The Vision Trap," *Harvard Business Review*, March–April 1992, reprint 92204.
9. Ibid., p. 4.
10. Ibid., p. 5.
11. Jack Stack, *The Great Game of Business* (New York: Currency/Doubleday Books, 1991), p. 5.
12. Ibid., p. 93.
13. For an excellent discussion of this transformation, see "The Johnsonville Sausage Company," HBS Case 387–103, rev. June 27, 1990. Copyright © 1990 by the President and Fellows of Harvard College. See also Ralph Stayer, "How I Learned to Let My Workers Lead," *Harvard Business Review*, November–December 1990. Copyright © 1990 by the President and Fellows of Harvard College.
14. Stayer, "How I Learned to Let My Workers Lead," p. 1.
15. Ibid., pp. 3–4.
16. Ibid., p. 4.

第 18 章

创业者与陷入困境的企业

"我确实在很多情况下没有掌握好时机，但是我从来也没有输过一场球！"

——博比·莱恩

50年代的底特律狮群队和60年代匹兹堡铁人队的著名四分位投手

"破产没什么了不得的，只要它不是你的最后一桩交易！"

——约翰·奥尔特曼

创业者和教授

学习目的

学完本章后，你将能够：

1. 研究迫在眉睫的困境产生的主要原因和危险信号。
2. 讨论困境定量和定性两方面的症状。
3. 分析用于设计干预和改良计划的主要诊断方法。
4. 确定用于处理和贷款人、债权人、雇员之间关系的补救行动。
5. 分析"EverNet公司"案例。*

当玫瑰不再盛开时

本章介绍的是创业者和面临困境的企业。我们将首先分析一下企业陷入困境和摆脱困境的过程，然后深入分析陷入困境的公司如何靠专家起死回生。

美国公司在历史上经历了许多次经济危机。这种情况在2002年年中重新出现。在这一年中，公司破产和个人破产都有所增加。经理们必须借助于一套新的、特别的技能才能克服这次困难。

在骑手中流传着这样一个说法，就是从来没有从马背上摔下来过的人可能就不曾骑过马！杰斐润滑油公司的创始人吉姆·欣德曼很喜欢说："其实不是你触地得分的次

Special credit is due to Robert Bateman, Scott Douglas, and Ann Morgan for contributing material in this chapter. The material is the result of research and interviews with turnaround specialists and was submitted in a paper as a requirement for the author's Financing Entrepreneurial Ventures course in the MBA program at Babson College.

The authors are especially grateful to two specialists, Leslie B. Charm, who along with his partner has owned three national franchise companies, an entrepreneurial advisory and troubled business management company, and a venture capital company, AIGIS Ventures, LLC; and Leland Goldberg of Coopers & Lybrand, Boston, who contributed enormously to the efforts of Bateman, Douglas, and Morgan and to the material.

* 请见与本书配套的《创业学案例》一书第 18 个案例。 ——编者注

数而是你被拌倒后爬起来的次数和速度决定了你的最终得分。”这些观点一针见血地指出了新建企业在成长和发展中兴衰成败的本质原因。

陷入困境的原因

困境可能是由管理层所无法控制的外部力量引起的，其中最为常见的是经济衰退、利率的变化、政府政策的变化、通货膨胀、新竞争者的进入以及行业或产品的淘汰。

然而，那些致力于摆脱困境的人们发现，上述情形只不过是界定一个陷入困境的企业所必须去适应的环境，这些原因很难导致一家公司失败。外部的冲击会影响一个行业中的所有企业，而失败的企业只是其中的一部分，其他企业仍然能够幸存下来并得以繁荣发展。

失败的最主要原因存在于公司的管理中。尽管困境的产生会有各种各样的原因，但经常被人提到的原因可以归纳为三大类：对战略性问题的疏忽，一般的管理问题，不健全的财务和会计制度及措施。这些困境产生的原因和第2章中所指出的新建企业失败的原因有着惊人的相似。

战略性问题

- 对市场定位的错误理解。第一个问题就是企业对其市场定位的错误理解，并且由于过于注重成长而忽视了盈利能力。这些公司不仅没有制定战略计划，而且还从事着利润水平较低的业务，并为快速发展而不断扩大生产能力。这样，它们很快就会陷入现金短缺的困境。
- 对与供应商和客户的关系处理不当。不能正确理解与供应商和客户之间的关系，这与错误理解公司的市场定位是相关的。比如说，有些企业在应该以自己的方式决定诸如付款条件等政策时却盲目地采用了行业的惯例做法。
- 进入不相关的业务领域而导致经营过于分散化。现金充裕的企业在产生所谓的“成长综合症”时，普遍会犯的错误就是进入不相关的业务领域而导致企业经营过于分散化。这些企业在没有充分理由的情况下就将一项业务的经营所得用来开展另外一项业务。正如某位使企业脱困的咨询人员所说：“我简直无法相信。没有任何协同效应。他们只是盲目地扩大了成本，却没有产生任何贡献。真是缺乏常识!”
- 捕鼠器短视效应。已经拥有“极好的产品”，并正在寻求扩大市场的企业常会出现的问题就是单凭构想而非商机创建企业的短视效应。这是由于他们没有很好地对商机进行分析。
- 盲目追求“大项目”。很多公司追求“大项目”而忽视了周转现金的限制，把大量现金用在了扩大生产能力和招募员工上。当销售无法实现或无法按期实现时就会产生现金短缺的问题。有的“大项目”是受商机性质决定的。高科技企业就是一个很好的例子，它必须利用“先动优势”。公司必须证明其产品的“生命力”并迅速发展成能够公开上市或被大型公司收购的对象。这样的话，大型公司才无法通过技术仿造，利用其现有规模和经销渠道优势获得超过新建企业的市场支配权。
- 缺乏应急机制。正如我们一再反复强调的，成长的道路绝非一帆风顺。企业必须随时做好准备以应对突如其来的变化——比如销售的减少或是款项回收速度的减慢。另外，还需要为临时解雇员工及缩减生产能力等情况预先制定好计划。

管理问题

- 缺乏管理技巧、经验和专门技能。如第8章中所说，在企业的成长过程中，管理人员需要改变他们的管理模式，从做转变为管理管理人员。
- 财务功能薄弱。一般而言，新建企业的财务功能往往停留在记账水平。有一家公司的创始人在经营了5年，销售额达到2 000万美元后才聘用了一位专业财务人员。
- 关键管理人员流失。尽管关键管理人员的流失对任何公司都是比较棘手的一个问题，但它对于那些运用特殊知识或专有知识的行业而言特别值得关注。例如，有家企业失去了一名簿记人员，而他是惟一真正了解公司业务情况的人。
- 会计上的“大公司弊病”。一些公司经常会犯的错误就是过于注重那些应计项目而不是现金流量的情况。

薄弱的企业规划、财务和会计制度、实践和控制

- 不当定价、信用过度和过度杠杆融资。这些原因并不新奇，没有必要多加解释。倒是过分采用杠杆融资的原因比较有趣。它可能是由于公司成长速度超出了公司内部融资能力，所以公司逐渐依赖上了短期票据，最后导致现金流问题的发生。另一个原因是采用有担保的贷款来代替股权融资。有一位创业者说：“(有担保的贷款)开始时看起来就像股权融资一样，但在企业陷入困境时它变得越来越像负债。”
- 缺乏现金预算/预测。这是最常提到的困境产生原因。

小公司往往没有现金预算。

- *不完善的管理报告制度*。虽然有些企业有着良好的财务报告制度，它们仍然会苦于管理报告制度的不完善。一位致力于帮助企业摆脱困境的咨询顾问说，“(财务报表）只能告诉人们公司的现状，它无法帮助管理业务。如果观察一下一些重要的管理报告——存货分析、应收账款的剩余时间分析、销售分析——会发现它们通常已经滞后了或根本没有。账单流程也是如此，许多新兴企业都不能按时出账。”
- *缺乏标准成本核算*。不完善的管理报告制度还会导致成本核算方面的问题。很多新兴企业没有用以比较产品实际制造成本的标准成本，因此也没有成本差异分析报告。这样，公司无法及时发现问题并采取纠正措施，只有在事后才能真正了解产品的获利能力。

  然而即便是在运用标准成本制度的情况下，往往也会存在工程部门、生产部门和会计部门自行编制材料清单的情况，因此会出现产品设计、制造和成本核算中的标准各不相同。
- *对成本理解不当*。很多公司都无法正确理解固定成本与可变成本之间的关系。例如，有一家制造商认为每周六停产能够相应节省资金，因为公司管理层认为这样做能够减少加班费支出。一位专门从事帮助企业摆脱困境的咨询顾问不得不向该企业的重要领导人指出：“你有大量高获利产品无法及时生产出来，还不如付加班费。”

创业者还应该理解这方面理论和实践的差异。上面提到过的这位咨询顾问还说：“按会计理论，从长远来看，所有成本都是可变成本。但在实践中，几乎所有的成本都是固定的，只有销售佣金才是真正的可变成本。”

摆脱危机

防止企业陷入困境和帮助企业摆脱困境的最好办法是找到一群曾经历过这种事的咨询顾问和董事，他们掌握学校和许多公司培训项目中都学不到的技能。来自外界的“观点”非常重要。行动速度必须改变；控制系统必须改变；连组织结构一般也必须改变。

陷入困境的公司面临的情况类似于温斯顿·邱吉尔在《沉睡中的英国》（*While England Slept*）中所描述的那样：“我们沿着通向黑漆漆的海湾的那排台阶跌跌撞撞、有气无力地往下走。台阶路一开始还很宽阔，然而过了一会儿之后坦途到了尽头，前面全是石板路，而再往前，脚下的路突然断了。”

虽然外部不可控因素——如政府颁布新法规——确实存在，但商机驱动型公司的危机常常是由于管理层的失误造成的。不过，从这些失误中，我们也找到了一些解决这个问题的办法。我们很高兴地看到，很多公司——甚至包括那些失去偿债能力或是净值为负值甚至两种情况都出现的公司——都转危为安、恢复盈利能力了。

危机的预测

由于危机是在一定时间内逐步产生的，而且往往是关键性错误日积月累的结果，所以人们不由得会提出这样一个问题：如何进行危机的预测？危机预测最明显的好处就是能够使创业者、雇员和重要的外部人员，如投资者、贷款人、购销债权人——甚至客户——都能发现危机酝酿的蛛丝马迹并及时采取纠正措施。

危机预测模型有很多种。下面选其中两种进行具体介绍，因为这两种方法计算简便，而且所用信息都能从一般财务报表上获得。由于大多数新建企业的管理报告都很不完善，所以危机预测模型所使用的信息最好从一般财务报告中获得。

下面介绍的两种方法都采用很容易获得的财务数据来对两年之内会爆发的危机进行预测。对于小的上市公司而言，所有感兴趣的观察者都可以使用这些模型。而对于非公开上市的私营公司而言，这些模型只能由了解这些信息的人使用，而且也可能只对贷款人和董事会成员之类的非管理层外部人有用。

在所有这些财务比率中最为常用的分母就是总资产。这项数据往往会被扭曲，有时是通过大家所戏称的“创造性会计”方法，把开支错记为资本列到了资产负债表上，有时是因为实际账面价值和账面价值之间存在巨大差值(即高估或是低估了资产价值)。

净流动资产余额对总资产比率

图表18.1所示的这一模型是由百森商学院的乔尔·舒尔曼（Joel Shulman）教授创建的，用于对贷款违约的预测。舒尔曼发现这一比率能够相当准确地预测两年之内可能发生的贷款违约情况。

舒尔曼的方法值得关注，因为它明确体现了现金的重要性。舒尔曼把流动资产分成经营性资产（比如存货和应收账款）和金融性资产（比如现金和有价证券）两类。对

图表 18.1

净流动资产余额对总资产比率

净流动资产余额对总资产比率=净流动资产余额/总资产

其中

净流动资产余额=（现金+有价证券）-（应付票据+契债）

资料来源：Joel Shulman, "Primary Rule for Detecting Bankruptcy: Watch the Cash," *Financial Analyst Journal*, September 1988.

负债也作了同样区分，即把应付票据和契债作为金融性负债，而应付账款则作为经营性负债。

然后她把金融性资产减去金融性负债，所得数字即为净流动资产余额（NLB）。NLB可理解为“自由现金”，即企业用来应付紧急情况的现金。由于它是预备销售变化、款项回收延期或利率变化的短期应急资金，因此能够真正衡量清偿能力。然后将NLB除以总资产得到预测比率。

非量化信号

我们曾在第17章讨论过可能引起危机的模式及表现、企业成长各阶段常见危机的征兆和可以实施监控的关键变量。

致力于帮助企业摆脱困境的专家们也会采用一些非量化信号作为显示危机可能性的指标。和第17章中所讨论过的信号一样，下列信号中仅一个出现并不一定意味着危机迫在眉睫。然而，一旦有一个出现，而其他跟着出现，那危机的可能性就大大增加了。

- 不能及时出具财务报表。
- 关键创业者行为异常（例如不接电话或是上班比平时晚）。
- 管理层或顾问——如董事、会计或其他专业顾问——的人员变动。
- 会计的意见有保留，不保证。
- 新的竞争。
- 启动“大项目”。
- 研发支出减少。
- 资产注销和/或“新”负债增加。
- 信用额度降低。

危机酝酿阶段

危机很少会在一夜之间形成。从它的最初萌芽到最终形成一般要经历18个月到5年的时间。危机酝酿期间公司所发生的变化会对公司日后转危为安产生重要影响。因此，管理层如何应对危机以及员工士气如何变化将直接决定危机作用的后果。通常，当大家只想着如何生存下去，而不是如何扭转败局时，组织就会变得士气低落、毫无成效。另外，创业者也会失去可信度，公司则会丧失宝贵的时间。

回顾公司的关键统计数据也能看出危机的征兆。可以看到，销售增长率（和毛利）大幅度下降。接着是开支不断上升，因为公司以为它会继续成长。当成长停滞下来后，公司仍会让开支保持比较高的增长率，希望借此把公司“拉回到原来的成长轨道上去”。

乐观主义悖论

陷入困境的公司常常存在这样的问题：没有发现危机产生的最初信号（例如利润缩减、客户退货或是清偿能力下降），或把它们当成新项目的早期问题或业务的正常变化而不予理睬。比如，有位创业者把存货和应收项目的增加当成了一种好现象，因为销售额增加了，流动比率也提高了。然而，虽然销售量增加了，利润却下降了，而他并没有意识到公司已经出现了偿债能力问题，直到公司出现现金短缺。

虽然管理层可能会忽略危机发生的最初信号，但是局外人却通常不会忽略。银行、董事会成员、供应商还有客户总能发现危机酝酿的蛛丝马迹。他们会奇怪公司的管理层为何迟迟不采取行动。于是信用危机就产生了。

不久企业管理层就不得不承认困境的存在，然而这时他们已经失去了宝贵的时间。而且，为应付局面而必须采取的行动又很容易招来骂名。创业带头人在感情上对员工、项目和业务领域一直非常投入，这些业务不管削减哪一个都会让他们于心不忍，因为当情况好转时公司还会需要这些资源。

然而情况是公司在不断地走下坡路，形势进一步地恶化。帮助企业摆脱困境的专家们指出，形势恶化的压力会使创业者产生逃避情绪。也有人把陷入困境的创业者形容为惊弓之鸟：创业者被吓呆了，无法采取任何行动。逃避情绪的产生在心理学上是有客观依据的。一位曾帮助企业摆脱困境的组织行为学方面的顾问说：“当一个人在压力下无法弄清问题产生的原因或是对于解决问题束手无策时，就容易用幻想来代替不愉快的现实。”他还说：“这种幻想的外在表现形式就是逃避。”他指出，创业者总是更愿意解决比较愉快和容易理解的工作，比如向客户销售，而不愿意处理困境，这也是人之常情。而结果就会使企业在银行、债权人等方面失去信誉（而正是这些人的合作，才是公司走出困境不可或缺的条件）。

在通常情况下，创业者在困境中所作的决策总是拙劣的，而且往往会加速企业的下滑。会计师或总会计师可能会被解职，结果造成公司像无头苍蝇一样到处“瞎飞”。比如，有个制造高盈利产品的企业的创业者在董事会上宣布将削减包括广告费在内的一切费用支出，他就未曾好好考虑一下削减该产品的广告费用是否反而会加重企业的现金流问题。

最后，创业者还有可能会做出不真实的陈述，或者是做出无法实现的承诺。这种做法注定会使他/她的信用丧失殆尽。

玫瑰凋谢了——现在会出现什么情况

一般地，当企业陷入困境时，就会有人开始搬弄是非。

- 不理睬外面的建议。
- 后面还有更糟的事。
- 大家（一般包括创业者）都不做决定，也不接电话。
- 没有一个负责人向员工发表讲话。
- 谣言四起。
- 库存失衡。
- 应收账款账龄增加。
- 客户担心公司做出的新承诺。
- 萎靡不振的情绪开始蔓延，而环境依然十分严峻（两者不同寻常地结合在一起）。

组织士气的低落

企业员工往往是注意到危机产生的群体之一。他们直接接触到客户退货、债权人催款等问题，因此会奇怪公司管理层为何不及时采取措施。慢慢地，他们开始对企业管理层失去信心。

在公司陷入困境时，即便创业带头人一言一行仍表现得十分乐观，或躲在办公室里避免和员工、客户或供应商交谈，员工们仍会从同事或是外部人员那里了解到企业的困境。他们会对公司的正式信息沟通渠道失去信心，而过分夸张的小道消息和流言蜚语却更容易为人们所相信。公司的员工开始流失，士气也逐渐低落。

显然，问题是客观存在的，而且没有得到及时处理。企业的员工开始担心未来，担心是否会裁员，以及公司是否濒临破产。在他们的安全感受到威胁时，员工们纷纷采取了所谓“保全模式”。正如一位组织行为学方面的顾问所解释的：

> 人类的机体组织能够忍受除了不确定因素以外的任何情况。因为不确定性会产生极大的压力，使得人们无法进行理智和创造性的思考活动。而一旦处于这种情况，他们就会把注意力集中在如何保全自己上。这就是为什么你会在企业努力摆脱困境的时候看到如此多不合作和相互指责的现象。人们此时此刻惟一能够理解的就是如何互相推卸责任（或什么也不做）。

危机最终会导致干预。这种情况通常由董事会、贷款人或是法律诉讼发起。例如，银行会要求提前还款，供应商会要求企业必须用现金支付。也许债权人还会要求企业实行强制破产。或者出现某种外界力量，彻底改变企业的商业环境。

破产的威胁[1]

很遗憾，多数陷入困境的企业领导者常常不了解破产法的好处。对他们来说，破产就意味着失败；然而破产法其实只是确定了企业清算时对债权人的清偿顺序。

虽然破产是企业清算的前奏，但是它也是企业重组的前奏。破产对债权人来说也不是一项非常有吸引力的方案，因为他们至少要损失一部分资金，所以他们通常愿意谈判。所以说，破产也可能为摆脱困境、展开谈判奠定基础。

自愿破产

当企业根据破产法（常根据第11款）被获准破产时，企业资产将立即得到保护，免于被债权人瓜分。利息和本金的支付暂时停止，债权人必须耐心等待。一般，企业仍由目前管理层（债务人）来经营，有时也会指派一名外部人——托管人来管理公司，并组成债权人委员会，由它来监督企业的运营并负责和企业的谈判。

第11款最为有利的地方在于它为企业赢得了时间。企业可以有120天的时间来准备一份重组计划，60天的时间等待债权人对计划的认可。在重组计划里，可以规定适当延长债务的期限，也可以对债务进行重组（调整），还可以提高债务的利率，以及引入可转换条款以补偿债权人接受债务重组将承担的风险。有些情况下，债权人需将他们的部分债权转换成股权。购销债权人可能会被要求接受股权以替代账款，而且有时还必须接受部分付款。如果对重组计划的审议结果还是要清算，那债权人就必须接受部分付款，具体的偿还金额按清偿优先级顺序而有所不同，一般为0~30%。

强制性破产

在强制性破产中，债权人对陷入困境的企业强制执行破产程序。尽管这样的情形一般很少发生，但是创业者应该了解在什么情况下债权人可以要求企业强制破产，这一点十分重要。

当任何3位债权人的债权总额超过担保资产价值5 000美元以上时，或债权人总数不到12人并且其中有一位达到上述条件时，就可以要求企业强制破产。

议价能力

对债权人来说，让一家企业破产并不是个好办法。所以，破产其实是陷入困境的企业一个强有力的议价工具。破产之所以对于债权人毫无吸引力可言，主要有以下几方面原因：一旦企业获准破产而受到保护时，债权人就必须耐心等待。此外，他们将不再与陷入困境的企业而是要与托管人及其他债权人打交道。即便债权人愿意为得到还款而等待，他们也不太可能得到全额偿付，而且可能还必须接受不太有利的还款条件。最后，在债权人获得偿付之前还必须支付高额的破产法律和行政手续费。

面对这种情况，许多债权人会得出这样的结论：与企业谈判达成和解协议才能更好地保护他们的利益。由于破产法规定了债权人的受偿顺序，创业者可以借此来判断谁会愿意谈判。

由于贸易债务的清偿顺序列在最后（除了企业所有者），这些债权人往往最愿意谈判。事实上，形势越是严峻，他们的和解愿望越强烈。如果一个企业的净资产是负值但有能力取得一定现金流入的话，除非他们对现任管理层已不再信任，否则，一般会愿意谈判延长债务还款期限或同意部分清偿，或结合两种方式。

然而，有担保的债权人由于享有较高的清偿优先级，可能不太愿意谈判。影响他们谈判意向的因素有很多，其中包括抵押品价值和他们对管理层的信心。即便如此，他们仍愿意尽量避免破产的结果，原因如前。

破产可以免除企业应履行的合同中的义务，因此有很多企业会自行提出破产请求以逃避在工会合同中的义务。由于破产法在这种情形下与美国《国家劳工关系法》存在着冲突，现已对破产法进行了修订，并加入了一条对企业诚信度的检验条款。这样，企业必须在能够证明合同影响其经营的情况下才能不履行合同义务。公司还可能逃避其他尚未履行的合同，如租赁合同、执行合同或设备租赁合同。如果公司的一般管理费用一直在非经济地增加，它就可以运用破产工具来大幅度降低这项开支。

对企业经营的干预

陷入困境的企业往往需要一位专门帮助企业走出困境的外部顾问。

企业的外部顾问在干预阶段所看到的情况通常一点也不鼓舞人心。公司基本上失去了清偿能力，而且净资产是负值。它很可能早就被供应商列入了必须以现金结算的名单。它可能拖欠债务，或者即便没有拖欠也违反了贷款合约的规定。催款通知可能已经送达。债权人甚至可能试图使企业破产，而且企业组织的士气也十分低落。

这时的关键任务就是要迅速地对情况做出诊断，了解企业对于债权人的议价能力，以及制定一套现金周转的商业计划以摆脱困境。所以，解决危机的专家往往能够迅速发出变化来临的信号。他们会提升财务功能，让“现金人士”（通常是顾问本人）来掌管企业的经营。他们将对现金支付进行控制，直至问题被诊断出来并决定了相应补救行动。

诊断分析

诊断分析的工作会因战略和财务两方面都存在失误而变得相当复杂。例如对于一家应收项数额巨大的企业来说，需要解决的问题是弄清应收项目数额过于庞大的原因是由于不良的信用政策呢，还是因为公司所在行业需要利用更为自由的信贷条件参与竞争。

诊断分析需要在以下三个方面进行：企业适当的战略姿态、对管理层的分析以及对“数字”的分析。

战略分析　在摆脱危机中战略分析的目的是确定企业有能力参与竞争的市场，以及制定相应的竞争战略。据危机处理专家分析，小规模公司中大多数的战略失误与企业涉足无利可图的产品线、客户和地理区域有关。对这些领域的具体战略分析不在本书的研究范围（可以参考这一方面的许多书籍）。

管理分析　管理分析包括与管理团队成员进行面谈，并客观评价哪些人才是企业真正需要的管理人员。危机处理专家无法就如何具体实施给出固定的公式，只能根据以往经验做出判断。

数据分析　"数据"分析涉及具体的现金流量分析，它能够指出哪些方面需要采取补救措施。数据分析的工作是要准确识别企业经营的核心盈利点并将之量化。

- *确定可利用的现金*。首先需要确定企业在近期有多少现金可用。这可以通过核对银行存款余额、应收项（除去保证金）和经确认的订单来确定。
- *确定资金流向*。这一工作要比看起来复杂得多。其中需要经常用到的一项技术叫做分类账分析，即要找到所有记录现金的账户，并把它们按照现金支出的数额大小由大到小进行排列，随后仔细审阅这些账户。这样做能够发现存在问题的环节。比如，一家公司在票据上写的是公司地址而不是支票结算地址，这一问题会造成公司结账工作延误两天。
- *计算各项业务占销售额的百分比，然后分析成本走势*。一般会有几条走势曲线存在拐点，这就是相关成本发生变化的地方。举例来说，一家承接了一项大型项目的公司存在着销售成本不断提高的问题，同时生产能力和广告预算也不断增加。深入分析表明，这一项目不能形成足够利润，不值得开展。一旦取消这一项目，压缩过剩生产能力就可以降低公司的盈亏平衡点。
- *业务重组*。在确定了现金来源和现金流向后，接下来的一步就是将业务现状和应有状况加以比较，进行业务的彻底重组。比如，可以就一笔既定销售额制定现金预算并确定具体收款和付款方式等。另外也可以就既定销售量确定所需劳动力、材料和其他直接成本以及一般管理费用。这样以现金流量表示的商业计划就制定出来了。
- *找出差别*。最后，把以现金流量表示的商业计划与企业的预编资产负债表和损益表相配套联系起来。理想的现金流量计划以及预计财务报表可以与企业的当期财务报告进行比较。例如，可以比较预编损益表和现有报表以发现可以减少费用的地方。预编财务报表与实际报表之间的差别构成了企业摆脱困境计划和采取相应补救行动的基础。

一般情况下，最容易发现需要削减或改进的地方有：（1）营运资金管理，包括从订单处理、出票到应收项目、存货控制和现金管理的一系列工作；（2）工资；（3）资产使用过度或不足。一般地，80%以上削减开支的潜力来自裁员。

企业的摆脱困境计划

摆脱困境计划不仅确定了补救行动，而且因为它是一套详细的预定方案，因此能够用来对实际活动进行监督和控制。另外，如果改变这套方案中销售量、单价、收款以及谈判成功等的假设条件，我们还可以得出最坏情况——并制定相应的应急计划加以完善。

由于短期内可能无法解决现金短缺问题，摆脱困境计划还可以帮助企业建立起足够的可信度以赢得采取其他补救行动的时间。比如，一家公司的顾问凭借下面的摆脱困境计划向银行融资，从而为公司生存争取到了宝贵的时间：通过减少工资和应收账款变现，我们能够让公司现金流在5个月内恢复流动性。如果我们与购销债权人就应收账款延期的谈判取得成功，公司能够在3个月之内恢复流动性。而如果能以半价出售利用不足的资产，公司马上就可以恢复流动性。

摆脱困境计划也可以帮助企业解决组织问题。它以一套清晰明了的行动计划与责任分配取代了原来的不确定性。还向组织发出了已经采取行动的信号，使员工们很快走出了"自我保全模式"。有效的计划把任务划分成最小的可实现单位，这样很快就能够顺利完成这一系列简单任务，从而使企业开始经历成功的喜悦。很快，组织士气低落的恶性循环也被打破了。

最后，摆脱困境计划还是一个重要的议价工具。通过发现问题和提供补救措施，它使企业顾问可以与债权人就债务清偿问题进行接洽，并详细告诉他们将如何及何时清偿债务。如果摆脱困境计划能够证明债权人与继续经营的企业进行合作要比让企业破产清算对他们更有利，他们也会更愿意就债务延期和偿债方式进行谈判，从而制定出合适的付款日程表，帮助企业顺利渡过危机。

尽快得到现金 在理想情况下，摆脱困境计划能够使债权人对企业恢复信心，从而为企业顾问筹集资金和把利用不足的资产变现争取时间。不过，切记要尽快地筹集资金。下面介绍的一些方法能够改善现金流状况。但这种解决办法还远远不够，因为还必须考虑供应商是否满意。

营运资金账户是快速筹集资金的最佳渠道。

应收账款是流动性最强的非现金资产。可以通过应收账款的代理融通方式来进行融资，不过采取这一方法花费的谈判时间较长。获得现金的最佳途径就是应收账款贴现。应收账款能够贴现的额度取决于它们是否在为贷款作抵押。例如，对于90天内账龄的应收账银行一般至多会贷给企业应收账款金额的80%。当应收账款账龄超过90天，就必须偿还银行贷款。按照“80%和90天以内”的贷款条件，银行还会为企业提供新贷款。为了满足银行要求，账龄在90天内的应收账款贴现率不能超过20%。超过90天的应收账款可以根据需要决定贴现率，因为它没有为银行贷款提供抵押。企业在确定贴现率时一定要仔细判断。一种常用的方法是在一定时限内提供优惠贴现率，而超过时限则贴现率失效。这一方式可以鼓励客户立即付款。

许多顾问赞同提供较高的贴现率，因为他们认为过高比过低好。如果贴现率一开始定得过低，以后再提高时，客户很可能会拖延付款，希望等到下一轮更高的贴现率。一般，有问题的付款人都是些动作迟缓的家伙，贴现并不能解决问题。当我们上了这些吱嘎作响的老破车，我们就要注意了。一种办法是附上一张条子，让客户开始分期付款；另一种办法是把每笔新订单的价格开得高一点，这样会慢慢减少拖欠余额。

存货虽然不如应收账款的流动性强，但是仍然能够通过清算产生现金。摆脱困境专家们对“减价销售”存货存在着的诸多看法。最常见的反对意见是过剩的存货往往已经过时、被淘汰了。第二种反对意见是，很多存货其实是未完工产品，还不能出售，需要额外投入来使之变成可售品。第三种反对意见是，虽然成品存货可以通过折价销售产生现金，但是企业很可能在摆脱危机恢复原价时遭到客户的抵制。最好的办法可能是把原材料库存销售给竞争对手。另一种办法是把存货以折扣价卖给新的分销渠道，这样做不会影响以后的销售。

一个比较有趣的建议是让那些有许多未完工产品存货的公司放宽信贷条件。一般情况下，凭应收账款所借得的款项要比凭存货借得的款项多。而通过放宽信贷条件，公司可以扩大其借款能力以获得足够的资金来完成产品的生产。这一选择可能较难实施，因为当危机已经形成时，企业的借款人会紧盯住企业不放，很可能会否决这项建议。

与快速生成现金有关的另一项内容是现有销售活动政策。它的主要条件包括：提高利润总额、加快现金生成和保持营运资本的最大流动性。价格和现金折扣要提高，信贷条件要放宽。不过放宽信贷条件可能会与上面提及的应收账款政策发生冲突。显然一定要注意保持公司政策的连贯性和一致性。信贷条件的放宽实际上是一个“过剩存货”政策。企业的总体目标是要利用政策的杠杆作用首先解决现金问题，其次是应收账款，最后才是存货。

暂停支付所有应付账款是另一种解决方案。无疑这种方式能够在短期之内缓解现金周转的负担。尽管这个阶段需要就如何支付供应商的款项做出相应安排，不过此时现金最重要的作用还是支付工资及偿还贷款。但另一方面，虽然贷款人很重要，但如果供应商不给你发货，你就没生意可做了，所以让供应商保持发货也是很重要的。在这种情况下，对于一家现金流为负的企业来说，它要做的只是为现金的使用排定“优先级”顺序。供应商最不可能迫使企业破产，因为根据破产法的规定，他们的清偿顺序排在很后面。

与贷款人交涉 接下来的一步就是与贷款人进行协商。如果贷款人愿意继续与企业合作，贷款人会要求企业制定一份可行的长期解决方案。

不过，当危机已经形成并且外界开始干预时，公司很可能已经无力履行付款义务了。或者，即便能够支付，企业的财务状况也已经恶化到了公司不得不违背贷款合同的地步。公司还可能已将大部分资产抵押。更有甚者，陷入困境的创业者在危机酝酿阶段可能一直在躲避债权人，显示出他/她对局势已经失去了控制能力。这样一来，企业就丧失了诚信。

企业必须要了解以下这几点：第一，它绝不是第一个不履行还款义务的人；第二，贷款人通常愿意把问题妥善解决；第三，它仍然有议价能力。

从战略角度分析，企业的议价能力来自两方面。第一，贷款人尽管清偿优先级较高，但他们并不喜欢让企业破产，因为低利润水平的银行业务无法轻而易举地承受如此巨大的损失（银行一般的资产回报率仅为0.5%~1.0%）。

第二个方面是诚信度。企业在专家的帮助下，已经对发生的问题进行了诊断分析，并制定出了一个在最好或最坏情况下如何摆脱困境的详细计划。其目的是向贷款人表明他有能力偿付贷款，这样就能够使企业处于更有利的议价地位。摆脱困境计划详细列出了将要采取的具体行动

(如裁员、资产处置以及信贷政策的变化等等)，该计划必须实现才能重新建立企业的诚信。

另外还有两个增加议价能力的策略性工具。一个是贷款人所掌握的抵押品的价值，另一个是银行对后续市场以及创业者的非凡销售能力了解不够。

以下的例子说明了当贷款人所掌握的抵押品价值损失很大时，他别无选择，只能寻求与企业合作以避免遭受重大损失。另外它还说明，创业者的丰富业务知识和非凡销售能力能够让自己和贷款人一起摆脱困境。一家从事皮革生意的企业曾在一年中购买了过多存货，而与此同时它的竞争对手推出了一种新产品，导致该企业的存货几乎全部过时，这时企业陷入危机。创业者求助于贷款人，后者表示愿意与他一起解决危机。于是创业者打算减价出售存货，并重新进入一个更具吸引力的新市场。但是惟一的问题在于他还需要更多的资金，而他已经超过信用额度了。贷款人这时面临的选择是，要么让企业破产，自己肯定要承受80%的损失；要么继续向企业提供贷款，有可能再次亏损。贷款人决定与创业者合作。他提高了贷款利率并把创业者列入了"全方位跟踪"名单，这意味着所有款项支付都必须通过贷款人。贷款人在将款项划入企业账户前会先对支票进行处理并确保减少付款风险。

另外一个例子说明了企业在贷款人掌握的抵押品失去价值并且必定要遭受重大损失时所能获得的议价能力。一家公司通过信用证融资从欧洲进口了一批酷似Cabbage Patch的布娃娃。然而，当布娃娃运达进口国时，公司却无法将它们销售出去，因为Cabbage Patch娃娃热已经过去了。而这批布娃娃，同时也是银行的抵押品，顿时变成了毫无价值的废物。公司发现可以对布娃娃的头部进行改装，让它们不像Cabbage Patch娃娃。同时它还找到了一家打算买走所有改布装娃娃的买主。但是公司需要3万美元去购买并安装新的布娃娃头，因此它又向银行求助。银行说，如果公司想要钱，就必须用企业主要管理人员的房产作抵押。公司拒绝了这个条件，银行万分惊讶。但创业者究竟打算怎么做呢？他已经找到了融资渠道，得到了他想要的3万美元。

贷款人通常会同意向公司预支用于支付工资的钱，这主要是出于公共关系方面的考虑。但另一方面，如果公司不能及时发放工资，公司可能会突然陷入危机，到那时贷款人可就再也没有选择余地了。

当情况开始好转时，贷款人很可能会要求偿还贷款。这种做法能解决贷款人的问题，但却会让企业重新陷入困境。虽然很多银行都否认曾有这种情况发生，但有些银行承认这要看具体"贷款负责人"是谁。

与购销债权人交涉　在与购销债权人进行交涉时，第一步是要了解公司的议价地位。购销债权人在公司申请破产时的清偿优先级最低，因此，他们最愿意和解。一旦公司破产，购销债权人一般一美元只能得到几美分。

公司对于购销债权人的议价能力还来自于企业制定的摆脱困境计划。只要公司能够证明它继续经营会让购销债权人得到比破产更有利的结果，购销债权人应该会愿意谈判。一般最好经常偿还购销债权人一点钱。记住，购销债权人的毛利比银行高，所以偿付给他们的钱会很快转成再次贷给企业的"风险"资金。当购销债权人能不断发送新货物，同时及时收到货款，外加一部分旧账时，这条融资渠道特别有效。

而且，购销债权人也必须处理好与客户的关系。如果购销债权人认为帮助陷入困境的企业有助于保护市场份额，他们会愿意与企业合作。

购销债权人在议价上的相对劣势也能使危机处理顾问通过谈判达成极为有利的交易。例如，一家公司成功地使购销债权人同意将所有未偿付账款继续延长24个月支付。而作为交换条件，企业承诺将及时支付所有新应付账款。该创业者和许多购销债权人都达成了延期付款协议，并且还把短期应付款变成了相当于长期债务的融资工具。这大大改善了企业的现金周转情况。

第二步是根据购销债权人对企业摆脱困境的重要性排出清偿优先级顺序，并对那些最重要的购销债权人格外关照。举例来说，有位创业者告诫他的总会计师千万不要作无法兑现的承诺。还说，如果公司万一出现无法兑现承诺的情况，那一定要打电话告诉他。公司还告诉最重要的供应商们，一旦有什么情况使他们必须提前收取货款，他们可以通知公司，公司将尽最大努力满足他们的要求。

和购销债权人打交道的第三步是在必要时替换供应商。清偿优先级最低的供应商会要求企业以现金方式偿付，或者是干脆拒绝谈判。因此陷入困境的企业要能够替换供应商。在这一点上，与企业有良好关系的高优先级供应商可以帮些忙，因为他们可以提供资信证明。有家公司说："我们让我们最好的供应商自由提供有关我们的资信证明。如果没有他们的帮助，我真不知道怎样才能建立起新的业务联系。"

与购销债权人打交道的第四步是有效沟通。"做生意就和说实话一样简单，"一位咨询顾问说。如果一家公司能坦诚相告，至少债权人可以做些计划。

裁员行动 裁员意味着80%的削减开支潜力，因此裁员在危机情况下是不可避免的。

许多危机处理专家都建议一次性宣布企业的裁员计划并立即实施。他们还建议要尽快完成裁员，因为生产能力只有在员工获得安全感的情况下才能恢复。最后他们建议企业尽量多裁一些人，而不仅仅是为了补偿其他难于执行的脱困措施。削减一半生产能力与出售或转租半个厂房是两码事。

长期补救行动

如果摆脱困境计划能够为企业建立足够的诚信度，并能为企业争取到更多时间的话，企业就可以实施更为长期的补救行动。

这些补救行动通常可以分为三大类：

- *体系和程序*。可以对有缺陷的制度和程序加以改进，或实施其他体系或程序。
- *资产处置*。清算短期内无法变现的资产。比如，可以出售房产。许多小公司，特别是那些比较老的，它们资产负债表上的房产价值大大低于市场价值。可以出售和回租，或用它抵押贷款来生成现金。
- *创造性的解决方案*。一定要找到创造性的解决方案。比如，一家企业有大量存货，它们对目前的生意毫无用处。然而，它发现如果把存货组装成零部件，就有可能找到市场。于是公司把这批存货运到牙买加进行装配，那里劳动力成本很低。这样，公司不但售出了所有的积压存货，而且还获得了相当高的利润。

正如本章开头所说，许多公司——甚至包括那些失去偿债能力或净资产为负，或两者兼而有之的公司——都能够起死回生，重新恢复盈利能力。在此，引用温斯顿·邱吉尔的另外一句话比较能说明问题：“我没有什么可以贡献，除了鲜血、辛劳、泪水和汗水。”

本章总结

1. 创业过程无法避免的阶段就是企业的诞生、成长、疾病和死亡。
2. 大量迫在眉睫的危机的信号——战略问题、规划和财务控制不力以及现金短缺——都指向了一个核心原因：高层管理。
3. 危机不是一夜之间产生的。通常在公司走到病入膏肓，必须启动危机干预程序这一步前，危机的苗头已经存在18个月到5年时间了。
4. 定性和定量信号都能预测出可能导致危机的情况和行动。
5. 破产虽然是企业的梦魇，但实际上可以成为帮助企业生存、恢复生机的宝贵议价工具和资源。
6. 危机处理专家们开始的工作是诊断数字——现金、战略性市场问题和管理——和制定摆脱困境计划。
7. 摆脱困境计划制定了一些生成现金、与贷款人和购销债权人打交道、开始长期复兴和监督实施过程的补救行动。

习 题

1. 创业者需要了解哪些导致企业陷入困境和摆脱困境的因素？为什么？
2. 为什么大多数危机处理专家都发现管理层是危机的根源？
3. 为什么现有管理层很难发现危机的初期征兆并及时采取行动？
4. 预示危机迫在眉睫的关键信号有哪些？
5. 为什么破产反而会成为创业者的帮手？
6. 怎样诊断才能发现问题？为什么现金起核心作用？它如何起作用？
7. 摆脱困境计划主要包含哪些部分，它们为什么如此重要？

第18章的互联网资料来源

http://www.entreworld.org

http://www.swiggartagin.com/lawfind/

http://www.uscourts.gov

思考题

你考虑过吗？

1. 20世纪70年代，IBM资产负债表上的现金比计算机行业中其他所有企业的销售收入总额还要多。为什么10年后IBM却陷入了如此多的困境？它是如何陷入困境的？
2. 请一位有个人贷款担保并曾经历过破产的创业者亲自谈谈。你学到了哪些经验和教训？
3. 微软公司可能陷入困境吗？什么时候？为什么？

注 释

1. As this edition goes to press, the U.S. Congress is deliberating a revision of the federal bankruptcy laws, which if enacted could have a profound impact on a business's relationship with its lenders and creditors. Updates on bankruptcy laws, including additional Web links can be found at http://www.swiggartagin.com/lawfind/.

第 19 章

收获及未来展望

“切记：钱财乃身外之物，生不带来，死不带去。”

——西德尼·拉布

波士顿Stop & Shop公司

已故名誉主席

学习目的

学完本章后，你将能够：

1. 研究创建一个伟大的公司继而创造收获选择方式的重要性。
2. 研究为何收获是创业过程非常重要的部分，而且这并不一定意味着放弃公司。
3. 明确主要的收获选择方式，包括公开上市。
4. 分析“保罗·托宾”案例。*

是过程而非结局

成功的创业者常常会有这样一种观点：正是创业过程中面临的挑战和喜悦给了他们最大的推动力。沃尔特·迪斯尼的话或许一语中的：“我不是为了赚钱而拍电影，我是为了拍电影而赚钱。”对创业者来说，创业过程中感受到的激动与振奋才是真正重要的。

这些创业者们还谈到，企业不仅对金钱，甚至对时间、关注和精力也具有永不满足的需求，有人称其为一种嗜好，大多数人认为创业过程要求之高、难度之大远远超过了他们当初的想像。然而，大多数创业者并不打算因此退出，如果有可能，他们愿意尽快从头再来。他们认为，创业比他们过去经历的任何职业都更有趣、更令人满足。

对大多数的创业者来说，往往需要10年、15年乃至20年或更长的时间去创造一笔可观的财富。根据流行杂志和政府的统计显示，美国现在的百万富翁要比以往多。2002年，估计在美国有350万人（或将近3%的劳动人口）将成为百万富翁——他们的净资产超过100万美元。这些数字可能不假，然而不幸的是，由于通货膨胀的原因，那时的100万美元如今却不值那么多钱了。彩票和赛马的大赢家是一夜暴富的，创业者们却不是。创业者积聚如此巨大的财富所需要花费的时间，与彩票赢家或是不切实际的电视节目中看到的暴发户们相比，简直是天壤之别。

创业历程可能会使人沉溺其中

此外，全身心的投入、巨大的工作量、整个家庭的牺牲以及筋疲力尽都是创业者们真实的切身经历。在面临最

* 请见与本书配套的《创业学案例》一书第 19 个案例。 ——编者注

后冲刺的阶段，要保持充足的精力、热情和动力从而成功收获简直是太艰难了。比如，有一位计算机软件行业的创业者通过多年孤独奋战后，终于开发出了一套极其复杂的软件。然而，他却坚持说，他再也无法在计算机行业多呆一天。可以想像，对于一位创业者来说，经过如此长时间的努力，他当然希望能够通过谈判获得一个比较好的价格，从而成功地出售公司。

有些创业者怀疑成功的代价是否太高了。一位非常成功的创业者这样说道：

> "就算你成功了，有了2 000万美元的银行存款——我知道很多人做到了——又有什么意义呢？到头来还是竹篮打水一场空，家庭完了，而你的孩子则成了牺牲品。"

本章的开场白是一剂清醒剂，它的目的是要提醒创业者们：除非真的能够享受创业历程的乐趣并认为一切付出都是值得的，否则创业者们最终会发现他们选错了路。

首先要建立一个了不起的公司

非创业者需要把握的最基本然而也是最难把握的原则之一就是：财富和资产变现能力是建立一个成功企业的结果，而不是原因。他们往往没有意识到赚钱和花钱之间的区别。大部分成功的创业者却对这一区别了如指掌；他们从企业的成长中不断获得动力。他们清楚地知道，如果集中精力发展企业获利能力强的部分，报酬自然会有的。

创造收获选择方式

创业过程中的另外一个重要矛盾就是：要建立一个成功的企业，但别忘了收获。这个强烈鲜明的冲突很难调和，特别是对于那些经过几代人奋斗的家族式企业中的企业家们。也许解决这个矛盾的更好方式是公开收获选择方式，并将收获看做减少风险和创造未来创业选择的工具，而不是仅仅出售企业而后直奔高尔夫球场或海滩，尽管这些选择可能也会吸引一部分的企业家。为进一步了解上述观点的重要性，请看以下几个实例。

一位年过半百的企业家奈杰尔（Nigel）与另一位才30多岁的年轻企业家布赖恩（Brian）达成了一项协议，让布赖恩加入公司担任营销副总裁。他们的协议中还包括一个条款，允许布赖恩在5年内以150万美元的价格收购这家公司。当时，这家生产小饼干的公司每年的营业收入为50万美元。到了第3年年末，在布赖恩的努力下，公司获得了500万美元的销售收入，并且大大地提高了获利能力。于是他通知奈杰尔自己希望按协议选择收购公司，但奈杰尔立即炒了他鱿鱼。布赖恩当时没有任何其他的收入来源，还得负担家庭开销和支付40万美元的购房按揭款，而这座房子当时的市价已跌落至27.5万美元。布赖恩得知奈杰尔收到了另外一家公司出价600万美元的收购要约，从而导致奈杰尔想食言，推翻以前与布赖恩达成的协议。由于无力提请法律诉讼，布赖恩只好庭外和解，仅获得不到10万美元的赔偿。当那家潜在收购人得知布赖恩的遭遇后，撤回了600万美元的收购要约，于是再没有任何人向公司提出收购要约了。不到两年的时间，公司就因奈杰尔而破产了。此时，奈杰尔致电布赖恩，询问其是否仍对收购公司感兴趣。布赖恩回敬奈杰尔说，这是你自作自受。

在另一个完全不同的案例中，一个买家愿意出价1亿美元收购一家有百年历史的家族企业，这个价格无论用哪种标准来衡量都可以算是高估的，然而这个家族却坚持在任何情况下都不会出售企业。两年以后，市场状况的改变和信用危机使得原先延迟支付的客户干脆变成拒不支付的客户，而该企业也不得不破产，使得百年家产顷刻间毁于一旦。

其实对于这两家和其他很多这样误以为会永远经营下去的企业来说，不难找出若干条选择出路。然而企业主固执地拒绝各种收获选择方式，坚持按企业发展的自然进程生存，实际上增加了企业的整体风险，使他们在未来愈发陷入进退无门的窘境。无数的例子都证明，在企业被出售或兼并后，企业家们仍然可以通过收购或创立另一家公司来继续追寻他们新的梦想：

- 罗宾·华纳（Robin Wolaner）在20世纪80年代中期创立了《Parenting》杂志，并将它卖给了Time-Life。[1] 随后华纳加入了时代公司，此后的职业生涯相当成功，并于1992年7月成为Time's Sunset 出版公司的首脑。[2]
- 刚刚研究生毕业，在第5章“证券在线公司”案例中描述的两兄弟就开创了公司，这家公司是加里在读MBA时就筹划成立的。该公司很快就取得了相当大的成功，在2000年初以5 000多万美元的价格被出售。公司成立大约3年后，弟弟乔治就决定要开办属于自己的新公司。他以最好的条件离开证券在线公司并在波士顿创立了ColorKinetics公司。到2003年年初，该公司已经筹集了超过4 800万美元的风险投资，销售额将很快超过3 000万美元，成为LED照明技术的领头羊。我们相信，这两家公司不会是加里和乔治最后的新创公司。

- 克雷格·本森（Craig Benson）在20世纪80年代创办了凯创公司，后来该公司成为非常成功的公司。最后，他聘请了新的CEO，加入了百森商学院成为该院的理事，开始从事有关信息技术与互联网的创业课程的教学。最近他被选为新罕布什尔州州长，以另一种方式回报社会并追逐新的梦想。
- 早在20岁出头，史蒂夫·斯皮内利就被他以前的学校足球教练吉姆·欣德曼（见杰斐润滑油案例系列）聘用，帮助其开创、建立杰斐润滑油国际公司。作为团队的首领，史蒂夫展现了自己具有的卓越的领导才能、百折不挠的韧性和强烈的取胜心，这正是欣德曼认为创建新公司所必需的。史蒂夫后来建立了美国最大的特许专营公司，在1993年将他的44家店卖给苯早后，重返他就读MBA的母校教书。他总是不甘寂寞，不断接受新的挑战，甚至重返课堂获得了博士学位，后来他成了百森商学院阿瑟·布兰克创业学中心的主任，并成为百森商学院创业学分部首任主席，该部在美国任何一所大学都可称得上是第一流的。
- 在创建了美国第九大医药公司——马里恩实验室后，尤因·马里恩·考夫曼以慈善家和运动员的身份引导了自己精彩非凡的一生。他的考夫曼基金会与所属的创业领导中心成为美国在推进创业方面做出突出贡献的第一个，也是最主要的基金会。他将堪萨斯城皇家棒球队引入到该城，为了能让这只球队永远留在这里，他将该队作为礼物送给堪萨斯城，而且约定即使球队被出售，球队也要留驻此处。出售所得到的7 500万美元收益也被捐给了堪萨斯城的慈善事业。
- 杰夫·帕克在40岁之前曾经创建并出售了两家公司，其中包括著名的Technical Data Corporation。[3] 他在这些风险企业中获得的巨大收益带给他一个全新的职业生涯，他从此成为一名与年轻创业者们紧密合作，以帮助他们建立公司的私人投资者。
- 在1987年中期，Knight Publications[4]的创建人和总裁乔治·奈特（George Knight）正为将公司发展壮大而积极从事着收购活动。该行业小型企业的估价之高让他震惊之余得出这样一个结论，现在正是出售而不是收购的最佳时机。因此在1988年，他将他的Knight Publications出售给了一家更大的企业，从而实现了他在一家大公司担任首席执行官的抱负。在成功挽救了该公司几个陷入困境的部门之后，他目前正在物色收购一家小型公司并打算将其发展成为大型企业。

以上这些只是成千上万个成功创业者的缩影，这些企业家在取得创业成功后，都努力追求在慈善事业、公众服务、社会领导等方面极有意义的生活。通过完成公司收获，这些抱负就有可能实现，当然大多数企业家在努力建设公司的同时也在向社会做出这些贡献。美国文化中有一个最大的秘密：公众对企业家在时间、领导才能、金钱上的巨大付出知之甚少。无数类似的事例如果一一道来可以写成整整一本书，创业过程是永无止境的。

收获目标

有一个明确的收获目标并为此制定相应的战略是能够把成功的创业者从芸芸众生中区分出来的关键。很多创业者只想为自己创造一份职业和收入来源，然而发展一家企业则完全是另一回事了，因为它通过创造价值——这一价值体现为资本增值——给包括雇员和投资者在内的很多人提供了收入来源。

设定一个明确的收获目标能够达到很多目的，不仅仅是帮助创业者从企业获得税后利润并显著地提高其资产净值。这一目标同样也能在企业的发展过程中创造突出的业绩水平和对企业的强烈忠诚。此外，它还能为企业发展提供强大的驱动力和战略重心，而不至于为盲目追求短期利益最大化而牺牲客户、员工和增值产品及服务。

此外设立收获目标还有很多充分的理由。以收获为目标的企业较之无法取得收获的企业，工作量的要求至少不会更高。这样的企业其实比没有收获目标的企业在管理上的压力还要小。设想这样一种情况，一位46岁、有着3个正在读大学的孩子的创业者，他的企业过度融资而濒临崩溃的边缘。与这位创业者所面临的可怕压力和境遇相反，另一家企业中一位年龄相仿的控股股东却以1 500万美元出售了他的公司。另外，以收获为目标的企业家所面对的选择机会随着投资者、其他企业家、银行家和市场的积极回应而呈几何级数增长。

俗话说的好，“成功乃成功之母”（Success breeds

success)。

寻求并建立一家值得收获的企业还有一个相当重要的社会原因。正是这些企业以各种各样的方式产生了重要的影响和附加价值，也正是这些企业在技术创新、增加就业机会、投资回报和经济活力方面做出了与其规模不成比例的突出贡献。

另外，企业在收获的过程中同时还撒播了复兴和再投资的种子。创业人才和资本的循环正是我们用以激发经济复兴和个人能动性的个人负责制的核心所在。从长远角度看，正是创业企业的组织和管理通过不断创造和发现商机，保证了经济的更新、创新和复兴。

因此，明确的收获目标并不是简单地卖掉公司然后离开，而是一个为企业创造真正附加价值的长期目标。（而企业如果无法创造附加价值，那么在市场上也卖不到好价钱。）

制定收获战略：时机的把握是关键

创业者们总是避免考虑收获方面的问题。在一项对1983~1986年计算机软件行业的调查中，史蒂夫·霍姆伯格（Steve Holmberg）发现在被调查的100家公司中，有80家只有一个非正式的收获计划，而其余的调查对象同样证实了企业家们对收获计划的回避——只有15%的公司在商业计划书中正式制定了书面的收获战略，而剩余的5%则是在商业计划书后写了其正式的收获计划。[5] 对于公司创始人来说，一家公司从最初的成立，然后是为生存而奋斗，到最后开始逐渐发展，最遥不可及的事就是公司的出售了。出售对于创业者而言就意味着完全放弃他们自己的“孩子”。

因此，创业者往往不会考虑出售公司，除非体会到可能损失整个企业的恐惧。但是，这种可能性的发生通常是突如其来、无法预料的：技术的日新月异使现有的产品生产线面临被淘汰的威胁；在很小的市场上突然出现了强大的竞争对手；或者失去了一个重要的客户。恐慌紧紧抓住了牢牢控制企业的创始人和股东，于是公司突然面临待售的境地——在错误的时机、因错误的原因，从而以错误的价格被出售。在正确的时机主动地出售企业，创业者就可以在面对的众多战略窗口中选择“点击”某一窗口。

创业者们直到危机开始萌芽才会考虑收获的问题，此外在一个持续发展的企业创造源源不断的收入，与从零开始发展有着天壤之别。大多数的创业者都认为，留住客户并保持持续的销售收入比他们原来想像的要困难得多，所花的时间也要长得多。此外，在电子数据表上轻而易举进行的收入预测和财务控制往往也掩盖了将计划转变为实际收入所需花费的巨大时间和精力。

在特定的时候，对于一个发展潜力较大的企业而言，是有可能实现收获的。而且，在“战略窗口”敞开时出售企业要比它关闭时进行更为明智。伯纳德·巴鲁克（Bernard Baruch）在这个问题上非常有见解，他说：“我所有赚得的钱都是因为特别早地出售企业而获得的。”例如，一家销售收入达到1.5亿美元的私营糖果公司当时不考虑出售，但在分析了关于尽快出售公司的建议之后，企业创始人发现了一个绝佳的收获机会，并以19倍于盈利的天价出售了公司。另外一个是关于移动电话公司的例子，该公司是东拼西凑成立和发展起来的，并于1987年末开始运营。然而在购买了系统建设和运营的基本权利之后仅仅18个月，虽然当时前景还十分看好，创始人就决定将公司出售。这是由于当时所处的卖方市场使他们获得了一个相当有利的估价——要比之前任何移动通信行业交易的平均标准（行业估价标准）高出30%。在短短的一年半之内，收获所得超出了投入资本的25倍。（实际上，企业创始人在投资上没有花自己一分钱。）

一旦错过了收获的机会，后果可能不堪设想。例如，当类似前面提及的收获商机逐渐显露时，另有一位企业家发现自己持有的房地产快速升值到近2 000万美元，从而使其个人账面资产净值达到了将近700万美元。这位企业家利用净资产进行再融资，并用现有地产进行杠杆融资（有时杠杆比率超过100%），以期进一步把握所谓更好的商机。然而不幸的是，1986年联邦税法进行了修订，加上1987年的证券市场崩溃事件，使1988年的房地产市场一蹶不振。结果到1989年年初，该企业家几乎有一半的资产被破产清算，而其余的资产则陷入极不稳定的危险境地。房地产的前期净增值早已消失殆尽，随着出租空置的不断增加和每平方英尺租金的降低，现金净流入变成了现金净流出。

同样的情况在2000~2002年网络泡沫破灭以及纳斯达克股市开始雪崩后又发生了，当时纳斯达克市场价值减少了63%，指数从超过5 000点的高位一路跌到2 000点以下。加利福尼亚的硅谷在这次快速衰退中受到特别沉重的打击。那些技术与互联网公司的创业者，在公司股价处于80~100美元高位时曾经面临各种出售股份的选择，但当时却一厢情愿地以为这种增长还会长久保持下去，只是在事后他们才警醒。当然即便股价跌到个位数，他们仍然需要交很大一笔资本收益税，这种资本收益来自他们的期权成本与当时购买股票的价格之差。在某个社区，2001年1月，有2 000户家庭房产估价在100万美元以上，其中只有三四家上市交易，而到了2001年年中，接近60户这样的房产被挂牌出售。2001年在全国范围，标价超过100万美元的家庭房产的销售额下滑了25%。

收获战略的设计制定是一项极度复杂和困难的工作。因而，这样的战略的设计不能过早进行。在1989~1991年间，削减信贷的银行政策进一步加速了自1987年股市雪崩后的经济衰退。一个典型的受害者就是我们称为Cable TV的公司。1989年年初该公司的价值超过2亿美元，但到了1990年年中，其价值竟然跌到负数！沉重的债务压垮了公司。公司的创始人花了5年多的汗水、心血、泪水以及快速衰老的代价最终将公司出售。出售的价格只是1989年最高值的四分之一！

同样的情况在2001年和2002年再次成为普遍现象，在dot.com的梦醒来以及股市大跌的过程中，一些大公司宣布破产，包括安然、凯马特、Global Crossing这样的明星公司，还有许多不那么出名但是规模更大的通信公司以及和网络相关的公司。这似乎是重复发生的历史教训。当打造公司成了最终目标，而不保留收获方式并在必要的时候实现收获，就犯了致命的错误。

下列一些原则和注意事项将有助于收获战略的设计制定：

- 耐心。正如前面所提及的，成功企业的建立和发展需要好几年的时间，所以，耐心是非常宝贵的。收获战略如果考虑了至少3~5年或长达7~10年的时间段会更为明智。耐心的另一面是在突发事件面前保持镇定、不惊慌失措。在威胁之下不得不出售往往是最糟糕的。
- 现实的估价。如果缺乏耐心是一笔可观收获的敌人，那么贪婪就将是其葬送者。例如，新英格兰一家出色的小型企业拥有近80年的悠久历史，并一直由成功的家族领导人领导着。到了第三代，这家企业吸引了很多潜在收购者并获得了价值超过2 500万美元的善意要约。然而企业的所有者却确信这家“伟大的小公司”的价值要远远超过这个数，因而拒绝达成协议。不久就再也没有感兴趣的收购人了，而市场环境也发生了非常不利的变动。另外，利率也飞速上涨。不久之后公司财务就崩溃了，最终以破产告终。贪婪成了收获的掘墓人。
- 外部建议。找到一位能够帮助企业在发展阶段制定收获战略的顾问虽然很难，但十分值得，同时，他还能对企业进行客观估价并有耐心和技巧使价值最大化。一个关键的问题似乎在于：那些出售企业的人，例如投资银行家或企业经纪人，其实扮演着和房地产经纪人相同的角色。事实上，他们的动机是短期内（通常为几个月）的佣金。然而一位与创业带头人进行了5年甚至更长时间合作的顾问能够帮助创业者为整个企业制定和实施战略，从而有能力及时发现并把握住收获商机。

收获选择方式

一个公司可以通过7种主要渠道收获其所创造的价值。下面以其应用的普遍程度将这些渠道列了出来。我们所做的仅仅是对它们进行简要描述，因为每种方式都可以找到好几本详细介绍与其有关的法律、税务和会计等方面复杂问题的著作，而无需我们在此赘述了。

金　牛

这里所说的“金牛”（capital cow）其实对于创业者而言，就相当于大公司的“现金牛”（cash cow）。实质上，高利润的企业（牛）产生了大量供企业家个人使用的资金（牛奶），甚至要比大多数企业家有时间、有意愿的消费还要多。其结果就是产生了一家资本和现金充裕的公司，它拥有巨大的负债和再投资能力。举一个例子来说，有一家在20世纪70年代早期成立的保健类企业，它很早就取得了成功并公开上市。几年后，创始人决定从公众持股人手中回购公司并将其恢复成原先集中持股的形式。如今，这家公司已经取得了超过1亿美元的年销售收入，而且每年产生的额外资金流入多达几百万美元。这头“金牛”使创业者能够实现对其他多家高潜力风险企业的投资，其中包括参与对一家大型公司分支机构价值达1.5亿美元的融资收购，以及其他一些风险投资的交易。

员工持股计划

员工持股计划（ESOP）在集中控股的公司中作为未上市股票的评估机制已经变得非常普及了。在该计划下，创业者还可以通过将股票出售给员工持股会或其他雇员的方式实现资产的变现。而且由于员工持股计划通常会在雇员中多元化股权，因而它还有利于提高员工的积极性。

管理层收购

另外一种收获方式称为管理层收购（MBO），它是通过将企业出售给现有合伙人或关键管理人员的方式使创业者从中获得收益。如果该企业拥有足够的资产和稳健的现金流，那么就可以通过银行、保险公司以及金融机构的融资来进行杠杆收购（LBO）和管理层收购（MBO）。即使企业的资产不足，但是如果有足以偿还负债的稳健的现金流，同样也能说服借款人同意进行管理层收购。

通常，问题在于：愿意从所有者手中收购并继续经营公司的管理人员一般没有资金。除非收购者预先有资金——这种情况很少——否则这种收购将相当脆弱，而且能否完全实现收获目标也成问题。管理层收购方式特别要求出售方预先能收到一定数额的现金和一张代表剩余的收购款的票据。如果收购价与企业未来的获利能力挂钩，那么出售方将完全依赖于收购者的能力与诚信。另外，在这一方式下，管理层还可以通过尽快发展企业、在新产品和人员上加大开支的方式降低利润，从而降低收购价格。在这种情况中，往往可以看到在这些高利润的企业被廉价出售后，在以后的两三年内企业能够获得相当不错的收益。在这种交易中，企业的出售方就吃大亏了。

兼并、收购以及战略联盟

与另一家企业合并是另一种使创业者实现收获的方式。例如，有两位创业者是为高速发展的个人计算机行业开发高质量培训程序的，他们与另一家公司完成了企业合并。由于这两位创业者的专业背景是在计算机领域而非营销或管理方面，因而头5年中该公司的情况反映了他们在这方面的差距。在没有营销支持的情况下，定制程序的销售收入还不足50万美元，而且甚至在1982~1983年市场蓬勃发展的时期他们也无法吸引到风险投资。与他们合并的是一家规模为1 500万美元的公司，该公司在管理培训程序方面声名卓著，拥有《财富》1 000强企业的客户基础，重复购买率高达70%，一线销售人员还要求公司开发管理人员个人计算机应用培训软件。该公司取得了小公司80%的股份，并将被兼并企业的收入与利润纳入了自己的财务报表，而小公司的两位创办人仍保留了他们公司20%的股份。他们还签订了雇佣合同，收购方在第1年为新企业预支了将近150万美元的资本。在售出期权协议下，规定了两位创业者可以根据后几年的企业业绩来决定是否通过出售他们名下的20%企业股份来实现收获。[6] 如今两位创办人向母公司的总裁汇报，而母公司的一位创始人则在小公司担任主要执行官，这在集中控股公司的合并中是颇为常见的方式。

在战略联盟的情况下，企业创办人可以从一家对他们的技术感兴趣的大型公司吸收到迫切需要的大笔资金。这样的方式往往会导致接下来对创业者的完全收购。

完全出售

大多数顾问都认为完全出售是十分理想的方式，因为人们往往更青睐到手的现金而不是股票，尽管后者的交易是免税的。[7] 在股票对股票的交换过程中，存在的主要问题在于：收购方股票价格的波动性和不确定性。当收购方股票价格持续下跌后，很多创业者仅能留下最初收购价的一个零头。通常情况下，收购方会继续留用被收购企业的核心管理人员，与他们签订好几年的雇佣合同。这一措施是否可行，取决于每个创业者的目标及其所处的环境。

公开上市

商学院中谈论的最神圣的话题也许不是“金牛”，而是公司的公开上市。[8] 在某个证券交易所拥有一家上市公司的远景或梦想会激起欲望、荣誉和伟大等种种感觉。对很多准创业者而言，这种渴望是毋庸置疑的，而且具有极强的感召力。然而对于绝大多数人来说，将公司公开上市并继续苦心经营很可能意味着浪费过多的时间、精力和金钱，这是不值的。

在1987年10月证券市场崩溃之后，IPO市场简直萎缩到了1983、1985和1986年强劲的新股发行市场的一个零头。IPO的次数和总金额没有反弹，相反，在1988~1991年之间仍继续下滑。随后1992~1993年年初，IPO市场重新复苏。在此次IPO市场的狂潮中“总资产在50万美元以内的小型公司的发行量占总发行量的68%以上”。[9] 在此之前，小规模企业在IPO市场上却并不活跃。（尽管诸如莲花发展公司、康柏和苹果计算机公司之类的公司备受瞩目，然而它们确实是例外。）[10] 证券管理委员会试图“降低小企业的发行成本和注册、申报的各种负担。首先从简化注册手续开始，采用了适于发行金额低于750万美元的S-18报表格式，并降低了信息披露的要求”。[11] 同样，法规D（Regulation D）为注册资金不足或等于50万美元的小企业提供了12个月的免税期。[12]

这种周期现象在20世纪90年代中期至2002年多次出现。当1995~2000年期间商业网站、电信与网络公司加速成长时，IPO市场也蓬勃发展。例如，1996年6月，近200家小公司进行了首次公开上市，直到1999年，甚至到2000年的头两个月，这种势头仍然非常强劲。而2000年3月纳斯达克市场开始崩溃时，IPO市场实际上也关闭了。2001年，有好几个月居然没有一次IPO进行，全年IPO的次数也不足100次！到2002年仍不见市场痊愈的迹象。这个教训非常明显：依靠IPO市场实现收获是一种具有很强周期性的战略，既可能带来大的惊喜，也可能带来极度的失望。这就是股票市场的现实。图表19.1（A）与图表19.1（B）生动地显示了这种情况。

图表 19.1（A）
最近首次公开上市次数

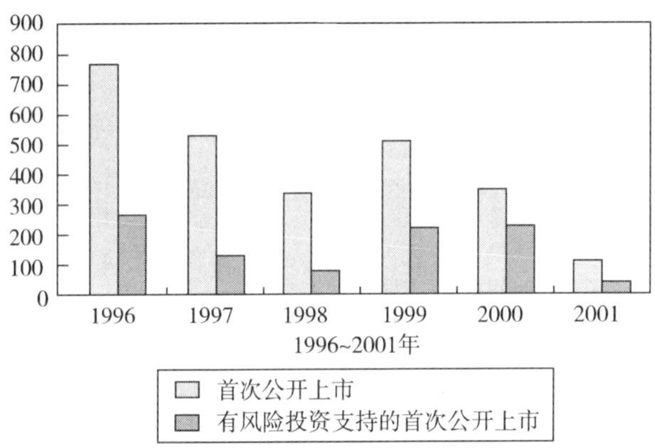

资料来源：Thomson Financial/Venture Economics and National Venture Capital Association, January 7, 2002.

图表 19.1（B）
最近首次公开上市金额（百万美元）

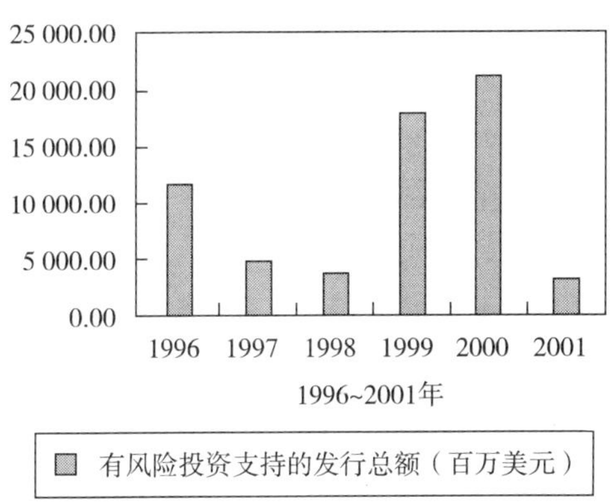

资料来源：Thomson Financial/Venture Economics and National Venture Capital Association, January 7, 2002.

公开上市有很多好处，其中很多与公司为高速发展提供资金的能力有关。公开股权市场为获得长期资本开辟了渠道，同时也满足了短期的资金需求。公司可以将IPO的所得资金用于扩大企业在已有市场的业务，也可以投向另外一个相关市场。企业创始人和最初的投资者可以寻求变现，不过要注意，目前证券管理委员会对企业执行官、董事和内部人员在公开市场能够处置的股票在数量和时间上的限制正日趋严格，因此，可能要在IPO后好几年才能获得变现收益。另外，正如吉姆·欣德曼所认为的那样，公开上市不但会提高公司的知名度，而且还会提高包括特许专营权在内的公司产品的销售能力。

然而，成为上市公司也有一些缺点。例如根据霍姆伯格的调查，在被调查的计算机软件公司中有50%的企业都认为，过于关注短期收益和业绩成果是成为上市公司的一种负面影响。[13] 而且，由于对信息披露的要求，上市公司会失去一些经营上的机密性，更不用说还得不断支付信息披露、审计和税务检查的花费了。面对公众持股人，公司管理层还必须为避免内幕交易而谨慎处理信息流程。因此，就不难理解为何企业需要兼顾成为上市公司所面临的正反两方面的因素了。在考虑这项决策时，有必要看一下本章最后处的保罗·托宾案例，看看他们是如何确定IPO程序的关键组成部分的，以及他们是如何评价哪些投资银行、会计师、律师和咨询师对决策有帮助的。

积累财富的工具

1986年的税收改革法案（The 1986 Tax Reform Act）极大地限制了原先对私营公司的优惠措施，即通过退休金计划转移大笔可减免税金的款项来实现财富的积累。更糟糕的是，企业为应对联邦法律的要求所必需的行政管理费用和日常文书工作简直就像一场恶梦。尽管如此，仍然存在一些机制能让企业主每年将其工资的最多25%用于退休金计划，这笔款项可以从公司应纳税收入中扣除，因而是免税的。这样，创业者就能够通过缴纳退休金计划在短时间内积累起很大一笔财富。

收获以后的展望

大多数非常成功的创业者似乎都愿意担负起更新和维持社会体系的责任，正是这些体系让他们受益匪浅。他们清楚地意识到，美国独特的商机和灵活机制在很大程度上依赖于自我更新过程。

创业者可以用多种方式来发挥这方面的作用。下面的一些数据往往令人大吃一惊：

- *大学基金*。在大学基金、奖学金资助等方面，企业家是最慷慨、最频繁的捐赠者。例如，在百森商学院，一项研究表明，在向学校大笔捐赠的校友中，企业家的人数要比其他毕业生高出8倍之多。[14] 在全美国的各个大学校园，有大量的宿舍楼、教学楼、艺术中心和运动设施是以捐赠者的名字命名的。实际上在每个事例中，捐赠者都是建立了极为成功的公司的企业家，公司的成功使得他们有能力捐出大笔股份给他们的母校。早年在麻省理工大学，有一半以上的基金来自于公司创始人赠送的股份，如今这个数字也许更高。
- *社区活动*。获得收获的创业者们经常会将他们的领导才能和资金不断投入诸如交响音乐会、博物馆以及当地学院和大学等社区活动中。这些创业者还领导筹款活动、担任理事会成员，以及在其他志愿者工作中投入大量时间。一对瑞典夫妇在硅谷和纽约的风险投资公司工作了6个月之后，“简直被这些创业者和风险资本家们参与自愿义务活动的积极性惊呆了。”这对夫妇发现这种情况与瑞典的情况完全相反，这些志愿者所做的一部分工作与在瑞典拿薪水的公务员所做的许多工作一样。
- *投资于新公司*。收获之后的创业者们同样会把他们的精力和资源再投向下一代创业者以及他们的商机。成功的企业家之所以会这么做，是因为他们深知，使创业机制得以持久的任务是如此关键、如此艰巨，而能够完成的人非他们莫属，因为他们是尝尽了个中滋味的过来人。

创新、增加就业机会、促进经济复兴与活力都是创业过程的结果。这一复杂而又鲜为人知的过程并不是由政府引发的，尽管政府确实起了一定的促进或阻碍作用。同样也不是由立法者的大笔一挥而产生的，尽管有时这样的随意一笔就扼杀了创业过程。相反，它是由对商机孜孜以求的创业者、投资者以及辛勤工作的人们共同创造的。

所幸的是，企业家们看来很愿意接受不断革新这一过程的责任，虽然这个责任可能过于重大。由美国涌动的创业新浪潮来判断，整个市场和社会正在又一次准备对创业者们进行嘉奖，这种嘉奖将与他们所承担的责任和所作的贡献相称。

前方的路：设计一份个人创业战略

目标非常重要

在一个人关于创业过程的所有思考定位中，有两点最重要：

1. 达到目标的强烈愿望。
2. 不屈不挠的竞争精神和必胜的决心。

这两种习惯会驱使人们形成学习、个人成长、精益求精以及其他各种提高的需求。没有这些好习惯，所有的要求都是白费。接下来的一章将包括设计个人创业战略的练习，完成这个练习将有助于你建立这些好习惯。

价值观与原则非常重要

我们已经在本书的许多地方阐明了：价值观与原则非常重要。我们希望你思考一下尤因·马里昂·考夫曼的故事，并确定你自己的标准。这对确立你的领导方式、确立你对自己的清醒认识非常重要：

- 你想让别人怎么对待你，就怎么对待别人。
- 和那些帮助你创造出财富的人一起分享财富。
- 回报社区和社会。

我们还要本着美国的本土文化，在做任何事时都要首先考虑对第7代人的影响，加上第四条原则：

- 做一名空气、土地、水和环境的守护者和管家。

我们能留给未来创业一代的主要遗产就是经济活动的可持续性，因此在充满创业激情的同时还要贡献一份对土地和环境的热爱。成功创业者所贡献的资金、时间和领导力使弗吉尼亚的阿林顿自然资源保护基金会、自然保护组织、公共土地信托基金会、享利叉车基金会、新罕布什尔州残留山丘保护基金（The Monadnock Conservancy）和其他许许多多此类组织的工作得到了资金上的保证，这是回报社会最长久的一种方式。为了用实际行动贯彻自己的主张，蒂蒙斯教授和他的妻子最近把他们在新罕布什尔州的将近500亩农场永久性地贡献出来，作为自然保护区。附近其他人也加入了他们的行动，总共贡献出了1 000多亩土地，这些土地将被永久保护，永远不被开发。他们的行动还引发了地区性的运动，波及到周围12个城镇的土地所有者。

七大成功秘诀

以下七大成功秘诀谨供思考，以博一笑。

1. 没有任何秘诀。理解并实践讨论过的这些要点，再加上你的努力，就会取得成果。
2. 只要一有秘诀，所有人就都会知道的。寻找秘诀是愚蠢的举动。
3. 快乐是正的现金流。
4. 如果你教一个人如何为他人工作，只能养活他一年；但是如果教他如何成为一位创业者，将能养活他一生。
5. 千万不要出现现金短缺。
6. 创业基本上是一个人性过程，而不是一个财务或技术过程。只有你才是至关重要的。
7. 快乐是正的现金流。

本章总结

1. 创业者们是在对游戏的不断挑战和满足中茁壮成长的：它是过程而非结局。
2. 第一要点，成功的创业者为建立伟大的公司而努力；财富随着这一过程而产生。
3. 收获的选择方式不只是简单地出售企业，而且这些选择方式是企业家专门技能的重要组成部分。
4. 创业者们知道，要为未来的几代人维持良好的机制，他们就必须回报他们的社区，并在新一代创业者的形成过程中投入时间和资金。

习　题

1. 为什么沃尔特·迪斯尼说“我不是为了赚钱而拍电影。我是为了拍电影而赚钱”？
2. 为什么首先要专注于建立一个伟大的企业，而不是只想着致富？
3. 为什么一个明确的收获目标对于创业者和经济发展如此重要？
4. 定义主要的收获选择方式，每一种方式的优缺点，以及为什么每一种都非常宝贵？
5. 收获以后创业者们将做些什么来“回报”，为什么这对他们的社区和国家很重要？

第19章的互联网资料来源

http://www.nvca.org　美国风险资本协会
http://www.nasdaq.com
http://www.businessweek.com
http://www.entreworld.org　考夫曼基金会

兴趣读物

汤姆·阿什布鲁克（Tom Ashbrook），《The Leap》
兰迪·科米萨（Randy Komisar），《The Monk and the Riddle》
杰里·卡普兰（Jerry Kaplan），《Startup》

思考题

你考虑过吗？

1. Outdoor Scene公司虽然成为了北美最大的独立帐篷制造商，但是最后还是破产了。企业创始人没有得到分毫资本收益。这是什么原因？
2. 当史蒂夫·庞德（Steve Pond）在20世纪80年代晚期出售他的公司时，他向很多很早就离开公司但是确实为企业的早期成功做出贡献的人开了几十万美元的支票。这将对史蒂夫的未来有何影响？对你有哪些启示？
3. 首位获得犹他州业余无线电许可证的女性多萝西·史蒂文森曾说：“成功就是得到你所想要的，而幸福则是想着你会得到的。”这句话是什么意思？你为何应该留意？

注 释

1. This example is drawn from "Parenting Magazine," Harvard Business School case study 291-015.
2. Lawrence M. Fisher, "The Entrepreneur Employee," *New York Times*, August 2, 1992, p.10.
3. For TDC's business plan, see "Technical Data Corporation Business Plan," Harvard Business School case 283-973. Revised November 1987. For more on TDC's progress and harvest strategy, see "Technical Data Corporation," Harvard Business School case 283-072. Revised November 1987.
4. For a detailed description of this process, see Harvard Business School case 289-027, revised February 1989.
5. Steven R. Holmberg, "Value Creation and Capture: Entrepreneurship Harvest and IPO Strategies," in *Frontiers of Entrepreneurship Research: 1991*, ed. Neil Chruchill et al. (Babson Park, MA: Babson College, 1991), pp. 191-205.
6. This is an arrangement whereby the two founders can force (The put) the acquirer to purchase their 20 percent at a predetermined and negotiated price.
7. See several relevant articles on selling a company in *Growing Concerns*, ed. David E. Gumpert (New York: John Wiley & Sons, 1984), pp. 332-98.
8. The Big Five accounting firms, such as Ernst & Young, publish information on deciding to take a firm public, as does NASDAQ. See also Richard Salomon, "Second Thoughts on Going Live with Wall Street," *Harvard Business Review*, reprint No. 91309.
9. Seymour Jones, M. Bruce Cohen, and Victor V. Coppola, "Going Public," in *The Entrepreneurial Venture*, ed. William A. Sahlman and Howard H. Stevenson (Boston: Harvard Business School Publishing, 1992), p. 394.
10. For an updated discussion of these issues, see Constance Bagley and Craig Dauchy, "Going Public," in *The Entrepreneurial Venture*, 2nd ed. W. A. Sahlman and H. H. Stevenson (Boston: Harvard Business School Publishing, 1999), pp. 404-40.
11. Jones et al., p. 395.
12. Ibid.
13. Holmberg, "Value Creation and Capture," p. 203.
14. John A. Hornaday, "Patterns of Annual Giving," in *Frontiers of Entrepreneurship Research, 1984*, ed. J. Hornaday et al. (Babson Park, MA: Babson College, 1984).

第 20 章

制定个人创业战略

"如果你根本不知道自己要走向何方，那任何一条路都可以把你带到目的地。"

——《可兰经》

学习目的

学完本章后，你将能够：

1. 浏览自我评估程序。
2. 检验自我评估框架并制定出个人创业战略。
3. 识别自我评估过程中收集的数据。
4. 学会如何获得反馈意见并设定目标。
5. 分析波士顿通信集团的案例。*

制定个人创业战略类似于为自己制定商业计划。和其他规划一样，它的制定过程比计划本身更重要。

制定个人创业战略的关键就在于过程和原则，它们能让个人对各种方案进行评估修改并采取有效的行动，而不是听任事情发生。对创业保持较长期的方向感，能极大地推动我们不断努力，并有效地帮助我们在该说"不"的时候坚定地说"不"（说"不"比说"好"难得多），并促使我们用更深入的战略性思考克服个人冲动。这些对我们来说极为重要，因为今天的选择，不管是否经过了深思熟虑，都会对未来产生影响。它们最终可能会对创业者的事业产生大的影响，但他在10年后可能并不觉得这些经历有什么吸引力，而且更糟的是，它们可能根本无法让创业者获得今后捕获高质量商机的经验。

因此，虽然制定个人战略十分重要，但绝不能让它成为禁锢你的牢笼。我们只能把它当做一个出发点，而不能被它束缚住。随着时间的推移，个人战略可能也会发生改变。制定个人创业生涯战略的过程基本上取决于个人，从某种程度上来说，是自我选择的结果。一位富有经验的小企业风险投资者路易斯·艾伦（Louis L. Allen）在阐述自我选择的重要性时说：

> 小公司和大公司不一样，大公司有自己的招聘和选拔专家来负责筛选人员，而小公司（它们是我们的商业体系中最普通的经济单位）往往负担不起雇用专门人事经理的费用……另外，企业主选择雇员的过程也很特别：他们是亲自来选择的……当我隔着桌子与我自己选出来的高层经理面对面时，当我到他们的工厂或办公室去拜访他们时，我越来越深刻地感觉到：自我选择的过程对公司的成败比工资方面的谈判更重要……

进行规划的原因类似于制定商业计划的原因（见第12章）。规划能帮助创业者更好地把握未来的风险和不确定性；能帮助他更机智地应对工作，而不是仅靠苦干；能让他保持长期的战略眼光；能帮助他与别人一起测试创业思

* 请见与本书配套的《创业学案例》一书第 20 个案例。 ——编者注

路和方法的合理性，从而制定出更有效的战略并加以更新；能有助于激励；能让他保持“目标导向”；能让他对这项本质上充满压力的事业进行有效的管理和应对等。

不进行规划的理由或合理性也和第12章中提到的差不多，包括：计划一制定出来就已经过时了；没有人知道明天会发生什么。因此，投身于一项不确定的事业是很危险的。另外，谨小慎微的人可能会发现制定出的个人目标会进一步增加他们的压力和紧张感，增加他们对失败的恐惧。而且，未来可能还会有其他选择，或现在就存在某些不为我们所知的选择，而这些选择实际上比我们已经做出的选择更有吸引力，但当我们一旦确定选择方案后，这些选择就不可能再去实现了，或者说被完全排除在外了。

大多数人在确定事业发展目标并为之努力的时候都还没有考虑成熟，年轻而缺乏实际经验的创业者更容易如此。对那些性急的竞争者来说，制定目标可能是火上浇油。而且毫无例外，即使是最妥当的计划，也总会有某些非人为控制的事件或环境因素可能造成计划的破产。

个人计划和商业计划一样都会由于以下原因失败，包括：当计划不能马上奏效时人们心理上产生的受挫感；当人们从一般的常规行动转为目标导向的行动时遇到的巨大困难。还有一些问题与制定计划时设想的目标有关，如要提高业绩却没有设定具体目标。另外还包括制定计划时没有全面考虑可能遇到的困难、缺少关键时间表、缺乏必要的总结等等。

自我评估的概念图

图表20.1是一种自我评估流程的概念图，我们称为乔哈里窗（Johari Window）。根据这张图表，自我评估的信息源来自两方面：自己和他人。在乔哈里窗中，个人可以在三个区域了解自己。

自我评估存在两种潜在的障碍。第一，获取反馈信息很困难；第二，要从反馈信息中获益十分困难。每个人都有自己的价值观和价值取向，这些都会影响他们的第一印象。因此，要想从别人那里获取对自己的无偏差看法几乎是不可能的。另外，在多数情况下，当人们表述自己的个性特征时，往往倾向于描述他们所希望保持的形象，并喜欢为保护这种形象进行辩护；按一般的行为习惯，多数人也往往不太好意思指出他们的表现与自己理想形象的差距。比如，在和陌生人谈话时，多数人虽然明明看见对方上排牙缝里嵌着一片菠菜叶，但他们绝不会贸然指出来。

个人进行自我评估的第一步是观察自己的思想和行动，并从他人那里获取反馈信息来收集数据，其目的有二：（1）发现盲点；（2）强化或改变目前对自己优劣势的判断。

当收集到必要的数据后，第二步就是研究收集到的数据、理解其实质并确立实习目标，以获取各种知识和经验等。

最后，根据目标和未来要创造或捕捉的商机做出选择。

制定创业战略

把握历史

开始自我评估和规划的一个有效方法是思考自己的创业根源（自己以前做的事，或对生活方式和工作方式的偏

图表 20.1

剥洋葱

	创业者及其团队已知	创业者及其团队未知
准投资者和利益相关者已知	区域1——已知区域：（你看到的就是你得到的）	区域2——盲区：（我们不知道我们不知道什么，但你们知道）
准投资者和利益相关者未知	区域3——隐蔽区域：（未共享区域——你们不知道我们知道的事，但只有在我们找出这些事时交易才能达成）	区域4——未知区域：（没有哪个企业是确定的或没有风险的）

资料来源：Derived from an original concept called the “Johari Window” in D. A. Kolb, I. M. Rubin, and J. M. Mcintyre, *Organizational Psychology: An Experimental Approach*, 2nd ed. (Englewood Cliffs, NJ: Prentice Hall, 1974).

好等）并展望未来，想想自己以后最想干的是什么，想过怎样的生活等。

从这个角度来说，每个人的以往历史都对他们的价值观、动机、态度和行为有着重要影响，并将继续对他们产生影响。从个人历史回顾中创业者可能会发现，他们以前就有着某种创业倾向，而且他们的未来发展潜力也适合创业。如果创业者对自己所从事的工作多数时候都不喜欢，那当他们30多、40多或50多岁赚取了大量财富时，由于没有创业征途上的乐趣，他们的成功只能是空洞的，毫无意义的。

把握现状

全面了解现状非常重要。个人创业态度和行为（即“创业思想”）对创业是否能成功有着重大影响。它们包括以下这些因素：敬业、决心和恒心；获取成就和成长的动力；目标导向；主动性和个人责任心等等。

另外，在追逐商机的过程中还会出现许多对创业者的其他要求。这些要求从本质上说是外部的，是由于创业的本质而施加在每个创业者身上的。如第7章所讨论的，外部商业环境是既定的，高潜力企业的压力和所要求付出的努力是既定的，关键人员的道德品质是既定的。因此这些要求和压力以及创办、拥有和经营一家实实在在的企业这个现实所产生的结果是，创业者必须适应企业的状况，必须经受得住压力，还有其他许多诸如此类的要求。根据对创业角色的要求客观评估创业态度和行为是个人评估中的重要部分。

还有，任何自我评估都要包括对管理能力和所需经验、专门知识和人际关系的评估。

获取建设性反馈意见

有句苏格兰谚语说：“上帝赐给我们的最珍贵礼物是让我们看清别人眼中的自己。”成功创业者有个共同特征，就是总希望清楚地知道自己做得怎么样，以及自己所处的地位。他们具有高超的技巧使他们能在合适的时机恰当地询问别人对自己表现的评价。他们之所以会这样做，是因为他们强烈地意识到，这种反馈信息对提高他们的绩效和成功几率至关重要。

从他人处获取反馈信息是一项要求极高的任务，下面列出了几条帮助大家提高获取反馈信息效果的指导方针：

- 理想的方式是从那些比较了解你的人（如和自己一起工作过的人，或为其工作过的人）并且是可信的人那里收集反馈信息。这些人是如何认识你的非常重要，工作同事可能能够比朋友更好地对你的管理才能做出评价，而你的私交可能会更好地就创业动机和创业对家庭的影响做出分析。在要求别人写下他们对你的印象和确定他们最适合评价你的哪些方面之前，最好先和他们随便聊聊天，这很有用。一种办法是先设计问题。比如，你可以告诉对方：“我一直在问自己这个问题……我真希望听听你对这个问题的看法。”
- 关于那些对个人或企业成功极为重要的方面，一定要听听别人的具体评价，如果他们的评论不够清楚，还要进一步仔细征询意见。为了弄清楚自己是否完全正确地理解了对方的陈述，创业者可以再复述一遍陈述。另外我们一定要鼓励对方说出是什么情况或什么行为使他们形成了这种印象，并举些例子。
- 不是全肯定或全否定的反馈信息最有用。
- 应该采取笔录的方式收集反馈信息，这样提供者可以有时间就讨论的问题好好想想，而且也有利于收集者汇总从各个方面获得的信息。
- 征求反馈信息的人对自己和他人都要诚实坦率。
- 由于时间宝贵，而通向新企业成功的路又有太多艰险，所以我们在做这一步的时候绝不可以和别人玩捉迷藏的游戏，也不可以隐瞒我们的真实打算。收集反馈信息的人自己不要试图为自己辩护，也不要做出否定意见。
- 一定要认真倾听并思考别人的讲话，避免做出任何回应、辩论或给予合理化解释。
- 要评判一下提供反馈信息的人是否已经考虑了所有重要信息，他们的推论和结论是否客观现实。
- 应该请别人帮忙指出自我评估数据中的共同线索或特征以及可能的影响，是否具有缺陷（包括各种推论或结论），还缺少哪些相关信息。
- 应该从其他人那里收集额外的反馈信息以证实现有的反馈信息并补充数据。
- 不要急着下结论，最后的结论或决定留待以后做出。

全面汇总

图表20.2显示的是在一些既定条件下——如创业者的相关态度和行为、相关总体管理技能、经验、专业知识和人际关系；以及创业商机的要求等条件下——创业者和创业商机的相对匹配度。要准确评估几乎是不可能的，自我

图表 20.2

创业者和创业商机的匹配度

评估不会那么简单。这是个不断积累的过程，也就是说，创业者对缺点做出的反应远比缺点是什么更重要。毕竟，人无完人。

展望未来

和制定商业计划一样，目标设定在个人规划中非常重要。但很少有人能够有效地设定目标。采用书面记录设定目标的人可能不到5%，即使算上在头脑中勾画目标的人，这个比例可能也不到25%。

同样，目标设定也是一个过程，是和世界打交道的一种方式。要设定有效的目标，必须投入大量时间；有较强的自我约束；做出必要的承诺和投入以及实践。当目标设定后，不要让它一成不变，成为一项静态目标。

设定目标的过程包括以下一系列明确步骤，随着条件的改变，这些步骤将被不断重复。

- 确立具体目标，它们要实实在在（而不是抽象，没有重点的）、可衡量、与时间相关联（即在一段特定时间内要达到的特定目标）、客观现实，并且是可以达到的。
- 确立优先级，包括识别矛盾和各方面的平衡，以及如何解决矛盾。
- 识别妨碍目标实现的潜在问题和障碍。
- 制定达到目标的具体行动步骤。
- 指出衡量结果的方法。
- 确定审核阶段并确定各阶段的日期。
- 指出达到目标所面临的风险。
- 指出达到目标所需的帮助和其他资源。
- 对进度进行周期性审核和目标修订。

本章总结

1. 创业者的首要任务是根据自己的态度、行为、管理能力和经验等判断出自己想成为什么样的创业者。
2. 自我评估对创业者来说是最艰巨的一项任务，但如果你不做的话，你必将陷入困境。如果你自己都不做，还有谁会替你做？

练习题

1. “有些东西对某些人来说是美餐，而对另一些人来说是毒药。”这句话是什么意思？
2. 你能全面地分析出你对创业的兴趣有多大吗？
3. 你能全面评估出你是否符合创业商机的要求吗？
4. 你能制定出妥当的战略，包括行动计划，来实现你的创业梦想吗？

思考题

你考虑过吗？

1. 你个人对5年、10年、25年后的成功的定义是怎样的？为什么？
2. 假如在你四五十岁的时候，你已经净赚了相当于今天币值的2 500万~5 000万美元。你会干什么？然后干什么？

练　习

个人创业战略

下面的练习将帮助你从自己和他人处收集有关数据，并对它们进行评估，制定出个人创业战略。第7章的快速浏览练习可以让你对自己的个性特征有个快速的了解，这里的个人创业战略练习将这个了解过程更深入了一步。

这个练习需要你的积极参与，估计完成它要花一个半小时到3小时。据那些已经完成该练习的人——学生、创业者等——说，自我评估过程极有价值，而且极富挑战性。要准确回答其中所涉及的问题，练习者必须深入思考；而且要保证没有错误答案。

虽然这只是一项自我评估练习，但练习者还是应该收集一些反馈意见，这对你们是有益的。但究竟你们是否选择收集反馈意见，以及就收集到的反馈意见中拿出多少和别人分享则由你们自己决定。你们到底能从本练习中获得多少价值完全取决于你们在回答问题时的诚实和客观程度。

要成为成功创业者有许多因素。没有一个人会具有该练习所描述的所有个人品质、管理技能等等诸如此类的条件。而且即使哪个人确实满足了其中的大多数条件，他的价值、偏好等因素仍可能成为他创业成功之路上的障碍。

创业者的成功或失败并不取决于某项单个因素。在进行下面的练习之前，一定要记住，不管是达到还是没达到目标都不是什么丢脸的事，没有达到目标只能说明失败了而已。

姓名：

日期：

第一部分：过去情况的简单回顾

步骤1

检验你的个人偏好。

有什么事让你精神振奋？为什么？这些因素可以是工作上的，也可以是工作之余的，总之是最能让你获得个人满足感、快乐和精神振奋的因素。

力量的源泉	原　因

有什么事让你精神不振？为什么？这些因素指给你带来极大的个人不满足感、焦虑和不满的事情，它们使你失去了干劲和动力。

力量的源泉	原 因

把你上面列的各项排序（从最重要到最不重要）：

精神倍增	打不起精神

在今后的二三十年，你想过的理想生活是怎样的？请讲述你理想的生活方式、工作方式、收入、朋友等，并讲讲有哪些方面吸引你，有哪些使你厌恶。

回顾你在第3章完成的激发思路指南，并列出10个你最想进入的业务领域的共同属性和10个你最不想进入的业务领域的共同属性。

属性（打不起精神干的业务）	属性（厌烦的业务）

这些属性中哪些让你精神倍增？哪些让你打不起精神？为什么？

属　性	会让你精神倍增还是打不起精神	理　由

请把这句话补充完整："我有朝一日想/永远不想创办/收购一家自己的企业，因为……"

就已经出现的任何模式、问题、见解和结论进行讨论：

根据对你的重要程度对下列各项排序：

	重 要	←	———	→	无 关
地点	5	4	3	2	1
地理位置（特定区域）	5	4	3	2	1
社区规模和性质	5	4	3	2	1
社会参与	5	4	3	2	1
往返距离（单程）：					
不到 20 分钟	5	4	3	2	1
不到 30 分钟	5	4	3	2	1
不到 60 分钟	5	4	3	2	1
60 分钟以上	5	4	3	2	1
生活方式和工作方式					
企业规模：					
销售额低于 100 万美元或雇员数小于 20	5	4	3	2	1
销售额高于 100 万美元或雇员数大于 20	5	4	3	2	1
销售额高于 1 000 万美元或雇员数大于 200	5	4	3	2	1
真实增长率：					
快（>25%/年）	5	4	3	2	1
中等（10%~15%/年）	5	4	3	2	1
慢（<10%/年）	5	4	3	2	1
工作负担（每星期）：					
>70 小时	5	4	3	2	1
55~60 小时	5	4	3	2	1
≤ 40 小时	5	4	3	2	1
婚姻	5	4	3	2	1
家庭	5	4	3	2	1
出差：					
>60%	5	4	3	2	1
30%~60%	5	4	3	2	1
<30%	5	4	3	2	1
0	5	4	3	2	1
生活水平					
勒紧裤带/以后的资本收益	5	4	3	2	1
平均/有限的资本收益	5	4	3	2	1
高/没有资本收益	5	4	3	2	1
变得非常富有	5	4	3	2	1
个人发展					
技能和所学的应用	5	4	3	2	1
个人发展机会	5	4	3	2	1
社会贡献	5	4	3	2	1
机遇定位	5	4	3	2	1
重要社会关系、经验和专门知识的积累	5	4	3	2	1
身份和地位	5	4	3	2	1
生态和环境影响	5	4	3	2	1
所需资本					
你的个人资本	5	4	3	2	1
他人的资本	5	4	3	2	1
其他考虑因素	5	4	3	2	1

设想你有1 000美元可用于购买以上所列的各项。在下面这张表里填入你会怎样分配这笔资金。比如，最重要的项目应该获得最大比例的资金；有些项目不分配任何资金；或者在选中的项目上等量分配等。当你确定好如何分配后，按重要程度给它们排序，最重要的列在第一位。

项　目	占 1 000 美元的比例	排　序
地点		
生活方式和工作方式		
生活水平		
个人发展		
身份和地位		
生态和环境影响		
所需资本		
其他考虑因素		

步骤2

考察你的个人历史

列出以下活动：（1）过去给你提供过资金支持的活动（如兼职或全职工作，财路）；（2）有利于你积累财富的活动（如为你的教育或兴趣爱好投资）；（3）你自己做过的事（如建造什么东西）。

讨论为什么你会从事以上这些活动，其中影响到你各项决策的具体因素是什么？

讨论你从中获得的对自己的了解，包括做自由职业者、管理他人和赚钱。

列出你的全职工作经验并加以讨论，包括你负责的具体任务；你应用过的具体技能；你领导过的人员数目和你是否获得了成功等。

讨论你为什么会从事以上这些工作，其中影响你各项决策的具体因素是什么？

讨论你从中获得的对自己的了解，包括工作、管理他人和赚钱。

列出其他活动并加以讨论，如你参加过的运动，并就每项运动列明是个人项目（如下棋或网球）还是团队项目（如足球）。

你从中得出了什么教训和见解，这些会对你的创业生涯产生什么样的影响？

如果你在从事一项全职或兼职工作过程中曾经被解雇过或自己辞职过，列出这项工作和你被解雇或辞职的理由，当时的情况，以及你从中得出的教训和对你产生的影响。

如果你曾经换过工作或有过工作调动，列出这项工作并说明换工作或调动工作的原因，当时的情况，以及你从这些经历中得到的教训。

在对你影响最大的那些人中，有哪些是自己做老板并自己经营的，有哪些是独立从事某项专业工作的（如注册会计师）？

上述这些人对你的影响有多大？你怎么看待他们和他们的作用？你从他们身上学到了哪些有关自主经营的教训？哪些是你喜欢做的，哪些是你不喜欢做的？他们面临的风险和他们享受到的回报，以及他们有效的进入战略，他们必须做出怎样的平衡？

如果你曾经创办过某种企业或曾在一家小公司中工作过，列出你最喜欢的事和你最不喜欢的事，并说明原因。

最喜欢的	原　因	最不喜欢的	原　因

如果你曾经为一家较大的公司（雇员超过500名或销售额在5 000万~6 000万美元）工作，列出你最喜欢的和最不喜欢的事，并说明原因。

最喜欢的	原 因	最不喜欢的	原 因

从你的个人历史回顾中归纳出你认为属于创业者优势和劣势的各项因素。

优 势	劣 势

第二部分： 全面了解现状：你所处的位置

步骤1

检验你的"创业思维"。

检验你的态度、行为和专门知识。给自己打分（分值1~5）

	最 强	←	——	→	最 弱
敬业和决心					
决断力	5	4	3	2	1
坚韧	5	4	3	2	1
自律	5	4	3	2	1
解决问题的恒心	5	4	3	2	1
愿意做出自我牺牲	5	4	3	2	1
全身心投入	5	4	3	2	1
对商机的执着程度					
了解顾客需求	5	4	3	2	1
市场驱动	5	4	3	2	1
执着于价值创造和提高	5	4	3	2	1
能容纳风险、不确定性和模糊性					
有计划的风险承担者	5	4	3	2	1
风险规避者	5	4	3	2	1
风险分担者	5	4	3	2	1
能容纳不确定性和组织结构的缺乏	5	4	3	2	1
能承受压力和冲突	5	4	3	2	1
能解决问题和整合解决方案	5	4	3	2	1

	最　强	←	———	→	最　弱
创造力、独立性和适应能力					
不循规蹈矩、思路开阔、开放性思维者	5	4	3	2	1
不安于现状	5	4	3	2	1
适应能力	5	4	3	2	1
不怕失败	5	4	3	2	1
有高度抽象概括能力和“穷尽细枝末节”的能力（直升飞机似的头脑）	5	4	3	2	1
胜出动机					
目标和结果导向	5	4	3	2	1
成就和增长的驱动力（自我加压）	5	4	3	2	1
不太追求身份和权力	5	4	3	2	1
与他人相互支持的能力（相对于竞争而言）	5	4	3	2	1
知道自己的弱点（和优点）	5	4	3	2	1
有主见和幽默感	5	4	3	2	1
领导力					
能自发行动	5	4	3	2	1
有内部控制力	5	4	3	2	1
正直，做事可靠	5	4	3	2	1
有耐心	5	4	3	2	1
能有效建设团队并塑造团队榜样	5	4	3	2	1

总结你的创业优势。

总结你的创业劣势。

步骤2

检验创业角色要求。

指出在以下各项中你所处的位置。

	最　强	←	———	→	最　弱
创业的适应性					
把事业和创业的优先级排在第一位的意愿	5	4	3	2	1
压力					
适应的成本	5	4	3	2	1
价值					
坚持传统价值的程度	5	4	3	2	1
道德伦理和正直诚实	5	4	3	2	1

总结你的优势和劣势。

步骤3

检验你的管理能力。

给你的技能和能力打分。

	最 强	←	———	→	最 弱
市场营销					
市场调研和评估	5	4	3	2	1
市场营销计划	5	4	3	2	1
产品定价	5	4	3	2	1
销售管理	5	4	3	2	1
直接邮递/目录销售	5	4	3	2	1
电话销售	5	4	3	2	1
顾客服务	5	4	3	2	1
分销管理	5	4	3	2	1
产品管理	5	4	3	2	1
新产品规划	5	4	3	2	1
运营/生产					
制造管理	5	4	3	2	1
库存控制	5	4	3	2	1
成本分析和控制	5	4	3	2	1
质量控制	5	4	3	2	1
生产进度安排和生产流程	5	4	3	2	1
采购	5	4	3	2	1
岗位评估	5	4	3	2	1
财务					
会计	5	4	3	2	1
资本预算	5	4	3	2	1
现金流管理	5	4	3	2	1
信贷和收款管理	5	4	3	2	1
与资金源的关系管理	5	4	3	2	1
短期融资	5	4	3	2	1
公开招股与私募	5	4	3	2	1
管理					
解决问题	5	4	3	2	1
沟通	5	4	3	2	1
规划	5	4	3	2	1
决策	5	4	3	2	1
项目管理	5	4	3	2	1
谈判	5	4	3	2	1
人事管理	5	4	3	2	1
管理信息系统	5	4	3	2	1
计算机/信息技术/网络	5	4	3	2	1

	最 强	←	——	→	最 弱
人际关系/团队					
领导力/远见/影响	5	4	3	2	1
指导和帮助	5	4	3	2	1
销售					
反馈	5	4	3	2	1
冲突管理	5	4	3	2	1
团队合作和人员管理	5	4	3	2	1
法律					
公司法	5	4	3	2	1
合同法	5	4	3	2	1
税法	5	4	3	2	1
证券法	5	4	3	2	1
专利和专有权	5	4	3	2	1
房地产法	5	4	3	2	1
破产法	5	4	3	2	1
独特技能	5	4	3	2	1

步骤4

分析步骤1~3提供的信息，指出你想在“做”列表上增加哪些项目。

第三部分：获取建设性反馈信息

第三部分提供了系统收集建设性反馈意见的方法。（如果你这时还不想收集建设性反馈信息，直接进入第四部分。）

步骤1

（任选）把你第一和第二部分的答案给你的指定评估者看，请他/她回答以下问题：

你在评估自己的技能时是否诚实、客观、实际、完整？

你列出的优劣势是否有错误的地方？

是否有其他事件或行动影响了这些分析，但前两部分没有涉及到？

步骤2

征询反馈意见。

把反馈表发给你的每位评估者。

反馈表

接受评估者：

反馈意见提供者：

步骤1

请在有关创业属性的各项内容旁找出对我合适的一列打钩，如果有其他意见请加在最后：

	强（S）	充分（A）	弱（W）	没有其他意见（NC）
敬业和决心				
决断力	S	A	W	NC
自律	S	A	W	NC
坚韧	S	A	W	NC
解决问题的恒心	S	A	W	NC
愿意做出自我牺牲	S	A	W	NC
全身心投入	S	A	W	NC
对商机的执着程度				
了解客户需求	S	A	W	NC
市场驱动	S	A	W	NC
执著于价值创造和提高	S	A	W	NC
能容纳风险、不确定性和模糊性				
有计划的风险承担者	S	A	W	NC
风险规避者	S	A	W	NC
风险分担者	S	A	W	NC
能容纳不确定性和组织结构的缺乏	S	A	W	NC
能承受压力和冲突	S	A	W	NC
能解决问题和整合解决方案	S	A	W	NC
创造力、独立性和适应能力				
不循规蹈矩、思想开放、开放性思维者	S	A	W	NC
不安于现状	S	A	W	NC
适应能力	S	A	W	NC
不怕失败	S	A	W	NC
有高度抽象概括能力和“穷尽细枝末节”的能力(直升飞机似的头脑)	S	A	W	NC
胜出动机				
目标和结果导向	S	A	W	NC
成就和增长的驱动力（自我加压）	S	A	W	NC
不太追求身份和权力	S	A	W	NC
与他人相互支持的能力（相对于竞争而言）	S	A	W	NC
知道自己的弱点（和优点）	S	A	W	NC
有主见和幽默感	S	A	W	NC
领导力				
能自发行动	S	A	W	NC
有内部控制力	S	A	W	NC
正直，做事可靠	S	A	W	NC
有耐心	S	A	W	NC
能有效建设团队并塑造团队榜样	S	A	W	NC

请评价我在精力、健康和感情上的稳定性；我的创造力和创新力；我的智商；我鼓舞他人的能力和我的价值观等。

步骤2

请在有关创业角色要求的各项内容旁找出符合我情况的一列打钩，如果有其他意见请加在最后：

	强（S）	充分（A）	弱（W）	没有其他意见（NC）
创业的适应性	S	A	W	NC
压力（适应的成本）	S	A	W	NC
价值（传统经济和自由企业体系的职业价值）	S	A	W	NC
道德伦理和诚实正直	S	A	W	NC
其他意见：				

步骤3

请在有关管理能力的各项内容旁找出对我合适的一列打钩，如果有其他意见请加在最后：

	强（S）	充分（A）	弱（W）	没有其他意见（NC）
市场营销				
市场调研和评估	S	A	W	NC
市场营销计划	S	A	W	NC
产品定价	S	A	W	NC
销售管理	S	A	W	NC
直邮/目录销售	S	A	W	NC
电话销售	S	A	W	NC
顾客服务	S	A	W	NC
分销管理	S	A	W	NC
产品管理	S	A	W	NC
新产品规划	S	A	W	NC
运营/生产				
制造管理	S	A	W	NC
库存控制	S	A	W	NC
成本分析和控制	S	A	W	NC
质量控制	S	A	W	NC
生产进度安排和生产流程	S	A	W	NC
采购	S	A	W	NC
岗位评估	S	A	W	NC
财务				
会计	S	A	W	NC
资本预算	S	A	W	NC
现金流管理	S	A	W	NC
信贷和收款管理	S	A	W	NC
与资金源的关系管理	S	A	W	NC
短期融资	S	A	W	NC
公开招股与私募	S	A	W	NC
管理				
解决问题	S	A	W	NC
沟通	S	A	W	NC
规划	S	A	W	NC
决策	S	A	W	NC
项目管理	S	A	W	NC
谈判	S	A	W	NC
人事管理	S	A	W	NC
管理信息系统	S	A	W	NC
计算机/信息技术/网络	S	A	W	NC

	强（S）	充分（A）	弱（W）	没有其他意见（NC）
人际关系/团队				
领导力/远见/影响	S	A	W	NC
指导和帮助	S	A	W	NC
反馈	S	A	W	NC
冲突管理	S	A	W	NC
团队合作和人员管理	S	A	W	NC
法律				
公司法	S	A	W	NC
合同法	S	A	W	NC
税法	S	A	W	NC
证券法	S	A	W	NC
专利和专有权	S	A	W	NC
房地产法	S	A	W	NC
破产法	S	A	W	NC
独特技能	S	A	W	NC

其他意见：

步骤4

请评估我的优劣势。

从我们已讨论过的创业商机来讲，你认为我在哪些领域现在或将来最有优势，为什么？

优势方面	原　因

从创业商机这个角度来讲，你认为我现在或将来在哪些领域劣势最明显，为什么？

劣势方面	原　因

如果你了解我的合伙人，也了解创业的商机，那你对合伙人或商机与我之间的匹配度以及合伙人与商机之间的匹配度怎么评价？

如果给定创业商机，根据你对我的合伙人和我的劣势的评价，你认为我还应该考虑让其他人加入管理团队吗？如果是，那对他们的优势和相关经验的要求应该是什么？

请提供其他任何你认为我还应该考虑的建议（如说说你关于我喜欢做的事，我的生活方式，工作方式，我的技能所表现出来的明显特征，我的管理优劣势和背景，实习的时间长短等方面的建议）。

第四部分：全面汇总

步骤1

思考你以前的回答和反馈信息，包括征询到的或非正式方式收集到的（通过课堂讨论或和朋友、父母的谈话）。

步骤2

评估你的创业战略。

你这时对创业和你自己得出的结论是什么？

创业的要求——特别是自我牺牲、全身心投入、强工作负荷和长期敬业精神——和你自己的目标、价值观和动力吻合的程度？

你预计你的目标和价值观与创业要求之间存在哪些具体矛盾？

和那些你认识的已经创业或正在创业的人相比，你的创业头脑、你和创业角色要求之间的适合度和你的管理能力等如何？

假设5~10年后或更长一段时间后，你想创办或购买一家有着较高潜力的企业，那你必须积累的经验和专门知识是什么？

你从这份创业战略评估中能得出怎样的结论？是否应该抓住目前的创业商机创办企业？

你想捕获的这个商机有什么因素会让你对它一直保持旺盛的精力和不竭的动力？你怎么知道的？

这一步你要考虑，在既定的自身创业优劣势和创业商机条件下，你必须获取的或必须吸收进团队的其他经验和专门知识是什么？（要具体！）

到这一步又出现了哪些值得你考虑的问题？

第五部分：展望未来

第五部分有关制定你的个人创业战略。记住，目标要实在、具体、可衡量，并且除了以下指出的一些特例外要现实、确实可以达到。

步骤1

在3分钟内列出你到70岁时想要达到的目标。

步骤2

在3分钟内列出你在今后7年内想要达到的目标。（如果你还是大学生，把年限缩短为4年。）

步骤3

在3分钟内列出假如你的生命只剩下一年时间，这时你想达到的目标。假设你可以在此期间享受健康，但不能获得更多的人寿保险或再借很大一笔钱来“最后挥霍一把”，而且假设你可以在你生命的最后1年做任何你想做的事。

步骤4

在6分钟内列出你一生想要达到的目标。

步骤5

和别人讨论你在第4步骤列出的目标，然后修订你的目标陈述并使之明确。

步骤6

根据优先级给你的目标排序。

步骤7

集中考虑前3项目标，并列出你在达到这些目标过程中会遇到的问题、困难和矛盾等。

步骤8

决定并说出你将如何解决这些重要问题、困难和矛盾等。

步骤9

就你的前3项目标写出所有为达到这些目标，你必须采取的行动步骤和所要完成的任务，并指出衡量结果的方法。

建议按优先级顺序排列目标。

目 标	任务/行动步骤	衡 量	排 序

步骤10

根据优先级给任务/行动步骤排序

为了确定优先级高的项目，你最好复印一份列表并删除所有你在7天内不能完成甚至无法开始的活动或任务，然后确定出最重要的目标、次重要的目标等。

步骤11

确定开始任务/行动步骤的日期和期限（如果可能的话，确定地点）。

根据优先级组织任务/行动步骤。如果可能的话，日期应该定在接下来的7天内。

目　标	任务/行动步骤	衡　量	排　序

步骤12

列出问题、困难和矛盾等。

步骤13

决定你将如何消除各种重要问题、困难和矛盾等，并修订步骤12中的列表。

步骤14

指出其中包含的风险和所需的资源和其他帮助。